평생학습자를 위한

교육학의 이해

이해경 · 김성기 · 김진숙 · 권이종
박호근 · 서영곤 · 신창호 공저

학지사

서 문

현대 사회는 우주 첨단과학시대다. 정보통신을 비롯한 과학기술문명은 진보에 진보를 거듭하고 있고, 인간은 여러 측면에서 지식혁명을 겪고 있다. 이런 사회 상황은 특히 교육의 영역을 확장시켰다.

근대 산업사회 이후, 교육은 학교라는 제한된 공간 속에서 일정한 기간 동안 이루어졌다. 하지만 현대 사회에서 교육은 학교는 물론, 기업체, 학원 등 사회 곳곳에서 평생에 걸쳐 지속되는 삶의 전 과정이 되었다. 더욱이 인터넷으로 대표되는 전 세계적 네트워크화는 교육의 내용과 방식에서 획기적인 패러다임의 전환을 가져왔다. 정보의 양은 폭발적으로 증가하고, 유용한 지식의 선택은 점점 어려워지고 있는 것이 현실이다. 이는 지식정보의 현명한 취사선택을 통해 인간의 바람직한 삶에 기여하려는 교육을 더욱 중요하게 만들었다.

이제 교육은 교실에서 교사가 학생에게 과학적 지식과 인격적 지혜를 전달하는 방식에만 머물러 있지 않다. 무한대로 펼쳐져 있는 지식정보의 바다에서 삶의 지혜를 적극적으로 건져 올려야 한다. 그것은 교육이 가르치고 배우고 기른다는 단순한 의미를 넘어 서 있음을 보여 준다.

본서는 우주 첨단과학시대, 지식정보시대에 교육을 어떻게 이해할 수 있는지를 교육학 전반에 걸쳐 소개한 것이다. 사실 교육과 교육학에 관하여 나름대로 정리한 교육학개론서는 이미 다양한 형식으로 시중에 나와 있다. 하지만 본서는 현대 사회의 특성과 교육적 요구에 조금이라도 부응하려는 의도에서 새롭게 기획하였다.

[I부 교육의 기초]에서는 동서양의 교육의 개념과 역사철학적 전개를 다루었고, [II부 교육심리학의 이해]에서는 인간발달, 학습과 인지, 생활지도와 상담 등을 구체적으로 제시하였으며, [III부 교육공학의 이해]에서는 멀티미디어 시대의 교육공학의 이론과 실제에 대해 심도 있게 언급하였고, [IV부 교육과정 및 평가의 이해]에서는 교육과정의 개발과 적용 및 평가의 문제를 다루었다. 그리고 [V부 교육사회 및 평생교육의 이해]에서는 교육사회학의 이론과 점점 중시되고 있는 평생교육의 특성을 논의하였으며, [VI부 교육행정 및 교사론의 이해]에서는 교육기관 및 학교운영, 교사 및 교육 지도자의 역할과 기능 등에 대하여 구체적으로 언급하였다.

본서가 다른 교육학 교재와 차별화될 수 있는 특징이 있다면, 무엇보다도 이론 중심의 교육학 교재가 갖는 딱딱한 이미지를 탈피하고자 한 것이다. 이를 위해 이미지를 중시하는 시대적 흐름에 발맞추어 재미있는 그림과 사진, 표를 가능한 한 많이 삽입하여 학생들의 흥미를 유발하고, 이해를 높이고자 하였다. 또한 관련 용어설명을 본문에 직접 삽입하여 학습내용을 풍부하게 하였다. 그리고 교육과 교육학의 특성에 맞게, 각 장별로 학습목표를 진술하고, 평가문항을 제시하여 학생 스스로 자신의 학습결과를 진단해 볼 수 있도록 배려하였다. 그 외에도 참고자료와 추천 사이트를 제공하여 심화학습의 방향을 제시하였으며, 각 장의 마지막 페이지에는 가벼운 읽을거리를 제공하여 교육문제에 대해 생각할 기회를 제공하였다. 따라서 본서는 교육과 교육학에 대해 전반적으로 이해하는 데 도움을 줄 것이다.

본서는 우선적으로 평생교육시대의 평생학습자들뿐만 아니라, 사범대학이나 교직과정, 교육대학교 및 교육대학원 등 예비교사를 양성하는 대학의 교육학개론 강의 교재로 활용할 수 있도록 편집하였다. 전체 내용을 13장으로 편성하여, 한 학기 내에 교육학의 전 영역을 소화할 수 있도록 분량을 조절하고 학습의 방향을 제시하였다.

다음으로 교육학의 기본 이론을 풍부하게 반영하고 있어, 교육에 종사하는 여러 교육자들의 이론적 지침서로 활용할 수 있게 하였다. 즉, 교육현장에 있는 교사나 기업체의 연수 및 교육 담당자 등 교육과 관련된 부문에 종사하는 사람들이 적절하게 이용할 수 있을 것이다.

본서는 한국싸이버대학교 교육학부에서 강의를 인연으로 만난 교수들이 주축이 되어, 어떻게 하면 교육과 교육학에 대해 좀 더 효과적으로 이해하고 실천할 수 있을까를 고민하는 과정에서 기획된 것이다. 특히, 수단과 방법에만 치우치기 쉬운 현대 교육의 상황에서, 노하우(know-how)에만 그치는 것이 아니라 노와이(know-why)를 포괄한 기초와 응용이 유기적으로 연결될 수 있도록 하였다. 그러나 아직도 여러 부분에서 부족한 점이 많다. 앞으로도 지속적으로 관심을 갖고 연구를 거듭하여 수정 · 보완할 것이다. 참고문헌에서 밝혔지만, 본서를 집필하는 데 많은 도움이 되도록 선행 연구를 한 여러 교육학자들에게 감사한다. 그리고 촉박한 출판 기간에도 불구하고 본서 출간을 위해 힘써 준 학지사 사장님 이하 편집부에 감사한다.

2007년

저자 일동

차 례

I 부

교육의 기초

/학/습/개/요/

I부 교육의 기초에서는 먼저 교육의 개념과 정의, 교육 작용의 본질, 교육의 주요 요소 등을 이해한다. 그리고 역사적으로 동 · 서양의 교육이 어떻게 전개되어 왔으며, 그 과정에서 형성된 교육제도와 교육철학 사상은 어떠한지 개괄적으로 살펴본다.

1장 교육의 개념과 본질에서는 교육이라는 말이 어디에서 유래하였고 어떤 의미를 지니고 있는지 살펴보고, 그것을 바탕으로 교육이 어떻게 정의되는지 알아본다. 또한 인간에게 왜 교육이 필요한지 그 이유를 고찰하고, 교육 작용의 본질을 검토한다. 그리고 교육이 어디에서 이루어지는지 교육의 마당을 이해하고, 교육에서 가장 중요한 세 가지 기본 요소에 대해 알아본 후, 이런 교육이 교육학으로 성립되는 과정을 이해한다.

2장 교육의 역사적 전개에서는 교육의 역사적 검토가 필요한 이유를 고민해 보고, 시대 상황의 변화에 따라 다르게 출현한 동 · 서양 교육의 흐름을 개괄적으로 살펴본다. 특히 한국과 서양 교육의 전개과정과 주요 교육사상가의 교육적 사고를 간략히 검토해 보면서, 한국의 전통 교육과 서양 교육이 어떤 측면에서 현대 우리 교육에 영향을 미치고 있는지 검토해 본다.

3장 교육의 철학적 이해에서는 교육과 철학의 연관성을 고민해 보고, 교육의 목적과 방법에 큰 영향을 미친 자연주의와 이상주의의 특징을 살펴본다. 그리고 현대 교육 운동과 철학의 핵심이 된 미국의 4대 교육 운동을 이해하고, 한국 교육철학의 기본 바탕을 형성하고 있는 유학 · 도가 · 불교의 교육사상을 알아본다. 특히 21세기 첨단 우주과학시대의 급변하는 사회를 간략히 분석하고, 포스트모더니즘과 생태주의적 관점에서 교육의 방향을 조망해 본다.

1장
교육의 개념과 본질

학습목표

1. 교육의 어원적 개념을 이해한다.
2. 교육을 정의하는 다양한 방식에 대해 이해한다.
3. 인간이 교육하는 이유를 체득하고 자신의 관점에서 논의한다.
4. 교육의 이념과 교육 작용의 본질을 이해한다.
5. 교육의 마당을 이해하고 각 마당의 차이와 연관성을 비교한다.
6. 교육의 3요소를 이해하고 각 요소 사이의 유기적 관계를 논의한다.
7. 교육이 학문적으로 성립하는 과정을 이해한다.

교육을 이해하기 위해서는 가장 먼저 교육이 무엇이고, 그것이 왜 인간에게 중요한지 인식해야 한다. 왜냐하면 교육 자체에 대한 이해와 개념의 정립 없이 교육의 목적과 내용, 방법을 완벽하게 습득할 수는 없기 때문이다. 따라서 교육의 어원적 의미와 인간이 교육하는 이유, 교육의 기본적인 요소와 교육 작용의 본질 등을 개괄적으로 인식하는 것은 교육과 교육학을 이해하는 기초 작업이다.

1. 교육의 개념과 정의

1) 교육의 어원과 개념

교육이란 무엇일까? 왜 인간은 교육을 행해야만 하는가? 이런 물음에 대해 한마디로 답하기는 매우 어렵다. 왜냐하면 교육은 시대적 상황이나 여건, 개인과 사회 및 국가의 이념에 따라 추구하는 인간상이 다르고, 교육사상가들의 세계관 · 인간관에 따라 교육관도 달라지기 때문이다. 교육의 개념을 이해하기 위해 먼저 교육이라는 말의 어원과 의미를 살펴볼 필요가 있다.

(1) 고대 동아시아의 '교육(教育)' 개념

교육(教育)이라는 말은 중국의 고전인 『맹자(孟子)』에서 처음으로 보인다. 『맹자』「진심(盡心)」장에는 군자(君子)에게 세 가지 즐거움이 있다고 했는데, 그중에서 세 번째 즐거움을 "세상의 영재를 얻어 교육하는 일[得天下英才而教育之]"이라고 하였다. 여기에서 교육이라는 말이 처음으로 등장한다.

'교(教)'는 글자 모양을 자세히 보면, 효(爻)와 자(子)와 복(攴)이 합쳐져 있다. 효는 그물이 망처럼 얽혀 있듯이, 이 세상의 우주 만물이 어우러진 모습, 즉 세상 자체를 말하고, 자는 자식과 같은 어린아이나 동물의 새끼, 식물의 씨앗을 나타내며, 복은 손에 회초리를 들고 깨우쳐 주는 모습을 표현한다. 이를 『설문해자(說文解字)』에서는 "위에서 베푸는 것을 아래에서 본받는다."라고 하였다. 이렇게 볼 때, '가르치다'는 의미를 지닌 교(教)는 교사가 학생에게 지도 편달하고 격려하며 나아가 솔선수범함을 뜻한다. 배우는 사람의 입장에서 보면, 교사가 베푸는 가르침을 아직 깨우치지 못한 학생이 동경하고 모방하며 추종하여 나아간다는 뜻이다.

육(育)은 글자 모양을 보면, 윗부분은 자(子)가 뒤집어진 모양이고 아랫부분은 고

■ **맹자**(B.C.372~B.C.289경) 중국 전국시대의 대유학자. 인간의 본성은 선할 가능성이 있다는 성선설(性善說)을 주장하였고, 정치에서는 인의(仁義)의 도덕을 바탕으로 하는 왕도(王道)를 주장하였다. 특히 모든 인간은 측은(惻隱) · 수오(羞惡) · 사양(辭讓) · 시비(是非)의 마음이 있다고 하여, 이를 잘 확충해 나가는 것을 교육의 핵심으로 보았다.

■ **군자**(君子) 소인(小人)과 상대되는 말로, 현대적 의미로는 '건전한 인격의 소유자' 혹은 '교양인' '신사' '교육받은 사람' 등으로 이해할 수 있다.

기를 본뜬 모양이다. 이는 엄마 배 속에 있던 아기가 출산할 때 머리 부분부터 먼저 태어난다는 것과 관련되어 있는 말인 동시에 엄마 배 속에서 잘 자란 아기가 태어난다는 말로, 『설문해자』에서는 "자녀를 낳아서 착하게 기른다."라고 하였다. 다시 말하면 엄마가 아기를 낳았을 때, 아기는 아주 작고 불완전한 미성숙한 상태인데, 이를 키우고 돌보아 성장시키고 발달시키는 일을 말한다.

■ 설문해자
중국 한나라 때 허신(許愼, 58~147년경)이 편찬한 최초의 자전(字典)이다.

이와 같이 교와 육을 문자적으로 이해해 볼 때, 중국을 비롯한 우리나라와 일본 등 고대 동아시아에서 교육(敎育)의 의미는 다음과 같이 이해할 수 있다.

> 교육은 미성숙상태에 있는 인간인 어린아이를 성숙한 상태인 어른이 되도록, 위에서 모범을 보이고 베풀면서 격려하여 아래에서 이를 동경하고 본받으며 따르도록 하는 의도적 과정이다.

(2) 한글에서 '가르치고 기르다'의 의미

교육을 우리말인 한글로 바꾸면 '가르치고 기르다'이다. 교를 나타내는 '가르치다'는 '갈다'와 '치다'가 합쳐진 말이라고 한다.

우리는 일상생활에서 '갈고 닦는다.' 또는 '칼을 간다.' '갈아 치운다.' 등 '갈다'라는 말을 많이 사용한다. 일상어로 사용하는 '갈다'라는 말에는 다양한 의미가 포함되어 있다. '낡은 것을 새 것으로 바꾸다.' '숫돌에다 문질러서 날이 서게 한다.' '맷돌로 갈아서 가루를 만들다.' '문질러서 광채가 나게 한다.' '쟁기로 논밭의 흙을 갈아 뒤집는다' 등. 이러한 말에는 공통적으로 '연마 · 노력하고, 다듬어 깎아서 새롭게 만든다.'라는 의미가 들어 있다.

또한 '갈다'와 짝말로 쓰이는 '치다'에는 다음과 같은 의미가 들어 있다. '다른 사람을 때리다.' '식물의 가지나 잎을 베어 내다.' '동물을 길러 번식하다' 등. '치다'라는 말 또한 사물을 있는 그대로의 보존하는 일이 아니라 어떤 행위를 가하여 새로움을 추구하는 의미가 담겨 있다.

이렇게 볼 때, '갈다'와 '치다'의 합성어인 '가르치다'에는 옳고 그름[是非], 착함과 악함[善惡]을 골라 판단하고, 나쁘고 거친 것을 다듬어 착하고 아름답게 만드는 일이 내포되어 있다.

한편 육에 해당하는 '기르다'에는 다음과 같은 의미가 내포되어 있다. '동물이나 식물에게 영양분을 주어 그것을 섭취하게 해서 자라게 하거나 목숨을 이어 가게 하다.' '육체나 정신에 도움이 될 것을 주어 쇠약해지지 않게 하다.' ''길[道]'과 통하는 말로 목적을 향하여 나아가는 도정' '짐승을 쓸모 있게 길들이다.' ''갈'과 통하는 말로 반짝반짝 윤이 나게 한다' 등. '기르다'라는 말은 사람과 다른 동물, 식물을 잘 자라나게 하는 전반적인 행위다. 먹을 것을 주고 거름을 주어 영양분을 섭취할 수 있게 하여 성장시키는 전 과정을 말한다.

위에서 살펴본 의미를 종합해 볼 때, 우리말에서 교육을 뜻하는 '가르치고 기르다'는 다음과 같이 정리할 수 있다.

> 학습자가 지니고 있는 선천적인 재능을 발견하여, 이를 갈고 닦아 펼쳐 보일 수 있도록 이끄는 작용이다.

(3) 서양의 교육개념인 에듀케이션과 페다고지

■ **서양**
서양(西洋, west)의 개념은 서구라파, 즉 현대의 유럽에 해당한다. 오늘날 세계 최강대국인 미국은 신대륙의 발견 이후에 등장한 나라인데, 교육의 기본개념을 형성한 문명권은 그리스 로마 문화이고 그것을 바탕으로 형성된 문화가 미국으로 이식되었다.

■ **페다고지**
에듀케이션과 비슷한 의미로 사용되며, 어린이를 바람직한 방향으로 이끌어 소질을 계발시킨다는 뜻

교육을 뜻하는 서양 말에는 **에듀케이션**(education)과 **페다고지**(pedagogy)가 있다.

에듀케이션은 라틴어 에듀카레(educare)에서 유래하였는데, 이는 '무엇 무엇으로부터(from) 또는 밖으로(out)'를 의미하는 에(e)와 '이끌다(lead)'라는 의미를 지닌 듀카레(ducare)의 합성어다. 그러므로 에듀케이션은 '인간 속에 지니고 있는 것을 밖으로 꺼내어 키워주는 일, 즉 인간이 선천적으로 타고나는 여러 가지 자질을 잘 길러주는 일이다. 다시 말하면 학습자가 지니고 있는 선천적인 소질 또는 잠재능력을 바람직한 방향으로 표출할 수 있도록 신장·발전시킨다는 뜻이다.

페다고지는 그리스어의 파이다고고스(paidagogos)에서 유래하였는데, '어린아이'를 의미하는 파이도스(paidos)와 '이끌다'라는 의미인 아고고스(agogos)의 합성어다. 그러므로 페다고지는 '어린이를 이끈다.'는 말이 된다. 다시 말하면 '어른인 교사가 학생인 어린이를 지도한다.'는 의미다.

이렇게 볼 때, 서양에서 교육을 뜻하는 에듀케이션과 페다고지는 어린이를 바람직한 방향으로 이끌어 소질을 계발시켜 준다는 뜻을 담고 있다. 요컨대 교육은 동·서양을 막론하고 다음과 같은 공통적인 의미가 있다.

첫째, 아동이 지니고 있는 자연적 성장의 힘인 **잠재능력**(potentiality), **가능성**(possibility), **소질**(disposition)을 교육자의 노력으로 끄집어 낸다.

둘째, 불완전한 상태에 있는 것을 완전한 상태로 발달시키고, 미성숙상태에 있는 것을 성숙한 상태로 나아가게 하며, 잠재되어 있는 가능성을 이끌어 올리고 계발하여 완전하게 실현한다.

물론 이 과정에는 크게 두 측면이 있다. 하나는 아동의 내적 능력을 외부로 표출하

는 계발 · 전개이고, 다른 하나는 외부의 지식과 가치를 아동의 내면으로 주입 · 훈련하는 측면이다.

(4) 교육과 유사한 의미를 지닌 개념들

위와 같은 의미를 지닌 교육은 상황에 따라 다양하게 표현된다. 교육은 넓은 의미에서는 인간의 모든 행위로 볼 수 있고, 좁은 의미에서는 가장 흔하게 행해지는 학교교육(schooling)을 말한다. 따라서 교육과 유사한 개념들에 대해 어떤 상황에서 무슨 의미로 이해되는지 명확하게 인지할 필요가 있다. 교육과 유사한 의미를 지닌 개념으로는 '교수-학습활동' '훈련' '교화(敎化)' '품성 형성' '사회화' 등이 있다.

교수-학습활동은 가르치고 배움을 기본으로 하는 가장 좁은 의미의 교육이다. 이는 흔히 학교와 같은 공식적인 교육기관에서 많이 이루어진다. 즉, 인간이 갖추어야 할 기본적인 자질이나 교양을 쌓기 위하여 보편적인 가치를 지닌 교육내용을 매개로 교사와 학생 사이에 일어나는 상호작용을 말한다.

훈련은 주로 특정한 직종에서의 업무능력 개발을 의미한다. 예컨대 군대에서 사격술을 연마하는 일에 대해 사격교육이라고 하기보다는 사격훈련이라고 한다. 그러므로 교육내용이 갖는 가치도 특수한 상황에 처한 개인의 가치 실현을 지향한다.

교화는 훈련과 유사하게 특수한 상황에 처한 개인의 입장을 고려한 교육활동으로, 특정한 목적과 이데올로기를 일방적으로 주입하는 과정이다. 예를 들면, 사회주의 국가에서 사회주의 이론을 주입하여 국민들을 무장시키거나 교화하는 경우가 이에 해당한다.

품성 형성은 사회환경과 조직 풍토의 영향 속에서 자신도 의식하지 못하는 사이에 교육이 이루어지는 의도하지 않은 교육 작용이다. 이는 가치 수용이나 태도 형성, 지식 기능의 습득 등 다양한 측면에서 일어난다.

사회화는 인간이 성장 · 발달해 가면서 자기가 속한 집단의 문화, 즉 생활양식이나 행동양식 등을 내면화하고, 자기 자신의 독특한 개성과 자아를 형성해 가는 과정을 말한다.

이러한 개념들은 앞에서 언급한 교육과 유사한 의미를 지니고 있으면서도 그것 자체만이 지닌 특정한 교육적 의미가 있다.

2) 교육의 정의

앞에서 교육이라는 말이 어떤 어원을 지니고 있었고, 개념화를 거쳤는지 간략하게 살펴보았다. 그렇다면 교육이란 무엇인가? 그것을 어떻게 정의할 수 있는가?

어떤 사물이나 상황, 사태를 하나의 문장으로 진술하여 정의하는 일은 쉽지 않다. 정의는 어떤 사물을 하나의 명제로 형식화하여 논리적으로 표현하는 방식이다. 이러한 정의는 인간 사이에 이루어지는 언어적 약속이기 때문에 사실의 진위를 따지기가 매우 힘들다. 하지만 우리는 정의를 통하여 사물을 이해한다. 따라서 정의는 사물을 이해하는 기본 방식으로 인정된다.

교육을 이해하기 위해서는 그것에 대한 정의가 필요하다. 다시 말하면 '교육은 ~이다.' 라는 표현은 그것이 교육의 모든 것을 알려 주는 언표는 아닐지라도 교육을 이해하는 중요한 방식이 된다. 이를 교육의 정의라고 한다.

교육에 대한 정의는 여러 학자들에 의해서 이루어져 왔는데, 강조점에 따라 차이가 있다. 여러 교육학자들의 다양한 관점은 크게 세 가지로 분류할 수 있다. 즉, '규범적 정의' '기능적 정의' '조작적 정의' 로 범주화할 수 있다.

(1) 규범적 정의

규범적 정의는 어떤 대상이 취하는 궁극적 목적과 연관하여 규정한 정의다. 교육의 경우 현재 인간의 모습이나 현재 사회의 상태에 초점을 두는 것이 아니라 미래에 당연히 확보해야 하는 어떤 것이다. 그러므로 교육은 미래에 좀 더 가치 있고 의미 있는 것을 추구하며 계발하는 과정으로 이해된다.

예를 들면, 다음과 같은 정의가 가능하다.

'교육은 민주시민으로서의 자질을 계발해 가는 과정이다.' '교육은 인간을 창조한 신의 모습을 닮도록 하는 과정이다.' 이런 규범적 정의는 지극히 주관적일 수 있다. 왜냐하면 인간에게서 기본적 규범에 해당하는 인격 완성이나 자아실현 등은 내재적 가치의 실현이자 진리 추구이므로 객관화할 수 없기 때문이다.

(2) 기능적 정의

기능적 정의는 교육의 도구적 가치를 강조하는 관점이다. 즉, 교육을 사회문화의 계승 및 사회발전의 수단으로 본다.

예를 들면, 다음과 같이 정의할 수 있다. '교육은 개인의 직업 선택과 취업을 위한 수단이다.' '교육은 합리적 경제활동을 위한 자질을 길러 주는 수단이다.' 이러한 기능적 정의는 지나치게 기능적이고 수단적이다. 따라서 교육 본래의 가치실현에 소홀할 소지가 있고, 개인의 출세를 위한 수단으로 전락하여 부조리를 초래할 우려도 있다.

(3) 조작적 정의

위에서 살펴본 규범적 정의는 지나치게 주관적일 수 있고, 기능적 정의는 수단적 가치로 전락할 우려가 있다. 조작적 정의는 두 가지 정의의 이러한 취약점을 보완하기 위해 마련된 것이다.

조작적 정의는 교육을 인간의 행동특성을 계획적으로 변화시키려는 과정으로 본다. 이때 인간의 행동특성은 겉으로 드러난 행동인 외현적인 것뿐만 아니라 지식이나 사고, 자아개념과 같은 내면적인 행동까지도 포함한다. 즉, 인지적 · 정의적 · 운동기능적 영역을 모두 포괄한다. 그리고 계획적인 변화라는 말은 인간의 행동이 자연적으로 변화해 가는 데 관심을 두기보다 그것을 의도적으로 변화시키는 데 관심을 둔다는 의미다. 즉, 어떤 인간으로 기르려고 하는지에 대한 교육적 모델을 설정하고, 그것을 기를 수 있는 실제적인 계획과 과정이 있어야 한다. 다시 말하면 교육에서 구체적인 교육목적과 교육과정 그리고 교육방법을 갖추는 것이다.

이런 점에서 조작적 정의는 규범적 정의나 기능적 정의에 비해 교육활동이 전개되는 전체 과정을 비교적 포괄적이고 합리적이며 과학적으로 잘 설명해 준다.

(4) 다양한 학자들의 교육에 관한 견해

교육에 관한 규범적, 기능적, 조작적 정의는 어디에 중점을 두고 교육을 실천할 것인가를 범주화하여 살펴본 것이다. 물론 대부분의 학자들의 정의는 이 세 범주 가운데 어느 하나로 설명할 수 있다. 그렇다면 개별 학자들은 어떻게 교육을 정의해 왔는지 간략하게 살펴보자.

유명한 교육소설 『에밀(Emile)』을 쓴 루소(Rousseau)는, "교육은 인간의 자연적 발전을 위한 조성작용이다."라고 하여 인간의 자연성에 중점을 두었다. 즉, 교육은 자연의 이법에 따라 개체의 발달을 지성적으로 조장하려는 인간 고유의 사업이며, 미성숙한 자연인을 자율적이고 독립적인 생활인으로 성숙할 수 있도록, 성숙한 자가 미성숙한 자를 육성하는 모든 작용이라고 하였다.

■ J.J. Rousseau(1712~1778)
근대 프랑스의 사상가. 유명한 교육소설 『에밀』의 서문에서 인간이 선하게 태어났음을 주장하고 아동을 새롭게 바라볼 수 있는 전기를 마련하여, 자연주의 교육의 선구자가 되었다.

근대 관념론을 완성한 독일의 철학자 칸트(Kant)는 "교육은 인간을 인간답게 형성

■ I. Kant(1724~1804)
독일의 철학자. 독일의 쾨니히스베르크 대학에서 교육학 강의를 개설하여 강의를 하였는데, 교육학을 학문체계로 인정하기 시작한 선구적인 노력이었다. 그 강의록을 출판한 것이 유명한 『교육학 강의』다.

■ J. Dewey(1859~1952)
미국의 철학자, 교육학자. 프래그머티즘(Pragmatism)의 대표적인 철학자로 미국 사상계에 절대적인 영향을 미쳤으며, 민주주의의 철학적 기초를 세우는 데 공헌하였다. 교육과 관련하여 수많은 저서가 있는데, 『나의 교육학적 신조』, 『민주주의와 교육』, 『경험과 교육』 등이 유명하다.

■ E. Spranger(1882~1963)
독일의 정신과학적 교육학의 초석을 놓았고, '깨우침'을 사상의 중심으로 삼고 교육학적 사고를 전개하였다.

■ 율곡 이이(1536~1584)
조선시대 유학자. 과거에서 아홉 번이나 장원으로 급제하여 구도장원(九度壯元)이란 칭송을 받았다. 특히 교육에 힘써서 『성학집요(聖學輯要)』, 『격몽요결』, 『학교모범』 등 교육 관련 저서가 많다.

하는 작용이다."라고 하여 도덕적 · 인격적 측면을 중시하였다. 즉, 교육의 목표를 도덕적 인간 형성에 두고 인격적 측면을 핵심으로 여겼다.

또한 미국 철학의 바탕을 형성한 듀이(Dewey)는 생활과 경험적 측면을 강조하며, 다음과 같이 다양하게 정의하기도 하였다. "교육은 생활이다." "교육은 성장이다." "교육은 사회화 과정이다." "교육은 축적된 경험의 재구성이다."

독일의 슈프랑어(Spranger)는 문화적 측면을 중시하면서 "교육은 성숙한 사람이 미성숙한 사람을 자연적 상태에서 이상적 상태로 끌어올리기 위하여 의미 있고 구체적이며 계속적으로 문화재를 부여하는 문화작용이다." 그러므로 "교육은 문화의 전달 · 유지 · 번식 · 발전 · 창조이다."라고 보았다.

우리나라의 경우, 조선 시대의 대유학자 율곡 이이(栗谷 李珥)는 "교육은 삶과 동떨어진 특별한 것을 추구하는 것이 아니다. 부모는 자식을 마땅히 사랑하고, 자식은 마땅히 효도하며, 신하는 마땅히 충성하고, 부부는 마땅히 분별이 있고, 형제는 마땅히 우애하고, 어린이는 마땅히 어른을 공경하며, 친구 사이에는 마땅히 신의가 있는 삶의 도리일 뿐이다."라고 하였다. 즉, 일상생활에서 기본 예절을 습득하여 실천하는 일이 교육의 핵심이었다.

이 외에도 사회성에 중점을 두고, "교육은 사회화 과정이다."라고 정의하거나, 종교적 측면에서 "교육은 신(神; God)의 의사를 실현하는 과정이다."라고 정의하는 경우도 있다. 이처럼 학자들마다 다양하게 교육에 대한 정의를 하였는데, 공통적인 견해는 다음과 같다.

> 교육은 인간을 대상으로 하는 바람직한 인간 형성의 과정이자 작용이다. 이때 바람직함은 올바름, 적절함, 합당함, 참됨, 진선미(眞善美), 지덕체(智德體) 등 다양한 말로 표현할 수 있다.

2. 교육의 본질과 작용

1) 인간이 교육하는 이유

칸트는 『교육학 강의』에서 "인간은 교육을 필요로 하는 유일한 동물이다."라고 하였다. 인간은 개나 소, 말 같은 동물과 달리, 앞 세대에서 경험한 것을 다음 세대로 의도적으로 계승하는 교육 작용을 지니고 있다. 그러므로 '교육적 동물'이라고 하였던 것이다. 그렇다면 왜 인간에게 교육이 필요한 것일까? 인간은 교육을 통하여 어떤 이상을 추구하는가?

인간에게 교육이 필요한 이유는 인간의 특성과 관련된다. 칸트는 동물과 인간을 비교하면서 이렇게 말하였다. "동물은 이미 그의 본능에 의해 모든 것이 갖추어져 있다. …… 그러나 인간은 자기 자신의 이성을 필요로 한다. 인간은 본능을 갖고 있지 않으므로 자기의 행동계획을 스스로 세워야 한다."

인간은 본능적으로 혹은 선천적으로 삶에 필요한 모든 것을 지니고 있지 않으므로 교육을 통해 그것을 충족해야 한다. 교육은 바로 이런 상황에서 출발하는 인간의 특징이다.

(1) 인간은 미성숙한 상태로 출생하므로 인생을 위해서는 오랜 기간의 준비가 필요하다

인간은 태어날 때 인간으로서 살아갈 수 있는 모든 조건을 갖추고 출생하지 못했다. 즉, 출생 때부터 여러 가지로 부족한 상태에서 미성숙하게 태어났다. 그러므로 인간으로서 제대로 살아가기 위해서는 부족한 것을 충족하기 위해 '오랜 기간의 준비가 필요하다.' 이것이 인간이 교육해야 하는 첫 번째 이유다.

동물은 대부분 몸집은 작지만 거의 성숙한 상태의 개체로 출생한다. 예컨대 송아지는 어미 소에서 태어나자마자 네 다리로 일어나서 어미의 젖을 빨고, 얼마 지나지 않아 걷고 뛰어다니며 풀을 뜯어 먹고 독립적인 생활을 한다. 그리고 2년 정도 지나면 완전한 성체가 된다. 사람으로 생각하면 두 살 때에 완전히 어른이 된다. 하지만 인간은 아주 연약하고 불완전한 상태로 세상에 나온다. 갓 태어난 아이는 손발이 있어도 소처럼 그 기능을 제대로 발휘하지 못한다. 서서 걷는 데도 1년 가까이 걸린다. 가정이나 사회에서 교양 있는 문화인으로서 또는 직업을 갖고 제대로 살아가려면 인간은 적어도 10년에서 20여 년의 세월을 양육해야 한다. 그 세월 동안에 인간으로서 구실을 할 수 있도록 준비하는 것이 바로 교육이다. 이 준비 기간에는 육체적 측면의 양육과 건강은 물론 정신적 측면의 교육이 매우 중요하다. 특히 우리 인간이 지나온 발자취와 현재 우리가 살아가고 있는 현실의 문화 특징이 무엇인지 알아야 하며, 이를 바탕으로 현재와 미래에 훌륭한 문화를 획득하고 즐길 수 있는 자질을 갖추는 것이 중요하다.

(2) 인간은 짐승과 달리 가치를 지향한다

인간에게 교육이 필요한 두 번째 이유는 '인간은 짐승이나 다른 생물과 달리 가치를 지향한다.'는 점이다.

동물은 본능에 따라 행동한다. 그러기에 고상한 가치나 진리에 대한 감각이 없다. 하지만 인간은 다른 어떤 생리적 욕구보다도 나름대로 꿈꾸는 이상과 추구하는 가치에 집착한다. 인간은 단순하게 주어진 낮은 차원의 가치체계에 만족하지 않고 현실에 존재하지 않는 높은 차원의 새로운 가치체계를 희구한다. 또한 남이 만들어 놓은 것에 만족하지 않고 자기 스스로 만족할 만한 일들을 찾아 나선다. 과거에 만족하지 않고 현실을 초월하여 내일의 것을 희구하면서 도전하고 모험하며, 한 차원 높은 삶을 추구한다. 인류의 모범이 되고 있는 예수나 석가모니, 마호메트나 공자, 소크라테스 같은 위대한 성인들은 온갖 고통을 겪으면서도 진리와 인간의 진정한 가치를 찾아 나섰다. 그리고 감각적 가치, 생명적 가치, 정신적 가치를 거쳐 드디어는 종교적 가치를 지향하였고, 거기에서 인간의 삶에 빛이 될 만한 진리를 던져 주고 있다.

교육은 바로 이런 가치의 추구와 진리의 발견을 위한 징검다리가 된다. 왜냐하면 인간은 교육을 통해 자연의 법칙과 삶의 관계를 이해하고, 보다 높은 차원의 가치체계를 꿈꿀 수 있기 때문이다. 그러기에 교육은 인간의 삶에서 절대적으로 요청되는 것이다.

(3) 인간은 자신이 만들어 놓은 문화와 경험을 후세에 전달하고 재획득한다

인간에게 교육이 필요한 세 번째 이유는 '인간은 삶의 양식인 문화내용을 전달하고 재획득한다.'는 점이다.

동물은 그들 나름대로의 신호체계가 있는지는 모르지만, 인간처럼 말과 글, 제도, 법 등 문화라고 부를 만한 생활이 없다. 문화는 인간에게 가장 소중한 생활수단이다. 인간은 문화를 통해 인간임을 확인한다. 문화는 단순하게 어떤 집단에서 다른 집단으로 넘겨지는 도구나 기기의 차원을 넘어서 있다. 그것은 삶의 경험이 녹아 있는 행동양식이다. 그러므로 그것을 체험하고 체득한 집단, 즉 문화를 공유하고 있는 사람들에 의해서 전달되고 다시 획득된다. 예컨대 김 씨가 이 씨에게 음식을 줄 수는 있다. 이때 김 씨가 그 음식을 씹어서 이 씨에게 준다고 해도 이 씨의 몸에 이로운 영양으로 만들어 줄 수는 없다. 그 음식을 자기 몸의 피와 살이 되게 만드는 것은 결국 이 씨다. 이처럼 문화는 그것을 즐기는 각 개인의 몸을 통해서 체득되는 것이다.

이러한 문화는 인간 경험의 총체다. 그러므로 문화를 전달하고 습득하는 일은 인간 경험의 전달이다. 동물은 앞 세대의 소중하고 의미 있는 경험을 뒤 세대에게 전달하는 작용이 없다. 그러나 인간은 자신의 경험을 타인에게 혹은 후속 세대에게 전달하며, 교훈으로 삼게 한다. 그것은 역사를 통해 지속되고 반복된다. 교육은 바로 인간이 축적한 문화와 경험을 역사를 통해 전달하고 비판하게 하는 디딤돌이다.

2) 교육의 이념과 작용

교육은 넓은 의미에서 '인간임'을 '인간됨'으로 지향하는 작업이다. 인간됨의 모습은 다양하게 드러나는데, 그 포괄적 이미지는 '교육이념(educational idea)'에 담겨 있다. 교육은 교육이념에 따라 교육목적과 교육목표를 제시하고 구체적으로 실천된다. 특히 한 국가와 민족에게서 교육이념은 교육을 총괄적으로 조망하여 매우 상징적으로 설정되며, 국가와 민족이 나아가야 할 방향을 지시한다.

(1) 교육의 이념과 목적

이념은 사전적 의미로 '이상적인 것으로 여겨지는 관념(idea)'이다. 따라서 교육이념은 교육에서 이상적인 것으로 여겨지는 관념이 된다. 이러한 교육이념은 인간됨에 기여하는 핵심적인 사상이고, 교육의 기본 원리이며, 기본 정신이자 지도원리다.

우리나라의 교육이념과 교육목적은 「교육기본법」 제1장 제2조에 잘 기술되어 있다.

> 교육은 홍익인간의 이념 아래 모든 국민으로 하여금 인격을 도야하고, 자주적 생활능력과 민주시민으로서 필요한 자질을 갖추게 하여 인간다운 삶을 영위하게 하고, 민주국가의 발전과 인류공영의 이상을 실현하는 데 이바지하게 함을 목적으로 한다.

이러한 교육의 목적은 시대와 사회, 사람에 따라 다르게 설정된다. 일반적으로 고대 사회에서는 '사회체제의 존속과 계승'이 중시되었고, 근대 사회에서는 '개인의 인격 도야'가 중시되었으며, 현대 사회에서는 '인간의 사회적 효율성 제고'가 부각되고 있다.

사회에 따라서도 다르게 나타난다. 예컨대 우리와 같은 민족이지만 체제를 달리하는 북한의 경우, 조선민주주의 인민공화국 사회주의 헌법 제43조에서 교육목적을 다음과 같이 규정하고 있다.

> 국가는 사회주의 교육학의 원리를 구현하여 후대들을 사회와 인민을 위하여 투쟁하는 견결한 혁명가로, 지덕체를 갖춘 공산주의적 새 인간으로 키운다.

또한 교육은 그 활동을 어떻게 보느냐에 따라 **내재적 목적**(內在的 目的; intrinsic aim)과 **외재적 목적**(外在的 目的; extrinsic aim)으로 구분하기도 한다. 내재적 목적은 교육활동 내에서 인생의 의미와 가치, 이상을 발견하려는 것이다. 예컨대 이해관계를 초월한 호기심이나 지적 정직성, 정확성, 근면, 진리와 정의에 대한 사랑 등 지적인 덕목과, 선, 절제, 관용, 정의, 동정 등의 도덕적 덕목, 합리성과 자율성 등이 이에 포함된다. 반면 외재적 목적은 교육활동을 수단으로 삼아 어떤 가치를 실현하려는 것이다. 외재적 목적은 교육을 수단으로 삼기 때문에 당장 눈에 드러날 뿐만 아니라 실제적 이익을 가져다준다. 그러므로 현실적으로 중시된다. 외재적 목적은 특히 생계문제와 관련되는데, 교육을 많이 받으면 받을수록 훌륭한 직업과 직장을 구할 수 있고, 많은 보수와 사회 경제적 지위, 명예를 누릴 수 있다고 생각된다.

하지만 이 두 가지 목적 중 어느 것이 더 중요하다고 단정 짓기는 매우 어렵다. 가능한 한 내재적 목적을 추구할 때 외재적 목적이 부수적으로 실현되는 것이 바람직하다. 만약 외재적 목적이 지나치게 팽배하게 되면, 교육이 정치나 경제의 도구 내지 수단으로 악용될 소지가 있고, 출세와 치부의 수단으로 전락할 수 있다.

(2) 교육작용의 본질

교육이념이나 목적이 다양하게 표현될지라도, 인간에게만 존재하는 교육작용은 크게 네 가지 정도로 요약된다.

첫째, 교육은 앞 세대가 뒤 세대에게 좋은 문화나 삶의 양식, 질서나 체제를 현상유지적으로 이어받게 한다.

인간의 삶에서 긍정적이고 좋은 문화는 지속적으로 이어지게 마련이다. 교육은 그런 문화에 대해 애착을 갖고 그것을 계승하기 위한 능력과 태도를 갖게 하는 기능을 지닌다. 예컨대 교육을 가능하게 하는 교과서에는 좋은 문화가 응축되어 있다. 학생들은 이런 교과서를 통해 문화를 계승하고 지속시켜 나간다.

둘째, 교육은 인격의 조화적 도야를 가능하게 한다.

인간의 참된 삶은 인격 완성을 위한 끊임없는 의지적인 노력의 과정이다. 이때 인

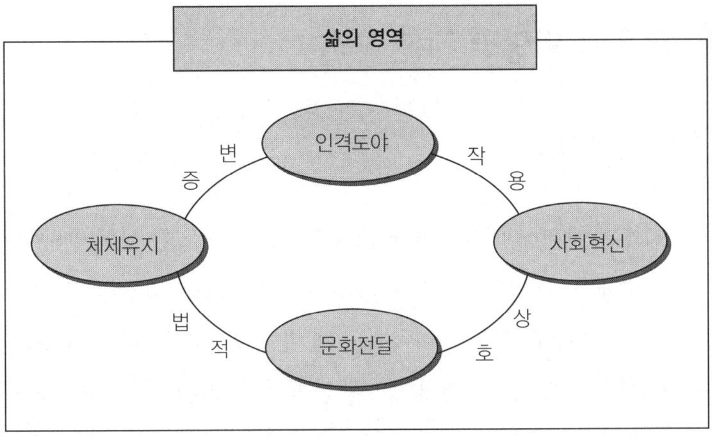

[그림 1-1] 네 가지 교육작용의 관계

격의 완성은 인간의 조화적 발전으로, 인간성 안에 내재해 있는 여러 소질을 조화롭게 발전시키는 일이다. 교육은 어떤 사회에서든 인간으로서 개인의 완성을 추구하며 자아를 실현하도록 한다. 그것은 흔히 자기수양으로 표현되기도 한다.

셋째, 교육은 정신문화를 계승하게 한다.

문화는 어떤 특정한 개인에서 다른 개인으로 계승되는 것이 아니다. 어떤 집단에서 보편적으로 받아들여지는 가치가 다른 집단으로 계승된다. 더구나 문화는 개인이 태어나면서부터 지니고 나오는 것이 아니고, 집단 속에 살면서 몸에 익히게 되는 것이다. 특히 정신문화는 각 개인의 이지적이고 능동적인 노력으로 획득된다. 이때의 노력은 교육이 담보한다. 인간은 교육을 통해 자신이 속한 사회의 정신적 가치를 이어받고 자기의 정체성을 확보하게 된다.

넷째, 교육은 인간을 한 사회의 성원으로 사회화한다.

교육을 통해 인간은 자기가 속한 사회의 상황을 이해하고 가치를 확인할 수 있으며, 그런 과정을 통해 점차 사회에 적응해 갈 수 있다. 그리고 그 사회에 살면서 사회 성원으로서 사회적 문제의식을 발견하게 된다. 교육은 이런 상황에서 사회를 긍정적으로 이어 가게 하지만, 부정적인 문제가 생겼을 때는 보다 나은 사회를 이룩하려는 사회 혁신 기반을 조성하기도 한다.

3. 교육의 마당과 기본 요소

1) 교육의 마당

그렇다면 교육은 어디에서 이루어지는가? 인간의 바람직한 성장 발달이 촉진되고 전개되는 장소를 교육의 장 또는 **교육의 마당**(the field of education)이라고 한다. 전통적으로 교육은 가정-학교-사회로 이어지는 세 마당에서 이루어진다고 보았다. 그러나 첨단 우주과학시대에 접어들면서 정보통신혁명의 발달과 더불어 교육의 장은 사이버공간으로 확대되고, 평생교육이 요구되면서 더욱 넓혀지고 다양한 모습으로 바뀌었다. 여기에서는 교육의 마당을 가정, 학교, 직장 혹은 일터, 인터넷 사이버교육 등 크게 네 마당으로 나누어 이해해 본다.

(1) 가정교육

가정은 혼인이나 입양, 혈연으로 결속된 하나의 집단이다. 동시에 이런 집단의 생활 근거가 되는 거점인 **생활의 마당**이자 **교육의 공간**이다. 사람은 가정에서 태어나 양육되고, 성인이 되어서는 독립된 가정을 만들어 새로운 생활집단과 그 거점을 지니게 된다.

여러 사회학자들에 의하면, 현대적 의미의 가정은 "성행위를 규제하고, 사회적 재생산에 기여하며, 사회적 지위와 정체감을 부여하고, 자녀의 양육과 사회화를 책임지며, 정서적 안정과 생활 보호를 담당하고 있다."라고 한다. 다시 말하면 가정은 크게 **출산, 경제, 안식, 교육** 등의 기능과 역할을 맡고 있다. 이 중에서도 교육은 으뜸가는 기능 중의 하나다.

가정에서 배우는 가장 소중한 것은 무엇인가? 우리는 부모, 형제자매와의 일상생활을 통해 우리의 얼이 담긴 **말과 글**을 배우고, 원만한 대인관계나 사회관계를 맺는 데 필요한 **예의범절, 관습, 습관** 등을 몸에 익힌다. 또한 인간으로서 무엇이 옳고 그른가를 판가름하는 **가치판단의 기준**도 익힌다. 다시 말하면 가정은 어린 자식과 부모의 관계를 통해 사회의 가치와 규범을 익히고 내면화하는 사회화 과정을 거치도록 교육한다. 이러한 가정은 자식들에게는 인간이 세상에 태어나서 처음으로 맞이하는 교육의 마당이고, 부모를 비롯한 어른들에게는 지속적인 교육이 이루어지는 마당이다. 따라서 가정은 교육활동의 단초이자 **기초교육의 장**이다.

(2) 학교교육

학교는 가정과 달리, 일정한 교직원, 장소, 건물, 설비를 갖추고 일정한 교육과정에 의하여 전문적인 지식을 계속적으로 가르치며 배우는 교육의 마당이다. 역사적으로 볼 때, 모든 나라들이 학교를 통해서 사회와 국가, 인류에 기여할 수 있는 인간을 양성하고자 노력해 왔다. 특히 근대 민족국가가 성립된 이후, 학교는 국가의 요구를 국민들에게 교육시키고, 개인의 생존권을 보장해 주었으며, 사회이동이 가능할 수 있는 통로가 되었다. 이런 양식이 발달하여 우리나라를 비롯하여 오늘날 대부분의 선진국들은 10년 전후의 의무교육을 국민들에게 실시하고 있다.

학교는 일정한 발달수준에 있는 학생들을, 일정한 건물에서, 일정한 교직원이, 일정한 교과를, 일정한 계획에 따라 조직적으로 교육하는 기관이다. 그러므로 특별한 사유가 없는 한 국민 모두에게 교육의 기회균등을 실현해 줄 수 있는 가장 효율적인 교육의 마당이다.

이러한 학교의 긍정적 역할에도 불구하고, 오늘날 학교제도는 계층 간의 교육 기회를 불평등하게 제공하는 측면을 유발하기도 했고, 본연의 임무에 충실하지 못하는 폐해가 발생하기도 했다. 예를 들면, 학교 본연의 임무인 개인의 잠재능력을 계발해 주고, 전인적 인간으로 성장할 수 있는 가능성을 신장시키기보다는 국가 이데올로기를 교육시킴으로써 국가에 봉사하게 만드는 인력 양성의 수단으로 전락하기도 했다. 그렇다 하더라도 학교는 여전히 대부분의 국민이 교육을 받고 있는 가장 중요한 교육의 마당임에 분명하다.

(3) 직장교육

직장은 대부분의 성인들이 삶을 구체적으로 실현해 나가는 장이다. 이런 직장에서 이루어지는 교육은 학교를 마치고 사회, 즉 일터에 나와서 받는 교육이다. 달리 말하면 일터교육이자, 사회교육이라고 할 수 있다. 일터 혹은 사회교육은 일반적으로 학교 이외에서 실시되는 의도적이고 조직적인 교육활동이다.

과거 학교교육이 미래의 생활을 준비하는 교육으로 인식되던 시기에는 학교교육이 직장이나 일터교육을 담보하는 것으로 이해되기도 했다. 그러나 이제 과학기술의 발달과 고도의 산업화, 정보화 · 세계화 등 급격한 사회 변화로 인해 가치관과 생활방식이 달라지고, 지식 · 정보의 양이 급증하면서 학교에서 배운 지식만으로는 생존할 수 없는 시대가 되었다. 따라서 새롭게 등장하는 지식을 지속적으로 학습해야 하는데, 특히 직장에서의 생산성 증대와 생존을 위해서는 더욱 적극적으로 새로운 지식을 교육할 필요성이 제기되었다. 이에 일터, 곧 직장은 새로운 교육의 장으로서 매우 중요하게 부각되었다.

일터교육은 인적자원개발(Human Resource Development: HRD)로 정의할 수 있다. 인적자원개발은 직장의 생산성 증대와 개인의 성장 가능성을 목표로 일정 기간 동안 고용자가 제공하는 조직화된 학습경험을 말한다. 기존의 학교교육이 개인의 성장과 발전에 초점이 맞추어져 있었다면, 직장교육은 인적자원개발을 중심으로 직장이라는 조직의 생산성 증대를 보다 강조한다.

직장의 인적자원개발을 통한 생산성 증대는 급격한 사회환경의 변화와 함께 모든 직장에서 시도되고 있다. 외부적으로는 날로 격화되는 국제 경쟁과 통상 압력, 경제 블록화 등 시장이 변화하는 가운데 기업이 살아남기 위하여 교육을 통해 기업을 혁신해야 한다. 내부적으로도 사무자동화, 공장자동화 등 일터 안에서의 변화, 근로자의 가치관 변화, 3D업종의 기피 현상, 저성장 고임금으로 인한 노동생산성 저하 등 인력의 변화를 겪으면서 기업은 생존경쟁에 매달리고 있다. 이런 상황에서 직장에서 교육, 즉 인적자원개발은 일터의 생존과 관계되어 어느 때보다도 중시되고 있다.

(4) 인터넷 사이버교육

교육의 마당에서 혁명적 변화를 겪고 있는 것이 바로 인터넷 사이버교육이다. 흔히 정보화로 대변되는 정보통신 기술의 발달은 언제, 어디서, 누구나 원하는 교육을 받을 수 있게 만들었다. 이것의 대표적인 사례가 바로 인터넷 사이버교육 마당이다.

인터넷은 일반적으로 네트워크 혹은 웹으로 불리며, 무수히 작은 네트워크들을 서로 연결하고 있다. 인터넷은 공간적으로 떨어져 있다 하더라도 다른 사람과의 통신, 정보검색 그리고 원격에서 파일을 획득하는 목적으로 사용된다. 이런 인터넷은 끊임없이 정보의 양이 늘어 가는 거대한 정보의 창고다. 그 속에는 정보뿐만 아니라 비슷한 관심사를 가지고 있는 집단들도 존재하고 있어, 이들과의 정보교환 및 협동적인 문제해결이 가능하다. 인터넷의 이런 특징은 네트워크를 통해 정보와 지식이 자유롭게 공유되므로, 개인 학습뿐만 아니라 시간과 공간의 제약을 벗어나서 협동적으로 학습하거나 팀 학습도 가능하게 한다.

특히 인터넷을 활용한 사이버교육은 누구에게나 열려 있는 교육의 마당이다. 이는 모든 사람들에게 교육의 기회를 제공하여 교육을 개방하고 확대한다. 아직도 여러 가지 이유로 학교교육이나 면대면 교육을 통해 지식이나 기술, 학위 등의 자격증을 얻을 수 없는 사람들이 많이 있다. 인터넷 사이버교육 마당은 그런 사람들에게 학습이 가능한 교육체제를 제공함으로써 교육 기회를 확대 개방한다.

그러나 인터넷 사이버교육 마당의 전제는 기본적으로 인터넷에 안정적으로 접근할 수 있는 환경의 조성이다. 즉, 기본적으로 컴퓨터가 있고 통신망이 설치되어야 하며, 그것을 활용할 수 있는 능력도 구비해야 한다. 이런 사이버교육 마당은 점차 증가하는 추세에 있으며, 원격교육연수원, 사이버대학, 각종 사이버강좌 등 다양한 형태로 운영되고 있다.

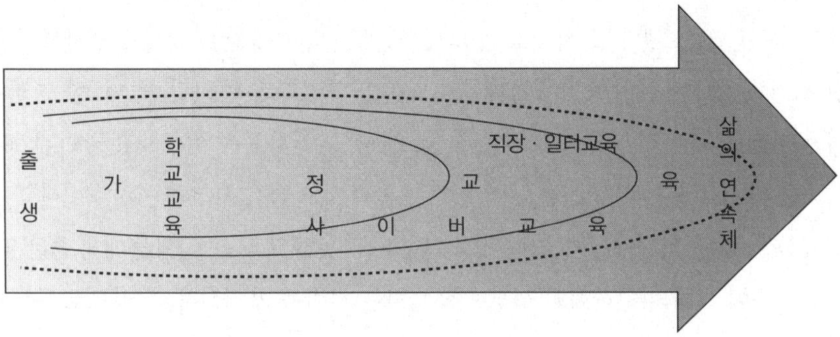

[그림 1-2] 교육 마당의 전개

2) 교육의 기본 요소

넓은 의미로 볼 때 교육은 인간의 행위 자체이며, 그것은 가르치고 배우는 사람 사이의 관계 자체다. 특히 제도화 · 형식화한 현대 사회에서 여러 가지 교육의 마당 중에서 학교교육이 차지하는 비중은 막대하다. 대부분의 인간이 학교를 통해 인격을 가다듬고 사회화 과정을 거친다. 이러한 학교교육이 이루어지기 위해서는 반드시 교육을 행하는 쪽[교육을 공급하는 측]과 교육을 받는 쪽[교육을 수요하는 측]이 있어야 한다. 즉, 교육을 실천하는 교사와 실천의 파트너인 학생이 있어야 한다는 말이다. 교사와 학생 어느 한쪽이 없다면 교육은 무의미하다. 아울러 교사와 학생 사이에서 이 둘을 연결하여 상호작용할 수 있는 매개물이 필요하다. 이런 매개물은 사회문화의 보편적이면서도 핵심적인 특성을 담고 있는 교육내용이 된다.

교육은 교육자-학습자-교육내용이 동시에 어울릴 때 적절하게 이루어진다. 어느 하나라도 결핍되면 교육은 절름발이가 되고 만다. 이 세 가지는 교육을 구성하는 기본적인 요소다. 그러기에 교육의 3요소(the three elements of education)라고 한다. 즉,

가르치는 자인 교육자, 배우는 자인 학습자, 가르침과 배움을 매개하는 교육내용이다. 달리 말하면 교사, 학생, 교재다. 이 세 가지가 교육을 성립하게 하는 필수불가결의 요소다. 교육활동은 이 3요소가 상호 실천적으로 교섭할 때 성립하며, 그 가치가 나타난다.

(1) 교육자: 교사

교사는 가르치는 일에 종사하는 사람을 통칭하는 말이다. 교사는 교육의 3요소 중에서도 교육을 주도하는 위치에 있다. 그래서 교사주도적 교육이 지배하던 때는 교육의 주체라고도 했다. 교사(teacher)라는 말에는 다음과 같은 의미가 포함되어 있다. 첫째, 국·공·사립 교육기관에 학생지도를 위하여 고용된 사람, 둘째, 한 영역에 뛰어난 자질을 갖추고 남을 가르치는 사람, 셋째, 교직과목을 이수하고 공인된 교사자격증을 가지고 있는 사람, 넷째, 어떤 내용을 가지고 남을 가르치는 사람이다.

교사는 넓은 의미에서는 어린이나 어른을 막론하고 모든 사람들에게 좋은 영향과 감화를 주어 그들의 인간적인 성장을 조성하는 사람을 가리킨다. 그러므로 무언가 남에게 영향을 미치고 있다면 교사라고 할 수도 있다. 중요한 것은 올바른 삶을 이끌어주는 사람이어야 한다. 공자나 예수, 부처, 소크라테스, 베토벤과 같은 철학가나 종교가, 예술가들은 보통사람들의 인생에 깊은 교훈을 주고 있기 때문에 인류의 교사라고도 한다.

그러나 학교교육제도가 발달한 근대 이후에 교사는 좁은 의미로 말해진다. 흔히 선생님이라고 할 때는 아동이나 학생들을 지도 편달하는 자격증을 갖춘 학교교사, 특히 초등 및 중등학교의 교사를 가리킨다.

(2) 학습자: 학생

학습자, 즉 학생은 무언가에 대해 배우고 익히는 사람을 통틀어서 말한다. 가정에서는 자녀가, 학교에서는 학생이, 기업이나 사회기관에서는 기관의 구성원이 학습자일 수 있다. 즉, 인간관계에서 배우는 위치에 있는 사람은 모두가 학습자다. 현대 사회는 급변하는 시대 추세에 따라 평생학습하는 평생교육의 시대다. 전 사회의 구성원이 학습해야 하는 학습사회다.

교육은 학습자가 성장 가능성이 있다는 전제 아래 성립한다. 성장 가능성이 없다면 학습할 필요가 없을 것이다. 그리고 학습자는 성장을 통하여 변화할 수 있다. 교육이 학습자를 바람직한 상태로 변화시킨다고 했을 때, 그 변화는 가정과 사회, 국가와 인류를 변화시킬 수 있는 원동력이 된다.

조선 시대의 유학자 이덕무(李德懋)는 『사소절士小節』 제8권 「동규童規」에서 어린이, 즉 배우는 학생의 특성을 다음과 같이 열거하였다. "어린이들은 경솔하고 수선스럽고 들뜨고 천박한 버릇이 많다. 말을 급하게 하고, 걸음을 허겁지겁 빨리 걷는다. 성품은 깨끗하고 새로운 것을 좋아하는 버릇이 있어, 스스로 그러한 것을 시험해 보려고 한다. 뛰놀기 좋아한다. 거짓말을 해서 남을 놀라게 하고, 명치 끝을 짓누르고 발목뼈를 후려치며, 바람을 일으키며 춤을 추고, 한 발로 걷고, 곤두박질하고, 남의 얼굴에 먹칠을 하고, 종이를 말아 가지고 남의 콧구멍을 쑤시는 등 애꿎은 버릇이 많다. 칼이나 송곳 같은 뾰족하고 날카로운 기구를 가지고 놀기를 좋아한다. 말하는 것이 급하다. 앉을 때 비스듬히 기대어 앉고, 오래 앉는 것을 견디어 내지 못하며, 무릎을 흔들고 손을 뒤척이고, 들떠서 항상 돌아다니려고 한다. 놀기를 좋아하고, 구속받기를 꺼려서 항상 선생님이 교실에 없기를 바란다. 책을 읽을 때, 마음이 몹시 조급하고 산만하여 선생이 가르치는 뜻을 듣기 싫어하는 경향이 있다. 거의 다 '책읽기[지식 공부]'를 싫어하고 '일하기'를 꺼려한다."

■ **이덕무**(1741~1793) 조선 시대의 문장가. 문장에 독특한 창의성이 있어 문명이 높았으나 서출이었기 때문에 높은 벼슬을 하지 못했다. 북경에 갔다 온 후 북학을 제창하였고, 박제가 · 유득공 · 이서구 등과 함께 4가(家)로 불릴 정도로 활약이 컸다.

(3) 교육내용: 교재

교육내용은 교육자와 학습자를 연결하는 매개물이다. 교육내용에는 인류가 역사 이래로 축적시켜 온 지식, 기술, 가치, 행위규범, 물질적 산물 등이 포함될 수 있다. 달리 말하면 문화를 구성하는 모든 요소가 교육내용이 될 수 있다. 다양한 문화요소를 교육하기 위해서는 핵심적인 내용을 체계적으로 구조화하고 조직화해야만 한다. 즉, 교과가 대변하는 대상세계를 포괄적이고도 정확하게 담아내야 하며, 그 내용과 활동은 논리적으로 잘 조직되어야 한다. 교육내용을 구조화 · 조직화한 것이 교과서나 교재다. 교과서나 교재에 담긴 교육내용은 배우는 학생들에게 흥미와 관심을 끌 수 있어야 하고, 수준에 맞게 치밀하게 설계되어야 한다.

교육내용은 그 자체가 본질적으로 지(智) · 덕(德) · 체(體) 또는 지(知) · 정(情) · 의(意)라는 교육목적에 기여하고 있다. 그러나 학교의 교육과정상 각각의 교과들은 나름대로의 특징을 지니고 있으며, 제각기 분담받은 교과의 역할들이 모여서 교육 본래의 기능을 종합적으로 수행한다. 예컨대 인문사회나 과학기술 관련 과목들은 언어 정보, 지적 기능, 인지 전략 등과 같이 주로 지적 측면을 담당하고, 예술이나 도덕 과목은 정서나 태도, 행동양식 등 정의적 측면을, 체육 과목은 건강이나 보건위생, 신체운동과 같은 운동기능적 측면을 담당한다. 이러한 교과를 중심으로 하는 교육내용은 제각기 고유한 특성을 지니면서 상호 협조하여 교육목적을 달성하는 데 이바지한다.

4. 교육학의 성립과 학문적 성격

1) 교육학의 성립과 발달

교육학(Pedagogy)이란 말을 처음으로 사용하여 체계화를 시도한 사람은 19세기 독일의 철학자 헤르바르트(Herbart)이다. 그는 교육학을 교육목적론과 교육방법론으로 구분하고, 교육목적을 윤리학에 두고 교육방법론은 심리학에 기초하여 교육학을 체계화하였다.

물론 그 이전에도 교육학과 관련한 내용이 문헌으로 선을 보인 적은 많았다. 철학의 한 분야로서 플라톤(Platon)의 『국가』나 아리스토텔레스(Aristoteles)의 『정치학』, 퀸틸리아누스(Quintilianus)의 『웅변교수론』 등의 저서에서는 교육문제에 관해 훌륭하게 고찰하고 있다. 그러나 교육 자체를 본격적이고 전문적으로 연구한 것은 아니었다. 르네상스와 종교개혁을 거쳐 중세적 종교의 지배로부터 벗어나게 되고, 근대국가가 탄생하고 서민계급의 교육기관이 보급되면서, 교육에 대한 전문적인 이해가 시도되었다. 이때부터 교육학이 성립할 조짐이 보였다. 17세기에 들어서면서 라트케(Rathke)의 『교수의 방법』이 소개되고, 계통적인 교수방법의 원리를 고찰한 코메니우스(Comenius)의 『대교수학』, 아동의 성장과 성격 형성의 과정을 세밀히 분석·검토한 로크(Locke)의 『교육에 관한 고찰』, 루소(Rousseau)의 『에밀』 등 교육을 본격적으로 다룬 저작들이 쏟아졌다. 이런 발달을 거듭하다가 18세기에 들어서면서 교육학이 하나의 학문체계로 인정받기에 이른다. 앞에서 언급했듯이, 인간을 '교육적 동물'로 규정한 칸트(Kant)는 1776년에서 1787년에 이르기까지 네 학기에 걸쳐 대학에서 교육학 강의를 하였고, 1779년 헬레대학의 트랩(Trapp)도 교육학 강좌를 개설하였는데, 이것이 교육학이 대학에서 강의되고 학문의 세계에서 공식적으로 인정받는 계기가 되었다.

이런 교육학의 발달에 힘입어 하나의 학문체계로 구축한 사상가가 바로 헤르바르트였다. 헤르바르트가 1806년에 지은 『일반교육학』은 교육학 분야에서 최초의 학문적 저술로 인정되고 있다. 이후 20세기에 이르기까지 교육학은 윤리학과 심리학 등의 기초과학으로부터 여러 가지 법칙을 교육에 도입하여 설명하는 응용과학의 성격을 지니고 있었다. 20세기에 들어서면서 교육학은 다윈(Darwin)의 진화론과 실험심리학 등의 발달에 힘입어 실험적·통계적 방법을 채택하게 되어, 여러 가지 측정기술 그리고 자료를 수집하여 해석하는 기술 등이 발달하였다. 또 한편으로는 문화과학·정신과학의 개념이 성립함에 따라 역사적 실증주의를 도입하여, 교육현상을 역사적 또는 사회적인 관점에서 유형화하는 연구방법이 발달하게 되었다. 또 교육현상을 사회과학의 대상으로 보려는 경향이 현저하게 나타나, 교육학을 사회과학으로 건설하려는 시도도 일어났다.

2) 교육학의 학문적 성격

헤르바르트가 교육학을 체계화한 이후 교육학의 학문적 성격에 대한 논쟁은 끊임없이 이어져 왔다. 교육학이 과연 독립적인 학문인가, 응용과학인가, 행동과학인가, 규범과학인가?

교육학을 응용과학의 입장에서 바라보는 관점은 헤르바르트가 체계화한 교육학은 엄밀히 말하면 응용과학이라고 한다. 왜냐하면 교육의 목적을 윤리학의 대상인 '도덕적 품성 도야'에 두었고, 이 도야의 방법을 심리학에서 찾았기 때문이다. 나토르프(Natorp)의 경우, 교육목적을 순전히 윤리학에만 둔 헤르바르트를 비판하면서 교육목적을 도덕, 과학, 예술의 조화로운 발전에 두고, 이를 실현하기 위해 윤리학, 논리학, 미학이 그 기초과학이 되어야 한다고 주장하였으나, 이 역시 응용과학에서 이해한 것이다.

독립과학의 입장은 교육학이 응용과학이 아니라 독자적이고 독립적인 학문 분야임을 강조한다. 뮤만(Meumann)은 교육학이 여러 가지 기초과학과 보조과학으로 성립하긴 했으나, 이 때문에 학문의 독자성이 손상되는 것은 아니라고 보았다. 또한 크리크(Krieck)는 교육의 본질이 명백하고 교육이라는 사실을 성립하게 하는 법칙과 교육과정이 뚜렷하여 독자적인 연구대상과 목적, 방법이 있기 때문에 교육학은 독립과학으로서 교육과학이라고 주장하였다.

교육학을 응용과학으로 보든 독립과학으로 보든, 분명한 점은 교육학은 교육현상을 설명하는 단위지식들의 모음으로 이루어진 학문의 한 영역이며, 이러한 교육학적 지식 역시 과학적 탐구를 통해 얻어진 결과라는 것이다. 다른 학문이 인간, 사회, 자연 중 특정한 현상에 초점을 맞춰 그것을 대상으로 과학적 탐구가 이루어진다면, 교육학은 인간 대 인간, 인간 대 사회, 인간 대 환경의 관계에서 일어나는 다면적 인간 변화과정을 분석 설명하려는 종합학문이다. 이런 교육학은 다시 하위 학문 영역을 구성하고 있는데, 연구자가 어떤 연구방법론을 채택하여 교육현상에 접근하느냐는 연구방법론 중심의 교육학과, 교육이 일어나는 상황을 분석적으로 접근한 이론체계가 있다.

연구방법론에 기준한 교육학은 교수자 혹은 공급자 중심의 교육현상 분석법으로 교육철학, 교육심리학, 교육사회학, 교육행정학, 교육공학 등이 있다. 상황에 기초한 교육학은 학습자 또는 수요자 중심의 교육현상 분석법으로 가정교육학, 학교교육학, 기업교육학, 사회교육학 등이 있다. 교육학은 전통적으로 공급자 중심의 연구방법론에 기초한 교육학, 즉 규범과학, 자연과학, 사회과학, 예술로서의 교육학 등으로 분화 · 발전되어 왔는데, 간략히 설명하면 다음과 같다.

(1) 규범과학적 성격

규범과학적 성격으로서 교육학은 다양한 인간행동에 대한 일관성 있는 판단의 기준인 규범이 교육학의 영역에서 추구된다는 의미다. 즉, 우리는 왜 교육을 하는가, 무엇이 참된 교육활동인가, 교육은 어떤 제도에 의해 이루어지는 것이 바람직한가 등 현재 이루어지고 있는 교육이 어떤 것인지 상관없이, 이상적인 교육의 본질과 그것을 가장 잘 실천해 낼 수 있는 이상적인 원리를 밝히는 학문 영역이 규범과학으로서의 교육학이다. 여기에는 교육철학, 교육윤리학, 종교교육학 등 교육의 기초와 교육사 · 교육철학이 주로 포함된다.

(2) 자연과학적 성격

자연과학적 성격으로서 교육학은 교육활동에서 계획성, 실험성, 실증성을 상정하고 있다. 계획성은 인간의 변화도 자연현상처럼 인과관계가 분명하여 의도한 행동의 변화를 만들어 낼 수 있다는 가능성이고, 실험성 · 실증성은 어떤 법칙을 증명할 수 있음을 말한다. 여기에는 교육심리학, 교육평가, 교육공학, 교육측정 등이 포함될 수 있다.

(3) 사회과학적 성격

사회과학적 성격으로서 교육학은 사회에서 이루어지는 모든 인간관계는 교육적인 의도, 즉 사회의 교육성이 내포되어 있다고 본다. 그러므로 교육의 목적과 내용은 사회적 과정을 통해 결정된다. 때문에 교육현상은 인간에 의해 창조되고 변화되기도 하며 사라지기도 한다는 교육의 인위적 질서를 전제로 하고, 시간과 공간에 따라 다르게 나타난다는 특수성과 다양성을 인정하며, 인간의 가치판단이 개입되어 있다는 가치의 함축성을 상정한다. 여기에는 교육사회학, 교육경제학, 교육행정학, 교육정치학 등이 포함된다.

(4) 예술로서의 교육학

전통적으로 예술은 '하는 것', '만드는 것', '감상하는 것', '심미적인 것' 등 감성의 작용으로 파악되어 왔다. 이는 예술을 고차원적인 것이 아닌 기술적 행위로 인식한 것이었다. 그러나 20세기 후반부터 예술을 단순한 기능적인 교과나 감상적인 차원을 넘어 지적인 교과와 대등하게 보려는 경향이 대두되었다. 이러한 관점은 지식을 중심으로 형성되고 발전되어 온 교육에 대해 새로운 영역을 제시해 주고 있다. 즉, 교육의 목적으로 미적 심성의 개발이라는 말이 가능하게 되었고, 이를 위한 교육과정과 방법의 개발이 필요하게 되었다. 예술로서의 교육학은 교육미학, 교육문학 등을 들 수 있다.

/참/고/자/료/

권대봉(2001). 평생교육의 다섯 마당. 서울: 학지사.
김경희 외(1999). 교육학. 서울: 학지사.
김영래(2003). 칸트의 교육이론. 서울: 학지사.
김정환, 강선보(1998a). 교육철학. 서울: 박영사.
김정환, 강선보(1998b). 교육학개론. 서울: 박영사.
김종서, 이영덕, 정원식(1998). 최신 교육학개론. 서울: 교육과학사.
박영환(1996). 인간과 교육. 서울: 형설출판사.
박진규, 주영흠, 남현우(1999). 교육학개론. 서울: 지선사.
신창호(2003a). 인간 왜 가르치고 배우는가. 고양: 서현사.
신창호(2003b). 교육이념으로서 홍익인간에 대한 비판적 검토. 한국교육학연구. 제9-2.
신창호(2005). 교육학개설. 고양: 서현사.
안기성(1992). 교육학개론. 서울: 학지사.
이만규(1994). 가정독본. 서울: 창작과 비평사.

이병승, 우영효, 배제현(2002). 쉽게 풀어쓴 교육학. 서울: 학지사.

이홍우(1997). 교육의 개념. 서울: 문음사.

정범모(1994). 교육과 교육학. 서울: 배영사.

정순목, 김인회(1982). 교육이란 무엇인가. 서울: 대은출판사.

홍후조(2002). 교육과정의 이해와 개발. 서울: 문음사.

/학/습/정/리/

1. 교육의 어원적 의미와 정의

교육(教育)은 한글로는 '가르치고 기르다'이고, 서양 말로는 **'에듀케이션**(education)**'** 또는 **'페다고지**(pedagogy)**'**다. 교육의 어원에는 공통적으로 아동이 지니고 있는 자연적 성장의 힘인 **잠재능력**을 교육자의 노력으로 끄집어내어, 불완전한 상태에 있는 것을 완전한 상태로 발달하게 한다는 의미가 들어 있다. 이러한 교육은 여러 학자들이 분류한 것을 토대로 규범적, 기능적, 조작적 정의로 범주화할 수 있다.

2. 교육의 필요성과 본질적 작용

인간은 왜 교육하는가? 인간은 미성숙한 상태로 출생하여 **장기간의 준비**가 필요하고, **가치를 지향**하며, **문화와 경험**을 전달하고 재획득하기 때문이다. 이렇게 인간이 교육하는 이유는 궁극적으로 **교육이념**으로 승화되는데, 교육이념은 교육을 총괄적으로 조망하여 매우 상징적으로 설정되며, 국가와 민족이 나아가야 할 방향을 제시한다. 다시 강조하면 교육은 앞 세대가 뒤 세대에게 좋은 문화나 삶의 양식, **질서나 체제**를 현상유지적으로 이어받게 하고, **인격의 조화**적 도야를 가능하게 하며, **정신문화**를 계승하게 하고, 인간을 한 사회의 성원으로서 **사회화**한다.

3. 교육의 마당과 요소

교육은 어디에서 어떻게 이루어지는가? 교육이 이루어지는 장소를 교육의 장 또는 마당이라고 한다. **교육의 마당**은 가정-학교-사회(직장)-사이버공간 등 다양하다. 이런 교육의 장을 바탕으로 누가 누구에게 무엇을 교육하는가? 교육을 이루는 가장 중요한 요소는 **교육자-학습자-교육내용**이다. 이를 교육의 3요소라고 한다. 교육은 이 세 가지 유소가 유기적인 관계를 지속할 때 적절하게 이루어진다.

4. 교육학의 성립

교육이 학문으로 성립된 것이 **교육학**(Pedagogy)인데, 이를 체계화한 사람은 헤르바르트(Herbart)이다. 그는 교육목적을 **윤리학**에 두고 교육방법론은 **심리학**에 기초하여 교육학을 체계화하였다. 교육학은 바라보는 입장에 따라 **응용과학**이기도 하고 **독립과학**이기도 하는 등 그 성격을 달리한다.

/학/습/평/가/

※ 아래 질문에 대해 설명하거나 논의하시오.

1. 어원을 통해 본 동 · 서양 교육의 차이점과 공통점을 설명하시오.
2. 인간이 교육하는 이유를 구체적 근거를 들어 논의하시오
3. 인간의 삶에서 교육이 어떤 기능을 하는지 설명하시오.
4. 오늘날 더욱 중시되는 교육의 장이 무엇인지 들고, 그 이유와 근거를 제시하시오.
5. 교육학은 다른 학문에 비해 어떤 특성을 지니고 있는지, 다른 학문의 특징적인 사례를 하나 제시하고 비교 · 설명하시오.

※ 아래 문제에 대해 정답을 고르시오.

6. 교육의 어원에 대한 설명으로 적절하지 않은 것은?

① 敎 – 교사가 회초리로 깨우쳐 줌
② Education – 잠재능력을 계발함
③ Pedagogy – 스스로 학습함
④ 가르치다 – 연마하고 고르게 함

7. 인간에게 교육이 필요한 이유로 적절하지 않은 것은?

① 출생 시 미성숙　② 가치 지향
③ 경험의 전달과 획득　④ 잠재능력의 개조

8. 교육의 3요소가 아닌 것은?

① 교사　② 학생
③ 교육내용　④ 학교

9. 다음은 교육기본법의 교육이념과 목적이다. (　) 안에 적당한 용어를 넣으시오.

교육은 ① (　　)의 이념 아래 모든 국민으로 하여금 ② (　　)을 도야하고, ③ (　　) 생활능력과 ④ (　　)으로서 필요한 자질을 갖추게 하여, 인간다운 삶을 영위하게 하고 민주국가 발전과 인류 공영의 이상을 실현하는 데 이바지함을 목적으로 한다.

/읽/을/거/리/

교육의 시작과 목적

인생의 의미는 무엇입니까? 우리는 무엇을 위해 살며, 무엇을 위해 투쟁하고 있습니까? 단지 명예를 얻기 위해서, 더 훌륭한 직업을 구하기 위해서, 더욱 능률적이 되기 위하여, 혹은 더 많은 사람들을 지배하기 위하여 교육을 받는다면 우리의 인생은 천박하고 공허해질 것입니다. 오직 과학자나, 책에 집착하는 학자나, 지식에 몰두하기만 하는 전문가가 되기 위하여 교육을 받는다면 우리는 세계를 파괴하고 비참하게 만드는 데 기여할 것입니다.

인생을 향하여 좀 더 넓고 좀 더 높은 의미가 있는데도 그것을 우리가 끝내 발견하지 못하면 교육이 무슨 가치가 있겠습니까? 아무리 좋은 최고의 교육을 받았다고 할지라도, 생각과 감정의 깊은 융화가 없는 한, 우리의 인생은 불완전하고 모순되며, 온갖 불안으로 찢겨질 것입니다. 그리고 교육이 융화된 인생관을 길러 주지 않는 한, 그 교육은 별 의미를 갖지 못할 것입니다.

현대 문명 속에서 우리는 우리의 삶을 여러 부분으로 분리하였습니다. 그리고는 교육을 특별한 기술이나 전문적인 직업을 가르치는 것 이외에는 별 의미가 없도록 만들었습니다. 개개인의 융화된 지성을 깨우게 하는 대신에, 교육은 인간을 일정한 틀 안에 적응하도록 고무하고, 그럼으로써 자신을 포괄적으로 이해하는 것을 방해하게 만들었습니다.

…… (중략) ……

교육은 단순히 마음을 훈련하는 것이 아닙니다. 훈련은 인간을 능률적으로 만들 수는 있어도 완성시키지는 못합니다. 그저 훈련되어 온 마음은 과거의 연속이며, 결코 새로운 것을 발견할 수 없습니다. 그러므로 올바른 교육을 구하기 위하여 우리는 인생의 전 의미(全意味)를 찾지 않으면 안 됩니다.

우리 대부분은 인생의 포괄적인 의미가 1차적으로 중요하지 않다고 생각합니다. 교육은 2차적인 가치를 강조하여 단지 지식의 특정한 부분에만 익숙하게 만들어 줍니다. 물론 지식과 능률은 우리의 삶에서 매우 필요합니다. 하지만 그 둘만을 지나치게 강조하는 것은 갈등과 혼란으로 이끌 뿐입니다.

야망에서 오는 능률보다 훨씬 위대한 능률이 사랑에 의한 영감을 받아 생깁니다. 인생의 융화된 의미를 가져오는 사랑이 없이, 능률은 냉혹함을 불러일으킵니다. 이러한 사실이 온 세계를 통하여 실제로 일어나고 있지 않습니까?

현대의 교육은 산업화와 전쟁에 직접 연결되어 있으며, 능률을 발달시키는 것이 1차 목적으로 되어 있습니다. 그러므로 우리는 이러한 냉혹한 경쟁과 상호 파괴의 기계 안에 갇혀 있습니다. 만일 교육이 우리에게 파괴하는 것 혹은 파괴당하는 것을 가르친다면, 그 교육은 궁극적으로 실패한 것이 아닐까요?

올바른 교육을 성취하기 위하여 우리는 분명하게 인생의 의미를 포괄적으로 이해하여야 하며, 이렇게 되기 위해서는 일관된 생각이 아니라 직접적으로 그리고 진실하게 생각할 수 있어야만 됩니다. 끊임없이 한 가지 생각만 하는 사람은 사상이 없는 사람입니다. 왜냐하면 그러한 사람은 어떤 일정한 형식에 따라 관용구를 되풀이하여 외우며, 판에 박은 듯한 생각을 하기 때문입니다. 우리는 존재를 추상적으로나 이론적으로 설명할 수 있습니다. 인생을 이해하는 것은 우리 자신을 이해하는 것이며, 그것이 교육의 시작이며 목적입니다.

– 크리슈나무르티의 『교육과 인생의 의미』 중에서 –

2장

교육의 역사적 전개

학습목표

1. 교육사 연구의 필요성을 이해한다.
2. 한국 교육의 전개과정을 시대별로 개괄적으로 이해한다.
3. 유학이 한국 교육에 미친 영향을 논의한다.
4. 조선 시대의 교육활동과 과거제도의 관계를 논의한다.
5. 서양 교육의 전개과정을 시대별로 이해한다.
6. 서양 근대 교육에서 공교육의 발달과정을 논의한다.
7. 현대 교육의 특징을 논의한다.

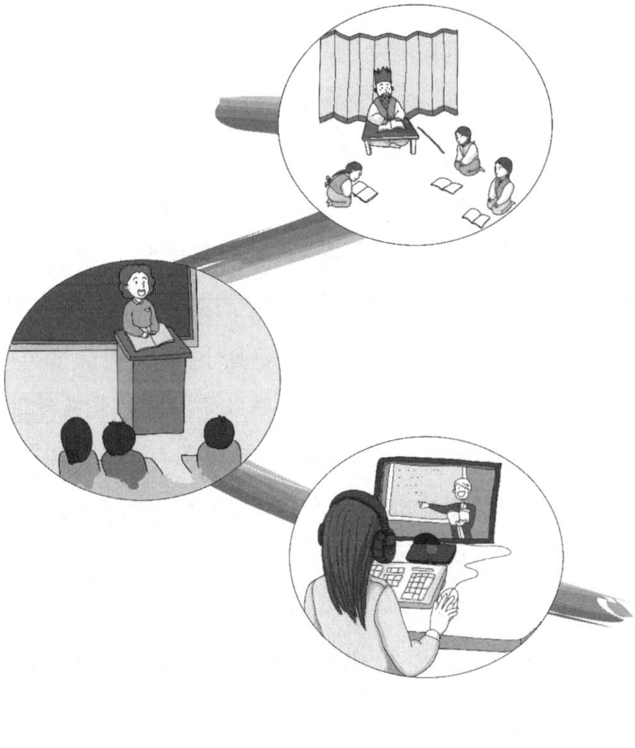

현대 우리 교육을 이해하기 위해서는 지금까지 세계의 교육이 어떻게 전개되어 왔는지, 교육의 역사를 개괄적으로 살펴보아야 한다. 먼저 한국의 교육에 관심을 갖는 사람이라면, 한국에서는 전통적으로 어떤 교육제도와 사상에 기초하여 교육이 이루어져 왔고, 그런 교육 전통은 현재 한국 교육에 어떤 영향을 미치고 있는지 확인할 필요가 있다. 다음으로 서구의 교육은 역사적으로 어떻게 흘러왔는지 고찰하고, 한국의 전통 교육과 비교 검토하여 한국 교육의 방향 정립에 참고한다. 특히 20세기 이후 현재까지 한국이 서구 교육의 절대적 영향을 받아오고 있다는 점을 고려하여, 한국 교육의 맥락을 역동적으로 고찰할 수 있는 계기로 삼는다.

1. 교육사의 개념과 연구의 필요성

1) 교육사의 개념

교육사(敎育史; history of education)는 과거에 행해지고 이루어진 교육적 행위 및 현상들을 역사적 관점에서 연구하는 학문이다. 즉, '교육의 역사' '교육에 관한 역사의 기술' '교육을 역사적으로 연구하고 기술하는 학문'이다. 다시 말하면 교육의 사실과 사상, 교육의 실제와 학설에 대하여 그 변천과 발전을 서술하는 학문이다.

■ **이만규**(1889~1978) 독립운동가, 민족주의자. 최초로 일제의 식민주의 교육사서를 철저히 비판, 극복하여 『조선교육사』를 발간하였다. 1948년 9월 월북. 주요 저서에 『가정독본』『여운형투쟁사』 등이 있다.

이만규는 『조선교육사』 서론에서 교육사를 다음과 같이 설명하고 있다. "교육사는 문명사의 일종으로서 특히 교육에 관한 역사의 기술이다. 그 범위는 교육의 일반 상황과 학제연혁 그리고 교육대가의 전기와 그들의 사상과 학설 따위를 기술하고 그 밖에 광범위한 교화사업도 포함하고 있다. 교육사는 인문(人文)의 진보를 거슬러 찾고, 사상의 변천을 연구하며, 교육사업과 교육학설의 진보 · 발전한 상태와 이유를 찾는 데 필요한 것이며, 전시대가 후시대에 또는 한 나라가 다른 나라에 주는 효과와 영향을 아는 데 필요한 것이다. 따라서 교육사는 교육학을 건설하는 데 재료를 제공해 주는 것이다. 그러므로 교육사에서 엽기적 사실이나 궤변적 학설을 호기심으로 다루어서는 안 될 것이며, 또한 완고한 보수적 사상으로 시대의 추이를 고려하지 않는 것은 우매한 일일 것이며, 한 학설을 맹신하여 완전무결한 것처럼 보는 것도 극히 삼가야 할 것이다. 교육이란 것은 백년 천년을 두고 점점 수정하여 정리해야 할 큰 공동사업이니, 한 사람이 쉽사리 좌우하여서는 안 되는 것이다. …… 교육이란 것은 인류의 생활, 사상, 정치가 그 시대를 개조하고 유지하는 것을 선전하고 돕는 사명을 가진 것이다. 그러므로 모든 역사적 사실은 교육의 배경이 되는 것이니, 교육사는 배우는 이에게 넓은 경험을 쌓는 데 가볍게 볼 수 없는 과정이다. 따라서 교육사는 교육자만 알아야 하는 것이 아니라, 배우는 자도 정도의 차이는 있을망정 알아야 할 필요성이 있는 것이다."

그렇다고 교육에 관심을 두고 연구하는 사람이 과거에 일어난 모든 교육적 행위를 고찰할 수는 없다. 교육사는 교육적 사실 중에서 교육사가(教育史家)들에 의해 취사선택되어 특별한 의미가 부여된 것을 주요 대상으로 한다. 따라서 교육사는 '과거의 교육적 행위와 현상들을 교육사가가 일정한 관점에 따라 특별한 의미를 부여하여 정리 · 분석 · 평가 · 서술한 학문' 이라고 볼 수 있다.

2) 교육사 연구의 필요성

그렇다면 우리는 왜 교육사를 연구할 필요가 있는가? 첨단 우주과학시대를 살고 있는 지금 과거의 교육적 행위와 현상이 무슨 의미가 있을까?

역사학자 카아(Carr)는 "역사란, 역사가와 사실과의 부단한 상호작용의 과정이요, 현재와 과거의 끊임없는 대화다."라고 하였다. 또한 철학자 산타야나(Santayana)는 "과거를 기억할 줄 모르는 사람은 과거를 되풀이한다."라고 하였다. 이들의 언급은 역사 연구의 가치를 잘 일러 주고 있다. 역사를 연구하는 이유는 과거에 대한 지적 호기심을 채우는 동시에 현재를 개선하여 좀 더 나은 미래를 설계하려는 뜻을 담고 있다. 따라서 우리는 교육사 연구를 통해 현재 한국의 교육문제를 해결하는 데 필요한 다양한 시야를 확보하고, 교육의 방향 정립에 기여할 수 있다.

■ E. H. Carr(1892~1982) 영국의 역사학자. 정치가. 세계적으로 유명한 『역사란 무엇인가』를 통해, 살아 있는 현재의 역사를 중시하였다.

■ J. Santayana(1863~1952) 미국의 철학자. 시인. 자연주의적 입장을 발전시킨 비판적 실재론자이다.

이런 점에서 교육사 연구의 필요성을 다음과 같이 정리할 수 있다.

첫째, 교육적 지혜와 슬기를 얻기 위해서다.

교육사는 인류가 오랜 세월에 걸쳐 겪어 온 교육적 경험과 사상을 역사적 관점에서 정리한 교육적 지혜의 보고다. 우리는 인류가 수많은 시행착오를 거쳐 축적해 놓은 삶과 교육적 경험을 매개로 하여 과거와 현재, 그리고 현재와 미래의 대화가 가능하다. 그런 대화를 통해 현재의 교육문제를 해결하고 미래를 내다볼 수 있는 지혜를 얻을 수 있다.

둘째, 교육 현실에 대한 본질적 이해를 위해서다.

현재의 다양한 교육문제는 어떤 특정한 사건에 의해 어느 날 갑자기 생겨난 것이 아니다. 과거로부터 잉태된 복잡한 원인에 의하여 발생한 것이다. 따라서 현재 교육의 본질을 이해하기 위해서는 과거로부터 지속되어 온 교육 행위와 현상을 입체적으로 파악하여 이해할 필요가 있다.

셋째, 현대 문명의 비판과 미래 사회발전의 방향을 제시하기 위해서다.

교육은 현실에 만족하지 않고 보다 나은 이상을 추구한다. 그러므로 교육을 통한 현대 문명 비판과 미래 발전을 위한 방향 제시가 요청된다.

다시 정리하면 교육사 연구는 과거의 교육적 사실과 경험을 연구함으로써 현재 교육의 이론과 실재를 이해하고, 과거 교육의 성공과 실패의 자취를 살펴봄으로써 교육에 대한 정당한 판단과 식견을 가질 수 있게 하며, 과거의 위대한 교육가의 업적을 밝혀 그 노력을 인식하여 교육자의 자각을 환기하고 신념을 고취하게 한다.

2. 한국 교육의 전개

1) 삼국시대 이전의 교육

동서양을 막론하고 고대 사회의 교육은 일상생활 속에서 거의 무의식적으로 이루어졌다. 가족과 사회집단 속에서 생활하면서 가르치고 배우고 익히는 삶이 바로 교육의 과정이었다. 대부분의 아이들은 어른들의 생활을 보고 따라하며 어른들을 닮아갔다.

20세기 최고의 교육사학자 몬로(Monroe)는 원시교육의 두드러진 특징으로 '비진보성'과 '모방'을 들었다. 즉, 원시인들은 있는 그대로의 자연환경에 순응하며 실제 생활의 필요에 따라 무의식적인 모방에 의존하다가, 점차 의식적 모방의 단계를 거쳐 정교적(政教的) 의식과 주문, 수렵, 원정, 파종, 부족의 신화와 전설 등에 관한 이론적 교육으로 이행해 갔다고 설명한다. 인간의 의식이 높아지고 문화가 발달하면서 점차 의식적인 훈련 형태의 교육이 나타나게 되었다는 말이다. 다시 말하면 사회생활이 조직화되고, 그 구성원에게 요구되는 자질이 새롭게 대두되면서 성년식과 같은 공적인 교육과정이 생겨났다는 것이다.

(1) 건국신화와 교육

잘 알려져 있듯이 우리나라의 건국신화는 단군신화다. 이는 일연의 『삼국유사(三國遺事)』에 전해 온다. 신화는 단순히 신들의 이야기가 아니라, 사실적인 역사 기록으로, 이전 시대에 살았던 인류가 의식하고 사고하였던 방법과 그 내용을 전해 준다. 그러므로 우리는 단군신화를 통해서 고대 우리 민족의 사유방식과 삶의 이념을 추적할 수 있다. 이것은 우리 민족의 전통적인 교육이념을 이해하는 데 매우 중요하다.

단군신화에는 다른 민족의 건국신화에는 찾아보기 어려운 우리 민족의 고유한 정서와 사유방식이 담겨 있다.

첫째, 천신(天神)의 아들인 환웅과 웅녀의 결합이라는 차원에서 하늘과 땅의 만남, 즉 천지의 화합 혹은 음양의 조화를 보여 준다.

둘째, 환웅이 인간 세상을 다스리기를 소망했다는 점에서 현세지향적 세계관을 반영하고 있다.

셋째, 범과 곰이 굴에서 생활하면서 참아 내야 하는 금기를 통해 극기하고 인내하는 인간상을 추구하였음을 볼 수 있다.

넷째, '널리 인간세상을 이롭게 한다.'는 홍익인간(弘益人間)의 가치관을 통해서 개인보다는 보다 큰 나와 다른 사람을 생각하는 이타적 정신을 엿볼 수 있다. 이 홍익인간의 이념은 민족정신으로 면면이 계승되어 대한민국 정부 수립과 더불어 우리나라의 교육이념이 되었다.

(2) 성년식과 교육

성년식은 청소년기에 접어든 젊은이들이 공적인 시험의 과정을 거쳐 성인의 자질과 자격을 공인받는 의식이다. 고대의 성년식은 대개 종교적인 의식과 함께 이루어졌으며, 젊은이들에게 신체적인 고통을 가하여 시련을 이겨내게 하였다. 성년식은 고대 사회 대부분의 부족에게서 행해졌던 것으로 그 형식은 다양하다.

우리나라 고대의 성년식에 관한 기록은 『삼국지』「위서」 동이전과 『후한서』「동이전」에 아주 짧게 전해 오는데, 그 내용은 유사하다. "나라에서 성곽을 쌓을 때, 장정들이 필요하여 젊고 용감한 청소년들을 모아 등가죽에 구멍을 내고 새끼줄을 꿰어 그 줄에 큰 나무를 매달아서 하루 종일 환호하면서 힘을 써도 아프지 않다고 하였는데, 이를 실천하여 건강해졌다."

성년식은 여러 가지 교육적 의의를 갖는다.

첫째, 성년식에는 도덕·정치교육적 의미가 들어 있다. 성년식을 치르는 동안 청소년들은 고통을 견디고, 어른들에게 복종함으로써 인내와 존경을 배운다. 동시에 어른들은 성년식을 통해 자신들의 권위를 높이고, 사회의 질서와 체제를 유지하였다.

둘째, 성년식에는 실용교육이 포함된다. 성년식을 통해 청소년들은 실생활에 필요한 여러 가지 지식과 기술을 습득하고, 부족을 보호하고 전쟁을 수행하는 데 필요한 능력도 익힐 수 있었다.

셋째, 성년식에는 종교교육의 의미가 스며 있다. 고대 사회의 생활양식은 토테미즘과 애니미즘 등 무속적이며 종교적이었다. 종교는 부족의 구성원들이 공통된 가치관과 신념체계로 결속될 수 있는 구심점이었다. 성년식은 바로 이러한 부족 고유의 종교적 의식으로 행해졌다.

2) 삼국시대의 교육

고구려 · 백제 · 신라가 고대국가적인 형태를 이루어 본격적으로 발전한 시기는 대략 4~7세기 무렵이다. 이 시기에는 유학과 불교가 유입되어 전통적인 무속신앙과 낭가사상이 조화를 이루면서 정치와 교육, 문화 전반에 큰 영향을 주었다. 물론 삼국시대 초기에는 고조선 시대와 마찬가지로, 형식교육인 학교교육이 이루어졌다는 기록은 없다. 다만 고구려 초기에 문자를 사용했다는 기록은 볼 수 있다. 문자의 사용은 유학의 보급과 함께 학교교육의 발전을 가져온 계기가 되었고, 불교는 전통신앙과 결부되어 우리 민족의 생활과 의식 전반에 영향을 미쳐 토착신앙으로 자리잡았다.

(1) 문자의 사용과 유학 · 불교의 전래

문자의 사용은 공식적인 제도교육인 학교교육을 성립시키는 기본 요건이다. 문자는 인류의 경험들을 기록으로 남겨 축적하고 직접 경험하지 않은 내용도 인식할 수 있게 한다. 즉, 문자의 전파와 사용으로 인해 인류의 문화가 축적되고 의도적이고 전문적인 교육이 체계적으로 이루어지게 되었다. 삼국은 모두 문자를 사용하였는데, 중국에서 전래된 한자(漢字)와 한자로 기록된 유학의 이념은 삼국의 교육을 발전시키는 모태가 되었다.

유학은 자기를 먼저 닦고 남을 다스리는 수기치인(修己治人)을 기본 이념으로 하여 인의예지(仁義禮智)를 실현하려는 공자(孔子)의 가르침이다. 이런 가르침은 『천자문』이나 『논어』 『맹자』나 오경(五經) 등에 잘 담겨 있다. 유학이 도입되고 이를 생활 속에서 실천하기 위해서는 이를 가르치고 배울 교육기관의 필요성이 절실하였다. 요컨대 유학은 삼국시대에 학교의 설립과 발달을 촉진시켰으며, 이후 한국 교육에 지대한 영향을 미쳤다.

■ **공자**(B.C 552~B.C 479)
중국 고대 춘추시대의 학자. 유학의 창시자로 인(仁)사상을 주장하였다.

■ **오경**
시경, 서경, 역경, 예기, 춘추의 다섯 가지 경전으로 유학의 기본 사상을 담고 있다.

불교는 석가모니, 즉 부처의 설법에 따라 깨달음을 얻고 열반에 들 것을 목적으로 하는 종교다. 부처의 설법은 세상의 모든 존재가 덧없다는 실상론(實相論)과 모든 존재는 인과율에 의하여 생성소멸한다는 연기론(緣起論)을 기반으로 하고 있다. 그리하여 인생을 고통의 바다로 보고 집착과 욕망을 버림으로써 일체의 번뇌와 고통에서 해탈하도록 가르친다. 이런 불교는 우리나라에 전해져 우리 민족의 고유사상들과 습합되면서 수용되었다. 특히 불교는 대중 교화에 힘을 써서, 고대 신분제 사회에서 지위의 고하를 막론하고 누구나 불교의 가르침을 들을 수 있게 하였다.

(2) 고구려의 교육

역사 기록으로 볼 때, 고구려에는 태학(太學)과 경당(扃堂)이라는 두 종류의 교육기관이 있었다. 태학은 소수림왕 2년(372)에 설립된 우리나라 최초의 관학이며 고등교육기관이다. 『삼국사기』에는 "태학을 세워 자제를 교육했다."라고만 기록되어 있어 그 자세한 모습은 알 수 없다. 중국의 교육제도를 모방한 것으로 추측해 본다면, 귀족의 자제들을 대상으로 오경과 삼사(三史) 등 유학을 가르쳐 국가의 관리를 양성했던 것 같다.

그리고 경당은 언제 설립하였는지 분명하지는 않으나, 일반 서민들을 대상으로 한 사설 교육기관이다. 『구당서(舊唐書)』 『신당서(新唐書)』의 기록으로 볼 때, 경당은 큰 마을마다 설립되었으며, 미혼의 자제들이 모여 오경과 삼사, 삼국지, 진춘추 등의 경서와 사서들을 읽고 활쏘기를 익혔다고 한다.

(3) 백제의 교육

아직까지 백제의 교육에 관한 구체적 기록은 발견되지 않고 있다. 백제의 교육은 중국과 일본의 관계를 통해 그 대강을 알 수 있다. 백제는 일찍부터 중국과 교섭이 잦았으며, 교육을 담당하는 관직인 박사(博士)제도를 두었다. 백제에는 오경(五經) 박사, 모시(毛詩) 박사, 의(醫) 박사 등 분야별 전문 박사가 있었으며, 이들이 자주 일본에 초빙되어 갔다. 박사 왕인이 『천자문』과 『논어』를 일본에 전했다고 하는데, 그것이 고구려에 태학이 설립되기 87년 전인 285년인 것으로 보아, 백제의 교육 수준이 매우 높았음을 짐작할 수 있다.

(4) 신라의 교육

신라에서도 초기부터 한자를 사용하고 유학이 행해졌다고 본다. 그러나 지리적 조건으로 보아 고구려나 백제에 비하여 중국 문화의 수입이 다소 늦어진 것 같다. 삼국통일이 될 때까지는 27대 선덕왕 9년(640)에야 비로소 자제를 당나라에 파견하여 국학에 입학시켰다는 기록이 있을 뿐, 학교교육에 관한 기록은 없다. 대신 삼국통일 이전까지는 화랑도라는 고유한 제도를 통해 교육이 이루어졌다.

화랑도는 진흥왕 때 체제를 갖춘 것으로 판단된다. 화랑도의 이념은 최치원의 난랑비 서문에 잘 나타나 있다. 최치원은 예로부터 우리나라에 전해 오는 풍류(風流)가 있는데, 그것은 유(儒)·불(佛)·선(仙) 삼교를 포함한 현묘한 도라고 하였다. 화랑도는 바로 풍류를 근본정신으로 하였으므로 유학의 충효사상, 선교의 말하지 않고 묵묵히 실천함, 불교의 악한 것을 금하고 착한 것을 실천하는 사상을 포함하고 있었다.

화랑도는 공식적인 교육기관은 아니었으나, 다음과 같은 교육적 양식을 지니고서 나름대로 체계적인 교육을 실천하였다.

첫째, 집단생활을 통해 무술의 기초와 도의를 연마하는 데 힘썼다.

둘째, 정서 도야에 필요한 시와 춤과 음악을 가르쳤다.

셋째, 명산대천을 두루 다니며 심신을 단련하고 호연지기를 길렀다.

신라는 삼국통일 이후, 신문왕 2년(682)에야 당나라의 국자감을 모방하여 국가 최고 교육기관인 국학을 설립하였다. 국학(國學)은 유학을 연구하고 관리를 양성하는 것을 목적으로 하였으며, 주로 6두품 출신의 귀족 자제들이 수학하였다. 교육과정은 유학의 기본 경전인 『논어』와 『효경』을 필수과목으로 하고, 수준에 따라 오경을 비롯한 여러 과목을 선택적으로 공부할 수 있게 하였다. 그리고 국학에서는 공자와 그 제자들의 화상을 들여와 문묘제도를 시행하였다. 또한 의(醫) 박사, 산(算) 박사 등을 두어 기술 교과도 가르쳤다. 원성왕 4년(788)에는 독서삼품과(讀書三品科)를 설치하여 인재 등용의 방법으로 삼았다.

■ **문묘**
공자를 모신 사당. 성균관에는 제사 기능과 교육 기능이 있는데, 문묘는 제사 기능에 해당한다.

■ **독서삼품과**
독서의 수준에 따라 상·중·하 세 등급으로 나누어 관리를 선발하던 제도. 이는 인재등용의 방법이 실력 본위의 제도로 전환함을 의미한다.

(5) 주요 교육사상가

삼국시대에는 불교가 융성하여 고승들이 속출하였고, 이들이 교육에 큰 영향을 미쳤다. 또한 국가에서 학교를 세워 유학을 장려하였으므로 뛰어난 관료 유학자가 양산되었는데, 이들이 활약이 돋보였다.

유명한 교육사상가들로 원광, 강수, 원효, 설총 등이 있는데, 이들은 모두 신라인이다. 고구려와 백제에도 훌륭한 교육사상가들이 있었을 것으로 추측되지만, 아쉽게도 역사 기록에서 찾기 힘들다.

원광은 유학과 선교, 불교를 두루 섭렵하고 중국에 유학하여 이름이 드높았다. 학문과 덕망이 높아 신라인들의 존경을 받았으며, 불교의 계율을 토대로 세속오계(世俗五戒)를 만들어 당시 국민교육과 생활윤리의 지표가 되었다.

■ **세속오계**
원광법사가 세속의 선비들이 지켜야 할 계율로 만들었다. 사군이충(事君以忠), 사친이효(事親以孝), 교우이신(交友以信), 살생유택(殺生有擇), 임전무퇴(臨戰無退)의 다섯 가지 계율이다.

강수는 불교를 세상의 의리를 벗어나는 도라고 비판하면서, 유학의 도를 배워 당대 제일의 문장가가 되었으며, 외교문서 작성에 능하였다고 한다.

원효는 한국이 낳은 가장 위대한 종교사상가이며 세계적인 철학자다. 특히 스스로 인격 완성과 민중 교화를 통한 불교의 세속화에 공헌하면서 교육실천가다운 면모를 보여 주었다.

설총은 원효와 요석 공주 사이에서 태어난 사람으로 불교와 유학을 두루 섭렵하고, 국학의 박사로서 이두로 경서를 풀어 가르쳤다고 한다. 특히 신문왕에게 지어올린 '화왕계' 는 군왕 교육의 새로운 면모를 보여 주었다.

3) 고려 시대의 교육

고려 시대는 상당 기간 동안 유학과 불교가 큰 마찰 없이 공존하였다. 국가에서는 불교를 장려하여 과거시험에도 승과를 두었다. 불교는 국가에서 장려하기도 했지만 백성들의 의식을 지배하고 있었고, 유학은 제도적인 교육을 이끌고 있었다. 즉, 고려인들은 불교의 정신으로 일상적인 생활을 가다듬으면서도 정치적으로는 유학의 이념을 따랐다. 그리하여 서민들의 일상생활 속에는 불교의 영향이 지대했던 반면, 정치적 지도자를 양성하려고 했던 제도교육에서는 유학이 지배하였다. 특히 안향에 의해 전래된 주자학은 고려 말 유학 발흥의 기운을 타고 새로운 정치 · 교육철학으로 등장하였다.

(1) 교육제도

고려의 학교제도는 중앙에 국자감과 학당이 있었고, 지방에 향교가 있었다. 그리고 사학으로는 중앙에 십이도와 지방에 서당이 있었다.

① 관학

국자감은 고려의 최고 교육기관으로 성종 11년(992)에 창건되었다. 당의 국자감제도를 본뜬 것으로 인재 양성과 관리 등용에 대비하였다. 일종의 종합대학으로 문묘를 설치하고, 6학으로 조직 · 편성하였는데, 국자학, 태학, 사문학은 모두 경학을 전공하고, 율학, 서학, 산학은 잡학으로서 모두 해당 관청의 기술학을 익혔다. 신분에 따라 교육하였는데, 잡학은 서민의 자제도 입학이 허가되었다.

학당은 원종 2년(1261)에 개경에 설치하였는데, 문묘가 없고, 학생을 강학하는 교육 기능만 있었다. 국자감보다 낮은 수준의 교육이 행해졌다.

향교는 인종 5년(1127)에 각 지방에 본격적으로 설치하였다. 향교는 문묘를 설치하여 교육과 제사 기능을 겸비하였는데, 향교의 교관은 중앙에서 파견하였으나 점차 지방에서 직접 충당하였다.

② 사학

십이도는 개경에 설립된 12개의 사립 고등교육기관이다. 십이도는 문종 7년(1053)에 최충이 사재로 학교를 짓고, 9경 3사와 제술을 가르친 데서 비롯된다. 이 시기에는 국자감과 향교가 교육적 기능을 제대로 하지 못했고, 아직 학당은 설립되지 않았다.

서당에 관해서는 인종 2년(1124) 송나라 사신으로 고려에 왔던 서긍이 쓴 『고려도경』에 잘 나타나 있다. "마을 거리에는 경관과 서사가 두세 개씩 서로 마주보고 있으며, 민간의 미혼 자제가 무리로 모여 선생에게 경서를 배우고, 조금 성장하면 저희들끼리 벗을 택하여 절간으로 가서 공부한다. 아래로 서인이나 아주 어린아이까지도 역시 마을의 선생에게 배운다." 이러한 기록으로 보아 전국 곳곳에서 서당이 매우 성행했음을 알 수 있다.

(2) 과거제도와 교육

과거제도는 고려 4대 광종 9년(958)에 후주인 쌍기의 건의로 실시하였다. 주요 목적은 유능한 인재의 등용에 있었는데, 보통사람이면 누구나 시험을 볼 수 있었다. 과거에는 제술업(製述業), 명경업(明經業), 잡업(雜業)의 세 종류가 있었다. 시(詩) · 부(賦) · 송(頌) 등 문예(문장)를 시험하는 제술업과, 유학의 경전을 시험하는 명경업은 양대업이라고 하여 문관의 등용 시험이었으며, 잡업은 기술 기능에 관한 기술관의 등용 시험이었다.

과거는 국가의 관리를 선발하는 제도일 뿐만 아니라 교육제도와 연계되어 있었는데, 과거시험의 내용이 바로 학교교육의 과정이었다. 이런 측면에서는 교육의 발달을 촉진시키기도 했으나, 시험에 의한 관리등용제도가 정착되어 가면서 교육이 출세를 위한 수단이 되는 등 부작용이 드러나기도 하였다.

(3) 고려의 교육사상가

고려 시대는 유학과 불교가 비교적 자유롭게 공존하면서 발전되었으므로 뛰어난 유학자와 고승들이 많이 나왔다.

최충은 십이도의 선구자로 해동공자라고도 한다. 특히 문헌공도를 설립하여 교육하였고, 교육의 본질을 유학이 추구하는 성인(聖人)의 도로 삼았다.

지눌은 당시 승려들이 불교의 수련보다는 명리를 추구하는 데 빠져 있는 것을 보고 참된 구도의 자세를 지닐 것을 역설하였다. 그리하여 불교의 진리인 선(禪)과 교(敎)가 둘이 아님을 주장하여, 선교일치를 주장하였다. 특히 교육의 본질을 불교에서의 돈오(頓悟)인 자각에 두었다.

■ 돈오
몰록 깨침 혹은 담박 깨달음이다.

안향은 중국의 원나라에서 주자학을 도입하여 우리나라 주자학의 터전을 닦았다. 특히 교육의 목적을 인재 양성에 두고, 국학의 재건을 위하여 일종의 장학기금인 섬학전을 설치하였다.

이색은 문무를 겸비한 인재를 강조하여 과거제도에 무과를 둘 것을 주장하였다.

정몽주는 성리학을 깊이 연구하여 철학의 기초를 주자학에 두었으며, 교육이념도 주자학에 충실하여 우리나라 성리학의 비조가 되었다.

4) 조선 시대의 교육

조선 시대는 유학이 국가 교육의 이데올로기로 확립되면서, 유학 중심의 교육이 지배하였다. 초기에는 성리학에 입각한 윤리철학을 교육철학으로 하였고, 후기에는 실용적 · 실제적 사고가 교육사상으로 대두하였다. 유학은 선량한 마음을 가지고 타고난 본성을 잘 기르는 존양(存養)과 도리를 궁구하여 지식을 확실하게 연마하는 궁리(窮理)를 중시하였다.

유학교육의 목적은 윤리도덕에 중점을 두어 착한 사람을 양성하는 데 있었는데, 그 궁극적 목적은 성현(聖賢)의 자리에 도달하는 것이었다. 교육방법은 성현이 하던 일을 본받아 실천하는 데 있었고, 교육내용은 『소학』과 사서(四書) 및 오경(五經)이었다. 특히 우리글인 훈민정음이 제정 · 공포되면서부터는 서민교육이 서서히 확대되기 시작하였다.

■ 사서
논어(論語), 맹자(孟子), 대학(大學), 중용(中庸)을 말한다. 특히 주자가 사서를 확립하여 조선 시대에 유행하였다.

(1) 교육제도

① 관학

조선 시대 국가의 최고 교육기관은 성균관(成均館)이다. 성균관에는 여러 가지 부속건물이 있었는데, 특히 문묘와 명륜당을 중심으로 제사와 교육 기능을 겸비하였다. 교육의 목적은 고급 관리를 배출하는 일이었고, 입학자격은 과거시험의 소과에 합격한 생원과 진사를 원칙으로 하였다.

왕족의 자제들을 교육시키기 위해 세종 11년에는 종학(宗學)을 설립하였다.

사부학당(四學)은 중등수준의 교육기관으로 서울에 설치하였고, 지방에는 향교를 설치하여 인재를 양성하였다. 지금의 실업교육에 해당하는 잡과교육도 있었는데, 각기 소속된 관아에서 교육을 담당하였다.

② 사학

조선 시대에는 관료제도가 발달하면서 교육의 수요가 더욱 증가하여 사학도 발달하고 번창하였다. 대표적인 사학으로는 서원과 서당이 있다.

서원은 조선 초부터 시작된 새로운 교육기관이다. 서원은 선현을 존숭하고 교육하려는 두 가지 목적을 지니고 있었다. 즉, 학덕이 높은 선현을 제사하고 그 학덕을 본받고 계승한다는 윤리적 측면과, 그 학통을 따라 교육한다는 교육적 측면을 지니고 있었다. 그러면서도 현실적으로는 과거 준비를 위한 교육이 이루어지면서 여러 가지 병폐를 낳기도 하였으나, 날로 발전하자 국가에서도 인정해 주어 풍기군수 주세붕이 세운 백운동 서원은 최초의 사액서원이 되기도 하였다.

■ 사액서원
임금이 이름을 지어 주고 서적과 노비, 토지 등을 하사한 서원을 말한다.

서당은 범계급적인 초등수준의 교육기관으로 규모와 수준, 성격이 매우 다양하였다. 대개의 경우, 사학과 향교에 입학할 수 있는 수준의 교육을 하였고, 서민의 문자교육과 마을의 도덕적 기풍 진작 등 교화 기능을 지니고 있었다.

(2) 과거제도와 학교교육

조선 시대의 과거제도는 고려의 과거제도를 이어서 발전시켰다. 과거제도는 문과, 무과, 잡과의 세 가지로 구분되어 시행되었다. 시험은 초시, 복시, 전시의 3회로 나누어서 행하여졌는데, 정기적으로 보는 식년시와 경사가 있을 때 보는 특별시가 있었다.

생진과는 소과라고도 하는데, 합격자는 성균관에 입학할 수 있는 자격과 하급문관에 등용될 수 있었고, 문과의 응시자격을 부여하였다.

문과는 고급문관의 등용 자격시험으로 대과라고 하며, 오늘날의 고등고시와 비슷하다.

무과는 용호방이라고도 하며, 소과와 대과의 구분이 없이 단일과다.

잡과는 기술직의 관리 등용 자격시험으로, 잡직에 근무하는 중인 계급의 자제를 대상으로 응시케 하였다.

(3) 교육법규

조선 시대는 교육기관이 발달하면서 다양한 **교육법규**가 나타났다. 특히 다음과 같은 교육 관련 법규가 유명하다.

① 학경: 학교교육에서 학생들의 일과, 성적, 벌칙 등을 규정한 규칙이다.

② 권학사목: 소학을 교육의 기초로 하여 생원시 등에 소학을 시험과목으로 부과하자는 규칙으로 권근이 주장하였다.

③ 향학사목: 사학 교사를 관학에 채용하는 것과 아동을 강제로 관학에 옮기는 일이 없도록 규정한 법규다.

④ 구재학규: 과목에 대한 진급과 학습할 과목 순서를 정해 놓은 것으로 학과를 9개로 편성하였다.

⑤ 경외학규절목: 교사의 채용, 교과목 입학, 성적고사, 상벌 등에 관한 학규다.

⑥ 학교사목: 교사와 학생에 관한 인사문제를 규정한 학규로 율곡 이이를 시켜 제정한 것이다.

⑦ 학교모범: 학생 수양에 관한 가장 상세하고 구체적인 훈규로 율곡 이이가 썼다.

⑧ 원점절목: 성적을 점수로 평정한 것이다.

⑨ 학교절목: 신입생, 결석생, 학과, 자격 등에 관한 규제다.

(4) 성리학적 교육사상가

조선 시대는 유학의 황금시대인 만큼 유명한 교육사상가들이 많이 배출되었다. 대부분이 주자학을 신봉한 교육사상가들이었다. 대표적인 학자로 이황과 이이를 들 수 있다.

이황은 성리학적 도덕인의 양성을 교육이념으로 삼았다. 특히 주자의 이기이원론(理氣二元論)을 발전시켜 **이기호발설**(理氣互發說)이란 새로운 유학의 분야를 개척하였다. 앎과 실제, 즉 이론과 실천을 통일하여 철두철미하게 지식을 생활화하는 자기 성찰과 수양의 원리로 경(敬)을 제시하였다.

■ **이기**
이(理)는 음양오행의 변화와 생성을 주재하는 이치로 형이상자(形而上者)를 가리키고, 기(氣)는 만물을 생성하는 질료적인 것으로 형이하자(形而下者)를 가리킨다.

■ **이기호발설**
이도 발하고 기도 발한다는 이황의 성리학이론이다.

■ 기발이승일도설
이황의 이기호발설에 대해 이가 발하는 것을 부정하고 기가 발하고 리가 기를 타고 있다고 보는 이이의 학설이다.

■ 이통기국론
이의 보편성과 기의 국한성을 설명하는 이이의 이론이다.

이이는 주자의 이기론(理氣論)을 기발리승일도설(氣發理乘一途說)로 발전시켜 이통기국론(理通氣局論)을 주장하였다. "교화를 베푸는 방법은 학교가 으뜸이다."라고 하여 학교교육을 매우 중시하였다. 특히 입지(立志)와 성(誠)을 교육의 기본으로 보았다.

(5) 실용 · 실제를 중시한 사상가와 교육

임진왜란을 기점으로 조선 후기에 들어서면, 기존의 유학에 대한 반성이 일어나면서 실용과 실제를 중시하는 새로운 유학이 대두하였다. 이들은 조선 전기의 성리학자들과 달리 교육의 기회균등을 주장하고, 인간의 개인차를 인정하며, 능력에 의한 교육을 주장하였다. 또한 공교육의 필요성과 단계적인 학제를 주장하고, 중국 중심의 사대주의적 학풍을 비판하면서 교육과정의 개혁을 주장하였다.

실용과 실제를 중시하는 새로운 유학은 제도 개혁에 치중하는 경세치용학파로 반계 유형원과 성호 이익이 있고, 상공업 및 생산기술에 관한 연구와 그 혁신에 치중하는 이용후생학파로 연암 박지원을 들 수 있으며, 경서, 금석 등의 고증에 치중하는 실사구시학파로 추사 김정희를 들 수 있다.

유형원은 신분과 직업의 세습제 철폐를 주장하며 능력주의를 중시하였고, 이익은 지행합일을 소중히 여기는 실천주의를 강조하였다. 박지원은 민족의 주체성과 인간의 존엄성을 강조하였고, 정약용은 자기수양을 통해 능력을 닦고 이것으로 천하 국가를 위하여 실천궁행할 수 있는 사람을 양성하고자 하였다.

이와 같이 조선 후기 유학인 실용 · 실제적 학문의 교육이념은 실제 행해지지는 못했다 하더라도, 우리나라 교육의 근대화와 교육개혁, 민족 주체의식의 보급 등 이후의 교육에 일정한 영향을 미쳤다.

5) 근대 개화기의 교육

19세기 후반 들어 조선 사회는 급격한 변화를 겪게 된다. 1876년 일본과 체결한 한일수호조규, 이른바 강화도조약을 시작으로 당시 조선은 서양의 여러 나라들과 통상수호조약을 맺고 개화기를 맞이하게 되었다. 이 시기 우리나라의 근대 교육은 크게 세 갈래로 나누어 전개된다. 하나는 정부 주도의 교육개혁이고, 두 번째는 민족 선각자들에 의한 교육구국운동이며, 세 번째는 서양 선교사들에 의한 교육운동의 전개다.

(1) 정부 주도의 교육개혁

새로운 문화를 수용하기 위한 정부의 노력은 일본과 청나라에 수신사나 신사유람단, 영선사 등을 파견하는 방식으로 이루어졌다. 또한 동문학이나 육영공원 등을 통해 외국어와 새로운 문물과 지식을 가르쳤다. 특히 고종은 1895년 「교육입국조서」를 발표하여 덕을 기를 것[德養], 몸을 기를 것[體養], 지식을 기를 것[知養]의 삼양(三養)에 힘쓸 것을 강력히 주장하였다. 즉, 국민으로서 기본 교양교육과 실제 생활에 필요한 실용교육에 힘쓸 것을 강조하였다. 그리하여 학무아문을 중심으로 소학교, 중학교, 사범학교, 외국어학교, 실업학교 등을 설립하고, 교과서를 편찬하여 본격적인 근대 학교교육을 시행하려고 하였다. 그러나 1905년 일제가 **통감부**를 설치한 후, 교육통제가 강화되고 일제 강점기가 시작되면서 정부 주도의 교육개혁 노력은 빛을 잃게 되었다.

■ **교육입국조서**
1895년 고종이 경전 중심의 교육을 지양하고 근대 교육이념의 교과를 지향하며 내린 조서. 교육의 3대 강령을 제시하여 교육구국운동의 기치를 내세웠다.

■ **통감부**
1905년 을사보호조약 이후 1910년 8월까지 일제가 우리나라를 침략하기 위해 서울에 두었던 기관. 조선 총독부의 전신이다.

(2) 민족 선각자들의 교육구국운동

민족 선각자들의 국권회복운동은 사회단체 결성, 언론기관 설립, 학회와 학교의 설립 등 다양한 측면에서 전개되었다. 이 중에서도 학교의 설립은 국권 회복을 위한 일꾼의 양성에 주목적을 두고, 전전한 인격과 건강한 신체의 함양에 역점을 두었다. 그 결과, 민족의식을 고취하고 애국사상을 함양한 애국청년들을 중심으로 항일운동의 근거지 역할을 하기도 하였다.

민족 선각자들이 세운 학교로는 최초의 근대식 학교인 원산학사, 홍화학교, 을미의숙, 보성학교 등이 있다. 특히 1907년에 설립한 안창호의 대성학교와 이승훈의 오산학교 등은 민족의식과 독립정신을 고취한 대표적인 학교다.

(3) 서양 선교사들의 교육활동

조선에서 서양 선교사들의 교육활동은 1884년 선교사 매클레이(Macley)가 고종을 알현하고 교육과 의료사업 허락을 받고 난 후부터 이루어졌다. 알렌(Allen)은 1885년 광혜원을 세워 최초로 서양식 의료기술을 전파하였고, 아펜젤러(Appenzeller)는 1885년 배제학당을 설립하였다. 스크랜토(Scranton) 부인은 1886년 우리나라 최초의 여학교인 이화학당을 열었다. 이렇게 하여 1910년까지 선교사들이 설립한 학교는 800여 개교에 달한다.

선교사들의 교육활동은 서구의 근대적인 교육제도를 도입하고, 서구식 민주주의 이념에 입각한 교육의 기회균등사상을 보급하는 데 기여하였다.

6) 일제 강점기의 교육

일제가 조선의 교육에 본격적으로 개입하기 시작한 것은 1904년 일본인 고문인 시데하라가 학정 참여관으로 부임하면서부터다. 시데하라는 조선의 아동들이 사용할 교과서를 편찬하고, 일본인 교사를 채용하도록 하며, 각급 학교의 명칭을 변경토록 하는 등 조선 교육에 깊이 개입하였다. 특히 1906년 통감부가 설치되면서 일본은 조선을 완전한 식민지로 만들기 위한 갖가지 시책을 추진하였다. 학제를 전면적으로 개편하여 식민지화 교육을 도모하고, 조선인은 고등교육을 받을 수 없도록 고등교육기관 설립을 불허하였으며, 대신 실업학교를 두어 실업 기능인 양성에 주력하였다. 뿐만 아니라 동화정책의 일환으로 일본어 교육을 강화하고 일본인 교원을 다수 배치하여 친일교육을 실시하면서 학교 운영에도 관여하기 시작하였다.

1910년 한일합방을 공포하고 조선총독부를 두어 무단통치를 강행하면서, 1911년 조선교육령을 제시하였다. 조선교육령은 조선의 교육을 법에 의해 공식적으로 통제한 식민지 교육의 확립이었다. 그것은 조선인 교육은 충량한 국민 육성을 목적으로 한다는 법령이었다. 특히 한국인의 교육기간을 단축하고 초등교육에 치중하게 하고, 중등교육에서는 실업교육을 강화하는 등 우민화를 꾀하였다. 나아가 일본어교육을 강화하고, 교과서 내용을 통제하며, 조선의 학생들을 감시하고, 민족운동의 온상인 사립학교를 탄압하였다.

1919년 3 · 1운동 이후 약간의 변화가 있기는 했으나, 본질적으로는 여전히 민족교육을 탄압하고 일제 식민지 교육을 강화하는 방향으로 전개되었다.

일제 식민지 교육은 근대 개화기 교육이 추구했던 교육개혁들을 억압하면서, 조선의 문화적 전통을 급격히 단절시켜 민족문화의 계속적인 발전을 꾀하지 못하게 만들었다. 더욱이 서구 문화는 침략적 제국주의 문화로 왜곡되어 근대화의 기반을 형성하는 데 큰 타격을 주었다.

7) 해방 후 현대 교육

1945년 일제로부터 해방된 우리나라는 38선을 경계로 이북은 소련이, 이남은 미국이 다스리게 되었다.

미군정청의 학무국은 한국인 7명으로 구성된 자문기관으로 '한국교육위원회'를 조직하여 교육문제 전반에 대한 심의와 결정을 하였다. 특히 일제 잔재의 불식, 평화와 질서의 유지, 생활의 실제에 적합한 지식 기능의 연마를 중시하였다. 또한 학무국 산하에 조선교육심의회를 두고 한국 교육의 정초를 다지도록 하였는데, 이때 홍익인간의 교육이념을 채택하고, 6-3-3-4제의 단선제 학제와 1년 2학기제 등을 채택하였다. 주요 교육시책으로는 교수용어를 한국어로 하고, 교과서를 편찬 보급하며, 민주주의 교육의 이념의 보급과 교육자치제, 문맹퇴치를 위한 성인교육 등을 추진하였다.

이는 서양의 현대적 교육사조에 따라 교육방법을 민주화하기 위한 노력이었다. 즉, 전통적 교육의 권위적이고 주입적인 방법에서 벗어나 아동의 개성을 존중하고 자유롭고 창의적인 활동을 통해 학습하는 것이다. 이는 오천석에 의해 '새교육' 이란 이름으로 소개되었는데, 민주주의 이념을 바탕으로 한 미국의 진보주의 교육방법을 채택한 것이었다.

1948년 대한민국이 수립되고, 대한민국 교육법이 제정되면서 한국교육은 본격적으로 전개된다. 교육법은 국민교육, 평등교육, 의무교육의 대원칙을 밝혔으며, 교육자치제에 관한 규범을 두고, 민주교육을 위한 법적 장치를 마련하였다. 이후 6·25, 4·19, 5·16, 5·18 등 정권의 교체와 시대상황의 변화에 따라 교육의 양적 팽창과 질적 전환이 이루어져 오늘에 이르고 있다.

3. 서양 교육의 전개

1) 그리스 시대의 교육

고대 그리스인들은 이상적인 생활로 인간의 진선미를 꾀하였다. 교육의 목적 또한 개인의 능력을 원만하고 건전하게 발전시키고, 개인이 진선미의 관념을 갖고 품위를 보존하며, 훌륭한 시민, 즉 자유민이 되는 데 있었다. 요약하면 품성의 도야를 주된 목적으로 하였다. 그러므로 다방면의 교육, 즉 어느 한쪽에만 치우치지 않고 인격의 조화적 발달과 다양한 분야에서 우수한 개인적 도야를 중시하였다. 교과내용도 기본적으로 체육과 음악을 중심으로 하고, 이후에 문법, 수사, 수학, 천문, 기하학 등을 부과하였다.

(1) 폴리스의 교육

그리스는 100여 개의 도시국가(Polis)로 형성되었다. 이 중 대표적인 도시국가가 스파르타와 아테네다. 이 두 도시국가는 국가의 번영을 중요시하는 국가주의 교육이념과 개인의 발달을 중시하는 개성 신장의 교육이념을 만들어 냈다.

① 스파르타 교육

스파르타 교육은 리쿠르구스의 헌법에 기초를 두고 실시되었다. 이 법에 의하면, 국가는 개인에 대해 절대적인 우월성을 지니고 있다. 그것은 군국주의 체제를 낳았고, 교육도 이런 체제를 지켜 나가는 데 기여해야만 하였다. 즉, 스파르타 교육은 극단적인 군사교육으로서의 국가적 통제하에 있었다. 그러므로 교육의 목적은 이상적인 군인이 되는 데 필요한 신체적 완성과 복종을 생활화하는 데 있었다. 오직 국가의 안전과 번영을 목적으로 호전적인 전사 양성에 관심을 두다 보니, 문학과 예술, 철학 등 심미적이고 지적인 분야에 대해서는 관심이 적었다.

② 아테네 교육

아테네 교육은 솔론의 헌법에 기초하고 있는데, 스파르타와 대조적이다. 대부분의 교육은 가정에 맡겨졌고, 국가는 16~20세 사이의 청년들 교육만 담당하였는데, 국가의 국방 의무에 대한 준비교육이 주를 이루었다. 교육의 목적은 지혜인을 강조하여, 개인의 자유를 인정하고 개인의 신체와 정신이 조화롭게 결합하여 균형 있게 발달한 인간을 양성하는 데 두었다. 교육방법은 개인의 자유의지를 바탕으로 하는 자유주의 교육을 실시하였다. 다만 여성교육은 가정에서 가사, 재봉 등의 가사의 학습에서 끝나고, 지적 교육을 무시하였다.

(2) 주요 교육사상가

고대 그리스의 주요 교육사상가로는 유명한 소크라테스와 플라톤, 아리스토텔레스를 들 수 있다.

① 소크라테스

소크라테스는 교육의 본질을 자신의 무지함을 자각함으로써 선과 악을 분별할 수 있고, 선한 행위를 할 수 있게 하는 데 두었다. 그리하여 교육의 목적은 윤리 · 도덕적 인간 양성에 귀결되었고, 교육방법으로 대화법, 반문법, 산파술을 썼다. 이는 현대 교육에서 질문법, 토의법 등과 계발학습, 자발학습에 큰 영향을 끼쳤다.

■ **산파술**
소크라테스가 쓴 변증술로서 문답법과 같다. 대화를 통하여 상대방의 막연하고 불확실한 지식을 확실한 개념으로 유도하는 것을 산파의 일에 비유하여 일컫는 말이다.

② 플라톤

소크라테스의 제자로 대학의 기원이 되는 아카데미아를 설립하였다. 플라톤은 이성에 의해서만 이데아(idea)를 인식하게 되므로, 명석한 정신능력의 계발을 교육의 본질로 삼았다. 그리하여 교육의 궁극적 목적은 이데아의 실현에 있고, 그것은 구체적으로 국가를 위한 유능한 인물, 즉 유능한 시민을 육성하는 일이다. 그의 교육사상은 『국가』에 잘 나타나 있다.

③ 아리스토텔레스

플라톤의 제자로 플라톤의 지나친 이상주의를 배격하고 실재의 기반을 현실 사물의 세계로 끌어내렸다. 아리스토텔레스는 교육의 목적을 행복을 최고의 목적으로 하는 개인의 완성에 두었다. 특히 중용의 덕을 닦음으로써 행복한 생활을 할 수 있다고 주장하였다. 교육방법으로는 한 사물을 다루는 데 있어 귀납적인 방법을 이용하여 객관적이고 과학적인 방법을 사용하였다. 교육의 내용은 초등학교에서는 육체적·도덕적 습관을, 중등학교에서는 회화, 체육, 음악 등을 통한 정서훈련을, 고등교육에서는 수학, 논리학, 과학, 철학을 통한 시민적 훈련과 이성적 훈련이 중요하다고 생각하였다.

2) 로마 시대의 교육

고대 로마인들은 그리스인들과는 달리 매우 실제적인 민족이었다. 그러므로 로마인들은 실질적인 것을 추구하여 일상생활에서 근면 검소하고, 도덕과 법률을 중시하며, 부모와 국가에 복종하는 기풍을 확립하였다.

(1) 공화정 시대의 교육

공화정 시대 초기의 교육은 주로 가정에서 가장의 책임하에 가정교육이 이루어졌는데, 순수한 로마적인 교육의 특색을 발휘한 시대다. 교육목적은 애국심이 강하고 법률을 준수하는, 국가에 유용한 시민을 양성하는 것을 목적으로 삼았다. 루두스(Ludus)와 같은 사립학교에서는 읽기·쓰기·셈하기와 12동판법을 가르쳤고, 수사학교에서는 웅변술을 가르쳤다.

■ 12동판법
로마의 최대 성문법으로서 로마 교육내용의 대부분을 차지한다.

(2) 제정 시대의 교육

로마는 기원전 146년에 그리스를 정복한 이후, 그리스 문화에 물들기 시작하였다. 기원전 27년부터 제정 시대를 열면서부터는 점차로 그리스식 학교제도를 받아들여 학교중심 교육으로 전환하였다.

종래의 사립 초등교육기관이었던 루두스는 더욱 활기차게 보급되었으며, 중등교육기관인 문법학교들이 생겨났다. 문법학교에서는 그리스 문법과 라틴 문법을 가르쳤다. 고등교육기관으로 웅변가를 양성하는 수사학교가 생겼고, 지방에는 철학학교가 있었다. 웅변가는 도덕적 성품과 실용적인 지식, 정치적 지도력을 갖춘 지도자적 인물이었다.

(3) 대표적 교육사상가

로마 시대를 대표하는 사상가로는 퀸틸리아누스(Quintilianus)가 있다. 그는 수사학교를 설립한 최초의 공립학교 교사였다. 특히 로마 시대의 유일한 교육저서이자 체계적이고 과학적인 세계 최초의 교육 저서로 볼 수 있는 『웅변교수론』에 그의 교육사상이 담겨 있다. 퀸틸리아누스는 주로 성선설의 입장을 견지하고 있는데, "새는 날을 수 있게 세상에 태어났고, 말은 달릴 수 있게 세상에 태어났으며, 사람은 배우며 이해할 수 있게 세상에 태어났다."라고 하였듯이, 인간의 자연성 교육, 개성 존중의 교육을 주장했다고 볼 수 있다.

3) 중세 사회의 교육

서양의 중세 사회는 대체로 게르만족의 이동으로 서로마 제국이 멸망(476)한 때로부터 문예부흥이 일어나고 동로마 제국이 멸망(1453)한 때까지의 약 1,000년간을 말한다. 중세의 문화는 그리스 로마의 문화, 기독교 문화, 게르만 문화의 세 요소가 서로 어우러져 형성되었지만, 기독교 문화가 가장 지배적이었다. 중세의 교육기관은 기독교에 복무하는 기독교교육과 세속교육으로 크게 나누어 볼 수 있다.

(1) 기독교교육

중세교육의 목표는 일차적으로 인간을 순종과 신앙으로 이끌어 기독교적인 완전성에로 인도하는 것이었다. 그리하여 이들을 교회 공동체에서 종교적 활동을 하는 구성원으로 육성하여 천국의 시민이 될 수 있게 하는 것이다. 이와 같은 중세의 기독교적 교육기관으로는 교리문답을 중심으로 초등교육을 담당했던 문답학교, 문답학교의 교사 양성을 목적으로 하는 고급 문답학교, 문답학교와 고급 문답학교보다 높은 수준의 교육을 통해 성직자를 양성하는 본산학교, 수도사를 양성하기 위해 수도원에 부속된 학교로 설립한 수도원학교 등이 있었다.

(2) 세속교육

11세기경 중세 교육은 종교적인 성격이 쇠퇴하고 세속적인 성격이 강하게 나타났다. 이는 중앙집권적 체제의 붕괴에 따른 봉건제의 출현, 신흥계급의 등장, 사라센 문화의 유입과 관계가 깊다.

① 기사도교육

봉건국가의 출현과 더불어 봉건영주들은 자신의 안위와 토지를 지키기 위해 전문적인 기사를 양성하게 되었다. 기사는 봉건영주에게 복무하는 기독교적 무사를 의미한다.

기사도교육의 목적은 무지하고 야만적인 기사들에게 기독교 정신을 지니게 함으로써 용기 · 충성 · 관용과 같은 군사적 미덕과 예의 · 공손 · 자비와 같은 사회적 미덕을 갖추게 해 주는 일이었다. 이렇게 하여 원래 무절제하고 기독교적 계율에 어긋난 생활이 습성화된 기사를, 약자를 보호하고 교회 및 영주에 봉사하는 훌륭한 기사가 되도록 가르쳤다. 이들은 봉건적 주종관계가 진행되는 과정에서 기사의 신분을 확립해 갔는데, 이후 십자군원정에서 결정적 활동을 하였다.

기사는 7～14세에 해당하는 남자 아이들을 선별하여 길렀는데, 귀부인 곁에서 상류사회에 필요한 예법과 초보적인 읽기, 쓰기, 셈하기 교육을 받았다. 그리고 14～21세가 되면 준기사로서 필요한 승마, 수영, 궁술, 검술, 수렵, 장기, 시 등 7예를 배웠다. 그 후 21세가 되면 기사 입문식을 거쳐 원숙한 기사가 되었다.

② 시민학교의 발생

십자군원정의 결과 도시가 발달하고 상공업이 융성함에 따라 성직자와 귀족계급에 맞서는 신흥계급이 발생하였다. 이들 신흥계급은 기존의 성직자와 귀족계급의 교육이 적합하지 않았다. 이에 자신들에게 적합한 실제적이고 실용적인 직업교육이 요청되었다. 이때 생겨난 교육기관이 시민학교와 도시학교다.

도시발달 초창기에는 일반 시민계급에게 필요한 생산교육 및 직업교육이 주류를 이루었다. 즉, 자신들의 실생활에 필요하고 알맞은 교육이 요청되었는데, 그것이 조합학교(guild school)이며 도제교육이다.

③ 대학의 성립

중세 중 · 후반 사라센 학자들의 연구와 학교에 영향을 받은 서구인들은 고등교육을 기존의 신학 연구를 중심으로 운영되던 본산학교나 수도원에만 의존할 수 없게 되었다. 이런 시대 흐름 속에서 출현한 것이 중세 대학이다. 본래 대학은 11세기경 학생과 교수들이 모여 하나의 조합을 이루어 사숙하는 형태로 시작되었다.

중세 최초의 대학은 1158년 이탈리아 북부지방에 세워진 볼로냐(Bologna) 대학인데, 법학으로 유명하였다. 이후 1231년 이탈리아 남부에 살레르노(Salerno) 대학이 세워졌는데, 의학으로 유명했다. 그 외 프랑스의 파리 대학(1180), 영국의 옥스퍼드 대학(1167)과 케임브리지 대학(1214), 독일의 프라게 대학(1348)과 하이델베르크 대학(1348) 등이 계속해서 세워졌다.

중세의 대학에는 여러 가지 특권들이 주어졌다. 일체의 공역과 세금이 면제되었고, 대학 내에서 일어나는 범죄는 대학 자체에서 재판하였으며, 학생들이 학장이나 총장을 선출할 수 있는 선거권도 있었다. 또한 대학 자체의 학위수여권도 있었는데, 이는 오늘날까지도 계승되고 있다.

이러한 중세 대학의 발달은 자유로운 지적 연구기관으로서 고전문화를 계승 · 발전시키는 데 결정적인 기여를 했으며, 르네상스 운동의 선구적인 역할을 담당하였다.

4) 근대교육

(1) 르네상스와 종교개혁기의 교육

① 르네상스와 교육

르네상스는 15세기 유럽 전역에서 일어난 정신적 자각운동이자 문화운동이었다. 르네상스는 고대 문화의 부활과 재생(再生)을 뜻하는데, 단순한 재생이 아니라 인간과 자연에 대한 새로운 각성운동이었다. 특히 르네상스 인문주의란 문예부흥운동이 이루어 놓은 것으로 중세의 기독교적 복음주의와 내세에서 벗어난 인간 본연의 상태로 돌아가려는 해방운동이었다.

르네상스 인문주의 교육의 목적은 풍부한 인문적 교양의 습득을 통한 인간의 폭넓은 자아실현과 사회 및 인류의 발전과 복지에 있었다. 특히 그리스와 로마의 고전학습을 통하여 그 목적을 달성하려고 하였다. 인문주의적 교육의 형태로는 초기에 부유층을 중심으로 소수에 의해 활기를 띠었고 자유인 양성이 주요 목적이었던 개인적 인문주의와, 전 민중에게 교양을 넓혀 사회개혁 및 도덕개혁을 이루려던 사회성이 짙은 사회적 인문주의, 키케로(Cicero)의 문체와 문장 구성법에 중점을 두어 그의 작품을 암송하고 그가 사용한 단어와 어구를 사용·표현하는 데 주력하여 훌륭한 문체와 정확한 표현방식을 발달시키는 데 교육의 목적을 두었던 키케로주의 등이 있다.

이러한 르네상스 인문주의는 중세의 교권주의를 부정하고 자유주의를 토대로 한 인격 도야를 목적으로 자유교육의 이념을 주장하였으며, 교육의 자유정신을 자극했을 뿐만 아니라 자유교육사상의 토대를 세우게 하였다.

주요 교육사상가로 비토리노(Vittorino, 1378~1446), 에라스무스(Erasmus, 1466~1536), 비베스(Vives, 1492~1540) 등이 있다. 비토리노는 아동중심 교육과 개성 존중 교육을 주장하였던 최초의 근대적 교사로, 기회균등의 원리 및 흥미 본위의 생활교육을 강조하면서 학교는 즐거운 집이어야 한다고 주장하였다. 에라스무스는 교육사상을 인문주의와 성서주의의 조화에 두었으며, 교육의 목적은 도덕적 선을 지향한 경건심을 배양하는 데 두고 빈부, 귀천, 남녀의 차별 없이 교육이 이루어져야 하고 개성에 의해 교육되어야 한다고 주장하였다. 비베스는 인문적 실학주의자로 가정교육과 초등교육의 중요성을 강조하였다.

② 종교개혁과 교육

16세기에 이르러 북유럽을 중심으로 종교개혁운동이 일어났다. 종교개혁의 결정적 계기는 면죄부사건이었다. 당시 교황 레오 10세는 성베드로 성당을 개축하는 데 필요한 자금을 조달하기 위하여 면죄부(Indulgence)를 신도들에게 강매하였다. 이에 대해 당시 비텐베르크 대학 교수였던 루터(Luther)가 1517년 10월 31일 95개조의 반박문을 발표하면서 인간은 오직 성서와 신앙에 의해서만 구원받을 수 있다고 주장하였다. 이것이 종교개혁의 시작이었다.

종교개혁을 통해 시작된 개인 신앙과 구원을 위한 성서의 번역과 연구는 교육을 널리 보급할 수 있는 중요한 계기가 되었다. 즉, 교육 기회가 전보다 넓어지고, 교육을 대중화하고 보편화하는 데 기여하였다. 특히 종교개혁가들이 내세운 성서상의 남녀평등사상은 평등교육의 이념 실현에 큰 영향을 미쳤다. 특권계급의 자녀를 위한 개인 교수보다는 공립학교의 교육이 요구되었다.

종교개혁기의 교육사상가로는 루터(Luther, 1483~1546)와 칼뱅(Calvin, 1509~

1564)이 대표적이다. 루터는 보통교육제도를 기본 개념으로 하여 의무교육과 과학의 진흥, 교사의 양성 등을 제창하였고, 근대국가의 보통 의무교육제도의 사상적 체계를 완성하였다. 칼뱅은 루터의 이런 사상을 더욱 발전시켜 프로테스탄트 신학을 체계화하였고, 미국 교육에 중대한 영향을 미쳤다.

(2) 17~19세기 서구의 교육

① 17세기 실학주의 교육

서구의 근대문화는 자연과학을 중심축으로 정신과 의식의 혁명이 그것을 뒷받침하였다. 17세기는 과학과 지식의 혁명시대였다. 이 시기에는 종래의 신학적 사고로부터 서서히 탈피하면서 보다 확실하고 신뢰할 수 있는 지식에 도달하기 위해 과학적인 실증에의 길로 옮겨 가고 있었다. 특히 17세기에는 자연과학과 철학의 발전에 힘입어 새로운 교육내용과 방법을 도입하지 않을 수 없었다. 즉, 진리 발견에서 과학적 방법은 교육에서 인간의 능력과 이성 및 경험을 존중하는 실학주의로 나타나게 되었다.

실학주의의 표어는 '언어 이전에 사물(things before words)' 이다. 교육의 실제적이고 궁극적인 목적도 실생활이나 사물을 통하여 인간의 삶에 구체적으로 필요한 지식을 가르침으로써 실생활에 유능한 인물을 양성하는 것이었다. 실학주의에는 고전의 연구를 통하여 현실생활에 잘 적응할 수 있는 유능한 사람을 양성하려는 인문적 실학주의(humanistic realism), 고전을 연구하는 교육보다 사회생활의 경험을 주요 내용으로 하여 신사(gentleman)를 양성하려는 사회적 실학주의(social realism), 인간의 감각적 직관을 기초로 사물의 본질을 파악하려는 감각적 실학주의(sensual realism)가 있다.

이 중 감각적 실학주의를 대표하는 코메니우스(Comenius, 1592~1670)는 실학주의 교육을 잘 보여 준다. 코메니우스는 '모든 사람들에게 모든 것을 가르친다.' 는 범지학(汎知學, Pansophia)을 주장하였다. 이것은 인간의 지적인 이성을 도야함으로써 도덕적, 종교적 삶의 기초를 형성한다는 합리적 사고에서 출발하였다. 코메니우스는 특히 감각의 발달을 가져오고 효과적으로 가르치기 위하여 삽화가 들어간 최초의 교과서인 『세계도회』를 저술하였다. 이는 시청각교육의 효시라고 볼 수도 있다. 또한 『대교수학』에서는 학생의 발달단계를 고려하여 교육의 단계를 제시하였다.

② 18세기 계몽주의 교육

18세기 유럽에서는 계몽사상이 출현하였다. 계몽(Enlightment)은 '어리석음에서 깨어난다' 는 말이다. 즉, 몽매함, 무지, 구습, 편견, 권위에서 벗어난다는 의미다. 다시 말하면 모든 전통의 구속에서 벗어나 자유롭게 사고하고 연구하고, 나아가 기존의 구습, 학문, 종교, 도덕 등을 비판하고 개선할 수 있는 지적인 수준을 고양시키려는 사상이다. 이러한 계몽주의 사상은 인간을 자연 그대로 보려는 자연주의를 본질로 하며, 인간의 이성과 지성을 존중하는 합리주의를 특징으로 한다.

계몽주의의 교육목적은 이성의 자유를 속박하는 종교, 정치, 사회 등의 모든 권력구조를 제거하는 데 있다. 즉, 사람들이 스스로 생각하고 모든 인간적 또는 신학적 문제와 사물을 자신의 이성의 힘으로 따질 수 있게 하는 데 목적을 두었다.

계몽주의 시기의 대표적인 교육사상가로 루소를 들 수 있다. 그는 유명한 교육소설 『에밀』에서 "어른들은 아이들에 관하여 알고 있는 것이 없고, 다만 아이들이 무엇을 해야 하는가에만 관심을 갖고 있으며, 아이들을 어른의 축소판 정도로 이해하고 있기 때문에 교육이 잘못되어 있다." 라고 비판했다. 1부에서는 0～5세까지의 유아기, 2부에서는 5～12세까지의 아동기, 3부에서는 13～15세까지의 청소년 전기, 4부는 15～20세까지의 청소년기 후기, 5부는 여성교육에 대해 다루고 있다. 루소는 아동의 발견자로서 교육에 큰 공헌을 했는데, 이후 칸트, 페스탈로치, 프뢰벨 등 위대한 교육사상가에게 큰 영향을 끼쳤다.

③ 19세기 국가주의와 신인문주의 교육

서구의 19세기는 매우 복잡한 시기다. 정치적으로는 제국주의가 등장하여 영토확장과 식민지 확보에 여념이 없었고, 경제적으로는 산업혁명으로 자본주의 경제 체제가 성립되어 가고 있었다. 사상적으로는 국가주의와 사회주의 및 공리주의라는 사회 개혁사상도 제기되었다. 이와 같은 시대적 배경 속에서 교육적으로 국가주의와 신인문주의 사상이 출현하였다.

근대 초기에 민족 단위로 형성된 국가는 17, 18세기에 이르러 확연한 영토와 경제적 부를 축적하고 막강한 군사력을 가지면서 완전하고 힘 있는 국가로 성장하였다. 이에 제각각의 민족국가는 자국이 필요로 하는 인재 양성을 목적으로 하는 국가주의 교육사상을 내놓았다. 특히 나폴레옹의 전쟁으로 인해 각각의 민족국가는 민족과 국가를 보호하기 위한 국민교육의 필요성을 더욱 강조하게 되었다. 그리하여 유럽의 국가들은 교육을 국가가 관리하고, 교육제도를 재정비하며 의무교육제도를 실시하는 등 교육계에 일대 혁신을 일으켰다. 현대적 의미에서의 학교교육인 공교육이 강화되기 시작한 것도 바로 이때부터다.

국가주의 교육사상은 민족국가의 성원으로서 국민의 애국심을 고취하기 위하여 자국의 지리학, 언어학, 역사학 등의 교과학습을 중시하였고, 무엇보다도 교육목적과 내용, 방법과 제도 등 교육의 제반 문제에서 국가의 이익과 발전을 위해 재조직하고 통제하였다. 국가주의를 주장한 교육사상가로 콩도르세(Condorcet, 1743~1794), 피히테(Fichte, 1762~1814), 오웬(Owen, 1771~1858) 등을 들 수 있다.

한편 국가주의자들이 민족국가적 이상을 실현하기 위해 교육제도를 조직하고 교육환경의 개선에 관심을 가진 것에 비해, 신인문주의자들은 외부에서 어떤 강제에 의해 교육이 이루어지기보다는 내부에서 아동의 내면세계를 계발해 내는 것으로 보았다. 이들은 국가주의 교육사상은 물론, 18세기의 합리주의와 주지주의적 교육도 이성과 지성의 계발과 도야를 지나치게 강조함으로써 지·정·의를 겸비한 전인을 기르지 못한다고 비판하였다.

신인문주의의 주요 교육사상가로는 페스탈로치(Pestalozzi, 1746~1827), 헤르바르트(Herbart, 1776~1841), 프뢰벨(Fröbel, 1782~1852) 등이 있다. 페스탈로치는 지·덕·체, 즉 3H의 조화를 중시하여 전인교육을 주장하였고, 헤르바르트는 제1장에서 언급한 것처럼, 교육의 목적을 도덕적 인격 양성에 두면서 교육학을 체계화하였으며, 프뢰벨은 유아의 세계를 재발견하고 놀이와 게임의 교육적 가치를 발견하였으며, 유치원 교육의 선구자로 이름이 높다.

5) 현대교육

20세기에 들어서면서 정치경제적 상황이 급변하였다. 교육도 엄청난 변화를 겪었다. 제1차세계대전 이후 자본주의 국가들은 식민지 진출의 지도적 인물을 양성하고 산업부흥을 이루기 위해 중등교육의 제도와 내용을 개편하였다. 또한 사회주의 국가들이 출현하여 생산노동과 교육의 결합에 의한 인간의 전면적 발달을 도모하는 사회주의 교육을 시도하였다.

제2차세계대전 이후에는 미국과 소련으로 대표되는 자유민주주의와 사회민주주의의 대립 현상이 나타나고, 교육도 민주주의의 기본 가치인 자유와 평등을 중심으로 인간의 존엄성을 존중하는 자유민주주의 교육과 공산주의적 혁명 인재 양성을 위한 교육으로 갈라지게 되었다.

이렇게 복잡한 교육의 소용돌이 속에서도 현대교육은 교육 민주화 실현, 교육의 기회균등, 교육의 대중화를 어느 정도는 달성하게 되었으며 과학화, 민주화, 전인교육의 추구라는 세 가지를 교육의 주요 축으로 삼아 보다 나은 교육을 모색하고 있다.

(1) 새교육운동

새교육운동은 19세기 말에서 20세기 초 유럽에서 일어나 미국을 비롯한 전 세계의 교육개혁운동에 많은 영향을 미쳤다. 특히 아동의 내재적 동기를 유발하고 자발적 학습활동을 조성한다는 근대 교육의 이념에 충실하게 현실화한 운동이다.

새교육운동은 전통적인 중등학교 교육을 개혁하려는 의도에서 시도된 교육운동으로 **전원기숙사학교** 설립이 대표적인 예다. 레디(Reddie, 1858~1932)의 애버츠홈 학교, 리이츠(Lietz, 1868~1919)의 전원기숙사학교, 비네켄(Wyneken, 1875~1964)의 자유학교 공동체, 게헵(Geheeb, 1870~1961)의 오덴발트 학교 등이 유명하다.

또한 새교육운동의 대표적인 사례로는 **노작교육운동**이 있는데, 극단적 주지주의나 고전주의에 반대하고 서적 중심의 전통 교육의 폐해를 지적하였다. 케르셴슈타이너(Kerschensteiner, 1854~1932)의 노작학교나 가우디히(Gaudig, 1860~1923)의 노작교육사상이 대표적이다.

(2) 아동중심 교육사상

전통 교육이 교사중심의 교육이었다면, 현대 교육의 특징은 무엇보다도 **아동중심 교육사상**이라고 할 수 있다. 앞에서 언급했듯이 코메니우스, 루소, 페스탈로치, 프뢰벨 등의 사상을 심화 · 발전시켜 20세기에는 듀이(Dewey, 1859~1952), 몬테소리(Montessori, 1870~1952), 니일(Neill, 1883~1973) 등 여러 사상가들이 아동중심 교육을 중시하였다.

특히 듀이는 "아동이 현재 살고 있는 사회적 상황의 요구에 의해 아동의 능력을 자극함으로써 진정한 교육이 이루어진다."라고 보고, 아동중심 교육사상의 획기적 전환을 이루었다. 듀이에 의하면, 학교는 아동의 모든 생활을 지배하는 중심지가 되어야 하며, 아동의 성장을 돕는 데 필요한 매개물이 학교에 집중되어야 한다. 교육은 아동의 활동과 더불어 시작된다. 그러므로 원만한 교육활동을 위해서는 아동의 능력과 흥미, 그리고 그들의 습관 등을 올바르게 포착할 수 있는 심리적 통찰이 필요하다. 즉, 아동의 능력, 흥미, 습관 등을 부단히 분석하여 그들이 무엇을 원하고 있는가를 파악하고, 이들을 토대로 교육계획이 수립되고 교육활동이 전개되어야 한다고 봄으로써 아동중심사상을 정립하였다.

또한 어린이집으로 유명한 몬테소리는 아동을 무한한 잠재능력이 있는 존재로 보고, 아동 스스로 자신의 잠재능력을 전개해 간다고 이해했다. 즉, 어린이는 외부환경의 자극에 수동적으로 반응하는 것이 아니라 내적 에너지에 의해 스스로 탐색하고 발견해 나가는 능동적 존재이며, 특히 아동은 선천적으로 특유한 정신의 본질을 지니고 태어나며, 어른에 의해 주입되는 방식으로 배우기보다는 아동 자신이 스스로 환경과 접하면서 경험을 통해 배운다고 보았다.

그리고 니일은 철저하게 어린이의 자유에 입각한 교육을 통해 평화롭고 민주적인 이상세계의 건설을 주창하였다. 특히 서머힐 학교는 그런 그의 교육정신을 실현한 것으로 전 세계적으로 유명하다. 즉, 아이들을 학교에 맞추는 것이 아니라 학교를 아이들에게 맞추고, 아이들이 그들 자신의 생활을 할 수 있도록 자유를 허용하는 학교다.

(3) 교육의 과학화

교육의 과학화는 루소가 아동을 새롭게 인식한 이후, 인간의 심리학적 계발주의를 통해 추진되었다. 과학적 연구는 주로 심리학과 사회학 분야에서 이루어졌는데, 교육의 과학화가 본격적으로 추진된 것은 분트(Wundt)의 실험심리학에 의해서다. 실험심리학은 실험적인 방법을 통해 인간의 행동과 정신현상을 연구하는 학문으로, 손다이크(Thorndike)에 의해 교육측정, 지능검사법, 학교조사 등의 방법들이 확립되고 학습이론이 형성되어 현대 교육심리학의 기초가 마련되었다. 이후 지속적으로 연구·발전한 현대 교육심리학은 교육의 방법적 측면에서 과학화에 결정적으로 기여하였다. 그리고 콩트(Conte)와 뒤르켐(Durkheim) 등에 의한 사회학의 발달은 사회 속에서의 교육의 역할과 기능, 사회구조와 문화가 갖는 교육적 역할 등을 과학적으로 설명하기 위해 노력하였다.

/참/고/자/료/

강창동(2002). 한국의 교육문화사. 서울: 문음사.

박의수, 강승규, 정영수, 강선보(1999). 교육의 역사와 철학. 서울: 동문사.

박재문(2003). 한국교육사. 서울: 학지사.

박진규, 주영흠, 남현우(1999). 교육학개론. 서울: 지선사.

서울대학교 교육연구소(2000). 한국교육사. 서울: 교육과학사.

손인수(1987). 교육사 교육철학 연구. 서울: 문음사.

신창호, 서은숙(2003). 한국사상과 교육윤리. 고양: 서현사.
오인탁(2001). 파이데이아-고대 그리스의 교육사상. 서울: 학지사.
윤완(2003). 교육의 역사와 철학. 서울: 원미사.
이만규(1947). 조선교육사(상, 하). 서울: 을유문화사.
이병승, 우영효, 배제현(2002). 쉽게 풀어쓴 교육학. 서울: 학지사.
이승원(2002). 한국교육사상의 전개와 발전. 서울: 보고사.
주영흠(2001). 서양교육사상사. 서울: 양서원.
한기언(1983). 한국교육사. 서울: 박영사.
홍희유, 채태형(1995). 조선교육사, I, II. 평양: 사회과학출판사.
Albert Reble(2002). 서양교육사. 정영근 · 임상록 · 김미환 · 최종인 역. 서울: 문음사.
Paul Monroe(1999). 교육사 개설. 조종인 역. 서울: 교육과학사.

/학/습/정/리/

1. 교육사 연구의 필요성

현재의 교육을 이해하기 위해서는 과거에 행해지고 이루어진 교육적 행위 및 현상들을 **역사적 관점**에서 연구할 필요가 있다. **교육사**는 바로 '과거의 교육적 행위와 현상들을 **교육사가**가 일정한 관점에 따라 특별한 의미를 부여하여 정리 · 분석 · 평가 · 서술한 학문'이다. 우리는 이러한 **교육의 역사적 전개**를 통해 현재 한국의 교육문제를 해결하는 데 필요한 **다양한 시야를 확보**하고 **교육의 방향 정립**에 기여할 수 있다.

2. 한국 교육의 전개과정

한국 교육의 전개과정을 개괄적으로 보면, 건국신화인 **단군신화**를 통해서 한국 **교육의 원형적 사고**들을 살펴볼 수 있으며, 특히 **홍익인간**의 교육이념을 확인할 수 있다. 삼국 시대에는 **유학과 불교**가 유입되어 교육문화 전반에 큰 영향을 주었고, 고려 시대는 유학과 불교가 공존한 시기로 교육적 측면에서는 유학의 제도를 따라 행해졌다. 특히 유학은 조선 시대에 들어서면서 국가교육의 **이데올로기**로 확립되고, **유학 중심의 교육**이 지배하게 되었다. 그러나 19세기 후반 들어, 일본과 서구 열강에 의한 **서구 근대교육**의 유입은 조선 사회에 큰 충격을 주었고, 개화기를 맞으면서 교육개혁을 위해 노력하는 계기가 되었다. 더욱이 일제 식민지가 되면서 근대 개화기 교육이 추구했던 교육개혁들은 억압당하고, 조선의 문화적 전통은 급격히 단절되었다. 해방 이후, 한국 교육은 서양의 현대적 교육사조, 특히 **'새교육'**이란 이름으로 소개된 미국의 진보주의 교육방법을 채택하게 되었고, 1948년 대한민국 수립과 더불어 **교육법**이 제정되면서 한국 교육은 본격적으로 전개된다.

3. 서양 교육의 전개

서양 교육의 경우 **고대 그리스**로부터 시작되었는데, 고대 그리스인들은 이상적인 생활로 인간의 **진선미**를 꾀하였고, 그것이 서구 교육의 전통을 이루었다. 그리스를 뒤이은 **로마는 실질적인** 것을 추구하여, 일상생활에서도 근면 검소하고, 도덕과 법률을 중시하였다. 서양의 중세 사회는 기독교 문화가 지배적이었고, 기독교에 복무하는 **기독교교육**이 주류를 이루었으나, 후기로 갈수록 **세속교육**이 증대하였다. 이는 **르네상스 종교개혁**의 바탕이 되었다. 17세기는 **과학**이 발달하면서 종래의 **신학적 사고**로부터 서서히 탈피하였고, 이는 18세기의 **계몽**사상, 19세기의 **국가주의**와 **신인문주의 사상**으로 발전하였다. 그러나 20세기에 들어서면서 서구 교육은 **신교육운동**과 **교육 과학화**를 꾀하며 새로운 변화를 모색하였다.

/학/습/평/가/

※ 아래 질문에 대해 설명하거나 논의하시오.

1. 교육사란 무엇이며, 교육사 연구는 왜 필요한지 설명하시오.
2. 한국 교육의 전개과정에서 유학이 차지하는 역할을 간략히 논의하시오.
3. 조선 시대의 과거제도를 현대 교육과 인재 선발에 비추어 재해석하시오.
4. 서양 중세 교육의 특징을 간략히 설명하시오.
5. 서양 근대 교육에서 공교육의 등장과정을 설명하시오.
6. 아동중심 교육의 특징을 설명하고, 한국의 현실 교육에서는 어떻게 적용되고 있는지 논의하시오.

※ 아래 문제에 대해 정답을 고르시오.

7. 다음 중 소크라테스가 주장한 교육방법으로 가장 타당한 것은?
   ① 이미 알려진 지식을 통해 진리를 연역적으로 찾아 나간다.
   ② 어휘를 가르치는 데 실물을 사용하였다.
   ③ 문답을 통해서 개념을 형성한다.
   ④ 경험론적 실증적 방법을 사용하였다.

8. 과거 우리나라의 교육기관 중 오늘날의 대학과 같은 최고 교육기관이 아닌 것은?
   ① 국자감 ② 국학 ③ 성균관 ④ 학당

9. 조선 시대 성리학이 내세운 교육 목적으로 적당한 것은?
   ① 이상적인 정치를 실천하기 위하여 민생을 파악하는 것
   ② 이용후생과 경세치용의 길을 가르치는 것
   ③ 실사구시의 생활 지식을 습득하는 것
   ④ 윤리 도덕에 중점을 두어 선인을 양성하는 것

10. 서양의 중세 대학에 관한 설명과 거리가 먼 것은?
   ① 학위 수여 ② 면세 특권 ③ 신학 중심의 연구 ④ 자체 재판권

/읽/을/거/리/

맹모삼천(孟母三遷)과 단기지교(斷機之敎)

맹자(孟子)는 가난한 선비의 집에서 태어났는데, 아버지는 일찍 죽고 홀어머니 밑에서 자랐다.

맹자가 처음에 살던 집은 공동묘지 근처였다. 어린 맹자는 눈에 보이는 대로 상여를 메고 가는 시늉과 상여꾼들이 노래 부르는 흉내를 내며 땅을 파고 관을 묻은 다음 둥그렇게 봉분을 만드는 장난을 하며 놀았다.

이를 지켜 본 맹자의 어머니는 "여기는 자식을 기를 만한 곳이 못되는구나."라고 생각하고, 시장 근처로 이사를 하였다.

그러자 맹자는 장사꾼들이 장사하는 흉내를 내며 놀았다. "여기도 역시 자식 기를 곳이 못된다." 하고 맹자의 어머니는 여러 가지로 생각한 끝에 이번에는 학교 근처로 집을 옮겼다.

그러자 맹자는 학생들의 공부하는 모습과 제사상을 차리는 법과 예의를 갖추고 인사하고 행동하는 광경들을 일일이 흉내 내며 놀고 있었다.그 모습을 보고서야 맹자 어머니는 흡족해하며, "여기가 진정 자식을 두고 기를 만한 곳이다."라고 하고, 학교 근처에 자리를 잡고 살았다.

이것이 맹자의 어머니가 맹자를 데리고 세 번이나 옮겨다니며 교육을 실천했다는 맹모삼천지교(孟母三遷之敎)의 모습이다. 줄여서 맹모삼천(孟母三遷)이라고 한다.

그 뒤 맹자는 집을 떠나 유학을 하게 되었다. 그런데 오래지 않아 집으로 되돌아왔다. 그때 맹자의 어머니는 베틀에 앉아 베를 짜고 있었다. 오래간만에 집에 돌아온 귀한 아들인 만큼 반색을 하며 기뻐해야 할 어머니는 아무런 표정도 없이 이렇게 물었다.

"그래, 공부는 끝마쳤느냐?"

"끝마치다니요? 어머님이 뵙고 싶어 잠시 다녀가려고 왔습니다."

어머니는 아무 말 없이 옆에 있는 칼을 집어, 짜고 있던 베를 잘라 버렸다. 순간, 베틀이 와르르 무너졌다. 너무나 뜻밖의 일에 맹자는 깜짝 놀랐다.

"어떻게 된 일입니까, 어머니?" 하고 묻자, 어머니는 태연히 말을 꺼냈다.

"네가 공부를 도중에 그만 둔 것은 내가 짜던 베를 다 짜지 못하고 끊어 버리는 것과 같다."

그리고는 "사람이 학문[교육]을 닦지 않으면 도둑이 되거나 남의 심부름꾼밖에 될 것이 없다."라고 타일렀다.

맹자는 눈앞에 벌어진 충격적인 광경에 어쩔 줄 몰랐다. 한참 동안의 시간이 흐른 뒤, 어머니의 뼈에 사무칠 듯한 교훈을 깊이 깨달았다. 그리고 다시 배움의 길을 떠났는데, 공자의 손자인 자사의 문하에 들어가 열심히 학문을 전념한 결과, 마침내 공자 다음 가는 성인이 되었다. 그래서 맹자를 아성(亞聖)이라고 한다.

– 유향(劉向)의 『열녀전(列女傳)』 참고 –

3장

교육의 철학적 이해

학습목표

1. 교육과 철학의 관계를 이해한다.
2. 교육철학의 성격과 연구의 필요성을 이해한다.
3. 서양 교육철학의 원형인 자연주의와 이상주의를 비교하여 논의한다.
4. 미국의 4대 교육운동을 비교하여 장단점을 논의한다.
5. 동양 교육사상의 주요 특징을 이해한다.
6. 현대 사회의 특징을 이해하고 교육의 주요 방향을 논의한다.

교육철학은 다양한 교육문제를 철학적으로 검토하는 작업이다. 교육을 철학적으로 이해하기 위해서는 철학이 어떤 성격을 지니고 있으며, 그 역할과 기능은 어떠한지 간략하게 살펴보아야 한다. 특히 교육을 비판적으로 검토하고, 교육의 원리와 방법, 전망을 제시하는 기초로서 교육철학을 이해하려면, 교육철학을 가능케 하는 철학적 사유의 두 유형을 이해하여야 한다. 그런 관점을 바탕으로 가장 뚜렷하고 구체적으로 교육문제에 접근한 네 가지 교육사조의 장단점을 이해하여 교육문제를 조망할 수 있다. 더욱 중요한 문제는 교육철학적 관점을 급변하는 현대 사회에 적용하여 교육의 방향을 모색하는 일이다.

1. 교육철학의 성격과 연구의 필요성

1) 교육철학의 성격

(1) 교육철학의 개념 이해

교육철학은 '교육'과 '철학'이 결합된 말이다. 그러므로 교육과 철학을 동시에 이해하면서 중층적 의미를 간파할 필요가 있다.

교육철학은 교육의 철학(philosophy of education)과 교육적 철학(educational philosophy)으로 나누어 이해할 수 있다. 교육의 철학은 거대한 철학체계 내에서 교육철학을 바라보는 방식이고, 교육적 철학은 교육학적 관점에서 철학의 원리 및 이론들을 응용하고 적용하는 방식이다. 즉, 철학과 교육의 관계에서 어느 것을 중심에 두고 있느냐의 문제로 환언할 수 있다. 다시 말하면 교육의 철학은 교육철학을 철학의 하위 분야로 바라보는 것이고, 교육적 철학은 교육철학을 교육학의 한 분야로 이해한다.

교육의 철학으로 볼 경우, 교육철학은 독립된 학문으로서의 존재의의와 자율성을 상실하고, 사회철학이나 법철학, 종교철학처럼 일반 철학의 하위영역으로 철학자들의 탐구영역이 된다. 이때 교육철학은 교육학자가 연구할 분야가 아니라 철학자의 탐구영역이다. 하지만 교육적 철학으로 볼 경우, 교육철학은 교육학의 한 영역으로 독자적인 연구 목적과 대상, 방법을 가진 독립 학문으로서의 가치를 인정받게 된다. 즉, 교육철학은 교육학자가 담당해야 할 분야다. 중요한 것은 교육철학을 교육의 철학으로 보든, 교육적 철학으로 보든 간에 '교육문제'와 연관하지 않으면 안 된다.

(2) 교육철학의 정의

교육철학을 이해하기 위해서는 먼저 철학이라는 말을 간략히 살펴볼 필요가 있다. 철학이라는 말은 그리스어의 '필로소피아(philosophia)'에서 유래하였다. 필로소피아는 사랑을 의미하는 필로스(philos)와 지혜를 뜻하는 소피아(sophia)의 합성어다. 이는 주지하듯이, '지혜에 대한 사랑'이다. 지혜에 대한 사랑은 자신의 무지를 깨닫고 보다 나은 지혜를 향하여 항상 그리워하고 끊임없이 노력하는 일이다. 그렇다면 교육철학은 교육적 지혜에 대한 사랑이라고도 바꾸어 말할 수 있을 것이다. 이는 교육에 관한 모든 문제들을 철학적 방법으로 검토하는 일이다.

피닉스(Phenix)의 경우, "교육철학이란 철학적 방법과 견해를 교육이라고 불리는 분야에 적용하는 것"이라고 정의하였다. 다시 설명하면 교육의 여러 양상을 하나의 포괄적 체계로 정리할 수 있는 개념을 탐구하고, 교육에서 사용되는 용어의 의미를 명백히 하며, 교육과 관련된 언어들이 어떤 전제나 가설 속에 근거하고 있는지 명시하고, 교육을 인간의 다른 여러 가지 관심 분야와 어떤 범주로 연결할 수 있는지 범주를 정하는 작업이다.

브로우디(Broudy)는 "교육철학이란 교육문제를 철학적 수준에서 조직적으로 논의하는 것"이라고 정의하고, 그 임무는 실재, 지식, 선, 미 등과 같은 철학적 기초를 이루는 심층에 이르기까지 중요한 교육적 논점을 탐색하는 일로 보았다.

요컨대 교육철학은 교육현상의 전체성과 궁극성을 체계화하기 위한 작업으로 다음과 같은 의미를 종합적으로 내포한다고 볼 수 있다.

첫째, 교육의 실천 원리나 이론체계를 정당화하는 근거를 분석하고 검토하며 비판하는 작업.

둘째, 교육의 이론과 실천에 사용되는 개념들과 주장들의 논리적 타당성과 가능성을 밝히는 작업.

셋째, 교육에 관한 여러 논리적 요소들을 통합된 지식체계로 조직하는 작업.

이렇게 볼 때 교육철학은 먼저 교육문제를 그 전제와 내포하고 있는 의미까지 분석·검토하고, 교육적 논의에 사용되는 개념이나 용어를 명확히 하여 논거를 통합하며, 서로 다른 견해를 비판적으로 비교하는 철학적 방법으로 교육의 근본 문제를 다루고, 동시에 감정적이거나 무비판적이며 설명적인 수준을 벗어나 교육문제의 심층부까지 탐색하여 철학적 수준에서 교육의 기본 문제를 다루어야 한다.

(3) 교육철학의 유형과 기능

이와 같은 교육철학을 유형별로 보면 크게 사변철학, 규범철학, 분석철학의 세 분야로 나누어 볼 수 있다.

첫째, 사변철학은 개별적인 사실이나 경험보다는 모든 지식과 경험에 적용되는 체계성과 전체성을 탐구한다. 즉, 존재하는 모든 것에 대해 체계적으로 사고하려고 한다. 예컨대 우리가 책을 읽거나 예술작품을 감상할 때, 하나하나의 세세한 부분뿐만 아니라, 그러한 부분들에 의미를 부여하는 질서와 체계에까지도 관심을 갖는다. 이는 사고와 경험의 전체 영역에서 통일성을 발견하려는 작업이다.

둘째, 규범철학은 선과 악, 아름다움과 추함, 바른 것과 그른 것의 의미 그리고 이러한 속성들이 사물 자체에 내재한 것인지 아니면 인간의 마음의 반영인지를 밝히고자 한다. 즉, 가치평가, 행동판단, 예술감상 등에 대한 기준을 세우고자 한다. 그러므로 대개 바람직한 인간행동과 특성이 무엇이며, 왜 그렇게 행동해야만 하는가에 대한 기준과 원리를 발견하려고 노력한다.

셋째, 분석철학은 사용하는 용어들, 즉 교육, 존중, 평등, 자유 등과 같은 단어들이 문장의 전후관계에서 적절하게 사용되는가를 평가하기 위하여 그 개념을 탐구한다. 즉, 사용되는 개념의 의미가 문맥의 전후관계에 따라 달라지는 것을 고찰한다.

한편 기능별로 살펴보면, 교육철학은 사변적, 평가적, 분석적, 통합적 기능으로 나누어 볼 수 있다.

사변적 기능은 사색과 사변을 통하여 추론을 하는 철학적 행위다. 따라서 교육철학에서의 사변적 기능은 교육이론이나 문제에 대하여 제언을 하는 정신적 기능으로, 교육문제 해결의 새로운 방향이나 가치를 제언하는 사고과정을 뜻한다. 다시 말하면 교육에서 어떤 이론적, 실천적 문제를 해결하기 위하여 새로운 가설과 사고, 제언을 성립하고 제시하는 행위다.

평가적 기능은 어떤 사물에 대한 가치판단 또는 평가행위를 말한다. 교육문제에 대한 평가적 기능은 교육적인 합리성의 여부를 어떤 준거에 비추어 밝히는 작업이다. 즉 교육에 대한 이론이나 주장, 명제, 원리, 실천 등을 주어진 어떤 기준이나 준거에 의거하여 판단하는 행위다.

분석적 기능은 분석철학의 방법론으로 이론적 · 일상적 언어의 의미를 명백히 하며, 논리적 모순이나 모순이 있는 표현을 가려내어 각종 판단의 기준을 밝히는 행위다. 예컨대 우리가 일상적으로 행하는 교육의 실천과정이나 이론 탐구에서 사용하는 언어는 항상 명백한 의미를 지니고 있는 것이 아니고 모순이 은폐되어 있을 수 있다. 따라서 교육과정에서 판단기준이 모호할 경우가 있다. 그러므로 '교육이란 무엇인가?' 라는 질문에 답하려고 할 때, 언급되는 '학습' '인격' '습관' '지식' 등 주요한 개념들을 개념적 · 논리적으로 분석할 필요가 있다. 분석적 기능은 바로 이러한 개념들의 의미를 명확히 밝히고, 개념들 사이에 모순이 일어나지 않게 하는 작업이다.

통합적 기능은 하나의 현상이나 과정을 전체로서 파악하고, 여러 부분과 차원을 통합하여 이해하려는 행위다. 예를 들면, 교육에서 흔히 사용하고 있는 '성격' 이라는 개념이 있다. 이는 여러 학문영역에서 다양한 의미로 사용된다. 사회학에서는 인간관계의 맥락에서 설명하고, 심리학에서는 개인과 환경의 관계에서 설명한다. 즉, 같은 대상을 다른 관점에서 설명한다. 따라서 동일한 대상에 대해 서로 다른 설명들이 어떻게 이루어지며, 다름의 초점이 무엇인지 통합적으로 이해할 필요가 있다. 특히 교육은 아동을 대상으로 하는데, 아동을 특정한 관점으로만 이해하거나 설명해서는 온전한 교육을 할 수 없기 때문이다.

2) 교육철학 연구의 필요성

그렇다면 우리는 왜 교육철학을 연구하고 공부하는가? 교육현장에서 활동하고 있는 교사나 예비교사 또는 여러 교육자에게 교육철학이 요구되는 이유는 무엇인가?

(1) 교육문제 해결을 위한 사고를 계발시켜 준다

현대 우리 교육은 여러 가지 복잡한 문제를 안고 있다. 교육의 목적과 방향이 상실되고, 교육의 기준과 원칙이 흔들리고 있을 뿐만 아니라, 교육의 내용과 방법적 측면에서도 시대상황에 대처하지 못하는 측면이 발생하고 있다. 이런 다양한 문제에 대해 교육심리학을 비롯한 여러 교육과학은 교육문제를 정확하게 진단하고 합리적인 해결방안을 제시하고 있다. 그러나 교육의 근본 문제나 본질에 대한 문제까지 해결할 수는 없다. 특히 인간은 왜 교육을 받아야 하는가, 현재의 우리 교육은 인간다운 인간을 기르는 교육인가, 교육을 통해 정의로운 사회를 건설할 수 있는가 등 궁극적인 교육문제에 대해 교육과학은 답하지 못한다. 이에 교육철학은 교육받은 인간, 이상적인 사회상 등에 대한 지속적인 사고와 탐구를 통해 현재의 교육문제를 해결하는 데 도움을 준다.

(2) 교육적인 언어의 분석과 명료화를 가능케 한다

교육은 대부분 언어를 통해 전달된다. 교사들은 교실현장에서 교육적인 언어 구사를 통해 교수-학습을 전개한다. 그러나 교사들이 사용하는 언어는 분명하지 않거나 모호한 경우가 많다. 교육활동이 원만하게 이루어지기 위해서는 교육에 쓰이는 언어들이 명료해야 하고, 그 용법에 대한 합의가 이루어져야 한다. 교육철학은 교육에 사용되는 언어들을 분석함으로써 그 의미를 분명히 할 수 있고 선명하게 하는 데 기여한다.

(3) 교육활동에 대한 구체적인 방향을 제시한다

교육철학은 현재의 교육에 대한 비판과 자각에 토대를 두고 있다. 그런데 현재 진행되고 있는 교육행위들이 완전히 만족스럽거나 바람직한 것은 아니다. 그러므로 교육활동에 종사하는 사람은 그것에 대한 비판을 통해 가치 있고 바람직한 것을 추구하게 된다. 우리는 교육철학을 통해 현재의 교육적 상황을 보다 건전한 모습으로 만들어 가려는 비판정신과, 미래를 예견할 수 있는 예견력을 길러 구체적인 교육의 방향을 제시할 수 있다.

(4) 교육활동 비판의 근거를 제시한다

어떤 사물이나 대상을 비판하기 위해서는 그것을 비판할 수 있는 적절한 기준이나 근거가 있어야 한다. 교육현상이나 교육활동에 대해서도 어떤 설득력 있는 비판을 하기 위해서는 합리적인 근거를 제시해야 한다. 예컨대 '체벌은 가끔 교육적일 수 있다.' 는 주장이 있다고 하자. 그것을 비판하기 위해서는 체벌 반대에 대한 지적 · 심리적 · 도덕적 · 역사적 근거를 제시할 수 있어야 한다. 우리는 교육철학을 통해 '왜 이것이 아니고 저것이어야 하는가?' '왜 이것보다 저것이 더 교육적인가?' 에 대한 이유들을 제시하고 탐색할 수 있다.

2. 서구 교육철학의 두 유형

인간이 세계를 바라보는 방법은 다양하다. 있는 현실을 그대로 인정하느냐, 아니면 현실을 허상으로 보고 더 나은 이상적 세계가 존재한다고 보느냐에 따라 세계와 사물을 바라보는 관점은 상이하게 드러난다. 교육을 이해하는 방식도 마찬가지다. 서구의 교육철학을 이해하는 방식은 크게 두 가지로 분류해서 살펴볼 수 있다. 하나는 자연주의, 다른 하나는 이상주의다.

1) 자연주의적 교육철학

자연주의(naturalism)는 그 명칭에서 보여 주듯이, 자연을 실체의 본질이라고 본다. 즉, 물질적이고 현실적인 자연을 유일한 실재로 인정하고, 현실적으로 존재하는 악과 더러움을 객관적으로 수용한다. 그러므로 자연주의자들은 자연주의 그 자체가 인간 존재와 인간성을 포함한 모든 존재를 설명해 주는 전체적 체계라고 이해한다.

자연주의자들의 교육론에서는 '자연'이라는 개념과 '자연적'이라는 용어가 핵심을 이룬다. 자연은 사회에서 인위적으로 만들어진 여러 가지 장치나 제도, 인공적인 것보다 자연 그 자체가 스며 있는 자연스러운 방법을 선호한다. 즉, 즉자적이고 원초적이며 자유스럽고 자발적인 것을 좋아한다. 자연주의자들은 만들어진 인간보다는 자연 상태에 있는 인류학적인 인간에 더 관심을 둔다. 왜냐하면 원초적이고 원시적인 상태의 인간의 삶은 때묻지 않은 본능에서 자극되는 순수한 동기에 의하여 이끌린다고 생각하기 때문이다.

그러므로 자연주의자들의 주요한 교육적 주제는 다음과 같다.

첫째, 교육의 목적은 자연 질서의 한 부분인 자연과 인간 본성에 의존해야 한다.

둘째, 자연은 감각을 통하여 이해할 수 있으며, 감각은 실제에 대한 지식의 근본이 된다.

셋째, 자연은 느리고 점진적이며 진화적으로 발전하므로 교육도 서둘러서는 안 된다.

이러한 자연주의에 입각한 교육은 아동의 학습이 주입식 수업이나 강의 또는 책에 의존하는 것보다 아동들에게 직접 관련이 있는 환경 속에서 순수하게 감각적 경험에 의해서 시작되어야 함을 보여 준다. 다시 말하면 아동에게서 교육은 자연스럽게 발달단계와 성장단계의 요구에 적합한 것이어야 하며, 교육과정과 학습은 어린이의 본성과 충동에 따라야 한다는 것이다.

그러기에 자연주의 교육에서 교사는 학생을 주어진 틀에 맞추어 억지로 교과를 가르치지 말아야 한다. 즉, 외부로부터 지식을 주입하여 머릿속에 저장하게 하는 것이 아니라 아동이 지닌 자연적인 힘과 능력을 내부로부터 계발하는 것이다.

2) 이상주의적 교육철학

이상주의는 그리스어의 이데아(idea)에서 나온 말이다. 이것은 원래 '가장 완전한 형상을 본다.' 는 뜻이다. 이 완전한 형상은 다른 불완전한 형상이 그것에 비추어 바로잡아져야 할 원형이다. 동시에 지상의 모든 형상은 그것이 아무리 불완전하다 할지라도 이 원형의 모습을 조금이라도 지니고 있다고 생각한다. 이상주의는 여러 가지 의미로 쓰이고 있기에 개념 정립이 퍽 어렵다. 현실에는 존재하지 않는 꿈을 말하는 것이기도 한다. 하지만 철학적으로는 관념을 유일한 실재로 여기는 인생관이나 세계관을 총칭한다.

이상주의는 궁극적 가치나 절대적 목적에의 접근 가능성 내지는 실현 가능성 그리고 인격과 인류의 완성 가능성을 믿고, 이런 신념에 의하여 이 세상의 현실과 실천을 규제하려는 사고방식이다. 그러기에 이상주의는 정신적인 것, 초현실적인 것을 유일한 실재로 여기고 현실적으로 존재하지 않는 가치를 의지적으로 지향한다. 즉, 이상주의의 핵심은 물질적인 것보다 관념, 사고, 정신, 자아를 강조하는 데 있다.

관념과 정신을 중시하는 이상주의 교육에서 학습자에게 무엇보다도 중요한 것은 지적 능력이다. 인간은 지적 능력을 통해 이상적 경지에 도달할 수 있다. 이상주의에서는 참된 지식은 인간 정신의 내부에 있으며, 오로지 정신을 통해서만 획득할 수 있다고 보기 때문에 교육이 최우선적으로 지향하는 것은 학습자의 정신적 발달이다. 그러므로 학습자에게 잠재되어 있는 정신적 능력을 이끌어 계발하는 데 집중한다. 바로 정신적 능력의 계발을 통해서 학생들이 인간세계에서 보다 이상적이고 효과적으로 살 수 있게 하는 진리를 습득할 수 있고, 진정으로 인간의 삶이 지탱할 수 있는 도덕적 규율의 기반을 다질 수 있다.

이상주의 교육에서는 인간성 안에 깃든 가장 좋은 것이나, 사회가 지니고 있는 가장 소중한 것, 인간이 지향하는 가장 아름다운 것을 교육에 적극 반영해야 한다고 주장한다. 왜냐하면 교육은 자연적 생활의 필요에 의한 것이 아니라 정신적 필요에 의해서 존재하는 것이기 때문이다. 이상주의 교육은 도달해야 하는 이데아가 존재한다. 그러므로 교육의 과정은 이상 중심이 되어야 한다. 교사는 특히 학생의 교육적 환경을 아름답게 창조해 주고 늘 고무해 주어야 한다. 또한 스스로도 이상적 인간상을 향해 나가는 모습을 모범적으로 보여 주어야 한다.

3. 미국의 4대 교육운동

미국의 4대 교육운동은 20세기 초·중반을 걸쳐 전개되었던 네 가지 교육사조를 말한다. 이는 듀이의 프래그머티즘에 기초하여 일어난 진보주의, 전통적 가치를 존중한 본질주의와 항존주의 그리고 사회개혁을 표방한 재건주의인데, 서로 교육철학적 관점을 달리하면서 나름대로의 강조점을 표방하였다.

1) 진보주의

진보주의(progressivism) 운동은 프래그머티즘(pragmatism)을 철학적 바탕으로 하여, 19세기 말 20세기 초 정치체제의 민주화와 사회복지체제의 개선을 희구했던 미국인들의 정치·사회적인 개혁운동의 일환으로 시작되었다. 이러한 개혁운동은 1920년대에 대체로 퇴조했으나, 진보주의 교육운동만은 계속적으로 번창하였다. 특히 1918년 **진보주의교육협회**(Progressive Education Association: PEA)를 결성하면서 조직적인 교육운동을 실천하였다.

진보주의 교육운동은 과거 전통적인 교육이 어른중심 혹은 교사중심 교육이었던 것을 비판하고, 이를 **아동중심 교육**으로 전환시키려고 하였다. 아동중심 교육사상은 18세기 유럽에서 루소 때 싹이 터서 페스탈로치와 프뢰벨 등을 거쳐 계승 발전하였는데, 미국에 건너와 꽃을 피우게 되었다. 진보주의 교육자들은 학자에 따라 다양한 의견을 보이기도 하지만, 대체로 다음과 같은 전통교육의 형태, 즉 권위적 교사, 교재 중심의 딱딱한 교육방식, 암기 위주의 수동식 학습, 교육을 사회로부터 고립시키는 폐쇄적 교육철학 체벌이나 공포 분위기에 의한 교육방식을 반대한다.

그리하여 진보주의 교육자들은 기본적으로 아동의 **흥미**와 **욕구**, **경험**을 존중하는 교육을 강조하였다. 즉, 성장하는 아동의 흥미와 욕구를 충족시켜 주는 학습과 경험의 재구성을 통한 성장이 교육의 목적이 되어야 한다고 본다. 그러기 위해서 학교는 아동이 학습하기에 즐거운 곳이 되어야 한다. 교육방법에서도 진보주의는 기계적 암기학습이나 학과의 암송, 교재중심 학습을 강조하는 전통 교육으로부터 아동을 해방시키고자 하였다. 따라서 전통적인 커리큘럼의 판에 박힌 교과목에 반대하여 대안적인 교육과정을 제시하였다. 그것은 아동의 활동, 경험, 문제해결, 구안법을 활용하는 교육과정과 관계된다.

■ 구안법
듀이의 문제해결 학습을 킬패트릭이 발전시킨 것. 스스로 계획하고 구체적 활동을 전개하는 유목적적 활동이다. 아동의 창의적 활동은 구성·창조적 프로젝트-감상·음미적 프로젝트-문제해결적 프로젝트-연습·특수 훈련 프로젝트의 네 가지인데, 아동이 스스로 안을 짜서 활동을 수행해 가야 한다.

진보주의의 대표적인 학자로는 킬패트릭(Kilpatrick)이 있는데, 구안법(the project method)이 유명하다.

2) 본질주의

본질주의(essentialism)는 진보주의 교육에 대한 반응으로 나타난 보수적 교육이론이다. 그렇다고 진보주의를 전적으로 부정한 것은 아니고 부분적으로 비판하였다.

아동의 흥미와 욕구를 지나치게 존중하였던 진보주의 교육은 전통적 교육이 지니고 있는 장점들마저도 소홀히 취급하는 문제점을 노출하였다. 이에 진보주의 교육이 드러내고 있는 한계를 보완·극복하려는 움직임이 1930년대에 일어나기 시작했는데, 그것이 본질주의 교육운동이었다. 이 운동의 주창자들은 1938년 미국교육 향상을 위한 본질주의 위원회(The Essentialist Committee for the Advancement of American Education)를 구성하고 운동을 펼쳐 나갔다.

본질주의는 문화를 구성하는 가장 본질적인 것들을 교육을 통해 다음 세대에 계승함으로써 역사를 전진시키는 운동력을 길러 내자는 교육사조다. 본질주의자들이 주장하는 개혁의 초점은 다음과 같다.

첫째, 교과서의 내용을 학문적으로 재검토한다.

둘째, 학교교육 프로그램 중에서 본질적인 것과 비본질적인 것을 구분한다.

셋째, 교사의 권위를 회복한다.

이렇게 볼 때, 본질주의는 근본적으로 교사의 권위와 교과중심 교육과정의 가치를 강조한다. 교양인이 마땅히 알아야 할 본질적인 요소들을 반드시 학습하고, 과거에 개발되어 온 읽고 쓰고 셈하기의 기본적 기능과 교양과목, 과학을 학습하는 것이 교육이다.

본질주의의 기본적 교육입장은 다음과 같다.

첫째, 초등학교 커리큘럼은 읽기, 쓰기, 셈하기에 도움이 되는 기본적 도구기능을 함양하는 데 목적을 두어야 한다.

둘째, 중등학교 커리큘럼은 역사, 수학, 과학, 문학, 국어, 외국어 능력을 함양하는 데 목적을 두어야 한다.

셋째, 학교교육은 교과를 필요로 하며, 동시에 정당한 권위의 존중을 필요로 한다.

넷째, 학습은 고된 훈련과 노력을 요구한다.

다섯째, 교육원리는 학습이란 강한 훈련을 동반하며, 때때로 학생들이 억지로라도

해야 하는 응용을 수반한다.

여섯째, 교육의 주도권은 학생이 아니라 교사가 지녀야 한다.

일곱째, 교육과정의 핵심은 소정의 교과를 철저하게 이수하는 것이다.

여덟째, 전통적인 학문 훈련 방식이 계속 유지되어야 한다.

본질주의의 대표적 이론가는 배글리(Bagley), 브릭스(Briggs), 브리드(Breed) 등이 있다.

3) 항존주의

항존주의(perennialism)는 진보주의 교육이념을 전면 부정하면서 1930년대에 등장한 교육이론이다. 앞에서 다룬 진보주의와 본질주의는 과학주의, 세속주의, 물질주의인 데 반하여 항존주의는 반과학주의, 탈세속주의, 정신주의를 부르짖었다. 진보주의가 변화의 원리를 강조한 데 비해 항존주의는 절대적 원리로 돌아갈 것을 강조하고 있다. 항존주의는 '영원주의'라고도 한다.

항존주의는 '인간의 본질은 영원히 불변한다.'는 원리에 근거하므로, 교육의 기본 원리도 불변한다는 믿음을 토대로 하고 있다. 특히 전통과 고전의 원리를 존중하면서 보수적인 입장을 표명하는데, 주요한 교육 원리를 다음과 같이 제시한다.

첫째, 진리는 보편적이며 장소, 시간, 사람 등과 같은 환경에 의존하지 않는다.

둘째, 훌륭한 교육은 진리의 탐구와 이해다.

셋째, 진리는 위대한 고전들 속에서 발견될 수 있다.

넷째, 교육은 이성을 계발하는 것이며 이를 위해 교양교육이 강조되어야 한다.

다시 말하면 인간은 서로 다른 환경에 놓여 있다 하더라도 인간의 본질은 불변하는 것이기 때문에 교육의 본질도 변하지 않는다. 인간의 가장 큰 특징은 이성이 있다는 것이다. 그러므로 교육은 이성의 발달에 관심을 두어야 한다. 인간은 어느 곳에 있든지 공통성을 공유하고 있는데, 그중에서도 가장 중요한 것이 이성적인 것이다. 교육의 과업은 영원불변의 진리에 인간을 적응시키는 것이다. 왜냐하면 현대 세계가 끊임없이 변화하더라도 진리는 영원히 변화하지 않기 때문이다.

특히 항존주의에서 교육이란, 생활의 모방이 아니라 미래 생활을 위해 준비하는 것이다. 그러므로 아동들은 이 세상에서 가장 영원한 것으로 남아 있게 될 어떤 기초가 되는 과목들을 배워야 한다. 이러한 영원불변의 진리들은 위대한 고전(The Great Books) 속에서 발견할 수 있다.

■ **위대한 고전**
144권의 위대한 책들을 선정하여 1년에 16권씩 9개년에 완독하는 독서계획으로 고등학교과정에서 대학에까지 이어진다.

항존주의의 대표적 이론가는 무종교를 대표하면서도 위대한 책을 강조한 허친스(Hutchins), 개신교를 대표하는 아들러(Adler), 가톨릭을 대표하는 마리탱(Maritain) 등을 들 수 있다.

4) 재건주의

앞에서 살펴본 진보주의는 아동의 개성을 강조했다. 그런데 아동의 개성보다는 사회의 변화와 개혁에 주요 관심을 가지고 사회를 재건하려는 진보주의 교육운동의 한 그룹이 있었다. 그들은 교육을 통해 새로운 사회(new society)를 창조하려고 하였다. 다시 말하면 사회를 재건하는 데 초점을 두고 목표 중심의 미래지향적인 철학을 지니고 있었다.

진보주의 교육운동이 한창 번성하던 1930년대 미국은 경제대공황을 맞게 되었다. 이에 진보주의자들 중에 미국 사회를 비판하면서 교육과 사회개혁을 부르짖은 전위적 사상가들이 있었다. 이들은 새롭고도 공정한 사회를 건설하는 데 학교가 앞장설 것을 주장하였다.

재건주의는 인류가 심각한 문화의 위기(crisis)상태에 있음을 전제로 하는 교육이론이다. 그러므로 교육의 일차적인 목적은 현대와 같은 문화의 위기를 해결하기 위해서 사회를 재구성하도록 하는 데 있다고 본다. 전통적 교육이론은 학교가 비중 있는 사회적 가치들을 반영해야 한다고 보지만, 재건주의자들은 조직적인 학교교육에서 다루어야 할 것은 다름 아닌 인류를 괴롭히는 사회적 병폐들이어야 한다고 본다.

재건주의자들은 인간교육의 유일한 목적을 인간 자신들의 운명을 결정하게 될 세계질서를 창조하는 데 있다고 주장한다. 재건주의자들이 주장하는 현대문화의 병폐는 다음과 같다.

첫째, 생활, 건강, 교육수준의 불균형.

둘째, 인구의 폭발적 증가와 기아.

셋째, 대지, 수질, 식품, 공기의 오염.

넷째, 국가 간의 적대감과 증오심.

다섯째, 인간의 긴장과 파괴 행위.

여섯째, 전제적 정치체제(사이비 민주주의).

일곱째, 도덕 감각의 붕괴와 매춘.

여덟째, 과학의 폭발적 발달.

바로 이러한 현대 문화의 병폐와 그에 따른 위기를 의식하고 새로운 사회를 재건하려는 것이 기본 논리다.

재건주의자들이 주장하는 프로그램으로는 문화적 유산에 대한 비판적 재검토, 모든 사회적 문제의 논쟁에 대한 과감한 검토, 사회적 · 건설적 변화의 계획적 추진, 계획적 태도의 배양, 문화적 개혁을 위해 사회 · 교육 · 정치 · 경제적 계획에 학생과 교사를 참여시키는 것 등이다.

이를 위해 교육자들이 전통적 교육이론에 도전하고 사회개혁을 위한 교육혁신을 계획하여 추구할 때만 비로소 새로운 사회질서가 실현될 수 있다고 믿는다. 대표적인 이론가로 브라멜드(Brameld)가 있다.

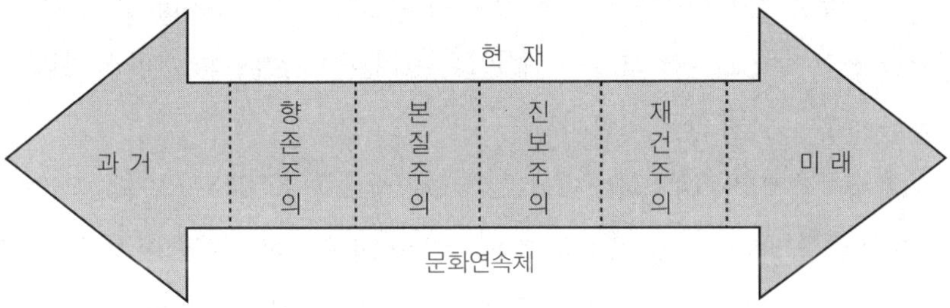

[그림 3-1] 문화연속체와 4대 교육운동의 위상

4. 동양의 교육사상

1) 유학의 교육

유학은 공자가 완성한 학문으로 교육을 그 중심으로 삼고 있다. 공자 이전 중국 고대 사회에서 교육을 받는다는 것은 귀족만이 갖는 특권이었다. 이러한 시대에 공자는 교육을 대중화시키는 데 노력하였다. 공자는 "오직 가르침만 있을 뿐 배우는 사람에 대한 차별이나 규제가 있어서는 안 된다."라고 하였다. 그리고 "사람은 태어날 때는 서로 비슷하지만 교육에 의해 달라진다."라고 하였다.

공자의 중심 사상은 인(仁)이다. 인은 글자가 보여 주는 것처럼, 두 사람(二+人) 사이의 이상적인 인간관계를 나타낸다. 즉, 사람과 사람 사이는 마땅히 친애하고 서로 협력해야 비로소 인간된 도리를 할 수 있다. 인은 우주의 본체이며, 인간의 본체다. 공자가 인을 핵심적으로 주장한 것은 인간이 온 힘을 다하여 인류를 사랑하여야 비로소 인생의 가치를 성취시킬 수 있다고 보았기 때문이다. 유학에서 교육은 인을 실현하는 것이 근본 문제가 된다. 공자는 인을 실현하는 핵심을 부모에게 효도하고 형제자매를 존중하는 효제(孝悌)로 보았다.

이러한 공자의 가르침을 이어받은 맹자는 성선설을 주장하였는데, 인간의 본성인 인의(仁義)의 덕에 의해 행동하지 않는 사람은 이미 짐승과 다를 바 없는 인간답지 못한 사람이라고 생각했다. 맹자는 인간이 다른 동물과 다른 점은 인의가 있느냐 없느냐의 문제로 보았다. 인의를 보존하고 실천하면 인간답지만, 그렇지 못하다면 짐승과 다를 바 없다. 이렇게 본다면, 맹자의 교육 목적은 인간으로서 일반 동물과 다른 선한 본성을 보존하고 계발하는 데 있었다. 맹자에 의하면, 학문이란 다른 것이 아니라 인간의 선한 마음을 구하여 찾는 데 있다. 그러므로 교육받은 사람은 갓난아이와 같이 착한 마음을 잃지 않은 사람이다.

■ **순자**(B.C 313~B.C 238)
전국 시대 유학자로 성악설을 주장하였다.

맹자의 성선설에 반기를 들고 일어난 사람이 순자다. 순자는 인간의 본성은 악하다는 성악설을 주장하였는데, 중요한 점은 교육에 의해서 본성을 교화시키면 다른 사람에게 사랑하는 마음을 가지게 되는 어진 사람이 될 수 있다고 하였다. 순자는 인간의 본성이 악하다고 생각했지만, 후천적인 노력에 의해서 선한 자질을 가진 인간으로 바뀔 수 있다고 보았다. 이 후천적인 노력 또는 인위적인 노력이란 다름 아닌 교육적인 노력을 의미한다. 이 교육적인 노력의 여하에 따라 인간은 성인이 될 수도 있고, 일반 사람이 될 수도 있다.

■ **본연지성**
인간의 선천적이고 보편적인 본성을 말한다. 이는 순수하게 선하고 악한 것이 없다.

■ **기질지성**
기질 속의 성을 가리키는 말. 여기에는 선도 있고 악도 있다.

■ **주자**(1130~1200)
중국 남송의 유학자. 성리학을 집대성하여 주자학을 만들었는데, 우리나라 조선 시대에 절대적 영향을 미쳤다.

우리나라 조선 유학에 절대적인 영향을 미친 주자는 인간의 본성을 본연지성(本然之性)과 기질지성(氣質之性)으로 나누었다. 본연지성은 본래 타고난 성으로 완전히 선한 것이다. 그러나 기질지성은 욕심에 가리거나 사회적 악에 물들 가능성이 있어 악하게 표출될 수도 있는 인간의 본성이다. 주자에 의하면, 인간의 본성은 본래 선한 것이지만 개개인의 기질이 다르게 나타나기 때문에 악으로 떨어질 소지가 있는 사람에게는 후천적인 교육이 필요함을 역설하였다. 그러므로 주자는 교육을 기질지성의 기질을 정화하여 선한 본성을 회복하여 밝게 드러내는 것으로 생각했다.

이렇게 볼 때, 유학이 추구하는 교육은 착한 인성을 보존하고 발양하기 위해 노력하는 데 있음을 알 수 있다.

2) 도가의 교육

도가는 노자의 사유를 핵심으로 확립된 사상이다. 노자는 『도덕경』에서 자신의 사상을 피력하고 있는데, 도덕경의 사상은 크게 도의 본체[道體]와 덕의 쓰임[德用]으로 나누어 볼 수 있다. 도는 형이상의 실체이자 만물의 근원이며 우주 운행의 원리이다. 또한 도는 우주 · 천지 · 만물의 창조자일 뿐만 아니라 우주 · 천지의 운행이나 만물의 생성화육(生成化育)을 주재한다. 그러므로 도는 모든 운행의 도리이자 법칙이다. 그런 도는 '대립'과 '복귀'를 거듭하는 성질을 지니고 있어 '돌이킴이 도의 움직임(反者道之動)'이라고도 한다. 도는 이른바 '가장 좋은 선은 물의 성질과 같다.'라는 의미의 상선약수(上善若水)를 주장하여, 물에 비유하기도 하였다. 즉, 물은 언제나 아래로 흐른다. 그것이 모여 강이 되고 바다가 된다. 한 방울의 물은 아무 것도 아닐 수 있다. 그러나 그것이 모여 강이 되고 바다가 된다. 가장 약한 것 같은 물 한 방울이 바다로 모여들어 무서운 파도로 바뀔 수 있다. 이런 점에서 가장 약한 것은 가장 강한 것이 될 수 있다. 노자는 부드러움을 강조한다. 즉, 유약함이 강함을 이긴다고 가르친다.

도를 활용하는 덕의 쓰임에서 노자는 '텅 비고 고요하다'는 의미의 허정(虛靜)과 행함이 없는 무위(無爲)를 강조한다. 도는 자연을 따르고 비어 있으면서도 고요한 원리로 억지로 행하지 않고 자연의 법칙을 따를 것을 강조한다. 즉, 인간의 욕심과 농간, 조작을 버리고 허정한 자연, 순박한 자연의 품에 안길 것을 강조한다. 그래야만 모든 사람이 조화를 이루고 스스로의 생성화육을 도울 수 있다.

이러한 노자의 사상에서 일관되는 핵심은 무위자연(無爲自然)이다. 무위는 가만히 앉아서 아무 것도 하지 않는다는 의미가 아니다. 노자는 다음과 같이 무위교육의 의미를 인식하였다. "학문을 하는 자는 날로 더함이 있고, 도를 닦는 자는 날로 덜어냄이 있다. 덜어내고 덜어내서 마침내 무위에 이르게 되고, 무위에 이르게 되면 행하지 않음이 없다."

여기서 말하는 더함과 덜어냄은 지식이나 재능, 의례나 형식을 두고 하는 말이다. 더함은 지식을 더 많이 알게 된다는 의미이고, 덜어냄은 지식이나 재능을 감소시킨다는 의미다. 왜 지식이나 재능, 의례나 형식을 감소하는 것이 도가 되는가? 지식과 재능, 의례나 형식은 인간에 의해 인위적으로 만들어진 것으로 진실이 아니다. 그러므로 허위를 벗기고 감소시키면 비로소 무위의 경지에 도달할 수 있다. 무위는 성숙한 자의 경지를 말한다. 이렇게 볼 때, 무위는 아무 것도 하지 않는 것이 아니라 억지로 허위를 더하지 않는다는 말이다. 즉, 본질을 추구하여 부단히 허위의 껍질을 벗기는 교육이다.

이러한 노자의 교육사상은 정신없이 바쁜 경쟁 속에서 인위적 조작을 가하며 사는 현대인들에게 고요한 휴식의 장을 마련해 준다. 인위와 허위를 버리고 자연으로 돌아가라. 그리고 욕심을 버리고 자연의 질서를 본받으라고 충고해 준다.

3) 불교의 교육

불교는 석가모니, 부처를 숭배의 대상으로 한다. 부처는 인간의 모든 현실을 '괴로움(suffering)' 그 자체로 인식했다. 그 원인은 그릇된 행위에 있으며, 그릇된 행위는 자기 자신과 세계의 참모습을 올바로 알지 못하는 정신적 미혹에서 기인한다. 불교는 바로 자기 자신과 세계의 참모습을 올바로 알게 하려는 '깨달음'의 종교다. 인간은 깨달음을 통해 우리의 행위, 즉 삶이 바르고 밝아져 자연스럽게 행복을 실현하게 된다.

이렇게 볼 때, 불교에서 존재로서의 인간관은 '고관(苦觀)' 이라고 할 수 있으며, 당위로서의 인간관은 '각관(覺觀)' 이라고 할 수 있다. 따라서 불교 사상에 기초한 교육의 방향이나 목적은 지식의 축적이나 전문 기능의 습득이라기보다 깨달음, 즉 정신적 자각이 더 본질적인 것이다.

불교에서는 깨달음, 자아의 각성을 매우 중시한다. 마치 소크라테스가 "너 자신을 알라."라고 설파했던 것처럼, 혹은 현대 실존철학에서 각성의 문제를 명석하게 분석했던 것처럼, 불교에서도 '각성(覺醒)' 이 일차적으로 요구된다. 그런데 인간의 자아 각성은 직관적이고 비약적으로 이루어진다고 한다. 이것을 불교에서는 '돈오(頓悟)' 라고 한다. 비약적 각성인 돈오를 통하여 인간의 현실세계는 가치론적으로 새로운 의미를 지니게 되고, 삶의 전환을 가져온다.

그러나 이 돈오로써 삶의 문제가 끝나는 것은 아니다. 인간은 과거에서 현재, 미래를 지속적으로 살아가는 유기체이므로 몸에 밴 습성까지 비약적 각성을 통해 다 쓸어버리지는 못한다. 따라서 돈오 이후 끊임없는 수양을 통해 점차 닦아 나가는 '점수(漸修)' 가 요구된다.

불교적 관점에서 교육의 본질은 바로 인간의 깨달음, 내면적 자각을 전제로 한 문화지식의 전수, 인간행동의 변화, 사회의 유지와 혁신 등으로 볼 수 있다. 이러한 교육적 인간상의 정점에 부처가 있다. 그런데 부처는 깨달은 사람, 밝은 사람, 따뜻한 사람으로 지혜와 자비를 상징한다. 깨달음은 본질적으로 스스로 깨닫는 자각을 의미한다. 따라서 부처는 '자각적 인간형' 또는 '자주적 인간형'이다. 자주적 인간형은 부처까지도 벗어 던진다. 특히 선가에서는 "본분을 바로 들어 보일 때에는 부처나 조사도 아무런 공능이 없는 것이다."라고 하여 스스로의 깨달음을 가장 중시했다.

이는 성불, 해탈의 길에서 궁극적으로 부처의 구속으로부터 자유로울 것을 요구한다. 그러나 교육은 인간관계를 전제로 한다. 따라서 교육 행위는 다음과 같은 비유로 설명할 수 있다. 달걀이 부화할 때, 병아리가 계란의 안쪽에서 쪼고 어미닭이 바깥에서 껍질을 쪼아 그 시기가 딱 들어맞을 때 달걀 껍데기가 깨지고 새 생명이 탄생한다. 이것을 줄탁동시(啐啄同時)라고 한다. 불교에서는 이렇게 어미닭과 병아리가 서로 쪼아서 깨우치고 생명을 탄생시킬 때를 최고의 교육 상황이요, 작용으로 이해한다.

5. 현대 사회와 교육의 방향

1) 현대 사회의 특징

현재는 21세기에 막 들어선 시점이다. 프란시스 후쿠야마는 『역사의 종말』에서 19세기를 낙관주의로 본 반면, 20세기를 '비관주의'로 진단했다. 그가 19세기를 낙관적으로 바라 본 이유는 크게 두 가지다. 하나는 근대 과학이 질병이나 빈곤을 정복함으로써 인간생활을 개선해 줄 것이라는 점이었고, 다른 하나는 자유민주주주의 체제가 더욱 더 많은 나라로 확산될 것이라는 기대감이었다. 그런데 인류는 20세기를 살면서, 그것도 인간 자신에 의해 역사상 가장 쓰라린 경험을 했다. 즉, 1, 2차 세계대전, 산업 성장과 그 반대급부로 발생한 환경오염, 생태계 파괴, 지구 온난화, 인간소외와 물화 등 비참한 체험은 과학과 테크놀로지에 바탕을 둔 진보 논리에 커다란 의문을 던져 주었으며, 심각한 지성의 위기를 초래했다.

이러한 20세기를 체험한 인간은 사느냐 죽느냐의 생존 위기에 직면하면서 새로운 시대를 맞이하였다. 이른바 '정보화 사회', '지식기반사회' 또는 지식기반 정보화 사회라고도 하고, 포스트모더니즘으로 규정하기도 한다. 특히 우주 첨단과학기술에 힘입어 등장한 지식기반 정보화 사회에서 정보화가 다소 테크놀로지의 측면을 강조한다면, 지식기반 사회는 지식의 가치를 강조한다. 정보화는 제한된 자원의 효율적 이용과 생산성 향상을 위한 시스템적 해결책으로 컴퓨터와 컴퓨터 통신에 의한 정보화의 필요성이 대두되고, 물질적 풍요에 따른 사회적 자아실현 욕구 충족을 위한 정보 욕구가 다양한 데서 기인했다.

이러한 정보사회는 몇 가지 특징으로 설명할 수 있다.

첫째, 사회적 측면에서는 정보가 핵심적인 사회 · 문화 · 경제적 자원으로 생산 · 소비 · 유통되는 사회이며, 정보와 관련된 기술과 기계가 사회의 보편적 가치인 민주화에 적극적으로 기여하는 사회다.

둘째, 사회관계적 측면에서는 사회적 상호작용의 시 · 공간적 제약이 약해지는 사회이자, 정보매체를 장악한 자와 그렇지 못한 자 사이의 간격이 확대되는 사회이며, 정보나 기업의 정보 독점과 통제가 약화되어 정보에 대한 접근과 소유가 계층적 · 지리적으로 평준화되는 사회를 말한다.

셋째, 기술적 측면에서는 쌍방향적 네트워크가 가능해지는 사회이자, 다양한 정보들의 생산과 전달하는 일에 종사하는 사람들의 지적 창조력이 정당하게 평가받는 사회이며, 정보산업이 주가 되는 사회다.

그러나 정보는 아주 다양한 상품과 서비스가 차지하는 전혀 판이한 경제의 구성요소인 새로운 인풋(input) 가운데 하나에 불과하다. 즉, 정보가 많다는 것은 새로운 재료, 새로운 생명체 또는 새로운 로봇 정도의 중요성이 있을 뿐이다.

이런 반성의 결과, '지식기반사회' 의 중요성이 부각되었다. 지식기반사회는 '정확하게 지식을 어떻게 장악하느냐.' 의 문제가 주된 관건이다. 다시 말하면 근대적 의미의 생산요소로서 '노동' 과 '자본' 의 중요성은 감소하고 지식의 중요성이 증가한다는 의미다. 여기에서 지식은 단순히 세계의 사실들을 인지하는 행위가 아니다. 주어진 환경 속에서 인간의 모든 지적 행위를 구조화시키고 정신적 활동에 필요한 자료의 수집과 해석을 지속시키는 일은 정보에 불과하다.

진정한 의미의 지식은 우리의 관심이나 목적과 관련하여, 정보의 의미를 이해 · 평가하여 내면화하고 활용할 수 있게 된 것을 의미한다. 정보가 전달받은 사람에 의해 습득되고 가공되어 그 사람의 인간성의 일부가 될 때, 지식이 되는 것이다. 이렇게 내면화한 지식은 사람의 마음을 형성하고, 행동으로 나타나며, 이러한 과정을 통해서 새로운 지식을 창출하기도 하므로 생명력과 생산성을 지니게 된다.

■ **패러다임**
다양한 관념을 상호 연결시켜서 질서지우는 시스템 내지 구조를 일컫는 개념으로 쓰인다. 예컨대 근대 과학의 패러다임은 이전의 과학의 관념과 다른 구조로 드러난다.

2) 교육 패러다임의 변화

지식을 장악하는 문제는 근본적으로 교육에서 출발한다. 그러므로 인격 도야와 지식의 습득을 주축으로 해 왔던 전통적 교육에 대한 재검토가 현대 교육적 시각에서 이루어져야 한다. 이는 교육 패러다임(paradigm)에 대한 근본적 반성을 의미한다. 왜냐하면 다음과 같은 교육적 문제들이 제시되기 때문이다.

첫째, 새로운 지식인이 교육적 인간상으로 부각된다.

둘째, 사실적 지식 및 방법적 지식을 포함하되, 지식기반 사회가 요구하는 새로운 유형의 지식이 강조된다.

셋째, 생산요소로서 지식 · 정보가 갖는 결정력에 대한 관심이 증대하고, 실용적 지식과 지식을 창의적으로 활용하는 지식, 고부가가치를 창출하는 지식이 강조된다.

넷째, 계속교육과 직업교육, 사회교육의 필요성이 증대되어 평생학습이 강조된다.

다섯째, 지식 하부구조로서 정보기술체제가 광범위하게 도입되고 네트워크화된 교육정보망이 구축된다.

여섯째, 유연하고 경쟁력을 지닌 교육체제를 지향한 재구조화가 진행되고 학교의 기능과 교사의 역할이 변화된다.

그러므로 근대적 양식으로 정형화된 공교육은 새로운 양식으로 전환되어야 한다.

근대 공교육에서 교육은 곧 학교교육(schooling)을 의미했다. 그만큼 학교교육이 중시되었다. 그러나 이제는 과학기술의 발달, 지식의 폭발적 증가로 교육은 직업교육, 평생교육의 차원에서 삶의 전 영역으로 확장되었다. 또한 단일하고 획일적이며 막연한 차원의 인격 함양이나 사회에의 기여라는 교육목적과 내용보다는, 좀 더 다양하고 구체적이며 자기와 관계된 방식의 교육적 담론을 양산한다. 즉, 환경 · 생태, 인권, 평화, 통일, 여성, 죽음, 부모, 노인 등을 교육에서 적극적으로 다루고 있다. 뿐만 아니라 컴퓨터 통신의 발달은 교육매체와 방법상 혁명적인 변화를 가져왔다. 이제 컴퓨터 교육은 필수적 교육과정이 되었다. 그리고 사이버교육과 지식의 정보화는 전통적인 교육의 위상을 흔들어 놓았다. 이는 사회 변화에 따라 빚어지는 교육적 갈등의 양상이다. 즉, 교육이 이미 새로운 양식으로 바뀌고 있다는 증거다. 다시 말하면 교육 패러다임의 전환이 이루어지고 있는 것이다.

그런데 지식정보화 사회는 이미 디지털 시대로 나아가고 있다. 이것은 현실이 이미 하나의 '디지털 정보의 흐름(flow of digital information)'에 있다는 의미다. 디지털 정보는 실제 상황에 대해 빠르고 실제적인 지식을 주며, 시의 적절하게 흘러간다. 빌 게이츠는 디지털 시대를 다음과 같이 진단한다.

"인터넷은 정보 공유와 협동 그리고 교육을 위한 전 인류의 새로운 공간이다. 또한 텔레비전이나 전화 같은 우리 생활에 밀접한 기술의 즉시성(卽時性)과 자연성, 즉 아무 때나 즉각적으로 이용할 수 있고, 또 자연스럽게 이용할 수 있는 점을 취하고 거기에 서신 왕래 고유의 깊이와 넓이를 더한 새로운 매개체다. 뿐만 아니라 인터넷은 정보를 찾아주고 공통의 관심사를 가진 사람들을 연결해 주는, 완전히 새로운 능력도 지니고 있다.……이는 디지털 신경망(digital nervous system)을 구축한다. 디지털 신경망은 인간의 신경체계를 교육에 적용한 디지털 신경체계로서, 적절하게 통합된 정보의 흐름을 꼭 필요로 하는 교육현장에 적시에 제공해 준다. 디지털 신경망을 구성하고 있는 교육과정들은 학교가 자신의 외부환경을 인식해 반응할 수 있도록 해주고, 현실적 문제의 해결과 학생의 요구를 감지할 수 있도록 해 주며, 이러한 것들에 대해 시의 적절하게 대응할 수 있게 해 준다."

이런 시대는 이미 우리 눈앞에 펼쳐져 있다. 뿐만 아니라 현실은 무한속도로 변한다. 변하는 만큼 인간은 정보를 유용하게 즉시 이용할 수 있어야 하고, 지식으로 전환하여 생산성과 혁신을 지속해 가야 한다. 이를 가능케 하는 기초 작업이 바로 교육이다. 인간이 지니고 있는 신경망처럼 교육도 전체적인 조망과 연결 가운데 현실의 형평과 조화를 이끌어야 한다. 이러한 사고가 근대 공교육과 다른 지평으로서 현대 교육 패러다임의 기조다.

3) 지식기반 정보화 사회와 교육

지식기반 정보화 사회는 경제적 측면에서는 자원의 효율적 이용과 생산성 향상을 위해 컴퓨터와 컴퓨터 통신에 의한 정보화의 필요성이 대두되면서 출현하였다. 한편 사회적 측면에서는 물질적 풍요에 따른 사회적 자아실현의 욕구 충족을 위한 정보욕구가 다양화한 데 있다. 게다가 과학기술의 급속한 발달은 컴퓨터를 더욱 더 소형화 · 저렴화 · 지능화함으로써 그 보급을 가속화시켜 대중화에 기여하였다. 동시에 정보처리기술과 통신기술이 보편화되면서 정보사회는 순식간에 이루어졌고, 급속도로 변화하고 있다. 이런 사회 변화는 인간의 생활양식과 사고를 변화시켰고, 교육의 방향에도 중대한 영향을 미치고 있다.

지식정보화 사회를 살아가려면, 기본적으로 정보를 수집할 수 있는 능력과 정보가치를 판단하는 능력, 정보를 종합하는 능력, 정보를 저장하는 능력, 필요한 정보를 취사선택하여 정보 부가가치를 높일 수 있는 능력, 정보사회의 윤리 등 정보에 관한 종합적인 자질을 갖추어야 한다. 그것은 새로운 교육에 의해 가능하다. 과거처럼 단순히 읽고 쓰고 셈하기의 기초교육으로는 변화한 시대의 새교육을 담당할 수 없다.

더욱 중시되는 것은 컴퓨터와 통신기기의 활용능력이다. 게다가 정보화가 진행될수록 인터넷 신조어가 쏟아져 나오므로 새로운 용어는 계속 학습해야 하고, 일상생활에 편리하게 적응하기 위해 각종 정보통신기기들의 활용법을 학습해야 한다. 이는 지식기반 정보화 사회의 교육이 학교교육만으로는 한계가 있다는 의미다. 이제는 언제 어디서나 배울 수 있는 평생교육체제의 구축이 절대적으로 필요하다.

지식 중심의 사회에서는 새로운 지식을 창출하고 이 지식을 적합하게 응용하여 지식의 부가가치를 높이는 작업, 즉 지식의 생산성을 높이는 작업이 중요한 과제로 부각된다. 그러나 학교교육은 지식 주입의 양이 엄청나게 많음에도 불구하고, 그러한 지식들이 삶의 유용한 도구로 활용되지 못하고 있다. 현대 사회는 지식을 많이 알고 있는 인간보다는 다양한 지식을 종합해서 응용하고 재창조하는 창의적 사고를 가진 인간이 주도하는 사회다. 또한 지식사회에서는 지금까지 학교에서 다루지 못했던 지식을 정보공학을 도구로 활용함으로써 자기 자신을 스스로 가르치는 교사가 될 수 있다. 즉, 스스로 학습하는 방법을 터득할 수 있기에 독립적인 학습자가 될 수 있다. 산업사회에서는 교육과 훈련이 강조되었지만, 지식정보화 사회에서는 자기학습(self learning)이 강조된다.

뿐만 아니라 급변하는 사회 속에서 학교교육은 그 한계가 명백하다. 인간의 지식은 기하급수적으로 증가하므로, 배우고 버리고 또 배우고 다시 버리는 것이 정보 사회의 특징이다. 이처럼 지식의 급속한 증가로 비즈니스의 수명이 짧아지고, 일의 성격이 자주 바뀌어 직종의 변화와 새로운 직종의 탄생이 일상 생활에서 벌어지므로 평생직장에 안주한다는 것은 거의 불가능하다. 따라서 엄청난 도전에 대응하고 특정 개인이나 사회가 살아남기 위해서는 언제 어디서나 누구에게나 교육을 받을 수 있는 열린 교육체제가 구축되어야 한다.

지식정보화 사회는 세분화, 전문화된 영역을 수많은 시스템으로 엮은 멀티미디어 사회다. 따라서 더 많은 고도화된 인재가 필요하다. 멀티미디어는 인쇄, 음성, 영상 등 미디어의 다양한 요소들을 하나의 기계 내에 모은 것이다. 다시 말해 음성, 문자, 그래픽, 영상 등의 정보를 통합 처리해서 이 정보를 기기와 대화하는 형식으로 보고 듣고 느낄 수 있는 시스템을 말한다. 이제 교육도 교실에서 단순하게 전달하는 양식에서 벗어나, 멀티미디어 중심의 창의성 함양교육으로 바뀌어야 한다. 즉, 교사에 의한 주입식 · 강의식 교육 패턴을 지양하고, 학생들이 다양한 방식으로 연구하고 창조하는 멀티미디어 교육을 적극 활용해야 한다.

4) 포스트모더니즘과 교육

포스트모더니즘은 이른바 '탈근대' 또는 '후근대'로 번역되는데, 1960년대 이후 본격적으로 나타나기 시작한 새로운 인간 생활양식을 설명하고 정당화하기 위하여 등장한 문화논리다. 다시 말해 현대 사회의 다국적 자본주의화, 후기 산업사회화, 소비사회화, 정보사회화라는 사회 성격의 변화 속에서 체계화되고 있는 새로운 문화논리인 것이다. 그것은 근대성에 근거한 현존하는 모든 것을 새로운 발전의 밑받침으로 삼고자 하는 현대성의 본질이다.

현대성, 즉 포스트모더니즘의 대체적인 경향은 근대성에 기반을 둔 절대적 가치를 부정하고 상대주의적 가치를 지향하며, 획일화를 거부하고 다원성을 지향한다. 그리고 필연성을 거부하고 우연성으로 나아간다. 또한 대서사(grand narrative), 형이상학, 총체적 사고를 거부하며, 반정초주의(anti-foundationalism), 다원주의(pluralism), 반권위주의(anti-authoritarianism), 연대의식(solidarity)을 표방한다. 이러한 사고의 바탕에는 근대적 자아의 해체와 탈정전화(脫正典化), 대중들의 유희 향락적 문화의 추구가 자리하고 있다. 그것은 정보혁명이라는 새로운 산업사회의 출현과 더불어 상승효과를 발휘하며, 문화를 주도하고 있다.

포스트모더니즘은 체계적인 이론이나 포괄적인 철학을 지칭하는 것은 아니다. 그것은 전통 철학으로부터 급격한 이탈과 변화를 보인다. 이러한 변화는 지식과 진리, 합리성과 이성 그리고 선과 가치의 궁극적 기초에 대한 확신으로부터 회의와 불신으로의 전환이다. 포스트모더니즘은 진리와 객관성, 이성과 확실성에 대한 전통철학적 관념에 대한 도전과 거부를 표방한다.

우리나라에서 포스트모더니즘은 1980년대 후반부터 도입, 논의되기 시작하였다. 앞에서 언급한 것처럼, 포스트모더니즘은 특정 이론이나 원리를 가지고 모든 것을 획일적으로 규정하고 통제하는 전체적 사고방식을 비판한다. 따라서 현대 문화를 지배하는 포스트모더니즘의 정신이란, 진리와 지식 그리고 인간과 사회에 대한 기존의 모든 이론체제나 사고체제가 갖는 절대 객관성과 확실성을 부정하고, 다원성과 상대성에 대한 인식을 바탕으로 그들이 가졌던 권위의 허구성을 드러내고 해체함을 일차적 특성으로 한다. 그래서 오늘날의 시대를 하나의 진리에 의해 지배되지 않는 사회, 즉 수많은 담론이 그 나름대로의 정당성을 인정받게 되는 포스트모던 사회라고 하는 것이다.

이런 사회에서 1990년대에 들어 등장한 이른바 신세대들, 그 이후의 X세대, N세대, P세대는 자신들의 자율적인 주권을 강도 높게 표출하고, 기존의 질서를 해체시키면서 나름대로의 영역을 구축하고 있다. 이러한 청소년 세대의 변화에 대처하기 위해서는 기존의 교육방식만으로는 한계가 있다. 그러므로 새로운 교육방식의 개발이 불가피하다. 사회가 급속도로 변화하고, 청소년들의 의식구조도 급변하고 있는 상황에서 교육도 능동적으로 대처해 나가야 하는 것이다.

기존에 시행되는 대부분의 교육이론과 실천은 모더니티의 담론에 근거를 두고 있다. 즉, 획일적인 교육적 가치와 표준화된 관료제적 교육관행, 교육에 대한 과도한 국가통제 등 그동안의 근대적 제도로 가득 차 있다. 이러한 모더니티 교육은 학교에 대한 환상과 신뢰를 점점 떨어뜨리고 있다. 반면 교육에 대한 분산적 통제의 요구, 교육적 결정에서 학부모 및 시민들의 참여요구, 학교교육의 획일성 비판, 사회교육의 활성화, 성인들의 교육요구, 평생교육의 이념 구현 등 탈근대적 사고의 움직임이 활발하게 전개되고 있다. 다시 말해서 모더니즘의 산물로서 학교교육의 극복과 보완을 위한 이념적, 실천적 시도가 포스트모던적 사회문화 속에서 이루어지고 있는 것이다.

5) 생대주의와 교육

현대 사회 최대의 위기는 고도 산업사회와 성장의 그늘에서 죽어 가는 생태문제다. 생태주의는 인간과 자연의 역동적인 간주관적인 상호작용이 일어나는 장에서 생명체 간의 생존하는 방식을 규명하고 이것이 인간현상에 주는 시사점이 무엇인가를 철학적으로 사유하는 현대 사조의 흐름이다. 특히 중세 말부터 태동하기 시작한 인간중심주의의 철학적 한계를 비판하면서 이성과 과학에 토대를 둔 모더니즘적 세계관을 비판한다. 아울러 인간의 자기본위, 인간과 인간 또는 인간과 자연 사이의 경쟁, 소유를 둘러싼 갈등과 같은 자본주의 사회의 지배적인 가치에 대해 회의한다.

그러기에 생태주의는 지구촌의 모든 생명들을 전체의 네트워크 안으로 통합하고, 상생의 관계를 회복하여 생명 존중의 문명 창조라는 새로운 삶의 방향을 제시한다. 근대 과학의 발달과 산업화 이후, 과학기술은 인간과 자연을 분리하고 자연은 오로지 인간 삶의 증진을 위한 지식을 제공하는 대상으로 인식되었다. 그러므로 생명을 경시하고 파괴하는 가혹한 비인간화 현상을 낳았다. 그럼에도 불구하고 기존의 근대 공교육은 효율성과 능률을 기치로 이러한 인간 중심의 과학적 · 철학적 인식론에 기초하여 전개되었다.

생태주의자들은 생태 파괴의 원인이 인간을 자연으로부터 분리시키는 과학의 이원론적 사고에서 비롯되었다고 본다. 근대 철학을 연 데카르트는 정신을 주체로 하고 물질을 객체로 확연히 구분지어 인간과 자연에 대한 이원론적 인식의 틀을 제공하였다. 그리하여 인간이 자연을 지배하는 주체로 인식하여 인간과 자연을 분리하였다. 이러한 인간중심주의적 사고는 뉴턴으로 대변되는 과학사상으로 새롭게 발전하면서 과학적 탐구로 인한 각종 신기술을 발명하였고, 이는 엄청난 경제적 발달의 추진력이 되었다. 이런 과학기술의 발달은 인간의 삶을 편리하게 만들었으나, 환경과 생태계를 파괴하여 오히려 인간을 죽이는 방향으로 흘러왔다.

근대 이후 발전한 교육사상은 이러한 과학철학적 입장에 부응하여 효율성을 강조하였고, 도덕적인 윤리문제는 교육의 근본에서 밀려나 부차적인 것이 되고 말았다. 특히 기술적 업적과 효율성을 추구하는 인간자원 개발을 주목적으로 삼았다. 다시 말하면 교육학에서 목적론과 방법론이 분리되었다. 즉, 가치와 지식의 분리가 일어났고, 목적론보다 방법론이 중심이 되기에 이르렀다.

전통적으로 교육은 어떻게 하면 인간의 내적 힘을 키워서 자연으로부터 더 많은 자원을 획득하는 도구로서의 지식과 기술을 생산하고, 그것을 어떻게 효과적으로 전달할 수 있는가에 주된 관심을 두어 왔다. 그러나 생태주의 교육에서는 자연과 인간 생명은 연결된 생명체라고 인식한다. 특히 생명체들은 서로 협동하며 공생하는 상생(相生)관계라고 본다. 다시 말하면 생태주의 교육은 인간과 자연 그리고 인간과 인간 사이의 생태학적 유대관계를 존중하면서, 새로운 세대들에게 더 좋은 사회발전에 이바지하게 하는 것이다. 이제 교육은 생태주의에 기초하여 인간과 인간, 인간과 자연의 상생의 관계를 증진하는 데 관심을 가져야 한다.

생태적 교육의 과제는 교육의 대상을 인간과 자연이 상호작용하는 장으로 만들어 더불어 살아가는 것이다. 다시 말하면 자연과 인간이 일체감을 이루어 우리 모두가 환경친화적 태도를 형성할 수 있도록 하는 것이다. 동시에 모든 존재자들이 상생을 위한 생명력을 활성화할 수 있도록 생태 윤리를 배양하여야 한다.

/참/고/자/료/

경기대 소성학술연구원(2003). 전통사상과 생명. 서울: 경기대 소성학술연구원.

김귀성, 노상우(2001). 현대교육사상. 서울: 학지사.
김재만(1983). 교육사조사. 서울: 교육과학사.
김정환, 강선보(1998). 교육철학. 서울: 박영사.
김호진 편(2001). 지식혁명시대의 교육과 대학. 서울: 박영사.
목영해(1994). 후현대주의 교육학. 서울: 교육과학사.
박선영(1981). 불교의 교육사상. 서울: 동화출판공사.
박이문(2002). 환경철학. 서울: 미다스북스.
박진규, 주영흠, 남현우(1999). 교육학개론. 서울: 지선사.
성기산(1999). 교육철학의 이해. 서울: 문음사.
신창호(2001). 대학의 교육론 산책. 인천: 내일을 여는 책.
신창호(2004). 공부 그 삶의 여정. 고양: 서현사.
신창호(2005). 수기 유가 교육철학의 핵심. 서울: 원미사.
오인탁(1990). 현대교육철학. 서울: 서광사.
오천석(1983). 교육철학신강. 서울: 교학연구사.
유네스코 21세기 세계교육위원회 편(1997). 21세기 교육을 위한 새로운 관점과 전망. 서울: 오름.
이돈희(1983). 교육철학개론. 서울: 교육과학사.
이병승, 우영효, 배제현(2002). 쉽게 풀어쓴 교육학. 서울: 학지사.
정호표(2002). 현대교육철학. 서울: 교육과학사.
크리스찬 아카데미 편(1997). 정보화 시대 교육의 선택. 서울: 대화출판사.
한국교육학회 편(1971). 교육의 철학적 이해. 서울: 배영사.
Drucker, P. F. (2002). Next Society. 이재규 역. 서울: 한국경제신문.
Gates, Bill (1999). 생각의 속도. 안진환 역. 서울: 청림출판.
Thurow, L. C. (2000). 지식의 지배. 한기찬 역. 서울: 생각의 나무.

/학/습/정/리/

1. 교육철학의 성격과 연구의 필요성

교육철학은 교육문제를 **철학적 방법**과 **철학적 수준**에서 다룬다. 유형별로는 크게 **사변철학**, **규범철학**, **분석철학**의 세 분야로 나누어 볼 수 있고, 기능별로 **사변적**, **평가적**, **분석적**, **통합적** 기능으로 구분할 수 있다. 이러한 교육철학은 교육문제 해결을 위한 **사고**를 계발시켜 주고, 교육적인 언어를 **분석**하고 **명료화**를 가능케 해 주며, 교육활동에 대한 구체적인 **방향을 제시**하고, 교육활동 **비판의 근거**를 제시한다는 점에서 충분히 연구하고 이해할 필요가 있다.

2. 교육철학사상의 형성과 발달

서구에서는 교육철학의 기본적 사고를 형성한 **두 가지 사고 유형**이 있는데, **자연주의**와 **이상주의**가 그것이다. 자연주의는 **자연**을 실체의 본질이라고 보며, 교육의 목적도 자연의 질서 체계에 의존함을 의미하고, 이상주의는 **이데아**를 설정하고 그것에 도달하려는 교육적 노력이다. 이러한 철학의 유형은 다양한 **철학적 관점**으로 발전하면서 교육철학에 영향을 미쳤는데, 특히 20세기 초 · 중반에 걸쳐 미국에서는 **네 가지 교육사조**가 전개되었다. 그것은 진보주의, 본질주의, 항존주의, 재건주의다.

3. 동양의 교육사상

동양에서는 전통적으로 크게 세 가지의 교육사상이 지배하였는데, 유학과 도가 그리고 불교사상이다. 유학은 공자가 완성한 학문으로 교육은 **착한 인간성**을 보존하고 발양하는 데 노력하는 일이고, **도가**는 노자의 사유를 핵심으로 확립된 사상으로 **무위자연(無爲自然)**의 본질을 추구하여 끊임없이 허위의 껍질을 벗기는 교육을 추구하였으며, 불교적 관점에서 교육은 인간의 **깨달음**, **내면적 자각**이 핵심이었다.

4. 현대 사회와 교육

현대 사회는 이른바 **지식기반 정보화 사회**이자 **포스트모더니즘**으로 규정되는 사회다. 이렇게 급변하고 규정하기 힘든 사회에서 교육은 **패러다임의 전환**을 요구하며, 특히 인간과 자연이 **상생(相生)**하는 **생태주의**적 관점이 교육에 도입될 필요가 있다.

/학/습/평/가/

※ 아래 질문에 대해 설명하거나 논의하시오.

1. 교육철학의 성격에 대해 설명하시오.
2. 교육철학을 왜 연구하는지 그 이유를 설명하시오.
3. 자연주의와 이상주의를 비교하여 논의하시오.
4 진보주의 교육운동의 기본적 사고를 설명하시오.
5. 도가와 불교의 교육이 현대 교육에 주는 시사점을 간략히 설명하시오.
6. 현대 사회의 특징을 분석하고, 교육이 나아가야 할 방향을 적절한 근거를 들어 논의하시오.

※ 아래 문제에 대해 정답을 고르시오.

7. 교육철학의 분석적 기능을 가장 잘 설명한 것은?
   ① 이론적 혹은 일상적 언어의 의미와 거기에 포함된 논리적 관계를 명백히 하여 가치기준을 밝히는 행위다.
   ② 주어진 어떤 준거, 기준, 규준에 비추어 어떤 실천, 이론, 주장, 원리의 만족도를 밝히는 행위다.
   ③ 교육의 이론적, 실천적 문제해결을 위한 새로운 아이디어와 대안을 제공하는 행위다.
   ④ 교육에 관한 현상이나 과정을 전체로서 파악하고 여러 부분이나 차원을 통합하여 이해하는 포괄적인 행위다.

8. 자연주의 교육철학에 대한 설명으로 옳지 않은 것은?
   ① 인간은 가소성, 우연성을 지닌 존재다.
   ② 성선설에 기초하여 지적 기능 교육을 중시하였다.
   ③ 자연만이 유일한 실재이고, 변화는 모든 존재의 일반적 특징이다.
   ④ 경험을 통한 학습의 교육적 가치를 강조한다.

9. 항존주의 교육원리로 적절하지 않은 것은?
   ① 교육은 사회적 요구와 사회적 관심을 중심으로 행해져야 한다.
   ② 아동의 자유는 철저히 배제되고 교사의 통제가 강화되어야 한다.
   ③ 학습은 강한 훈련이 수반되어야 하고 훈련은 지적 분야에 꼭 필요하다.
   ④ 교육과정의 핵심은 소정의 교과에 철저하게 몰두하는 데 있다.

10. 유학의 교육 목적으로 가장 적절한 것은?
   ① 말없는 깨달음
   ② 다른 사람을 다스림
   ③ 선한 본성을 구함
   ④ 고통에서 벗어남

11. 포스트모더니즘의 특징으로 볼 수 없는 것은?
   ① 상대적 관점
   ② 정전(正典)의 정당화
   ③ 감성적 접근
   ④ 해체적 읽기

/읽/을/거/리/

자연의 질서 안에서 진리를 구하라!

인간은 왕좌에 앉아 있으나 오두막 그늘에 앉아 있으나 마찬가지다. 그렇다면 인간의 본성은 무엇일까? 어찌하여 현자(賢者)는 이에 대하여 우리에게 대답해 주지 않는가? 철인(哲人) 또한 인류가 무엇인지 모르고 있다. 소를 모는 농부는 소에 대하여 잘 알고 있지 않은가? 하물며 목자(牧者)도 양에 대하여 연구하고 있지 않은가?

인간의 의(義)를 보호 육성한다고 자칭하는 자들이여! 그대들도 농부가 소를 대하는 만큼 수고하고 있는가? 목자가 양에게 기울이는 정성을 바치고 있는가? 그대들의 지혜는 인류에 대한 지식인가? 그대들의 자비심은 백성들을 총명하게 다스리는 목자의 그것인가?

인간이란 무엇인가? 인간에게는 무엇이 필요한가? 무엇이 인간을 고귀하게 만들며 또 추악하게 만드는가? 인간을 굳세게 만들고 약하게 만드는 것은 무엇인가? 이것이 곧 백성을 인도하는 목자에게 필요한 것이며, 그리고 가장 누추한 오두막에서 사는 사람들에게도 필요한 것이다.

인류는 곳곳에서 이것의 필요함을 절실히 느끼고 있다. 인류는 일하고 힘쓰면서 향상되기를 바라고 있다. 인류는 몇 세대에 걸쳐서 이것을 회피해 왔지만 얻지 못하고 시들어버렸다. 그러므로 임종(臨終) 때 우리의 생애는 만족스러운 것이 못되었다고 외치는 사람이 많다. 이들의 임종은 가을에 열매가 제 구실을 다한 후에 겨울의 보금자리를 찾아 떨어지는 결실과는 다르다.

인간은 어찌하여 질서도 없고 궁극적인 목적도 없이 진리(眞理)를 연구하고 있는가? 어찌하여 인간은 본성의 요구를 따르지 않는가? 인생의 즐거움과 행복을 찾아야 하는데, 왜 평안과 삶의 즐거움을 누릴 수 있는 진리를 구하지 않는가? 진리는 마음속 깊은 곳에서 인간을 만족시켜 주고, 인간의 여러 가지 능력을 발휘하게 하며, 하루하루의 생활을 즐겁게 해 주고, 해마다 복을 누리게 해 준다.

인간은 각자가 필요에 따라서 진리에 이르는 길을 자기 본성의 가장 깊은 데서 찾아낸다.

배불리 흡족하게 먹은 어린아이는 본성적으로 어머니가 자기에게 어떤 분인가를 배우게 된다. 어머니는 어린아이의 마음속에 감사의 바탕인 사랑을 길러 준다. 어린아이가 의무니 감사니 하는 말들을 듣거나 입 밖에 내기도 전에, 아버지가 주는 빵을 먹으며 둘이서 나란히 불을 쬐다가 아들은 자연의 이치에 따라 아들로서의 의무를 다하고, 생의 행복을 누리게 되는 것이다.

인간이여, 이 자연의 질서 안에서 진리를 구하라. 그러면 그대가 어떤 처지에 있든지, 또 어떤 길을 걷든지 그대는 필요에 따라 이 진리를 발견하게 될 것이다.

– 페스탈로치의 『은자의 황혼』에서 –

II 부

교육심리학의 이해

/학/습/개/요/

Ⅱ부 **교육심리학의 이해**에서는 교육의 3요소(교수자, 매체, 학습자) 중 교육의 객체라고 할 수 있는 학습자 이해를 목표로 인간발달심리, 학습심리, 생활지도와 상담 등을 다룬다.

4장 인간발달과 교육은 학습장면에서 학습자의 준비성을 파악하고 학습효과를 극대화하는 데 목적이 있다. 이 장에서는 첫째, 발달의 정의, 발달원리를 소개하여 발달에 대한 전반적 이해를 돕는다. 둘째, 발달과 관련된 제 논쟁들—유전 대 환경의 논쟁, 결정적 시기 대 민감기 논쟁, 발달의 연속성 대 비연속성—을 소개하여 발달문제에 대한 비판적 안목과 대안적 관점을 가질 수 있도록 돕는다. 셋째, 발달에 영향을 미치는 유전적, 환경적, 심리적 요인들을 알아본다. 넷째, 발달영역별—인지, 사회성, 도덕성—발달이론과 이들 이론이 갖는 한계와 교육적 시사점을 소개한다.

5장 학습과 인지는 학습이 일어나는 과정을 이해하고 이를 현장에서 응용할 수 있도록 하는 데 목적이 있다. 학습이론에서 행동주의 학습이론—고전적 조건형성, 조작적 조건형성이론—과 인지주의 학습이론—통찰학습, 잠재학습, 모방학습—의 이론들을 소개하고, 이들 이론들이 교육장면에 어떻게 적용되는지를 소개한다.

6장 생활지도와 상담에서는 생활지도와 상담의 제 이론과 실제를 소개하는 데 목적이 있다. 생활지도와 상담의 차이를 설명하고, 교육장면에서 활용할 수 있는 지시적 상담, 행동주의 상담, 인본주의 상담 등을 소개하고, 이들 상담기법을 활용한 적용 예를 구체적으로 소개한다.

4장

인간발달과 교육

학습목표

1. 발달개념을 정의할 수 있다.
2. 발달원리를 이해한다.
3. 발달적 논쟁에서 자신의 의견을 말할 수 있다.
4. 발달에 영향을 미치는 요인을 교육현장과 실제에 적용한다.
5. Piaget의 인지발달과정을 이해하고 이를 교육실제에 적용한다.
6. Erikson의 사회성 발달과정을 이해하고, 이를 교육실제에 적용한다.
7. Kohlberg의 도덕성 발달과정을 이해하고, 이를 교육실제에 적용한다.

아동의 발달과정이나 원리를 이해하는 것은 학습자의 발달을 예측 가능하게 하고, 개별 학습자에 따라 적절한 교육적 개입을 모색하기 위해 필수적이다. 또한 발달에 영향을 미치는 생물학적, 환경적, 심리적 요인을 이해하는 것은 발달을 저해하는 요인에 대한 조기개입을 고려할 수 있게 하며, 또한 그 영향력을 최소화하는 교육적 개입을 가능하게 하는 데 필수적이다.

발달문제에서 중요한 논쟁 중에 하나는 유전 대 환경에 대한 논쟁이다. 이 논쟁을 다루는 것은 발달과정에서 선천적 영향과 후천적 영향의 상대적 비중에 대한 이해를 높이고, 교육현장에서 교사와 학부모들이 개입할 수 있는 수준에 대한 제안을 가능하게 할 수 있다. 또한 유전 대 환경의 논쟁은 조기교육에 대한 중요한 해답을 제공할 수 있다. 만약 선천적 영향력이 후천적 영향력에 비해 절대적이라면, 교육현장에서는 굳이 학습자들의 조기교육을 고려하지 않아도 될 것이며, 반대로 후천적 영향력이 절대적이라면 조기교육의 필요성을 강조하고, 발달이 최대화될 수 있는 교육적 환경을 만드는 것이 필요하다.

또한 학습자를 이해하기 위해서는 인지발달, 사회성 및 성격발달, 도덕성 발달 등의 이론적 관점 또한 배우는 것이 필수적이다. 예를 들어, 5세 된 아동이 엄마의 생일 선물로 '스타 사인이 든 축구공'을 선물한다면 이를 어떻게 이해할 것인가? 상식적인 설명은 '아동이 철이 없어서'라고 할 수도 있지만, 피아제(Piaget)의 인지발달적 관점에서 보면 5세 아동(전조작기)은 사고의 조작능력이 발달하기 이전이기 때문에 타인의 입장에서 생각하기 어려우며, 단지 자신의 관점에서 타인을 이해한다고 한다. 이를 피아제는 '자아중심성'이라고 하였다. 이와 같이 하나의 이론적 관점을 습득하는 것은 학습자의 인지와 행동을 이해하는 데 자신의 새로운 조망을 얻게 되는 것과 같은 것이다. 이 장에서는 발달원리, 영향을 미치는 요인들을 다루고 또한 인지, 사회성, 도덕성 발달에 대한 이론을 소개한다.

1. 발달의 개념 및 원리

1) 발달의 개념

발달(development)이란, 인간생명의 시초인 수정의 순간부터 완전히 노화될 때까지 양적 및 질적으로 성장 혹은 변화하는 과정이다. 양적인 발달은 세포의 조직 및 미세한 부분은 물론 신장이나 흉위가 커지고 체중이 늘어나 신체의 기능이 다원화 내지 정교화되는 것을 가리키는 반면에, 질적인 발달은 감각, 지각, 인지는 물론 추리, 논리, 사고 등의 모든 심리적 발달을 의미한다. 이러한 양적, 질적 발달은 기능적으로는 상호 독립적으로 볼 수 있지만 한 개인 내에서 동시에 이루어진다는 점에서 상호 보완적으로 보아야 할 것이다.

인간은 **성숙**(maturation)과 **학습**(learning)의 두 기제에 의해 발달한다. 일반적으로 성숙은 생래적인 변화를 의미한다. 즉, 인간이 시간이 지남에 따라서 양적 혹은 질적으로 발달할 수 있도록 생래적으로 이미 설계되어 있는 계획표(programing)를 의미한다. 한편 학습은 후천적인 변화를 의미하는 것으로, 개인이 성장함에 따라 내적인 성숙수준의 향상으로 훈련과 연습을 통하여 신체적, 심리적 발달을 이루어 나가는 것을 말한다.

■ **성숙**
생래적으로 설계되어 일어나는 계획된 변화요인.

■ **학습**
훈련과 경험에 의해 일어나는 변화요인.

2) 발달의 원리

(1) 모든 성장은 상호 관련된다

인지적, 신체적, 정서 및 사회성 발달은 상호 관련되어 있다. 예를 들어, 신체적으로 건강하지 못한 어린이는 학습에 집중할 수 없을 뿐만 아니라 잦은 결석으로 인해 학업성적이 낮고 친구가 적고 매사에 자신감이 없을 수 있다. 신체적으로 약한 아이가 건강해지면 보통 학업성적뿐만 아니라 자신감 혹은 자아개념이 긍정적으로 변화된다. 이와 같이 신체, 정서, 정신적 발달은 발달순서에서 다소 개인차가 있을지라도 각 영역의 성장 간에는 상호 밀접한 관련이 있다.

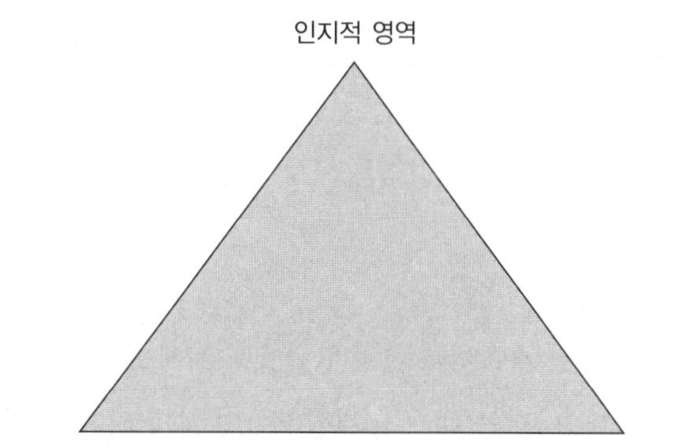

[그림 4-1] 발달의 3영역: 인지적, 정의적, 신체적 영역

(2) 발달에는 개인차가 있다

발달에는 개인마다 차이가 있다. 발달에는 일정한 순서 또는 질서가 있으나 개인에 따라 그 속도나 모양이 각기 다르다. 게젤(Gesell, 1945)은 유아의 이행운동능력의 발달에는 일정한 순서가 있지만, 발달속도에는 6개월 전후의 개인차가 있다고 본다([그림 4-2] 참조). 개인차는 신체, 운동, 정서면이 제각기 다르게 발달하는데, 이는 가정환경, 경제조건, 가족의 교육 정도, 사회 · 문화적 조건 등에 의해서 이루어진다.

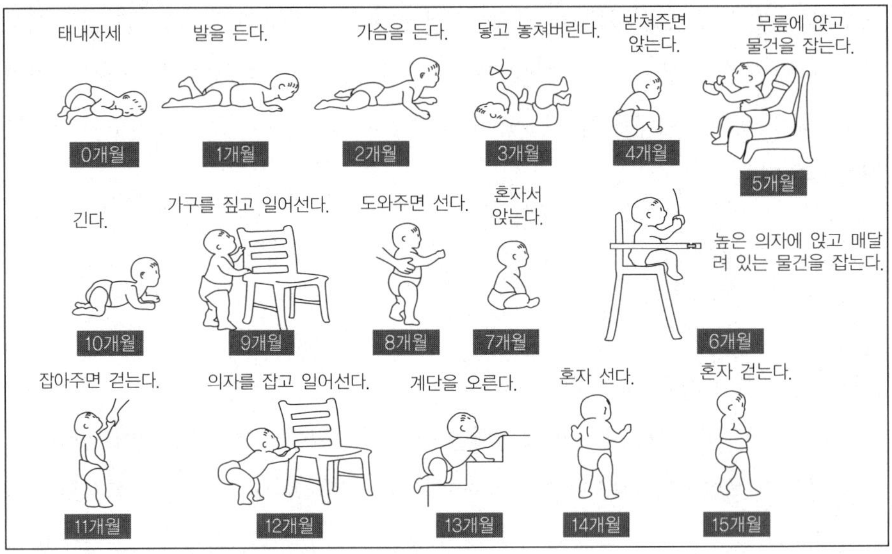

[그림 4-2] Gesell의 유아의 이행운동발달

(3) 발달은 연속적 과정이다

인간은 임신에서 죽을 때까지 일생을 통해 끊임없이 발달, 변화하는 연속적이며 점진적 과정을 겪는다. 한 개체의 성장은 비약적 과정이 아니고 계속적이며 점진적으로 이루어진다. 그러나 신체영역별 발달 시기는 차이가 있어(Tanner, 1962), 어휘수는 유아기에 급격히 발달하나, 추리력은 서서히 발달한다.

(4) 발달에는 순서와 방향이 있다

개인의 발달속도는 다소 개인차가 있지만 발달이 진행되는 과정에 있어서 일정한 순서를 거쳐서 발달한다. 아이는 대개 10개월경이면 기게 되며, 14개월경이 되면 혼자서 설 수 있게 되고, 15개월경이 되면 혼자서 걸을 수 있게 된다. 이와 같은 일련의

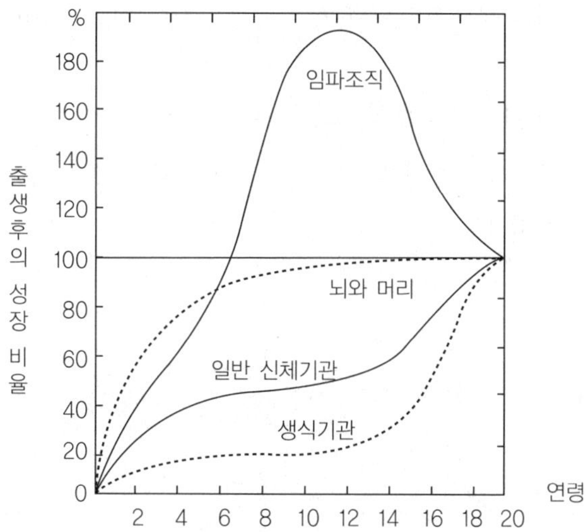

[그림 4-3] 여러 신체기관의 성장곡선(20세의 성장을 100으로 한 성장률): '일반 신체기관(전체적 발달)' 곡선은 호흡기관, 소화기관, 근육조직뿐만 아니라 신체 크기의 변화를 표시한다. 일반적으로 뇌와 머리는 신체보다 빠르게 성장하고, 생식기관은 성인의 크기에 가장 늦게 도달한다. 면역체계의 일부분으로 기능하는 임파조직의 다른 부분들은 급속히 성장하고 아동기 후기와 청소년기 때 성인의 크기를 훨씬 넘어선다. (출처: Tanner, 1962.)

발달과정은 인간이면 누구나 비슷한 시기에 동일한 과정으로 발달하게 된다. 발달에는 방향이 있기 때문에 특정 시점에는 특정 발달이 일어날 것이라는 예측이 가능하다.

① 머리 부분에서 신체 말단 부분으로, 신체의 중심부에서 말단부로 발달하게 된다: 발달은 머리 부분이 먼저 발달하고 점차 몸통이 발달하게 되고 점차 팔과 다리 부분이 그리고 손과 발이 발달하게 된다. 또한 신체에서 대근육이 먼저 발달하고 소근육이 발달하게 된다.

② 구조에서 기능 부분이 발달하게 된다: 아동은 손가락을 사용하기 위해서는 팔근육과 손가락의 근육이 먼저 발달하게 된다. 연필을 쥐고 글을 쓰는 것과 같은 기능의 발달은 기능을 받쳐 주는 근육이 준비되어야만 가능하다.

③ 일반적인 것에서 특수한 것으로 발달한다: 발달이 증가함에 따라 일반적인 반응에서 반응의 정밀성이 증가하고 각 기능이 더 섬세하게 발달한다.

④ 구체적인 것에서 추상적인 것으로 발달한다: 구체적 사물에 의존하여 사고가 가능한 단계에서 보이지 않는 추상적인 대상에 대해서도 사고가 가능하게 된다.

⑤ 나선형의 원리로 발달한다: 모든 발달은 계속적인 전진의 과정만을 거치는 것이

아니라 각 단계 내에서 전진과 후퇴의 과정을 반복하며 발달하게 된다.

(5) 발달은 유전과 환경의 상호작용의 결과다

발달은 개체의 유전적인 요인과 환경적인 요인이 서로 상호작용하여 새로운 하나의 체제로 발달하게 된다.

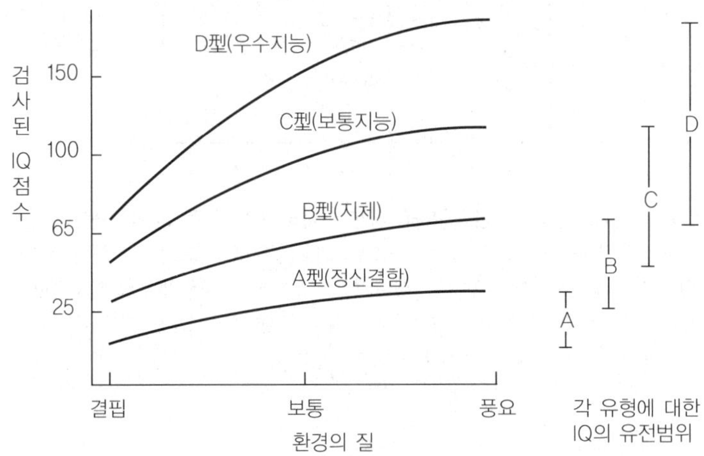

[그림 4-4] 유전적 지적 잠재력 범위의 개인차와 환경의 영향

[표 4-1] 혈연 간 지능의 상관계수

관 계	상관계수
일란성 쌍생아	
함께 양육	.86
분리 양육	.79
이란성 쌍생아	
함께 양육	.60
형제	
함께 양육	.47
분리 양육	.24
부모-자녀	.40
양부모-자녀	.31
사촌	.15

출처: Bouchard & McGue, 1981에서 인용.

2. 발달에 영향을 미치는 요인들

발달에 영향을 미치는 요인은 크게 생물학적 요인과 환경적 요인, 심리적 요인으로 나누어 볼 수 있다.

1) 생물학적 요인

인간발달에 영향을 미치는 생물학적인 요인에는 유전적 요인들이나 유기체의 내적 요인들과 관련된 것들이 있다. 부모, 성, 민족, 질병 등이 이에 해당한다.

(1) 부모

부모로부터 물려받은 체중, 신장, 피부색, 모발색과 모발형을 비롯한 생물학적 특성은 다음 세대에 전수된다. 부모로부터 물려받은 특성은 다시 우성인자와 열성인자가 있어 발달에 결정적 영향을 미치기도 하며, 때로는 잠복되어 있다가 다음 세대로 전수되기도 한다.

(2) 민족

민족은 선천적인 요인을 공유하는 사회집단이다. 물론 대부분의 경우 지역적으로 동질성을 공유하기도 하나, 일반적으로는 생물학적 특성을 간직하고 고유한 문화적 특성을 가지고 있는 집단이다. 한 민족의 고유한 특성들은 다음 세대에 전수된다.

(3) 질병

질병은 유기체의 발달에 매우 중요한 영향을 미친다. 예를 들어, 고열을 수반하는 열병이 지적 발달에 이상을 초래하기도 하고, 어떤 질병은 신체적 발달을 저해하기도 한다. 특히 임신 중 산모의 질병은 태아의 지적 발달이나 신체적 발달에 결정적 영향을 미친다.

(4) 성차

남자와 여자의 성차는 생리적, 신체적 차이뿐만 아니라 정신적, 사회적 발달에 차이를 유발하는 요인이다. 예를 들어, 여자에 비해 남자는 신체 근육이 더 잘 발달되어 있고, 여성은 여성호르몬이 남성은 남성호르몬이 더 많이 분비된다. 또한 능력 면에서도 차이가 있다는 견해가 있다.

2) 환경적 요인

(1) 거주지

아동이 성장하는 거주지가 도시냐 농촌이냐, 도심이냐 교외냐는 아동의 지적, 신체적, 사회적 발달에 매우 중요한 영향을 미친다. 특히 도시에 비해 낙도나 산간벽지의 어린이들의 문화실조 현상은 거주지의 문제로 나타난 현상으로 설명될 수 있다.

(2) 양육방식

문화적 전통이나 가치는 부모의 양육방식에 영향을 주고 이렇게 형성된 부모의 자녀양육방식은 아동의 발달에 영향을 미치는 것으로 알려졌다. 예를 들어, 부모가 아동을 허용적인 태도로 키운 경우는 권위적이거나 독재적인 태도로 아동을 키운 경우보다 더 개방적이고 온정적인 성격을 갖는 것으로 보고되고 있다(Baumrind, 1967).

(3) 가정

한 개인은 그가 태어나고 자란 가정에 따라 국적, 사회계층 혹은 경제적 지위가 결정될 뿐만 아니라 그로 인한 문화적 경험의 양이 결정된다. 사회경제적 지위가 높은 가정에서 자란 아동은 낮은 계층의 가정에서 자란 아동보다 지적인 능력이 더 우수하거나 신체발육이 더 빠른 것으로 보고되고 있다.

(4) 출생 순위

출생 순위, 가족 내의 위치가 발달에 영향을 미칠 수 있다. 예를 들어, 맏아들과 장녀는 책임감이 강한 반면에 막내는 자기중심적이고 이기적 성격을 갖는 것으로 보고되고 있다.

(5) 영양

영양의 적절한 섭취는 발달에 필수적이고 그것이 부적절하면 실조상태에 빠지게 된다. 특히 최근에는 영양의 과다 섭취로 비만이나 질병의 문제가 대두되고 있다. 반대로 영양의 불균형이나 부족으로 각기병, 야맹증, 성장장애가 나타나기도 한다. 특히 발달 초기의 영양공급은 심신발달에 매우 중요한 영향을 미친다.

(6) 기후 · 계절

특정 기후나 계절은 발달에 영향을 미칠 수 있다. 태너(Tanner)에 따르면, 9~10월 사이에 체중증가율이 가장 높으며, 또한 열대지방 사람들이 추운 지방의 사람들보다 행동의 이완이 잘 나타나거나 체구가 더 왜소한 것은 기후나 계절이 발달에 영향을 미치는 것으로 해석될 수 있다.

3) 심리적 요인

(1) 친자관계

최근 교육학과 심리학의 연구보고에 따르면, 부모-자식 간의 관계가 발달에 영향을 미칠 뿐만 아니라 이상행동의 원인이 되는 것으로 밝혀지고 있다. 특히 부모의 편애나 차별, 배척뿐만 아니라 지나친 사랑이나 과잉보호는 발달에 악영향을 미치는 것들이다. 부모의 편애와 차별은 질투와 적개심을 형성하며, 배척은 반사회적 성향을 갖게 할 수 있으며, 익애나 과잉보호는 버릇없고, 자기중심적이며, 이기적 성향을 갖게 할 수 있다.

(2) 부모의 결손

부모의 결손은 지적, 정서적, 사회적, 성격적 발달에 영향을 미친다. 예를 들어, 모성실조(maternal deprivation) 현상이란, 발달과정에서 모성으로부터 받아야 할 심리적 양육이 결여되었거나 시기적으로 부적절하게 주어졌을 때 지적, 정서적, 사회적 혹은 성격적 발달이 결손이나 왜곡현상을 보이는 것을 말한다. 모성실조 현상에서 알 수 있듯이 인간발달에서 부모로부터 받는 심리적 양육 혹은 애정의 중요성을 실감할 수 있다.

■ **외상적 경험**
심리적으로 받는 충격적 경험이나 좌절.

(3) 정신적 상처

사람들이 심리적으로 받는 충격적 경험이나 좌절—부모와의 사별, 연인과의 헤어짐, 친구의 죽음, 화재, 경제적 파탄, 재난, 사고—을 **외상적 경험**(trauma) 또는 **정신적 상처**라고 한다. 이러한 경험들은 무력감, 우울감, 건전한 정신적 발달에 영향을 주는 것으로 보고되고 있다.

지금까지 발달에 영향을 미치는 생물학적, 환경적, 심리적 요인들을 살펴보았다. 각각의 요인들은 여기서 소개된 것보다 더 다양할 수 있으며, 알려진 효과 또한 더 클 수 있다. 여기서 강조하는 것은 이러한 하나하나의 요인은 독자적으로 발달에 영향을 미친다기보다는 유기체와 다른 요인들이 서로 상호작용하면서 하나의 역동적 체제를 이루어 발달을 결정해 나간다는 것이다. 예를 들어, 아무리 좋은 환경이라 할지라도 유기체가 가진 유전적 소양이 나쁘다면 좋은 결과를 기대하기 어렵고, 또한 그 반대도 마찬가지일 것이다. 따라서 인간의 발달도 유기체의 특성과 그에 맞는 최적의 환경적 조건이 주어졌을 때 보다 훌륭한 발달을 기대할 수 있다.

3. 발달에서의 논쟁들

1) 유전론 대 환경론

발달에서 유전과 환경 중 어느 것이 더 중요한 영향을 미치는가에 대한 논쟁은 그 역사가 매우 깊다. **유전과 환경에 대한 논쟁**(nature-nuture debate)으로 명명된 이 논쟁은 **로크**(Locke)와 **루소**(Rousseau)의 철학사상에서뿐만 아니라 인간발달이 유전적 소양이냐 아니면 환경의 영향에 의한 결과이냐를 놓고도 벌어졌다. 예를 들어, 9개월 된 유아가 걷게 되는 것이 걷는 것을 배웠기 때문인가 아니면 타고난 유전적 프로그램이 수행됨으로써 나타난 것인가 등이다.

유전과 환경의 논쟁이 오랫동안 열띤 논쟁을 벌이게 된 이유는 이런 의문에 대한 답들이 인간의 변화와 발달의 결과에 대해 중요한 의미를 포함하고 있기 때문이다. 만약 지능이 대개 유전적인 요인에 의해 결정된다면 어린이에게 풍부한 환경을 제공하여 주는 것이 지적 발달에 도움이 되지 않을 것이라는 주장이 가능해진다. 한편 지능발달이 환경적 경험에 의해 결정된다면 지적 성장을 최대한 높일 수 있는 경험들을 제공해 주는 것이 아주 중요하게 될 것이다. 이와 같은 이론들은 어떤 교육 또는 사회교육 프로그램을 지원할 것인가를 다루는 공공정책의 결정에 중요한 영향을 미치게 된다.

유전론을 지지하는 입장은 **성숙론**으로 대표된다. 게젤은 생후 46주 된 여아에게 계단 기어오르기를 6주간 매일 훈련시켰다(Gesell & Thomson, 1929). 한편 일란성 쌍생아는 55주 때 단지 2주간만 훈련받았지만 그 여아와 똑같이 계단 오르기를 수행하였다. 즉, 여아는 일란성 쌍생아보다 훈련을 3배 더 받았지만 훈련의 효과는 동일한 것으로 나타났다. 게젤은 이 쌍생아 연구에서 발달은 성숙적인 요인에 의해 결정된다고 주장하여 성숙론을 지지하였다.

이와 달리 **환경론**을 지지하는 입장은 로크의 **백지설**(tabula raza)과 행동주의자의 입장으로 대표된다. 윌맨 등(Willman et al., 1970)은 사회경제적 지위가 하류인 가정의 아동이 중류 가정의 아동보다 이후 발달단계에서 더 지체되는 경향이 있음을 보고하였다. 미국에서 1960년대에 실시된 **헤드스타트 프로그램**(Head Start Program)은 하류계층의 아동들에게 풍부한 환경을 제공함으로써 환경적 박탈 경험에 대처하려 하였다. 그러나 헤드스타트 프로그램의 효과에 관한 연구결과에서는 환경론을 지지하는 일관된 결과가 나타나진 않았다.

오늘날 발달심리학자들의 주된 견해는 인간발달이 유전이나 환경, 어느 한 요인에 의해 결정되기보다는 상호작용의 결과로 보는 것이다(Bayley, 1965). 발달심리학자들의 주요 관심은 유전과 환경 두 요인이 어떻게 상호작용하는가에 있다.

2) 발달의 연속성 대 비연속성

발달이 양적 변화와 같이 연속적인 변화를 거치는가 아니면 질적 변화와 같은 비연속적인 변화, 즉 단계적 변화를 거치는가에 관한 논쟁이 있어 왔다. 예를 들어, 네 살짜리 아이와 열두 살짜리 아이의 성격은 점진적으로 변화되는가? 비약적으로 변화되는가? 여기서 **연속적인 변화**란 점진적으로 양적 축적에 의해 변화되는 과정을 말한다. 예를 들어, 사고능력의 변화는 아이가 점진적인 기억능력의 증가에 의한 것이다. **비연속적 변화**란 질적으로 다른 단계적 변화를 말한다. 예를 들어, 피아제의 발달단계이론에서와 같이 아동의 사고방식이 자아중심적인 사고에서 탈중심적 사고로 변화되는 과정이 이에 해당한다. [그림 4-5]는 단계적 발달과 연속적 발달의 차이를 보여주고 있다.

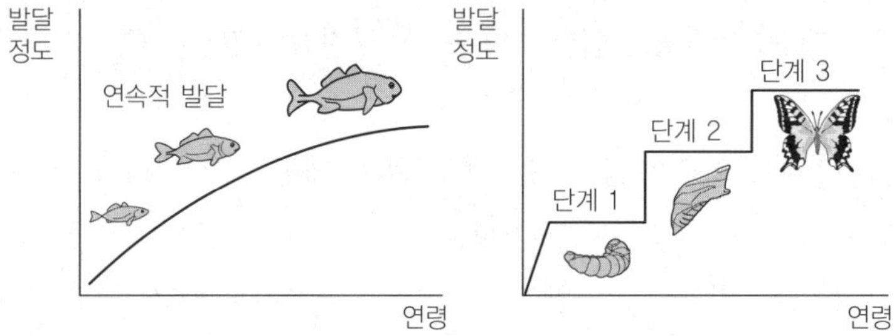

[그림 4-5] 연속적 발달과 비연속적(단계적) 발달

3) 발달의 결정적 시기 또는 민감기

교육에서 적시성이라는 것은 중요한 개념 중의 하나다. 이는 학생들이 어떤 지식이나 기능을 습득할 수 있는 최적의 시기가 있다고 보는 것이다. 교육은 어느 시기에나 가능한 것이 아니라 그 학습을 할 수 있는 모든 신체적, 정신적 조건이 성숙되어야 하는 것이다. 이것을 준비성(readiness)라고 한다. 즉, 준비성이란 특정한 교육을 하는 데 필요한 조건의 성숙상태를 말한다. 따라서 학생들의 준비성은 자연적으로 결정될 때까지 기다려야 한다는 입장과 선천적으로 결정될 때까지 기다릴 수 없다는 견해가 있기도 하다. 준비성의 개념은 인간발달에 관한 지식이 학교교육을 위하여 제공하는 중요한 개념이라고 할 수 있다.

■ **준비성**
학습이 일어날 수 있는 신체적, 정신적 조건이 성숙된 정도.

적시성의 문제와 관련된 또 하나의 중요한 개념은 결정적 시기(critical period)의 개념이다. 결정적 시기를 지지하는 증거는 로렌츠(Lorenz)의 각인 연구에서 나타난다([그림 4-6] 참조). 그는 청둥오리 새끼의 각인(imprinting) 현상에 관한 연구에서 새로 출생한 새끼오리가 부화된 후 처음으로 움직이는 물체를 만나게 되면, 그 물체가 어미인 줄 알고 따라다닌다는 사실을 발견하였다. 그 움직이는 물체에 애착을 느끼는 경향이 일정한 시간 안에 나타나기 때문에 그 시간을 결정적 시기라고 이름하였다. 이와 같이 인간에게도 결정적 시기를 가정하는 입장은 발달단계이론들에서 발견된다. 프로이트 이론은 생의 초기 5년 동안의 경험이 성격 형성에 결정적인 영향을 미친다고 주장하는 입장으로 발달의 결정적 시기를 지지하는 이론으로 볼 수 있다. 또한 아동이 어머니에 대한 심리적 안정감과 유대를 형성하는 특정 시기가 있다고 보는 애착이론에서도 찾아볼 수 있다.

■ **결정적 시기**
애착과 같은 특정한 학습이 일어나는 시기. 이 시기를 놓치면 학습이 일어나지 않는다.

생육기간이 짧은 동물들에 비해 인간의 경우는 학습이 일어나는 결정적 시기 가설

[그림 4-6] Lorenz의 각인 연구: 새끼오리들은 부화 후 막 혼자 걷기 시작(부화 후 10분에서 12시간경)한 다음, 어떤 움직이는 대상을 약 10분 정도 따라다니게 되면 그 대상을 어미로 학습하여 줄곧 따라다니게 된다는 것이다. 이 일종의 학습현상을 각인(imprinting)이라고 부른다. 각인학습의 특징은 결정적 시기에 일어난다는 점과, 한 번 학습으로도 영원히 망각되지 않는다는 점이다.

보다는 결정적 시기 가설을 좀 더 확장한 '민감기' 가설이 더 적절하다는 입장도 있다. 민감기(sensitive period)란, 일반적으로 학습이 이루어질 수 있는 최대의 가능성을 가진 시기를 뜻하며, 그 시기의 전후에는 발달 가능성이 다소 감소된다고 한다. 몬테소리는 0세에서 6세까지의 유아들의 관찰에서 발달단계별로 질서, 걷기, 읽기, 말하기, 작은 사물에 대해 민감한 시기가 있다고 보고하고 있다(오금희, 1996).

■ **민감기**
학습이 일어날 수 있는 최대의 가능성을 가진 시기. 이 시기를 벗어날수록 학습이 일어날 가능성은 다소 감소된다. Montessori는 0~6세 사이의 아동이 보이는 민감기 현상을 5가지로–질서에 대한 민감기(1개월~1.2세), 오관에 대한 민감기(2개월~2세), 걸음마에 대한 민감기(18개월~3세), 작은 사물에 대한 민감기(2~3세), 사회생활에 대한 민감기(2.5세~6세)–구분하였다.

4. 발달이론

인간발달에 관한 이론은 발달영역과 이론적 관점에 따라 다양할 수 있다. 예를 들어, 발달영역에 따라 발달이론을 분류하면 인지발달이론, 도덕성발달이론, 사회성발달이론, 성격발달이론, 자아개념발달이론 등 매우 다양하나, 이 장에서는 피아제의 인지발달이론, 콜버그(Kohlberg)의 도덕성발달이론, 에릭슨(Erickson)의 사회성발달이론만을 소개한다.

■ **Maria Montessori**
(1870~1952): 이탈리아의 교육가, 소아과 의사. 1907년에, 3~6세까지의 노동자 자녀들을 위한 유치원 '어린이의 집(Casa dei Bambini)'을 열어, 몬테소리법에 의한 교육을 실시하였다.

1) 피아제의 인지발달이론

(1) 인지발달 원리

■ Piaget(1896~1980)
스위스의 아동발달심리학자. 발생학적 인식론적 관점에서 아동의 인지발달이론 제창. 그의 이론은 심리학, 교육학에 지대한 영향을 미쳤다.

■ 지능
환경 적응의 특수한 사례.

■ 도식
사고의 틀

■ 동화
새로운 자극물이나 자극사건을 기존의 도식이나 구조로 통합하는 과정.

■ 조절
새로운 자극이 기존의 도식이나 구조에 맞지 않을 때 새로운 자극에 알맞게 기존의 도식이나 구조를 변형하는 인지적 과정.

피아제의 인지발달이론은 20세기의 가장 영향력 있는 발달심리학 이론 중의 하나며, 그의 이론은 학습자의 인지발달과정을 이해하는 데 지대한 영향을 미치고 있다.

피아제는 지능을 환경적응의 특수한 사례며, 인지발달은 환경에 적응하는 능력으로 정의한다. 인간이 환경에 적응하는 능력은 동화와 조절에 의한 평형화(equilibrium) 과정으로 설명하고 있다. 동화(assimilation)는 새로운 자극물이나 자극사건을 개인이 기존에 갖고 있던 도식(schema)이나 구조로 통합하는 과정을 말한다. 따라서 동화는 도식 또는 구조의 변화를 가져오는 인지기능이라기보다는 도식의 양적 성장에 영향을 미치는 기능이다. 즉, 개인이 내적 인지구조에 맞추어 새로운 정보를 흡수하는 과정을 말한다. 조절(accomodation)은 기존의 도식이나 구조가 환경 내의 새로운 자극을 동화하는 데 적합하지 않을 때 새로운 자극에 알맞게 이미 있던 도식이나 구조를 변형하는 인지적 과정을 의미한다. 따라서 조절은 동화와는 달리 도식이나 구조의 질적 변화에 관여한다. 피아제에 의하면, 인지발달은 동화와 조절 두 상보적 기제를 통해서 나타나며, 이 두 기제를 통해 아동과 환경과의 상호작용이 가능하게 된다. 만일 이런 효과적인 상호작용기제가 활동하지 못하면 인지적 발달은 없다고 볼 수 있다.

인지발달은 4개의 질적으로 다른 단계, 즉 감각운동기, 전조작기, 구체적 조작기, 형식적 조작기로 나누고 있다. 이들 단계의 발달과정에서 단계의 비약은 있을 수 없지만, 모든 사람들이 최종 단계에 따라 발달하는 것은 아니다.

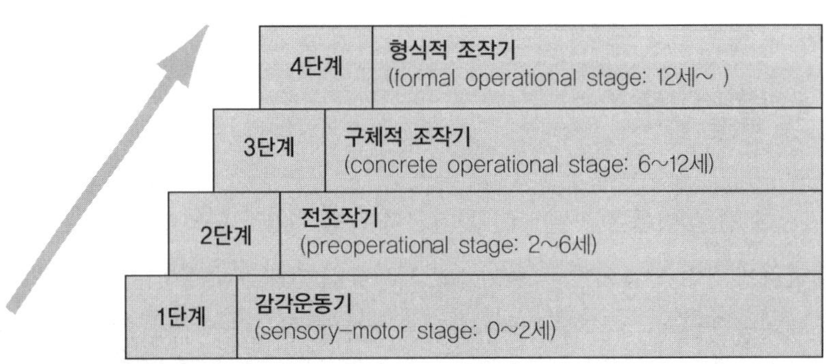

[그림 4-7] Piaget의 인지발달단계

(2) 인지발달단계

① 감각운동기(sensory motor stage: 0~2세)

감각운동기는 감각기관과 신체운동을 통해 얻어지는 감각운동 경험을 통해 세상에 대한 지식을 얻는 단계다. 아동의 지적 활동이 내면화된 사고의 형태를 띠지 못하고 생득적인 반사기능을 기초로 초보적인 감각 및 지각적 도식에 의한 활동에 의존하는 단계다. 그러나 이 기간의 후반기에서는 아이들은 세상에 대한 이해를 시작하면서 **대상영속성**(object permanence)의 개념을 발달시키게 된다. 대상영속성이란 보이지 않는 대상물은 이 세상에 존재하지 않는다고 생각하는 사고에서 이 세상 어딘가에 그 대상이 존재한다는 것을 아는 것이다. 대상영속성의 개념은 과학적 사고와 어머니와의 애착 형성의 기초가 된다.

■ **대상영속성**
대상물이 눈으로 보이지 않아도 어딘가에 영속적으로 존재한다는 것을 아는 것.

[그림 4-8] 대상영속성: 장난감을 스크린 뒤에 감추었을 때, 아동(1년 6개월)은 마치 장난감이 이 세상에 존재하지 않는 것처럼 반응한다. 이런 관찰로부터 피아제는 아동이 대상영속성 개념이 획득되지 못했다고 결론지었다.

② 전조작기(preoperational stage: 2~6세)

전조작기는 논리적인 판단을 하지 못하고 지각을 근거로 직관적인 판단을 하며 사고의 조작이 일어나기 이전 단계다. 전조작기 사고의 특징은 **직관적인 판단**을 하며, **상징적 활동**이 많아지며, **자기중심적 사고**를 하며, **물활론적 사고**를 하며, **사실적 또는 타율적 도덕판단**을 한다.

③ 구체적 조작기(concrete operational stage: 6~12세)

구체적 조작기는 논리적, 가역적 사고의 조작이 구체적 사물에 한하여 가능한 시기다. 구체적 조작기의 아동은 특정 대상물에 대한 **보존개념**의 획득이 가능하다. [그림 4-10]에서 아동은 한 컵에 담긴 주스를 다른 컵에 옮겨 부어서 컵에 담긴 주스의

[그림 4-9] 자기중심적 사고와 세 산 모형 실험(Piaget & Inhelder, 1972)

높이가 달라져도 주스의 양은 변하지 않는다는 사실을 이해한다. 보존개념을 이해하기 위해서는 먼저 컵의 모양이 바뀌기 이전의 상태로 되돌려 생각할 수 있는 능력, 즉 가역적 사고 혹은 가역성(reversibility)이 가능해야 한다. 또한 옮겨 부은 컵에서 주스의 높이가 높아졌다면 컵의 지름이 좁아진 것으로 보상될 수 있다(보상성)는 것도 이해해야 한다. 가역성, 보상성이 획득됨에 따라 아동은 또한 수 개념, 양의 보존 개념을 이해하게 된다([그림 4-11, 4-12] 참조).

이 단계의 아동들은 점차 자아중심적인 사고에서 벗어나게 된다. 아동들은 또래들과의 상호작용을 통하여 자기의 관점과 상대방의 관점에서 생기는 모순을 발견하고 다른 사람의 입장에서 이해할 수 있게 된다. 이를 탈중심적 사고 또는 탈중심성이라고 한다.

도덕적 판단에서도 전조작기와 달리 구체적 조작기에서는 자율적 도덕판단이 가능하다. 즉, 도덕판단을 할 때 규칙은 일방적으로 권위적인 인물에 의해 강요되는 것만이 아니고 또래들끼리 대등한 입장에서도 정할 수 있다는 것을 이해한다.

그 외 구체적 조작기에는 대상들은 여러 가지 양적 차원에 따라 순서로 나열하는 서열화(seriation) 능력, 대상과 대상 간의 공통점과 차이점 및 관계성을 이해하는 유목화(classification) 능력이 발달한다.

[그림 4-10] 액체 보존개념과 가역적 사고

[그림 4-11] 양에 대한 보존개념

[그림 4-12] 수개념

④ 형식적 조작기(formal operational stage: 12세~성인기)

이 단계에서는 사고의 조작이 구체적 사물에 한정되지 않고 추상적인 영역에까지 확대가 가능하다. 이 시기의 아동은 가설을 세워 사고하며, 현실적인 것뿐만 아니라 비현실적인 것에 대해서도 추론이 가능하여 **가설-연역적 사고**(hypothetico-deductive thinking)가 가능하며, 어떤 문제에 직면했을 때 가능한 해결책을 모두 고려하는 **조합적 사고**(combinational thinking)가 가능하다.

(3) 교육적 시사점

피아제의 인지발달이론이 시사하는 바는 다음과 같다.

첫째, 피아제식 과제로 아동의 인지수준을 진단하는 것이 필요하다.

둘째, 효과적인 수업이 되기 위해서는 아동의 인지수준을 염두에 두고 가르쳐야 한다.

셋째, 아동의 사고가 어른의 사고와 질적으로 다름을 기억하고 교육의 효과를 위해서는 아동의 눈높이에서 지도하는 것이 필요하다.

2) 에릭슨의 사회성 발달이론

(1) 발달원리

에릭슨은 아동이 어떻게 자아정체감을 발달시키고 어떻게 사회화되는지에 관심을 가졌다. 그의 이론은 심리적, 사회적 발달에 대한 관심을 반영하고 있기 때문에 **심리사회적 발달**(psychosocial development)이론으로 불리기도 한다. 또한 에릭슨은 사회성이 출생에서 노년기까지 발달한다고 보기 때문에 그의 이론은 **전생애 발달**(life-span development)이론이라고 불린다.

에릭슨에 따르면, 사회성 발달은 8개의 단계를 통해 발달하며, 단계마다 개인의 생리적 성숙과 더불어 개인에게 부과된 사회적 요구(즉, 발달과업)가 따르고, 이 요구는 하나의 위기(crisis)로서 이것의 해결 여부가 사회성 발달의 주요인이다. 각 발달단계의 위기를 해결하는 데 있어서 부정적인 면보다 긍정적인 면으로 해결하는 비율이 더 많을 때 성격발달에서 더 성숙하게 되고 성격 또한 더욱 원숙하게 된다. 즉, 자아를 제어할 수 있고 자신의 문제를 적절히 통합할 수 있게 된다. 반면에 위기에 직면했을 때 긍정적인 측면보다 부정적인 측면이 더 많으면 다음 단계의 발달을 지연시키고 인격 형성에 좋지 않은 영향을 미친다.

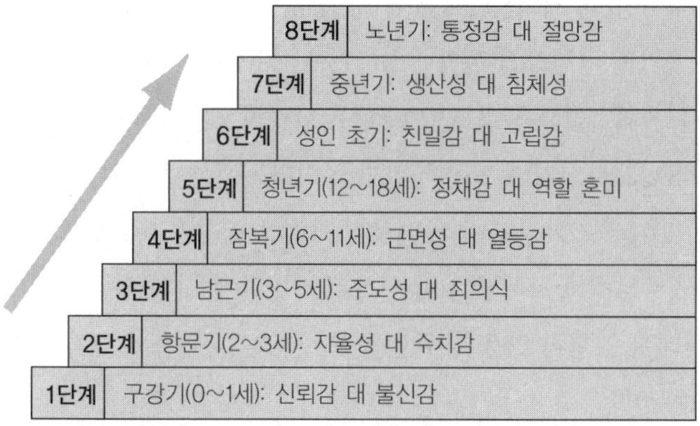

[그림 4-13] Erikson의 사회성 발달단계

(2) 발달단계

심리사회적 발달은 전생애에 걸쳐 8개의 단계에 걸쳐 발달한다([그림 4-13] 참조).

■ **1단계: 기본적 신뢰감 대 불신감**(basic trust vs. mistrust: 0~1세) 대개 출생에서 1년경에 영아는 신뢰감 대 불신감의 위기를 경험하게 된다. 이 시기에 부모와 타인으로부터 일관되고 지속적인 사랑과 관심을 받는 영아들은 신뢰감이 발달하지만, 지속적이고 일관된 보살핌을 받지 못한 영아들은 타인과 주변세계에 대한 불신감, 두려움, 의심 등을 갖게 된다. 일반적으로 영아들은 어머니의 수유방법 등 구체적인 양육행동이 내면화되면서 이러한 사회성이 형성된다.

■ **2단계: 자율성 대 수치감**(autonomy vs. shame and doubt: 2~3세) 이 단계의 아동은 신체적 및 생리적 성숙에 의해 최초로 대소변가리기와 같은 자기통제가 가능하게 된다. 그러나 많은 아동의 자기통제 행동은 이들의 미숙함을 우려하는 부모의 규제를 받거나 또는 스스로 실행해 보는 과정에서 실패에 부딪히게 된다. 이와 같은 성공과 실패의 양극적 위기를 극복함으로써 아동은 자기통제에 기본적인 자신감을 갖게 되어 자율감이 형성된다. 과도한 외부의 통제로 인해 위기 극복에 실패할 때 아동은 통제능력을 상실함으로써 자신에 대한 수치와 회의에 빠져들게 된다. 이러한 자율성 대 수치감 간 위기의 극복양상은 일생 동안 지속되는 자기통제력의 기초가 된다.

■ **3단계: 주도성 대 죄의식**(initiative vs. guilt: 3~5세) 이 단계의 아동은 주도성 대 죄책감의 위기를 경험하게 된다. 이 시기에 아동은 왕성한 지적 호기심과 더불어 자신의 활동을 계획하고 목표를 세우며 이를 달성하고자 노력한다. 놀이장면에서 정글짐을 필사적으로 오르거나, 또래들과의 놀이활동에서도 자기주장이 나타나며, 경쟁에 몰입하며, 이러한 과정 속에서 때로는 좌절을 경험하기도 한다. 이 시기에 최초로 싹트는 자기주도적 활동이 적절한 비율로 성공하게 되면 아동은 주도성을 확립하게 되지만, 실패의 경험이 많을 경우 아동의 주도성은 위축되고 자신의 주장에 대해 죄의식을 갖게 된다.

■ **4단계: 근면성 대 열등감**(indutry vs. inferiority: 6~11세) 이 단계는 아동의 자아성장의 결정적인 단계로서 근면성 대 열등감의 위기를 맞게 된다. 이 위기를 극복하기 위해서는 인지적 및 사회적 기술을 요구하게 된다. 아동들은 학교에서 부과되는 여러 과제들에서 갖는 성공과 성취가 아동의 근면성을 발달시키게 된다. 따라서 이 단계에서는 교사와 또래 친구들의 영향력이 매우 중요하다. 만약 이 단계에서의 도전이 너무 어려워 실패로 끝나는 경험이 많아지면 아동은 열등감에 빠지게 된다. 이 단계에서 습득된 근면성은 인생에 있어서 적응과 성공 그리고 인간관계를 결정하는 데 매우 중요한 요인으로 작용한다.

■ **5단계: 정체감 대 역할 혼미**(identity vs. role diffusion: 12~18세) 이 단계의 청소년들은 정체감과 역할 혼미의 위기를 맞게 된다. 청소년들은 상급학교와 직업을 선택해야 하는 사회적 압력과 함께 청년으로서의 여러 가지 역할에 대해 생각해 보게 된다. 청년의 기본 과업은 아동기부터 그가 해온 여러 가지 동일시를 더욱 완전한 하나의 정체로 통합하는 것이다. 에릭슨은 전체(통합된 정체)는 부분(이전의 동일시)의 합보다 더 크다는 것을 강조한다. 이와 같이 새로 형성된 정체는 청년의 새로운 욕구, 기술, 목표와 잘 부합된다. 만일 청년이 그의 동일시와 역할 혹은 단편적인 자기자신에 대한 개념들을 전체적인 하나로 통합할 수 없으면 그는 정체 혼미를 맞게 된다. 이 단계에서는 자신의 정체 확립이 기본 과제가 된다. 청년들은 친구들, 클럽활동과 종교, 정치운동 등을 통하여 진실한 자기를 추구한다. 이들이 속한 집단들은 청년들이 맞는 것을 찾을 때까지 상점에서 여러 가지 옷을 입어보듯이 새로운 역할을 시험해 볼 기회를 제공한다. 그 사회의 가치에 따라 이러한 역할놀이는 정체감 형성에 구체적으로 영향을 미친다.

■ **6단계: 친밀감 대 고립감**(intimacy vs. isolation: 19~24세) 이 단계의 성인들은 사회에 참여하게 되고 자유와 책임을 가지고 스스로의 삶을 영위하기 시작한다. 자기 자신의 문제에만 몰두하는 것에서 벗어나 직업 선택, 배우자 선택, 친구 선택 등 다양한 문제를 경험하게 된다. 이 단계에서는 이런 문제에 직면해서 타인과 친밀한 관계를 형성하느냐 고립되느냐의 하는 심리적 위기를 맞게 된다. 타인과의 친밀한 관계를 유지한다는 것은 타인을 이해하고 또 자기 자신도 이해될 때 가능한 것이다. 반대로 타인과 친밀한 관계를 유지하지 못할 때 개인은 고립되고 방황하게 된다.

■ **7단계: 생산성 대 침체성**(generativity vs. absorption: 25~54세) 성인 후기에는 생산성 대 침체성의 위기를 맞게 된다. 생산성이란 창조적 활동 혹은 생산적인 활동을 통하여 다음 세대를 키우고 교육하는 데 대한 관심을 말한다. 단순히 아이를 낳아 기르는 것이 생산성이 아니다. 미래에 대한 신념, 자기에 대한 믿음, 다른 사람들

[표 4-2] Erikson의 사회성 발달단계별 특징

발달단계	심리사회적 위기	중요한 타인 / 주요사건	바람직한 결과와 바람직하지 못한 결과
1단계 (0~1세)	신뢰감 대 불신감	양육자 돌봄 및 수유활동	타인과 주변세계에 대한 신뢰 및 믿음 타인과 주변세계에 대한 불신, 의심, 두려움
2단계 (2~3세)	자율성 대 수치감	양육자 배변훈련	자기통제감 및 자기효능감 획득 수치심과 자기의혹
3단계 (3~5세)	주도성 대 죄의식	기본 가족	자신의 활동에서 자율감 획득 죄책감 및 부족감
4단계 (6~11세)	근면성 대 열등감	이웃과 학교	지적, 사교적, 신체적 능력에서 유능감 획득 지적, 사교적, 신체적 능력에서 무능감 획득
5단계 (12~18세)	정체감 대 역할 혼미	또래, 외부 집단	자기정체성의 확립 자신의 정체성과 역할에 대한 혼돈
6단계 (19~24세, 성인 초기)	친밀감 대 고립감	친구: 성, 경쟁, 협동	타인과의 친밀한 관계 형성 타인과의 관계에서 고립, 소외, 배척감
7단계 (25~54세, 중년기)	생산성 대 침체성	가정과 직장 동료: 양육과 생산활동	가정과 사회에 대한 책임감과 배려 가정과 사회에 대한 무책임, 이기심, 침체감
8단계 (54세 이상, 노년기)	통정감 대 절망감	자기의 인생에 대한 반영과 수용	충족감과 자기 인생에 대한 만족감 인생에 대한 불만과 절망감

을 돌볼 능력 등이 이 단계 발달에 필요조건이다. 반대로 생산성의 부족은 자기몰입과 타인에 대한 무관심, 침체감, 심리적 미성숙을 경험하게 한다.

■ **8단계: 통정감 대 절망감**(integrity vs. despair: 54세 이상) 이 마지막 단계에서 인간은 그의 생애에 걸쳐 쌓아 온 것을 기반으로 해서 살아간다. 통정감이란, 자신의 삶에 후회가 없으며 열심히 살았고 가치 있었다고 생각하는 사람이 지닌 특성을 말한다. 이런 사람은 자신이 살아온 인생에 책임감이 있으며, 죽음 또한 겸허하게 받아들인다. 이에 비하여 자신이 살아온 길이 후회스럽고 무가치하며 새로운 인생을 시작하기에는 너무 늦었다고 생각하는 사람은 절망감에 빠지게 된다.

2) 교육적 시사점

에릭슨 이론이 교육장면에 시사하는 바는 매우 크다.

첫째, 사회성 발달은 유아의 초기 경험이 매우 중요하므로 양육자 혹은 부모들은 각 발달단계별 아동이 직면하는 발달적 위기를 이해하고 발달과업을 잘 성취할 수 있도록 해야만 건강한 사회성 형성의 기초를 제공할 수 있다.

둘째, 교사는 발달단계에 따른 발달과업을 숙지하고 있어야 하며, 그에 대한 환경을 체계적으로 계획하고 제시할 수 있어야 한다.

셋째, 에릭슨의 이론에 따르면, 발달은 전생애에 걸쳐서 이루어진다는 점에서 그의 이론이 평생교육이나 사회교육의 필요성에 대한 이론적 근거를 제공하였다는 점에서 의미가 있다.

3) 콜버그의 도덕성 발달이론

(1) 발달원리

콜버그는 도덕적 행동에 대한 사고의 발달을 이론으로 제시하였다. 그는 도덕성 발달단계를 연구하기 위해 도덕적 딜레마를 담은 여러 이야기를 피험자들에게 제시하고 이 상황에 대해 아동들이 어떻게 대답하는지, 그 반응 내용을 기초로 도덕성 발달의 단계를 구성하였다.

다음에 제시된 '하인츠의 딜레마'는 그의 연구에서 제시된 도덕적 갈등 사례 중의 하나다. 그에 따르면, 인간은 사회적 상황에서 도덕적 판단을 할 때 6개의 단계를 거치게 된다. 제시된 갈등 상황에서 피험자들의 반응 내용을 분석한 결과 그는 도덕성에 대한 사고는 크게 6개의 단계로 발달한다고 주장하였다. 이들 6개의 단계는 다시 3수준으로 나뉜다. 각 수준 내에서는 2개의 단계를 포함한다. 콜버그는 1단계와 2단계를 인습 이전 수준으로, 3단계와 4단계를 인습 수준으로, 5단계와 6단계는 인습 이후 수준으로 각각 분류하고 있다. 그는 이러한 도덕성 발달단계는 모든 문화권에서 보편적인 단계를 거친다고 주장하였다.

¤ **하인츠의 딜레마**

유럽에서 어떤 부인이 특수한 암으로 죽어 가고 있었다. 의사가 보기에 그녀를 구할 수 있는 약은 단 하나뿐이었다. 그 약은 최근에 같은 마을의 약제사가 발견한 일종의 라듐이었다. 그 약을 제조하는 데 비용도 많이 들었지만 약제사는 약을 만드는 데 든 비용의 열 배를 약값으로 매겨놓았다. 라듐 값은 200불이 들었는데, 그 약을 조금 투약하는 데에도 2,000불을 매겨놓았다. 그 부인의 남편인 하인츠는 자기가 아는 사람을 모두 찾아가 돈을 빌렸지만, 약값의 절반인 1,000불 정도밖에 구할 수가 없었다. 그는 약제사에게 아내가 죽어 가고 있다고 말하고 약을 좀 싼 값에 팔든지 아니면 모자라는 돈은 뒤에 갚도록 해줄 것을 간청하였다. 그러나 약제사는 "안 됩니다. 내가 그 약을 발견했습니다."라고 말했다. 하인츠는 절망에 빠진 나머지, 약제사의 점포에 침입하여 아내를 구할 그 약을 훔쳤다. 남편은 정당한 일을 하였는가? 만약 정당하다면 왜 그러한가?

(2) 발달단계

❖ 수준 1: 전인습적 수준

이 수준에서는 아동은 행위의 결과가 가져다주는 보상이나 처벌에 의해 옳고 그름을 판단하거나 개인이나 타인의 욕구충족의 정도에 따라 도덕성을 판단한다.

① 1단계: 처벌과 복종지향 – 이 단계에 속한 아동의 판단은 인간행위의 물리적 결과에 따라 옳고 그름을 결정한다. 또한 이 단계의 아동은 처벌을 피할 수 있거나 힘이 있는 사람에게 무조건 복종하는 것 자체가 도덕적 가치를 갖는다.

② 2단계: 개인적 보상 지향 – 이 단계에 속한 아동의 판단은 자신의 필요나 욕구, 경우에 따라서는 타인의 필요나 욕구를 충족시켜 주는 행위이면 옳다고 판단한다. 인간관계는 시장원리와 유사하다. 공정성, 상보성, 분배의 평등성 원칙에 따라 자신에게 돌아오는 이익에 근거하여 판단한다.

❖ 수준 2: 인습적 수준

이 수준에서는 가족, 기존 사회질서, 사회집단, 국가의 기대를 유지하는 방향으로 동조하거나 적극적으로 질서를 유지하고 지지하며, 집단이나 그 성원들에게 동일시하고 충성하는 것을 포함한다.

③ 3단계: 대인간 조화 또는 착한 소년-소녀 지향 - 이 단계에서는 옳은 행동은 타인을 기쁘게 하거나 도와주며, 타인으로부터 인정받는 것이다. 대다수의 사람들이 갖는 고정관념에 동조한다. 타인의 반응이 도덕성 판단의 기준이 되지만, 물리적인 힘보다는 심리적인 인정 여부에 관심이 있으며, 착해짐으로써 타인의 인정을 얻는다. 이 단계에서부터 사회적 규제를 수용하며 의도에 의해 행위의 옳고 그름을 판단하기 시작한다.

④ 4단계: 법과 질서 지향 - 이 단계에서는 권위, 고정된 규칙, 사회적 질서를 지향한다. 자신의 의무를 다하며, 권위자를 존중하며, 사회적 질서를 유지하는 것이 옳은 행동이다.

❖ 수준 3: 후인습적 수준

이 수준에서는 집단의 권위와 권리를 행사하는 사람들과는 무관하게 도덕적 가치와 원리에 따라 도덕적 판단을 하고자 한다. 콜버그에 따르면, 이 단계는 성인 초기 어떤 도덕적 책임과 도덕적 선택의 경험을 하게 될 때까지는 대개 도달되지 않는다고 본다.

⑤ 5단계: 사회적 계약과 합법적 지향 - 이 단계에서는 개인의 권리를 존중하고 사회 전체가 인정하는 기준을 준수하는 것이 옳은 행동이다. 법은 개인의 자유를 규제하기 위해서가 아니라, 극대화를 위해 제정된다는 것을 인식한다. 사회적 약속은 대다수 성원들의 보다 나은 이익을 위해 항상 바뀔 수 있는 것으로 판단되며, 이전 단계와 달리 도덕적 융통성을 갖는다.

⑥ 6단계: 보편적인 윤리적 원리 지향 - 이 단계에서 옳은 행동은 자신이 선택한 윤리적 원리와 일치하는 양심에 의해 결정된다. 이 원리는 구체적인 규율이 아닌 인간의 존엄성, 정의, 사랑, 공정성에 근거를 둔 추상적이며 보편적인 행동지침이다. 이 단계의 도덕성은 극히 개인적인 것이므로 때로 대다수가 수용하는 사회적 질서와 갈등을 일으킬 수 있다. 그러나 이 단계에 도달한 사람들은 자신의 양심이 가하는 처벌을 사회가 가하는 처벌보다 더욱 고통스럽게 생각한다.

(3) 교육적 시사점

콜버그 이론은 다음과 같은 몇 가지 교육적 시사점을 제공한다.

첫째, 아동의 도덕성 발달단계를 진단하기 위해서는 콜버그가 사용한 딜레마 상황을 이용하여 아동의 사고수준을 진단할 수 있다. 특히 토의수업에서 이런 딜레마 상황을 이용하는 것이 필요하다.

둘째, 도덕적 사고의 발달을 위해 아동 스스로 판단의 이유를 설명하게 하고 도덕 원리를 생성하게 하는 것이 필요하다. 즉, 특정한 토의 주제에 대해 아동의 스스로 판단하게 하고 그 이유를 설명하게 함으로써 아동의 사고력을 키울 수 있다.

셋째, 아동의 도덕적 사고의 발달을 위해 교사는 토의과정에서 아동을 더 상위과정으로 옮겨가도록 지도하여야 한다. 따라서 교사는 현재의 아동의 수준보다 한 단계 위의 논지를 지지 · 명료화하는 것이 필요하다. 이런 논지가 이해될 때 다음 단계의 논지를 지지하는 방식으로 지도하는 것이 아동의 도덕발달수준을 높일 수 있다.

넷째, 교사는 아동이 어떻게 생각하는지에 관심을 가져야 하며, 그들의 의견을 존중하는 것이 필요하다. 아동이 제시된 논쟁과제에 적극적으로 참여할 때 교사는 단지 논점을 요약하거나 명료화하거나 가끔 의견을 제시하는 정도의 개입을 하는, 즉 촉진자의 역할을 해야 한다.

/참/고/자/료/

오금희(1996). 몬테소리의 유아교육, 62-63. 문음사.

Bayley (1965). *Bayley Scales of infant Development.* New York: The psychological Corporation.

Gesell, A. (1945). *The Embryology of behavior.* New York: Harper and Row, Rub.

Gesell, A., & Thomson, H. (1929). Learning and Growth in identical twins: An experimental study by the method of co-twin control. *Genetic Psychological Monographs, 6,* 1-123.

Piaget, J., & Inhelder, B. (1972). *The Child's conception of space.* London: Routlege & Kegan Paul, Ltd.

Tanner, J. M. (1962). *Growth at adolescence* (2nd ed.). Oxford, England: Blackwell.

/학/습/정/리/

1. **발달**(development)이란, 인간생명의 시초인 수정의 순간부터 완전히 노화될 때까지 양적 및 질적으로 성장 혹은 변화하는 과정이다. 인간은 성장해 감에 따라 **성숙**(maturation)과 **학습**(learning)의 두 기제에 의해 발달한다.
2. **발달원리**는 첫째, 모든 성장은 신체적, 정서적, 인지적 발달영역의 상호작용과정이다. 둘째, 발달에는 개인차가 있다. 셋째, 발달은 연속적 과정이다. 넷째, 발달에는 순서와 방향이 있다. 즉, 머리 부분에서 신체 말단 부분으로, 신체의 중심부에서 말단부로 발달하게 된다. 구조에서 기능으로, 일반적인 것에서 특수한 것으로, 구체적인 것에서 추상적인 것으로, 나선형의 원리에 따라 발달한다. 다섯째, 유전과 환경의 상호작용으로 이루어진다.
3. 발달에 영향을 미치는 요인은 생물학적, 환경적, 심리적 요인으로 구분될 수 있다. **생물학적 요인**으로는 부모, 민족, 질병, 성차 등이 영향을 미치며, **환경적 요인**으로는 거주지, 가정, 양육방식, 출생 순위, 영양, 기후나 계절 등이 영향을 미친다. 또한 **심리적 요인**으로는 친자관계, 부모결손, 정신적 상처 등이 영향을 미친다.
4. **발달에 관한 논쟁**으로는 유전론 대 환경론, 연속성 대 비연속성, 결정적 시기 대 민감기에 대한 논쟁이 있다.
5. **피아제(Piaget)의 인지발달이론**에 따르면, 발달은 감각운동기(0~2세), 전조작기(2~6, 7세), 구체적 조작기(6, 7~12세), 형식적 조작기(12세 이상)의 4단계를 통해 발달한다. **감각운동기**의 아동은 대상영속성의 개념의 획득이 가능하며, **전조작기** 아동은 자아중심성, 직관적 사고 등을 획득한다. **구체적 조작기**의 아동은 가역적 사고가 가능해지면서 탈중심적 사고, 액체, 양에 대한 보존개념을 형성한다. **형식적 조작기**의 아동은 가설연역적 사고, 조합적 사고 등을 획득한다.
6. 에릭슨(Erikson)의 이론은 **전생애 발달이론**이다. 사회성 발달이란 8개의 단계를 통해 일어나는데, 단계마다 개인의 생리적 성숙과 더불어 개인에게 부과된 사회적 요구(즉, 발달과업)가 따르고, 하나의 위기로서 이 요구의 해결 여부가 성격발달의 주요인이다. 각 발달단계의 위기를 해결하는 데 있어서 부정적인 면보다 긍정적인 면으로 해결하는 비율이 더 많을 때 성격발달에서 더 성숙하게 되고 성격 또한 더욱 원숙하게 된다. 특히 초기 2세까지의 발달과정이 다른 단계에 비해 더 중요하다. 발달단계별로 살펴보면, 0~1세에는 신뢰감 대 불신감, 1~2세에는 자율성 대 수치감, 3~5세에는 주도성 대 죄의식, 6~11세에는 근면성 대 열등감, 청소년기에는 정체감 대 역할 혼미, 성인 초기에는 친밀감 대 고립감, 중년기에는 생산성 대 침체성, 노년기에는 통정감 대 절망감의 발달과업을 갖는다.
7. 콜버그(Kohlberg)는 도덕성에 대한 사고는 크게 6개의 단계로 발달한다고 주장한다. 이들 6개의 단계는 다시 3수준으로 나뉘고 각 수준은 2개의 단계를 포함한다. 콜버그는 1단계와 2단계를 인습 이전 수준으로, 3단계와 4단계를 인습 수준으로, 5단계와 6단계는 인습 이후 수준으로 각각 분류하고 있다. 그에 따르면, 이러한 도덕성 발달단계는 모든 문화권에서 보편적인 단계를 거친다.

/학/습/평/가/

※ 아래 질문에 대해 설명하거나 논하시오.

1. 발달의 원리를 설명하시오.
2. Piaget의 인지발달이론이 교육장면에 시사하는 바를 열거하시오.
3. 아동의 사고와 성인의 사고가 어떻게 다를 수 있는가? 이론적 근거를 들어 설명하시오.
4. Erikson의 사회성발달이론에서 청소년기 발달과업에 긍정적으로 도달하기 위한 방법을 설명하시오.
5. Kohlberg의 도덕발달이론에서 도덕적 사고의 발달을 위해 어떤 교육방법이 필요한가? 교육방안을 제안하시오.

※ 아래 문제에 대해 정답을 고르시오(6～7).

다음의 예에서 밑줄 친 사람은 Piaget의 인지발달단계 중 어떤 단계에 해당하는가?

6. "영훈이는 다가오는 엄마 생일날 무엇을 선물할 것인지를 고민하다가 자신이 가장 아끼는 '야구공' 을 선물하기로 하였다." 영훈이의 인지발달수준은?

① 감각운동기　　② 전조작기
③ 구체적 조작기　　④ 형식적 조작기

7. "채연이는 아빠의 시계를 갖고 놀고 있었다. 엄마는 혹시 아이가 아빠의 시계를 망가뜨릴까봐 채연이가 한눈을 파는 사이에 얼른 치워버렸다. 그러자 채연이는 즉시 다른 장난감에 관심을 갖기 시작하였다." 현재 채연이의 인지발달수준은?

① 감각운동기　　② 전조작기
③ 구체적 조작기　　④ 형식적 조작기

8. Piaget의 인지발달단계에서 구체적 조작기의 특징이 아닌 것은?

① 가역적 사고　　② 탈중심적 사고
③ 조합적 사고　　④ 보존개념 획득

9. 다음의 설명에 대해 Piaget의 용어로 가장 적절한 용어는?

"어떤 사물이 눈에 보이지 않아도 이 세상 어딘가에 존재한다는 것을 아는 것..."

① 물활론적 사고 ② 직관적 사고
③ 가역적 사고 ④ 대상영속성

10. Erikson의 사회성 발달단계와 단계별 특징이 잘못 짝지어진 것은?
① 0～1세: 신뢰감 대 불신감 ② 1～2세: 자율성 대 수치감
③ 성인 초기: 정체감 대 역할 혼미 ④ 노년기: 통정감 대 절망감

11. Erikson의 사회성발달이론의 특징이 아닌 것은?
① 사회성 발달은 청소년기까지 발달한다.
② 0～2세까지의 발달과정이 사회성 발달에서 특히 중요하다.
③ 에릭슨이론은 '자아' 발달이 어떻게 이루어지는가에 초점을 둔다.
④ 발달단계별 긍정적인 발달과업을 이루지 못하면, 그 다음 단계에 부정적인 영향을 미친다.

12. Kohlberg의 도덕성발달이론을 설명한 것이다. 틀린 것은 ?
① 도덕성 발달단계는 전 문화에 공통적인 과정이다.
② 도덕성 발달은 크게 3개의 수준, 6개의 단계로 발달한다.
③ 도덕적인 딜레마 상황에서 도덕적 사고방식 내용에 따라 도덕성 수준을 진단한다.
④ 발달단계별로 도달하는 연령이 일정하다

※ 아래 빈칸에 적절한 용어를 넣으시오.

▶ (13.)이란, 인간생명의 시초인 수정의 순간부터 완전히 노화될 때까지 양적 및 질적으로 성장 혹은 변화하는 과정이다.

▶ 교육의 적시성과 관련된 개념으로 학습이 일어날 수 있는 신체적, 정신적 조건이 성숙된 정도를 (14.)이라고 한다.

▶ Lorenz의 오리새끼들의 각인학습과정과 같이 특정한 학습이 일어나는 시기를 말하는 것으로 이 시기를 놓치면 학습이 일어나지 않는다고 한다. 로렌츠에 따르면, 오리들은 부화 후 10분에서 10시간 이내에 보인 대상을 어미로 생각한다. 이를 (15.)설이라고 한다.

▶ Piaget는 환경 적응의 특수한 사례를 (16.)이라고 하였다. 인지구조의 발달에서 새로운 자극물이나 자극사건을 기존의 도식이나 구조로 통합하는 과정을 (17.)이라고 하였고, 기존의 도식이나 구조가 환경 내의 새로운 자극을 통합하는 데 적합하지 않을 때 새로운 자극에 알맞게 이미 있던 도식이나 구조를 변형하는 인지적 과정을 (18.)이라고 하였다.

/읽/을/거/리/

그 물에 콩나물이 자라요

이어령 교수는 집에서 일을 도와주는 아주머니의 이야기를 들려주었다. 학교교육을 거의 받지 않은 그 아주머니가 이 나라 최고 지성이라는 이어령 교수에게 핀잔하듯 건넨 이야기에서 교육에 대한 나름의 깊은 통찰을 얻을 수 있었다.

"한 학기 동안 학생들을 가르치고 난 뒤, 학생들이 낸 과제물을 보면 대체 그동안 내가 무엇을 가르쳤는지 회의가 듭니다. …" 푸념을 하고 있는데, 일하는 아주머니가 곁에서 듣고 이러시는 겁니다.

"그런 말씀 마세요. 콩나물시루에 물바가지 부어 봐요. 물 한 바가지가 다 시루 밑으로 흘러 빠져 나가버리는 것 같아보여도, 그 물에 콩나물이 자라요."

– 이어령 석학교수의 학부모들에게 고함,
신동아, 1997년 9월호(이어령: 이화여대 석좌교수) –

5장

학습과 인지

학습목표

1. 학습과 인지의 개념을 행동주의와 인지주의 관점에서 정의할 수 있다.
2. 행동주의 학습원리를 설명할 수 있다.
3. 행동주의 학습원리와 인지주의 학습원리의 차이점을 설명할 수 있다.
4. 행동주의 학습원리를 교육현장에 적용할 수 있다.
5. 잠재학습의 의미를 이해하고 이를 교육현장에 적용할 수 있다.
6. 통찰학습의 의미를 이해하고 이를 교육현장에 적용할 수 있다.
7. 모방학습의 의미를 이해하고 이를 교육현장에 적용할 수 있다.

■ 학습
어떤 행동이나 지식을 습득하는 과정.

■ 인지
정보를 기억하고 이를 바탕으로 기억하는 과정.

■ 행동주의
1950년대 미국을 중심으로 심리학의 주류를 이룬 학파로서, 심리학의 연구대상을 '행동'으로 삼음. 왓슨(Watson), 스키너(Skinner) 등이 대표학자.

■ 인지주의
1960년대 행동주의 이후 인지주의 학파가 등장. 심리학에서 행동주의와 함께 심리학의 대표적인 양대 학파 중에 하나로, 인간의 기억, 정보처리과정을 연구대상으로 삼는다.

교육과정에서 학습과 인지는 교육현장에서 학생이 수행하는 주요 활동을 이루며, 학생이 공부할 때 일어나는 심리적 과정이라 할 수 있다. 그렇다면 구체적으로 학습(learning)이란 무엇이고, 인지(cognitive)란 무엇인가? 상식적으로 보면 학습은 배우는 과정이다. 이렇게 단순히 지칭할 수 있지만 심리학적으로 정의하면 학습은 행동과 인지의 변화과정이라 할 수 있다. 학습에 대한 심리학적 접근에서는 행동의 변화와 학습에 관심을 둔 접근법을 **행동주의**라 하고, 인지의 과정에 관심을 둔 접근법을 **인지주의**라 한다. 행동주의와 인지주의 두 관점에서 볼 때 학습은 어떤 행동이나 지식을 습득하는 과정을 말하며, 인지는 정보를 기억하고 이를 바탕으로 기억하는 과정이라 할 수 있다.

교육의 장면에서 학습은 학생이 교재의 지식을 습득하고 행동을 변화시키는 심리적 과정이다. 교사가 교재를 효과적으로 교수하려면 학생의 학습과정 이해는 필수적이다.

심리학적 전통에서 볼 때, 학습에 대한 접근법은 크게 행동주의 접근과 인지주의 접근 두 가지로 나뉜다. 행동주의 접근에는 조건형성이론이 있고, 인지주의 입장에서 제안한 인지학습이 있다. 이 장에서는 행동주의 접근으로 고전적 조건형성이론, 조작적 조건형성이론을 다룰 것이며, 인지주의적 접근으로 통찰학습, 잠재학습, 모방학습을 다룰 것이다.

[표 5-1] 행동주의 접근법과 인지주의 접근법의 비교

구분	행동주의 접근법	인지주의 접근법
이 론	고전적 조건형성 도구적 조건형성 조작적 조건형성	통찰학습 잠재학습 모방학습
학습과정	자극(S)-반응(R)의 연합으로 설명	인지구조 및 처리과정으로 설명
학습기제	강화, 처벌	학습경험, 통찰, 모방
학습목표	행동의 변화	인지의 변화

1. 행동주의 학습이론

행동주의 학습이론은 크게는 파블로프(Pavlov)의 고전적 조건형성이론과 손다이크(Thorndike)의 도구적 조건형성, 스키너(Skinner)의 조작적 조건형성이론이 대표적이다. 행동주의 이론은 학습을 조건형성의 과정으로 설명한다.

조건형성(conditioning)이란, 특정 조건에서 특정 행동을 보일 수 있는 절차다. 예를 들면, 어떤 사람이 빨간색을 보기만 하면 놀랄 수 있다. 이렇게 특정 자극과 특정 반응 간의 관계를 **연합**(association)이라고 한다. 조건형성에 대한 관심은 행동을 조건에 귀인시키려는 경향을 띠고 있다. 이러한 경향을 **행동주의**라 한다.

■ **연합**
특정 자극과 특정 반응 간의 연결 혹은 관계를 뜻함. 연합은 일찍이 Aristoteles가 사용하였지만 조건형성을 통해 심리학적으로 확립되었다.

조건형성은 두 가지 방식으로 나누어진다. 어떤 자극으로 어떤 반응을 일으키는 방식을 고전적 조건형성이라 하고, 어떤 자극을 얻기 위해 어떤 반응을 하도록 하는 방식을 도구적 조건형성이라 한다. 이 두 방식은 차이를 가지면서 조건형성의 변인들을 분석하거나 그 효과를 응용하는 기본적 틀이 되어 왔다.

1) 고전적 조건형성

고전적 조건형성(classical conditioning)은 **파블로프**가 확립한 방식이라 하여 파블로프식 조건형성이라 하고, 조건형성을 그가 처음 심리학적으로 확립하였다고 하여 고전적이라 한다.

■ Pavlov(1849~1936)
러시아의 생리학자로서 개의 타액분비에 대한 실험에서 조건형성과정을 발표하여 노벨생리학상을 수상하였다.

(1) 파블로프의 실험

파블로프(1927)는 [그림 5-1]과 같이 개를 쉽게 통제할 수 있는 장치를 사용하였다. 이 실험장치는 개가 종소리를 듣고 먹이를 먹을 수 있으며, 실험자는 개가 흘리

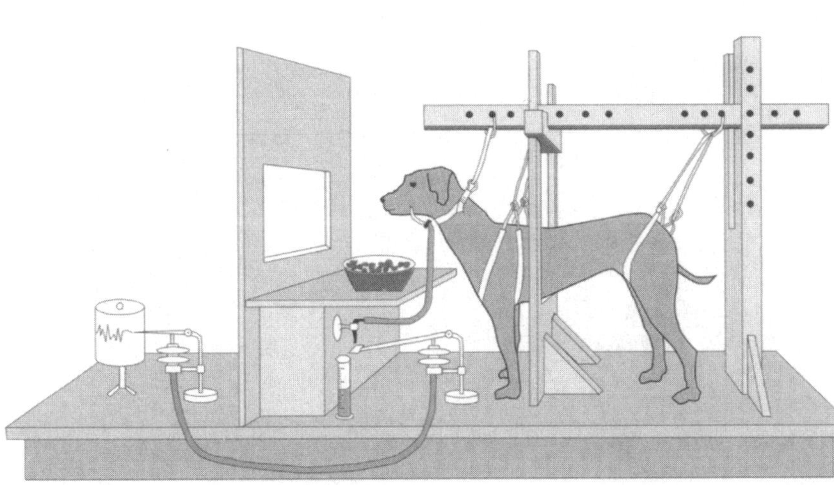

[그림 5-1] Pavlov의 실험장치

는 침을 측정할 수 있는 장치를 갖추었다. 그의 실험을 예시하면 다음과 같다.

개는 처음 종소리를 들으면 소리 나는 방향으로 고개를 돌리거나 귀를 쫑긋 세울 것이다(정향반응). 그러나 처음부터 종소리를 듣고 침을 흘린다면 아마 이상한 개일 것이다. 개는 단지 먹이를 먹을 때 침을 흘린다. 종소리를 듣고 소리 나는 쪽을 보거나 먹이를 보고 침을 흘리는 것은 생리적인 반응이며 학습된 반응이 아니다. 파블로프의 실험에서 개에게 먹이를 주기 전에 종소리를 들려주고 이러한 시행을 반복했다. 처음에는 개가 먹이 때문에 침을 흘릴 것이지만, 나중에는 먹이를 주지 않고 종소리만 울려도 개가 침을 흘릴 것이다. 그렇다면 어떻게 개가 종소리만 듣고 침을 흘릴 수 있을까?

개는 종소리를 듣고 먹이가 나올 것을 예상하고 침을 흘릴 수 있다. 처음에는 종소리에 침을 흘릴 수 없지만 나중에는 종소리에 침을 흘릴 수 있다. 종소리에 대한 개의 행동이 변화되었다. 개는 종소리가 무슨 뜻인지를, 즉 먹이를 알린다는 것을 알게 되었다. 종소리에 대한 개의 인식이 변화되었다고 볼 수 있다.

이러한 실험절차에서 먹이는 무조건 침을 나오게 하는 자극이므로 무조건자극(unconditioned stimulus: UCS)이라 한다. 침은 먹이(무조건자극)에 의해 나타나는 무조건반응(unconditioned response: UCR)이라 한다. 종소리는 조건형성되어야 침을 나오게 하는 자극이므로 조건자극(condioned stimulus: CS)이라 한다. 종소리만 듣고 흘리는 침은 조건형성되어야만 나오는 반응이므로 조건반응(condioned response)이라 한다. 조건자극이 무조건자극과 연합하여 조건반응하게 하는 과정을 조건형성(conditioning)이라 한다([그림 5-2] 참조).

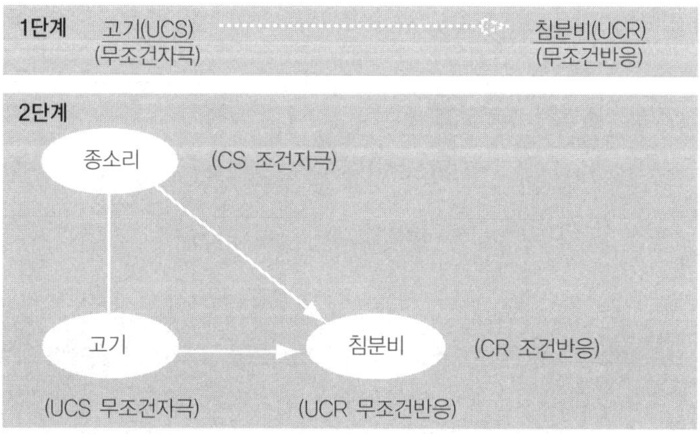

[그림 5-2] 고전적 조건형성과정

(2) 학습과정

① 강화와 소거

파블로프의 실험에서 종소리(조건자극)를 먹이(강화물)와 함께 제공해야 침흘리는 반응이 나오게 한다. 이때 먹이는 강화물이 된다. 조건자극에 무조건자극을 결합시키는 절차를 강화(reinforcement)라 한다. 강화는 특정 반응을 나오게 하는 절차다. 조건형성은 강화로 비롯된다. 조건형성 이후 종소리만 들려주고 먹이를 주지 않으면 침을 흘리는 반응이 줄어든다. 이때 종소리(조건자극)를 들려준 뒤에도 먹이(무조건자극)를 주지 않으면, 더 이상 침흘리는 반응이 나타나지 않는 소거(extinction)가 일어난다. 소거는 학습된 특정 반응을 감소시키는 절차로써 강화와는 반대다.

② 자발적 회복

조건형성은 소거 후에도 그 흔적이 남아 있다. 앞서 밝힌 바처럼 단지 종소리만 들려주면 침흘리는 반응이 소거된다. 이렇게 소거된 후 한참 지나서 종소리를 다시 들려주면 개는 어떻게 할까? 상식적으로 봐서 이미 소거되었는데 다시 침을 흘리지는 않을 것이다. 그러나 다시 종소리만 들려줄 때 개는 침을 흘린다. 이를 자발적 회복(spontaneous recovery)이라 한다. 결국 어떤 반응이 한 번 조건형성되면 그 반응이 소거되었다 하더라도 언젠가 자발적으로 회복된다([그림 5-3] 참조).

③ 일반화와 변별

강화, 소거, 자극일반화가 일어나는 과정들이 진행되면서 주목할 만한 현상이 일어난다. 이 현상을 살펴보면 조건형성의 특성을 이해할 수 있다.

파블로프의 실험에서 개가 조건형성되었을 때 종소리만 듣고도 침을 흘린다. 왜 종소리만 듣고도 침을 흘리게 되는가? 그 이유는 개가 종소리 다음에 먹이가 온다는 것을 예상하기 때문이다. 이를 예언 수반성(expective contingency)이라 한다. 만약 먹

[그림 5-3] 강화, 소거 및 자발적 회복의 진행(출처: 이해경, 이양, 용홍출, 2004)

이를 먼저 주고 종소리를 들려주어도 여전히 침을 흘릴까? 종소리와 먹이가 단지 시간적으로 가까우므로 종소리만 듣고 침을 흘린다면, 종소리의 제공은 먹이기 전이나 후나 마찬가지 반응을 낳을 것이다. 그러나 먹이기 전과 후의 종소리는 크게 다르다. 먹인 후의 종소리는 이제 먹이가 남아 있지 않다는 것을 알리므로 개는 더 이상 침을 흘리지 않는다. 즉, 먹이기 전의 종소리는 먹이의 제공, 먹인 후의 종소리는 먹이 종료를 예상하게 한다. 이와 같이 조건형성은 조건자극과 무조건자극의 예언 수반성에 달려 있다.

이 예언 수반성은 조건반응의 일반화와 변별을 일으킨다. 먹이를 먹을 때 듣던 종소리와 조금 다른 종소리가 울려도 침을 흘린다. 이때 조금 다른 종소리도 먹이를 예상하게 한다. 이렇게 강화 당시와 다른 조건자극이 제시되어도 조건반응이 나오는 현상을 **일반화**(generalization)라 한다.

먹이와 함께 제시된 종소리와 비슷한 다른 종소리에도 침을 흘리는 개에게 계속해서 한 종소리에는 먹이를 주고 그와 비슷한 다른 종소리에는 먹이를 주지 않으면 점차로 다른 종소리가 울릴 때 흘리던 침이 줄어든다. 비슷한 두 조건자극에 일반화하지만 한 자극에 강화를 하고 다른 자극에 소거를 하면 일반화를 제거할 수 있는데, 이 현상을 **변별**(discrimination)이라 한다. 일반화되었던 자극을 변별시킬 수 있다는 점을 보면 변별도 역시 일반화처럼 감각 예민성에 비롯된 것이 아니다. 일반화나 변별은 단순히 행동의 기계적 타성에 비롯된 것이 아니다. 일반화와 변별은 강화물이 연합되는 조건자극의 지각에 비롯된다고 할 수 있다.

(3) 일상의 예: 공포의 조건형성

할아버지를 보면 웃는 아이도 있지만, 울음을 터뜨리는 아이도 있다([그림 5-4] 참조). 왜 그런가? 아이는 처음에는 흰 토끼를 보고 호기심을 갖고 있을 뿐 두려움은 보이지 않았다(a). 어느날 아이가 쥐(CS)를 만지려는 순간 실험자는 아이의 등 뒤에서 큰 쇠막대를 두드렸다. 쇳소리를 들은 아이는 움츠리고 머리를 숙이고 도망가려 했다(UR)(b). 이와 같은 일을 겪은 후 아이는 쥐나 토끼를 보면 몸을 숨기고 울기 시작하며, 쥐나 토끼 같은 흰 동물을 두려워했다(CR)(c). 그리고 아이는 쥐나 토끼뿐만 아니라 이들과 닮은 털외투나 턱수염을 기른 노인 또는 산타클로스 가면까지도 두려워하게 되었다(d)(Waston & Rayner, 1920).

[그림 5-4] 공포의 조건화 일반화(출처: Watson & Rayner, 1920)

2) 조작적 조건형성

구소련에서 파블로프에 의해 고전적 조건형성 실험을 시작할 무렵, 미국에서는 손다이크(Thorndike, 1874~1949)를 중심으로 시행착오 또는 문제해결학습 실험이 진행되었으며, 이러한 유형의 학습에 대한 연구는 그 후 스키너에 의해 조작적 조건형성(operant conditioning) 또는 도구적 조건형성(instrumental conditioning)이란 이름으로 널리 인식되었다.

■ Skinner(1904~1990) 미국의 심리학자. 행동주의의 대표적인 학자. 파블로프의 고전적 조건형성과 구분되는 조작적 조건형성이론을 발전시켰다.

(1) 스키너의 조작적 조건형성 실험

스키너(1938)는 [그림 5-5]와 같이 쥐를 쉽게 통제할 수 있는 장치를 사용하였다. 이 실험장치는 쥐가 지렛대를 조작하여 먹이를 먹을 수 있고 실험자는 쥐가 지렛대를 조작하는 행동을 관찰할 수 있는 장치를 갖추었다. 그의 실험을 예시하면 다음과 같다.

> 쥐를 굶긴 채 우리에 가두어 놓으면 쥐는 먹이를 찾아서 사방으로 돌아다닌다. 어쩌다가 쥐는 한쪽에 나와 있는 지렛대를 건드릴 것이다. 지렛대를 건드리면 숨겨져 있던 먹이가 떨어진다. 처음에 쥐는 어떻게 먹이를 얻을 수 있는지를 모르고 먹

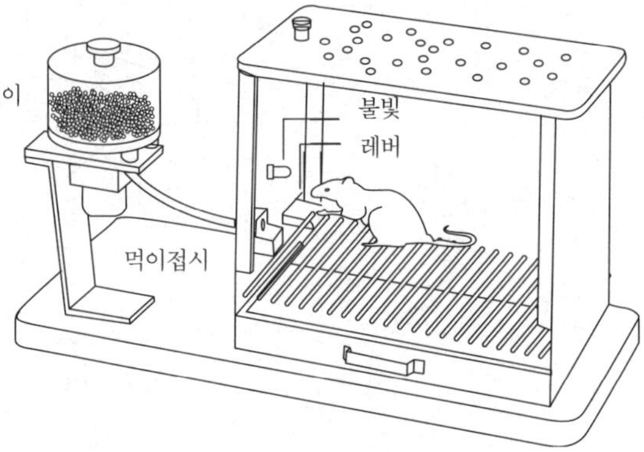

[그림 5-5] 스키너의 실험장치

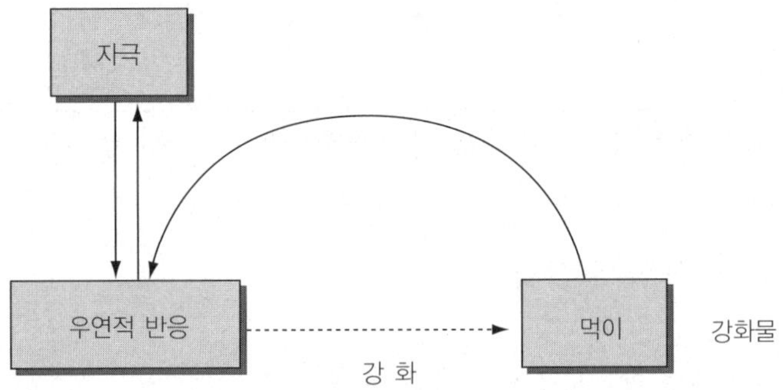

[그림 5-6] 조작적 조건형성 절차

이를 먹는다. 나중에는 쥐가 쉽게 지렛대를 건드리고 먹이를 얻는다. 쥐가 지렛대를 건드리면 먹이를 얻을 수 있다는 것을 아는 것처럼 행동한다. 쥐는 처음에는 지렛대를 누르면 먹이를 얻을 수 있다는 것을 알지 못하거나, 지렛대를 누르고 먹이를 먹는 행동을 할 수 없었다. 먹이를 먹는 강화를 받았기 때문에 지렛대를 누르는 행동이 조건형성되었다. 처음에는 지렛대를 시행착오적으로 건드렸으나, 나중에는 의도적으로 조작한다. 쥐는 먹이가 어디에 있는지 알지 못한다. 그러한 먹이를 얻을 목적으로 쥐는 지렛대를 도구적으로 사용하게 된다.

(2) 조작적 조건형성과 고전적 조건형성의 차이

도구적 조건형성은 고전적 조건형성의 강화물과 반응의 순서에서 차이가 있다. 고전적 조건형성에서는 개에게 먹이(강화물)를 먼저 주고, 침을 흘리는 행동(반응)이 방출되었다. 이와 달리 도구적 조건형성에서는 쥐가 지렛대를 누르는 행동을 먼저 방

[그림 5-7] 시행착오적 행동과 의도적 행동(도구를 사용하는 쥐)(출처: 이해경 외, 2004)

출하여 먹이라는 강화물을 얻었다. 즉, 고전적 조건형성에서는 강화가 행동을 앞서고, 도구적 조건에서는 행동이 강화를 앞선다. 강화가 행동을 앞서면 강화는 행동을 유도하게 되고, 행동은 강화에 대한 반응으로 나오며 그 반응은 자율적이다. 이러한 고전적 조건형성에서의 행동을 **반응적 행동**(respondant behavior) 또는 **자동적 행동**(autonomic behavior)이라 한다. 행동이 강화를 앞서면 강화는 행동의 성과로 주어지고, 행동은 강화라는 목적을 얻기 위한 도구로 사용되고, 그 자체는 도구를 조작하는 행동이다. 이러한 도구적 조건형성에서의 행동을 **도구적 행동**(instrumental behavior) 또는 **조작적 행동**(operant behavior)이라고 한다.

(3) 강화와 강화물

조작적 조건형성에서 **강화**(reinforcement)란 원하는 반응 다음에 먹이와 같은 어떤 사상이 수반될 때, 즉 반응확률이 증가할 때를 말한다. 스키너는 강화수반이 조작반응의 필수요건임을 지적하고 있다.

강화물은 일차적 강화물과 이차적 또는 조건강화물로 구분하기도 한다. 일차적 강화물이란 먹이나 물처럼 이전의 특별한 훈련이 없이도 학습자의 행동을 강화시키는 데 효과적인 자극이다. 일차적 강화물은 미각, 기아 및 갈증과 같은 유기체의 일차적, 생리적 동기와 밀접한 관련이 있다. 이차적 강화물은 원래 중성자극이던 것이 강화하는 능력을 지니고 있는 다른 자극과 짝지어짐으로써 강화능력을 얻게 된 자극이다. 이런 의미에서 조건강화물은 학습된 강화물이라고 한다. 예를 들어, 사회적 승인이나 금전 등이 이에 해당한다.

또한 강화물을 정적 강화물과 부적 강화물로 구분할 수도 있다. 정적 강화물은 먹이나 물과 같이 이것이 반응에 수반될 때 반응확률을 증가시키는 것이다. 이것은 일반적으로 강화물이라고 하는 것과 동일한 의미로 쓰인다. 부적 강화물은 전기쇼크나 고통스러운 소음과 같이 반응 다음에 그것이 제거될 때 정반응의 확률을 증가시키는 것이다.

■ **상**
어떤 반응에 수반될 때 학습자의 행동을 증가시키는 대상물 혹은 대상물.

■ **벌**
어떤 반응에 수반될 때 학습자의 행동을 억제시키는 자극물 혹은 대상물.

조작적 조건형성 절차에서 행동 후에 강화물, 즉 상(reward)을 주면 그 행동이 강화될 것이나, 벌(punishment)을 주면 그 행동이 억제될 것이다. 예를 들어, 스키너의 실험에서 지렛대를 누르는 행동에 먹이라는 상을 주면 그 행동이 강화되나, 전기쇼크와 같은 벌을 주면 그 행동은 강화되지 않을 것이다. 이와 같이 벌은 행동을 억제시키는 효과를 갖는다. 예를 들어, 싸움질을 즐겨 하는 아동에게 벌을 주면 싸움하는 일이 줄어들게 된다. 이러한 벌의 훈육이 학교나 가정에서 이용되고 있지만 그 부작용도 만만하지 않다. 먼저 벌은 특정 행동을 억제시키기 위해 사용되지만, 의도하진 않았어도 처벌자에 대한 공포반응을 학습시킬 수 있다. 또한 벌을 사용함으로써 특정한 행동(예, TV 보기)을 억제시킬 수는 있지만, 그 대안에 대한 방향을 제공하진 못하므로 또 다른 바람직하지 못한 행동(예, 만화책 보기)을 일으킬 수도 있다.

[그림 5-8] 벌-과연 체벌은 효과적인가?(출처: 이수원 외, 2002)

(4) 일상의 예

조작적 조건형성은 일상에서도 그 예를 쉽게 찾을 수 있다. 상은 먹이와 같은 것이고 벌은 전기쇼크와 같은 자극이다. 일상에서는 이러한 자극만이 상과 벌이 아니다. 칭찬, 돈 등도 상이 되고 꾸지람, 무관심 등도 벌이 된다. 어떤 사태는 개인에 따라 상과 벌로 뒤바뀔 수도 있다. 돈은 사람에게 상당히 위력적이다. 동물에게도 그럴까? 동물도 돈을 알 수 있을까? 원숭이에게 짐 나르기와 같은 노동을 시키려면 먹이로 유인할 수 있다. 즉, 원숭이가 짐을 나를 때 먹이를 주는 절차로 훈련시킬 수 있다. 원숭이는 먹이를 얻을 목적으로 짐을 나르는 행동을 수단으로 한다. 그러나 이때 원숭이가 배가 부르면 먹이에 유인되지 않는다. 이러한 원숭이에게 먼저 자판기를 사용하는 훈련을 시킨다. 자판기에 동전을 넣어서 먹이를 얻도록 하는 도구적 절차를 이용할 수 있다. 다음에 원숭이가 짐을 나르면 먹이가 아니라 동전을 얻도록 하는 도구적 훈련을 시킨다. 이때 원숭이는 배가 부르더라도 동전을 얻기 위해 계속 짐을 나를 것이다. 먹이는 현재 배고픈 정도에 따라 그 가치가 달라지나, 동전은 그 가치가 가장 배고플 때에 맞춰진다. 이와 같이 동전이 먹이보다 더 효과적일 수 있다. 나중에는 원숭이도 사람처럼 동전주머니를 차고 다니지 않을까? 동전은 본래 강화가 아니지만 자판기의 사용과 같이 도구적 조건형성을 거쳐 강화의 기능을 갖는다. 이를 조건강화(conditioned reinforcement)라 한다. 사람에게 권력도 돈처럼 조건강화라 할 수 있다.

[그림 5-9] 원숭이의 조건강화(출처: 이해경 외, 2004)

3) 조건형성이론의 응용

행동주의는 조건형성을 근거로 그 방법론을 확립하였을 뿐만 아니라 심리학의 응용 분야를 개척하는 데 공헌하였다. 조작적 조건형성은 그 특성에 따라 다른 응용을 보였다. 고전적 조건형성은 정서적 행동에, 조작적 조건형성은 의도적 행동과 관련될 수 있다.

(1) 고전적 조건형성의 응용

고전적 조건형성을 응용한 예로서 정서조건형성이 있다. 왓슨(Watson)은 공포조건화를 예시하면서([그림 5-4] 참조), 파블로프가 동물실험에서 확립한 고전적 조건형성을 인간의 정서행동에 적용하였다. 예컨대 [그림 5-4]와 같이 한 어린이가 털이 달린 장난감을 가지고 놀고 있을 때 갑자기 등 뒤에서 큰 소리를 내어 깜짝 놀라게 한다. 이러한 사태를 여러 번 일으키면 어린이는 그 장난감을 마주칠 때마다 큰 소리를 연상하고 놀랄 것이다. 나중에는 장난감만이 아니라 털이 달린 모든 대상, 즉 털 달린 다른 장난감부터 털북숭이 애완동물, 심지어 털옷을 입은 사람에게까지 공포를 느끼게 되는 겁쟁이가 될 것이다. 이 예에서 어린이를 겁쟁이로 바꿀 수 있듯이 적절한 절차로 다른 긍정적 정서도 조건형성시킬 것이다. 이를 **정서조건형성**(emotional condition)이라 한다. 이와 같이 정서적 행동은 고전적 조건형성으로 조성할 수 있다.

(2) 조작적 조건형성의 응용

[그림 5-10] 쇼핑 수레를 끌도록 훈련된 돼지

조작적 조건형성을 응용한 예로서 행동수정이 있다. 조작적 조건형성 절차는 동물실험을 통해 연구되었고, 이로 인해 확립된 행동조성 프로그램은 상과 벌로써 학생들을 다루려는 교육현장에 이미 적용되었다. 예를 들면, 아동이 바람직한 행동을 하면 상을 줌으로써 그 행동을 장려할 수 있다. 아동은 우연히 행한 행동이지만 그 때문에 상을 받게 되면 나중에는 상을 받기 위해 그 행동을 수단(도구)으로 삼는다. 특정 행동에 대한 상은 그 행동을 장려하지만 이와 대조적으로 벌은 그 행동을 억제한다. 물론 벌을 사용할 때는 부작용에 유의해야 한다. 이러한 상이나 벌을 조작함으로써 특정 행동을 조성할 수 있다. 이를 **행동조성**(shaping)이라고 한다. 이러한 기법은 소위 정신질환이라는 행동이상을 수정하는 데에도 적용할 수 있다. 이를 **행동수정**(behavior modification)이라 한다. 그 외 조작적 조건형성이론을 응용한 방법으로 **토큰경제**(token economy), **프로그램 학습과 교수기계**, **생체송환**(Bio feedback) 등이 있다.

■ **토큰경제**
강화물을 상징하는 상징물(ex. 쿠폰)을 통한 행동조성 방법.

2. 인지학습

행동주의는 인간심리를 연구하기 위해 '행동'만을 주 연구대상으로 삼았기 때문에 인간의 의식이나 사고내용에 관심을 두지 않았다.

반면에 학습을 내면적 의식과정의 변화로서 설명하고자 하고, 그 변화를 인지적으로 설명하는 관점을 **인지학습**(cognitive learning) 이론이라 한다. 인지학습에는 행동주의 이론에서 설명하는 행동과 수행이 다른 것으로 보는 **잠재학습**(latent learning), 학습을 인식의 틀의 변화로 보는 **통찰학습**, 사회적 모방을 다룬 **모방학습**(imitation learning) 등이 있다.

■ **인지학습**
학습을 의식과정의 변화로 설명하고 그 변화를 인지적으로 설명할 수 있다고 보는 관점.

■ **잠재학습**
톨만(Tolman)은 학습은 강화를 받지 않을 때라도 학습경험에 대한 인지를 사용하여 학습되며, 강화는 이미 학습된 행동을 행동으로 보이는 역할을 한다고 주장한다.

[그림 5-11] 이 그림에서 '곰'을 찾아보시오: 이 그림에서 처음 곰을 찾기가 쉽지는 않다. 그러나 일단 곰을 발견하게 되면, 아! 하고 감탄사가 나올 것이다. 그리고 이와 유사한 다른 장면에서도 이와 같은 방식으로 '대상'을 찾을 수 있게 된다. 곰을 찾은 한 번의 학습경험이 우리의 인지를 변화시켰다고 할 수 있다.(출처: 이수원 외, 2002)

1) 잠재학습

행동주의 학습의 대표적인 학자인 스키너는 학습을 강화의 효과로 간주하였지만 톨만(Tolman, 1886~1959)은 학습을 인지적 변화로 간주하였다. 이러한 서로 다른 견해는 쥐의 미로학습을 설명하는 문제에서 드러난다. 미로란, 상자 속에 칸막이를 쳐서 어떤 곳은 막히도록 하여 입구에서 출구까지 빠져 나가기 어렵게 한 장치다([그림 5-14] 참조). 쥐가 미로를 빠져 나갈 수 있게 된 것은 미로를 빠져 나간 후에 먹이라는 강화를 받을 수 있기 때문이라는 설명이 스키너의 이론이라면, 톨만은 강화에 관계없이 학습경험 그 자체가 인지적 변화를 유발하기 때문이라고 주장한다(Tolman, 1948).

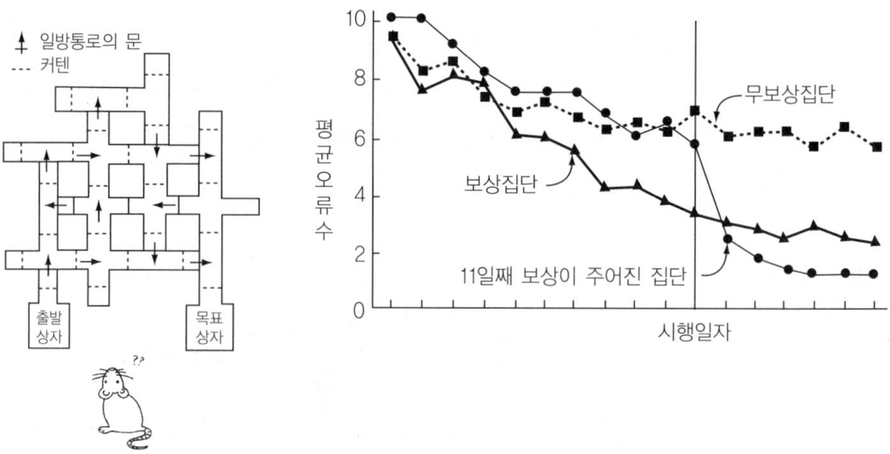

[그림 5-12] 톨만의 생각하는 쥐 (출처: 이해경 외, 2004)

(1) 톨만의 실험

톨만(1948)의 실험은 행동주의 학습이론과 인지주의 학습이론의 차이를 실험한 것이다. 그는 세 집단의 쥐들이 [그림 5-12]의 미로에서 최종 목표지점까지 가는 데 보인 평균오류수를 측정하였다. 보상군의 쥐들에게는 매번 목표지점에 도달할 때마다 강화물을 제공하였고, 무보상군의 쥐들에게는 매번 목표지점까지 가도 강화물을 제공하지 않았다. 11일째 보상을 제공한 쥐들은 10일까지는 목표지점에 도달해도 강화물을 제공하지 않다가, 11일째부터 강화물을 제공하였다. 그 결과 [그림 5-12]에서 보는 것처럼, 보상군집단은 강화 제공에 따라 오류수가 감소하였고, 무보상군 집단은 오류수가 감소하지 않았다. 이 두 집단의 결과는 행동주의자들의 강화물이 학습을 유발한다는 주장을 지지하는 듯한 결과다. 한편 11일째 보상군집단은 10일까지는 무보상군집단과 같이 오류수가 감소하지 않다가 11일째부터는 급격히 오류수가 감소하였다. 행동주의자들의 주장과 같이 강화물이 학습을 유발한다면 11일째 보상군집단의 수행에서는 오류수가 서서히 감소하여야 함에도 불구하고, 오류수가 급격히 감소하였다는 것은 쥐가 이미 미로를 알고 있다는 것을 의미한다. 결국 강화를 받지 않을 때라도 쥐가 미로 속에 머물면서 기억으로 지도를 작성하고 있다고 생각할 수 있다. 이러한 학습은 기억과 같은 인지를 사용했다고 하여 인지학습이라 한다. 또한 이 학습은 이미 일어났지만 강화가 있을 때까지 잠재되어 있었다 하여 잠재학습이라고도 한다. 톨만은 강화는 이미 이루어진 학습을 수행으로 나타나게 하는 역할을 할 뿐이며, 강화는 수행에만 영향을 미친다고 주장한다. 이 주장에서 잠재학습과 조건형성의 다른 점이 드러난다.

(2) 잠재학습의 예

일상에서 잠재학습의 예를 쉽게 들 수 있다. '머리로 공부한다.' 는 말이 있다. 머리란 인지를 지칭하고 공부는 학습의 일상적 예다. 대부분의 학교 공부는 이와 같다. 물론 학교 공부에는 실업과 과학 등의 공부에 실습이라는 행동절차가 있고 바로 일상에 응용하여 강화를 받을 수 있다. 그러나 이렇게 실습을 필요로 하는 학습이라도 사전에 행동절차를 숙지하는 인지과정을 거친다. 또 미래에 응용할 것이지만 현재는 그 성과를 느끼지 못한 채 학습하는 경우가 많다. 학교공부 외에도 인지학습의 예는 생활 주변에 많다. 어느 도시에서 자동차로 길을 찾을 때 먼저 지도를 사용한다. 자동차로 거리를 다니는 행동절차를 거치지 않고 우선 지도를 익히는 인지과정을 거친다. 이때 누가 지도를 사용할 필요가 없다고 고집할 수 있을까? 지도를 익히고 외우는 것은 바로 쥐가 미로에서 인지적으로 학습하는 것과 같다(이해경 외, 2004).

2) 통찰학습

인지학습에는 쾰러(Köhler, 1887~1967)의 통찰학습이 있다. 통찰학습은 잠재학습에서 강조하는 기억의 역할보다는 **통찰**(insight)이라는 과정이 더 우선적이다. 인지로 학습할 때 통찰이라는 과정이 있다. 어떤 문제에 당면해 그 해결책이 생각났을 때 '아하' 하면서 깨닫게 되는 인지과정이 있다. 이를 **통찰학습**(insight learning)이라고 한다.

■ **통찰**
'아하! 경험' 이라고도 한다. 어떤 문제에 대해 갑자기 문제해결책이 생각나는 것.

[그림 5-13] 침팬지의 지혜(출처: Köhler, 1925)

(1) 쾰러의 연구

원숭이를 울타리 안에 넣어 놓고 천장에는 바나나를 높이 달아 놓았다. 원숭이는 팔을 높이고 펄쩍 뛰면서 그 먹이를 따려고 하지만 손이 닿지 않았다. 원숭이는 상황을 살피다 주변의 물건을 이용하기 시작한다. 처음에는 의자를 끌어와서 그 위에 올라가서 바나나를 따려고 한다. 그래도 손이 닿지 않으면 막대기를 집어들고 나중에는 끈으로 막대기를 잇기까지 한다. 한참 고민하던 원숭이가 갑자기 눈을 반짝이며 주변을 두리번거리기 시작했다. 그러고는 나무상자를 쌓아 놓고, 그 위에 막대기를 이어 바나나를 따먹었다. 이 과정에서 바나나를 따먹는 방법에 대한 학습이 일어났다고 할 수 있다.

(2) 통찰학습의 특징

위의 실험에서 원숭이가 의자, 막대기, 끈 등을 조작하여 먹이를 얻을 수 있었다. 먹이를 강화로 보고 이를 얻기 위해 도구를 조작했다고 보면 이 과정도 역시 조건형성이라 할 수 있다. 그러나 의자 등의 주변의 물건 어느 것도 바로 먹이를 얻는 도구가 아니다. 어느 하나만 사용해서는 결코 먹이를 얻을 수 없고 그 물건들을 조합해야만 도구가 된다. 한편, 주변의 물건을 충분히 조합하기 전에 하나씩 사용할 때마다 강화가 주어지지 않았다. 이처럼 강화가 없어도 여러 물건을 조합할 수 있었다. 또 이렇게 여러 물건을 조합하는 일을 이전에 수행해 보지도 않았다. 이러한 점에서 물건을 도구로 만들 수 있는 것은 무강화, 무행동과정이므로 조건형성이 아니다.

그의 실험에서 원숭이는 먹이를 바로 딸 수 없었다. 그래서 주위를 두루 살폈지만 처음에는 주위의 물건이 먹이를 따는 도구로 보이지 않았다. 하지만 이 물건들이 나중에는 먹이를 따는 도구로 바뀌었다. 그것도 이 물건들을 조합하여 새로운 도구를 만들기까지 했다. 먹이를 딸 수 있는 새로운 도구를 만들기 위해서는 먹이까지의 거리나, 의자 등 각 물건의 특성을 파악해야만 한다. 이러한 점에서 이 과정은 어떤 문제를 해결하는 것과 같은 인지과정이라 할 수 있다. 이 인지과정에서 각각 다른 용도를 가진 주변의 물건이 모두 하나의 용도로 체제화되었다. 이런 체제화는 한 순간에 일어나서 문제를 해결하게 한다고 하여 '아하' 라는 통찰이라고 하고, 이를 통한 학습을 **통찰학습**이라 한다.

(3) 통찰학습의 예

원숭이도 통찰로 문제를 해결하는데, 하물며 사람은 어떠할까? 일상에서 문제가 해결되는 과정은 대개 통찰이 우선적이다. 예를 들어, 수학문제를 풀 때 남이 이미 풀어 놓은 과정을 보면 이해할 수 있으나, 처음 그 문제를 풀지 못하는 것은 통찰이 부족하기 때문이다. 이와 같은 예가 일상에서 많이 일어난다. 이 경우 통찰이 어떻게 일어나는지는 중요하다. 이러한 질문은 많은 논쟁을 불러일으켰다. 수학문제를 풀 때 통찰이 부족하면 통찰을 얻기 위해 그 문제를 반복해서 푼다. 이 반복연습이 효과적이라면 통찰은 기억에 불과하다. 통찰이 기억으로 환원된다면 구태여 통찰을 학습의 요인으로 볼 필요가 없다. 통찰학습 또한 다른 인지학습과 다를 바 없지 않은가? 하지만 통찰은 단순한 기억에서 나오지 않는다. 수학문제의 예에서 기본 문제들을 복합한 응용문제를 풀 때 기본 해법을 반복하면 응용문제에서 기본 해법을 조합하기 쉽다. 이러한 조합을 할 때 기본 해법은 그 고유한 기능을 버리고 응용문제의 목적에 맞도록 바뀌어야 한다. 기본 해법의 단순한 연합이 응용문제의 해법이 될 수는 없다. 기본 해법을 적용하기 전에 응용문제의 체제에 대한 통찰이 있어야 한다. 이러한 통찰로 체제를 얻고 난 다음 그 체제에 맞도록 기본 해법을 조합한다. 이때 조합에 사용하는 기본 해법을 기억으로부터 끌어올 뿐이다. 어떤 기본 해법을 사용할 것인가는 기억이 결정하지 못한다. 이를 결정하는 체제는 통찰로부터 얻는다. 기억은 단지 기본 해법을 저장하는 창고일 뿐이다. 기억은 창고로서 문제해결에 기여하고 통찰은 그 창고의 재료를 선택하는 결정자로서 기여한다. 이와 같이 학습에 기여하는 인지에는 기억 외에 통찰이 있다(이해경 외, 2004).

3) 모방학습

일상에서는 우리는 직접 경험하지 않아도, 강화물을 받지 않아도 학습이 일어날

■ 모방학습
모델링의 대상 행동을 관찰 또는 모방함으로써 일어나는 학습.

수 있다. 또한 인간은 인지를 갖고 있기 때문에 타인의 행동을 관찰하거나 모방을 통해서도 학습이 일어날 수 있다. 이를 반두라(Bandura)는 **모방학습**이라고 하였다.

(1) 반두라의 실험

반두라는 아동들의 TV 폭력극 시청이 공격적 행동을 유발하는지를 알아보고자 하였다. 이를 위해 먼저 폭력극을 시청하는 조건(폭력극 시청조건), 통제집단으로서 TV를 시청하지 않은 조건(무시청조건)이나, 공격적이지 않은 시청물을 보는 조건(중립조건)으로 실험조건을 만들었다. 세 조건의 아동들은 실험 후, 옆방에서 기다리게 하였다. 아동이 대기하는 방에는 오뚝이 인형(사람 크기만한)을 세워 두고 아동들이 그 인형에 대한 공격행동 정도를 얼마나 보이는지를 실험자들이 관찰하였다. 공격적 행동의 관찰은 일방경을 통해 아동들 몰래 이루어졌다.

그 결과 무시청조건이나 중립조건의 공격행동의 횟수는 단지 일상에서의 평균 정도였다. 반면에 폭력극 시청조건의 아동들은 무시청조건이나 중립조건의 아동들보다 유의하게 더 공격적인 행동을 보였다. 이 결과는 폭력극 시청에 대한 교육적인 시사점을 제공한다. 이 실험이 보여 주듯이 아동은 주인공의 공격행동을 관찰만 하고 그 과정을 학습하였다. 이 과정에서 폭력행동을 하는 이유, 방법, 결과 등을 파악하고 기억하며 재연할 수 있는 인지를 사용해야 할 것이다. 따라서 모방학습 혹은 관찰학습은 인지학습의 한 유형이라 할 수 있다.

(2) 모방학습의 특성

반두라의 실험에는 다른 주요한 변인이 있었다. 폭력극의 주인공이 공격행동을 수행하고 그 결과로 보상을 받는 조건과 처벌을 받는 조건이 있었다. 두 조건에서 아동들이 보이는 공격횟수는 보상조건이 처벌조건보다 더 많았다. 그렇다면 조작적 조건형성처럼 강화의 효과가 나타난 것이 아닌가? 이 절차에서는 강화뿐만 아니라 행동의 효과도 있을 수 있다. 폭력극 속에서 주인공의 행동이 반복될수록 강화가 증가하므로 학습이 효과적일 것이다. 그러나 이 절차에서 나타나듯이 강화나 행동의 효과가 있더라도 그 절차는 조건형성과는 차이가 있다. 행동주의 실험절차와 달리 이 절차에서는 주인공이 강화를 받으나 관찰하는 자기가 직접 강화를 받지 않는다. 단지 주인공의 강화가 마치 자기의 강화인 것처럼 보일 뿐이다. 이처럼 폭력극에 나오는 주인공이 보상(강화)을 받는 것을 **대리적 강화**라 한다. 그러나 아동이 주인공의 강화를 자기의 강화로 인지하지 못하면 그 효과가 없을 것이다. 그러나 아동이 주인공을 동일시하거나, 동일시하려는 대상일 때 대리적 강화의 효과는 증가하고, 대리적 강화 또한 인지과정을 바탕으로 한다는 점에서 조건형성과는 다르다. 아동이 주인공의 행동에 대한 강화를 대리적 강화로 인지하게 되면, 주인공은 아동의 동일시 대상이 된다. 동일시 경향으로 인해 아동은 주인공의 모범적 행동을 모방한다. 이를 모방학습이라 한다. 모방학습은 동일시 대상을 갖고 있다는 점에서 다른 인지학습과 다르다. 동일시 대상이 타인인 만큼 모방학습은 사회적 상황에서 일어난다. 사회적 상황에서 갖는 인지학습은 거의 모방학습이라 할 수 있다(이해경 외, 2004).

(3) 모방학습의 예

최근 우리 사회에서 청소년들의 가장 심각한 문제 중에 하나는 인터넷 비행과 중독에 관한 것이다(이해경, 2001; 2002a; 2002b). 실제 2002년에 검거된 사이버 범죄의 피의자 절반 이상인 56.9%가 10대에 의해 발생되고 있고(중앙일보, 2002.5.1), 이런 사이버상의 범죄가 폭력적인 게임, 음란물의 중독적 사용과 관련된 것으로 알려져 있다. 특히 폭력적인 게임은 살인과 모방범죄를 유발하고, 음란물은 음란물의 내용을 모방한 성폭력이나 음란물 제작(예, '빨간마후라' 제작) 및 유포 등의 범죄를 유발한다. 인터넷상에 일어나는 청소년 범죄의 대부분이 모방학습으로 습득된다고 할 수 있다.

모방학습의 관점에서 아동, 청소년들의 폭력극 시청이 공격행동을 증가시킨다면 폭력물의 시청은 유해한 것이다. 반면에 정화이론의 입장에서 폭력극 시청이 대리만족을 통해 청소년들의 공격성을 정화하므로 공격행동은 오히려 감소된다면, 그런 점에서 무해한 것이다. 어느 쪽이 옳을까? 반두라의 관점에서 볼 때, 타인의 공격행동을 관찰만 해도 그 과정을 학습할 수 있다. 그러므로 폭력극 시청은 공격적 행동을 증가시키므로 유해한 것이다. 실험의 결과는 폭력극이 공격성을 해소하지 못하고 공격행동을 오히려 증가시킨다는 것을 시사한다.

모방학습의 시사점을 고려해 볼 때 아동, 청소년들이 갖는 폭력물, 음란물의 시청에서 오는 교육적인 문제를 고려해야 할 것이다. 오늘날 인터넷을 통한 폭력물과 음란물의 무차별적인 노출은 결국 인지적 판단이 미숙한 아동, 청소년들의 모방행동을 야기한다는 점에서 사회적 대처가 필요하다. 또한 최근 들어 TV, 영화 속에 보이는 폭력물의 주인공들이 소위 '우상'이나 '영웅'으로 각색되어 보일 때, 청소년들은 바로 이들 주인공을 동일시하려 할 것이고, 주인공들이 받는 강화물 또한 대리적 강화물로 작용할 수 있다. 폭력물 내용에 대한 대리적 강화의 효과는 최근 청소년들의 10대 꿈 중에 하나가 '조폭'이 되는 것이라는 설문조사 결과에서도 잘 나타난다. 따라

[그림 5-14] 범죄의 모방학습

서 아동, 청소년들에게 보이는 폭력물의 내용 내지 결말의 효과에 대한 인식이 필요하며, 이에 대한 사회적 대처 또한 요구된다. 한편 모방학습을 교육에 적용하여 부정적 행동을 감소시키는 전략뿐만 아니라 긍정적 행동을 증가시키는 전략 또한 구상할 필요가 있다.

3. 행동주의 학습과 인지주의 학습의 성과

1) 행동주의 학습의 성과

학습의 연구는 행동주의의 기치 아래에서 심리학의 주류를 이루었다. 행동의 변화로 정의되는 행동주의 학습은 인지주의 이론의 등장으로 그 한계가 드러났지만 여전히 영향력은 지속되고 있다. 행동주의가 등장한 계기나 그 방법론의 배경인 유물론은 그만큼 당위성을 갖기 때문이다.

행동주의자들은 인간의 심리 연구를 누구나 관찰 가능하고 객관화할 수 있는 대상, 즉 '행동'을 연구함으로써 심리학을 과학적 학문으로 자리 매김하는 데 지대한 공헌을 하였다. 이런 과학적 방법론의 전통은 행동주의에 이어 나타난 인지심리학에도 그대로 관철되고 있다. 인지심리학은 행동주의처럼 행동을 자료로 삼으나 그와 다른 점은 인지적 기제를 가정할 뿐이다. 인지심리학은 인지적 기제를 입증할 때 역시 행동적 자료를 사용한다. 인지심리학은 단순히 행동주의를 부정하는 것이 아니라 그 한계를 보충하는 역할을 하였다고 할 수 있다.

2) 인지주의 학습의 성과

행동주의자들은 행동을 연구대상으로 삼았으며, 의식을 검은 상자로 간주하며 관심을 두지 않았다. 그러나 일상에서 우리가 관찰하는 행동은 정보를 능동적으로 받아들이고 처리하여 내보내는 내면적 의식과정으로 설명되는 경우가 많다. 인지주의 입장에서는 학습을 의식과정의 변화로 보고, 인지주의 학습에는 잠재학습, 통찰학습, 모방학습 등이 있다.

잠재학습에서는 유의미한 학습경험에 의한 기억이 잠재적인 학습을 가능케 하며, 통찰학습에서는 학습자의 통찰이 학습을 가능케 한다고 본다. 또한 모방학습에서는 타인의 행동의 관찰이나 모방만으로도 학습이 가능케 한다는 것을 보여 주고 있다. 그런 점에서 기억, 통찰, 관찰은 모두 인지라 할 수 있으며, 이들을 통해 일어나는 학습을 인지학습이라 한다. 그렇다고 인지학습은 인지적 행동만 다루는가? 그렇지 않다. 일상에서 갖는 정서적 행동도 인지학습이 다룰 수 있다. 예를 들어, 모방학습의 실험에서 공격성이라는 정서적 행동도 관찰이라는 인지과정을 거쳐 학습되고 있다. 이와 같이 정서적 행동이라도 인지과정으로 설명할 수 있다. 이러한 점에서 인지학습은 인지과정으로 설명할 수 있는 어떤 행동이라도 다룰 수 있다. 인지학습의 패러다임은 어떤 행동이라도 인지과정으로 설명하려고 하고 이 시도는 행동주의로부터 벗어나는 계기가 되었다.

한편 인지학습의 실험은 기억, 통찰, 관찰이 학습의 요인이라는 것을 지적했지만 이 요인들 그 자체의 과정을 분석하지는 못했다. 예를 들어, 기억이 중요한 역할을 한다고 지적하지만 기억의 구조나 과정이 어떠하다는 것을 분석하지 못했다. 기억 외에 통찰이나 관찰 등의 사고가 어떤 구조를 가지며, 어떤 과정을 거치는지는 더욱 분석해 볼 필요가 있다. 기억 사고 등의 인지가 어떤 성향을 가지는지를 이해하지 못하면 이들을 일상에 적용할 수 없을 것이다.

/참/고/자/료/

이수원 외(2002). 심리학-인간이해-. 서울: 정민사.

이해경(2001). 청소년들의 사이버 공간 이용에 있어서 창조적 행위와 일탈적 행위에 대한 심층인터뷰. 청소년문제연구세미나자료집, 66-112. 한국청소년단체협의회.

이해경(2002a). 청소년들의 음란물, 음란채팅 중독 경험에 있어서 사회심리적 예측변인들의 비교. 청소년학연구, 9(2), 165-190.

이해경(2002b). 인터넷상에서 청소년들의 폭력게임 중독을 예측하는 사회심리적 변인들. 한국심리학회지: 발달, 14(4), 55-80.

이해경, 이양, 용홍출(2004). 교육심리학. 서울: 양서원.

Köhler, W. (1925). *The mentality of apes*. New York: Harcourt Brace and World.

Pavlov, I. (1927). *Conditioned reflexes*. Oxford, England: Oxford University Press.

Skinner, B. F. (1938). *The behavior of organisms*. New York: Appleton-Century-Crofts.

Tolman, E. C. (1948). Cognitive maps in rats and men. *Psychological Review* 55, 189-208.

Waston, J. B., & Rayner, R. (1920). Conditioned emotiomal reactions. *Journal of Experimental Psychology 3*, 1-14.

/학/습/정/리/

1. **학습**의 개념은 관점에 따라 차이가 있다. **행동주의 관점**에서는 학습을 행동의 변화로 설명하고자 하며, 인간의식이나 인지에 관심을 두지 않는다. 이런 의미에서 '검은 상자접근' 혹은 '자극-반응심리학'이라고도 불린다. 학습을 내면적 의식과정의 변화로 설명하고자 하고, 그 변화를 인지적으로 설명하는 관점을 **인지학습**(cognitive learning)이라 한다. 행동주의 이론에는 파블로프(Pavlov)의 고전적 조건형성이론과 스키너(Skinner)의 조작적 조건형성이론이 있다. 인지주의 이론으로는 톨만(Tolman)의 잠재학습, 쾰러(Köhler)의 통찰학습, 반두라(Bandura)의 모방학습이 있다.

2. **고전적 조건형성**은 파블로프(1927)의 실험에서 확립되었고, 그 주요 절차로서 강화가 행동 이전에 제공된다. 이 절차는 강화가 행동을 유도하는 반응적 행동을 조성하고 일상에서는 **정서적 행동**과 관련된다. 고전적 조건형성의 주요 원리에는 강화의 원리, 자발적 회복, 일반화와 변별의 원리가 있다.

3. 조작적 조건형성은 스키너(1938)의 실험에서 확립되었고, 그 주요 절차로서 강화가 행동 이후에 제공된다. 이 절차는 강화를 목적으로, 행동을 수단으로 삼는 도구적 행동을 조성하고 일상에서는 조작적 행동과 관련된다. 조작적 조건형성을 응용한 행동수정기법에는 **행동조성**(shaping), **토큰경제**(token economy), **프로그램 학습과 교수기계**, **생체송환** 등이 있다.

4. 조건형성이론에서 강화는 학습의 필수요건이다. **강화**(reinforcement)란 원하는 반응 다음에 먹이와 같은 어떤 보상물이 수반될 때, 반응확률이 증가하는 것을 말한다. 강화물에는 먹이나 물과 같은 **일차적 강화물**과, 사회적 승인이나 금전과 같이 원래 중성자극이던 것이 강화하는 능력을 지니고 있는 다른 자극과 짝지어짐으로써 사회에서 강화능력을 얻게 된 **이차적 강화물**이 있다. 또한 강화물은 정적, 부적강화물로 구분할 수도 있다. **정적 강화물**은 먹이나 물과 같이 이것이 반응에 수반될 때 반응확률을 증가시키는 것이다. 이것은 일반적으로 강화물이라고 하는 것과 동일한 의미로 쓰인다. **부적 강화물**은 전기쇼크나 고통스러운 소음과 같이 반응 다음에 그것이 제거될 때 정반응의 확률을 증가시키는 것이다. 그 외 행동을 억제시키는 **벌**(punishment)이 있다.

5. 인지학습에는 조건형성과 달리 강화나 행동의 수행 없이 유의미한 학습경험을 통한 기억으로 학습이 가능하다고 보는 톨만의 **잠재학습**이 있다. 잠재학습은 강화가 없이도 학습이 일어난다는 의미에서 무행동학습, 무강화학습으로 불리기도 한다. 문제해결 장면에서 학습자의 통찰로서 학습이 가능하다고 보는 쾰러의 **통찰학습**, 모델의 행동을 관찰 혹은 모방을 통해 학습이 가능하다고 보는 반두라의 **모방학습**이 있다.

/학/습/평/가/

※ 아래 질문에 대해 설명하거나 논하시오.

1. 학습에 대한 두 관점인 행동주의 이론과 인지주의 이론을 비교하시오.
2. 고전적 조건형성이론과 조작적 조건형성이론의 이론적 차이점을 비교하시오.
3. 인지학습에서 잠재학습, 통찰학습 및 모방학습을 비교하시오.
4. 소거를 거친 후에도 행동이 나타나지 않다가 휴식을 취하면 학습된 행동이 다시 나타나는 것을 (   )이라 한다.

※ 아래 문제에 대해 정답을 고르시오.

5. 행동주의자들의 학습에 대한 주관심은?

   ① 강화　　② 인지학습

   ③ 행동　　④ 인지

6. 조작적 조건형성의 특징은?

   ① 조작적 행동　　② 행동 이전의 강화

   ③ 자율신경의 반응　　④ 정서적 행동

7. 인지학습 중 사회적 상황의 인지에 주로 의존하는 것은?

   ① 잠재학습　　② 통찰학습

   ③ 모방학습　　④ 발달학습

(8~9) 행동주의 이론에 따르면, (8.   ) 강화물은 먹이나 물과 같이 이것이 반응에 수반될 때 반응확률을 증가시키는 것이다. 이것은 일반적으로 강화물이라고 하는 것과 동일한 의미로 쓰인다. (9.   ) 강화물은 벌을 사용하여 특정 행동을 강화시키는 경우, 예를 들어 TV 볼 때 꾸지람(벌)을 주어 공부하는 행동이 증가한다면 이때 꾸지람은 벌이 아니다.

10. 모방학습에 따르면, 타인의 행동에 대한 강화물이 주어질 때 자신의 행동에 대한 강화로 인식하여 모방행동이 증가한다. 이때 타인 행동에 대한 강화를 자신의 행동 강화로 인식할 때 이를 (   )라고 한다.

/읽/을/거/리/

학습 스트레스와 한국의 교육열

스트레스는 눈에 보이지는 않지만 우리 뇌에 작용하는 좋지 않은 힘을 의미한다. 아동들도 스트레스를 받는지에 대해 의문을 갖는 이들도 많지만, 실제로는 오히려 어른들보다 스트레스로부터 받는 피해가 크다고 할 수 있다. 이는 아직 인지발달과 사회적 경험이 충분하지 못한 이유로, 스트레스에 대해서 그것이 스트레스인지조차 모르고 받는 경우도 있고, 스트레스를 덜 받는 방법 혹은 피하는 방법과, 스트레스를 받은 후 이를 해소하는 방법들이 보다 미숙하기 때문인 것으로 이해된다.

스트레스는 상대적인 개념이라서 같은 스트레스도 받는 이의 취약성에 따라 그 정도가 다르게 작용한다. 이를 스트레스 취약성(stress-vulnerability)이론이라고 한다. 그러므로 보다 정확하게 이해를 하기 위해서는 초등학생 아동 자신의 특성, 그 부모와 가정요인도 살펴보아야 한다.

[균형 있는 아동발달의 중요성]

우리의 교육 현실에서 학생들이 학습으로 인하여 받는 부담은 상당히 크다. 사회구조와 분위기상 살벌한 경쟁 분위기하에서 아무리 공부를 잘한다 해도 혹시 실패할 수도 있다는 불안을 극복해 가면서 공부를 잘해야 진짜 잘하는 것이다.

정서란 자신의 기분, 감정, 의욕을 적절히 조절하는 힘이다. 사람은 누구나 거의 매일 스트레스를 받고 불안을 경험하면서 살아가는데, 학생들은 이런 외부 요인들로 많이 흔들리지 않아야 자신의 정신적 에너지, 즉 능력을 학습에 집중할 수 있다. 스트레스를 너무 심하게 받게 되면 이러한 내적 안정 기능에 흔들림이 유발되고, 결과적으로 집중력이 떨어지게 된다. 청소년기에는 발달특성상 가볍거나 혹은 심한 우울 증상을 많이 경험하게 된다. 청소년기의 우울증은 성인들의 경우와는 달리 사소한 일에 지나친 짜증을 보이거나 폭발적인 형태로 나타나기도 한다. 만성적인 우울증은 집중력을 현저히 떨어뜨려 학습부진을 초래하는 경우도 많다.

성격 부분도 중요하다. 성격이란 태어나기 이전부터의 타고난 특성에 대해, 현재까지 자라 오면서 경험한 환경으로부터의 여러 자극의 영향에 의해 결정된 것이다. 물론 어릴수록 부모의 영향이 크다고 할 수 있다. 성격의 안정과 성숙함은 스트레스에 대처하는 능력과 직결된다. 특히 성격은 성인이 되기까지 꾸준히 성장하는 것이고 가변적인 것이므로 이에 대한 교육과 지도는 중요하다고 할 수 있다.

[부모님과 선생님의 역할]

자녀와 학생을 지도하고 교육하는 부모님과 선생님의 입장에서는 무엇보다 아동 개인의 특성 파악에 주력하여야 한다. 아무리 좋은 내용과 의도도 받아들이는 학생 개인의 상태와 능력에 따라서 그 가치와 의미가 달라질 수 있기 때문이다. 이를 이해하기 위해서는 상세한 관찰, 보다 깊이 있는 대화와 전문적인 상담, 필요하면 심리평가 등을 이용할 수 있다. 겉으로 잘 드러나지 않는 부분이 많기 때문에 보다 자세하게 보지 않으면 아이가 어느 정도로 스트레스를 받고 있는지, 심각한 상황인지 판단하기 어렵다. 심각한 행동이나 일이 벌어진 후에야 알게 되는 경우가 많다.

누구나 절감하고 있지만 우리의 교육 현실에서 학습 스트레스를 완전히 없앨 수는 없으므로 피할 수 없는 스트레스에 대하여 대처할 수 있는 힘을 키워 주는 것도 교육과정에서 중요한 비중을 차지해야 한다. 또한 학생들의 심리에 대해 보다 전문적인 이해를 할 수 있고, 어려움에 처한 학생을 상담할 수 있으며, 학생들을 대상으로 예방교육을 할 수 있는 학생상담 전담교사의 역할이 중요할 것이다.

이미 스트레스를 심각하게 받고 있는 경우에는 보다 전문적인 치료를 받는 것이 중요하다. 소아청소년 정신과는 정신과 병을 보는 분야가 아니라, 보다 흔한 스트레스나 학습과 관련된 문제들을 전문적으로 진단하고 치료하는 분야다. 그러므로 아동, 청소년은 물론 부모나 선생님 모두 부정적 선입견을 가질 필요가 없다. 최근에는 선생님의 권유로 방문하는 경우가 많아지고 있으며, 아이의 평가와 치료과정에 대해서도 전문의와 선생님 간에 의견 교환을 하는 것이 바람직하다고 본다.

- 소아청소년 클리닉 원장 신지용, 2003년 12월호, 대교 웹진, 에듀포커스에서 발췌-

6장
생활지도와 상담

학습목표

1. 생활지도, 상담, 심리치료의 개념을 비교하여 설명할 수 있다.
2. 생활지도의 목표, 원리를 설명할 수 있다.
3. 상담의 대표적인 접근방법과 각 접근법의 차이점을 이해한다.
4. 상담의 대표적인 접근방법의 일반적인 상담과정에 대해 이해한다.

우리나라 청소년들의 가장 큰 스트레스는 '학업과 입시 스트레스'다. 학업 스트레스로 인한 청소년들의 부적응 행동들이 사회적인 문제로 등장하고 있는 시점에서 학생들이 갖는 부적응 행동들을 수정하고 학교사회에 적응하도록 돕는 것이 생활지도와 상담영역이다. 이 장에서는 학교장면에서 학생들을 대상으로 하는 생활지도와 상담에 대한 개괄적인 소개를 하고자 한다. 먼저 생활지도와 상담이 어떤 차이가 있는지 살펴보고, 상담의 일반적인 과정과 상담이론과 기법들을 소개하며, 각 상담이론의 공헌점과 한계를 이해함으로써 학교장면에서 상담기법의 적용방안을 모색하고자 한다.

1. 생활지도

1) 생활지도의 개념

생활지도는 상담, 심리치료라는 용어와 함께 혼용되어 사용되기도 한다.

생활지도(guidance)는 지도(guidance), 지시(direction), 안내(pilot), 관리(management), 조종(steering) 등의 의미를 포함하고 있다. 어떤 노력을 기울여 학생들을 지도하거나, 안내해 주는 사람을 생활지도 담당자라고 한다. 생활지도는 주로 개인을 돕는 것을 의미하며, 교육과 관련되었을 경우에는 학교의 교육적 장면에서 학생들이 교내외에서 당면하는 적응 및 발달상의 문제를 스스로 해결하도록 돕기 위해 실시되는 교육적, 사회적, 직업적 차원의 계획적인 지도활동을 의미한다. 즉, 교과수업을 통한 지식에 대한 학습이나 교과지도와 같은 차원인 학습자의 생활에 대한 지도다. 이러한 생활지도는 주로 학교장면에서 실시되지만, 기업체나 사회기관에서도 대상과 형태를 달리하는 생활지도가 이루어지고 있다. 이와 같은 의미로 볼 때 생활지도는 내담자의 부적응과 문제의 해결 그리고 성장발달을 목적으로 하는 전문적 상담을 포괄한다고 할 수 있다. 상담이나 심리치료와 달리 생활지도는 교육적인 목적에서 치료보다는 '예방'에 초점을 두고 있다는 특징이 있다. 생활지도는 일반 학교장면에서 교사들에 의해 주도된다.

상담(counseling)이란, 상담자와 내담자의 관계를 통하여 내담자의 현재의 문제를 해결하여 부적응적 증상을 해소하도록 돕는 과정이며, 내담자가 자신을 긍정적으로 받아들이고 자율적인 문제해결 능력을 획득하고, 보다 높은 적응력을 키울 수 있도록 전문적이고 과학적인 방식으로 돕는 과정이다. 즉, 내담자로 하여금 자기 자신에 대해 이해하게 하고 해결하게 하여, 궁극적으로는 인간적인 성장을 이룰 수 있도록 돕는 과정이다. 상담은 주로 전문적인 상담가나 일정한 상담교육을 받은 상담교사에 의해 이루어지고, 교육적인 목적보다는 심리이론에 근거하여 이루어진다는 특징이 있다.

한편 **심리치료**(psychotheraphy)는 주로 병원장면에서 사용되는 치료적 용어로서, 상담이 일반인을 대상으로 하여 정서적 문제뿐만 아니라 사고방식, 행동양식, 대인관계 등 일상생활의 문제를 취급하고 교육적 · 상황적 문제해결과 의식내용의 자각에 초점을 맞추는 반면, 심리치료는 환자를 대상으로 '증상'을 다루며, 심층분석적 문제해결과 자각이나 통찰에 역점을 둔다는 면에서 차이가 있다고 하겠다. 하지만 전문적인 관계를 바탕으로 정서적인 문제를 심리학적 접근방법을 이용한다는 면에서 상담과 공통점을 가지고 있다. 또한 상담에서와 같이 대인관계 및 성격상의 여러 문제들을 폭넓게 다룬다는 점에서 상담과 심리치료의 경계를 분명히 하기는 힘들다. 심리치료는 상담가들에 의해 이루어지기도 하지만, 임상장면의 심리치료사 혹은 임상심리사에 의해 주로 이루어진다는 특징이 있다.

이처럼 생활지도와 상담 그리고 심리치료의 구분은 '누가 어떤 대상을 어떤 방법으로 어느 정도까지 접근하는가' 의 문제이고, 세 영역 간에는 서로 중첩되는 부분이 상당 부분 존재하기 때문에 서로를 배타적인 입장에서 확연하게 구분할 성질의 것은 아니다.

생활지도, 상담, 심리치료의 영역에 대해 정보제공 및 조언 의사결정, 행동 및 태도의 변화, 사고 및 심리적 갈등이나 부적응, 장애의 측면에서 비교한 것을 그림으로 나타내면 [그림 6-1]과 같다.

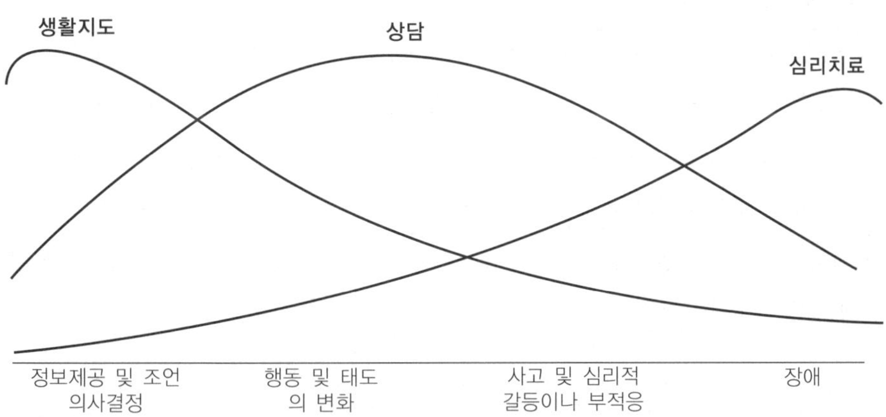

[그림 6-1] 생활지도, 상담, 심리치료의 공통점과 차이점(출처: 이해경 외, 2004)

■ 생활지도
교육장면에서 학생들이 교내외에서 당면하는 적응 및 발달상의 문제를 스스로 해결하도록 돕기 위해 실시되는 교육적, 사회적, 직업적 차원의 계획적인 지도활동.

■ 상담
상담자와 내담자의 관계를 통하여 내담자의 현재의 문제를 해결하여 부적응적 증상을 해소하도록 돕는 과정.

그림에서 볼 수 있듯이 상담이 맡을 수 있는 문제의 대상은 생활지도와 심리치료의 문제와 중복되는 부분이 절반 이상이라고도 말할 수 있다. 따라서 생활지도, 상담, 심리치료의 경계는 확연히 구분하기 어렵다. 단지 서로 다루고 있는 문제의 영역과 대상 그리고 접근방법에 따라 유연하게 구분되어야 할 것이다. 각 영역에서의 전문성과 효율성을 증진시키기 위해서는 이것들에 대한 역할 분담은 이루어져야 한다.

2) 생활지도의 목표

생활지도의 목표는 관점에 따라 다양할 수 있으나, 정확한 자기이해, 잠재능력의 개발, 자율적인 문제해결 능력의 신장, 현명한 선택과 적응, 전인적인 인간발달 등으로 요약할 수 있다.

(1) 정확한 자기이해

학생들이 자신에 대한 지나친 이상주의를 갖거나 과대, 과소평가를 할 때 바른 자기이해가 방해받고, 자존감이 낮아지며, 이는 생활 전반에서 부적응을 야기한다. 그러므로 올바른 자기이해는 청소년기의 중요한 발달과업인 자아정체감을 형성하도록 하고 자신의 존재가치를 인정할 수 있게 한다는 점에서 매우 중요하다. 그러므로 생활지도 담당자들은 학생들의 바른 자기이해를 돕는 것에 초점을 두어야 한다. 정확한 자기이해의 방법은 자기성찰과 같은 방법도 있지만 성격검사, 적성검사, 자아개념검사 등의 심리검사를 활용하는 것도 한 방안이 될 수 있다. 또한 자기성장 프로그램, 집단상담 프로그램, 개인상담의 참여 또한 정확한 자기이해를 돕는 방안이다.

(2) 잠재능력의 개발

학생들은 무한한 잠재가능성을 가진 발달과정에 있는 존재다. 따라서 생활지도 담당자들은 학생들이 자신의 발달가능성과 잠재가능성을 발견할 수 있도록 하여야 하며, 잠재력 개발의 기회를 제공해야 한다. 예를 들어, 청소년기의 동아리활동이나 취미활동의 육성은 자신의 잠재력을 발전시킬 수 있는 좋은 기회를 제공할 수 있다. 또한 적성개발 프로그램과 같은 구조화된 집단상담 프로그램은 학생들의 잠재능력 개발에 도움을 준다.

(3) 자율적인 문제해결 능력 신장

생활지도에서는 자신이 직면한 문제를 스스로 결정하고, 자신의 행동에 책임을 질 수 있도록 지도하는 것이 필요하다. 특히 청소년기에 자율적인 문제해결 능력을 기르는 것은 성인기의 적응과 발달에 매우 중요하다.

(4) 현명한 선택과 적응

개인이 처해 있는 상황은 누구나 차이가 있다. 현재 상황에서의 자율적인 문제해결 능력 신장에는 현명한 선택의 과정이 포함된다. 현명한 선택은 개인의 적응력을 높일 수 있어야 하며, 개인의 발전과 발달과업에 충실한 선택이어야 한다. 예를 들어, 청소년 성매매와 관련된 청소년들의 경우 가정불화, 경제적인 어려움을 이유로 가출을 선택하는 경우가 있다. 이런 청소년들을 대상으로 하는 생활적응 프로그램이나 의사결정훈련 프로그램은 학생들의 현명한 선택과 적응을 돕는 방안이 될 수 있다.

(5) 전인적인 인간발달

교육의 궁극적인 목적 중 하나가 전인적인 발달이라면, 생활지도 또한 교육적인 차원에서 개인의 전인적인 발달을 돕도록 해야 한다. 현재 우리나라 교육의 가장 큰 폐단은 입시위주의 지식편중교육이다. 예를 들어, 자아성장 프로그램이나 적성개발 프로그램은 지식편중교육에서 소홀하기 쉬운 사회적, 정의적 측면의 개발을 위한 방안이 될 수 있다. 또한 청소년 수련활동이나, 방과 후 여가활동 프로그램은 학생들의 사회성 발달과 정의적 발달에 도움을 줄 수 있다.

3) 생활지도의 기본 원리

일반적으로 생활지도에 대한 잘못된 개념 중 하나는 생활지도를 문제아의 지도, 도의교육, 사건 처리 등으로 보거나, 훈육적 지도, 학생운동의 지도 등으로 생각하는 것이다.

일반적으로 생활지도에서 강조하는 기본 원리를 정리하면 다음과 같다.

(1) 생활지도는 모든 학생들을 대상으로 한다

생활지도를 문제를 가진 특수학생만을 대상으로 생각하는 경우가 많다. 그러나 생활지도는 개인의 성장, 발달과 잠재력의 개발, 그리고 치유보다는 예방에 중점을 두기 때문에 적응상에 문제를 보이는 학생뿐만 아니라, 문제가 없는 일반 학생 전체를 대상으로 한다.

(2) 생활지도는 자율적인 지도활동을 기본으로 한다

생활지도에서는 결과보다 과정이 중요한 것이며, 자율적으로 생각하고 행동해 보는 경험이 중요하다. 생활지도 담당자들은 이러한 자율적인 실천활동을 경험하도록 도와야 한다.

(3) 생활지도는 처벌이나 제지보다는 선도나 지도를 앞세운다

생활지도는 문제학생을 처벌하거나 제지하는 것을 목적으로 하지 않는다. 오히려 개인의 성장 · 발달을 촉진하는 것이 주안점이다. 처벌, 위협, 억제 등은 행동을 일시적으로 중단시킬 수는 있으나, 근본적인 행동의 변화를 가져오기는 어렵다. 생활지도는 학생을 처벌하기보다는 성장을 촉진하기 위한 선도나 지도를 앞세운 적극적인 활동이 주를 이루어야 한다.

(4) 생활지도는 치료나 교정보다 예방에 초점을 두고 있다

생활지도는 개인의 전인적인 발달에 초점을 두고 정상 학생을 대상으로 하는 것이기 때문에 이미 발생한 문제의 치료보다는 문제 발생을 예방하는 데 역점을 두어야 한다. 예를 들어, 집단괴롭힘(bullying) 가해학생의 치료나 교정보다는 집단괴롭힘의 1차, 2차 예방 프로그램으로서, 집단괴롭힘에 관련된 가해자와 피해자에 대한 역할놀이 프로그램 등을 통해 또래들 간의 협동을 증진하고, 집단괴롭힘의 문제를 예방하는 데 도움을 줄 수 있다.

■ **집단괴롭힘**
왕따, 집단따돌림과 동의어로 사용되기도 함. '한 학생이 집단 내 다른 학생의 부정적 행위에 반복적으로 그리고 지속적으로 노출되는 현상'을 말한다. 여기서 부정적 행위는 언어적, 신체적 폭력 및 사회적 소외를 포함하여 힘의 불균형, 즉 비대칭적인 세력관계를 전제한다. 현재 우리나라에서 bullying은 사회적 소외와 같은 따돌림 행위 외에 신체적 폭력을 포함한다는 점을 고려할 때 bullying은 집단따돌림보다 집단괴롭힘이라는 용어가 더 적절하다(김혜원, 이해경, 2000).

(5) 생활지도는 과학적 근거에 의한 판단에 기초하여야 한다

생활지도를 상식적인 판단에만 의존하는 것은 오히려 교육적인 개입의 효과를 떨어뜨릴 수 있다. 생활지도의 첫 단계가 학생을 제대로 이해하는 것이라면, 이를 위해 여러 가지 표준화된 검사(예, 성격검사, 적성검사, 흥미검사, 지능검사)의 활용이 필요하다.

(6) 생활지도는 학교교육의 통합된 일부다

흔히 생활지도를 학교 교과교육에 여유가 생겼을 때 실시하는 것으로 잘못 인식하는 경우가 많다. 그러나 생활지도는 교과지도와 아울러 학교교육의 필수적인 부분이다. 따라서 학교의 특별활동이나 독립된 과목으로 교육과정에 반영되는 것이 바람직하다. 또한 생활지도를 담당하는 상담자는 우선 학교 내에서는 교사, 학교 행정가와 유대를 갖고, 또 학교 밖의 학부모나 지역사회 인사 또는 외부의 전문가와 협조체계를 형성해서 협동적 노력을 수행해야 한다(이재창, 1997).

4) 생활지도의 중요 영역

생활지도의 영역이나 내용은 생활지도의 대상, 초 · 중 · 고 · 대학교 등의 학교급별에 따라 또는 성별, 지역, 인문계/실업계에 따라 달라질 수 있으나, 이런 변수들을 초월해서 공통적으로 포함되는 대표적인 영역들이 있다.

이재창(1997)은 생활지도의 영역들에 대한 다양한 관점들을 종합하여 생활지도영역을 크게 학생이해활동(student appraisal), 정보활동(information service), 상담활동(counseling service), 진로지도 및 정치활동(career guidence and placement service)으로 분류하였다.

(1) 학생이해활동

학생이해활동이란, 체계적인 조사활동을 통해 학생의 잠재력과 특성을 발견하도록 하는 활동이다. 학생에 대한 이해는 개인적, 심리적, 사회적 자료를 객관적이고 주관적인 다양한 방법을 사용해서 수집 · 분석함으로써 상담자가 학생을 더 잘 이해하는 것뿐만 아니라, 학생 자신의 이해를 증진시켜 개인의 발달을 촉진하는 데 목적이 있다. 학생이해를 위한 객관적인 자료수집을 위해 심리검사 등을 통한 이해방법은 과학적인 생활지도를 위해 중요하다.

(2) 정보활동

현대인들은 정보의 홍수 시대에 살고 있다. 따라서 현대사회에 적응하기 위해 필요로 하는 정보 또한 다양하다. 학생들에게 교육, 직업, 개인, 사회적 정보를 제공함으로써 복잡한 사회에서 현명한 선택과 의사결정을 할 수 있도록 해야 한다.

(3) 상담활동

생활지도에서 상담활동은 가장 핵심적인 역할을 담당하고 있다. 상담활동은 개인상담이나 집단상담을 통해 자기이해와 자기발전을 촉진시키는 것이다. 상담활동의 주요 목표는 개인의 자기이해를 통한 개인의 발달과 의사결정이다.

(4) 진로지도와 정치(定置)활동

학생들이 진로를 선택하기 위해서는 일의 세계에 대한 올바른 인식과 아울러 자신의 가치관이나 능력, 흥미, 적성에 맞는 진로를 선택해서 적재적소에 배치될 수 있도록 해야 한다. 이런 정치(placement)활동은 학생들이 진로선택 후, 직업장면에 잘 적응하고 있는지, 또한 다른 도움이 필요한지를 사후 지도하는 **추수지도**(follow-up service)까지 포함한다.

■ **추수지도**
직업세계에 배치한 후, 직업장면에 잘 적응하고 있는지 사후 지도하는 것을 뜻함.

5) 생활지도의 모형

쉐어처와 스톤(Shertzer & Stone, 1981)은 생활지도의 모형을 초기, 후기, 현대로 나누어 고찰하였다(이재창, 1997). 이런 분류기준에 따라 시기별 특징적인 생활지도 모형을 소개하고자 한다.

(1) 초기 생활지도 모형

초기 생활지도 모형은 직업지도에 기초를 둔 파슨스(Parsons)의 직업지도 모형과 생활지도를 교육과 동일시하는 모형 두 가지가 있다.

[표 6-1] 생활지도 모형의 변화

초기	→	후기	→	현대
▶ 직업지도 모형 ▶ 교육과정 모형	➡	▶ 정치와 적응 모형 ▶ 임상과정 모형 ▶ 의사결정과정 모형	➡	▶ 봉사활동의 집합체 모형 ▶ 발달과정 모형 ▶ 목적적 활동과학 모형 ▶ 개인적 발달 모형 ▶ 심리교육 모형 ▶ 활동주의자 모형

① 직업지도 모형

생활지도의 출발은 1908년 파슨스(F. Parsons)가 미국 보스턴에 직업보도국을 설립하고, 청소년들에게 직업지도를 실시한 것에서 비롯된다. 그가 처음으로 직업지도(vocational guidance)라는 말을 사용하였다.

파슨스의 모형에서는 개인의 특성과 직업에서 필요로 하는 작업요건을 일치시키려 하였다. 이를 위해 내담자가 갖는 능력, 흥미, 기질 등 개인의 분석과업에서 요구되는 사항, 취업 전망 등의 직무분석이 필요하다고 보았으며, 이상의 개인분석과 직무분석 결과를 상담자와 내담자가 같이 비교하여 두 자료 간의 관계를 밝히는 것을 강조하였다.

파슨스는 직업선택에서 개인의 분석력을 계발하도록 특별한 노력을 경주하여야 함을 강조하였고, 상담자로 하여금 특정 직업분야에서 지도적 위치에 있는 사람들의 특성, 특히 청소년기의 특성에 관한 정보를 수집해서 청소년기의 특성, 성인기의 직업적 발달 사이의 관계를 알아볼 것을 강조하였다.

이 모형의 공헌점은 직업선택에서 개인분석과 직무분석을 통해 학교에서 생활지도를 과학적으로 하도록 하는 토대를 마련하였다. 한편 이 모형이 갖는 제한점은 생활지도를 직업적 측면에 초점을 두어 직업지도에 국한시키는 결과를 초래하였다.

② '교육'으로서의 생활지도 모형

생활지도를 교육(education)과 동일하게 보는 관점이다. 이 관점은 브루어(Brewer)가 1932년 『생활지도로서의 교육』을 출판한 데서 비롯되었다. 그는 생활지도를 모든 교육활동을 망라하는 일련의 활동과 행위로 보았다.

이 모형의 특징은 생활지도를 교육과 동일시함으로써 교사나 상담자로 하여금 다른 교과목과 마찬가지로 생활지도를 가르칠 수 있다는 인식을 가져오게 하였다. 이러한 결과로 오늘날 특히 집단지도 방법을 통해 진로, 성교육, 가치관 등과 같은 주제를 교과목과 같이 가르치게 되었다. 또한 개인이 자신의 개성과 자기의 필요에 적합한 교육을 받을 수 있는 권리를 가질 수 있음을 강조하였다.

이 모형의 공헌점은 생활지도를 직업지도로 한정하여 보는 관점에서 모든 교육활동을 망라하는 일련의 활동과 행위로 보는 관점으로 생활지도의 개념을 확대하였다는 점이다. 결점으로는 정보가 학교 안에서 다양한 활동과 학급을 통해서 능률적으로 그리고 경제적으로 제공될 수 있다는 것을 의미하는 것으로 해석되었다는 것이다. 이로 인하여 부적절한 정보평가와 응용방법을 마련하도록 강요하기도 하였다.

(2) 후기 생활지도 모형

① 정치와 적응으로서 생활지도

프록터(W. Proctor, 1925)는 1920년대 초기 생활지도를 학생들로 하여금 학교생활과 일상생활에 잘 적응하도록 돕는 중재활동으로 개념화하였다. 청소년들의 경우 직업선택에서는 교과목 외에 특별활동, 대학, 직업교육 등을 선택하는 데 있어서 도움을 필요로 한다는 것이다. 1925년과 1937년 사이 프록터는 생활지도의 기능을 중재활동의 개념으로부터 학생들의 정치와 적응을 다루는 개념으로 전환하였다.

정치(placement)란, 상담자는 직업, 사회, 시민, 여가 등에 있어서 목표를 설정하는 데 도움을 주어야 한다는 것이다. 이런 활동을 통해서 학생들이 가장 적합한 교육적, 직업적 기회를 발견할 수 있도록 가장 효과적인 방법으로 도움을 주어야 한다. 적응(adjustment)은 상담자가 학생들이 자신과 환경에 대한 지식을 자신들의 목표와 조화시킬 수 없을 때에 도움을 주는 활동이다. 이 모형에 따르면, 생활지도는 학생들이 자신의 능력, 흥미, 목적 등에 맞추어 학교의 교과목, 과외활동, 대학, 기술학교, 직업 등을 선택하도록 도와주는 것을 강조하고 있다.

이 모형의 장점은 우선 학생들로 하여금 환경 속에서의 자신을 이해하도록 조력해 줄 수 있다는 점이다. 한편 이 모형의 단점은 학생들의 능력과 목적에 맞는 과목이 교육과정에서 빠져 있는 경우도 많다는 점이다.

② 의사결정으로서의 생활지도

존스(Jones, 1970)와 메이어(Mayer, 1941)는 생활지도를 의사결정을 도와주는 활동으로 규정하였다. 이 모형에서 생활지도 담당 교사는 첫째, 학생들로 하여금 자신의 가치관에 맞는 의사결정을 하도록 하기 위해 자신이 선택한 가치관을 완전히 인식하도록 도와주어야 하며, 둘째, 학생들의 선택에 있어서 가능한 한 기회에 관한 정보를 많이 제공하여야 하며, 셋째, 이들 세 과업이 어떻게 합리적 과정으로 통합될 수 있는지 예견적 자료를 수집해야 한다.

이 모형의 장점은 민주사회에서의 선택과정의 중요성을 강조함으로써 생활 요구에 대한 기반을 구축하도록 하였다. 반면에 생활지도를 특정한 시점이나 시기에만 이루어지는 것으로 보았기 때문에 생활지도가 위기상황에서만 필요한 활동으로 보이게 하였다는 결점이 있다.

(3) 현대 생활지도 모형

현대 생활지도 모형에는 봉사활동으로서의 생활지도 모형, 발달과업으로서의 생활지도 모형, 목적적 활동과학으로서의 생활지도 모형, 개인적 발달로서의 생활지도 모형, 심리교육으로서의 생활지도 모형, 활동주의자로서의 생활지도 모형 등 다양하나(이재창, 1997), 이 장에서는 봉사활동 모형과 발달과업 모형 두 개만을 소개한다.

① 봉사활동 집합체로서의 생활지도 모형

봉사활동 집합체로 보는 생활지도는 미국의 초·중·고등학교에 가장 보편적인 생활지도 모형이다. 이 모형에서는 학교생활을 위해 조력하는 모든 활동을 생활지도라 본다. 생활지도를 모든 상담자뿐만 아니라, 모든 교사가 책임을 져야 한다는 관점이다. 학급 담임교사의 생활지도에 대한 기회와 역할을 강조하였고, 생활지도의 목표가 학교의 교육적 목표에 통합될 때에만 성공이 가능하다고 하였다. 이런 이유로 상담자는 학교교육에 적극적으로 관여해야 한다고 본다.

이 모형의 장점은 학생들의 정신건강문제는 모든 교직원들이 다 같이 책임을 져야 할 일이라는 것을 인식하도록 하였다. 한편 단점은 상담은 별로 강조하지 않고 오히려 지원활동인 검사와 정보활동 등에 더 관심을 갖게 하였다는 점이다.

② 발달적 생활지도 모형

이 모형에서는 생활지도를 모든 학생들의 생의 전 단계를 통해서 직업적, 교육적, 개인사회적 경험 등의 전 영역에 걸쳐 도와주는 것이라고 본다. 발달적 생활지도는 학생의 자아 기능과 자아개념, 잠재력 개발에 초점을 맞추고 있다. 또한 생활지도는 누가적이며, 단기적 성장보다 장기적인 성장을 강조한다. 또한 직업적, 교육적 문제에 국한시키기보다는 좀 더 포괄적인 영역을 다루고자 한다. 이 모형에서는 학교뿐만 아니라 지역사회에 기반을 두고 학교의 모든 교직원, 학생, 부모, 지역사회 인사가 다 같이 참여하는 총체적인 관점으로 본다.

발달적 생활지도 모형이 갖는 장점은 학교의 모든 교직원과 지역사회의 인사로부터 적극적인 지원을 받고 있다는 점이다. 반면에 이 모형은 모든 교사와 행정가 그리고 다른 생활지도에 필요한 훈련을 받은 것이 아니고 필요한 자질도 갖추고 있지 않을 수 있다는 문제를 갖고 있다.

2. 상담

1) 상담의 개념

상담(counseling)이란, 상담자와 내담자의 관계를 통하여 내담자의 현재의 문제를 해결하여 부적응적 증상을 해소하도록 돕는 과정이며, 내담자가 자신을 긍정적으로 받아들여 자율적인 문제해결 능력을 획득하게 하고, 보다 높은 적응력을 키울 수 있도록 전문적이고 과학적인 방식으로 돕는 과정이다. 즉, 내담자로 하여금 자기 자신에 대해 이해하게 하고 해결하게 하여 궁극적으로는 인간적인 성장을 이룰 수 있도록 돕는 과정이다.

2) 상담이론

상담이론에는 심리학이론에서 발달한 정신분석적 상담, 인간중심적 상담, 행동주의 상담 등이 있다. 각 이론에서 주장하는 기본 관점, 상담과정, 상담기법 등에 대해 살펴본다.

(1) 정신분석적 상담

■ **정신분석학**
프로이트가 주창한 심리치료의 한 기법으로, 이 치료법은 환자와의 면접을 통하여 자유연상법 또는 꿈의 해석, 저항(抵抗)의 분석 등으로 환자가 인식하기를 거부하는 어릴 때 얻은 문제를 의식계로 노출하여 인식시켜 주는 데서 시작되었다.

정신분석적 상담(psychoanalytic counseling)이란, **정신분석학** 또는 **정신역동론적 접근**(psychodynamic approaches)에 근거를 둔 상담이다. 정신분석학 또는 정신역동론은 인간의 의식보다는 무의식에 초점을 두고 있으며, 인간의 행동 또한 무의식에 의해 더 지배를 받는다는 관점을 갖고 있다. 정신분석학에서는 인간의 부적응 행동은 유아기에 억압되었던 무의식적 갈등에 의해 야기된다고 보며, **꿈의 해석** 및 **정신분석**을 통해 무의식적 갈등을 의식 밖으로 표출하도록 함으로써 무의식적 갈등으로부터 '정화(catharsis)'를 느끼게 하는 과정을 통해 치료한다. 이와 같은 정신분석학적 이론에 근거를 둔 상담방법을 정신분석적 상담이라고 한다.

① 기본 관점

프로이트(Freud)는 인간을 의식의 영역 밖에 존재하는 비합리적이고 통제할 수 없는 무의식적 본능의 지배를 받는 존재로 보았다. 인간의 모든 행동은 무의식적인 동기, 생물학적인 충동 및 욕구에 의하여 결정되며, 욕구와 충동에 지배된다는 점에서 **동물적인 인간관, 본능적인 인간관**을 갖고 있다.

그리고 인간의 기본적 성격구조는 초기 아동기 만 5세 이전에 어떠한 경험을 하였는가에 따라 결정된다는 '**심적 결정론**(心的 決定論)'의 관점을 갖고 있어, 초기 경험에 의해 형성된 성격은 성인기가 되어서도 변하지 않고 지속된다고 본다.

■ **심적 결정론**
인간의 행동은 초기 5세까지의 초기 경험에 의해 결정된다고 보는 관점.

② 성격의 구조

정신분석의 관점에서 인간의 성격이란 이드(id), 자아(ego), 초자아(super-ego)로 구성되며, 이 3가지의 기능이 상호작용함으로써 얻어지는 행동의 패턴이 **성격**(personality)이라고 본다([그림 6-2] 참조).

■ **성격**
프로이트는 성격은 이드, 자아, 초자아로 구성되며, 이들의 상호작용의 결과로 얻어지는 행동패턴으로 정의하였다.

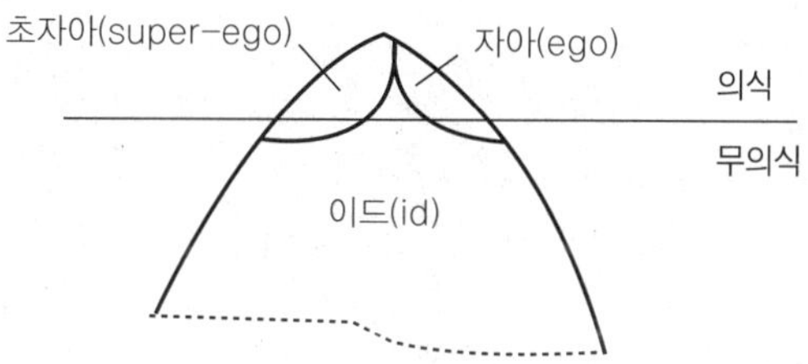

[그림 6-2] 성격구조의 역동

이드(id)는 생득적으로 갖추어진 모든 생리적 · 심리적 에너지(충동, 욕구, 본능)의 원천이다. 이드는 본능적 욕구를 충족시키기 위해 즉각적이고 자기중심적이며 현실을 고려하지 않고 정신적인 긴장의 감소만을 추구하는 **쾌락원리**(pleasure principle)에 따라 행동하는 비논리적이고 맹목적으로 작용하는 부분으로서 무의식적인 과정이다.

■ **이드**
쾌락의 원리에 따라 작용하는 성격구조의 일부.

자아(ego)는 이드의 요구를 현실에 적응시키고 통제하는 역할을 하는 부분으로, 현실을 인식하고 이드와 외부 현실세계와의 중재자 역할을 수행하고, **현실원리**(reality principle)에 따라 현실적이며 논리적인 사고를 하며 환경에 적응한다. 이드가 맹목적으로 욕구를 충족시키려고 하는 반면에, 자아는 주관적 욕구와 외부의 현실을 구별할 줄 아는 현실검증(reality testing) 능력이 있다. 즉, 경우에 따라서 욕구를 충족시킬 수 있는 대상이나 방법이 발견될 때까지 욕구의 충족을 연기하기도 한다.

■ **자아**
현실의 원리에 따라 작용하는 성격구조의 일부.

초자아(super-ego)는 쾌락보다는 완전함을 추구하며, 현실적인 것보다 이상적인 것을 추구하며, **도덕과 양심의 원리**를 추구한다. 초자아는 옳고 그름을 판단하는 성격의 도덕적 부분인데, 처음에는 부모로부터 영향을 받아 발달하기 시작한다. 초자아

■ **초자아**
도덕과 양심의 원리에 따라 작용하는 성격구조의 일부.

는 이드의 충동을 억제하고 자아의 현실적인 목표를 도덕적 · 이상적 목표로 유도하는 기능을 한다.

③ 성격발달

프로이트는 성격 형성이 크게 구강기, 항문기, 남근기, 잠복기, 생식기의 단계를 거쳐 발달한다고 보았다([그림 6-3] 참조). 발달단계별로 인간의 성적, 생리적인 충동이 신체 한 부위에 모여 성감대를 형성하게 되는데, 성감대를 통한 쾌락을 추구하고자 하는 본능에 시달린다. 그러나 성장하면서 본능적 욕구에 대한 적절한 통제를 받게 되는데, 이런 욕구의 억압이 적절할 때는 정상적인 성격이 형성되지만, 욕구의 억압이 지나치거나 방임적일 때는 이상성격이 형성된다고 보았다.

■ 성감대
성적으로 민감한 신체 부위.

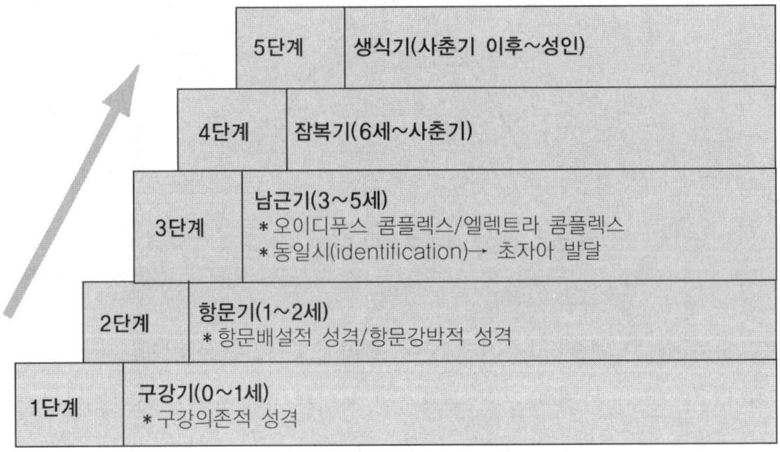

[그림 6-3] 프로이트의 성격발달단계

■ **구강기**(oral stage: 0~1세, 수유기) 입과 입술(구강)을 통해서 젖을 빨고 손가락을 빨고 먹는 것으로부터 만족을 얻는 시기다. 이 시기에 적절한 만족을 얻게 되면 대상과의 긍정적 체험을 하게 되어 정서적으로 안정감을 갖게 되고 각종 행동에 있어서도 유순함을 가지게 된다. 반면에 적절한 만족을 얻지 못하면 욕구불만과 좌절 내지는 냉담함을 체험하게 되고 자신과 타인 그리고 주변세계에 대해 부정적 태도를 형성하게 되어, 결국 남과 접촉하는 것을 두려워하게 되고 외부세계로부터 고립된 나머지 타인과의 깊은 인간관계를 형성할 수 없게 된다. 또한 타인에게 지나치게 의존하거나 비꼬거나 논쟁을 좋아하는 구강의존적 성격을 형성하게 된다. 구강기에 고

착된 사람은 손톱 깨물기, 흡연활동, 과식 등 구강기에 고착된 행동을 많이 한다.

■ **항문기**(anal stage: 1~3세) 배변훈련과 관련된 시기로 대소변훈련을 시킬 때 부모가 보이는 감정이나 태도 그리고 반응은 유아의 성격 형성에 큰 영향을 미치게 된다. 배변훈련을 통하여 자신의 심리생리적 욕구를 조절하거나 연기하는 체험을 함으로써 행동을 분별하고 조절할 수 있게 된다. 매우 방임적으로 배변훈련을 받은 아동은 자유방임적 성격을 형성하게 되어 행동의 한계나 분별력이 부족한 성격이 형성되고, 지저분하고 무질서하며 반항적이며 화를 잘 내는 성격을 형성하게 된다. 반면에 극도로 엄격한 배변훈련을 받은 아동은 엄격하고 완고하고 복종적이며 창조성이 부족한 항문강박적 성격이 형성되기 쉽다.

■ **남근기**(phallic stage: 3~5세) 자신의 남근에 관심을 가지며, 남근을 자극하면서 얻는 상상이나 이에 따른 쾌감을 즐기는 시기다. 아동들은 자신의 육체에 대해 호기심을 갖게 되고 이성과의 차이점을 발견하려고 한다. 이 시기의 남아들은 어머니를 자신의 성적인 연인으로 생각하고, 아버지를 경쟁자로 생각하는 오이디푸스 콤플렉스(Oedipus complex)를 갖게 되고, 여아의 경우 아버지를 자신의 성적 연인으로 생각하고, 어머니를 자신의 경쟁상대로 생각하는 엘렉트라 콤플렉스(Electra complex)를 갖게 된다. 그러나 남아의 경우, 아버지로부터 받을 거세불안에 시달리면서 아버지를 동일시(identification)하게 된다. 동성의 부모를 모델로 삼은 동일시의 기제는 남성이나 여성으로서의 역할을 학습하게 하고(성역할 학습), 부모의 가치를 내면화함으로써 새로운 사회도덕적 규범을 학습하는 과정에서 초자아(super-ego)를 형성한다고 보는 것이다.

■ **오이디푸스 콤플렉스**
남아가 어머니를 자신의 성적 연인으로 생각하고 아버지를 자신의 경쟁상대로 생각하는 것.

■ **엘렉트라 콤플렉스**
여아가 아버지를 자신의 성적 연인으로 생각하고, 어머니를 자신의 경쟁상대로 생각하는 것.

■ **동일시**
타인의 어떤 행동이나 성격, 태도 등을 자신의 것으로 받아들여 감정적·정서적 일체감을 갖는 것으로 지각하는 심리적 기제.

■ **잠복기**(latency stage: 5~12세, 청소년기) 성적 욕구나 감정이 둔화되어 특별한 관심의 대상이나 성욕의 대상(출구)이 잠재되어 있다. 그러므로 이 시기는 지적이고 도덕적인 발달과업에 관심을 갖게 된다. 이 시기 동안의 아동은 학교라는 새로운 환경에 부딪치게 되어 개인의 욕구를 억압하고 억제하여 사회의 규범, 즉 현실 원칙에 맞추어 나가는 훈련이 필요한 시기이며, 현실 원칙에 따르게 됨으로써 사회적·도덕적 자아를 형성하게 된다. 이 시기에는 비록 성적인 본능은 억압되지만, 이전 단계의 성적인 기억들은 그대로 남아 장차의 성격 형성에 영향을 미치는 것으로 본다.

■ **성기기**(genital stage: 청소년기 이상~) 생식기의 기능이 성숙됨에 따라 자기애적(自己愛的) 행동이 타애적인 행동으로 변하게 되는 시기다. 생식기에는 성적 관심

이 커지게 되고 이성과의 성행위를 통해 성적 욕구를 충족하는 것이 특징이다. 또한 정서적 해방과 독립을 추구하는 시기로서 자신에 대한 자아정체성을 확립해 나가는 시기이기도 하다.

④ 방어기제

정신분석의 관점에서 이드(id), 자아(ego), 초자아(super-ego)의 3가지 기능의 상호작용의 역동에서 방어기제가 발생한다. 예를 들어, 성욕이 발생하였을 때, 이를 자아와 초자아의 압력에 의해 억압하고자 한다. 그러나 욕구는 억압하였지만 그 욕구 자체가 사라지는 것은 아니다. 오히려 성적인 욕구를 타인에게 들킬지도 모른다는 신경증적 불안이나, 성욕 자체에 대해 도덕으로 수용할 수 없을 때 도덕적 불안을 갖게 된다. 이들 불안 등의 긴장상태를 이성적이고 직접적인 방법으로 통제할 수 없을 때, 위기에 처한 자아를 보호하기 위하여 무의식적으로 사용하는 사고 및 행동의 수단을 방어기제(defense mechanism)라고 한다. 이러한 방어기제는 성격발달의 수준이나 불안 등의 감정의 정도에 따라 여러 가지 형태로 나타난다. 그러나 방어기제는 비현실적이고 무의식적으로 작용하기 때문에 욕구불만의 해소라는 점에서는 일종의 적응기제라고 볼 수 있지만, 방어기제를 사용하여도 긴장을 근본적으로 해소 할 수 없다는 점에서 객관적이고 합리적인 자아의 기능에 의한 정상적 적응기제에 비하면 바람직하지 않다.

■ 방어기제
불안을 감소하기 어려울 때, 무의식적으로 자아를 보호하기 위해 사용하는 사고 및 행동수단. 억압, 투사, 승화, 합리화 등이 있다.

방어기제에서 억압(repression)은 현실을 의식하기에는 너무나 고통스럽고 충격적이어서 무의식 속으로 눌러버리는 것을 의미하고, 억압을 통해 자아가 위협적인 충동, 감정, 기억 등을 의식하는 것을 막아 준다. 투사(projection)는 자아가 받아들일 수 없는 이드의 충동을 인정하지 않고, 그 충동을 다른 사람 때문이라고 타인에게 전가시키는 기제를 의미한다. 즉, 받아들일 수 없는 감정이나 욕구를 자기 자신의 것으로 인정하기에는 너무나 고통스럽기 때문에, 자신의 주관을 객관화시켜 자기의 감정을 남에게 뒤집어씌움으로써 불안을 해소하려는 기제다. 예를 들어, 자기 자신이 화가 나 있는 것은 의식하지 못하고 상대방이 자기에게 화를 냈다고 생각하는 것이다.

합리화(rationalization)는 자신의 행동에 대하여 의식에서 용납할 수 있는 그럴듯한 이유, 즉 이치에 적합하고, 지적으로 합당하며, 윤리에 어긋나지 않는 이유로 자신의 행동을 정당화하고 변호하는 방어기제를 의미한다. 퇴행(regression)은 현실적인 상황으로 해결하기 어렵고, 이로 인해 욕구불만이나 스트레스를 받게 될 때, 그 해결을 피하기 위하여 비교적 단순한 초기의 발달단계로 후퇴하는 행동을 의미한다. 대소변

가리기가 끝난 아동이 동생이 태어나자 오줌을 가리지 못하거나 손가락을 빠는 행동을 하거나 나이에 맞지 않게 응석을 부리는 것도 한 예다. 고착(fixation)은 다음 단계로 발달해 가는 것을 불안해하여 현재의 단계에 그냥 머물러버리는 것을 의미한다. 예를 들면, 대학생이 되어 성인다운 행동과 사고를 해야 함에도 불구하고, 고등학교나 그 이전 수준의 행동 및 사고방식에 머물러 있는 경우를 말한다.

동일시(identification)는 상대방이나 타인의 어떤 행동이나 성격, 태도 등을 자신의 것으로 받아들이는 감정적 · 정서적 일체감을 갖는 것으로 지각하는 심리적 기제다. 예를 들면, 강한 성적 욕구를 가진 여성이 문란한 생활을 하는 여배우나 여가수와 동일시하여 그녀의 생활을 닮아 가려 하는 것이나, 대학 입학에 실패한 재수생이 서울대를 입학한 친구와 자신을 동일시하는 경우다. 승화(sublimation)는 자신의 충동이나 갈등, 특히 성적, 공격적 에너지를 개인적으로나 사회적으로 인정되는 형태와 방법으로 발산하는 것을 말한다. 예를 들면, 공격성을 스포츠로, 성적 욕구를 문학과 예술활동의 형식으로 변형시켜 발산하는 것이다.

⑤ 정신분석적 상담의 과정

정신분석적 상담은 내담자가 지금까지 미처 깨닫지 못한 채 되풀이하고 있는 문제행동(예, 신경증적 행동)을 깨닫게 함으로써 바람직한 행동변용을 가져올 수 있도록 돕는 일이다. 정신분석에서는 인간의 무의식에 억압되어 있는 갈등이 해소되지 않으면 문제행동의 원인이 심리적 긴장상태로 남아 있거나 여러 가지 증상으로 나타난다고 본다. 이러한 무의식적 갈등이 의식화되어 자각되고 억압된 내면의 긴장상태가 해소되면 적응적이고 문제해결중심의 자아의 기능이 강화된다고 본다. 이러한 측면에서 정신분석에서는 '성격구조의 재구성'이라는 말을 사용하고 있는데, 성격이나 행동이 달라진다고 하는 것은 그동안 무의식적으로 행동해 온 것을 의식하게 된다는 것을 의미한다. 더 나아가 의식하게 된다는 것은 상황에 적절한 행동을 할 만큼 스스로의 행동을 조정할 수 있게 된다는 것을 의미한다.

⑥ 정신분석 상담의 주요 기법

정신분석적 상담의 주요 기법으로는 자유연상, 해석, 꿈의 분석 등을 들 수 있는데, 이러한 기법들은 공통적으로 내담자의 무의식적 동기를 분석하는 것이다.

■ **자유연상**(free association) 내담자가 자신의 감정이나 생각을 억압하지 않고 떠오르는 것은 무엇이든 다 말할 수 있도록 하는 자유연상을 통해 내담자는 과거를

■ **자유연상**
정신분석 시 특정한 자극을 주지 않고 마음에 떠오르는 것을 말하도록 하는 것.

■ **꿈의 해석**
꿈속에 숨어 있는 욕망이나 불안을 꿈 내용을 통해 해석하거나, 자유연상(自由聯想)에 의해 찾아내는 일.

회상하고 고통스러웠던 상황 속에서 느꼈던 여러 가지 감정들을 발산하게 된다. 상담자는 내담자가 자유연상을 하고 있는 동안 내담자의 무의식 속에 잠재된 억압의 내용이나 자료를 찾아내어 그것을 내담자에게 설명하여 줌으로써 내담자 스스로 의식하지 못했던 무의식적 심리과정을 이해할 수 있도록 하고, 이러한 과정을 통하여 내담자의 통찰을 증진시킨다.

■ **해석**(interpretation) 자유연상이나 꿈, 저항, 전이 등을 분석하고, 그 속에 담긴 행동상의 의미를 내담자에게 지적하고 설명하여, 내담자가 스스로 의식하지 못했던 무의식적 갈등의 자료를 이해할 수 있게 된다. 해석에는 저항에 대한 해석과 전이의 해석이 있다.

■ **저항**(resistance) 저항은 상담의 진전을 방해하고 상담자 또는 상담장면에 비협조적으로 행동하는 내담자의 무의식적 태도 또는 행동을 의미한다. 이러한 내담자의 저항은 불안(내담자가 자신의 억압된 충동이나 감정을 알아차렸을 때 느끼는 불안)에 대한 방어로서, 내담자의 무의식적 역동을 통찰하기 위한 상담자와 내담자의 공동의 노력을 방해하는 요소다. 따라서 상담자는 내담자가 실제적으로 자신의 갈등을 해결하기를 원한다면 이러한 저항에 직면하도록 해야 하고, 상담자는 이러한 내담자의 저항을 지적하여 저항의 원인을 자각하게 하고, 내담자가 그것들을 처리할 수 있도록 도와야 하는 것이다.

■ **전이**(transference) 상담과정에서 내담자가 과거의 중요한 타인과의 관계에서의 '미해결사항' 으로 자신의 현재 상황을 왜곡시키고, 내담자가 상담자에 반응함에 있어 과거의 중요한 타인에게 했던 양식대로 반응하는 것을 의미한다. 전이의 해석은 내담자로 하여금 과거의 경향이 현재에 어떻게 작용하는지를 통찰하게 해 주고, 현재까지도 고착되어 내담자의 정신적 성숙을 방해하는 과거의 갈등을 통찰할 수 있는 기회를 제공한다. 이러한 내담자가 가지고 있는 과거의 관계가 주는 영향은 상담자와의 상담관계에서 나타나는 정서적 갈등을 분석하고 해석함으로써 직면할 수 있다. 전이에 대한 상담의 해석으로 전이감정이 해소되면, 내담자는 과거의 영향으로부터 벗어나게 되며 정서적으로 보다 성숙한 개인이 될 수 있다.

⑦ 정신분석적 접근의 공헌과 한계점

프로이트의 정신분석적 접근은 인간행동에 영향을 미치는 무의식에 대한 새로운 이해와 내담자가 처해 있는 현재의 갈등이 인생 초기의 중요한 경험들과 어떻게 관련되어 있는가에 대한 이해의 틀을 제공해 준다는 점에서 상담이나 심리치료에 결정적인 공헌을 하고 있다. 이런 공헌점에도 불구하고, 정신분석 접근은 시간과 비용이 많이 들며, 자유연상, 꿈의 분석 등과 같은 특수한 기법들을 학교 상담장면에서 교사들이 상담 실제에 적용하기 어렵다는 점에서 한계가 있다.

(2) 인간중심적 상담

인간중심적 상담은 1940년대에 개인 심리치료에서 일반적으로 받아들여졌던 지시적이고 분석적인 접근법에 대한 반동으로, 비지시적인 상담기법으로 로저스(Carl Rogers)에 의해 창시된 상담 및 심리치료이론이다. 1970년대까지 이 이론은 내담자중심 치료로 알려졌는데, 내담자중심 치료는 원래 심리적 도움을 원하는 사람들은 자신의 삶을 지시할 수 있는 책임감을 가지고 있다고 가정하면서 시작되었지만 교수법, 참만남의 집단 등 점차 그 영향의 범위가 다양한 영역으로 확대되었다.

■ Carl R. Rogers (1902~1987)
인본주의 관점에서 내담자중심 상담이론 혹은 인간중심 상담이론의 제창자.

이 관점에서는 인간은 누구나 자아실현의 경향성을 가진다는 것을 가정하고 있기 때문에, 상담자는 이것을 최대한 신장시키고 발현시키는 것을 중요시한다. 인간중심적 접근법은 심리적인 부적응을 겪고 있는 사람들뿐만 아니라 정상인에게도 잠재력의 실현과 가능성을 실현시킨다는 차원에서 적용될 수 있다.

① 기본 관점

인간중심적 상담이론의 관점에서는 인간의 자아실현의 경향성을 가정하고 있으며, 상담자는 이것을 최대한 긍정적이고 건설적인 방향으로 발전시키려는 목적을 지니고, 인간은 기본적으로 사회적이고 미래지향적인 존재이며, 자아실현의 의지와 아울러 성장, 건강, 적응을 이루려는 기본적인 경향성을 가지고 있다고 본다. 또한 사람은 자신의 실재(reality)에 대한 지각에 의해 자신을 구성하며, 자신이 인지하는 실재에서 자아실현에 대한 동기를 부여받는다고 보았다.

로저스는 자아개념을 이론의 핵심으로 본다. 개인은 자기를 중심으로 하는 지각의 세계 속에서 존재하고 있으며, 행동은 인간의 내적 준거체제(자아개념)에서 이해되어야 한다. 즉, 자아개념은 환경과의 상호작용(개인의 경험 및 경험에 대한 가치평가)의 결과로서 형성되며, 이때 자아개념과 일치한 경험이 개인의 행동양식으로 받아들여지기 쉽다. 또한 자기에 대한 이상적인 개념(이상적 자아상)과 현재 자신이 경험하는 자기개념(현실적인 자아상) 간의 일치의 정도에 따라 적응의 상태를 설명하고 있다([그림 6-4] 참조).

■ **내적 준거체제**
개인이 가지고 있는 경험에 대한 가치판단의 기준을 의미하는 것.

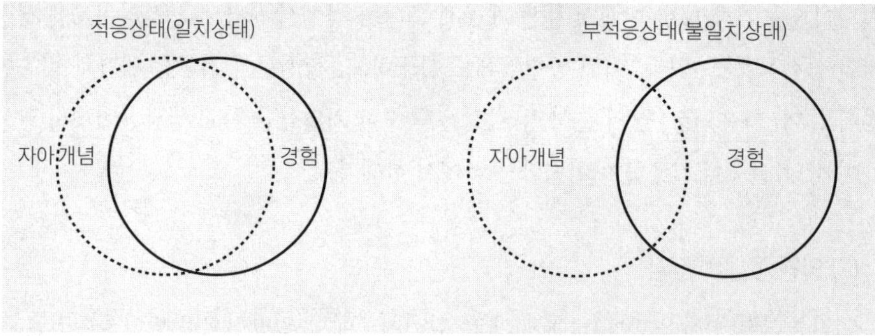

[그림 6-4] 로저스의 성격 및 적응에 대한 도식

② 상담의 과정

인간중심적 상담에서 상담의 관계는 상담의 말이나 행동보다 더 결정적인 역할을 한다. 상담의 관계란, 상담자가 내담자에 대한 수용, 존경, 이해를 표현하고 전달하여, 내담자가 느끼고 생각하고 탐색함으로써 내담자 자신의 내적 준거를 발달시키도록 돕는 과정이다. 다시 말해 인간중심적 상담의 기법은 상담자의 가장 진실한 표현이어야 한다.

인간중심적 상담은 개인의 보다 큰 독립성과 통합성에 목표를 두고, 개인이 완전한 기능을 발휘할 수 있도록 도울 수 있는 환경을 제공하려 한다. 이러한 목표를 이루기 위해서는 내담자가 사회화 과정을 통해 발달시킨 가면들을 벗겨 낼 수 있는 환경을 제공해야 하는데, 구체적으로는 내담자가 가진 선입견을 자아구조에 맞추어 현실을 왜곡시키지 않고 있는 그대로의 현실을 볼 수 있도록 해야 한다. 또한 자신에 대한 신뢰감을 회복하도록 돕고, 내담자가 자신의 행동기준을 결정하고 삶의 선택을 자신 속에서 찾을 수 있도록 해야 하고, 계속적인 성장, 즉 자아실현을 위한 노력을 할 수 있도록 해야 한다. 상담에서 이러한 목표들을 성취하기 위해 인간중심적 상담에서는 상담자의 역할이 매우 중요한데, 상담자는 자신을 변화의 도구로 사용해야 한다. 내담자와 인간 대 인간의 수준에서 만나게 될 때, 상담자가 가진 지식, 이론, 기법보다는 태도나 신념이 내담자의 성격 변화를 가져올 수 있다.

③ 인간중심적 상담의 상담기법

■ **상담관계를 형성하기 위한 조건**
인본주의 상담에서는 치료자의 태도로 진실성, 무조건적인 긍정적 관심과 수용, 공감적 이해를 필수 요건으로 본다.

인간중심적 상담에서는 상담자와 내담자의 상담관계의 질이 가장 중요하다고 본다. 상담관계를 형성하기 위한 치료자의 태도 내지 조건으로 진실성(또는 일치성), 무조건적인 긍정적 관심과 수용, 공감적 이해가 필요하다.

진실성(또는 일치성) 상담과정 중 내담자와의 관계 속에서 상담자가 자기를 위장하지 않고 꾸밈없이 내담자를 대하는 것으로서 상담자가 진실하다는 뜻이다. 상담기간 동안 상담자가 나타내는 모든 반응이나 태도들(무조건적 긍정적 수용과 관심, 공감적 이해, 반영 등)이 기교나 일시적인 기분에 의해 나타나는 것이 아니라 상담자의 신념이나 인간관에서 기인되는 것으로서, 상담자는 완전히 신뢰할 수 있는 존재가 되어야 한다. 즉, 상담자에게는 거짓된 태도가 없고, 상담자의 내적 경험과 외적 표현은 일치하며, 내담자와의 관계, 상담장면에서 일어나는 감정이나 태도를 솔직히 표현하는 것이다. 진실한 상담자는 자발적이며 긍정적이건 부정적이건 자신의 행동이나 감정에 솔직해야 한다.

무조건적인 긍정적 관심과 수용 상담과정에서 상담자가 내담자에 대해 가져야 할 또 하나의 태도는 내담자를 독립된 한 인격체로서, 그리고 자신의 독자적인 감정과 경험을 가지고 인생을 개척해 나갈 자유와 권리를 가진 존재로 인정하려는 태도다. 즉, 무조건적 관심이란 내담자를 하나의 인격체로서 비소유적인 태도로 진실하게 돌보는 것을 말한다. 수용은 내담자의 감정이나 생각 행위의 좋고 나쁨의 평가와 판단에 영향을 받지 않고 무조건적으로 존중하고, 따뜻하게 수용해야 하며, 그러한 내담자에 대한 존중과 수용의 의사를 전달해야 한다.

공감적 이해 상담자와 내담자의 상호작용을 통해 내담자의 경험과 감정을 민감하고 정확하게 이해하는 것인데, 내담자의 내적 세계를 정확하게 공유하면서도, 내담자에 대한 동정이나 상담자의 태도나 신념이 내담자의 내적 경험에 의해 혼란스러워지는 감정적 유착이 일어나지 않아야 한다. 공감적 이해는 결코 소극적이거나 수동적인 것이 아니라, 오히려 내담자의 내적 세계를 공유함과 동시에 그것을 탐구하고자 하는 능동적이며 적극적인 시도인 것이다. 그래서 상담자는 내담자의 내적 세계를 공유하려고 노력함에 있어 주관적인 경험, 특히 지금-여기(here and now)의 경험을 이해하도록 노력해야 한다. 상담자의 내담자에 대한 공감적 이해의 정도가 클수록 내담자의 발전 기회는 더욱 커진다.

④ 인간중심적 접근의 공헌점과 한계

인간중심적 접근은 상담 또는 심리치료의 일반화에 많은 기여를 하였으며, 교육장면에서도 교사 중심의 교육이 아닌 학생 중심의 인본주의적 교육에 결정적인 기여를 했다. 또한 인간중심적 상담에서 강조하는 상담관계의 질은 모든 이론에서 주장하는 상담기법의 효과를 보기 위한 기본적인 것으로 인식하게 되는 계기가 되었다. 반면에 인간중심적 상담은 특별한 상담기법이 없고 상담자와 내담자의 신뢰관계가 중요하다고 보지만, 이러한 신뢰관계를 객관적이고 경험적 자료를 통해 측정하기 어렵다는 단점이 있다.

(3) 행동주의 상담이론

행동주의 상담이론은 행동주의 심리학자 스키너, 손다이크의 조건형성이론에 토대를 둔 학습이론에 근거하여 부적응 행동을 수정 및 변화시키고, 적응 행동을 개발하여 강화시키는 심리치료 내지 상담의 한 접근법이다.

행동주의 상담이론에서는 심리학적인 연구의 경험적 발견에 기초하여 객관적으로 관찰 가능하고 측정 가능한 행동을 치료 내지 상담의 대상으로 삼고 있다. 이런 측면에서 정신분석적 접근과는 대조를 이루고 있다. 행동주의 심리학이 인간의 의식이나 인지보다는 행동을 연구대상으로 한다는 점에서 '자극-반응의 심리학'이라고 불리기도 한다. 또한 행동주의 학습이론에서는 인간행동의 형성과정에서 결정적 역할을 하는 것은 강화와 처벌이다. 그러므로 인간행동의 수정대상 역시 의식의 변화가 아니라 행동의 변화이며, 행동 변화를 위한 가장 강력한 기제는 강화와 처벌이다. 따라서 행동수정의 방법들의 대부분은 강화의 원리, 처벌의 원리, 소거의 원리 등 행동주의 학습원리를 응용하고 있다.

① 인간에 대한 기본적 관점

행동주의 상담이론은 행동주의 학습이론을 응용한 것이다. 이 접근법은 인간의 행동은 후천적으로 학습된 것이며, 학습에서 주변환경(부모 또는 교사)으로부터 강화나 처벌에 의해 결정된다고 본다. 행동주의 관점에서 볼 때 학습자는 환경에 의해 만들어지는 수동적인 존재이며, 환경이 학습의 주체다. 그러므로 행동주의 접근에서는 인간에 대해 환경론적 관점, 결정론적 모형을 가지고 있다.

행동주의 상담이론에서는 인간행동이 학습된 결과이기 때문에 문제행동은 새로운 학습방법에 의해 교정 또는 수정될 수 있다고 전제한다.

② 상담의 과정

행동수정의 일반적인 목표는 학습을 위해 새로운 조건을 만드는 것이고, 이것은 학습경험들이 문제행동을 해결할 수 있다는 가정에서 출발한다. 상담 내지 치료의 목표는 명료하고 구체적이어야 하며, 이해하기 쉽고, 내담자와 상담자의 합의에 의해 결정된 것이어야 한다. 이러한 목표를 결정하는 과정은 상담자와 내담자의 상호 협정으로 이루어지는데, 이것은 상담과정을 안내하는 계약이며, 상담자와 내담자는 상담과정에서 필요에 따라 목표를 수정할 수도 있다. 이러한 목표 아래 상담자는 내담자에 대해서 능동적이고 지시적인 전문가 또는 교사의 역할을 해야 한다.

행동수정의 실제에 있어 일반적인 과정을 살펴보면, 먼저 상담관계를 시작하는 사전 면접의 단계가 있다. 이 단계에서는 상담자는 내담자가 가진 현재의 문제 및 증상을 조사하고, 문제나 증상과 관련된 환경을 조사하고, 내담자의 평소의 일상적인 습관적 반응, 특히 정서적 반응을 자세히 조사한다. 여기서는 내담자의 부적응적인 사고, 감정, 행동 등을 지속시키고 있는 환경적 · 심리적 요인을 명확하게 파악해야 하며, 이를 위해 심리검사(문제행동 조사척도, 불안척도, …)를 활용하여 내담자의 행동특성이나 성격특성에 대한 정보를 조사할 수도 있다.

다음 단계는 상담계획의 수립단계다. 상담자는 내담자에게 상담의 진행방식과 내담자가 가지고 있는 문제와 문제의 성질을 알려 주고, 그러한 문제에 대한 상담계획을 수립하여, 내담자에게 자신의 문제가 상담을 통해 어떻게 극복될 수 있는가에 대해 설명하여 충분히 이해시키고 상담과정에 대한 내담자의 협조를 구한다.

마지막으로 상담의 종결단계인데, 일반적으로 문제행동이 소멸되거나 새로운 행동이 형성되면 상담은 점차적인 단계를 거쳐 종결하게 된다. 즉, 점진적으로 상담의 시간적 간격을 늘려 가면서 행동관찰, 자기보고, 과거의 문제행동을 일으켰던 사태에 재차 직면시켜 가는 방법 등을 사용해 가면서 종결을 결정하게 된다.

③ 행동주의 상담의 주요 기법

체계적 둔감법 이 기법은 고전적 조건형성의 이론에 기초하고 있으며, 행동수정에서 가장 널리 사용되는 기본적인 기법이다. 주로 공포 및 불안을 제거하기 위해 사용되고, 월피(Wolpe)에 의해서 고안되었다.

이 기법은 우선 불안을 일으키는 자극을 행동으로 분석하고, 불안을 유발시키는 상황의 위계를 작성한 다음, 이완절차를 학습시키고 상상적인 장면을 통해 치료하는 방법으로 구체적으로 다음과 같은 단계를 거치게 된다. 먼저 내담자의 근육의 긴장을 점진적으로 이완시키는데, 머리부터 점차 아래로 내려가면서 이완시키게 된다. 이때 최면이나 자율훈련법 또는 녹음된 테이프를 활용할 수도 있다. 다음으로 불안요인의 위계를 작성하게 되는데, 내담자가 호소하는 불안이나 공포의 내용을 검토하여 불안이나 공포를 유발시키는 상황이나 자극들을 약한 것에서부터 강한 쪽으로, 불안

■ **체계적 둔감법**
고전적 조건형성이론을 기초로 불안을 야기하는 자극을 행동단위로 분석하고, 불안을 유발하는 상황의 위계를 작성한 다음 이완절차를 학습시키고 상상적인 장면을 통해 치료하는 방법.

■ **자율훈련법**
자신이 훈련의 중심적 존재로서 단계적인 연습을 실행하여 마음과 몸의 건강을 되찾고 병에 대한 저항력을 기르며 스트레스를 해소하기 위한 훈련법.

[표 6-2] 불안위계표의 예

불안위계표 작성에 있어서 중요한 것은 상담자가 철저한 행동평가를 통해서 내담자가 불안하게 반응하는 장면의 성질을 정확하게 파악하는 것이다. 가장 불안이 강한 장면을 100, 가장 약한 장면을 0으로 평가하고 있음.

불안위계표
• 시험에 관련된 것(반응강도) 1. 시험 당일 학교로 가는 길(95) 2. 답안지에 답을 쓰고 있는 장소(90) 3. 시험장의 닫힌 문(80) 4. 답안지가 배부되는 것을 기다림(70) 5. 자기 앞에 배부된 답안지(60) 6. 시험 전날 밤(50) 7. 시험 전날 낮(40) 8. 시험 2일 전(30) 9. 시험 3일 전(20) 10. 시험 4일 전(15) 11. 시험 1주일 전(10) 12. 시험 2주일 전(5)

(출처: 이해경 외, 2004)

의 정도가 낮은 상태에서 높은 상태로 불안위계 목록을 작성한다.

[표 6-2]는 내담자의 시험공포에 관한 호소내용을 검토하여 작성한 불안위계표의 예다. 다음으로, 불안위계 목록 중 가장 적은 불안이나 공포를 일으키는 장면부터 상상하게 한다. 이러한 상상 장면에서 내담자가 심한 불안이나 공포를 일으키면 상담자는 내담자를 다시 이완상태로 유도하여 불안이나 공포를 느끼지 않을 때까지 이완시키는 과정을 반복한다. 이것은 상담자가 정한 속도에 따라 하는 것이 아니라 내담자의 반응에 따라 조절해야 한다. 이러한 방법으로 위계 목록표의 가장 하위의 자극에서부터 가장 상위의 자극에 이르기까지 단계적으로 진행한다. 이러한 작업이 성공적으로 진행되면 최대의 불안이나 공포를 억제할 수 있고, 실제 생활 장면에서도 특정 불안이나 공포를 이겨낼 수 있게 된다. 특히 상상적으로 극복한 불안이나 공포를 실생활에서도 직면해 보는 단계적인 훈련과 병행하면 더욱 효과적이며, 이 기법을 집단을 대상으로 실시할 수도 있다.

[그림 6-5] "넌 정말 긴장을 좀 푸는 방법을 배워야 돼!" : 긴장이완 훈련은 체계적 둔감법의 일부로 사용되기도 하지만, 그 자체만으로도 스트레스 대응방법의 하나로 많이 쓰이고 있다.

혐오치료 이 기법은 혐오조건형성의 원리를 이용한 방법으로서, 부적절한 매력을 느끼는 중성적 대상에 대하여 부정적 감정을 갖도록 하거나, 문제의 증상이 나타날 때마다 고통스러운 혐오자극을 가함으로써 문제행동을 소거시키는 방법이다. 예를 들어, 알코올중독자, 약물중독자의 치료를 위해 구토를 야기하는 약물과 알코올(약물)을 연합시키는 절차를 반복함으로써 알코올에 대한 불쾌감을 야기할 수 있다. 이와 같은 혐오조건화가 성립되고 나면, 구토를 유발하는 약물을 동반하지 않아도 술냄새를 맡기만 해도 구토를 일으키게 되어 술을 멀리하게 될 것이다. 이 방법은 혐오자극으로 문제행동을 소거(처벌)시키면서 문제행동을 대체할 수 있는 바람직한 다른 행동을 강화해 줄 때 더 큰 효과가 있다.

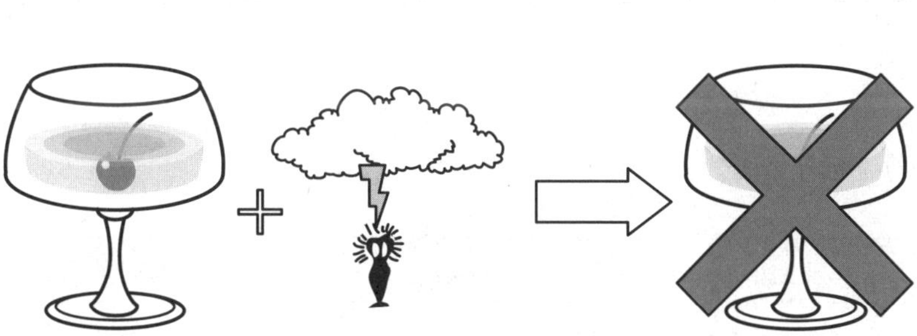

[그림 6-6] 알코올중독자의 혐오치료 과정(출처: 이해경 외, 2004)

행동조성 이 기법은 바람직한 행동을 여러 단계로 나누어 강화시킴으로써 점진적으로 바람직한 행동에 접근하도록 유도하는 방법이다. 예를 들면, 초등학교에서 산만하고 수업태도가 좋지 않은 아동을 바람직한 수업태도를 가지도록 변화시키려 할 때, 교사는 아동의 산만한 행동에 대해서는 무관심하게 반응하는 반면, 교사의 설명에 주의를 기울일 때는 반드시 관심을 보이거나 칭찬함으로써 점차적으로 바람직한 행동으로 유도할 수 있다.

④ 행동주의 상담의 공헌점과 한계

행동수정은 구체적인 부적응 행동을 수정하는 데는 매우 효과적이지만 대인관계나 사회적응과 같은 광범위한 문제에 대한 적용은 한계가 따른다. 또한 인생의 의미라든가 자아실현의 문제를 추구하는 내담자에게는 부적절한 접근법이 될 수 있다. 그럼에도 불구하고 행동수정은 상담 및 심리치료 분야에서 구체적인 것에 초점을 두는 체계적 접근법으로 공헌을 했다. 그리고 행동수정에는 내담자의 행동 변화를 위해 다양한 전략을 사용하는데, 이러한 전략들은 많은 상담자와 임상전문가들에 의해 다양하게 활용되고 있다. 또한 중재가 가능한 모든 사람, 즉 자폐아동, 정신지체아동, 공격성이 강한 아동 등 다른 상담 접근법으로 거의 접근 불가능한 대상에게도 적용된다는 장점이 있다.

3) 상담의 일반적인 절차

일반적으로 내담자는 상담자에게 도움을 받기 위해 찾아가며, 상담은 그 문제의 호소에 의해 시작되고, 호소하는 문제의 해결에 의해서 끝나게 된다. 상담의 일반적인 과정은 내담자가 호소하는 문제의 정의에서부터 호소문제의 해결에 이르기까지 과정의 특징이나 목표가 존재하는데, 그것들을 기초로 하여 상담의 일반적인 단계를 구분할 수 있다.

[표 6-3] 상담의 일반적인 과정

상담 초기	→	상담 중기	→	상담 종결기
▸상담의 구조화 ▸촉진적 관계의 형성 ▸상담참여 의욕 증진	→	▸자기이해, 자기수용 및 합리적 사고 촉진 ▸실천계획 수립	→	▸실천결과의 평가와 종결

(1) 상담 초기

상담의 초기는 첫 번째 회기 또는 사전 면접을 포함하는 단계로, 보통 상담 시작과 더불어 약 3～5회기 동안의 기간을 말한다. 이 시기의 주요 특징은 상담관계의 확립인데, 내담자가 상담에 오기까지의 이유 또는 당면문제 등에 대해 알아보고, 내담자의 언어적, 비언어적 행동을 관찰하면서 내담자의 문제를 파악하는 시기다. 또한 상담자는 내담자의 상담에 대한 기대와 느낌을 명료화하면서 내담자가 상담의 필요성을 인식하여 상담과정에 적극적으로 참여할 수 있도록 해야 한다. 이러한 상담 초기에는 **상담의 구조화, 촉진적 관계의 형성, 상담에 대한 참여 의욕의 증진**과 같은 상담자의 역할이 있다.

① 상담의 구조화

상담자는 상담의 진행방식에 대해 설명하고, 상담의 목표를 설정한다. 즉, 내담자 및 상담자의 역할에 대해 설명해 주고, 상담시간 및 행동의 한계 등을 설명하여 상담과정을 원활하게 진행시키기 위한 **구조화**(structuring)가 필요하다. 상담의 구조화 작업에 필요한 요소들로는 상담의 개념 및 특징, 시간과 공간적 제한, 상담자의 역할과 책임, 내담자의 역할과 책임, 상담의 목표 등이 포함될 수 있다.

② 촉진적 관계의 형성

촉진적 관계란, 상담자와 내담자 간의 친밀도 또는 신뢰와 존중의 정서적 유대관계를 말한다. 따라서 내담자는 상담에 대한 기대와 불안, 두려움을 가지고 있는 경우가 많다. 이러한 상담에 임하는 내담자의 일반적인 특성을 고려하여 내담자가 자신의 심정이나 문제를 방어적이지 않고 솔직하게 표현할 수 있는지의 여부와 내담자가 상담자에게 느끼는 전문성, 인간적, 매력 신뢰성은 상담의 진행과 결과에 결정적인 영향을 미친다. 이러한 상담에서의 촉진적 관계의 형성을 위해서 상담자는 내담자의 표현을 비판하거나 비난하지 않고, 성실한 자세를 가지고 있는 그대로의 내담자를 수용하고, 내담자의 언어적 비언어적 표현에 적극적으로 관심을 갖고 귀 기울이며, 공감적 이해를 하려고 노력해야 한다.

> ■ **촉진적 관계**
> 상담자와 내담자 간의 친밀도 또는 신뢰와 존중의 정서적 유대관계.

③ 상담에 대한 참여 의욕의 증진

상담에 임하는 내담자들은 두렵고 어려운 상황에 직면하지 않으려는 심리적 특성을 가지고 있는 경우도 있고, 문제해결에 대한 우유부단한 성격특성을 가지고 있을 수도 있으며, 자신의 문제에 대한 수치심이나 자존심으로 인하여 상담에 임하는 자세가 소극적일 수도 있다. 또한 부모나 교사, 또는 주위 사람들의 권유에 의해 거의 반강제적으로 상담실을 찾아온 경우에는 자신의 문제에 대한 인식과 태도가 주변사람들과는 다를 수 있다는 것을 고려해야 한다. 이런 경우에는 상담자는 내담자의 문제행동이나 부적응 행동에 바로 접근하기보다는 내담자의 상담에 임하는 기분이나 느낌, 불안이나 공포 또는 불만이나 불안, 소극적인 태도 등에 대해서 표현하게 하고 경청함으로써 내담자가 상담에 보다 적극적으로 임하려는 의욕을 가질 수 있도록 해야 한다.

(2) 상담 중기

상담의 중기는 상담목표를 달성하기 위한 과정이다. 이 단계의 주요한 과제로는 내담자의 자각을 촉진시켜 자기이해를 증진시키고 자기수용을 촉진시켜 문제를 합리적으로 보는 시각을 갖도록 하는 것이다. 또한 문제에 대한 실천적 행동을 세워 실천할 수 있도록 격려해야 한다.

① 자기이해 및 자기수용, 합리적 사고의 촉진

상담자와의 촉진적 관계가 형성되어 내담자가 자유롭게 자신의 마음을 이야기할 수 있게 되면, 이것만으로도 내담자는 정화(catharsis)의 효과를 얻을 수 있고 안정을 찾는 계기가 된다. 내담자가 상담자라는 거울을 통해서 자신에 관한 것을 자유롭게 말하고, 이것들을 음미함으로써 자신의 감정이나 사고, 신념 등을 보다 깊게 자각할 수 있다. 내담자의 이러한 자각을 촉진시키기 위해서 상담자는 내용만이 아니라 내담자의 기분이나 정서에 대해서도 적극적으로 공감하고 반영해 줄 수 있어야 함과 동시에, 내담자의 내적 심리상태에 대해 명료화해야 한다.

② 실천계획 수립

내담자의 자각과 자기이해 그리고 합리적이고 현실적인 사고가 발달됨에 따라 내담자 자신과 주변환경 그리고 경험하는 사건들에 대한 새로운 견해나 인식이 생겨나게 된다. 그러므로 내담자의 새로운 견해나 인식이 실제 생활에서 적용될 수 있도록 내담자의 의사결정이나 행동의 실천계획을 세우도록 돕고, 실제 생활장면에서 실천하고 검증하는 작업도 필요하다. 행동의 실천계획은 내담자와 협의를 거쳐 구체적인 행동의 절차를 정하고, 세부적이고 실제적인 행동의 지침이나 계획을 작성하도록 한다.

(3) 상담 종결기

실천 결과의 평가와 종결

상담자와 내담자가 협의를 거쳐 세운 실천계획을 실제 생활장면에서 실천한 결과에 대한 평가가 이루어지고, 상담 시작 시 세운 목표가 달성되었다고 볼 때, 상담자와 내담자의 합의에 의해 상담의 종결이 이루어진다. 내담자와의 합의가 없이 상담자의 입장에서 일방적으로 종결을 선언하게 되면, 내담자는 자기를 배척하는 것으로 생각해 버림받았다거나 무시당한 기분을 가질 수도 있고, 상담이 종결된 후 내담자는 '혼자서 잘 해결해 나갈 수 있을까' 라고 불안해하는 경우도 있다. 그렇기 때문에 상담의 종결은 신중해야 하고 서서히 종결해야 한다. 일반적으로 종결이 가까워지면 내담자에게 종결을 예고하면서 상담의 간격을 점차 늘려 간다. 즉, 2~3주일 또는 월 1회 정도의 간격으로 만나는 것이 바람직하다. 또한 내담자에게 문제가 생기면 다시 찾아올 수 있다는 추수상담의 가능성을 제시해 준다. 만약 상담의 결과가 만족스럽지 못한 경우에는 상담과 상담자의 한계에 대해서 명확히 밝히고, 필요하다면 다른 기관이나 상담자에게 의뢰하는 것이 바람직하다.

실제 상담장면에서는 이러한 단계들이 불분명하거나 서로 중복되거나 생략되는 경우도 있는데, 기본적으로 이러한 단계들로 나누는 것은 상담과정에 대한 이해를 높일 수 있고, 실제 상담을 효율적으로 진행할 수 있는 지침이 될 수 있기 때문이다.

/참/고/자/료/

김혜원, 이해경(2000). 집단괴롭힘의 가해와 피해행동에 영향을 미치는 사회적, 심리적 변인들. 한국심리학회지: 사회 및 성격, 14(1), 45-64.

이장호(1986). 상담면접의 기초(2판). 서울: 중앙적성출판사.

이장호(1991). 상담심리학 입문. 서울: 박영사.

이재창(1997). 생활지도. 서울: 문음사.

이해경, 이양, 용홍출(2004). 교육심리학. 서울: 양서원.

정인석(1996). 상담심리학의 기초이론. 서울: 대왕사.

Baker, S. B. (1981). *School Counselor's Handbook: A Guide for Professional Growth and Development*. Allyn and Bacon, Inc.

Beaudoin, Marie-Nathalie, & Walden, S. (1998). *Working with Group to Enhance Relationships*. Minnesota: Whole Person Associates.

Drum, D. J., & Figler, H. E. (1976). *Outreach in Counseling: Applying the Growth and Prevention Model in Schools and Colleges*. The Carroll Press Publishers.

Rosenthal, H. G. (Editor) (1998). Favorite Counseling and Therapy. *Techniques: 51.*

Skinner, B. F. (1938). *The behavior of organisms*. New York: Appleton-Century-Crofts.

Wolpe, J. (1958). *Psychotherapy by reciprocal inhibition*. Stanford, Calif.: Stanford University Press.

/학/습/정/리/

1. **생활지도**란 주로 교육적인 장면에서 적응이나 발달상의 문제를 돕기 위한 교육적, 사회적, 직업적 차원의 지도활동을 의미하고, **상담**이란 상담자와 내담자의 관계를 통해 내담자로 하여금 자신의 문제를 이해하고 해결하게 하여 궁극적으로는 인간적인 성장을 이룰 수 있도록 전문적인 방식으로 돕는 과정이다. 한편 **심리치료**는 주로 병원장면에서 환자를 대상으로 증상을 다루는 측면에서 차이가 있다고 볼 수 있다. 생활지도자는 학교장면의 교사, 상담교사들에 의해 주도되는 반면에 상담은 전문 상담가들이 담당하며, 심리치료는 상담가, 임상심리학자들이 주도적인 역할을 한다.
2. **생활지도의 주요 영역** 또는 내용은 학생이해활동, 정보활동, 상담활동, 진로지도와 정치활동으로 구분할 수 있다. 생활지도의 모형은 초기, 후기, 현대적 관점으로 대별할 수 있다. **초기 모형**으로는 생활지도를 진로지도로 생각하는 모형과 교육과정으로 간주하는 모형이 있다. **후기 모형**으로는 정치와 적응으로서의 생활지도 모형, 의사결정으로서의 모형이 있다. **현대 생활지도 모형**으로는 봉사활동 집합체로서의 생활지도 모형, 발달적 생활지도 모형 등이 있다.
3. 상담은 이론적 접근방식에 따라 행동주의 심리학을 바탕으로 하는 행동수정, 정신분석학을 바탕으로 한 정신분석적 상담, 그리고 인본주의 심리학을 이론적 배경으로 하는 인간중심적 상담이 있다.
4. **행동주의 상담이론**에서는 행동수정을 목표로 하며, 행동수정의 주요 기법으로는 **체계적 둔감법, 혐오치료, 행동조성** 등이 있다.
5. **정신분석적 상담**에서는 인간의 마음과 행동은 아주 어렸을 때의 경험에 의해 좌우된다고 하며, 의식보다는 무의식에 초점을 둔다. 성격구조는 **이드, 자아, 초자아**로 구성되며, 이들 3영역의 역동에 따라 **신경증적 불안, 도덕적 불안**이 야기되기도 한다. 방어기제는 의식적으로 불안을 감소하기 어려울 때, 무의식적으로 자아를 보호하기 위한 심리적 기제다. **방어기제**에는 승화, 투사, 합리화 등이 있다. 정신분석적 상담의 주요 기법으로는 자유연상, 해석(저항의 해석, 전이의 해석) 등을 들 수 있다. 성격발달의 단계는 구강기, 항문기, 남근기, 잠재기, 생식기의 단계를 거쳐 발달하며, 청소년기까지 발달된 성격이 성인기까지 유지된다고 본다.
6. **인간중심적 상담**은 로저스(Rogers)에 의해 제안된 이론으로 내담자중심 상담이론으로 불리기도 한다. 인간은 누구나 성장, 건강, 적응을 이루려는 기본적으로 긍정적이고 발전적인 경향성을 지니고 있으며, 자아실현의 가능성을 갖고 있는 존재로 본다. 인간중심적 상담은 실제 활용하는 기법보다는 상담자의 인간적인 자질, 즉 상담자의 태도나 신념이 상담에서 결정적인 역할을 한다고 볼 수 있다. 상담자의 인간적인 자질로서 **진실성, 무조건적인 긍정적 관심과 수용, 정확한 공감적 이해**를 중요시한다.
7. **상담의 일반적인 진행과정**은 상담관계를 확립하는 상담의 **초기 단계**, 상담의 목표 달성을 위한 구체적 작업단계인 상담의 **중간 단계**, 그리고 상담의 결과를 확인하고 실제 생활장면에서 적용할 수 있도록 상담의 결과를 정리하는 **종결 단계**로 나눌 수 있다.

/학/습/평/가/

※ 아래 질문에 대해 설명하거나 논하시오.

1. 정신분석적 상담에서 내담자의 방어기제에 대하여 기술하시오.
2. 행동수정의 한 기법인 체계적 둔감화에 대해 설명하시오.
3. 인본주의적 상담의 인간관에 대하여 설명하시오.
4. 정신분석, 행동수정, 인본주의 상담의 공헌과 한계점에 대해 비교하시오.
5. 생활지도, 상담, 심리치료의 개념을 비교하시오.

※ 아래 문제에 대해 정답을 고르시오.

6. 생활지도의 원리를 설명한 것이다. 틀린 것은?
   ① 생활지도는 문제학생들을 주대상으로 삼는다.
   ② 생활지도는 치료보다 예방에 초점을 둔다.
   ③ 생활지도는 처벌보다 선도나 지도를 앞세운다.
   ④ 생활지도는 학교교육의 통합된 일부이다.

7. 다음 중 행동수정과 무관한 것은?
   ① 자유연상법 ② 체계적 둔감화 ③ 주장훈련법 ④ 행동조성법

8. 알코올중독이나 흡연행동을 교정시키기에 가장 효과적인 접근법은?
   ① 체계적 둔감화 ② 정신분석 ③ 주장훈련 ④ 혐오치료

9. 자기실현을 강조하는 상담의 형태는 무엇인가?
   ① 정신분석 ② 혐오치료 ③ 인간중심적 상담 ④ 인지치료

10. 인간중심적 상담에 관한 내용이 아닌 것은?
    ① 상담자의 성실성과 진실성을 특히 강조했다.
    ② 인간은 자기실현을 위한 기본적인 경향성을 지니고 있다고 보았다.
    ③ 상담자의 공감적 이해와 무조건적인 존경과 수용을 강조했다.
    ④ 부적응적 행동은 잘못된 학습의 결과이고, 그러한 행동은 학습의 원리로 변화가 가능하다고 보았다.

11. 심리적 장애(문제)는 학습에 의한 결과라는 관점을 가진 접근법은?
    ① 행동수정 ② 정신분석적 상담 ③ 인본주의적 상담 ④ 비지시적 상담

/읽/을/거/리/

아이들의 미디어 이용 습관

가족재단과 어린이 디지털 미디어센터에서는 생후 6개월부터 6세까지의 자녀를 둔 부모 1,065명을 대상으로 아이들의 미디어 이용 습관에 대해 조사하였으며, 하루 중 많은 시간 TV를 켜 놓고 있는 가정의 6세 미만 아이들은 또래 아이들보다 글 읽는 방법을 배우는 데 훨씬 많은 어려움을 겪을 가능성이 있다고 보고하였다.

부모들 중 90%가 자녀의 TV 시청 프로그램의 규칙을 세워놓고, 69%는 TV 시청시간을 제한하고 있었다. 6세 미만 어린이들의 36%가 자기 침실에 TV를 가지고 있으며, 4~6세 어린이들 중 65%는 누가 보든 안 보든 하루 반나절 TV를 켜놓은 가정에 살며, TV를 항상 혹은 대부분 켜놓고 있는 가정의 어린이들이 36%에 달하고 있었다.

1. 부모들 중 90%가 자녀가 시청할 수 있는 TV 프로그램 규칙을 세워놓고 있음.
2. 부모들 중 69%가 자녀의 TV 시청시간을 제한함.
3. 하루 규칙을 세워놓고 지내는 아이들이 그렇지 않은 아이들보다 TV 시청하는 시간이 30분 적다고 말함.
4. 6세 미만 어린이들은 TV를 보거나 비디오게임이나 컴퓨터를 하는 데 약 2시간을 소비함.
5. 6세 미만 어린이들의 36%가 자기 침실에 TV를 가지고 있음.
6. 6세 미만 어린이들의 27%가 매일 컴퓨터를 사용함.
7. 4~6세 어린이들 중 27%가 매일 컴퓨터를 사용함.
8. 4~6세 어린이들 중 65%는 누가 보든 안 보든 하루 반나절 TV를 켜놓은 가정에 살며, TV를 항상 혹은 대부분 시간 켜놓고 있는 가정의 어린이들은 36%에 달함.
9. 부모들 중 72%가 컴퓨터가 자녀의 학습에 큰 도움을 준다고 말함.

미국 소아과학회 발달행동소아학 의장 헨리 샤피로 박사는 어린이들이 TV, 컴퓨터, 비디오게임기 앞에 앉아 있음으로써 정보, 즉 학습에 더 가까이 갈 수 있는 기회를 가질 수 있지만 여기에는 부정적 측면도 있다고 지적하였다.

아이들의 미디어 이용 습관은 부모의 습관에서부터 시작되며, 부모의 독서지도가 아이들의 독서흥미를 유발시킬 수 있다. 따라서 학교에서의 TV 시청교육과 같은 이론적인 교육이 행해지기 이전에 가정에서부터 생활화되어 학습 효과가 지속될 수 있는 환경을 만드는 것이 더욱 중요하다.

- 2003년 11월호, 대교웹진, 에듀포커스, '아이들의 미디어 습관' 에서 발췌-

III 부

교육공학의 이해

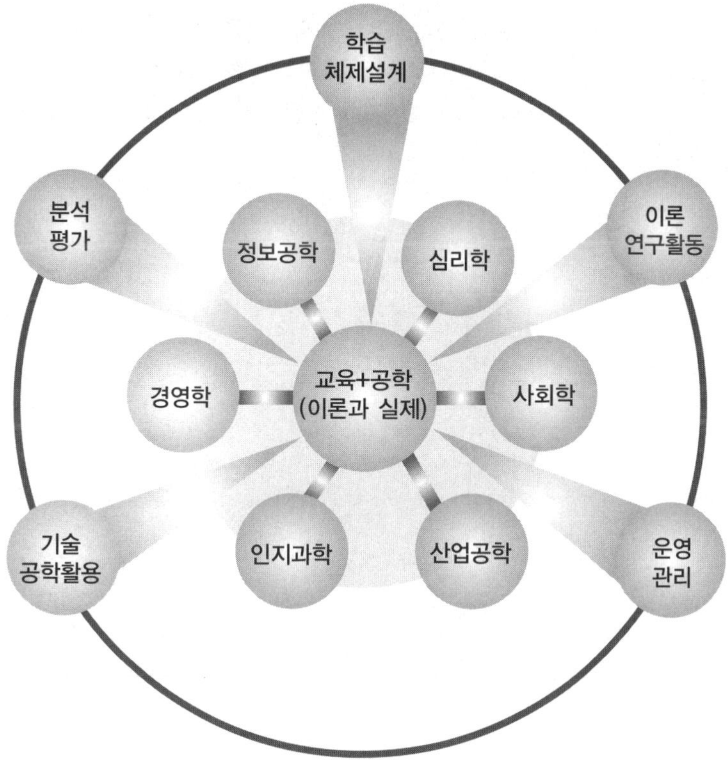

/학/습/개/요/

Ⅲ부 교육공학의 이해에서는 교육공학의 이론과 실제를 소개한다. 구체적으로 교육공학의 이론적 기초와 교수-학습이론의 기저를 살펴보고, 교육공학의 실제로서 교수설계, 교수방법과 매체, 사이버교육에 대해 살펴본다. 특히, 교육공학의 이론적 기초에서는 교육공학에 대한 기초적인 이해를 돕기 위해 공학에 대한 이해, 교육공학의 의미 그리고 교육공학의 정의를 살핀 다음 교육과 공학과의 관계, 교육공학의 발달과 전망 그리고 교육공학의 탐구영역을 집중하여 정리하였다.

7장

교육공학의 이론과 실제

학습목표

1. 교육공학의 개념에 대하여 정의할 수 있다.
2. 교육공학의 태동 배경과 발전과정을 이해한다.
3. 교육공학의 영역에 대하여 설명할 수 있다.
4. 교육공학의 기반 이론과 교수-학습이론의 기저를 이해한다.
5. 교수설계와 매체, 사이버 교육체제(e/u-Learning) 등에 대하여 이해한다.

이 장에서는 교육공학의 이론적 영역과 실천 영역에 대해 소개한다. 교육공학의 학문적인 개념과 연구의 대상 영역에 대한 논의를 비롯하여, 교육공학 태동의 철학적 배경과 오늘날 독립된 학문으로서의 위치에 이르기까지의 발달과정을 살펴본다. 이어서 교육공학의 기반 이론과 행동주의, 인지주의 및 구성주의 등 대표적인 현대교육의 인식론적 학습이론을 정리해 봄으로써 이들이 교육공학의 실천에 시사하는 것들이 무엇인지를 알아보고, 마지막으로 교육공학의 핵심적 실천 영역이라 할 수 있는 교수설계 분야와 교수매체 그리고 교수방법을 개관한 후, 원격교육과 사이버교육의 주요 이론과 실제에 대하여 소개하도록 한다.

1. 교육공학의 개념과 영역

■ **교육공학**
학습효과의 극대화(인간학습의 향상과 최적의 교수-학습상황)를 이루기 위해 공학의 원리와 기법이 교육, 훈련분야에서 일어나는 학습문제의 관리와 운영에 적용되는 모든 경우를 총칭.

교육공학(Educational Technology: ET)은 다분히 여러 학문의 통합 내지는 융·복합적인 관점에서 실천되는 학문으로서, 특히 교육훈련 현장에서의 교육방법과 관련하여, 교수매체와 기술이나 공학의 역할과 기능을 적극 활용하여 변화하는 사회 속에서 교육과 관련된 제반 문제를 해결해 왔으며, 교수-학습효과의 발전적인 비전을 제시해 왔다. 교육공학은 전통적인 일반교육학, 심리학, 학습이론, 사회학, 경영학, 인지과학, 산업공학, 정보통신과학 및 컴퓨터과학 등 여러 분야의 이론에 의하여 간학문적(interdisciplinary) 또는 다학문적(multidisciplinary)으로 접근함으로써 학문적 영역을 보다 폭넓게 확장하며, 그 정체성을 확립해 왔다. 교육공학의 이와 같은 간학문적 또는 다학문적인 특성은 교육공학을 바라보는 관점에 따라서 이해를 달리할 수도 있으며, 기술의 발달과 사회와 교육환경의 변천과 함께 학문적 이론의 현장 적용수준도 끊임없이 변화를 선도해 가는 성격을 가진 다분히 과정적이며 실천적인 학문이라 할 수 있다.

1) 교육공학의 개념

교육공학은 학습효과의 극대화(인간학습의 향상과 최적의 교수-학습 상황)를 이루기 위해 공학의 원리와 기법이 교육, 훈련 분야에서 일어나는 학습문제의 관리와 운영에 적용되는 모든 경우를 총칭하는 것으로서, 미국교육공학회(Association for Educational Communication & Technology: AECT)에서는 그 시대의 연구 실적을 반영하여 다섯 차

례에 걸쳐 교육공학에 대한 정의를 내려 왔다. 1994년에는 "교육공학이란, 학습을 위한 과정과 자원을 설계, 개발, 활용, 운영관리, 평가하는 이론과 실제다." 라고 정의하였다. 이 정의에서는 교육공학의 구체적인 연구 분야를 설계, 개발, 활용, 운영 및 평가의 다섯 가지로 나누었다는 점이 특징이다. 이 정의에서 학습은 교수의 준거로서의 지식(knowledge), 기술(skill) 및 태도(attitudes)를 포함하여 학습자의 경험에 의한 지식이나 행동의 지속적인 변화를 의미하며, 과정과 자원은 목표지향적인 일련의 운영상황(operational process)과 학습을 지원하는 환경과 가용한 자원(settings & resources)을 말한다.

특히 교육공학의 영역으로서의 설계-개발-활용-관리 및 평가는 교육공학 연구의 방향과 과제에 직접적인 영향을 준 대목이라 할 수 있을 것이다. 한편 이론과 실제란, 이론과 실천적 학문으로서의 교육공학은 개념, 구성, 원리 및 명제로 구성된 이론적인 틀을 가진 지식체계로서, 교수-학습현장에서의 문제해결을 위하여 교육공학 지식이 실제적으로 적용된다는 것을 의미한다.

2) 교육공학의 영역

교육공학 연구의 하위영역으로서 설계, 개발, 활용, 관리 및 평가를 AECT에서 정의(1994)하였다. 이 다섯 가지 영역은 영역마다 고유의 지식기반을 가지고 있으며, 이들은 상호보완적인 성격을 가지고 긴밀하게 연관되어 있다.

(1) 설계(design)

설계는 교수-학습의 조건들을 구체화하는 과정으로서, 교수-학습심리학에 근거하여 교수설계(instructional design)를 중심으로 한 이론적 기반에서 출발하였다. 오늘날에는 수업 또는 교수공학의 중심 이론인 체제이론이 교수설계 접근방법으로서의 기본적인 틀로 자리 매김하고 있다. 교수설계의 최근 경향은 전통적인 교수설계 모형의 사용, 학습이론(행동→인지→구성주의 등)을 교수설계상에 적용 또는 고려, 그리고 첨단 정보통신기술과 신기술 등을 설계절차상에 도입하는 것(예, Electronic Performance Support System: EPSS) 등이다. 설계의 세부 영역은 교수체제 설계, 메시지디자인, 교수전략 및 학습자 특성 분석 등이 있다.

① 교수체제 설계(Instructional System Design: ISD)

ISD는 효과적이고 효율적인 교수를 위하여 일반적인 체제개발의 절차에 따라 교수학습의 과정이 '분석(A)-설계(D)-개발(D)-적용(I)-평가(E)의 단계'로 선행적으로 수행되도록 단계를 절차화해 주는 매우 순환적인 과정이다. 이러한 과정과 절차는 전문성을 가진 설계자가 총체적인 질적 관리(total quality management) 기법에 의하여 일관성 있게 실행해야 한다.

② 메시지디자인(contents design)

학습자의 지적, 정의적, 행동에 영향을 주는 신호와 기호로 구성되는 메시지의 외적 형태(physical form)를 조작하기 위한 계획이다. 오늘날에는 디지털콘텐츠를 중심으로 대상에 따라 매우 다양하고 의도적인 설계기술을 요구한다.

③ 교수전략(instructional strategy)

각 단위별 수업 내에서 일어나는 활동이나 사태를 선정하고 계열화하기 위해 구체적이고 방략적인 사양(specification)을 정하는 것이다.

④ 학습자 특성 분석

학습과정에서의 학습자의 동기유발과 관련하여 학습효과에 영향을 줄 수 있는 변인들, 즉 학습자들의 경험적 배경을 분석하여 제반 설계과정에 고려하는 것이다.

(2) 개발(development)

개발은 설계에서 만들어진 명세서(specification)를 테크놀로지의 다양한 물리적 형태인 하드웨어(H/W), 소프트웨어(S/W)와 내용 중심의 메시지, 이론 기반의 교수전략 및 교수자료 등을 활용하여 콘텐츠(contents)를 담은 매체형태로 산출(즉, 설계 사양을 구체적인 형태로 구현)해 내는 과정이다. 인쇄물을 중심으로 한 초기의 매체에서 시작하여 교육용 영화(1930년대), TV를 통한 교육(제2차세계대전 후), 그리고 컴퓨터의 교육적 활용(CAI/CBT, 1980년대)과 멀티미디어기반 학습매체(1990년대), 웹(Web) 기반의 사이버 e러닝(e-Learning)매체(2000년대)로까지 발달해 왔다. 앞으로는 모바일과 유비쿼터스(mobile & ubiquitous, u/t-Learning) 형태의 융·복합화 매체로 발전해 갈 것이다.

■ 유비쿼터스
언제 어디서나 존재한다는 뜻의 라틴어로서, 유비쿼터스 컴퓨팅의 줄임말이다. 그 의미는 언제 어디서나 어떤 것을 이용해서라도 온라인 네트워크상에 있으면서 서비스를 받는 환경/공간을 의미한다.

(3) 활용(utilization)

교수-학습의 효과를 증진시키기 위해 매체를 선정하고 활용하는 방법에서 출발한 교육공학의 기원에서 보는 바와 같이, 활용 영역은 개발된 체제(system)로서의 학습자원(resources)과 학습의 과정(process)을 현장에서 체계적으로 수행, 사용하는 행위를 말하며, 개인의 학습과정이나 교육조직 속에서 이를 제도화(정착)하고, 나아가 교수공학을 확산(활용)하는 데 영향을 미치는 연구나 사회의 규칙과 법과 행위에 관여(법제화)하는 활동 등을 포함한다.

(4) 관리(management)

교육공학에서의 관리 영역은 이 분야에 종사하는 사람들의 역할을 규정하는 것으로서, 교수체제 설계자(ISD 전문가)에서부터 교과/콘텐츠 전문가(Subject Matter Expert: SME), 매체전문가(Media Specialist: MS), 프로젝트 관리자(PM), 미디어센터 운영자 및 교실현장에서 교육공학 활용자로서의 교수자에 이르기까지 교육공학적 교수-학습실제에서의 계획, 조직, 협동과 조정적 감독을 의미한다. 관리 영역의 하위 요소로서 프로젝트 관리(교수설계와 개발 프로젝트를 계획, 조정, 통제하는 것), 자원 관리(자원 지원 체제와 서비스를 계획, 조정, 통제하는 것), 전달체제 관리(교수자료의 배포를 조직하는 방법), 정보 관리(학습자원을 제공하기 위해 정보의 전환이나 처리, 저장을 계획, 조정하고 통제하는 과정) 등이 있다.

(5) 평가(evaluation)

교육공학에서의 평가는 기존의 교육체제를 분석하여 새로운 교수-학습시스템을 설계 및 개발해 내는 과정에서의 요구분석(N/A) 차원의 문제분석에서부터, 최종 산출물을 도출해 내는 단계를 적정성에 기준(정보수집과 의사 결정 전략을 사용하여 문제의 본질과 매개변인을 결정)하여 측정(판단)하는 것이다. '교수체제 개발의 전체 과정'으로서의 달성 여부(효과성, 효율성, 매력성 및 안전성)를 측정하는 개념과 '교수-학습과정'으로서의 교수와 학습의 적절성을 판단하는 준거로서의 개념을 생각할 수 있다. 전자는 프로젝트나 학습 프로그램 또는 산출물에 대한 평가를 의미하고, 후자는 교육공학적 학습시스템 내에서의 학습수행(performance) 정도를 어떻게 효과적으로 측정해 내느냐에 대한 고민이 될 것이다.

(6) 연구활동(research)

연구활동은 탐구 및 연구 영역으로서의 교육공학을 말하며, 모든 인간학습과정에 대한 원리, 이론, 연구 결과 등을 활동의 결과물로 보고 현상을 기술하고 설명하는 데 관심을 가진다. 전통적 연구 영역으로서의 교육공학은 교육매체의 설계 및 개발, 산업교육, 상호작용 시스템과 컴퓨터, 교수체제의 설계와 개발, 학교매체센터(ERIC), 교육방송 및 텔레커뮤니케이션 연구 분야 등으로 세분화할 수 있다. 최근 교육공학의 연구 영역은 크게 교육공학 일반, 교수체제 설계이론과 모형 연구개발, 교수-학습이론과 교육방법, 첨단 정보매체의 교육적 활용(교육용 디지털콘텐츠의 개발), 컴퓨터와 정보통신기술 기반의 사이버교육(e/u-Learning), 원격교육(distance learning), 산업/기업교육(HRD) 등이다.

2. 교육공학의 발달 배경과 과정

1) 교육공학의 철학적 배경

(1) 감각적 직관과 경험주의

교육공학의 사상적 배경은 『세계도회』를 쓴 경험주의자 코메니우스(Johann Amos Comenius, 1592～1670)의 '감각적 직관론'과 계몽주의 철학자 페스탈로치(Johann Heinrich Pestalozzi, 1746～1827)의 '감각적 경험주의'에서 찾을 수 있다.

코메니우스는 언어 중심의 교육보다 감각적 직관을 중요시하여 "학습은 사물과 여러 감각을 통해 이루어지므로 말하고 쓰는 능력을 향상시키기 위하여 실물과 도해를 사용해야 한다."라고 주장하여 '사례와 사물 그리고 상징'이 동반되는 교육방법을 강조하였다. 페스탈로치 또한 감각적 직관이 학습지도의 기초가 되어야 함을 주장하여 '언어와 실물 그리고 내용'이 결부되어야 할 것을 강조하였다.

(2) 자연주의, 계발주의, 자유주의 교육사상

감각과 경험을 통한 학습론을 주장한 루소와 아동의 창조활동을 제고시키기 위한 교구의 교육적 활용을 주장한 '유치원 창시자' 프뢰벨의 계발주의 교육철학 그리고 학교교육과정은 실생활의 훈련과 감각훈련 및 근본적인 학문으로 구성되어야 한다고 주장한 자유주의 교육철학가인 몬테소리, 실용주의 철학자로서 진보주의 교육사상을 이론으로 정립한 듀이, 실험연구를 기초로 하는 학습이론을 정립한 손다이크 등이 교육공학의 이론적 토대를 형성하는 데 크게 기여하였다.

2) 시청각교육: 초기 교육공학 개념의 태생기

언어중심적인 교육방법에서 사용되는 추상적인 개념 설명을 학습자가 보다 구체적으로 경험할 수 있도록 하기 위하여 시각자료를 보조물로 활용하기 시작한 것은 1937년 호반(Hoban)과 그의 동료들이 '시각자료와 교과과정'을 통합하는 시도에서부터다. 이후 서서히 등장한 신기술인 녹음, 슬라이드, 라디오, 텔레비전 등의 시청각 교재와 교구가 통합되는 형식으로 발전하였다. 제2차세계대전 이후 공학의 발전과 함께 교사교육 분야에서 시청각교육(audiovisual education)은 더욱 활발하게 발전되기 시작하였다.

가장 대표적인 이론으로는 에드가 데일(Edgar Dale)의 '경험의 원추(cone of experience)' 모형이 있다. 이는 교수자료가 지니고 있는 구체성과 추상성을 기준으로 학습의 경험과 효과를 설명해 주고 있다. 또한 심리학자 브루너(Bruner, 1966)는 지식의 표상양식을 행동적(enactive), 영상적(iconic), 상징적(symbolic) 표상양식으로 설명하여 데일과는 시각을 달리하였다. 브루너의 이론은 학습자에게 제시되는 자극의 속성보다는 학습자의 지적인 활동에 대한 것을 더 강조한다.

3) 시청각 통신교육: 발전기

시청각 통신교육(audiovisual education & communication)은 기존의 교수-학습상황에서의 시청각매체의 활용 개념에서 진일보하여, 시청각자료를 제시하는 방법과 의사소통과정을 고려한 커뮤니케이션이론이 도입되었다(단순하면서도 유용한 통신모형으로는 벌로(Berlo)의 커뮤니케이션 모형인 'S-M-C-R 모형' 이 있다, 1960). 커뮤니케이션의 개념에서는 송신자인 교사와 수신자인 학습자 사이에서 이루어지는 학습정보의 전달과정 전체에 초점을 두고 커뮤니케이션 과정에서의 각 요소 간의 상호작용적인 관계를 중시하였다.

또 하나의 개념 변화는 교수-학습상의 과정을 하위의 여러 구성요소로 이루어진 체제로 인식하는 초기의 체제개념이 도입되었다는 것이다(체제를 수업을 제공하도록 조직되고 통합된 하나의 산물로 보며, 학습법에 있어서 각 교수방법 '검은 상자'는 학습 상황에 따라서 교수-학습체제 전체의 효율성을 증가시킬 수 있다는 이론임, 핀(Finn, 1964)의 '교수체제-검은 상자 개념). 결과적으로 초기 체제이론과 커뮤니케이션이론이 기존의 시청각교육 개념에 결합되어 '시청각통신교육' 개념으로 발전하였다.

4) 교수공학: 현대 교육공학의 구심점

행동과학, 체제이론 및 교수개발이론 등이 시청각 커뮤니케이션 개념에 도입됨으로써 새로운 패러다임의 교수공학 또는 수업공학의 개념이 형성되었다(1970년, 미국 시청각교육국이 교육공학협회/AECT: Association for Educational Communication and Technology로 개칭됨). 교수공학의 기초이론은 행동주의 학습이론이며, 특히 스키너의 학습이론(Skinner, 1958)은 학습 분량의 단계적 제시와 능력별 개별화 학습지도원리를 주장했다. 또한 학습자의 반응행동에 대한 피드백(feedback)과 강화의 개념을 제시하였다.

이때 교수과정을 체계적으로 적용하는 체제적 접근(systems approach)과 교수체제개발 개념이 형성되고 그 과정을 보다 중시하게 되었다(초기 체제개념이 산출물에 관심을 둔 것이라면 후기 체제개념은 과정에 초점을 두었다고 할 수 있다.). 체제적 접근이란, 교수목표의 설정에서 시작하여 교수요목의 선택과 개발, 매체를 포함한 교수방법의 선택, 평가자료 개발에 이르기까지의 제 단계와 교수-학습체제 내에서의 피드백이 선순환적으로 이루어지도록 하여 최적의 체제(system)가 유지되도록 한다는 것이다(Heinich, 1967).

체제적 접근과 교수개발이론으로 형성된 교수공학의 이론적 정의는 1977년 AECT에서 정의된 16개 상세항목에 포괄된 교육공학으로 명명되었다(교육공학은 인간학습에 포함된 모든 문제점을 분석하여 이에 대한 해결책을 고안하고 실행하며 평가, 관리하기 위하여 사람, 절차, 이념, 장치 및 조직을 포함한 복합적이고 통합된 과정이다.… 이하 생략). 이러한 정의는 AECT에서 1994년에 정보통신공학의 시대적 발전에 맞도록 교육공학에 대한 재정의를 내리게 되어 오늘날에 '교육공학'이라는 독립된 학문으로 발전해 가고 있다.

3. 교육공학의 이론적 배경과 교수-학습 패러다임

교육공학의 이론적 배경이라 함은 교육공학 분야를 하나의 학문으로 정립시키는데, 즉 교육공학의 개념 형성에 이론적 기초를 제공한 대표적인 이론을 말하며, 커뮤니케이션이론, 체제이론 및 수업이론: 인간학습에 대한 스키너의 행동과학이론에 기초 등이 그것이다. 교수학습 패러다임이란, 교육공학에서의 교수-학습과정의 설계와 개발에 적용되는 인식론 차원의 학습이론을 말하며, 이는 발달 순서에 따라 **행동주의**, **인지주의** 및 **구성주의**를 들 수 있다. 이 장에서는 교육공학의 이론적 기초를 형성한 체제이론과 커뮤니케이션이론을 먼저 살펴본 후 교수-학습이론의 세 가지 패러다임에 대하여 논의하도록 한다.

[그림 7-1] 교육공학의 이론적 배경

1) 체제이론

(1) 개념

체제이론(systems theory)은 20세기 초반부터 1930년대까지 발달한 것으로 유기체 전체의 조직과 그 구성과 상호작용에 관심을 두고 있다. 로미스조브스키(Romiszowski, 1981)는 버터란피(Bertalanffy, 1968)의 체제이론적 기반, 즉 전체와 총체 속에서의 구조와 안정성 연구에 기초하여 체제 내의 구성요소와 그것들의 영향력을 측정하였다. 또한 세상에서 일어나는 모든 현상은 체제이론을 통하여 설명될 수 있으며, 이러한 관찰을 근거로 미래를 예측할 수 있다고 설명하였다.

이를 기반으로 볼 때 체제가 가지는 특징을 요약하면 다음과 같다.

첫째, 일련의 구성요소로 이루어지며, 각 요소는 독립적인 기능을 발휘하는 동시에 전체적 기능을 극대화시키도록 상호작용적으로 통합된다(2개 이상의 하부요소로 구성).

둘째, 체제에 투입된 것들은 그 효과 또는 영향이 분석 · 평가되고, 산출된 모든 것은 체제의 목표 달성 정도에 따라 평가받는다(전체로서의 목표).

셋째, 체제 스스로 생존 · 유지될 수 있도록 환류적이고 자가수정적 활동을 통해 스스로 발전해 가는 생물적 유기체다(유기체적 환류 활동).

(2) 체제적 접근

교육에서의 체제이론은 일반적인 체제개념을 교수현장에 적용할 수 있도록, 즉 교수-학습 상황을 하나의 체제적 원리로 바라보고 교수설계를 위한 절차를 단계화한 체제적 접근 개념의 발달로 실용화되었다. 다시 말해 교수설계과정을 논리적인 문제해결의 과정으로 간주하여 체제적 관점으로 접근하고, 이를 위해 합리적인 설계절차를 수행하여 산출된 교수-학습체제는 구체적인 행동목표를 달성할 수 있게 해 준다. 체제접근적으로 설계된 교수는 교수-학습환경의 변화 속에서도 자가수정(self correction) 기능을 발휘해 왔다는 것이다.

교육공학에서 사용되는 교수개발의 기본적 도구인 체제적 접근은 교수개발자에게 교수설계 개발의 합리적인 절차를 제공하며, 초기의 체제접근적 교수개발 모형은 1960년대에 미시건 주립대학에서 3단계(체제정의-체제개발-체제평가), 아홉 가지 절차모형을 주창하였다. 이러한 체제이론, 체제적 접근, 교수개발 모형은 궁극적으로 효과적, 효율적, 매력적인 수업을 설계하기 위한 처방이며, 교육자들에게 교수의 설계와 평가지침을 제공해 준다(Dick & Carey, 1985).

2) 커뮤니케이션이론

(1) 개념과 성향

체제이론과 동시대에 대두된 커뮤니케이션이론(communication theory)은 메시지를 전달하는 과정인 커뮤니케이션에 영향을 미치는 요소들과 그 현상들을 설명하고자 하는 것이다. 커뮤니케이션의 과정 속에는 송신자와 수신자 등 둘 이상의 개인이 존재하며, 제공하거나 알리고자 하는 메시지 또는 아이디어가 포함되어 있다. 연구의 관심은 어떻게 메시지가 송신자로부터 수신자에게 전달되는가다.

쉐논과 슈람(Shannon & Schramm, 1964)은 그들의 커뮤니케이션 모형에서 체제이론의 확장된 피드백의 개념과 경험의 장(場) 개념을 도입하여, 커뮤니케이션의 과정에서 무엇이 일어나는가를 명확히 설명하였다. 커뮤니케이션은 의식적 또는 무의식적이며 체제적인 특성이 있다. 또한 역동적 과정이며 상호작용적이다.

(2) 커뮤니케이션의 구성요소

쉐논과 슈람 모형의 커뮤니케이션 과정에는 목표로서의 준비한 메시지를 상대방

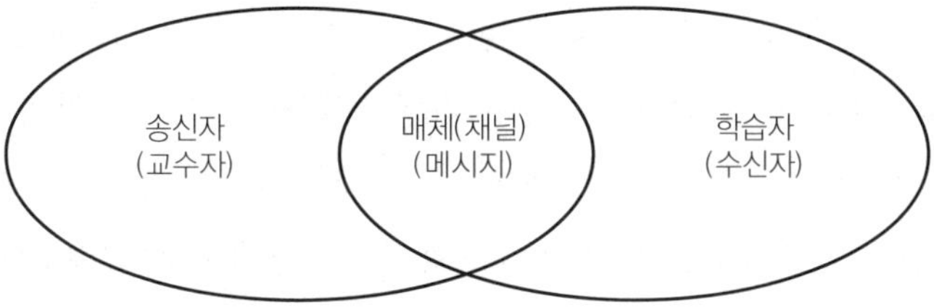

[그림 7-2] 커뮤니케이션의 구성요소

수신자(학습자)에게 전하고자 하는 **송신자**(sender)와 부호화 과정을 통해 신호를 거쳐 상대방에게 전달되는 **메시지**(message), 메시지를 유통시키는 수송수단으로서의 감각적 또는 기술적 **채널**(channel, 인간의 오감에서부터 시청각매체를 포함한 첨단 공학미디어까지), 메시지의 유통을 방해하는 **잡음**(noise) 및 커뮤니케이션 과정에서의 대상인 수신자(receiver)가 있다.

3) 행동주의 학습이론

교육에서의 공학의 사용을 지지하는 이론 가운데 **행동주의**는 역사적으로 가장 큰 영향을 주어 왔다. 행동주의는 초기 교육공학 개념의 시청각교재를 설계하는 데 있어서 이론적 기반으로 적용되었고, **티칭머신**(teaching machine)과 프로그램 교재의 사용에서처럼 서로 연관된 교수전략을 사용하기 위한 원동력이 되었다.

■ **티칭머신**
교수기계. 1924년 S.L. 프레시에 의하여 '자기채점식 다지 선택장치' 로 고안됨. 그 후 1950년대 B.F. 스키너가 프레시의 고안이 교육상 대단히 중요한 의의가 있음을 재발견하고 신행동주의 심리학의 입장에서 티칭머신과 함께 그것을 사용하는 프로그램을 시작(試作)하고, 학습강화의 이론을 첨가함으로써 이 운동의 기초를 마련하였다.

손다이크(1969)의 연합주의, 파블로프의 고전적인 조건형성, 그리고 과학적 경험주의자인 스키너(1954)의 조작적 조건형성 등은 인간의 행동에 대한 교육공학의 영향을 실험한 초기 연구자들에게 수업이론의 지침을 제공하는 데 쓰인 아이디어들이라 할 수 있다.

(1) 행동주의의 학습 원리

① 학습의 관찰 가능성

② 사전 측정과 완전학습

③ 단서의 사용과 상호작용적 강화

④ 학생의 정보수집과 단계별 프로그램 학습

⑤ 학습의 측정과 반복학습

(2) 행동주의의 교육공학적 시사점

행동주의 이론의 요체는 행동과 보상, 반응과 강화자극 간의 관계를 학습에 응용한 것이다(Skinner의 쥐 실험). 즉, 학습자들은 자신의 행동에 대하여 즉각적인 보상적 수단으로서의 상호작용적인 피드백이 주어질 때 그 학습행동이 강화되어 학습의 효과가 높게 나타난다는 것이다. 이러한 상호작용적 원리를 초기의 티칭머신에서는 교수기계를 통하여 문제를 제시하고, 학습자가 반응을 입력하도록 한 후 그에 따라 피드백을 제시함으로써 상호작용성을 구현하도록 했다.

오늘날의 e/u-Learning과 같은 사이버 학습체제에서는 학습 콘텐츠와 사용자 간뿐만 아니라 동료 학습자 간 및 외부 교과전문가(Subject Matter Expert: SME)와의 높은 수준의 상호작용성을 제공해 줄 수 있는 학습환경을 설계해 주는 것이 필요하다고 본다.

4) 인지주의 학습이론

인지주의 학습관은 학습이란 학습자의 능동적인 활동의 결과이며, 학습정보가 학습자의 뇌에 받아들여지고 조직되며 저장되고 인출되는 과정으로서의 방법으로 본다. 즉, 학습이란 학습정보에 대한 처리과정을 거쳐 머릿속의 지식이 변화하는 것이라고 보는 것으로서, 자극과 행동의 결합에 의하여 학습이 일어난다는 행동주의의 견해와는 달리, 학습과정에서의 학습자의 내부 인지구조의 변화가 곧 학습이라는 것이다.

인지이론을 처음 주창한 브루너(1960)는 학습자의 현존하는 인지적 구조, 즉 스키마(schema)에 기반해야 한다고 보고, 학습자에 의해 지식이 어떻게 내적으로 구성 및 조직되느냐에 따라 새로운 학습이 일어나는 데 상당한 영향력을 미치게 된다고 믿었다. 이것은 학습자의 선수지식, 즉 이전의 지식구조와 새로운 정보를 의미 있게 연결하도록 도와주는 방식으로 조직되어야 한다는 것이다(이는 개인에 따라 다소 차이는 있지만 교수설계, 교수매체, 교수방법 및 교수전략이 영향을 주었다.).

(1) 인지주의의 학습 원리

① 유의미학습

② 내재적 동기에 의한 학습

(2) 인지주의 학습이론의 특징과 교육공학에의 시사점

학습자의 학습과정 자체에 초점을 둔 인지심리학자들(브루너의 발견학습, 피아제(Piaget)의 인지발달이론, 오스벨(Ausubel)의 유의미학습, 페퍼트(Papert))은 행동주의자들에 비하여 더욱 많은 자율과 통제를 학습자에게 귀속시켰다(Carey, 1986). 또한 학습내용의 제시방법이나 조직화와 같은 내용 구성에 많은 변화를 주었다. 예를 들어, 교수매체를 선정할 때에도 학습자의 인지구조에 적합한가를 고려하는 것이나, 학습내용의 유형에 따라 적절한 제시방법을 선택해야 하는 것, 학습내용의 계열화 방법 등도 이러한 예 중의 하나다. 특히 학습내용과 관련해서는 과제 분석 등과 같이 학습내용 조직을 강조하고 있다. 인지주의 학습이론은 현재에도 교육공학 전반에 광범위한 영향력을 미치고 있다.

5) 구성주의 학습이론

구성주의의 관심은 어떻게 지식을 구성하느냐이다. 레스닉(Resnick, 1989)은 학습은 학습자 개인의 지식 구성의 과정이며, 정보의 기록이 아닌 정보의 해석에 의하여 일어난다고 하였다. 효과적인 학습은 학습자의 의도와 자기 모니터링, 정교화 그리고 표상적인 구성화의 과정 속에서 일어나기 때문에, 교수는 이러한 지식 구성의 과정을 촉진할 수 있는 정보를 제공하고 학습자가 학습의 주체가 되도록 도울 수 있는 역할과 환경을 만들어야 한다는 구성주의적 학습관을 주장하였다.

■ **구성주의**
학습자의 능동적인 지식구성과정이 학습이라고 보는 관점.

(1) 구성주의 학습의 개념과 특성

구성주의에서는 학습자의 능동적인 지식구성 과정이 학습이라고 본다. 즉, 어떤 지식을 학습한다고 했을 때, 그 지식이 갖고 있는 의미는 학습자 개인의 경험에 근거하여 이해된다. 이렇게 자신의 경험에 근거하여 지식을 구성하기 때문에 같은 내용을 배웠다고 하더라도 학습의 결과 학습자들이 구성한 지식의 의미는 개인적으로 모두 달라질 수 있다고 보는 것이다.

머릴(Merrill, 1991)이 말하는 구성주의의 특성은 ① 지식은 학습자에 의하여 구성되고, ② 학습은 경험에 대한 학습자의 개인적 해석이며, ③ 학습은 학습자의 능동적인 태도에 의하여 일어나며, ④ 학습은 상호작용적인 공동 협력의 결과다. ⑤ 학습은 실제 세상(real world)과 유사하게 상황화되어야 하며, ⑥ 학습의 측정은 학습의 맥락

자체에 통합하여 현실적으로 이루어져야 한다.

(2) 구성주의의 교육공학적 시사점

구성주의 학습이론은 최근 교육공학의 연구와 실천 영역 전반에서 가장 영향력 있는 이론 중의 하나로 여겨지고 있으며, 앞으로도 더욱 많은 영향을 미칠 것이다. 구성주의의 발달에 힘입어 하이퍼텍스트, 하이퍼미디어, 멀티미디어를 기반으로 한 온라인 사이버학습 또는 e/u-Learning 학습 등의 다양한 교육 프로그램들이 개발, 구현되고 있다. 특히 컴퓨터와 첨단 정보통신기술의 발달과 더불어 다양한 첨단 뉴미디어가 학습자원으로 활용되면서 구성주의 학습이론을 적용하려는 노력은 활발하게 계속되고 있다.

6) 학습이론의 적용 관점에서 본 세 이론의 비교

행동주의와 인지적 정보처리이론은 객관주의적 인식론을 공유하고 있다는 점에서 구성주의와는 인식론적인 차이가 있다([표 7-1] 참조). 행동주의의 적용이 학습환경의 설계에 초점을 둔다면, 인지적 정보처리이론은 효율적인 정보처리과정의 전략을 강조한다고 할 수 있다.

한편 전통적인 인지이론에서는 학습능력의 위계를 세분화하여 '이해단계'와 '응용단계'로 구분하나, 이 둘은 유관한 목적을 가진 선후 과정으로 인식할 수 있다. 하지만 구성주의 맥락에서는 '이해하기' 조차도 학습자가 배우고자 하는 노력의 결과로 얻어지는 것이지, 선수학습 능력이 우선된 위계적 지식의 전수과정이 아니라고 본다.

구성주의의 학습관에서의 학습자의 성취도 측정은 다양하고 열린 형태로 평가해야 하며(Perkins, 1991), 학습자의 지식구조가 주어진 학습상황에서 사고를 촉진시키는 데 얼마나 효과적인 도구로 기능하는지를 측정해야 한다는 것이다(Bednar et al., 1991).

[표 7-1] 학습이론과 인식론의 적용 관점 비교

구분	학습이론		인식론	
철학적 배경	객관주의		구성주의	
교육과정	교과서의 실천자		교과서의 재구성자	
심리학적 조류	행동주의	인지주의	개인적 구성주의	사회적 구성주의
학습에 대한 정의	외형적 행동 변화	인지구조의 변화	주관적 경험에 근거한 개인적 의미 창출	사회적 상호작용의 의미 구성
학습목표 패러다임	완전학습, 전체주의		평생학습, 신인본주의	
	지식과 정보 전달 교수(teaching)	지식과 정보의 발견(교수-학습)	개인적 이해를 위한 사고(개별화 학습)	지식의 공동 구성 (상호작용 학습)
교사의 역할	관리자, 감독자	정보처리의 활성자	촉진자, 안내자	촉진자, 안내자, 공동 참여자
학습자의 역할	정보의 수동적 수용자, 추종자	정보의 능동적 처리자	의미의 능동적 구성자, 해석자	의미의 능동적 공동 구성자
핵심 개념	자극, 반응, 강화	정교화	개인의 구성과정	사회문화적 동화
학습전략	주입식, 획일화, 대량화, 암기		체험학습(토론, 협동, 문제해결 중시)	
	연습과 피드백	정보처리활동을 촉진시킬 정신적 활동/강조하는 전략	의미 있는 아이디어, 풍부한 자료 제공	의미 있는 아이디어, 풍부한 자료 제공, 학습기회의 공동 제공
평가 방법	결과 중시(단순 평가) 양적 평가(객관적 평가), 총괄 평가		과정 중시(수행 평가) 질적 평가(교사 교육관에 의한), 형성 평가	
주요 매체	전통적 매체, CAI	컴퓨터에 기초한 수업	인터넷, 맥락적 도구(다양한 자료 활용)	
주요 학자	Skinner Thorndike	Bruner Ausubel	Piaget Von Glasersfeld	Vygotsky Rogoff

4. 교수체제 설계의 이론과 방법

교수설계는 기대하는 학습 성과를 달성하기 위하여 교수-학습환경 속에서 최적의 수업과정을 처방해 내는 데 관심을 둔다. 따라서 시행착오적인 설계가 아닌 성공적인 수업의 실행에 영향을 주고받을 수 있는 제반 요인들을 신중하게 고려하여 구안되어야 한다. 또한 교수설계는 교수활동상에 창의적인 아이디어가 제공되고 실행 가능성이 있는 프로그램들로 구성될 수 있도록, 설계(계획)의 과정이 체제적이며 논리적 합리성을 가지고 있어야 한다.

다음은 교수설계의 기초이론과 설계모형을 정리한 것이다.

1) 가네와 브릭스의 교수설계이론

가네와 브릭스(Gagné & Briggs, 1979)는 정보처리이론에 입각하여 "학습이란 환경으로부터의 자극을 새로운 능력을 획득하는 데 필요한 정보처리의 여러 단계들로 변경시키는 일련의 인지과정이다."라고 정의하였다. 즉, 새로운 정보가 감각등록기(sensor/buffer)를 거쳐 선택적 지각을 통해 단기기억(STM)을 거쳐 장기기억(LTM)으로 가서 의미 있게 재조직화되는 과정이며, 이때 정보는 장기기억 속에서 다양한 형태로 저장되는데, 이를 가네는 인간학습의 다섯 가지 범주/형태로 분류하였다.

(1) 교수설계 이론의 기본 가정

교수-학습의 산출물로서의 능력을 구성해 주는 언어정보(verbal information), 지적 기능(intellectual skill), 인지전략(cognitive strategy), 운동기능(motor skill) 및 태도

[표 7-2] Gagné의 학습의 내재적, 외재적 조건

학습의 유형	내재적 조건	외재적 조건
지적 기능	- 필수적인 선수학습요소 먼저 학습하기 - 특정의 선수학습 요소를 회상, 인식할 수 있기	- 학습자에게 그러한 필수적인 선수학습 요소를 회상할 수 있도록 자극하기
인지전략	- 관련된 법칙들과 개념들을 회상하기	- 해결방안이 구체화되어 있지 않은 새로운 문제상황을 여러 차례 연속적으로 제시하기 - 학생이 문제해결 과정을 시범하기
언어정보	- 광범위하게 의미 있는 맥락을 회상하기	- 광범위한 맥락에서 새로운 정보를 제시하기
태 도	- 목표로 삼고 있는 개인의 행동들과 관련된 정보 및 지적 기능을 회상하기	- '원천(흔히 사람)'에 대한 존중심을 설정하거나 회상하기 - 직접적 경험 혹은 존경하는 사람의 관찰로부터 얻어진 대리적 경험에 의한 개인적 행동을 보상하기
운동 기능	- 운동의 연쇄를 구성하는 요소들을 회상	- 실행의 하위 단계(규칙)들을 설정 또는 회상하기

(attitudes) 등은 곧 학습하여야 할 다섯 가지 능력이자 교수목표가 되어야 한다고 했다([표 7-2] 참조). 교수설계의 기본적 가정으로서 가네는 다음과 같은 다섯 가지를 제시하였다.

① 교수는 학습자 개개인의 초점에 맞추어 개개인의 학습을 증진시키도록 설계되어야 한다.
② 교수설계는 다각적인 측면을 고려하여 거시적, 미시적 수준의 계획이 포함되어야 한다.
③ 교수설계는 최적의 인간발달을 위해 체계적이고 조직적으로 설계되어야 한다.
④ 교수설계는 체제적 접근방식을 사용하여 이루어져야 한다.
⑤ 교수설계는 학습이론에 바탕을 두고 이루어져야 한다.

(2) 학습의 조건

가네는 다양한 유형의 학습 결과를 위하여 각기 다른 학습의 조건들이 설정되고 제공되어야 한다고 하였다. 즉, 내재적 조건과 외재적 조건이 그것이다.

학습의 내재적 조건이란, 학습자가 후속 되는 학습을 위하여 필수적이거나 보조적인 것으로써 획득해 온 선수학습 능력과 획득과 기억 등 학습자 내부의 인지과정의 측면을 지칭한다.

학습의 외재적 조건이란, 학습자 외부의 교수사태가 학습의 내재적 과정을 활성화시켜 주고 보조해 주도록 기능을 하는 다양한 방법들을 지칭한다(9가지 수업 또는 교수사태는 학습의 외적 조건인 환경적 자극을 위해 제공된다.).

2) 머릴의 내용요소 전시이론

내용요소 전시이론(component display theory)은 교수설계의 변인들 중 교수방법 의 변인 범주를 다루는 교수-학습 조직전략상의 미시적 전략을 다루는 이론이라 할 수 있다. 즉, 여러 개의 복잡한 아이디어를 동시에 다루는 것이 아니라 하나하나의 아이디어를 떨어진 형태로 처방하는 교수이론이다. 머릴 이론의 주요 개념은 '수행-내용 행렬표' '자료제시 형태' '일관성' '적절성'의 규칙이며, 그는 내용요소 전시이론이 교수-학습활동을 설계 · 개발하는 데 구체적인 처방과 길잡이를 제공해 준다고 하였다.

(1) 수행-내용 행렬표(matrix)

가네의 교수설계이론은 학습의 결과(교수목표)를 언어정보, 지적 기술, 인지전략, 운동기술 및 태도로 구분하고 각각의 학습 결과를 얻기 위해서는 각기 다른 학습의 조건을 제시해야 한다는 가정을 전제로 한 반면에, 머릴은 학습 결과를 사실(fact), 개념(concept), 절차(procedure) 및 원리(principle) 등 네 개의 범주로 나누고 이것들은 학습자들이 수행해야 할 과제에 따라 기억, 활용, 발견의 세 개의 학습 수행수준으로 습득된다는 이론이다.

(2) 자료제시 형태

학습자들에게 제시되는 교수-학습상황에서의 자료제시 형태는 일차적 자료제시 형태(primary presentation form), 이차적 자료제시 형태(secondary presentation form), 과정제시(process display), 절차제시(procedural display)의 네 가지로 구분된다.

3) 라이겔루스(Reigeluth)의 정교화 이론

정교화 이론(elaboration theory)은 교수내용의 조직화를 위한 전략에 초점을 둔 교수설계이론이며, 인지심리학과 기존의 교수모형 원리들을 통합한 거시적 수준의 설계이론이라 할 수 있다. 주요 내용으로는 교수내용의 선정, 계열화, 종합 및 요약 등의 네 가지 측면에서 효율적 처방기법을 제시해 준다.

정교화 이론은 교수내용의 형태에 따라 '**개념적 조직모형, 절차적 조직모형, 그리고 이론적 조직모형**'의 세 가지 정교화 모형(이는 곧 지식의 세 가지 형태를 의미한다.)으로 구성되며, 각 모형에 공통적으로 일곱 가지(정교화된 계열, 선수학습요소의 계열화, 요약자, 종합자, 비유, 인지전략 활성자, 학습자 통제양식)의 기본 교수설계 전략을 포함하고 있다.

(1) 정교화된 계열

학습내용의 구조화에 있어서 단순/복잡의 정도에 따라 학습내용을 조직하는 것으로서 사진기의 줌렌즈와 비유할 수 있는 **개요화**(epitomizing)와 **요약화**(summarizing)를 예로 들 수 있다.

(2) 선수학습 능력의 계열화

개념, 절차, 이론의 세 가지 지식의 형태에 따라 각기 다른 선행적 지식 또는 학습 능력을 필요로 한다는 가정 아래, 새로운 정보를 학습하기 전에 어떤 지식과 정보가 선수학습되어야 할지를 계열화해야 한다는 학습의 구조(learning structure)에 관한 것이다.

(3) 요약자(summarizer)

학습자로 하여금 학습한 것을 망각치 않도록 하고 체계적인 복습을 위한 교수전략 요소로서, 수업단위별 내부 요약자와 일련의 학습단원, 곧 전체 단원별 요약자의 두 가지 유형을 들 수 있다.

(4) 종합자(synthesizer)

개개의 아이디어들을 서로 연결하고 통합시켜 줌으로써 수업의 전체적 윤곽을 알게 하여 학습의 의미와 동기를 제고시키는 역할을 하는 전략요소다.

(5) 인지전략 활성자(cognitive-strategy activity)

학습과정에서 학습자의 학습기능과 사고기능을 통하여 스스로 심상을 만들고 비유를 생각할 수 있도록 돕는 전략으로서, 수업에서 그림이나 도식, 비유들을 학습내용에 연결하고 삽입시켜 주는 방법과, 학습자가 이미 체험한 인지전략을 사용하도록 지시 또는 유도하는 형태로 나눌 수 있다.

(6) 학습자 통제(learner control)

학습자의 동기유발과 자신의 학습을 스스로 조절, 통제할 수 있도록 학습자로 하여금 '학습내용, 학습속도, 사용하는 교수전략 및 인지전략' 의 네 가지를 선택하고 계열화하는 자유를 주는 것이다(Merrill, 1979). 이는 학습자 자신의 메타인지 모형에 맞추어 학습자가 수업내용과 교수전략을 선택하고 계열화하여, 인지전략을 활성화할 수 있는 기회를 많이 제공해 주는 자기주도적 학습(self-directed learning)에 직접적인 영향을 준 교수전략 요소라 할 수 있다.

4) 켈러(Keller)의 학습동기 유발을 위한 ARCS이론

존 켈러(John Keller)는 개인의 동기 유발에 관한 심리학의 문헌 분석을 기초로 ARCS 모형을 개발하였으며, 교수-학습 상황에서 학습자의 학습동기를 유발하고 유지시키기 위해서 다음 네 가지 속성이 교수전략 설계의 전 과정에 걸쳐서 반영되어야 한다고 주장했다.

(1) 주의집중(attention)

학습자는 학습하기 위해 주의를 집중해야 한다. 학습 초기에 학습자의 주의집중은 정서적 또는 개인적 정보의 활용, 질문, 지적인 도전감의 유발, 사람의 관심을 끄는 실제적인 예들을 활용함으로써 가능하다.

(2) 관련성(relevance)

교수 프로그램은 학습자의 생활 속에 있는 중요한 목표와 관련되어야 한다.

(3) 자신감(confidence)

학습자의 동기수준을 높이기 위해서는 학습자가 교수목표에 도달할 수 있는 자신감을 줄 수 있어야 한다. 자신감이 결여된 학습자들은 그들도 학습에 성공할 지식과 기능이 있음을 확신시켜 주어야 하고, 자신감이 지나친 학습자는 그 수업에서 학습해야 할 중요한 부분이 있음을 일깨워 주어야 한다.

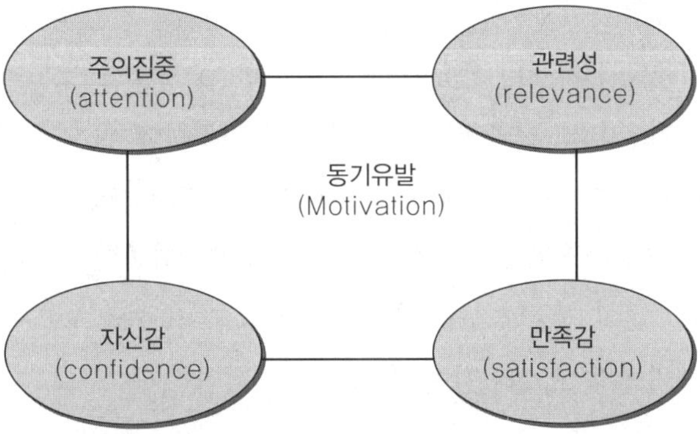

[그림 7-3] 켈러의 동기유발 ARCS 모형

(4) 만족감(satisfaction)

높은 수준의 동기는 학습자가 자신의 학습 경험에서 만족감을 찾느냐 못 찾느냐에 달려 있다. 학습자가 새로운 기술을 익히고 그 기술을 성공적으로 활용할 수 있게 됨으로써 얻을 수 있는 내적 만족감은 자존심의 고양에도 기여하게 된다.

5) 교수설계의 모형

학습사태에서 무엇보다도 중요시되는 것은 의도된 목표를 통한 일련의 행동 변화를 효율적으로 달성하는 것이다. 즉, 그 목표를 달성하고자 하는 장면이 바로 수업이며, 수업이 효과적이며 효율적이고 매력적으로 수행되기 위해서는 조직적이고 체계적인 교수설계의 과정은 필수적이다.

더욱이 교수자 중심의 수업적 처방에서 학습자 중심의 수업 전개라는 열린 교육 패러다임의 변화된 환경과, 학습매체의 첨단화, 콘텐츠의 다양화와 함께 공학의 교육적 활용 개념의 이론 적용과 실천은 교수-학습(수업)의 개발과정에서도 반드시 고려되어야 할 사항으로 간주되고 있다.

앞에서 논의한 체제적인 접근은 교육방법의 현대화와 과학화에 따른 주먹구구식의 교수계획안이 아닌, 단계적인 절차활동을 통한 계획안을 제시해 줄 수 있는 설득력 있는 이론과 기법이다. 여기서는 학습 성과의 극대화를 위한 기초로서 체제적 교수설계의 이론과 방법을 구체적인 내용과 함께 정리한다.

(1) 체제적 교수설계(Instructional System Design: ISD)의 배경과 의의

체제(system)란 어떠한 특정 목적을 달성하기 위하여 상호작용하는 하위 요소들의 집합체이며, 교수체제(instructional system)는 학습자로 하여금 의도한 행동 변화를 촉진시킬 목적으로 상호작용적인 관계를 가지는 구성요소들의 집합체(학습목표, 학습내용/콘텐츠, 학습의 주객체로서의 학습자와 교수자, 교수자료, 매체/기자재, 교수절차와 방법, 환경/시설 및 시간계획 등)라 정의할 수 있다.

교수설계는 교육공학의 핵심 분야로서 교수의 과정을 이해하고 개선하려는 데 목적을 두며, 교수-학습상황의 전개과정을 최적의 조건으로 구성함으로써 교수효과를 증진시키는 데 관심을 둔다.

교수설계에 도입되는 방법으로서 체제적 교수설계란, 효과적이고 효율적이며 매력적인 교수를 위하여 인간의 학습과 지식 및 커뮤니케이션이론 등에 대한 연구를 기반으로, 인적 · 물적 자원을 동원하여 학습과 수업의 전 과정을 설계하고 수행하기 위한 체계적인, 즉 **최적의 수업과정**을 처방하는 과정이다. 이는 교사의 질만을 강조하던 전통적인 입장과 달리 수업을 구성하는 모든 요소에 관심을 기울이게 되는 **교수의 체제접근적(systems approach to education)** 관점의 변화에 근거하고 있다. 다시 말해 교수목표를 가장 효율적으로 달성해 갈 수 있도록 교수체제의 모든 하위요소들을 기능적으로 계획, 조직 및 조정하는 절차와 과정이다.

체제적 교수설계의 목적은 교육의 핵심인 교수과정에서의 두 가지 요인, 즉 '무엇을 가르칠 것인가(what)'와 '어떻게 가르칠 것인가(how)'와 관련하여, 후자의 어떻게 가르칠 것인가를 계획하고 설계하는 교수설계에 일관된 목적성과 전체성 그리고 각 요소 간의 조화된 상호작용 관계성을 가진 체제(system)의 개념적 특성을 접목한 체제적 접근법을 적용함으로써 학습의 성과를 극대화하려는 것이다.

교수설계에 대해서는 두 가지의 관점이 있는데 첫째, **협의의 교수설계**는 특정의 학습내용과 특정의 학습자가 주어졌을 때, 기대하는 학습자의 변화를 일으킬 수 있는 최적의 교수방법이나 교수전략이 무엇인가를 결정해 나가는 교수개발과정(process)의 한 부분으로서, 최적의 '교수방법과 처방'의 개발과 구현에 그 초점을 두고 있다. 둘째, **광의의 교수설계**는 인간의 교육과 학습의 문제를 해결하기 위하여 체계적이고 체제적인 분석(analysis)-설계(design)-개발(development)-실행(implementation) 및 평가(evaluation)의 다섯 단계의 활동(ADDIE)과정을 통하여 최적의 교육훈련 프로그램을 개발하는 일로서, 곧 ISD(instructional systems design)로 불린다. 이 책에서 교수설계의 관점은 후자를 의미한다. 또한 특정 이론이나 교수환경 및 개발 상황을 반영한 다양한 ISD모형들이 제시되고 있다. 딕과 캐리(Dick & Carey, 1990)의 체제적 교수설계와 켐프, 모리슨과 로스(Kemp, Morrison, & Ross, 1994)의 효과적 수업의 설계 등이 대표적인 모형이다.

(2) 체제적 교수설계의 모형

효과적이고 효율적인 수업을 설계하기 위하여 학자들은 오랫동안(Banathy, 1968 이후) 다양한 교수설계 절차와 설계모형을 개발해 왔다. 체제적 교수설계 모형이란, 교수설계이론을 실행에 옮기도록 돕는 수단이며, 설계의 과정을 명료하게 이해시켜 주는 표상적 도구다.

거스탑슨(Gustafson, 1991)은 체제적 교수설계 모형이란, 수업을 설계, 개발, 실행 및 평가하기 위한 체제적 과정을 기술한 것으로서 교수설계의 과정을 언어 형태의 설명과 함께 시각적으로 보여 주는 구성요소들의 통합된 일련의 틀이라 정의하였다.

딕과 캐리(1996)에 의하면, 효과적이며 성공적인 교수설계를 위하여 체제적 접근 방법을 적용하는 이유로 ① 수업이 끝났을 때 학습자가 알아야 할 것(지식) 또는 할 수 있게 하여야 할 것(스킬, 태도)에 우선적으로 초점이 맞추어지며, ② 교수전략을 비롯한 각 구성요소들과 기대하는 학습 결과 간의 관계를 의미 있게 연결시켜 주고, ③ 목표에 준거한 타당한 평가 결과에 의하여 기대하는 성과에 도달할 때까지 반복적인 수정과 보완이 가능하여 더욱 효과적인 교수체제로 발전시켜 주기 때문이라 했다.

(3) 딕과 캐리의 체제접근적 교수체제설계(ISD) 원리와 모형

딕과 캐리(1996)의 체제적 교수설계 방법은 학습의 목표에 따라 개발의 초점이 다르게 주어지며, 이에 따른 검토 작업이 이루어지고 요소들 간의 연관성, 특히 교수전략과 계획된 학습 결과의 관계에 중점을 둔다. 또한 체제접근은 실험연구에 근거하여 반복적으로 수정 변환될 수 있는 과정([그림 7-4] 참조)이다.

① 교수목적의 설정: 최종목적의 설정(학습자 요구분석과 교육과정 분석 후 설정)

② 학습과제 분석: 배워야 할 학습의 유형, 학습절차 분석과 설정

③ 학습자 특성 분석: 특정 학습을 위한 출발점학습 설계 기초

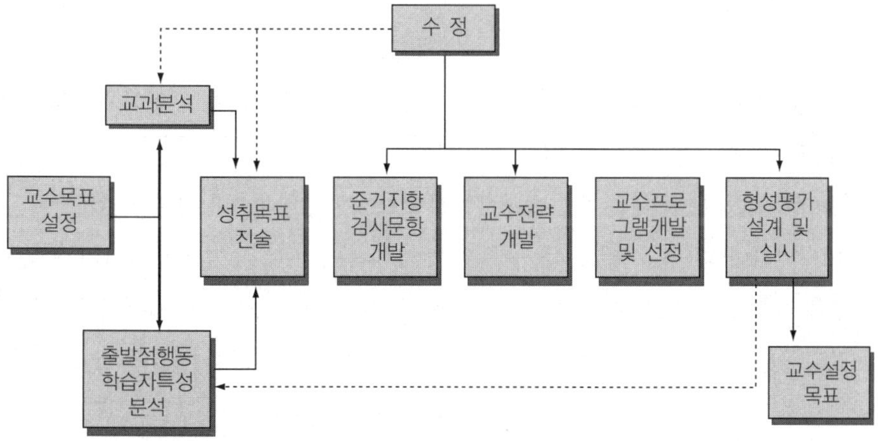

[그림 7-4] 딕과 캐리의 ISD 모형

⑤ 평가문항 개발: 성취수준과 학습 결과 측정

⑥ 교수전략 개발: 수업 전개방법과 절차의 개발 매체활용 계획

⑦ 교수 개발 및 선정: 교수 프로그램의 구현(자료/매체/내용 개발과 실시)

⑧ 평가: 형성평가(프로그램의 수정 · 보완)와 총괄평가(개발된 프로그램의 효과 검증)

⑨ 교수 프로그램의 수정: 형성평가의 결과에 의한 제반 하부 시스템의 수정 · 보완

5. 교수 – 학습매체

교수매체, 특히 컴퓨터와 정보통신기술 기반의 뉴미디어는 교육공학의 이론과 적용에 있어서 획기적인 기여와 교육환경의 새로운 패러다임으로의 전이를 촉진시키고 있다. 교육에서의 매체는 교사와 학습자 간의 커뮤니케이션을 원활하게 해 주는 수단으로서 학습내용과 정보를 교류하며 상호작용할 수 있도록 한다.

교수매체의 발전은 기술공학의 발달과 그 맥을 같이해 왔다. 여기서는 교수체제 설계와 개발(ISD) 과정에서 그 시대에 중심적으로 활용되는 매체의 속성 분류에 따라 인쇄매체(PT), 시청각매체(AVT), 컴퓨터기반매체(CBT) 및 통합형 첨단정보매체(ICT)로 구분하고자 한다.

인쇄매체는 시 · 공간을 초월하여 모든 교수매체의 기본으로서 문자(text)와 시각적 기호를 중심으로 한 교재를 말한다. 시청각매체는 오디오테이프, 비디오, 슬라이드, OHP, 텔레비전 및 컴퓨터 프레젠테이션(PPT) 등을 의미한다. 컴퓨터기반매체는 컴퓨터보조수업(Computer Assisted Instruction: CAI), 컴퓨터기반수업/학습(Computer Based Instruction or Learning: CBI), 컴퓨터기반교육/학습(Computer Based Education/Learning: CBE/CBL) 등 교육에서의 컴퓨터 활용이라는 동일한 목적아래에서 그 개념들을 조금씩 달리하며 발전해 왔다.

통합형 첨단정보매체는 초고속정보통신망(N/W) 기반의 인터넷과 웹(Web) 그리고 멀티미디어 디지털콘텐츠 등, 컴퓨터의 제어하에 여러 유형들의 매체가 통합된 형태의 교수미디어로서 이른바 온라인교육, 사이버교육, 가상교육, 원격교육시스템 등으로 구현되어 왔다. 최근에는 이 모든 것들을 통칭하여 'e러닝(e-Learning) 체제'라 명명하고, 온라인(on-line 학습)과 오프라인(off-line 학습)이 결합된 블렌디드 러닝(blended learning) 체제 개념으로 전이해 가고 있다.

1) 교육공학에서의 미디어 리터러시

미디어 리터러시는 인간 의사소통의 수단이 되는 모든 미디어(언어, 문자, 음향, 영상 등의 아날로그나 디지털형식의 모든 속성의 객체나 그것들을 담는 개체)의 속성을 알고, 이를 통해 전달되는 지식과 정보를 이해하며, 이를 활용하여 자신의 의사를 표현할 수 있는 능력을 의미한다. 다시 말해 **교육공학에서의 미디어 리터러시**(media literacy & ICT utilization)는 다양한 형태로 구성된 교수적 메시지들을 접근, 분석하고 평가하며 커뮤니케이션하는 능력으로서, 이러한 미디어들을 '창조적으로 실제 교수-학습 상황'에 설계 및 적용할 수 있는 능력을 깨우쳐 주는 것까지를 포함하는 것이다.

2) 교육공학에서 요구되는 미디어 리터러시 교육

21세기 세계화와 지식기반사회의 도래와 더불어 미래 학습자가 가져야 할 기술로서 '미디어 활용 능력(media literacy)'이 강조된다. 특히 첨단기술이나 공학의 교육적 적용이 교육공학의 주요 실천 영역 중의 하나이며, 이러한 시도가 미래 교육의 결과에 큰 영향을 미친다는 전제하에 교육공학에서의 정보통신기술(ICT) 활용 능력, 다매체 정보의 생성과 보급 능력, 미디어 창의성, 디지털 출판, 미디어의 사회적 윤리성과 책무성 등을 포함한 미디어 리터러시에 대한 개념 교육은 필수적인 것이라 할 수 있다. 다음은 미디어 리터러시에 포함되어야 할 주요 내용들이다.

① 모든 언어와 그에 따른 커뮤니케이션 기술들을 효율적으로 통합할 수 있는 개념과 역사적으로 진화해 온 언어들과 매체들의 속성을 복합적으로 채택할 수 있는 능력의 개발.

② 문자 리터러시와 영상 리터러시를 포괄하는, 그리고 디지털 언어를 기반으로 하는 컴퓨터 리터러시의 수행능력, 지식기반사회적 맥락과 네트워크화된 사회의 생활기술로서의 네트워크 리터러시를 모두 통합할 수 있는 창의적인 발상의 개발.

③ 디지털 리터러시: 컴퓨터 리터러시와 네트워크 리터러시가 결합된 디지털 미디어에 대한 이해를 전제로 한 개념으로서, 디지털 학습콘텐츠의 설계와 개발 그리고 적절한 활용과 보급에 관한 기술과 지적 자산관리, 사회적 윤리와 책무성.

④ 영상 리터러시: 주로 시각적인 기호로 이루어진 영상의 부호/해독화가 핵심적인

교육내용으로, 문자언어 이외의 다양한 표현언어들 중에서 주로 시각적인 표현언어들이 갖는 상징체계와 구조를 분석해 냄으로써 보다 적극적으로 영상언어의 의미에 접근하는 능력으로 정의된다. 이 개념은 미디어 리터러시를 발생시킨 개념이며, 주로 텔레비전과 영화와 같은 영상매체의 등장으로 제기되었으며, 핵심 교육내용으로 삼고 있기도 하다. 영상 제작, 사용법 등이 여기에 포함되며, 이를 통해서 창조적이고 분석적인 수용을 가능하게 한다.

⑤ 컴퓨터 리터러시: 전통적 리터러시에 부가적으로 첨부된 활용에 관한 기능 위주의 개념으로 정의된다. 한 개인이 워드프로세서나 파워포인트 기술을 이용하여 지식이나 정보를 창조, 조작하거나 혹은 소프트웨어 사용과 같은 기본 임무를 컴퓨터로서 수행하는 능력을 말한다. 즉, 교수-학습과정에서 컴퓨터를 능동적으로 적용, 조작하기 위하여 개개인이 알아야 할 지식을 갖추고 있으며, 실제 컴퓨터를 수행할 수 있는 능력으로 정의된다.

⑥ 네트워크 리터러시: 네트워크상의 전자정보를 확인하고 접근하여 이를 이용 및 평가할 수 있는 능력이라고 정의된다. 컴퓨터 리터러시가 지나치게 전문가들에 치중한 부가적이고 선택적인 리터러시 개념이라면, 네트워크 리터러시는 일반 대중들을 목표로 하고 있는 기본적인 리터러시 개념이다. 주로 초고속정보통신 네트워크상에서 상호작용적 교수-학습이 이루어지는 e러닝 사례들에서 더욱 필요하다고 할 수 있다.

6. 교육공학적 교수-학습방법 및 전략의 개발과 적용

지식의 폭발적인 증가와 지식기반 경제사회 환경에 따른 평생학습사회의 도래와 함께, 학습자의 자기발견적 학습능력과 개인의 개성에 부합한 학습전략의 개발과 선택은 개인과 조직과 국가의 교육 성패와 직결된다 하여도 과언이 아니다. 학교, 기업 및 공무원 교육현장에서는 컴퓨터와 초고속정보통신기술 등 최신 테크놀로지를 기반으로 한 첨단 교수정보매체 또는 교수자원들을 활용하여 다양한 학습방법과 환경이 개발 · 적용되면서 전통적인 집합적 면대면 교수방법(off-line)과 함께 첨단매체활용교육, 원격교육, 사이버 온라인 및 e/u러닝(e/u-Learning) 등 새로운 개념의 교육적 패러다임을 활발하게 만들어 가고 있다. 교수방법에 대한 교육공학적인 접근으로서 첫째, 교수-학습상황을 체제적 관점에서 보고 다양한 맥락적 상황을 고려해야 하며, 둘째, 특정한 교수조건이나 상황 아래에서 수업을 효과적으로 수행하기 위해 교사에게 행동지침이나 학습활동 시행, 교수전략이나 기술 등을 처방하여 제공해야 한다. 마지막으로, 다양한 학습자의 특성을 고려한 교수방법이어야 한다.

다음에 열거하는 다양한 교수방법은 이미 교육공학이라는 학문의 태동 이전부터 존재해 온 것으로서, 교육공학적 관점에서의 교수방법으로 주어진 교수-학습상황 속에서 창조적으로 구현되어야 할 것이다. 즉, 강의-문답법, 시범-모델식, 인턴십, 도제제도, 시뮬레이션과 게임, 사례연구, 현장견학과 현장실습, 문제해결법, 구안법, 토의법, 협동학습과 팀티칭, 프로그램 학습, 연습과 역할극, 서류함기법, 감수성훈련, OJT직무훈련, 스스로학습, CAI/CBT 컴퓨터보조학습, 웹기반학습(WBI) 등이 있으며, 이 중 교육공학적인 접근법에서 바라본 교수방법들은 최근의 원격교육과 사이버교육 개념을 포함한 다음과 같은 것들이라 하겠다.

1) 협동학습

협동학습(collaboration learning)이란, 학생들이 그들 집단의 학업 수행에 근거해서 보상이나 인정을 받는 협동적 유인 구조와 공동 목표를 향해 소집단에서 함께 공부하는 협동적 과제구조를 활용하는 학습방법이다(Cole & Chan, 1987).

성공적인 협동학습을 위해서는 학습 참여자의 긍정적인 상호의존성, 면대면 상호작용성, 개인 및 그룹의 책무성 그리고 학습자 각자의 협동적 기능을 충분히 조율해 낼 때에 가능한 것이다. 협동학습의 형태로는 학습자 성취과제 분담학습(STAD), 지그소(Jigsaw) 모형, 지그소 II(Jigsaw II) 모형, 팀경쟁학습(TAI) 및 집단조사(group investigation) 등이 있다.

2) 개별화 자기주도적 학습(Self Directed Learning)

학습자 자신의 주도적 학습목표를 실현하기 위한 수단이며, 이러한 개별화를 통해 학습자 개인의 특성에 부합되도록 가장 적절한 학습경험을 제공해 주고자 하는 것이다. 수업을 학생 각자의 개인차에 적응시키면서 동시에 모든 학생이 주어진 수업목표를 달성하도록 하려는 수업이라고 할 수 있다.

개별화 학습의 성공 요소로서는 학습자의 준비도의 차, 학습에 요하는 시간과 속도의 차, 학습하는 방법의 차, 학습자의 흥미와 관심의 차 등, 학습자의 개인차를 고려하고 학습자를 우선적으로 고려하는 원칙과 학습자에 대한 학습 상황의 기록을 상세히 유지하는 등 수업의 계열성에 따라 학습자의 배치가 이루어지는 것이다.

3) 문제중심학습(Problem-Based Learning: PBL)

문제중심학습은 구성주의적 교수-학습모형 중의 하나로서 어떠한 구체적인 과제형 문제 또는 사례를 학습자에게 제시하여, 그것을 중심으로 학습이 전개되고 그 문제나 과제를 해결해 가는 과정 속에서 학습의 목표가 달성될 수 있도록 하는 것이다. 선행학습에서 다루어진 명제나 법칙 및 규칙과 같은 일반적이고 추상적인 것에서 출발하여, 실생활과 관련되거나 유사한 맥락에 기반을 둔 문제를 본 학습과정에 도입함으로써, 학습자 개인의 구체적인 이해와 경험을 새로운 지식구조로 재구성해 가는 기회를 제공해 주는 것으로 학습자 중심의 교육환경을 강조하는 것이다.

문제중심학습(PBL)의 구성원리로서 비구조화된 문제, 현실성을 바탕으로 한 문제, 실질적인 도움을 주는 문제, 학습자 역할과 학습결과물에 대한 명시가 분명히 제시된 문제 등 PBL상의 문제 특성을 들 수 있다. 또한 평가는 강사, 자기 자신, 팀원간의 평가를 포함하여 지속적인 학습과정에서의 평가, 반추노트, 질문 등을 활용하여 종합평가하고, 개인저널(감정의 배출구, 피드백 제공)을 활용하도록 한다.

4) 프로젝트 접근법(Project Based Approach: PBA)

프로젝트 접근법의 개념은 한 명 또는 그 이상의 학습자가 책임을 지고 특정한 주제를 심층적으로 연구하는 활동이다. 지적인 목적과 정신적 생활로 몰입하게 하고, 학생들의 사고력 증진, 어른들과 학생들 모두가 학교를 생활공간 자체로 보게 하고, 교사들이 자신의 지도를 도전으로 여기게 하는 것 등을 목적으로 한다.

프로젝트 접근법의 유형으로는 목적에 따른 프로젝트 유형, 장소에 따른 프로젝트 유형, 집단의 규모에 따른 프로젝트 유형 및 교과통합 방법에 따른 프로젝트 유형 등이 있다. 프로젝트 접근법의 절차는 준비하기-주제 결정하기-활동 계획하기-탐구 및 표현하기-마무리하기 및 평가하기 순이다.

7. 사이버 교육환경의 설계

컴퓨터를 기반으로 한 첨단 테크놀로지(high-tech)의 발달, 특히 초고속정보통신망의 실용화가 급속하게 진전됨에 따라 컴퓨터와 통신의 결합에 의한 인간의 새로운 삶의 구조적 변화(digital life style)가 가속화되고 있다. 이는 곧 개인과 조직에 있어서 컴퓨터 네트워크를 근간으로 한 디지털 신경망(Digital Nervous System: DNS)의 구축과 그 활용 능력이 21세기 경쟁력 제고의 주요한 수단이 된다는 것을 말해 주는 것이다.

인터넷을 기반으로 한 정보통신 네트워크와 디지털 정보기술의 융·복합화와 활용은 교육계를 포함하여 사회 전 영역에서 일반화되고 있다. 그중에서도 평생학습사회를 지향하는 지식기반 경제사회에서의 열린교육을 구현시켜 주는 대안적 도구로 등장한 사이버교육의 구현은 초고속정보통신망에 의해 실현될 수 있는 서비스 중 그 발전이 크게 기대되고, 또한 그 효과가 게임산업과 함께 주목받고 있는 분야다.

언제 어디서나 누구나 원하는 교육을 받을 수 있는 평생학습사회 구현방법의 하나로 '컴퓨터 통신망을 활용한 원격교육' 이 제시된 이후, 컴퓨터와 인터넷이 제공하는 무한한 사이버공간에서 다양한 내용을 더 많은 사람에게 값싸고 효과적으로 전달할 수 있는 수단으로서의 원격교육시스템은 교육자와 교육 연구자들로부터 각광을 받고 있으며, 교육공학의 실천적 연구분야의 하나로서 자리를 확고히 하고 있다.

최근에 e/u러닝으로 통칭되고 있는 첨단정보매체기반의 교수-학습환경은 본래 원격교육(distance education)의 개념으로 출발하여 컴퓨터활용학습(Computer Based Learning: CBL), 웹기반학습(Web Based Instruction: WBI) 등의 발달과정을 거쳐 오늘날의 개념으로까지 전이해 오면서 그 명칭과 해석이 혼용되어 왔다. 여기서는 이들의 발전과 진화의 과정을 살핌으로써 학습자로 하여금 시대요구에 부합된 최적의 교수-학습환경 설계와 구축 모형을 찾고자 한다.

1) 원격교육과 학습환경의 변화

원격교육(distance learning)은 시간과 장소에 제한을 받지 않고 이용 가능한 모든 교육매체와 테크놀로지를 이용하여 학습자가 스스로 학습할 수 있도록 체계적으로 계획된 모든 교육활동이라고 정의할 수 있다. 이는 초고속 인터넷 또는 인트라넷을 기반으로 다양한 디지털 멀티미디어 콘텐츠와 정보기술을 활용하여 사용자가 원하는 시간과 장소에서 사이버공간을 통해 이루어지는 교육방식(on-line 교육 형태)이다. 전통적 교육의 개념과는 달리 교수자와 학습자 간의 시간적·공간적 제약 없이 사이버상에서 이루어지는 학습활동을 통하여 수요자 중심의 교수-학습서비스가 제공되는 새로운 개념의 교육체제로 발전해 가고 있다. 사이버교육 개념으로 전이되면서 초기에는 세계를 하나로 연결하여 학습이 가능한 가상교육(virtual education)이라는 포괄적인 개념으로 혼용되어 사용되었다. 특히 최근 지식기반 경제사회 환경 속에서 학습이 곧 경쟁력이며 개인은 전 생애에 걸쳐 학습해야 하는 평생학습사회의 도래와 함께, 컴퓨터와 인터넷 등 첨단 정보통신매체의 교육적 활용이 실용화되면서 e/u러닝이라는 학습환경 구현 형식으로 사회적 관심과 요구가 빠르게 증가되고 있다.

(1) 원격교육의 개념

원격교육의 역사적 기원은 플라톤이 디오니오시스 왕에게 서신을 이용하여 가르친 것에서 찾아볼 수 있다(Unwin & MaAleese, 1988). 오늘날의 원격교육의 기반이 된 통신교육으로서 18세기 초 미국 보스톤의 필립스(C. Philips)가 속기를 통신교육 프로그램(주간단위)으로 가르쳤고, 1980년대 초 영국과 프랑스 등에서는 대학이 대중의 교육적 욕구를 충족시켜 주지 못하고 있다는 비판이 커짐에 따라 기존 대학의 확장 프로그램의 하나로 통신교육이 전통적 면대면 공교육을 대신하는 형태로 활용되었다.

20세기 초 제1차세계대전 전후로 호주, 미국, 캐나다 등에서 원격교육 방식은 각 전문가 집단이나 전문기관을 통해 더욱 활성화되었고, 특히 방법적인 측면에서 라디오, TV 등의 대중전파매체와 컴퓨터를 비롯한 첨단 정보통신공학을 이용한 상호작용적 원격교육시스템 시대로까지 발전해 왔다.

'원격교육' 이란 명칭은 1980년 캐나다에서 열린 제11회 국제통신교육협회에서 쓰이기 시작하였고, 1982년 국제통신교육협회(International Council for Correspondence Education: ICCE)가 국제원격교육협회(International Council for Distance Education: ICDE)로 명명되면서부터 공식화되었다.

여기서 논의하고자 하는 원격교육의 개념은 컴퓨터를 비롯한 첨단정보통신기술 기반의 '원격교육(distance education)' 또는 '원격학습(distance learning)' 을 의미한다는 것을 전제한다.

기존의 오프라인식 면대면(face-to-face) 교육과 원격교육의 근본적 차이는 시·

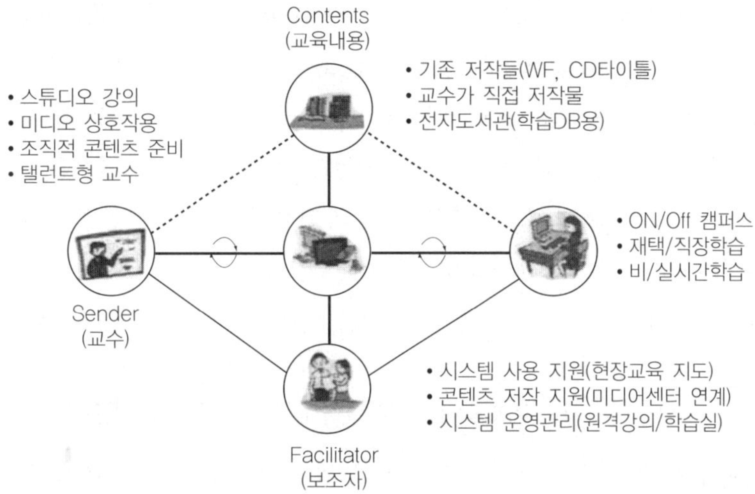

[그림 7-5] 원격교육 개념도

공간상에서 교사와 학습자가 분리되고(Martin, 1994), 학습의 주도권이 강사보다 학습자에게 있으며(Jonassen, 1992), 학생과 교수 간에는 불연속적인 커뮤니케이션이 이루어진다는 점이다. 따라서 참여자 간에는 [그림 7-5]에서 보는 바와 같이 인쇄물에서부터 첨단 정보기술에 이르기까지 다양한 매체에 의해 학습내용 또는 콘텐츠들이 매개된다.

일반적으로 원격교육은 통신수단을 매개로 하기 때문에 통신기술의 발전 및 그 응용수준과 밀접한 관련을 가지면서 발전하여 왔다. 이는 곧 시대 변천에 따라 그리고 원격교육을 적용하는 기관의 특성과 대상에 따라 활용수준과 개념적 정의 측면에서 상당한 차이를 보일 수 있음을 시사한다.

우리나라의 경우에도 정보통신공학의 발전과 더불어 일반 전화선(PSTN)이나 ISDN을 이용한 PC통신학습(Bulletin Board System: BBS), 초고속인터넷을 기반으로 한 화상회의 방식(Video or Computer Conferencing), 웹(WEB)기반의 가상 또는 사이버대학(Virtual or Cyber University) 설립, 그리고 쌍방향 CATV와 위성방송을 활용한 원격교육 등 다양한 유형으로 공교육과 산업교육 현장에서 확산 · 발전되어 왔다.

이미 오래 전에 데드(Dede, 1990)는 이러한 첨단 공학기술을 활용한 원격교육을 '기술을 매개로 한 상호작용학습(technology mediated interactive learning)' 이라 정의하여 전통적 원격교육의 개념과 정의에 있어서 그 관점을 달리하였다. 따라서 여기서도 텔레커뮤니케이션 기술발전에 기반을 둔 평생학습시대의 도래와 함께 전통적 원격교육의 정의에 대한 e러닝 차원의 재개념화가 불가피하다고 본다.

이상의 논의에 기초하여 새로운 수준의 원격교육 개념을 재정의하면, "시 · 공간적(in the cyber distance)으로 분리되어 있는 학습자(learner)와 지식정보원(learning resources or knowledge base) 또는 교사(instructer or helper/facilitator) 간을 초고속정보통신망 등의 통신채널을 이용하여 연결함으로써, 첨단 정보매체의 기능과 특성을 매개로(ICT mediated)로 하여 디지털 멀티미디어 학습자료와 정보를 실시간 또는 비실시간으로 상호 교환하는 교수학습체제(instructional system)이며, 일정한 교수목표와 학습전략 및 교육적 의도를 갖는 계획적인 학습활동"이라 할 수 있다.

(2) 교육의 패러다임 변화와 새로운 원격교육환경 구축의 필요성

교육 패러다임 변화는 정보통신기술 발달의 결과로 일어나고 있으며, 이는 교수학습의 광범위한 구조적 재조직을 요구하고 있다. 지금까지 문자의 도입, 인쇄, 우편, 라디오와 TV 등의 교육적 활용은 초기 교육공학적 교수-학습환경에 중요한 변화를 일으켰으나, 오늘날과 같은 인터넷을 비롯한 정보통신망의 실용화와 하이테크 멀티미디어 기반의 첨단 정보매체에 의해 초래된 엄청난 변화와는 비교할 수 없다(Otto & Peters, 1997).

따라서 정보통신기술을 기반으로 한 신개념의 사이버 원격교육 패러다임으로의 전환에 대한 당위성을 급변하는 사회환경과 교육 혁신의 차원에서 정리하면 다음과 같다.

첫째, 전통적 집합교육이 가지는 물리적인 제약여건(예, 교육일정의 경직, 물리적 공간 확보, 교사와 학생의 동일 시 · 공간으로의 이동)에 비해 유연성을 가지게 하는 교육의 편이성과 수월성을 제공할 교육환경이 요구된다(에듀넷을 중심으로 기존의 공교육에서의 다양한 사이버교육을 병행).

둘째, 시설 확보와 네트워크 설비 등의 초기 구축비용은 증대되지만 궁극적으로는 비용을 절감케 한다.

셋째, 학습자와 교사가 물리적으로 접촉하지 않음으로써 보다 평등한 관계로 심리적 부담을 해소시켜, 학습자로 하여금 더 적극적이고 능동적인 학습활동을 수행하게 해 주는 교수학습 체제가 필요하다.

넷째, 지식과 정보시대에서는 특정한 집단이나 연령대만이 교육을 받는 것이 아닌, 일생에 걸친 평생학습의 기회가 모든 이에게 열려짐에 따라 교육비용의 증대와 교육시설 부족 등과 같은 국가적인 문제해결을 위한 대안적 교육방법이 필요하다(원격 사이버대학의 활성화).

다섯째, 대학의 경우 지방분교 간, 타 학교 간의 공동연구 또는 협동수업 그리고 상호 학점교류의 활성화를 위해 인터넷이나 원격화상수업을 통한 외국대학과의 학술교류 등 대학 경쟁력 확보를 위한 수단이 필요하다(WTO의 교육개방과 함께 국내는 물론 외국의 다양한 e/u-Learning 개념의 원격교육 모델이 이미 활성화되고 있다.).

끝으로, 교사나 학습자 개인의 입장에서는 정보와 지식창조 활동의 시·공간적 한계를 극복하고 보다 넓은 세계와 다양한 정보 및 사람을 접촉할 수 있으며, 전문가에 의한 유명강의가 공유되고, 교사와 학습 DB 및 학습자 간의 3차원적 상호작용이 가능한, 유연하고 다양하게 조직된 디지털 학습체제가 필요하다.

2) 원격교육의 이론적 배경과 발전과정

(1) 원격교육이론

교수모델이 기초를 두는 이론은 학습자에게 정보가 전달되는 방식은 물론, 제시되는 정보를 학습자가 의미 있게 이해하고 그것을 새로운 지식으로 재구성하는 방법에도 영향을 주게 된다. 이를 위하여 다양한 교수이론을 적용할 수 있겠지만, 여기서는 비교적 원격교수모델에 부합되고 현행 교수설계이론 분야에 영향을 끼치고 있는 대조적인 2개의 견해, 즉 전통적인 정보처리(information processing)이론과 최근에 새로운 수업 패러다임으로 부상하고 있는 구성주의 이론에 기초한 상황인식(situated cognition)이론을 중심으로 설명하고자 한다(Bredo, 1994).

정보처리이론은 오늘날까지 교수설계이론의 지배적인 견해로서, 컴퓨터상에서 기호들이 처리되는 원리와 방법에 기초한 것이다(Seamans, 1990). 기본적인 개념은, 교사는 일군의 정보집단을 외적 표상(external representation)의 과정을 통하여 학습자에게 전달하게 된다는 것이다. 즉, 교사는 먼저 추상적인 아이디어를 구체적인 이미지로 표상하고, 이를 다시 학습자에게 정보매체를 통하여 표현 또는 전달하는 것으로서, 학습자는 그것을 지각(perceive)하고 해석(decodes)하여 새로운 지식으로 저장(store)한다는 것이다. 이는 교사의 외적 표상 및 전달능력이 중요시되는, 학습자보다는 교사중심적인 '교수(instruction)' 개념의 이론이라 할 수 있다.

이러한 접근방법에 호튼(Horton, 1994)은 두 개의 부가적인 요소, 즉 학습자의 학습맥락과 표상에 대한 학습자의 마음 상태(기억, 연상, 감정, 추론과 논리, 의구심과 관심 등)를 접목시켜 정보처리이론을 더욱 발전시켰다. 따라서 학습자는 자신의 선행 지식과 지각능력에 기초하여, 주어진 맥락 속에서 개인적 이미지를 발전시키고 그것을 활용하여 새로운 지식체계를 형성하게 된다는 것이다.

반면에 구성주의적 관점은 지식을 학습자 개개인이 외부세계와 상호작용하는 과정에서 개인적으로 구성하는 의미(meanings)로 보며, 교수개념보다 학습자 중심의 '학습(learning)' 또는 '학습환경'을 강조하는 이론이다. 이는 상황인식론(Streibel, 1991)과 문제해결 학습론(Savery & Duffy, 1995) 발전의 기초가 된 이론이다. 상황인식의 이론적 관점에 의하면, 학습자는 사회적 · 물리적인 상호작용을 통하여 문제의 정의와 해결과정에 보다 능동적으로 참여하게 된다는 것이다. 프라왓과 플로덴(Prawat & Floden, 1994)은 구성주의 수업을 구현하고자 하는 사람은 학습을 전통적인 전달기능적 안목에서 보기보다 더욱 복잡하고 상호작용적이며 진화적인(evolving) 안목으로 이해해야 한다고 주장하였다.

이상의 두 이론, 즉 정보처리이론과 구성주의적 상황인식이론은 근본적으로 상이한 것이지만, 숙련된 원격교육 설계자와 교사는 학습대상자들의 일상적 환경을 반영하는 사물, 사건 및 일상의 경험적 지식을 출발점으로 해서 학습자들이 수업상에서 적절한 새로운 지식을 재구성할 수 있도록 표상해 줌으로써 두 이론이 통합될 수 있도록 한다는 것이다(Simon, 1994).

슐로서와 앤더슨(Schlosser & Anderson, 1994)은 원격교육모델이론과 관련하여 원격교육시스템은 교수학습적 상호작용을 인위적으로 창조하고, 또 그것을 수업적 과정으로 통합시켜야 한다고 주장하여, 학습자와 교사가 화상 및 음향, 통신을 통하여 전통적인 면대면 수업을 경험할 수 있도록 해 주는 Iowa Model을 제시하였다.

원격교수모델과 관련하여 미 의회의 기술평가위원회(The Office of Technology Assessment, U.S. Congress, 1988)에서도 원격교육시스템은 교사로 하여금 학생의 코멘트와 질문에 반응함은 물론이고, 학습자에게 교사를 보고(video) 들을(audio) 수 있도록 해 주어야 한다고 하여, 실시간 상호작용성과 원격영상강의의 중요성을 강조하였다. 이후 최근의 원격교육시스템은 웹(Web)의 첨단 기능들을 최대한 활용하여 교사와 학습자 간은 물론이고 학습자 상호 간의 고도의 상호작용성을 그 기본 기능으로 포함하고 있다.

(2) 원격교육이론의 시사점

앞에서 소개한 원격교육의 이론적 배경이 되는 두 이론은 기존 원격교육의 취약점 중의 하나인 '교사-학습자-학습내용' 간의 내 · 외적 표상에 의한 상호작용을 중시한 이론이라 볼 수 있다. 정보처리이론에 의하면, 교수-학습과정에서 추상적인 학습 내용을 구체적이고 논리적인 개념으로 변환하여 잘 정리된 이미지 형태로 학습자에게 제시 또는 외적 표상해 줌으로써, 학습자는 자료를 지각 또는 이해하고 이를 선행 지식과 상호작용한 결과 새로운 지식의 형태로 재구성 및 저장한다는 것으로, 이는 실시간 교수학습모델의 원격강의 모형(동영상 교실강의형 또는 컨퍼런싱)과 동일한 기능으로 생각할 수 있다.

한편 구성주의 원리에 입각한 상황인식이론은 인공지능(AI) 학자인 사이먼(Simon)의 "사람은 자신이 현실세계와 상호작용적 관계에 있을 때에 가장 능동적이며, 또 현실 속에서 부딪히고 상처입는 과정에서 학습하게 된다."라는 주장과 같이, 학습자의 내적 표상에 의한 개별학습을 강조하는 비실시간 원격학습 형태의 기능으로 볼 수 있다.

따라서 사이먼(1994)의 정보처리이론과 구성주의적 상황인식이론을 통합한 모형은 교사의 체계적인 외적 표상능력과 학습자의 학습정보와의 개인적 내적 표상능력을 동시에 중요시하고, 이들이 적절하게 조화된 최적의 교수-학습모형을 시사하는 바, 멀티미디어 학습정보를 활용한 실시간 강의와 비실시간 학습활동 기능이 통합된 원격교육시스템 모델을 시사해 준다고 볼 수 있다.

3) 사이버 교육환경과 사이버 학습시스템

초고속정보통신망의 구축과 컴퓨터와 인터넷 관련 테크놀로지의 급속한 발전은 인류에게 새로운 가상의 생활공간(cyber space)을 만들어 주었다. 즉, 네트워크상에서 일하고, 새로운 비즈니스를 창출하거나 확장하며, 양질의 사이버 원격교육도 연출해 낼 수 있는 이른바 사이버 교육환경을 말한다. 소위 지식기반 경제사회라 불리는 글로벌 사이버 사회에서 국가의 경쟁력을 결정하는 것은 컴퓨터 네트워크상에서 무궁무진하게 펼쳐지는 사이버 공간을 누가 먼저, 더 많이 탐험하고 탐구하여 새로운 고부가가치의 지식과 정보를 재창출해 낼 수 있느냐일 것이다. 따라서 21세기의 대학교육, 산업교육 및 제 교육 관련 조직은 조직구성원이 '언제 어디서나 원하는 맞춤교육'을 받을 수 있도록 열린 교육과 열린 업무환경 구축을 준비해야 한다.

(1) 사이버 교육환경의 특징과 사이버 교육시스템의 구성요소

사이버 교육환경의 특징은 ① 컴퓨터 네트워크, 인터넷 및 위성통신으로 교육의 공간을 확대시켜 한 국가나 세계를 거대한 상아탑으로 묶어 가고 있으며(Smith, 1996), ② 전통 교육이 가지는 시・공간적인 제약과 취약점을 비동기적 개별학습체계와 동기적 실시간 원격교육방식으로 상호 보완해 줄 수 있다. ③ 또한 기존의 캠퍼스 내 수업과 면대면 교실수업의 분위기를 최대한 살려줄 '교수-학생-학습 DB(문헌, 정보) 간의 효율적인 상호작용'이 중요시되며, ④ 초고속정보통신망과 첨단 정보매체기술기반의 대안적 통합교육환경의 구축을 필요로 한다.

이것을 가능하게 해 주는 사이버 교육시스템은 [그림 7-6]과 같이 교육서비스를 제공하는 기반 계층인 네트워크, 공중파 방송 및 위성 등을 중심으로 하는 '교육서비스 전달 시스템', 교수설계를 비롯한 콘텐츠와 교육 프로그램의 제공 계층인 '교수체제 설계 시스템', 교육서비스의 종류를 결정하는 '교육서비스 생성 시스템', 그리고 사이버 교육을 활성화시켜 주는 사회적・법적 지원체제와 교사, 학생 및 기술지원 요원들에 대한 교육체계 등으로 구성된다.

사이버 환경에서 개인학습자가 선택할 수 있는 학습모드는 두 가지로서, 하나는 비동기형 개별화 학습형태이며, 다른 하나는 동기형 학습형태다. 개별화 학습은 교수설계와 학습 프로그램이 인터넷상의 웹(web)이나 각종 서버(server)를 기반으로 하여 개별 수요자에게 공급되는 주문형 학습(Learning on Demand: LOD) 형태며, 집단 또는 개별 원격학습은 기존의 동일 대학의 지방-중앙 캠퍼스 간 또는 타 대학 간의 학점교류 및 외국대학과의 학문적 교류를 위하여 실시간 또는 혼합형 교육서비스(hybrid or blended learning) 모드로 원격강의실 또는 스튜디오에서 구현되거나 녹화

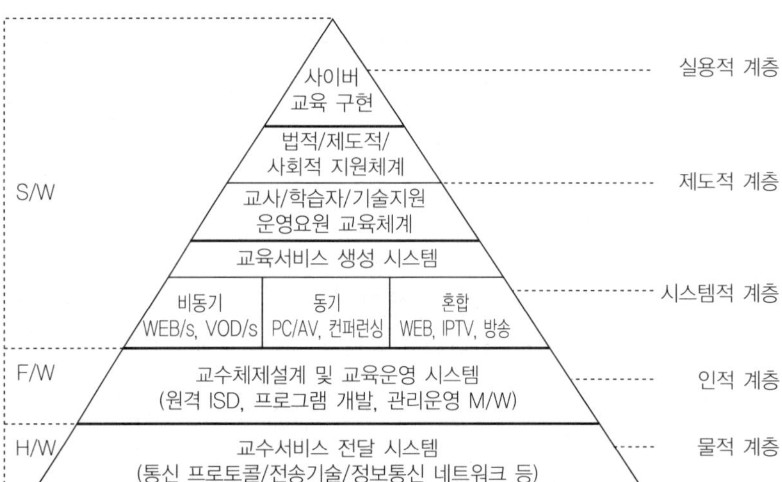

[그림 7-6] 사이버 교육시스템 구성도

되어 제공되는 것이다.

(2) 사이버 교육 패러다임

원격교육을 가능하게 해 주는 환경적 기반은 컴퓨터를 중심으로 한 정보기술, 뉴미디어 기술, 초고속정보통신망과 같은 통신기술 및 정부의 지속적인 교육정보화의 발전의지라 할 수 있다. 이러한 맥락 속에서 원격교육의 틀(frame)은 기존의 교육 패러다임과는 커다란 차이가 있다. 디지털 교수-학습자원은 새로이 설계 및 구성되어야 하며, 교사는 원격교수-학습시스템의 활용과 매체적응 능력 등 사이버 환경 변화에 대한 별도의 교육을 반드시 받아야 한다. 또한 학습자들도 학습시스템의 접근방법은 물론 원격교수-학습환경에서의 역할과 인식, 상호작용과 협동학습 방법 및 윤리 등에 대한 새로운 오리엔테이션을 받아야 한다(Sherry, 1996).

원격교육 패러다임은 '원격학습자', 컴퓨터를 포함한 다양한 매체를 기반으로 한 '원격교수-학습 시스템', 수업의 실행 또는 수업을 돕는 '교사와 촉진자' 및 '학습 콘텐츠 또는 학습정보자원'으로 구성된다.

8. 현대 교육공학의 과제와 발전방향

교육공학의 역사적 배경에서 살펴본 바와 같이, 교육공학은 제2차세계대전 이후 군사교육훈련에서 적용된 시청각매체의 일반 교육에의 활용에서부터 비롯하여, 오늘날 체제적 교수-학습체제개발 개념의 등장과 첨단 정보통신공학기술의 교육적 적용과 더불어 일반에 회자되기 시작하였다. 이러한 과정에서 교육공학의 학문적 정체성 확립을 위한 노력들은 궁극적으로 효과적인 교육의 실천을 도모하기 위한 최선의 방책을 찾는 여정이었다고 할 수 있다. 아직도 독자적인 학문으로서의 위상 및 기능과 그 영역이 확립되지 못한 모호한 부분도 있지만, 전통적인 교육학의 관점에서 다루지 못하는 영역에 대하여 교육공학의 간학문적인 접근법과 실천적 특성으로 말미암아 군사교육은 물론, 기업교육, 학교교육 및 사교육 등의 온/오프라인 교육, 특히 사이버 교육의 현장에서는 그 활발한 업적을 인정받고 있다.

디지털 기술과 전자정보통신 기술의 발전과 함께 이들 간의 융·복합 응용기술이 급속히 진전됨에 따라 앞으로 오프라인과 e러닝 간의 융합형 교육 프로그램(blended learning)이 더욱 보편화될 것으로 보인다. 또한 지식기반 경제사회와 단일세계시장

상황 및 무한경쟁사회에서 요구되는 평생학습사회로의 진화는 필연적인 것이며, 이러한 새로운 교육 패러다임 속에서 전통적인 인식론과 교육적 관점만으로는 새로운 교육적 요구에 대한 큰 틀을 담아낼 수 없다. 따라서 교육공학의 중추적 기능의 3대 영역인 체제적 교수-학습체제개발(체제적 교육과정설계) 영역과 공학과 기술의 교육에의 활용(교육매체) 영역 및 새로운 사회 변화에 부합된 인식론적 교수-학습이론의 교육공학적 적용과 실천(교육의 공학화)은 글로벌 무한경쟁환경과 평생학습사회에서는 그 역할과 영역의 확대가 더욱 요구될 것이다.

이러한 맥락에서의 교육공학의 학문적 책무성과 미래지향적인 발전 과제는 무엇인가? 필자는 지금까지 교육현장에서의 경험과 현재 대학 등지의 교육공학 연구자들의 학문적 수행과 주장들을 감안하여 다음과 같은 몇 가지의 발전적 제언을 하고자 한다.

첫째, 교육공학의 정체성과 학문적 범주에 대한 지속적인 담론이 필요하다. 전통적인 교육 연구의 역사에 비하여 교육공학의 역사와 인지도는 최근까지 대단히 일천하며 그 개념조차도 잘못된 이해나 오개념을 가지고 있는 경향이 많다. 즉, 교육공학의 전통적 교육학 범주(교육철학, 교육심리, 교육과정, 교육방법, 교육평가, 교육행정, 교육사회 등) 내에서의 위치와 학문적 상보성과 연계성 및 차별성을 지속적으로 명확히 할 필요가 있다. 또한 교육학 외적으로 다른 인접 학문과 학제 간의 상관성 및 차용 이론 등에 대하여도 정리가 필요하다고 본다.

또한 교육공학(educational technology)이라는 학문적 명칭에 대하여 '과학기술이나 공학의 교육적 활용(technology in education)을 의미' 하는 것인지, 아니면 실천적 학문으로서의 '제 교육이론의 공학화(educational engineering)를 의미' 하는 것인지, 아니면 이들 둘의 복합적인 개념인지 등에 대하여 교육자나 교육공학을 연구하고 있는 학생들조차도 아직 논의가 끝나지 않은 듯하다. 필자는 앞의 두 가지의 복합적인 관점에서 정리되어야 할 것으로 보고 있다.

둘째, 교육공학의 이론 연구와 실천 영역의 광역화가 필요하다. 앞에서도 살펴본 바와 같이 교육공학의 이론과 실천 영역은 학자들의 관점에 따라 서로 다를 수 있지만, 필자는 크게 교수체제의 개발(instructional system development), 교수매체를 활용한 교수-학습환경의 설계(science & technology in education) 및 교육학의 제반 이론을 통합한 전인적 교육방법의 개발과 구현(educational engineering)의 세 가지로 나누었다.

전통적으로 시대적 이슈에 따라서 활성화되는 교육공학 연구 영역이 변천해 왔다. 초창기에는 시청각매체를 통해 인간의 오감이 학습을 돕도록 하는 것에 집중했으며, 교육공학의 학문적 정립기에는 교수체제 개발 영역에 집중적인 활성을 가져왔다. 최근에는 정보통신기술과 웹기반 원격교육이나 e러닝에 관한 이론 연구와 적용을 위한 구상이 주류를 이루고 있다.

급변하는 사회환경 속에서 교육혁신의 문제가 세계적인 과제로 되고 있는 점과, 산업시대에 교육해야 할 지식과 지식정보시대에서의 대상 지식과 교육방법 및 교육환경은 다를 수밖에 없다는 것을 감안할 때, 교육공학의 연구대상과 실천 영역은 전통적인 학교교육과정 내에서의 문제해결을 위한 도구적 차원의 고착된 시각 이상으로 더욱 확대되어야 한다. 왜냐하면 기존의 교육학적 시각과 방법과 접근법으로는 시대적 요구를 충족시킬 수 없기 때문이다. 반면에 교육공학은 교육에서의 문제해결을 위하여 다분히 다학문적인 배경과 간학문적 시각으로 체제적인 접근방법과 실천을 위한 교육학의 제 이론을 통합적으로 구상해 낼 것을 요구하는 학문적 특성이 있다. 따라서 지금까지 산업/기업교육과 학교교육에서 교육적 도구로서 기능해 온 교육공학의 실천 영역은 대안교육이나 평생교육, 실버교육, 군사교육, 특수교육, 영유아교육, 영재교육 및 창의성계발교육 등 오늘날 문제해결이 요구되는 다양한 영역에서의 도구적 기능은 물론, 교육학의 제 이론을 전인격적이고 인간 중심적인 교육환경을 통합적으로 구상해 내는 공학적 기획 기능도 해낼 수 있도록 발전해 가야 한다.

셋째, 타 학문과의 적극적인 연계 및 기술과 공학기반의 창조적 융 · 복합형 교수-학습체제의 개발이 필요하다. 학습자 주도의 학습 프로그램, 학습자에 의한 지식의 창출과 고차적 과제에 대한 사고력의 계발, 창의성 기반의 영재교육체제의 개발, 사고력 신장과 고난도 문제해결을 위한 교육방법, 멀티미디어 활용기반의 학습이론과 새로운 인식론에 기초한 다양한 **구성주의적 학습환경**(Jonassen의 constructivist learning environments)의 구상, 사이버 교육환경에서의 다양한 통합적 교수-학습모델과 접근법의 개발 및 유의미한 학습과 학습자의 자율적인 평생학습 능력 신장이 가능한 **열린 학습환경**(Hannafin, Land, & Oliver의 open learning environments)의 구현 등이 절실히 요구되는 현대의 교육 패러다임에서는, ISD를 중심으로 교육공학 고유의 기능 영역을 체제적으로 연계하면서 동시에 간학문적인 활동을 더욱 활성화시켜 타학문의 접근법과 방법론들을 실천적 문제해결 부문에 적극적으로 원용하는 노력이 필요하다. 또한 첨단 기술과 공학 간의 창조적 융합 또는 복합에 의하여 창출되는 새로운 개념의 교수-학습모형과 현장 연구들이 활성화되어야 교육공학을 통한 국가적 과제의 하나인 교육경쟁력을 확보할 수 있을 것이다.

/참/고/자/료/

김희배(2000). 교육공학의 비판사회학적 이해-학교교육을 중심으로. 교육공학연구, 16(4), 77-89.

권성호(1998). 교육공학의 탐구. 서울: 양서원.

김동식(1996). 한국교육공학 연구동향 분석. 교육공학연구, 12(1). 한국교육공학회.

김신자(1998). 효과적 교수설계. 서울: 문음사.

방송통신교육연구소(1996). 국가 초고속정보통신 기반에서의 원격대학교육 방안 탐색. 한국방송통신대학교.

서영곤(1997). 사이버 교육환경 구축을 위한 통합원격교육시스템(DLS) 개발에 관한 연구. 한양대학교 박사학위논문.

이미지네트(1997). http://iis.imagenet.co.kr/articles/open.htm.

정범모(2003). 교육공학의 몇 가지 개념화. 2003 한국교육공학회 추계학술대회 발표논문, 1-4.

정인성(1996). 개방된 교육환경에서 컴퓨터 통신의 교육적 효과분석. 방송통신논총, 제9집.

조은순(1996a). MIPOS를 활용한 POSCO 및 계열사의 기업원격학습체제 논의: Online Educa Korea 발표논문, 116-130.

조은순(1996b). 기업교육에서의 High-Tech활용을 위한 준비. 산업교육, 5월호.

한국교육개발원(2003). 미래교육의 방향 탐색. 아시아-유럽 고위수준 교육포럼 발표논문.

한국사이버교육학회(2003). e러닝 백서(2003 e-learning White Paper). 산업자원부.

황대준(1996). 컴퓨터 기반의 통합 멀티미디어 원격교육시스템: Online EducaKorea 발표논문. 한국교육공학회.

허운나(1996). 새로운 교육패러다임의 필요성과 교육정보화. 크리스챤아카데미 발표논문.

Assocation for Educational Communications and Technology. (1977). *The definition of educational technology*. Washington, D.C.: AECT.

Ausubel, D. P. (1968). *Educational Psychology: A cognitive view*. New York: Holt, Rinehart & Winston.

Bates, T. (1993). Theory and Practice in the Use of Technology in Distance Education. *The Theoretical Principles of Distance Education,* by D. Keegan (ed.). New York: Routledge, 214-233.

Bates, A. W. (1995). Application of New Information Technologies in Distance Education for Adult Learning and Higher Education.

Berlo, D. K. (1960). *The process of communicaton: An introduction to theory and practice*. New York: Holt, Reinhart and Winston.

Dick, W., & Carey, L. (1996). *The systematic design of instruction*. (4th ed.). New York: Harper Collins.

Hwang, D. J. (1996). An Integrated Multimedia Distance Education System. *In processings of the SUC96*, IEEE, Beijing, China.

Keller, J. M. (1981). Motivational design research group annual report. Syracuse: Syracuse University, *Instructional Design, Development and Evaluation Program*.

Merrill, M. D. (1991). Constructivism and instructional design. *Educational Technology, 31*(5), 45-53.

Merrill, M. D. et al. (1996). Instructional transaction theory: instructional design based on knowledge objects. *Educational Technology, 36*(3), 3-37.

Jonassen, D. H. (1988). *Instructional design for micro-computer courseware*. Hillsdale, NJ: Lawrence Erlbaum Associates.

Jung, I. (1997). Search for a 'Virtual' Teacher Training. *KNOU-UNESCO PROAP Workshop' 97*, Korea National Open University, 167-176.

Latchem, C. (1995). Video Conferencing for Interpersonal Communication. New Information Technology in Distance Education. *3rd proceeding at International Distance Education Workshop*. Korea National Open University.

Paulsen, M. F. (1997). Teaccing Instructionalmethods and techniques for computer mediated communication. In the 18th ICDE-World Conference: The New Learning Environment. A Global Perspective. *International Council for Distance Education*. The Pennsylvania State University. Abstracts.

Porter, D. (1994). *New directions in distance learning: Intrim report*. (Available: David Porter, Manager Schools Curriculum Programs, 4335 Mathissi Place, Burnaby, BC., Canada V5G 4S8.)

Reigeluth, C. M. (1996). A new paradigm of ISD. *Educational technology, 36*(3), 13-20.

Reigeluth, C. M. (1997). Instructional theory, practitioner needs, and directions: Some reflections. *Educational Technology, 37*(1), 42-47.

Seels, B., & Richey, R.(1995). *Instructional technology: Definition and domain*. Washington, D.C.: AECT.

Schofield, J. (1995). *Computers and Classroom Culture*. NY: Cambridge University Press.

Sherry, L., & Morse, R. A. (1995). An assessment of training needs in the use of Distance Education for instruction, *Instructional Journal of Telecommunications, 1*(1),

5–22.

Smaldino, S., & Herring, M. (1996). *Planning for Intractive Distance Edu cation: A Model.* AECT Workshop.

Thach, E. C., & Murphy, K. L. (1995). Competencies for Distance Education Professionals. *ET R&D, 43*(1), 57–79.

Tiffinn, J., & Rajasingham, L. (1995). *In Search of the Virtual Class, Education in an Information Society.* London & NY: Routledge.

Http://www.usdla.org/dl.htm, 1997.1.16.

/학/습/정/리/

1. 교육공학은 학습을 위한 과정과 자원을 설계, 개발, 활용, 운영관리, 평가하는 이론과 실제적 학문으로서 5개의 연구와 적용 영역과 간학문적 또는 다학문적 특성을 가진다.

2. 다른 학문과 마찬가지로 교육공학도 출현 배경과 이론 및 발전의 과정을 가지고 있다. 초기의 시청각교육에서 현대적 개념의 체제적 교수체제개발에까지 발전과정을 논의하였다.

3. 교육공학의 기초이론으로서 커뮤니케이션이론, 체제이론 및 수업이론 등이 있으며, 학습을 보는 관점에 대한 교육공학적 차원의 '행동주의, 인지주의 및 구성주의'를 정의하고 시사점을 살펴보았다. 그리고 교수매체와 교수방법에 대한 새로운 개념적 관점에 대하여 재조명해 보았다.

4. 교수학습에 있어서 효과적인 학습을 수행하기 위해서는 체계적이고 조직화된 설계의 과정이 필수적이다. 더욱이 평생교육사회와 사이버학습사회에서의 교수학습설계는 전통적인 방법과는 다른 맥락에서 수행되어야 한다. 이 장에서 다룬 체제적 교수설계는 특정한 학습내용과 최적의 교수개발을 위한 과정에 집중하는 협의의 교수설계가 아닌, 교육과 학습의 문제를 해결하기 위하여 **체계적이고 체제적인 분석-설계-개발-실행-평가의 다섯 단계의 활동**을 통하여 최적의 교육 프로그램을 개발하는 일, 곧 **광의적 ISD와 사이버상의 기초설계방법론**을 다루었다.

5. 글로벌 지식기반 경쟁사회의 도래와 함께 학교 및 산업교육 현장에서는 컴퓨터와 초고속 정보통신기술 등 최신의 정보통신기술을 기반으로 한 첨단 교수정보매체 또는 멀티미디어 수자원들을 활용하여 다양한 학습방법과 교육환경을 구축하고 있다. 이 장에서는 **교육공학적 학습방법론**과 **첨단매체활용교육, 원격교육, 사이버 온라인 및 e/u러닝** 등 새로운 이슈에 대한 이론과 실제적 적용을 논의하였다.

6. 사이버 교육환경의 이해와 설계를 돕기 위하여 원격교육에서 e러닝까지의 개념과 그 발전 과정 및 전망을 집중적으로 논의하였다. 즉, **원격교육-사이버교육-e/u러닝에 대하여 개념을 정의하고 법적, 제도적, 제 유형과 모델, 구현시스템 모형 그리고 e/u러닝 구상을 위한 ISD**에 대하여 정리하였다.

7. 교육공학의 교육과 인간을 위한 간학문적 실천학문으로서의 정체성과 학문적 범주에 대한 지속적인 담론의 필요에 대하여, 교육공학의 이론 연구와 실천 영역 광역화의 필요성 및 타학문과의 적극적인 연계 또는 기술과 공학기반의 창조적 융·복합형 교수-학습체제의 개발이 활성화되어야 할 것을 제언하였다.

/학/습/평/가/

※ 아래 질문에 대해 설명하거나 논하시오.

1. 교육공학 정의의 변화를 비교 설명하시오.
2. 교육공학의 다섯 가지 영역에 대하여 논의하시오.
3. 교육공학의 역사적 발전과정을 이론적 배경 도입을 중심으로 설명하시오.
4. 커뮤니케이션이론, 체제이론을 설명하시오.
5. 학습이론의 변천과정을 설명하시오.

※ 아래 문제에 대해 정답을 고르시오.

6. 다음 중 교육공학의 학문적 성격이나 특성을 잘못 설명한 것은?
   ① 전통적인 교육학에서의 이론만을 현장에 적용하고 통합한 것이다.
   ② 교육적 문제해결을 위한 여러 학문분야의 이론에 기반을 둔 학제적, 간학문적 접근을 한다.
   ③ 사회 변화와 기술 발달 및 교육환경 변화에 대체적으로 민감한 이론과 실제적 학문이다.
   ④ 전통적 교육학과 조화를 이루며 학문적인 정체성을 발전시켜 가고 있다.

7. 교육공학(ET)의 개념이나 영역과 관련이 없는 항목은?
   ① 교육공학의 궁극적 목적은 학습효과의 극대화다.
   ② 미국교육공학회는 교육공학의 연구 영역으로 5가지를 정의했다.
   ③ 사회 변화와 기술 발달 및 교육환경 변화에 대체적으로 민감한 이론과 실제적 학문이다.
   ④ 이론과 실제적 학문으로서의 교육공학은 교수-학습현장의 모든 문제해결에 적용된다.

8. 다음 중 교육공학의 발달과정에 철학적 또는 이론적 토대 제공과 관계없는 사람은?
   ① 페스탈로치 ② 루소
   ③ 프뢰벨과 몬테소리 ④ 코페르니쿠스

9. 교육공학의 기반이론이라 할 수 없는 것은?
   ① 커뮤니케이션이론 ② 수업이론
   ③ 체제이론 ④ 동기이론

10. 다음 용어 중 다른 3개와 의미상 <u>다른</u> 것은?

① CBL ② CBE ③ CBI ④ CIO

11. 체제적 교수설계와 관계가 <u>없는</u> 설명은?

① 체제적 교수설계의 목적은 어떻게보다 무엇을 가르칠 것인가에 초점을 둔다.
② 효과적이고 효율적인 교수를 위한 것이다.
③ 교수설계를 위해 도입되는 방법이다.
④ 교수의 과정을 이해하고 개선하는 데 목적이 있다.

12. 광의의 교수설계 5단계가 <u>아닌</u> 것은?

① 체제적 분석 ② 설계 ③ 기획 ④ 평가

13. 다음 용어들 중 그 개념이 <u>상이한</u> 것은?

① 원격교육 ② 사이버교육 ③ e러닝 ④ 디지털교육

14. Dick과 Carey의 체제접근적 교수설계 모형의 요소가 <u>아닌</u> 것은?

① 교수목표의 설정 ② 수행과 피드백
③ 성취목표의 진술 ④ 형성평가 설계와 실시

15. 원격교육의 분류방식 중 커뮤니케이션 방식별 분류가 <u>아닌</u> 것은?

① 동기식 ② 비동기식 ③ 동기분산식 ④ 동기집합식

/읽/을/거/리/

〈인터뷰〉 '인-타임' 美 교육공학회장 스말디노 교수

'현 교육 최대 문제는 아날로그-디지털 세대 간 격차'
'교사들 지식만 퍼주지 말고 정보 접근법 가르쳐야'

"컴퓨터에 능숙한 요즘 세대와 달리, 나이 든 교수는 컴퓨터 작동에 익숙하지 못해요. 심지어 파일을 저장할 때 '새 이름으로 저장하시오.'라는 문구를 보고 까마귀, 까치 등 자기가 알고 있는 모든 '새' 이름으로 파일을 저장한 교수도 있죠."

학술대회 참가차 한국을 방문한 미국 교육공학회장 샤론 스말디노(Sharon Smaldino) 노던 일리노이 대학 교수는 연합뉴스 인터뷰에서 이 같이 밝히고, '인-타임(in time)' 이란 개념을 소개하면서 '교육공학의 중요성'을 강조했다.

인-타임은 온라인 교수학습 자원 시스템으로, 교사들의 수업장면을 비디오로 찍어 분석한 뒤, 교실수업에서 학습이 일어나는 원리나 교수-학습을 촉진하기 위한 활동 등을 상세하게 설명해 주는 시스템. 샤론 교수는 2001년부터 인터넷 홈페이지를 통해 이러한 내용을 담은 비디오 자료 등을 무료로 제공, 교사의 수업능력을 향상시키는 데 기여하고 있다. "소위 잘 가르친다는 교사는 어떻게 효과적으로 가르치는지 학년별 · 영역별로 비디오 자료를 준비해 놨기 때문에 예비교사들은 미리 수업장면을 관찰할 수 있어요. 사범대 학생 교육이나 교사 재교육 시 유용하죠." 그는 이어 현 교육의 가장 큰 문제를 첨단 멀티미디어 등으로 급속하게 변하는 시대에 공존하는 아날로그 세대와 디지털 세대 간의 격차라고 지적했다.

"학생은 주로 게임을 통한 학습이긴 하지만 이미 학교에 들어가기 전에 첨단 멀티미디어를 통해 풍부한 정보를 접하게 됩니다." 그러나 학교에서는 한정된 지식만 가르쳐 주기 때문에 이미 훨씬 많은 정보를 접한 학생이 학교수업에 흥미를 잃게 된다는 것.

샤론 교수는 교사들이 자신이 알고 있는 지식만을 퍼주는 데 그칠 것이 아니라 무한한 정보를 어디에서 어떻게 접근해 알아낼 수 있는지를 가르쳐 주는 일종의 역할 변화가 필요하다고 주장했다.

*출처: 연합뉴스. 2005. 9. 5.

IV 부

교육과정 및 평가의 이해

8장 교육과정

9장 교육평가

/학/습/개/요/

IV부 **교육과정 및 평가의 이해**에서는 학교 등의 교육기관에서 교육을 수행하기 위해 사용하는 교육과정과 평가가 무엇인지를 설명한다.

8장 **교육과정**에서는 교육과정이 무엇이며, 교육학을 이해하기 위해 교육과정을 왜 공부해야 하는지를 다룬다. 교사들이 교육과정을 알아야 하는 이유로는 교육과정이 불변의 것이 아니라 잦은 변화를 겪고 있다는 것, 교과서 중심의 교육에서 교육과정 중심의 교육으로 변화하고 있는 추세라는 것 등 교육과정에 대한 이해가 필요하기 때문이다. 교사는 교육과정을 알게 되면 가르치는 것의 전문성을 고양하고, 자율성을 확보하게 되면 학생에 대한 이해를 증진함으로써 보다 유능한 교육과정 운영자가 된다. 교육과정에는 공식적 문서로 대표되는 공식적 교육과정 외에도 영 교육과정, 잠재적 교육과정 개념이 있다. 교육과정 개발 모형으로는 교육목표 설정-학습경험의 선정-학습경험의 조직-평가라는 네 단계 개발 절차로 대표되는 타일러 모형, 그리고 교육과정 개발에 참여하는 전문가 집단이 교육과정에 대해 갖고 있는 기초(강령, platform)에서 출발하여 숙의(熟議, deliberation) 과정을 거쳐 교육과정을 설계해 나가는 워커의 자연주의적 모형이 소개된다. 교육과정의 실제로는 국가-지역-학교수준에서 개발되는 교육과정의 특징이 다루어진다.

9장 **교육평가**에서는 교육평가가 무엇이며, 전통적인 평가의 유형과 방법 그리고 현행 평가의 도구와 기법이 무엇인지를 소개한다. 교육평가는 교육장면에서 교사, 학부모, 학생 모두 관심을 갖는 교육의 결과물로서 교육과정과 밀접한 관련을 갖는다. 절대평가(준거참조평가)와 상대평가(규준참조평가)의 차이 등 전통적인 평가 유형과 함께, 1990년대 말부터 한국 교육계에서 평가를 주도하게 된 수행평가의 특징과 포트폴리오, 실험실습법 등 구체적인 도구들이 소개된다.

8장
교육과정

학습목표

1. 교육과정의 개념을 이해하고 교육과정의 정의를 5가지 이상 진술할 수 있다.
2. 교사들이 교육과정을 알아야 하는 이유를 진술할 수 있다.
3. 공식적 교육과정과 영 교육과정, 잠재적 교육과정의 개념을 진술할 수 있다.
4. 교과중심 교육과정의 특징과 장단점을 진술할 수 있다.
5. 경험중심 교육과정의 특징과 장단점을 진술할 수 있다.
6. 학문중심 교육과정의 특징과 장단점을 진술할 수 있다.
7. 구성주의 교육과정의 특징과 장단점을 진술할 수 있다.
8. 타일러의 교육과정 개발 모형의 구성요소를 이해한다.
9. 워커의 교육과정 개발 모형의 구성요소를 이해한다.
10. 학교수준 교육과정 개발에서 교사의 역할을 진술할 수 있다.

이 장에서는 교육과정이 무엇이며, 교육학을 이해하기 위해 교육과정을 왜 공부해야 하는지를 다룬다. 교육과정의 개념에서는 교육과정이라는 용어의 어원과 현대적 의미 등을 통해 다양한 정의와 관점을 이해할 수 있다. 예비교사들이 교육과정을 알아야 하는 이유로는 교과서와 교육과정이 불변의 것이 아니라 잦은 변화를 겪고 있다는 것, 교과서 중심의 교육에서 교육과정 중심의 교육으로 변화하고 있는 추세라는 것 등 교육과정에 대한 이해가 우선적이다. 교사는 교육과정을 알게 되면 가르치는 것의 전문성을 고양하고, 자율성을 확보하게 되면 학생에 대한 이해를 증진함으로써 보다 유능한 교육과정 운영자가 된다. 교육과정에는 공식적 문서로 대표되는 공식적 교육과정 외에도 학교와 같은 교육기관을 통해 학생들이 은연중에 비공식적으로 배우게 되는 교육내용을 지칭하는 영 교육과정, 잠재적 교육과정 개념이 있다.

1. 교육과정이란 무엇인가

1) 교육과정의 개념

교육과정은 교과과정, 프로그램, 코스, 수업과 유사하게 사용되는 용어다. 학교로 대표되는 교육기관이라면 모두 나름대로의 교육과정을 갖고 있다. [그림 8-1]과 같

[그림 8-1] 학교교육과정 계획서의 사례

이 우리나라의 모든 초·중등학교는 학교 나름대로 '학교교육계획서' '학교교육과정(서)' 라고 불리는 문서를 매년 작성하고 있다. 그러나 교육과정은 학교교육 외에도 교육이라는 행위가 이루어지는 모든 곳에서 사용된다. [그림 8-2]는 평생교육기관인 한국소방학교에서 이루어지는 교육과정을 개략적으로 보여 준다.

[그림 8-2] 평생교육 프로그램에서의 교육과정: 중앙소방학교(출처: www.fire.or.kr)

그렇다면 교육과정(教育課程)이란 구체적으로 무엇인가? 교육과정에 해당하는 영어 '커리큘럼(curriculum)' 은 라틴어의 '쿠레레(currere)' 에서 온 말로서 '달린다' 는 뜻이었고, 이것이 나중에 경마장의 경주로(race course)를 의미하는 말이 되었다. 경마장에서 말이 경주를 하기 위해 출발점에서 종착점까지 달려가야 하는 일정한 코스, 즉 경주로가 커리큘럼인 것이다. 경주로란 시작과 목표로서의 끝 그리고 달려야 할 자신의 레인이 정해져 있는 길이다.

■ **교육과정의 어원**
curriculum의 어원은 currere(경주로)로서, 시작과 목표로서의 끝 그리고 달려야 할 자신의 레인이 정해져 있는 길을 말한다.

이러한 어원에 따라 교육과정은 사전에서는 "교육목표를 달성하기 위하여 선택된 교육내용과 학습활동을 체계적으로 편성·조직한 계획" 으로 정의된다(두산대백과 Encyber, www.yahoo.co.kr). 교육과학기술부(이하 '교육부' 라 함)에서는 홈페이지를 통해 교육과정이란 "학교교육에 있어 학생들에게 어떠한 교육목표를, 어떠한 교육내용과 방법, 평가를 통하여 성취시킬 것인가를 정해 놓은 공통적 일반적 기준" 이라고 정의하고 있다(www.mest.go.kr).

■ **교육과정**
- 교육목표를 달성하기 위하여 선택된 교육내용과 학습활동을 체계적으로 편성·조직한 계획(사전적 정의)
- 학생들이 학교의 지도하에 경험하는 모든 학습활동의 총화(교육부, 1963)
- 학교교육에 있어 학생들에게 어떠한 교육목표를, 어떠한 교육내용과 방법, 평가를 통하여 성취시킬 것인가를 정해 놓은 공통적·일반적 기준(교육부, 2003)

공식 문서를 통한 교육과정의 정의는 2차 교육과정 개정 시(1963) 이루어졌다. 이때 교육과정은 " '학생들이 학교의 지도하에 경험하는 모든 학습활동의 총화' 를 의미하며, 학생들의 학습경험 여하에 따라서 그들이 어떤 인간으로 성장하느냐가 결정된다."라고 하였다. 이는 당시 미국에서 1930~40년대 이후 진행된 진보주의 교육사조에서 영향을 받아 경험중심 교육과정 관점으로 폭넓게 정의된 것이다. 교육과정에 대한 이러한 관점은 이후 우리나라 교육부령 교육과정에서는 특별활동, 재량활동 등 교과 외 활동을 교육과정에 포함시키는 근거가 되었다.

2) 교육과정 연구의 필요성

■ Bobbitt
교육과정 연구의 효시. 1918년에 쓴 『The Curriculum』이라는 책은 교육과정의 기원이 되었다.

학문으로서 교육과정 영역은 교육철학, 교육사회학, 평생교육, 교육행정, 교육공학 등 교육학의 여러 영역들 중 하나다. 교육과정은 1918년 보비트(Bobbitt)가 『교육과정(The Curriculum)』이라는 책을 쓰게 되면서 하나의 학문 영역으로 등장하게 되었다. 교육과정은 전통적으로 교과나 교육내용과 동일시되었다. 교과나 교육내용은 20세기 전까지는 후세에 전달해야 할 문화유산의 축적물인 '고전' 이었으며, 고전을 분해하거나 통합하여 새로운 것으로 만드는 교육적 실험은 시도되지 않았다. 예컨대 19세기까지 '교육과정'의 의미는 '논어' '대학'과 같은 고전을 가르치는 것 그 자체였다. 교육과 교육학은 오래 전부터 존재했으나 특별히 교육과정이 학문적 관심의 대상이 되지는 못했던 것이다.

교육과정이 교육에서 주목받게 된 것은 20세기 초 듀이를 비롯한 진보주의 교육학자들이 '아동' '경험' '성장'과 같은 교과 외 요소들을 교육의 핵심으로 평가하게 되면서부터다. 교육은 '경험을 통한 학습(learning by doing)'이며, 교육의 목적은 아동의 계속적인 성장이므로, 교과 또는 교육내용은 이를 위해 기능하게 되었다. 전통적인 교과는 학생의 '경험'을 위해 재편되어야 했고, 이러한 재편이 교육과정 개발 영역을 발전시키는 계기가 되었다. 이제 '교육과정'의 의미는 학생의 경험을 위해 '무엇'으로 채울 것인가를 고민해야 하는 영역이 되었다. 이를테면 '논어'와 '소학'은 교육과정을 운영함에 있어, 수업에서 사용하는 교재와 참고문헌 중 하나가 되었다. 고전에 포함된 내용을 비롯하여 '무엇을 가르칠 것인가.'를 고민하여 교육내용으로 제시하는 것이 교육과정인 것이다.

교육과정이라는 학문 영역이 생기게 된 역사를 이해하게 되면, 곧 교육과정 연구의 필요성을 정리할 수 있다. 교육과정의 기본 대상은 무엇을 가르칠 것인가다. 교육과정은 기본적으로 가르칠 만한 것이 무엇인가라는 질문에 답하는 일이다.

특정 시기와 기관에서 운영하는 교육과정에는 시간, 용량의 제한이 있게 마련이다. 이 한정된 그릇의 교육과정을 무엇으로 채울 것인가가 바로 교육과정 연구의 기본적인 대상이다.

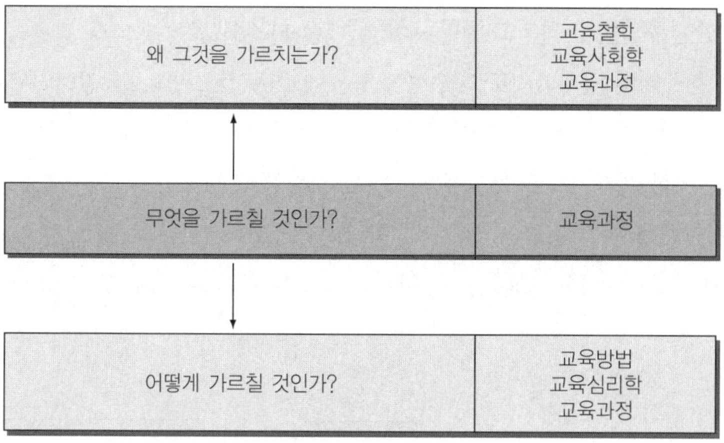

[그림 8-3] 교육과정 연구의 대상

무엇을 가르칠 것인가라는 질문은 필연적으로 왜 그리고 어떻게 그것을 가르칠 것인가의 질문과 관련된다. 교육학 영역에서 '무엇을 가르칠 것인가?' 를 주된 연구의 대상으로 하는 분야가 바로 교육과정이다. '왜 그것을 가르치는가?' 를 연구의 대상으로 하는 분야는 교육철학과 교육사회학 그리고 교육과정이다. '어떻게 가르칠 것인가?' 는 한마디로 교수-학습 관련 질문으로서, 이를 연구의 대상으로 하는 분야는 교육방법, 교육심리학 그리고 교육과정이다.

그렇다면 교육학의 한 분야로서 '무엇을 가르칠 것인가?' 를 주된 연구의 대상으로 하는 교육과정을 교사들이 알아야 하는 이유는 무엇인가? 한마디로 말하면 교사들은 자신들이 가르칠 '무엇' 을 파악하고, 교육과정을 이해하기 위하여 교육과정을 연구해야 한다. 더구나 교육과정의 달라진 지위는 더더욱 교사들로 하여금 교육과정을 연구해야 하는 필요성을 제기하고 있다.

우선 교육과정은 시대에 따라 계속 변화하고 있다. 교사들은 교과서나 교수-학습 자료를 가지고 수업에 임하게 되지만, 모든 교수-학습의 바탕은 교육과정에 있다. 그리고 국가(교육과학기술부)수준에서 고시되는 교육과정만 해도 1954년 이후 평균 8년 정도를 주기로 변화되어 왔다. 또한 교육과정의 변화 속에서 교육은 '교과서 위주의 교육' 에서 '교육과정 중심의 교육' 으로 변화되어 간다. 학교에서는 교육부에서 만들어 준 교과서를 그대로 가르치기만 해서는 안 된다. 학교 교육과정이라는 이름으

■ 교육과정 연구의 이유
교육과정의 잦은 변화, 교육과정 중심 교육, 교사의 전문성 고양, 교사의 자율성 신장, 학생에 대한 이해 증진

■ 수준별 교육과정
2000년도부터 시행된 7차 교육과정의 주요 특징 중 하나. 학생의 능력수준에 따라 과목 선택을 할 수 있는 선택형, 과목 안에서 심화와 보충학습을 하도록 하는 단계형, 심화보충형 수준별 교육과정으로 나뉜다. 국어, 영어, 수학, 과학, 사회과목은 초등학교에서부터, 특히 국어와 수학의 경우 초등학교 1학년부터 수준별 교육과정의 적용을 받아 교육과정과 교과서의 내용이 기본과 심화로 구분되어 제시된다.

■ 교사의 가르치는 것의 전문성
교사의 전문성은 교과에 대한 지식과 함께 가르치는 것(pedagogy)의 전문성으로 대표된다.

■ 교사의 자율성
교사들에게는 주어지는 교육환경과 학생의 특성에 맞게 교육과정을 변형하여 학생들에게 제시할 수 있는 자율성이 있다.

■ 학생에 대한 이해의 증진
20세기 후반 이래 교육과정은 '학습자 중심' '수요자 중심'을 표방하는 추세다. 학생에 대한 이해의 증진은 이러한 관점에서 교육과정을 잘 운영하기 위해 무엇보다 필요한 요인이다.

로([그림 8-1] 참조) A학교, B학교가 서로 다른 교육과정을 만들어 학생에게 제시할 수 있는 여지가 생겼다. 교과서 내용도 모든 학생에게 100% 가르칠 필요가 없게 되어, 어떤 학생들에게는 모든 내용을 가르치지 않아도 된다는 이른바 **수준별 교육과정** 내지 **수준별 수업**이 고려되고 있다. 이러한 교육과정의 변화에 따라 적응하지 못하는 교사는 신분상의 변화까지도 감수해야 하는 요구를 받고 있다. 예컨대 고등학교 2, 3학년에서 선택중심 교육과정은 과거에 필수였던 미적분이 별도의 선택과목으로 되는 등 다양한 선택과목을 개설할 수 있고, 학생들이 선택하지 않는 과목과 그 과목 교사는 도태될 수밖에 없다. 과거에 필수였던 과목이 교육과정의 변화에 따라 언제 선택과목으로, 그리고 결과적으로 선택되지 않는 과목이 될지 알 수 없는 세상이 되었다.

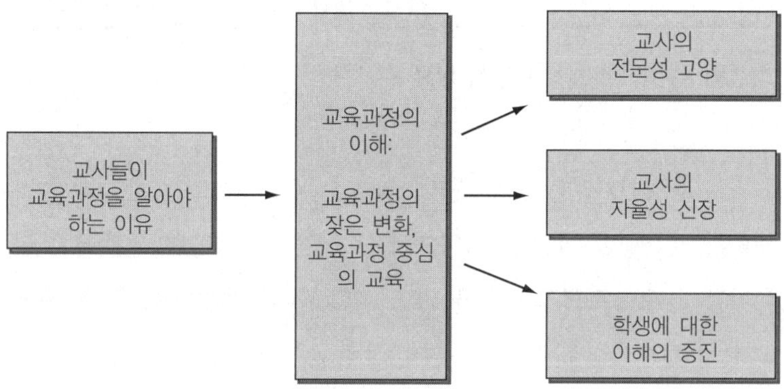

[그림 8-4] 교사들이 교육과정을 알아야 하는 이유

교사들이 교육과정을 알게 되면 다음과 같은 이득이 있다(박도순, 홍후조, 1999: 15~17). 먼저 교사에게 필요한 가르치는 것의 전문성을 고양할 수 있다. 수업을 잘 하기 위해서는 자신이 가르치는 과목에 대한 풍부한 지식과 함께, 그것을 왜 가르치는지를 알고 있어야 한다. 교사는 효과적으로 수업하기 위해서 교과목에 대한 풍부하고 폭넓은 지식이 있어야 하고, 가르치는 내용의 타당성을 찾기 위하여 스스로 학습하여야 하고, 학습의 목적과 과정에 대해 정확히 알아야 하며, 이를 수행하기 위한 적절한 수단을 강구해야 한다. 이러한 전문성은 가르친 경험을 통하여 구체적으로 습득되기도 하지만, 가르칠 내용에 대한 충분한 연구 없이는 습득하기 어려운 것이다. 다른 사람이 결정하여 마련해 준 것을 전달하는 식으로 가르치다 보면 전문성은 더더욱 습득하기 어렵다. 가르칠 내용에 대한 반성을 통해 얻어지는 전문성의 확보가

교육과정을 배우는 일차적인 목적이다.

교사들이 교육과정을 알게 되면 또한 고도의 지식과 기술을 바탕으로 하여 스스로의 양심과 창의성에 따라 교육활동에 임하며, 그 결과에 대하여 사회적 책임을 지는 자율성이 신장된다. 학생의 학습권과 교육복지, 사회의 안녕과 발전을 보장하는 방향에서 교사가 자율적인 선택과 판단에 의하여 교직을 수행할 때, 교권이 확립되고 그 자율성은 한층 강화된다고 할 수 있다. 교육과정을 배우는 것은 교실 안에서 가르치는 특정 교과에 국한된 자율성뿐만 아니라 보다 넓은 의미의 자율성을 키우는 바탕이 될 수 있다.

세 번째로, 교육과정에 대한 학습을 통해 교사들은 학생을 더 잘 이해하게 된다. 어떤 내용이 학생들의 심신을 단련시키고 성장케 할지, 어떤 내용이 사회적으로나 개인적으로나 교과의 체계에서 유용한지 등에 대한 교육과정적 질문은 모두 학생을 위한 숙고를 필요로 한다. 요컨대, 교육과정을 배우는 것은 교사가 교과에 대한 전문성을 바탕으로 학생을 위한 최상의 배려를 하기 위해서 무엇을 수행할 것인지를 알기 위한 것으로, 교사가 가르치는 일을 통해 자율성을 신장하는 계기도 마련해 주는 필수적인 과정이라 할 수 있다.

3) 교육과정의 세 가지 기초: 교과, 사회, 학생

교육과정을 결정하는 기초는 교과, 사회, 학생이다. 이 세 가지는 교육과정의 목적을 정할 때나 교육내용을 선정할 때, 평가를 수행하고자 할 때 등 어느 국면에서나 중요하므로 교육과정의 기초라고 할 수 있다. 교육과정을 개발하고 결정할 때 이 세 가지가 차지하는 비중은 시대와 사회에 따라 조금씩 달라진다. 대체로 과거에는 민족, 국가, 이념 등 사회적 기초와 학자, 교과 전문가의 의견이 중심의 교과적 기초가 중시되었다. 최근에는 학습자 중심, 학생 중심, 수요자 중심이라는 용어로 대표되듯

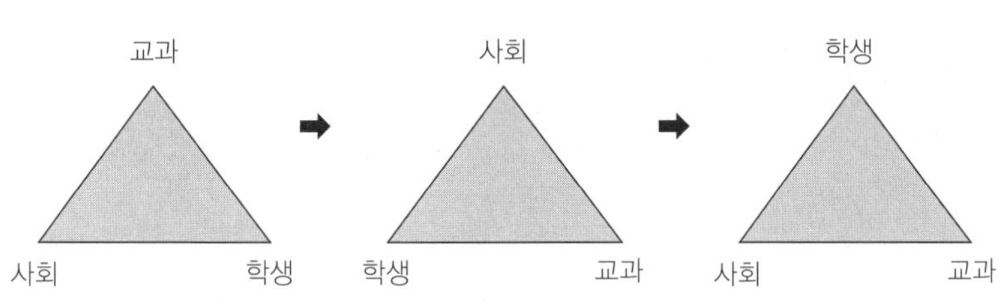

[그림 8-5] 교육과정 기본 축의 변화

이 학생이 교육과정 결정에서 커다란 비중을 차지한다.

이 중 사회를 제외하고 교과와 학생이라는 기초에 대한 강조점은 서로 대립되는 면이 있어, 한쪽을 강조하다 보면 다른 한쪽이 소홀해지는 경향이 있다. 우리나라 교육과정의 역사를 보면 4차 교육과정기까지 다음과 같이 반복되어 오다가, 이후 오늘날에는 학생을 중시하되 교과를 고루 중시하는 추세임을 알 수 있다.

[표 8-1] 우리나라 교육과정기별로 강조되어 온 교육과정의 기초 변화

교육과정기(시행기)	교육과정의 특징	강조되는 교육과정의 기초
1차 교육과정기(1955～)	교과중심 교육과정	교과
2차 교육과정기(1962～)	경험중심 교육과정	학생
3차 교육과정기(1973～)	학문중심 교육과정	교과
4차 교육과정기(1981～)	인간중심 교육과정	학생
5차 교육과정기(1988～)	교육과정 자율화	학생
6차 교육과정기(1994～)	교육과정 지역화	학생
7차 교육과정기(2000～현재)	학습자중심 교육과정	학생, 교과

(1) 교과

교과는 교육과정의 내용을 구성하는 기초다. 교과는 교과가 속한 모(母)학문, 예컨대 중학교 과학교과는 모학문인 생물학, 지구과학, 물리학, 화학의 세분화된 학문들로부터 구성된다. 학문을 교과로서 교육과정에 포함시킬 때 어떤 교과는 선택되고 다른 것은 배제된다. 왜냐하면 학교교육을 받을 수 있는 시간은 제한되어 있으므로 교육과정 안에 모든 교과를 다 포함할 수는 없는 것이다.

어떤 교과가 교육과정에 포함되는 것이 정당한지의 여부는 그 교과가 담고 있는 내용이 학생의 좁은 경험을 넘어 외부적 실재를 얼마나 폭넓게 그리고 정확하게 대변해 주는가에 달려 있다. 또한 교과는 교과가 대변하고자 하는 대상세계의 표상이 논리적으로 잘 조직되어 있어야 할 것이다. 즉, 어떠한 지식이 교과에 담겨지기 위해서는 교과가 대변하는 세계에 대한 기술(記述)의 정확성과 포괄성, 내용 조직체계의 논리성, 최신의 성과 반영 여부, 학생의 경험세계 맥락과의 논리적 관련 등이 기준이 된다(김경자, 2000: 209).

(2) 사회

사회는 교육과정의 두 번째 기초다. 왜 특정 교과나 교육내용이 교육과정 속에 있어야 하느냐에 대하여 사회적 필요(need), 즉 유용성(usefulness)이 중요한 정당화가 될 수 있다.

무엇이 사회적으로 유용한가를 결정하는 것은 교육과정 정책에서 매우 중요하나, 교과의 사회적 유용성은 시대적 · 사회적 환경에 따라 변화한다. 우리나라 6차 교육과정기에 초등학교에서 영어를 필수교과로 선택하게 된 것도 사회적으로 필요하다는 인식에서 비롯된 것이다. 유용성을 판단하는 기준은 즉시적인 것만은 아니다. 인문학이나 기초과학은 당장 적용되는 것은 아니어도 장기적으로 사회에 유용한 교과인 것이다.

사회가 교육과정에 요구하는 또 다른 것은 교육과정의 내용이 그 사회의 현상태를 유지 · 존속하는 데 도움이 되느냐 혹은 그 사회를 변화 · 발전시킬 수 있느냐의 순기능적인 내용이다. 대부분의 사회는 자라나는 세대들로 하여금 그 사회의 주요한 가치와 질서를 존중하고 이를 유지 · 존속시켜 주기를 원한다. 결국 사회는 교육과정에 대해 사회적 유용성을 요구하고, 교육과정이 그 사회의 유지 혹은 변화에 기여하는 방향으로 정향되도록 교육과정 결정에 지대한 역할을 수행한다.

(3) 학생

교육과정의 세 번째 기초는 학생이다. 교육의 목적은 개개인의 발달을 촉진하는 것이므로, 교육과정은 아무리 전통적인, 그리고 사회에서 유용한 지식으로 교과를 구성하더라도 궁극적으로 개인의 발달에 도움을 줄 수 있어야 한다.

교육과정은 학생 집단의 보편적인 발달 유형에 근거해야 하지만, 개인의 관심과 욕구로 간주되는 것에 주의 깊고 적절하게 반응을 보일 수 있도록 구성되어야 한다.

교육과정은 학생들의 발달단계, 소질과 적성, 진로와 요구, 환경의 개인차와 집단차를 고려하여 가치 있는 발달을 증진할 수 있는 것들만을 엄선하고 재조정하여 제안해야 한다. 교육과정을 통하여 학생들은 자신의 성장 발달 기회를 얻고, 자신의 진로에 도움이 되는 것을 선택할 수 있어야 하는 것이다.

교육과정에서 학생이 교과를 제치고 중요한 기초가 된 것은 20세기 초 듀이 등 진보주의 교육자들에 의해서다. 1980년대 이후 구성주의가 교수-학습 방법을 주도하게 되면서 오늘날 교육과정의 기초로서 학생에 대한 강조는 더욱 강화되고 있다.

4) 공식적, 잠재적, 영 교육과정

교육과정에는 개발과 운영의 측면이 있다. 학교교육과정의 운영자는 보통 교사와 동일시되지만, 국가 중심이나 지역교육과정 개발은 소수의 사람들이 참여하게 된다. 개발된 교육과정을 실행 혹은 운영하는 과정에서 공식적 교육과정인 교육부가 고시하는 교육과정 문서, 이를 해석한 교과용 도서 등은 학교나 다른 교육과정으로 나타나게 된다. 이러한 교육과정 실천과정에서 나타나는 교육과정의 모습을 **공식적 교육과정**, 공식적 교육과정에서는 의도·계획하지 않았으나 수업이나 학교의 관행으로 학생들이 경험하는, 곧 공식적 교육과정의 그림자라고 할 수 있는 **잠재적 교육과정**, 그리고 특정 사회의 역사·문화·정치적 배경으로 인하여 학교가 고의적으로 가르치지 않는 금기시하는 영역으로서 **영 교육과정**이라는 세 가지 분류를 통해 살펴볼 수 있다.

(1) 공식적 교육과정

학교에서 공식적으로 가르치는 교과서를 비롯한 교수-학습자료, 국가수준의 교육과정 문서, 시·도 교육청의 교육과정 지침, 지역교육청의 장학자료, 학교의 교육방침 등은 의도되고 계획된 공식적 교육과정이다. 교과서에 제시된 내용이면서 교사들이 수업을 통해 표현한 것이 공식적 교육과정의 전형적인 예다. 공식적 교육과정은 교육의 과정을 따라 다음의 모습으로 전개된다.

공식적 교육과정은 국가-학교-교사를 통해 학생들에게 전달된다. 공식적 교육과정 개발과정에서 지역이나 학교의 역할이 강화되어, 이제는 강원도에 있는 A학교와 제주도에 있는 B학교의 교육과정은 달라지게 되었다. 학급별, 교사별 재량도 커져서 같은 학교에 있는 a교사와 b교사도 서로 다른 교육과정을 전개하고 실천하는 것이 장려되고 있다.

학생에게 전달되어 경험하고 실현하는 공식적 교육과정은 학생마다 다를 수 있다. 뿐만 이니라 학생들은 학교와 교육과정을 통해 교유과정에서 명백하게 의도하지 않

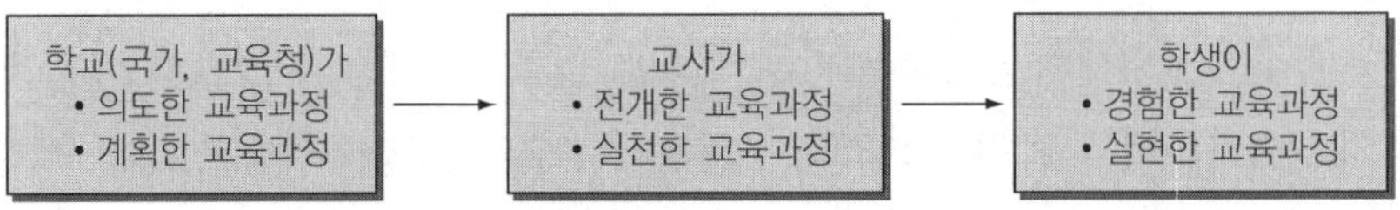

[그림 8-6] 공식적 교육과정의 변화

은 내용들도 경험하고 학습하게 된다. 공식적 교육과정으로 설명할 수 없는 이러한 교육의 결과들은 잠재적 교육과정과 영 교육과정으로 설명할 수 있다.

(2) 잠재적 교육과정

잠재적 교육과정은 공식적 교육과정에서 의도하고 계획하지는 않았으나, 수업이나 학교의 관행으로 학생들이 경험하는 교육과정이다. 교과만을 교육과정이라고 보는 관점에서는 이를 '교육과정'이라고 부르는 것도 적절치 않게 보인다.

학교교육에서 통용되는 상과 벌, 칭찬과 통제, 사회적 관행, 문화적 편견, 인간적 차별, 물리적 배치 등은 잠재적 교육과정을 형성하는 주된 근원이다. 예를 들어, 교사가 수업 중에 흔히 하는 칭찬 때문에 학생들은 칭찬받는 행동을 하고자 한다든가 그것이 무엇인지를 배우게 된다. 여러 명이 있는 집단에서는 질서를 위해 줄을 서야 한다든가, 교사나 반장 등 집단에서 권력(power)의 핵심이 누구이며, 그 권력에 순응하는 것이 이롭다는 것도 배우게 된다.

잠재적 교육과정은 공식적 교육과정의 성과를 높이기도 하고 부작용으로 작용하기도 하는 것으로 교육과정의 실천, 곧 수업과 평가에서 반드시 고려되어야 할 중요한 영역이다.

(3) 영 교육과정

영(零, Null) 교육과정은 아이즈너(Eisner, 1979)에 의해 주장된 개념이다. 이는 학교에서 소홀히 하거나 공식적으로 가르치지 않는 교과나 지식, 사고양식을 일컫는다. 교육과정이 정해진 시간에 가르칠 내용을 선택하여 정해야 하는 것이므로 영 교육과정은 공식적 교육과정의 필연적 산물이다.

■ E. W. Eisner
미국 스탠퍼드대학 교수. 교육과정에 대한 비평적 시각에서 예술적 교육과정 개발, 영 교육과정 등의 개념을 창안해 내었다.

통상적으로 학교의 공식적 교육과정은 논리적 사고를 강조하는 데 반하여 직관적 사고, 상상력은 소홀히 취급한다. 산업혁명 직후 산업노동력이 필요할 때 학교에서는 읽기와 쓰기는 가르쳤으나, 셈하기는 가르치지 않았다. 그것은 육체노동을 꺼리는 학생들이 셈하기를 배우면 공장노동자가 되기보다 회계사나 경리사원을 더 선호하기 때문이었고, 따라서 셈하기는 한때 영 교육과정이었다. 요즘 공식적 교육과정 내용으로 등장하게 된 성교육 내용도 한동안 일부러 가르치지 않는 영 교육과정이었다. 과거 냉전시대에 공산권과 자유진영에서 각각 이념의 장막을 치고 일부러 가르치지 않았던 상대편 진영에 대한 지식들 또한 영 교육과정의 예다.

전인적 성장과 사회적 총체성에 비추어 볼 때 공식적으로 가르치지 않거나 소홀히

되는 영역은 교육과정 측면에서 매우 가능성이 높은 영역이다. 아이즈너는 영 교육과정을 새롭게 조명함으로써 공식적 교육과정이 풍성해질 수 있다고 보았다.

2. 교육과정의 유형

교육과정을 무엇으로 보느냐 하는 정의는 그것이 어떤 교육과정으로 구현되는가의 유형과 밀접한 관련이 있다. 교육과정의 다양한 정의와 유형은 교과, 학생, 사회라는 교육과정을 이루는 세 가지 기초 중 무엇에 중점을 두느냐에 따라 달라진다. [표 9-2]에서와 같이 교육과정을 어떻게 정의하느냐는 어떤 관점으로 교육과정을 보느냐, 즉 교육과정의 유형과 밀접한 관련이 있다. 여기서는 가장 많이 사용되고 있는 정의와 관련된 교과중심, 학문중심, 경험중심 교육과정 그리고 20세기 말부터 현재까지 관심을 모으고 있는 구성주의 교육과정의 네 가지 유형을 소개한다.

[표 9-2] 교육과정의 다양한 정의

정 의	관련 교육과정 유형
교육과정은 교과목이나 거기에 담긴 내용이다.	교과중심 교육과정 학문중심 교육과정
교육과정은 계획된 활동이다.	행동주의 교육과정 교과중심 교육과정
교육과정은 수행할 일련의 과업이다.	행동주의 교육과정
교육과정은 의도한 학습 결과다.	행동주의 교육과정
교육과정은 학교의 지도 아래 학생이 겪는 실제 경험이다.	경험중심 교육과정 구성주의 교육과정
교육과정은 문화적 재생산의 도구다.	사회중심 교육과정
교육과정은 사회개선을 위한 프로그램이다.	사회중심 교육과정
교육과정은 개인의 인생행로에 대한 해석이다.	경험중심 교육과정
교육과정은 정의보다 은유(metaphor)다.	경험중심 교육과정

1) 교과중심 교육과정

교과중심 교육과정은 지식의 체계를 존중하는 것으로, 학교의 지도하에 학생이 배우는 모든 교과와 교재를 말한다. 전통주의적 관점의 주창자들에게서 교육의 목적은 문화유산의 전달이다. 따라서 교육과정의 내용은 문화적 유산으로부터 선정된 것이고, 인류에게 알려진 것 중 가장 영구적이고 확정적이며 객관적인 사실, 개념, 법칙, 가치, 기능들이다.

교과중심 관점에서는 교과내용을 강조한다. 특히 교육받은 사람이라면 누구나 알아야 하는 사실, 기본 지식과 기능, 전통적 가치 등에 초점을 맞추고 있다.

교과중심 교육과정은 수업과 평가에 있어 ① 단일교과에 초점을 맞추고, ② 학급 전체의 학생들에게 강의법과 암송법을 중심으로 한 교사 중심의 수업을 강조하며, ③ 교과서와 자습장을 중심으로 한 교재를 사용하고, ④ 지필검사용 시험지를 사용하여 정기적으로 평가하며, ⑤ 평점을 강조하는 특징을 지니고 있다(박도순, 홍후조, 1999: 108).

강의법, 암송법, 학습재로서 교과서와 학습장을 중시하는 전통적인 교실에서 교과서는 내용을 적절한 범위만큼 다룰 수 있게 해 주는 한편, 학습장은 내용의 숙달에 필요한 연습의 기회를 제공해 준다. 또한 이 방법들은 교사들로 하여금 학생들을 통제하고, 소란스럽고 수업에 방해되는 행동들이 나타나지 않도록 도와준다.

교과중심 교육과정의 장점은 다음과 같다.

첫째, 논리적으로 조직된 지식의 체계는 경험을 해석하는 데 유리하다.

둘째, 교육과정의 조직이 단순하고 누구에게나 쉽게 이해된다. 교육과정의 실행에 있어서 교사는 교과서에 기초를 두기 때문에 편리하며, 학생도 학습할 내용이 명료해진다. 이러한 단순성과 용이성 때문에 교과중심 교육과정은 오랫동안 교사들의 지지를 받았다.

셋째, 학습 결과의 평가가 용이하다. 교과서에 의하여 학습내용의 전체가 예상되므로 학습 결과의 평가는 이미 부여된 교과가 어느 정도 잘 이해되어야 하느냐 하는 점에 대체로 국한된다.

넷째, 교사와 학생 및 학부형들에게 최대의 안정감을 준다. 왜냐하면 교과중심 교육과정은 일반적으로 교사나 학부형에게 오랫동안 익숙하게 되어 있어서 교사는 자기가 가르쳐야 할 교재에 정통하면 되고, 학생도 교재에 나온 대로 학습하면 되기 때문이다.

반면 교과중심 교육과정의 단점은 다음과 같다.

첫째, 단편적이며 분과적인 교과조직이므로 전체로서의 통일성, 관련성이 부족하다.

둘째, 학생의 흥미, 능력, 필요보다는 교과로 표현되는 성인사회의 요구를 강요한다.

셋째, 학습지도가 일률적으로 시작되고 교사중심 수업이 되기 쉬우므로 민주적 가치에 위배된다.

넷째, 사고력 등의 고등정신기능이 함양되기 어렵다. 교사의 강의가 교과영역의 테두리 안에 실려 있는 내용이 되고 언어적 활동이 주가 되므로, 문제해결을 위하여 자료를 해석한다든가 원리의 실제 응용 같은 학습활동이 고려되기 어렵다.

2) 경험중심 교육과정

경험중심 교육과정은 교과를 교육과정과 교육 자체로 동일시해 오던 전통에 대한, 아동중심 교육사조와 진보주의 교육론자들의 교육적 실험이자 도전이었다. 경험중심 교육과정의 특징은 다음과 같다.

① 교육과정의 중심을 학생에 둔다.
② 교재를 가르치는 데 중점을 두지 않고 학생의 원만한 성장을 촉구하는 데 둔다.
③ 교재를 미리 선택하고 조직하지 않고 학습의 장에서 결정한다.
④ 교육과정은 교사가 정하여 일방적으로 강요하지 않고 모든 학습자의 협력, 참가에 의하여 진행한다.
⑤ 산만한 사실을 가르치는 것보다 유력한 의미를 체험시키는 데 중점을 둔다.
⑥ 기능이나 습관을 다른 학습에서 분리된 학습으로 가르치지 않고 더욱 큰 종합적 경험의 일부로 가르친다.
⑦ 교재와 결부된 교수법에 주력하지 않고 청소년의 학습법에 따라 잘하도록 노력한다.
⑧ 모든 학생에게 일률적인 학습을 시키지 않고 개인의 진보를 촉진시키려 한다.
⑨ 일정한 틀에 맞추지 않고 개개 어린이의 창조적인 성격을 육성하려 한다.
⑩ 교육을 수업이라 하지 않고 끊임없는 성장의 과정이라고 생각한다.

교육과정을 학생의 경험이라는 입장에서 고려할 수 있다는 견해는 20세기에 와서 발달한 것이다. 경험주의적 관점에 따르면 교육의 기본 목적은 아동의 발달이다. 경험주의 교육자들은 교육과정의 교과가 일상생활의 경험으로부터 도출되어 재구성되어야 한다고 보았다. 이에 따라 전통적인 교과, 예를 들어 지리, 역사, 사회로 구분되어 초등학교 단계에서 가르쳐지던 과목들이 '사회생활' 이라는 이름의 통합교과로 새로이 탄생하면서, 교과의 내용은 학생들의 경험을 중시하여 배열되었다.

경험주의 교육과정의 일반적인 특징은 다음과 같다(박도순, 홍후조, 1999: 118). ① 교과목의 엄격한 구분보다 통합을 지향한다. ② 교과서나 그밖에 미리 준비된 수업자료보다는 지역사회를 교수-학습의 자원으로 더 많이 활용한다. ③ 대집단으로 편성된 경쟁적인 학습분위기보다는 소집단별 협동적인 학습분위기를 강조하는 학생중심의 수업을 요구한다. ④ 완결짓는 데 비교적 긴 시간이 소요되는 과제, 즉 프로젝트를 중심으로 조직되어 있다. ⑤ 교사들이 통제 · 관리자가 아닌 학습촉진자(facilitator) 또는 자원(resources)으로 활동해 주기를 기대한다. 끝으로 ⑥ 사실적 정보나 용어의 회상을 강조하는 시험보다는 현실세계 속의 실제 과제를 처리할 수 있는 능력을 평가해 내기 위한 평가방법을 선호한다.

경험중심 교육의 일차적인 목적은 교육적 경험을 통해서 학생의 발달을 지속시켜 주려는 데에 있다. 그러므로 평가 질문도 경험형 프로그램이 학생에게 미치는 장 · 단기 효과를 측정하는 데 초점을 맞추게 된다. 그러나 경험중심 교육자들은 성과중심의 평가보다 학생들이 겪는 경험의 본질적 특질을 이해하는 데 관심이 더 많다. 교육적 경험이란, 민주적이고 인간적이며 학생들의 호기심을 불러일으키고 그들의 자발성을 강화시켜 주는 경험을 말한다.

3) 학문중심 교육과정

학문중심 교육과정은 교과가 속한 학문의 고유한 구조로서의 지식을 강조하고, 지식을 탐구하고 발견하는 교육방법을 중시하는 교육과정이다. 학문중심 교육과정은 1957년 소련이 유인인공위성 스푸트니크 1호를 미국보다 먼저 성공적으로 발사함에 따라, 미국의 방위가 갑자기 위협을 당하고 미국이 소련에게 모든 면에서 뒤지고 있는 것은 아닌가 하는 위기감어린 사회적 분위기에서 탄생하였다. 이후 미국의 과학자들은 국가의 발전이 초 · 중등학교 교육과정, 특히 과학 교육을 개혁함에 달려 있다고 보게 되었다. 이러한 맥락에서 중등 과학과를 중심으로 교육과정 내용을 교과가 속한 모학문에 좀 더 충실한 형태로 개발하자는 관점이 탄생하게 되었는데, 이를 학문중심 교육과정운동이라 한다.

1959년 브루너(Jerome Bruner)는 우즈호울의 과학자 회의보고서(1960)인 '교육의 과정(The Process of Education)' 에서 학문의 구조라는 관점에 기반을 둔 교육의 원리를 다음과 같이 제안하였다. ① 교과는 주어진 것이 아니라 역동적이고 진화하는 어떤 것이다. ② 각 학문은 그 자체의 고유한 탐구방법이 있다. 거기에는 하나의 과학적 방법만 있는 것이 아니라 여러 가지 방법이 있다. ③ 교육의 목적은 어린이들의 마음속에 여러 가지 상이한 '탐구양식'을 개발시켜 주는 데 있어야 한다. 그의 이러한 제안은 미국의 교육뿐 아니라 우리나라를 비롯하여 전세계 교육과정을 변화시키게 되었다.

학문의 구조중심적인 관점에 따르면, 교육의 기본 목적은 지력의 개발이다. 모든 교과는 기본 구조를 가지고 있으며, 교과의 구조란 그 교과를 구성하는 기본 개념, 법칙과 원리, 주제 또는 요소들 간의 상호관련성을 의미한다.

학문의 기초가 되는 것은 중요한 것이고 기본적인 것으로 이를 알면 적용범위가 넓고 새로운 지식을 더욱 많이 만들어 내는 것이다. 각 교과의 기초는 그 자체로 의미를 지니고 있기보다 기초적인 것이 상호 연관될 때 전체 구조 속에서 의미를 지니고 기능을 하게 된다. 학문중심 교육과정은 각 학문의 기본 아이디어를 교육과정 개발의 출발점으로 삼고 있어서, 보다 기본적인 개념을 찾아낸 뒤 기본 아이디어를 중심으로 그 내용들을 조직해 간다. 이렇게 학교급에 따라 교육과정 내용의 깊이와 폭을 더해 가도록 지식을 구조화하는 것을 나선형(螺旋形)적 조직방식이라 부르기도 한다.

학문중심 교육과정의 특징은 다음과 같다(박도순, 홍후조, 1999: 140). ① 단일교과 내에는 단일학문으로 제한하여 조직한다. ② 소수의 근본적인 개념 혹은 주제를 강조한다. ③ 실험실과 같은 일차적인 자원을 널리 사용하도록 요구한다. ④ 문제해결을 강조하는 시험지를 사용한다. ⑤ 교사는 정보를 제공하는 자원으로 활동하기보다는 학문적 탐구활동을 시범하는 사람이어야 한다.

학문중심 관점에서는 학구적인 전통 학문의 구조를 강조한다. 그러므로 평가에서는 학생들이 획득한 지식, 학생들이 경험한 탐구의 본질, 교사들이 가르칠 내용의 개별적 구조를 측정하려고 노력한다. 또한 학생들이 학문의 개념적 구조에 관해 통찰력을 획득했는가, 학생들이 실제 탐구행위를 경험하는가와 같은 문제들이 평가의 주된 관심거리다. 그러나 학문중심 교육과정은 지식의 구조를 강조하면서도 그것이 무엇인지를 끝내 구체화하지 못했다는 점, 특별한 교사훈련을 필요로 하는 어려운 교육과정이라는 점에서 비판된다.

4) 구성주의 교육과정

구성주의 교육과정은 1980년대 이후 구성주의라는 심리적 · 철학적 관점을 교육과정에 적용한 것으로, 경험중심 교육과정과 같이 학생의 경험을 중시한다. 구성주의 교육과정이 경험중심 교육과정과 다른 점은 교육과정을 경험하는 학생의 지식의 본질에 대한 관점이다. 구성주의에서는 객관주의의 '객관적 지식' 또는 '절대적 진리' 란 존재하지 않으며, 오히려 지식이란 사회적 · 역사적 · 문화적 상황 속에 놓인 개인의 사회적 경험에 의거하여 구축되는 개별적인 인지적 작용의 결과이며, 이것은 개인이 사회적 참여를 통하여 지속적으로 구성과 재구성을 반복해 나간다고 본다.

구성주의에서 추구하는 교육목표와 내용은 전통적 교육에서 추구해 온 그것들과 여러 가지 점에서 차이가 있다. 전통적 교육과정이 부분에서 시작하여 전체로 나가며, 특히 기초학습 기능을 강조하는 데 반해, 구성주의는 전체에서 시작하여 부분으로 나가며, 포괄적인 개념을 중심으로 구성된다. 전통 교육이 학생들을 교과나 고정된 교육과정에 적응 · 동화하도록 강조하는 데 반해, 구성주의는 학생이 생활과 당면한 문제에서 부딪히는 질문을 존중한다. 전통적으로 학생들은 교사가 가르쳐 주는 지식을 받아들이는 것을 강조하나, 구성주의는 학생들의 주체적 지식구성과 학습참여를 강조한다. 전자에서는 학생의 학습의 개별성이 존중되나, 후자에서는 학습이 집단 속에서 일어나도록 구성한다. 교사의 역할도 지식과 정보를 전달하고 가르치는 입장보다 학생들과 상호작용하는 데서 같이 돕고 배워 가는 동반자적 관계를 강조한다. 교사들은 수업에서 정답을 강조하기보다 학생들의 지식추구 과정과 의미추구 과정을 강조한다. 평가도 역시 전통적인 입장에서는 학생이 얼마나 배워 알고 있는가를 확인하는 총괄적 · 객관적 평가를 강조해 왔으나, 구성주의에서는 평가는 학습과정을 중심으로 일어나며, 학습의 다양한 측면을 학생작품, 관찰 등 다양한 기법을 동원해서 평가하는 것이다.

구성주의의 가장 두드러진 수업의 특징은 문제중심학습(Problem-Based Lear ning: PBL)이라고 할 수 있다. 이는 구성주의의 상대론적 인식론을 이론적 근거로 하는 구성주의 학습원칙을 충실히 반영하고 있는 학습모형이다. 문제중심학습은 '학습자로 하여금 어떤 문제나 과제에 대한 해결안 또는 자신의 견해나 입장을 전개(develop)하여 제시(present)하고 설명(explain)하며, 나아가 옹호(defense)할 수 있도록 함' 을 목표로 한다.

문제중심학습의 학습환경의 특성은 다음과 같다.

첫째, 관련 분야에 실재하는 복잡하고 비구조적인 문제들을 풀어 나간다. 비구조화된 문제라는 것은 해결안이나 결과가 어떤 한 가지 혹은 몇 가지로 제한될 수 있는 것이 아니고 접근하는 방향에 따라 몇 가지로 나타날 수 있는 것을 의미한다. 덧붙여 '문제' 는 소위 학교상황에서만 통하는 인위적이고 비실용적인 문제가 아니라 모든 상황에 있어서 현실성을 바탕으로 하고 있는 문제를 말한다. 이는 학습자 자신에게 꼭 필요하고 실질적인 도움을 주는 문제다. 이런 문제는 학습자의 역할과 기대되는 학습 결과에 대한 명시가 분명히 제시된다.

둘째, 기존의 교육방식에 비해 교사의 역할이 상당히 축소되고 그들의 권위는 학습자에게 위임된다. 교수에서 학습으로 무게중심이 옮겨간다.

셋째, 문제중심학습은 자기주도학습(self-directed learning) 과정과 협동학습 과정으로 이루어진다.

넷째, 조별 활동을 통한 협동학습 환경을 강조한다.

다섯째, 평가에 있어서도 학습자 중심이라는 전제가 우선한다. 문제중심학습에서의 평가는 교사의 평가는 물론이고 학습자 스스로에 의한 평가, 조원 간의 평가, 조간의 평가 모두가 포함된다. 평가는 학습의 맨 마지막에 행해지는 일회적인 평가가 아니라, 학습과정의 처음부터 끝까지 일어나는 것이다. 평가의 방법에 있어서도 단순히 객관식 방법을 통해 지식의 습득 여부를 확인하는 것보다는 학습자 스스로의 자신의 학습에 대한 정리, 학습과정과 수업과정을 자아성찰적으로 기록하는 반추노트의 활용, 프로그램 전후의 지식습득 비교 등 다양한 시각, 다양한 자료를 이용한 종합평가를 한다. 그 밖에도 홈스쿨링이나 컴퓨터를 활용한 원격수업에서 학생들의 수업참여와 자기주도성이 극대화되는 구성주의적 접근이 실현될 수 있다.

3. 교육과정 개발

1) 전통적 개발 모형: 타일러의 모형

전통적 모형은 타일러(Tyler)의 교육과정 모형을 말한다. 타일러는 진보주의 교육사조기인 1930~1940년대에 교사로서 그리고 연구자로서의 경험을 모형화하였고, 이는 『교육과정과 수업의 기본 원리(Basic Principles of Curriculum and Instruction,

1949)』라는 작은 책 속에 쉽게 설명되어 있다. 타일러가 이 책에 소개한 교육과정의 개발 절차와 모형은 이후 반세기가 지난 오늘에 이르기까지 교육과정의 기초이자 때로는 전부인 것으로 자리 매김하고 있다. 타일러는 교육내용이라는 말보다는 '학습경험'이라는 말을 즐겨 사용했으며, 교육과정과 수업을 계획하기 위해서는 네 가지 질문에 대답해야 한다고 하였다.

① 학교에서 달성하고자 하는 교육목표는 무엇인가?
② 이러한 목표를 달성하기 위하여 학습경험은 어떻게 선정하는가?
③ 선정된 교육경험은 어떻게 효과적으로 조직할 수 있는가?
④ 학습경험의 효과성은 어떻게 평가할 수 있는가?

타일러의 모형은 교육목표, 학습경험의 선정과 조직, 처음에 세운 교육목표가 어느 정도 달성되었는지를 알아보기 위한 질문에 대답하는 데 가장 잘 알려진 모형(rationale)이다. 교육과정 개발과정에 대한 그의 모형은 [그림 8-7]과 같이 요약할 수 있다. 이 모형에 따르면, 교육과정 개발의 과제를 네 가지 물음에 대한 논리적이고 계열적인 대답으로 보았다. 일단 목표가 결정되면, 적절한 학습경험을 선정할 수 있고, 효과적인 수업을 위한 학습경험의 조직이 요구된다. 마지막 단계는 그 목표가 성취되었는지를 결정하는 평가단계다.

그의 교육과정 개발 모형은 합리적 모형, 목표중심모형, 평가중심모형 등 다양한 이름으로 불린다. 때로는 '목적-수단모형'이라고도 불리는데, 그 이유는 목적으로서 목표의 설정이 목표 달성에 가장 도움이 될 만한 활동과 조직의 종류 선택에 큰 영향을 끼치기 때문이다. 이 모형에 따르면, 평가조차도 선정되고 조직된 학습경험이

[그림 8-7] 타일러의 교육과정 개발 모형

바람직한 결과를 낳는 데 얼마나 효과적인가를 알아보는 기능을 한다. 또한 교육목표에서 출발하여 다시 교육목표로 돌아가는 일련의 과정이라는 측면에서 '합리적 · 순환적 모형' 으로 불리기도 한다(김경자, 2000: 335).

타일러 교육과정 개발 모형의 장단점

타일러 모형의 장점은 어떤 교과 · 수업수준에서도 활용, 적용할 수 있는 폭넓은 유용성이 있다는 점이다. 또한 논리적이고 합리적인 일련의 절차를 제시하고 있어 교육과정 개발자나 수업계획자가 이를 따라하기가 비교적 쉬우며, 학생의 행동과 학습경험을 강조함으로써 평가에 매우 광범한 지침을 제공해 주었다. 특히 교육목표를 학습한 '내용' 과 학습자의 '행동' 을 포함하여 명세적으로 밝히는 일을 강조하여 이 전통은 오늘에도 유지되고 있다. 그리고 책 제목에서와 같이 교육과정과 수업을 구분하지 않고 통합적으로 목표, 경험 선정, 경험 조직, 평가를 포괄하면서도 경험적, 실증적으로 교육성과를 연구하는 경향의 토대가 되었다.

타일러 모형의 단점은 장점인 목표아 평가의 강조에 대한 비판에서 출발한다. 즉, 목표의 원천은 제시하고 있으나, 무엇이 교육목표이고, 그것은 왜 다른 목표를 제치고 선정되어야 하는지 그 이유를 분명하게 밝혀 주지 못한다. 또한 목표를 분명히 미리 설정한다는 것은 수업 진행과정 중에 새롭게 생겨나는 부수적, 확산적 목표의 중요성을 간과한 것이다. 목표를 지나치게 강조함으로써 내용보다 우위에 두고, 내용은 목표 달성을 위한 수단으로 전락시켰다. 대부분의 교사는 포괄적인 교육목표를 세우기보다 수업에서 가르칠 주요한 개념이나 내용을 우선하여 수업을 준비하고 계획하는 것이다.

또 겉으로 평가할 수 있는 행동만을 지나치게 강조함으로써 잠재적 교육과정이나 내면적 인지구조의 변화, 가치와 태도 및 감정의 변화를 확인하는 데 약하다. 또한 목표와 밀착된 평가를 강조함으로써 수업이 평가에 종속되는 현상(test-driven instruction)을 초래하는 원인이 되었다.

마지막으로, 교육과정 개발 절차를 지나치게 절차적, 체계적, 합리적, 규범적으로 처방(prescribe)하여 제시함으로써 교육과정 개발 활동과정의 연속성과 실제 교육과정 개발과정에서 일어나는 많은 복잡한 것들에 대한 설명을 생략했다는 비판을 받는다.

2) 자연주의적 개발 모형: 워커의 모형

자연주의적 개발모형은 워커(Walker)의 모형을 일컫는다. 워커는 교육과정 개발이 보다 실제적이어야 한다는 슈왑(Schwab)의 실제성과 숙의(熟議, deliberation) 개념을 사용하여 현실의 구체적인 장면에서 연구와 개발이 이루어져야 한다는 신념을 모형화하였다. 타일러의 교육과정의 기초가 교과, 학생, 사회였다면, 워커의 교육과정의 기초는 학습자, 교사, 교재, 환경이다.

워커(1974)는 교육과정의 설계를 특수한 상황에 맞추어야 할 필요성을 강조하였다. 그러므로 교육과정 개발자는 교육목적, 학습경험의 선정, 학습경험의 조직, 교육평가에 걸친 교육과정에 대한 통상적 생각에 자신을 맞추기보다 다음과 같은 대안적 질문을 던져 보아야 한다.

① 이 교육과정의 특징적 측면은 무엇인가?

② 이 교육과정의 특징이 초래할 사회적, 개인적 영향은 무엇인가?

③ 이 교육과정이 갖고 있는 항존적 측면과 새로운 변화 측면은 무엇인가?

④ 이 교육과정에 담긴 특징들 각각에 대한 장점과 가치를 교육과정 관련 인사들은 어떻게 판단하는가?

⑤ 특정한 상황에서 특정한 목적을 갖고 있는 교육과정에 포함되어야 할 교육과정의 특징은 무엇인가?

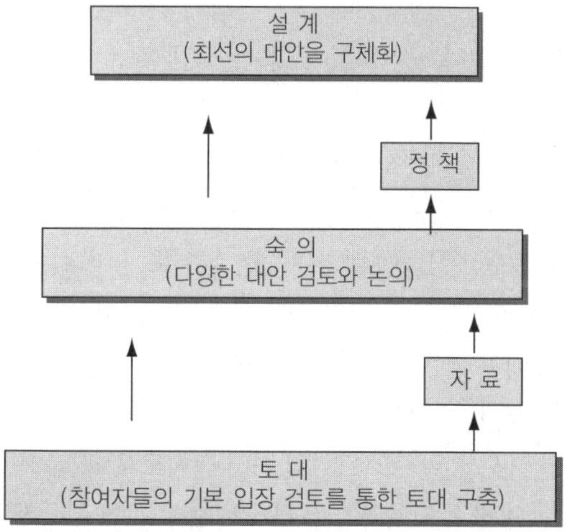

[그림 8-8] 워커의 자연주의적 교육과정 개발 모형(출처: Walker, 1972)

이러한 질문에서 출발하여 워커는 타일러와 다른 교육과정 개발 모형을 만들게 되었다.

워커가 자연주의적 모형(naturalistic model)으로 이름짓게 된 것은, 실제 교육과정 개발 작업에 참여한 경험을 통해서다. 그가 발견한 것은 교육과정 개발이 타일러의 4단계 모형에 따라 목표를 세워 일직선적으로 이루어지는 것이 아니라, 개발자들이 갖고 있던 생각들(강령, platform)에 기반을 가지고 서로 계속적인 대화과정(숙의)을 통해 합의에 도달한 바를 설계(design)하는 일련의 과정이라는 것이다.

워커는 교육과정 개발 참여자들이 다음의 세 단계를 자연스럽게 거치면서 교육과정을 개발한다고 하였다.

① 다양한 견해를 표방하고 공통된 합의 기반을 모색하는 토대(강령, platform) 단계

② 다양한 대안을 검토하고 가장 나은 대안을 선택하는 숙의(deliberation)단계

③ 선택한 대안을 실천 가능한 것으로 구체화하는 설계(design)단계

워커의 교육과정 개발 모형의 장단점

워커 모형의 장점은 교육과정의 설계를 특수한 상황에 맞추어야 할 필요성을 강조한 점이다. 그러므로 교육과정 개발자는 교육목적, 학습경험의 선정, 학습경험의 조직, 교육평가에 걸친 교육과정에 대한 통상적 생각에서 벗어나는 것이 중요하다. 타일러의 모형은 교육과정 계획이 합의를 이루지 못했을 경우에 대한 언급은 없다. 그러나 워커는 합의를 이루지 못했을 경우에도 교육과정 계획이 어떻게 진행될 수 있는가를 잘 진술해 주고 있다. 특히 교육과정 계획 측면을 상세히 제시하여 교육과정 참여인사들이 처음부터 서로 다른 토대와 입장에서 출발하고 있음을 보여 주었다. 즉, 교육과정을 계획하는 동안 실제로 일어나는 것을 아주 정확하게 묘사해 준다. 또한 참여자들이 다른 '입장'에 반응하고 '숙의' 하기 위해 대화에 상당한 시간을 보내야 할 필요성을 강조한다. 어떤 교육과정 계획팀에서도 일어날 수 있는 다양한 공격과 논쟁을 보여 주고 있다.

반면 워커 모형의 단점은 워커의 모형이 거의 전적으로 교육과정 계획에만 초점이 맞추어져 있다는 점이다. 교육과정 설계가 완성된 뒤에 무슨 일이 어떻게 일어나야 할지에 대한 언급이 부족하다. 또한 대규모 교육과정 프로젝트에는 적절한 계

획이나, 소규모 학교중심 교육과정 계획에는 적절하지 않을 수도 있다. 왜냐하면 학교는 전문가, 자금, 시간 등이 넉넉하지 않기 때문에 교사들의 참여를 이끌어 낼 만한 유인책도 없을 뿐더러, 처음부터 격렬한 이해관계의 충돌이나, 상당한 시간을 요하는 충분한 숙의를 지속할 수도 없기 때문이다. 또한 교육과정 계획자가 열성적이며 특정 교육과정 영역의 지지자임을 분명히 밝히는 것을 가정하지만, 일상적이며 논쟁적이지 않은 교육과정 계획활동도 허다하며, 끝까지 자신의 입장을 숨기는 경우도 있다.

4. 교육과정의 실제

1) 교육과정 개발의 세 가지 수준: 국가, 지역, 학교

(1) 중앙집권적 교육과정의 전통

우리나라의 교육과정은 교육부에서 이를 발의, 연구개발, 지휘, 감독 및 고시(告示)하는 전형적인 중앙집중화된 국가교육과정(national curriculum)이다. 제6차 교육과정(1992년) 이후 분권화가 시도되었으나 이 틀은 유지되었다. 교육기본법에서도 교육과정의 전체적인 틀은 교육부가 정하고, 지역 실정이 감안되어야 할 사항은 시·도 교육청이 정하는 것으로 되어 있다.

우리나라에서 교육과정의 기준과 내용에 관한 기본적인 사항은 교육과정 문서로 고시된다. 고시된 문서는 국가수준에서 전국의 모든 학교급별 학교가 공통·일반적으로 교육내용 편성의 근거로 삼고 각급 학교교육과정 운영 면에 있어서 법적 구속성을 가지는 교육과정 국가 기준이다. 교육부가 고시하는 교육과정 문서는 교육목표, 학교급별 교과 편제, 교과목별 시간 및 단위 배당 기준, 교육과정 편성 운영의 기본 지침, 교육청과 학교의 교육과정 관련 역할 규정 등이 들어 있는 총론과 각급 학교의 교과별 교육목표, 교육내용, 교육방법, 교육평가 등을 상세히 규정하고 있는 교과별 교육과정으로 나뉜다.

(2) 국가교육과정의 특성

교육부가 고시하는 국가수준의 교육과정은 보통교육단계의 우리나라 모든 어린이와 청소년을 대상으로 하며, 한정된 시간과 공간에서 실행할 수 있어야 하므로 다음과 같은 성격을 띤다고 할 수 있다. 국가수준의 교육과정이 표방하는, 학생들이 배울 내용과 경험은 ① 전문적이기보다 기초적인 성격, ② 주변적 · 부수적이기보다 중심적이고 핵심적인 성격, ③ 부분적이기보다 광범위하고 포괄적인 성격, ④ 특수한 것이기보다 보편적이고 공통적인 성격, ⑤ 선택적이기보다 규정적이고 필수적인 성격, ⑥ 일부를 위한 차별적 · 특혜적이기보다 대다수를 위한 평등하고 공정한 성격, ⑦ 분절화된 것이기보다 통일성 있는 성격을 띤다. 따라서 국가수준의 교육과정 고시 문서가 갖추어야 할 성격(기준, 요강, 지침)에 비추어 볼 때 주변적, 부분적, 선택적, 차별적, 분절화된 성격을 띤 교과내용이나 프로그램을 국가수준에서 모두 연구 개발하여 고시하는 것은 적합하지 않다.

(3) 중앙집권적 교육과정의 장점

교육과정이 국가나 지방의 중앙에서 개발되면 통일되고 표준화된 교육체제를 지향할 수 있으며, 지역과 학교의 교육활동을 통제하거나 책무성을 물을 수 있다. 중앙정부에서는 전문가들을 집중 활용하여 질 높은 자료를 양산할 수 있으며, 시간과 노력과 재정을 절약할 수도 있다. 또한 교육과정 정책을 다년간 일관성 있게 유지할 수 있고, 정책의 일관성으로 학생들이 전학 및 진학하거나 교사들이 타지역으로 전출하더라도 커다란 불편이 없다. 모든 학생을 대상으로 할 때, 통일된 교과서나 전국 단위 시험과 같은 강력한 통제 도구를 갖고 있을 때, 국가-지역-학교가 상호 보완적 관계에 있을 때는 효과적이라고 할 수 있다.

(4) 중앙집권적 교육과정의 단점

중앙집권화된 교육과정 체제는 학교 교사들의 교육과정 개발과정에의 참여 기회를 줄이며, 그들의 역할을 교육과정 전달 기능으로 단순화 · 기능화시킨다. 또한 서로 다른 학교나 지역의 실정에 맞는 실행 전략을 마련하기 어려우며, 지나친 표준화 강요는 학교교육을 획일화시키고 협소한 목표 달성으로 이끌기 쉽다. 기본적으로 이는 지침의 원안이 합리적인 만큼 학교 구성원들이 합리적으로 시행하리라는 가정을 갖는다. 그러나 교사와 학생들은 주체적 사유자며 행동자이기에 수동적 수용이나 합리적 채택을 기대하기 어렵다.

2) 학교수준 교육과정 개발

(1) 학교수준 교육과정의 개념

'학교 교육과정(school curriculum)' 이란 학교에서 수립하는 교육과정을 의미한다. 6차 교육과정기 전까지 우리나라의 학교들은 학교교육과 관련된 교육과정의 결정에 관한 한 국가교육과정(교과서 포함)과 기타 국가 및 지방 행정기관에서 제공하는 다양한 종류의 교육과정 관련 행정문서에만 의존하여 왔다. 교육과정과 관련하여 학교가 자율적이고 독자적으로 결정할 사항들은 별로 없었으며, 거의 모든 사항들이 국가에 의해서 결정되고 국가로부터 제공되었었다.

그러나 이러한 중앙집중식 교육과정 결정방식은 현장에서의 실천가능성 저조, 지역이나 학교에의 적합성 저조, 현장 교사들의 자율성과 전문성 신장 억제 등과 같은 문제를 지니고 있다. 이와 같은 문제점을 완화하기 위한 노력으로 그동안 교육과정의 결정권을 중앙에서 지방과 학교로 위임하는 정책을 계속 추진하여 왔다.

(2) 학교수준 교육과정 개발

학교수준에서 교육과정을 개발한다고 할 때 '개발의 대상' 은 크게 ① 교과 편제(즉, 개설 교과목의 종류 및 과목별 시간 배당), ② 교과별 교육과정(즉, 과목별 주요 학습내용 및 그 수준) 그리고 ③ 교수-학습자료(즉, 교과교육과정에서 제시된 주요 학습내용을 가르치기 위해 사용되는 교과용 도서를 포함한 제반 수업자료) 등으로 나누어 볼 수 있다. 다른 한편으로 개발을 위한 '활동의 성격' 또한 크게 자체 개발과 수정 · 보완 및 선택 등 세 가지로 구분해 볼 수 있다.

이렇게 보면 학교에서 교육과정을 개발한다는 것이 반드시 각 학교가 교육과정(즉, 교과 편제나 각론 및 교수-학습자료)의 전부를 스스로 개발한다는 것을 의미하지는 않는다. 그것은 국가수준이나 지역수준의 교육과정을 구체화 내지 상세화하는 등의 수정 · 보완활동을 의미할 수도 있고, 또는 전문 기관이나 상급 기관에 의해 개발된 다양한 교육과정 중 자신에게 가장 적합한 것을 선택하는 것을 의미할 수도 있다.

(3) 학교교육과정 편성 · 운영 절차

학교교육과정을 편성 · 운영하는 일반적인 절차는 준비단계, 편성단계, 운영단계, 평가단계와 같은 일련의 과정을 거치게 된다. 교육부에서 예시한 일반적인 편성 · 운영 절차는 [그림 8-8]과 같다.

- 학교교육과정 운영위원회 조직 및 편성 계획 수립
  - 조직, 임무, 역할을 구체화하여 분담한다.
  - ◇학교교육과정 편성 계획수립

▼

- 교육과정 기준과 지침의 내용 분석
  - 교육부 고시 교육과정, 시 · 도 지침, 지역교육청 장학자료 분석
  - 관계 법령, 교육시책, 지표, 과제의 분석
  - ◇학교교육과정에 반영할 시사점 추출

▼

- 각종 실태 조사 · 분석과 시사점 추출
  - 교직원 현황, 학교여건, 학생과 학부모 실태, 지역사회의 특성 조사, 분석
  - 교원, 학생, 학부모의 요구사항 조사, 분석
  - 교과, 특별활동, 재량활동의 운영 실태 분석
  - ◇학교교육과정에 반영할 시사점 추출

▼

- 학교교육과정의 기본 방향 설정
  - 학교장의 학교 경영 방침 및 학교 교육목표 설정
  - 교과 · 영역 · 학년별 교육 중점 제시
  - ◇편성과 운영의 기본 원칙 결정

▼

- 학교교육과정 시안 작성
  - 편제와 시간 배당, 수업일수, 수업시수 결정
  - 교과, 특별활동, 재량활동의 연간 운영계획 수립
  - 특별활동의 학교 별도 확보 시간 결정
  - 목표, 내용, 수준, 지도 순서, 시간 방법의 조정
  - 교육평가 계획 수립
  - 생활지도, 특수아 지도 및 교육자료 활용 계획의 수립
  - 교과 전담 운영, 특별교실 · 운동장 활용 계획
  - 귀국자녀 교육을 위한 특별학급 운영 계획
  - 수준별 교육과정 운영에 따른 특별 보충과정 운영 계획
  - 영재아, 학습부진아 지도 계획
  - 기타 학교 운영 전반에 필요한 계획 수립
  - ◇학교의 특색을 살리는 창의적인 교육계획 수립

▼

• 학교교육과정 시안의 심의 및 확정
- 시안 심의, 검토, 분석
- 추출된 문제점 반영, 시안의 수정 · 보완
◇학교교육과정의 확정

▼

• 학교교육과정의 운영
- 지속적인 연수 실시, 교내 자율장학의 활성화
- 운영과정의 문제점에 대한 탄력적 대처
- 교내 장학협의를 통한 교육과정의 수정 · 보완
◇융통성 있는 시간 운영
- 시간 운영, 장소 활용, 교사 조직, 주제 선정, 집단 편성 등

▼

• 학교교육과정 평가와 개선
- 교과, 특별활동, 재량활동의 운영 평가
- 평가기준에 따른 교육과정 평가
◇개선점 추출, 다음해의 편성 · 운영에 반영

[그림 8-8] 학교교육과정 편성 · 운영 절차

학교마다 지역과 학교의 실정에 따라 편성 · 운영의 단계를 통합하거나 세분화할 수 있고 업무내용도 조정할 수 있다. 편성 · 운영 절차는 학교교육과정 편성계획을 수립할 때 업무의 순서로 활용하고, 업무의 추진시기와 담당자를 명시한 구체적인 계획을 세워야 체계적인 학교교육과정 편성 · 운영 절차가 이루어질 수 있다.

학교 교육목표는 학생과 교사가 쉽게 이해하고 학교생활의 지표가 될 수 있도록 간결하며 학생 중심으로 진술하였다. 7차 교육과정에서 추구하는 건전한 인간성 교육과 창의성 교육, 기초 · 기본을 강조하는 초등교육의 본질을 살리는 지 · 덕 · 체 세 덕목을 교육목표로 설정하였다. 목표 진술은 가장 단순하게 '착한 어린이' '똑똑한 어린이' '튼튼한 어린이'로 하고, 좀 더 구체적 목표로 '기본 습관이 바로 된 착한 어린이'와 같이 상세화하고, 이 목표 달성을 위한 구체적인 교육 중점 실천과제를 설정하였다.

교육 중점 실천과제는 학교 교육목표별로 국가, 사회의 요구와 학생, 학부모, 교사의 요구 및 서울특별시 교육시책을 반영하여 선정하되, 학교의 여건에 비추어 실천 가능한 교육활동을 학교 교육목표의 하위 경영목표로 설정하였다. 이 교육 중점 실

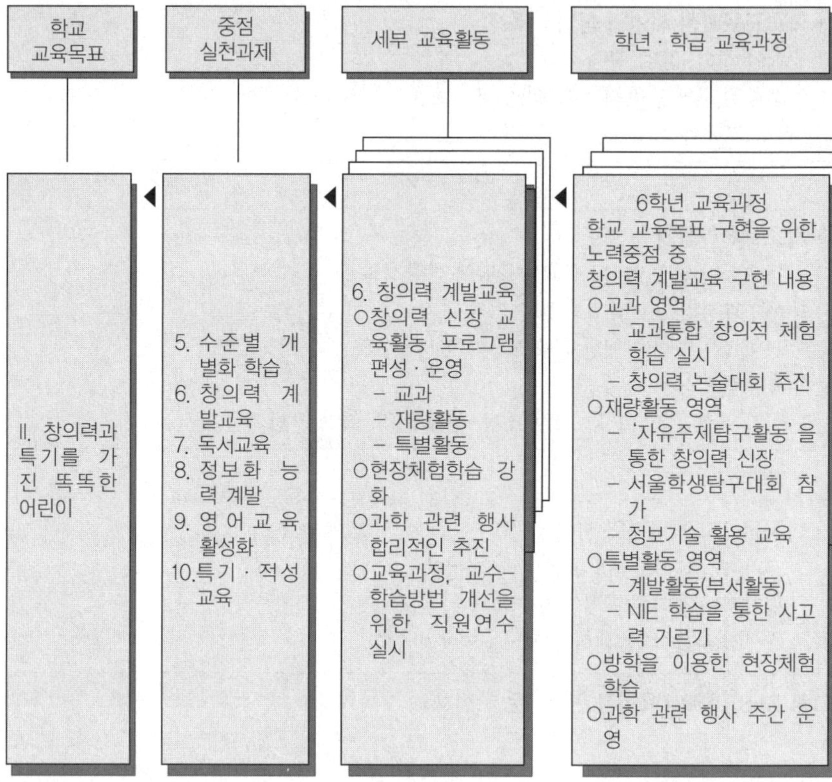

[그림 8-9] 학교-학년-학급 교육과정의 교육목표 실천 체제: 묵동초등학교 사례

천과제는 다시 구체적인 실천계획을 세우고 학년 · 학급 교육과정의 교과, 재량활동, 특별활동 각 영역에서 교육활동에 반영하도록 함으로써 목표체계의 일관성을 유지하고 학교 교육목표 중심의 교육과정 운영에 노력한다.

/참/고/자/료/

교육부(1998). 초등학교 교육과정해설(I).

김경재(2000). 학교 교육과정론. 서울: 교육과학사.

박도순, 홍후조(1999). 교육과정과 교육평가. 서울: 문음사.

이종승(1991). Tyler 교육과정과 수업의 원리. 서울: 교육과학사.

이홍우(1977). 교육과정 탐구. 서울: 박영사.

/학/습/정/리/

1. **교육과정**은 교과과정, 프로그램, 코스, 수업과 유사하게 사용되는 용어로서, '**교육목표를 달성하기 위하여 선택된 교육내용과 학습활동을 체계적으로 편성 · 조직한 계획**'이다. 학교 교육과정은 '학교 교육에 있어 학생들에게 어떠한 교육목표를, 어떠한 교육내용과 방법, 평가를 통하여 성취시킬 것인가를 정해 놓은 공통적 · 일반적 기준'이다.
2. 학문으로서 교육과정 영역은 교육철학, 교육사회학, 평생교육, 교육행정, 교육공학 등 교육학의 여러 영역들 중 하나다. 교육과정은 1918년 Bobbitt이 『교육과정(The Curriculum)』이라는 책을 쓰게 되면서 하나의 학문 영역으로 등장하게 되었다. 교육과정이 교육에서 주목받게 된 것은 20세기 초 듀이를 비롯한 진보주의 교육학자들이 '**아동**' '**경험**' '**성장**'과 같은 교과 외 요소들을 교육의 핵심으로 평가하게 되면서부터 전통적인 고전 교과 중심의 교육과정을 **학생**과 **사회** 중심으로 재편하게 되면서이다.
3. 교육과정의 기본 대상은 무엇을 가르칠 것인가이다. 교사들은 자신들이 가르칠 '**무엇**'을 파악하고 교육과정을 이해하기 위하여 교육과정을 연구해야 한다. 교사들이 교육과정을 알게 되면 교사에게 필요한 가르치는 것의 전문성을 고양할 수 있고 자율성을 키울 수 있으며, 학생에 대한 이해를 증진시킬 수 있다.
4. 교육과정의 세 가지 기초는 **교과**, **사회**, **학생**이며 교육과정을 개발하고 결정할 때 과거에는 민족, 국가, 이념 등 사회적 기초와 학자, 교과 전문가의 의견 중심의 교과적 기초가 중시되었으나 최근에는 **학생**이 커다란 비중을 차지한다.
5. 교육과정에는 **개발**과 **운영**의 측면이 있다. 학교 교육과정의 운영자는 보통 교사와 동일시되지만, 국가 중심이나 지역 교육과정 개발은 소수의 사람들이 참여하게 된다. 개발된 교육과정을 실행 혹은 운영하는 과정에서 공식적 교육과정인 교육부가 고시하는 교육과정 문서, 이를 해석한 교과용 도서 등은 학교마다, 교사마다 다른 교육과정으로 나타나게 된다. 이러한 교육과정 실천 과정에서 나타나는 교육과정의 모습을 **공식적 교육과정**, 공식적 교육과정에서는 의도 및 계획하지 않았으나 수업이나 학교의 관행으로 학생들이 경험하는, 곧 공식적 교육과정의 그림자라고 할 수 있는 **잠재적 교육과정**, 그리고 특정 사회의 역사, 문화, 정치적 배경으로 인하여 학교가 고의적으로 가르치지 않는 금기시하는 영역을 **영 교육과정**이라고 한다.
6. 교육과정을 무엇으로 보느냐 하는 정의는 그것이 어떤 교육과정으로 구현되는가의 유형과 밀접한 관련이 있다. **교과중심**, **학문중심**, **경험중심**, **구성주의 교육과정** 등 다양한 정의와 유형은 교과, 학생, 사회라는 교육과정을 이루는 세 가지 기초 중 무엇에 중점을 두느냐에 따라 달라진다.
7. 교육과정을 만드는 일, 즉 교육과정 개발에서는 전통적 개발 모형인 **타일러 모형**이 있다. 타일러 모형은 **교육목표의 선정-학습경험의 선정-학습경험의 조직-평가**의 네 가지로 구성되

어 있다. **워커**의 **자연주의 모형**은 개발 참여자들의 교육과정에 대한 토대 혹은 강령(platform)을 확인하고 숙의(deliberation)를 통해 교육과정을 설계하는 일련의 과정을 강조한다.

8. 개발된 교육과정을 운영하는 실제는 학교에서 이루어진다. 우리나라는 **중앙집중식 교육과정**의 전통 속에서 **국가-지역-학교**라는 개발의 세 수준이 학교에서 교육과정을 운영하는 데 지속적으로 관여하게 된다.

/학/습/평/가/

※ 아래 질문에 대해 설명하거나 논하시오.

1. 교육과정의 정의를 5가지 이상 진술하고, 자신이 선호하는 정의와 선호하는 이유를 발표하시오.
2. 교사들이 교육과정을 알아야 하는 이유를 3가지 이상 들어보시오.

※ 아래 문제에 대해 정답을 고르시오.

3. 전통적인 교과중심 교육과정과 관련된 설명이 아닌 것은?
   ① 읽고 쓰고 셈하는 식의 기초학습 능력을 강조한다.
   ② 교과 간 통합적 접근을 중요시한다.
   ③ 학급 전체의 학생들에게 강의법과 암송법을 중심으로 한 교사 중심의 수업을 강조한다.
   ④ 주로 교과서와 자습장을 중심으로 한 교재를 사용한다.

4. 경험주의 교육과정의 일반적인 특징이라고 볼 수 없는 것은?
   ① 교과서보다 지역사회를 교수–학습의 자원으로 더 많이 활용한다.
   ② 소집단별 협동적인 학습분위기를 강조하는 학생 중심의 수업을 요구한다.
   ③ 결과적으로 교육에서 교사들이 통제 · 관리자 역할을 수행한다.
   ④ 현실세계 속의 실제 과제를 처리할 수 있는 능력을 평가해 내기 위한 평가방법을 선호한다.

5. 학문구조중심 교육과정의 특징에 해당하는 것은?
   ① 미리 설정된 엄격한 기준에 따라 평가한다.
   ② 교사는 정보를 제공하는 자원으로 활동한다.
   ③ 소수의 근본적인 개념 혹은 주제를 강조한다.
   ④ 행동의 숙달 정도를 중시한다.

6. 다음 교육과정의 정의 중에서 아동중심 사상의 영향을 가장 많이 받은 것은?
   ① 교육과정은 교과목이나 거기에 담긴 내용이다.
   ② 교육과정은 학교의 지도 아래 학생이 겪는 실제 경험이다.
   ③ 교육과정은 수행할 일련의 과업이다.
   ④ 교육과정은 사회 개선을 위한 프로그램이다.

7. 다음 교육과정의 정의 중에서 교육평가와 가장 관계 깊은 것은?
   ① 교육과정은 계획된 활동이다.
   ② 교육과정은 학교의 지도 아래 학생이 겪는 실제 경험이다.
   ③ 교육과정은 의도한 학습 결과다.
   ④ 교육과정은 개인의 인생 행로에 대한 해석이다.

8. 구성주의 교육과정의 관점이라고 보기 어려운 것은?
   ① 학습에서 학생의 주도성을 강조한다.
   ② 추상적으로 머리에서 구성한 문제를 과제로 다룬다.
   ③ 지식은 개인의 자아성찰적 · 인지적 작용과 사회적 참여를 통해 지속적으로 변화, 수정, 보완, 구성되는 것이다.
   ④ 하이퍼미디어 시스템을 활용하고 문제중심학습, 사례연구 및 프로젝트 학습을 강조한다.

9. 교육과정에서 교과가 차지하는 막중한 비중을 설명해 주는 것이 아닌 것은?
   ① 외부세계 표상의 포괄성
   ② 내용체계 조직의 논리성
   ③ 외부세계 표상의 정확성
   ④ 아동 경험과 능력 반영의 탁월성

10. 학생이 교육과정 결정에서 중요한 축을 차지하는 이유가 아닌 것은?
   ① 교과나 사회에 비교하면 학생은 미성숙한 존재이기 때문이다.
   ② 학생은 교육과정의 학습 가능성, 달리 표현하면 그 범위와 수준(계열)을 결정하는 기준이 되기 때문이다.
   ③ 학생이 지닌 서로 다른 경험과 발달단계, 소질과 적성, 요구와 진로는 교육과정 구성과 운영의 원천이 되기 때문이다.
   ④ 학생은 교육과정이 제공하는 온갖 활동과 내용을 경험할 주체이기 때문이다.

11. 공식적 교육과정의 예라고 볼 수 없는 것은?
   ① 국가에서 고시한 교육과정 문서
   ② 교육청에서 제시한 교육과정 운영 지침
   ③ 학생용 교과서와 교사용 지도서
   ④ 학교에서 고의적으로 가르치지 않는 내용

12. 잠재적 교육과정을 가장 잘 설명한 것은?
① 학생들이 제안하여 교사가 채택한 교육과정이다.
② 학교에서 공식적으로 의도하지 않았으나 학생들이 은연중에 배우는 가치, 태도 등을 말한다.
③ 교사가 체계적으로 의도하고 계획하여 실행한 교육과정이다.
④ 국가가 고시하고 교육청과 학교가 구체화하여 학생이 경험한 교육과정이다.

13. 영(零, null) 교육과정과 관련 없는 설명은?
① 미국의 교육과정 학자 아이즈너(E. W. Eisner)의 견해다.
② 학교교육에서 매우 소홀히 취급되는 지식, 기능, 가치 영역을 말한다.
③ 의도한 학습 결과가 전혀 나타나지 않는 부분을 말한다.
④ 의도적 배제로 인해 학생들이 배울 기회를 잃어버린 기회학습과 관계 깊다.

14. 재량활동에 대한 설명으로 틀린 것은?
① 특별활동의 다른 이름이다.
② 학교, 교사, 학생이 활동주제를 정할 수 있다.
③ 교과내용을 심화 보충할 수 있다.
④ 학교교육에서 취약한 측면을 보강할 수 있다.

15. 타일러(R. W. Tyler)가 말하는 교육과정 개발과 평가의 네 가지 기본 질문이 아닌 것은?
① 학교에서 달성하고자 하는 교육목표는 무엇인가?
② 수립된 교육목표를 달성하는 데 유용한 학습경험은 어떻게 선정하는가?
③ 효과적인 수업을 위해 선정된 교육경험은 어떻게 조직할 수 있는가?
④ 가장 가르칠 만한 가치 있는 지식은 무엇인가?
⑤ 학습경험의 효과성은 어떻게 평가할 수 있는가?

16. 타일러(R. W. Tyler)의 교육과정 개발 모형의 장점이 아닌 것은?
① 어떤 교과, 어떤 수업수준에서도 활용 및 적용할 수 있는 폭넓은 유용성이 있다.
② 논리적이고 합리적인 일련의 절차를 제시하고 있어, 교육과정 개발자나 수업계획자가 이를 따라하기가 비교적 쉽다.
③ 학생의 행동과 학습경험을 강조함으로써 평가에 매우 광범한 지침을 제공해 주었다.
④ 선정된 교육목표들 사이에 우선순위를 가려 줄 가치 판단을 하기 쉽도록 되어 있다.
⑤ 경험적, 실증적으로 교육성과를 연구하는 경향을 촉발하였다.

17. 워커(D. Walker)가 말하는 숙의(deliberation)를 바르게 설명한 것은?
① 학교에서 달성하고자 하는 교육목표를 세우는 과정
② 교육과정 개발과정의 최종 단계로 구체적인 교육계획을 세우는 단계
③ 교육과정의 현실적 실효성에 대해 각계각층의 다양한 의견을 듣는 공청회
④ 교육과정 개발과정에서 다양한 대안들을 두고 참여자들이 장시간 체계적으로 논의 · 검토하여 최선의 대안을 선정하는 단계

18. 워커의 실제적 교육과정 개발에 관한 설명으로 <u>부적합한</u> 것은?
① 슈왑(J. J. Schwab)의 실제성을 존중하는 입장에 많은 영향을 받았다.
② 교육과정 개발 프로젝트의 자연스런 상황에서 추출한 개발 모형이다.
③ 최선의 대안을 구체적으로 실행하기 위한 설계를 가장 중시하는 모형이다.
④ 단기간 소규모로 이루어지는 학교단위 교육과정 개발 모형으로는 부적합하다.

19. 워커의 실제적 교육과정 개발 모형의 단점이라고 볼 수 <u>없는</u> 것은?
① 교육과정 개발과정을 있는 그대로 묘사하였다.
② 국가 혹은 지역수준의 대형 교육과정 개발 프로젝트에 적합한 모형이다.
③ 다양한 집단 간의 이해관계를 효과적으로 절충하는 데 적합한 모형이다.
④ 특정 집단의 이해를 완전히 제거하는 데 적합한 모형이다.

20. 국가수준의 중앙집권화된 교육과정의 장점이라고 볼 수 <u>없는</u> 것은?
① 교사나 학생들이 학교를 옮기더라도 커다란 불편이 없다.
② 교육과정 연구개발에서 전문가보다 교사가 주체가 될 수 있는 기회가 많다.
③ 중앙 부처가 학교의 교육 프로그램과 활동을 파악하고 통제할 수 있다.
④ 교육과정 개발의 시간과 비용을 줄일 수 있다.

/읽/을/거/리/

테디 스톨라드에게는 분명히 '열등생'이라는 등급이 매겨져 있었다. 학교 공부에 대한 무관심, 때묻고 구겨진 옷, 한 번도 빗질하지 않은 머리, 학교에서 가장 무표정한 얼굴, 게다가 표정 없고 공허한 초점 잡히지 않은 시선 등이 그것을 잘 입증해 주었다. 여교사 톰슨 선생이 테디에게 질문하면 테디는 언제나 짤막하게만 답했다. 흥미가 없고, 이렇다 할 학습동기도 없었으며, 항상 멀게만 느껴졌다. 좋아하기엔 너무도 힘든 아이였다.

톰슨 선생은 입으로는 학생들 모두를 똑같이 사랑한다고 말하곤 했지만…(중략)…테디의 시험지를 채점할 때마다 톰슨 선생은 짓궂은 쾌감을 느끼면서 테디의 틀린 답안지에 X표를 해 나갔으며, 답안지 위에다가는 멋들어지게 F학점을 써 놓곤 했다. 그런데 톰슨 선생은 테디에 대해 좀 더 알았어야 했다. 테디의 생활기록부엔 이렇게 적혀 있었다.

1학년-공부에 대한 가능성이 엿보이고 학습태도도 좋음. 하지만 가정환경이 열악함.
2학년-더 잘할 수 있지만, 엄마가 중병에 걸렸음. 가정에서 아무런 지도를 받고 있지 못함.
3학년-착한 소년이지만 너무 심각한 것이 단점. 학습속도가 뒤쳐짐. 올해 어머니가 돌아가심.
4학년-배우는 속도는 매우 늦지만 얌전함. 아버지가 아이에게 아무런 관심을 기울이지 않음.

크리스마스가 되어 학생들은 톰슨 선생에게 크리스마스 선물을 가져왔다. 학생들은 가져온 선물을 교탁 위에 쌓아 놓고 빙 둘러서서 선생님이 그것들을 풀어 보는 것을 구경했다. 선물 중에는 테디 스톨라드가 가져온 것도 있었다. 테디의 선물은 갈색 종이에 스카치테이프로 아무렇게나 포장돼 있었다. 그리고 종이쪽지엔 간단히 '테디가 톰슨 선생님께'라고 적혀 있었다. 톰슨 선생이 테디의 선물을 풀자, 번쩍번쩍 빛나는 가짜 다이아몬드 팔찌와 값싼 향수병 하나가 나왔다. 팔찌는 중간에 박힌 보석들이 빠져 달아나고 없었다.

남학생과 여학생들은 테디의 선물을 보고 킥킥대며 웃기 시작했다. 하지만 톰슨 선생은 최소한의 분별력이 있었기에 즉각 학생들의 웃음을 중지시키고, 그 자리에서 팔찌를 껴 보고 향수 한 방울을 손목에 묻혔다. 손목을 학생들에게 냄새 맡게 하면서 그녀는 말했다. "얘들아, 어떠니? 냄새가 참 좋지 않니?" 학생들도 선생님의 의도를 알아채고는 얼른, "야!정말 좋은 냄새네요!" 하고 맞장구를 쳤다.

그날 마지막 수업이 끝나고 학생들이 모두 가버린 뒤에도 테디는 가지 않고 우물쭈물 남아 있었다. 테디는 톰슨 선생의 교탁으로 다가와 작은 목소리로 말했다. "저, 톰슨 선생님… 선생님한테서 엄마 냄새가 나요… 엄마가 꼈던 팔찌도 선생님께 잘 어울리고요. 제 선물을 받아 주셔서 정말 기뻐요." 테디가 교실을 나간 뒤 톰슨 선생은 그만 바닥에 무릎을 꿇고 앉아 신에게 자신을 용서해 줄 것을 기도했다.

다음 날 학교 수업이 시작됐을 때... 톰슨 선생은 이미 이전의 톰슨 선생이 아니었다…(중략)…그녀는 제자들에게 아낌없는 사랑과 관심을 쏟아붓기 시작했다…(중략)

그해가 끝나 갈 무렵 테디는 극적인 발전을 했다. 대부분의 학생을 따라잡았으며, 심지어 앞지르기도 했다. 그 후 오랫동안 톰슨 선생은 테디의 소식을 듣지 못했다. 그러던 어느 날 그녀는 엽서 한 장을 받았다.

존경하는 톰슨 선생님께.
누구보다도 먼저 선생님께 알려 드리고 싶었어요. 제가 반에서 차석으로 졸업을 하게 됐답니다. 사랑을 보내며. 테디 스톨라드 올림.

4년 뒤 또 다른 엽서가 날아왔다.

존경하는 톰슨 선생님께.
제가 저희 학교에서 일등으로 졸업하게 됐습니다. 선생님께 가장 먼저 알려드리고 싶었어요. 대학생활이 쉽진 않았지만, 즐거운 나날이었습니다. 사랑을 보내며. 테디 스톨라드 올림.

또다시 4년 뒤에 온 엽서엔 이렇게 적혀 있었다.

톰슨 선생님. 저는 오늘 토오도르 스톨라드 의학박사가 됐습니다. 어떻습니까? 그리고 제가 다음 달 27일에 결혼하게 됐다는 소식을 선생님께 가장 먼저 알립니다. 선생님께서 꼭 오셔서 제 엄마가 살아 계셨다면 앉으셨을 자리에 대신 앉아 주시기 바랍니다. 이제 저에게 남은 가족이라곤 선생님밖에 없습니다. 아버지께서 작년에 돌아가셨거든요. 여전히 사랑을 보내며. 테디 스톨라드 올림.

톰슨 선생은 테디의 엄마를 대신해 그 결혼식에 참석했다. 그녀는 그 자리에 앉을 충분한 자격이 있었다. 테디에게 결코 잊지 못할 일을 해 준 사람이었기 때문이다.

-류시화 옮김(1996). 『마음을 열어 주는 101가지 이야기』. 도서출판 이레 중에서-

9장

교육평가

학습목표

1. 교육평가의 정의를 세 가지로 내릴 수 있다.
2. 평가, 사정, 측정개념의 차이 또는 공통점을 설명할 수 있다.
3. 평가의 유형을 대상별, 시기별, 평가기준, 평가방법별로 구분할 수 있다.
4. 평가문항의 유형과 특징을 구별하고 진술할 수 있다.
5. 수행평가의 특징과 주요 평가도구를 네 가지 이상 설명할 수 있다.

이 장에서는 교육평가가 무엇이며, 전통적인 평가의 유형과 방법 그리고 현행 평가의 도구와 기법이 무엇인지를 소개한다. 교육평가는 교육장면에서 교사, 학부모, 학생 모두 관심을 갖는 교육의 결과물로서 교육과정과 밀접한 관련을 갖는다. 절대평가(준거참조평가)와 상대평가(규준참조평가)의 차이 등 전통적인 평가유형과 함께, 1990년대 말부터 한국 교육계에서 평가를 주도하게 된 수행평가의 특징과 포트폴리오, 실험실습법 등 구체적인 도구들을 소개한다.

1. 교육평가란 무엇인가

교육평가란 무엇인가? 우리 주변에서 교육평가로 볼 수 있는 사례는 대학수학능력시험, 학교별 중간고사와 학기말 고사, 외부 평가기관에 의한 모의고사, 수학올림피아드와 같은 능력경시대회, 음악이나 미술, 체육시간에 벌어지는 실기시험, 수업시간에 교사가 학생을 관찰하는 것 등이며, 교육과 교육과정이 존재하는 곳에는 항상 평가가 따른다. 그러나 교육과정에 대해 무엇을 교육과정으로 보느냐의 관점이 다양하듯이 평가에 대해서도 다소 다른 입장이 존재한다.

■ **교육평가**
학생의 학습과 행동 및 여러 교육조건을 교육목적에 비추어 측정하고, 이에 대하여 내리는 가치적 판정.

교육평가(教育評價, educational evaluation)를 사전에서는 "학생의 학습과 행동 및 여러 교육조건을 교육목적에 비추어 측정하고, 이에 대하여 내리는 가치적 판정"으로 정의하고 있다(두산세계대백과 Encyber, 2003). 교육평가에 관하여 서로 강조점이 다른 지금까지의 정의를 정리하면 교육평가는 다음 세 가지 입장으로 구분할 수 있다(김재춘 외, 2000).

1) 목표달성도 확인

첫 번째 입장은 교육평가를 '교육목표가 얼마나 실현되었는지 그 정도를 밝히는 과정'으로 보는 타일러(Tyler)식 개념 정의다. 교육평가에 대한 이러한 관점은 1930년대 이후 미국에서 등장한 이래 지금까지도 학교교육 현장에 지속적인 영향을 미치고 있다. 우리나라의 경우에도 1945년 해방과 함께 현대적 의미의 교육평가 개념들이 도입되면서, 1960년대에 학력평가를 교육과정 목표 달성도를 측정하는 것으로 연계시키려는 타일러식의 교육평가 개념이 도입되었다. 교사가 일정 기간 수업을 진행한 후 학습목표가 얼마나 달성되었는지를 확인하기 위해서 평가를 실시하는 경우를 예로 들 수 있다.

이 입장은 교육평가를 통해 달성 가능한 여러 목표 중 하나만을 특히 강조하는 관점이라 볼 수 있다. 교육평가는 교육목표가 실현된 정도를 밝히는 것 외에도 교수법의 효과를 파악하거나, 상급학교 진학자를 선정하는 등 다양한 목적을 위해서도 수행이 가능하기 때문이다. 또한 교육평가에 대한 이러한 관점은 교육목표로 설정되지 않은 부분에 대한 평가행위와 교육의 목표 자체가 타당하게 설정되었는지를 평가하는 부분을 포함하지 못한다는 한계를 지닌다.

2) 의사결정을 위한 정보 제공

두 번째 입장은 교육평가를 '교육과 관련된 의사결정을 내리는 데 필요한 정보를 수집하는 활동 또는 그 과정'으로 정의내린다. 대표적인 학자로는 크론바흐(Cronbach), 스터플빔(Stufflebeam)을 들 수 있다. 이 관점은 교육평가의 범위를 교육관련 의사결정에 필요한 정보를 제공하는 것으로만 제한하고, 최종적인 의사결정 자체는 교육평가의 영역을 벗어나는 것이라 간주한다. 여기서 교육관련 의사결정의 예로는 우등상을 수여하기 위한 학생 선정, 상급학교에 진학하기 위한 학생 선발, 새로운 교육 프로그램의 도입 등을 들 수 있다. 즉, 평가자는 우등생이나 상급학교 진학생을 결정하는 데 필요한 정보를 수집하여 제공하고, 최종적인 결정은 해당 의사결정자가 내려야 한다고 보는 입장이다.

이 입장은 평가자와 의사결정자의 역할 분리에 초점을 둔다. 가령 협동학습과 같은 새로운 교수방법을 도입할 것인가를 결정하는 상황에서 이를 결정하기 위한 정보를 수집하는 과정을 평가행위로, 도입 여부를 결정하는 것을 의사결정행위로 보는 것이다. 정보수집 과정을 교육평가로 보기 때문에 이 입장은 수업 결과의 파악보다 수업의 역동적인 과정을 구체적으로 묘사하는 활동으로서의 평가, 즉 평가의 관심을 평가대상에 대한 '설명(기술, 서술, to describe)'에 둔다.

그러나 이 입장은 실제로 정보수집 활동과 의사결정행위를 구분하기 어려운 상황에 대한 설명이 부족하다는 한계를 지닌다. 예컨대 교사가 일정 기간의 수업을 마치고 학생들의 성취수준을 파악하여 성적을 부여하고자 하는 경우에는 성취수준을 파악하는 일과 성적을 부여하는 행위가 분리되어 이루어지기는 어려운 것이다.

3) 가치의 판단

세 번째 입장은 평가에 대한 사전적 정의를 그대로 취하여, 교육평가를 '교육과 관련된 어떤 대상의 장점, 질, 가치 등을 판단하는 과정과 그 산물' 로 정의한다. 이 입장을 받아들이는 대표적인 학자로는 스크리븐(Scriven)과 스테이크(Stake)를 들 수 있다. 특히 스크리븐은 교육평가는 우선 평가기준을 설정하고 관련 정보를 수집한 뒤, 평가기준을 적용하여 대상의 가치나 유용성, 효과, 중요성 등을 판단하는 것으로 종료된다고 주장한다.

이 입장은 평가자의 전문적 판단에 초점을 둔다. 여기서는 평가하려는 현상이나 대상의 가치에 대해 반드시 최종적인 결정을 내리는 것까지를 평가자의 의무라고 본다. 두 번째 입장과 같이 평가대상을 '기술' 하는 데에만 그친다면 그 활동을 평가라고 부를 수 없으며, 평가의 관심을 주어진 질문에 반드시 답을 내리는 것과 같은 '판단(to judge)' 에 두고 있다. 두 번째 입장이 평가자의 정보수집 활동을 강조한 반면, 세 번째 입장은 평가자의 최종적인 판단행위를 강조한다. 평가자의 정보수집 활동은 최종적인 판단을 내리기 위해 수반되는 과정으로서의 의미를 지닌다. 이 입장에 의하면, 교육평가는 학생, 교사, 교육과정, 교과서, 학교, 교육행정기관, 교육정책 등 교육과 관련된 대상의 질이나 가치를 판단하는 행위로 정의내릴 수 있다. 이 입장은 앞의 두 입장에 비해 교육평가 현상을 설명하는 가장 포괄적인 개념 정의다.

4) 평가, 측정, 사정

지금까지 교육평가에 관한 세 가지 입장을 살펴보았다. 교육평가와 교육측정은 교육평가가 발달하게 된 20세기 전까지는 거의 같은 것을 의미하였다. 그러나 앞서 교육평가에 대한 정의와 같이 평가의 궁극적 목적은 대상의 가치를 판단하는 것에 있고, 측정은 대상의 특성을 수량화하여 나타내는 데 있다. 예컨대 학업성취도검사를 통해 학생의 국어점수가 95점이라고 표현하거나, 저울로 몸무게를 재서 55kg이라고 표현하는 것과 같다. 평가와 측정은 그 과정에 '가치가 적극적으로 개입되느냐' 의 여부에 따라 구분된다. 평가가 측정 이상이라고 생각하는 교사는 수학점수가 95점이 나온 학생의 점수 외에 평소 학생이 보여준 발표나 토론 태도를 평가에 넣을 것이다.

■ **사정**
다양한 측정 결과를 통하여 한 개인이나 대상의 전체적인 모습을 조명하는 전인적 평가.

사정(査定, assessment) 또한 평가와 동의어로 사용되기도 하는 용어다. '개인, 집단 또는 프로그램의 특성이나 수행수준에 관해 정보를 도출하는 제반 절차' (한국교육심리학회)는 평가와 유사한 정의다. 그러나 한국교육평가연구회에서는 사정을 '다양한 측정 결과를 통하여 한 개인이나 대상의 전체적인 모습을 조명하는 전인적 평가'라고 하여 평가와 구별하고자 한다. 사정활동의 대표적인 예로는 측정 결과에 바탕을 둔 등급 매기기, 심사하기, 자격 부여하기 등을 들 수 있다. 교육평가는 교육측정과 사정을 포함하거나 대신하는 용어로 사용되고 있다.

[표 9-1] 평가와 측정, 사정의 비교

평가(evaluation)	측정(measurement)	사정(assessment)
목표 달성을 확인하거나, 의사결정을 위한 정보를 제공하거나, 대상의 가치를 판단하는 것	대상의 특성을 수량화하는 것	다양한 측정 결과를 통하여 한 개인이나 대상의 전체적인 모습을 조명하는 전인적 평가

2. 전통적 교육평가

평가의 유형이나 방법에 대한 설명들은 1990년대 말 이후에 나타난 수행평가의 이론과 도구들에 의해 '전통적' 평가로 규정되었다. 여기서는 전통적으로 교육평가에서 중요하게 여겨 온 개념들을 설명한다. 이 개념들이 왜 '전통적'이며, 수행평가는 무엇이 다른지에 대해서는 다음 절에서 소개한다.

1) 교육평가의 유형

교육평가의 유형은 여러 가지 기준에 의해 분류할 수 있다. 여기서는 학교에서 일반적으로 이루어지는 평가들을 평가의 대상, 평가의 기준, 평가의 방법별로 구분해 본다. 다만 이 기준들에 의해 구분할 수 없이 발전되어 온 수행평가에 대해서는 별도로 다음 절에서 다루도록 한다.

(1) 평가의 대상별 유형

① 학생평가

학생평가는 학교에서 가장 많이 실시되는 평가로서 학생의 능력과 특성을 같이 판단하기 위한 것이다. 주로 교사에 의해 수행되며, 시험이나 관찰, 면담 등 여러 가지 방법을 통해 학생들의 학업수행 능력과 발달상태들을 평가하게 된다. 최근에는 다음 절에서 다루어지는 수행평가가 학생평가의 방법으로 주로 사용되고 있다.

[그림 9-1] 학생평가를 위한 시험지 사례(출처: www.joins.com)

과거에는 교육평가라고 하면 주로 학생 개인의 학업성적의 진행과 결과의 송수신에만 관심을 갖는 학생평가에 치중했다. 실제 평가에 관련된 중요한 이론이나 방법을 개발하는 데 학생평가가 큰 공헌을 한 것도 사실이다. 그러나 최근에는 학교에서 투입하는 교육과정 및 프로그램의 평가에 관한 관심이 더욱 큰 비중을 차지한다. 학생평가의 자료가 교육과정평가의 부분으로 활용되기도 한다.

② 교사평가

교사평가는 교사들의 학생지도활동이나 교수활동 등의 가치를 판단하는 것이다.

| 근평도우미

번거롭고 복잡한 근무평정의 어려움을 해결해주는 초 · 중등학교 교사용 교무지원 프로그램입니다.
각 시 · 도별 근무평정 양식에 맞게 다양한 포맷의 양식을 출력 가능하게 합니다.

[그림 9-2] 초 · 중등 교사의 근무평정 프로그램(출처: www.eduangel.com)

교사평가 또한 교육과정평가의 일부다. 가장 잘 알려진 교사평가는 '근무평정'이며, 매년 학교 관리자에 의해 평가되어 교사의 승진 기초자료가 된다. 교사에 대한 평가의 요구는 국가적인 교육의 책무성 문제와 관련하여 점점 높아지고 있다.

③ 교육과정평가

교육평가의 대상으로서 최근에 중요시되고 있는 것이 교육과정평가다. 교육과정평가는 교육의 전 과정을 교육목표에 비추어 평가하게 된다. 교육내용이 얼마나 교육목표에 부합하는지, 교수-학습활동에 동원된 학습자료가 교육목표를 달성하기에 유용한지, 학생평가과정이 교육적인지를 평가한다. 교육과정평가는 학교 교육과정에 대한 평가로 대표되며, 학교 교육과정평가는 학교에 대한 전반적인 평가의 가장 중요한 부분이다.

■ **교육과정평가와 학생평가의 차이점** 이 두 개념의 기본적 차이는 의사결정의 성질에 관련되어 있다. 만약 어떤 학생이 수학을 얼마나 잘 했는지, 그에게 보다 높은 수준의 수학교육을 시켜야 하는지 등 개인에 관련된 의사결정을 해야 하는 경우, 학생평가를 하고 있는 것이다. 이와는 대조적으로 '협동학습' 이라는 교수방법이 A학교에서는 효과적인데 B학교에서도 효과적인지, 중학교 2학년 수업에 컴퓨터 활용 교재를 사용해야 할 것인지 등에 대한 의사결정을 해야 하는 문제는 프로그램 평가 및 교육과정평가에 해당한다. 단위 교육 프로그램을 대상으로 그것의 교육적 효과를 평가하는 경우 프로그램 평가로 지칭하고, 연관된 교육과정 전체의 교육적 효과를 평가하는 경우에 교육과정평가라고 하는 차이는 있으나, 본질적으로는 유사한 장르로 볼 수 있다(황정규, http://classroom.kice.re.kr).

특히 학교에서 새로운 교육과정, 프로그램, 방법, 새로운 교육체제 등을 채택했을 경우, 그 효과가 어떠한지에 관한 의사결정을 해야 할 경우는 이 같은 종류의 평가가 필수적이다. 학교현장의 교사, 교장, 교육행정기관에서는 실제 이 두 가지 형태의 평가를 은연중에 하고 있는 셈이다. 그러나 대개의 경우 학생평가에 더 관심이 있고 그것을 평가의 모든 영역처럼 인식하고 있는 것도 보편적인 현상이다.

교육과정평가는 학생평가보다 훨씬 넓은 개념이며, 그 속에 학생평가가 부분집합으로 존재한다. 학생평가의 주된 관심은 학생이 설정한 교수목표를 적절히 성취하고 있느냐에만 관심이 있다. 교육과정평가에서도 이 문제는 중요한 관심사의 하나다. 그러나 교육과정평가에는 그 외 여러 가지 문제가 더 고려된다. 왜 학생의 목표가 성취 또는 좌절되는가, 목표자체의 평가와 더불어 왜 그러한 목표를 설정해야 하는가,

의도하지 아니한 목표 중 측정 가능한 것은 어떻게 다루어야 하며, 반대로 의도한 목표 중 측정 불가능한 목표와의 관련을 어떻게 다루어야 하는가, 교육과정의 실행을 위한 운영 및 조직은 효과적인가, 교육과정이 학생 이외의 관련 자원인사(학부모, 행정자, 교사, 사회 등)에게 어떤 영향을 주는가, 교육과정의 효과가 투입하는 비용에 비추어 적정한가 등 철학적 · 교육학적 · 교수적 · 사회적 문제들이 깊이 관련되어 있는 것이 교육과정평가다.

교육과정평가와 학생평가를 확연히 구별짓기는 어렵다. 위에서 학생평가가 교육과정평가의 부분집합이라고 표현하기는 했지만, 학생평가에 관한 이론 중에는 교육과정평가에서 다루기 힘든 부분도 있다. 다만 강조하고 싶은 것은 우리나라의 교육현장 그리고 교육평가 전문가들이 그동안 학생평가만을 교육평가로 생각해 왔던 좁은 개념에서 벗어나 교육과정평가라는 넓은 개념으로 교육평가의 현상을 이해해야 한다는 점이다.

위트록(Wittrock, 1970)은 교육과정평가 속에 포함시켜야 할 내용으로 ① 환경의 평가, ② 학습자의 평가, ③ 학습의 평가, ④ 교수법의 평가를 들고 있다. 교육과정평가는 어떤 교육과정, 프로그램, 학습과제, 교수방법들의 효과를 학습자, 환경, 교육목표에 비추어 평가하려는 것이기 때문에 어느 의미에서는 '연구(research)'라는 개념과 별로 다를 바 없다. 교육과정평가 자체가 연구의 과정이기도 하다.

(2) 평가의 시기별 유형

흔히 언제 평가를 하느냐에 따라 진단평가, 형성평가, 총괄평가로 구분된다. 평가시기는 교육과정이 투입되는 수업이 시작되는 초기인지, 수업 도중인지, 수업이 끝나고 나서인지에 따라 결정된다.

① 진단평가(diagnostic evaluation)

■ **진단평가**
교수-학습활동이 시작되기 전에 학생들의 학습에 대한 준비도(readiness)를 진단하려는 평가다.

진단평가는 교수-학습활동이 시작되기 전에 학생들의 학습에 대한 준비도(readiness)를 진단하려는 평가다. 진단평가를 통하여 교사는 학생들의 현재 상태의 적성, 흥미, 능력, 동기, 지능 등을 파악해서 조별 학습의 구성을 비롯한 교수전략의 사용 여부나, 심화과정이나 보충과정의 도입 여부를 결정한다. 진단평가는 서로 다른 능력 수준에 있는 각 학생들의 초기 상태를 진단하는 것이 목적이기 때문에, 되도록 간단한 평가도구를 사용한다.

'배치고사'는 학생의 반 배정을 위한 시험으로, 학교 입학 당시에 실시하는 대표적인 진단평가다. 그러나 바람직한 진단평가는 각 수업에서 한 학기 수업이 시작되기 전에 실시함으로써 수업의 계획을 수정 · 변경하여 학생들 각자에게 가장 최적의 수업이 되도록 하는 데 기여하는 것이다.

② 형성평가(formative evaluation)

형성평가는 수업이 진행되고 있는 과정에서 실시되는 평가다. 수업활동의 일부로서 자연스럽게 이루어질 수도 있고, 수시로 별도의 평가 절차로서 시행될 수도 있다. 형성평가를 하게 되면 교사는 자신의 교수방법의 효율성과 학생들의 학습동기수준, 학습내용 이해도, 학습교재의 적절성, 학생 개인차에 따른 학습장애와 결손 정도, 전반적인 수업의 분위기 등을 수시로 점검할 수 있다.

■ **형성평가**
수업이 진행되고 있는 과정에서 실시되는 평가다.

형성평가는 교사에게 교수-학습과정에 대한 정보를 제공하며, 학습자의 학습곤란을 진단하여 적절한 교육적 처방을 제공하기 위한 것이므로, 교육내용에 맞는 문제를 출제하고 최저 성취기준에 의해 학습의 곤란 정도를 파악하는 것이 바람직하다. 학습이 끝난 다음에 실시하는 총합평가와는 달리 학습이 형성되고 있는 중에 실시하는 평가이기 때문에 학습 증진의 극대화가 이루어지도록 하려는 것이 최대의 목적이다.

③ 총괄평가(summative evaluation)

총괄평가는 주어진 수업을 마친 지점에서 교육목표의 달성도를 알아보기 위한 평가다. 총합평가라고도 한다. 학기 말이나 학년 말 학생평가는 그 대표적인 평가사례다. 총괄평가는 학습자의 총괄적인 능력을 평가하는 것이므로 평가문항을 다양한 난이도로 구성해야 한다.

■ **총괄평가**
주어진 수업을 마친 지점에서 교육목표의 달성도를 알아보기 위한 평가다.

총괄평가에서 필요한 것은 평가의 기준을 반드시 미리 마련해야 할 것, 학습자 집단의 전체적인 수준이 마련되어야 할 것, 학습과목의 평가 결과가 극단적으로 높거나 낮다면 평가의 기준 설정에 문제가 있는 것으로 보아 수정할 것 등이다.

총괄평가는 교수-학습활동의 최종 시점에서 이루어지기는 하지만 그것이 교육과정의 마지막은 아니다.

총괄평가의 특징은 형성평가와 비교할 때 더 두드러지게 나타난다. 총괄평가와 형성평가의 가장 두드러진 차이점은 [표 9-2]에서 정리한 바와 같이, 목적(기대하는 용도), 시기, 평가문항의 일반성의 정도, 문항선정, 채점의 기준이라는 다섯 가지 측면에서 요약할 수 있다(황정규, http://classroom.kice.re.kr).

[표 9-2] 형성평가와 총괄평가의 비교

비교기준	형성평가	총괄평가
목적	주어진 학습과제의 성취 여부를 확인하고, 성취하지 못한 과제가 있다면 그것을 성취할 수 있도록 학생 및 교사에게 도움을 주려는 것	교과목 전체 혹은 중요한 부분에 관련하여 학업 성취가 어느 정도 달성되었는지의 정도를 총합적으로 혹은 총괄적으로 평가하기 위한 것
시기	교과가 포괄하고 있는 각 학습과제에 적어도 한두 번씩 실시. 형성평가는 언제나 '학습 진행 중' 에 하는 빈도 높고 짧은 검사	한 교과의 학습이 끝난 때 한 번 혹은 필요에 따라서는 두 번 정도 실시하는 것이 보통임
평가 예	수업 중 수시로 하는 짤막한 검사, 쪽지 검사	현재 학교현장에서 사용하고 있는 중간고사, 기말고사, 학력고사
평가 문항의 일반성 정도	일반적 전이 가능성보다는 사실의 기억, 용어의 상기, 개념의 이해 등에 대한 평가	다른 상황, 다른 내용으로 응용될 수 있는 수평적 전이, 보다 높은 수준의 학습과제를 학습할 때 직접적으로 도움을 주는 수직적 전이효과 등 전이 가능성 수준이 높은 것 포함
문항 선정	형성평가 문항은 난이도에 관계없이, 학습한 교수목표의 성취/불성취의 정보 확인을 위한 증거 파악을 위한 문항으로 선정	교수목표의 모집단을 가장 잘 대표할 수 있는 대표성을 보장할 수 있도록 표본화해야 함. 문항이 한 개일 수도 있고 또는 수십 개의 문항으로 구성할 수도 있음
채점의 기준	목표지향평가(준거지향평가, 절대평가)가 원칙임	목표지향평가(준거지향평가, 절대평가), 규준지향평가(상대평가)가 다 필요함

(3) 평가의 기준별 유형

교육평가는 평가의 기준을 어디에 두는가에 따라 규준지향평가와 준거지향평가로 구분된다. 이것은 흔히 상대평가와 절대평가로 불리며, 학생들의 성취 정도를 나타내는 대표적인 평가의 유형이다.

① **규준지향평가**(norm-referenced evaluation; 상대평가; 규준참조평가)

규준지향평가는 학생의 원점수를 학생이 속한 집단의 규준(norm)에 비추어 상대적인 서열에 의해 비교하는 평가방식이다. 규준지향평가는 교육목표의 도달 여부보다 전체 집단에서 학생의 서열과 상대적인 위치를 중시하기 때문에 특정 학생의 성취 결과는 그 집단 내 다른 학생들의 성취 정도에 비추어서만 의미가 있다.

예를 들어, 어떤 학생의 국어성적이 80점, 수학성적이 70점이라고 했을 때, 80점이 70점보다 높은 점수지만, 그 학교 학생들의 국어과 평균성적과 표준편차, 수학과 평균성적과 표준편차에 따라서, 오히려 수학을 더 잘한 것으로 평가될 수도 있다.

상호비교를 목적으로 하는 규준지향평가에서 가장 중요한 요소는 규준이다. 규준이란 원점수의 상대적인 위치를 설명해 주기 위한 척도로서 모집단을 대표하는 표본에서 얻은 점수를 기초로 만들어진다.

규준지향평가의 장점은 개인차의 변별이 용이하고 상호경쟁을 통하여 외재적 동기를 유발할 수 있다는 점이다. 반면 이 평가의 단점은 무엇을 얼마나 아는지에 중점을 두지 않기 때문에 무엇을 가르치고 배워야 하는지에 대한 시사와 기준이 분명치 않다는 점, 또한 경쟁의 대상이 교육목표가 아니라 집단 구성원이라는 점에서 비교육적이라고 할 수 있으며, 충분한 지적 탐구의 기회보다 암기 위주의 교육을 조장할 우려, 협동을 통한 기회의 상실, 지나친 서열의식, 검사불안과 같은 심리적인 문제들을 유발할 가능성이 높다는 점이다.

② 준거지향평가(criterion-referenced evaluation; 절대평가; 목표지향평가; 준거참조평가)

준거지향평가는 학습자가 무엇을 얼마나 알고 있는지를 준거에 비추어 평가하는 것으로서 목표지향평가 혹은 절대평가라고 불린다. 준거란 정해진 영역에서 교육목표의 달성 여부를 판단하는 기준이다. 준거지향평가에서는 준거를 설정하는 것이 중요하고 어렵다.

준거지향평가에서는 다른 학생과의 관계나 학교 또는 학급 집단에서의 위치는 문제시되지 않고, 개별 학습자의 학습목표 도달 정도만이 중요하므로 모든 학생이 A를 받거나 C를 받을 수도 있다.

준거지향평가의 장점은 학습자에게 성취감을 제공한다는 점에서 교육적이며, 교수-학습이론에 적합하다는 점이다. 무엇을 알고 모르는지에 대한 직접적인 정보를 제공하기 때문에 무엇을 어떻게 가르칠 것인가에 대한 정보도 시사한다. 상대비교에 치중하지 않으므로 탐구정신을 발휘할 수 있는 기회가 마련되고, 서열의식을 탈피하여 협동학습이 가능하며, 심리적으로 지나친 경쟁심에서 자유로울 수 있다. 반면 이 평가의 단점은 준거 설정에 있어 주관성의 시비로부터 자유롭지 못하며, 정상분포 가정을 하지 않는 평가이기 때문에 통계적으로 활용하기 어려운 점, 개인차 변별이 곤란하다는 점 등이다.

(4) 평가방법별 평가유형

① 양적인 평가

양적인 평가는 검사도구를 제작하고 시행하여 점수를 산출한 다음 그 결과를 수량적으로 표현하는 평가방법을 말한다. 양적인 접근방법의 기본 가정은 사회현상을 포함한 모든 현상들을 과학적으로 검증하고 수량화할 수 있다는 것이다. 따라서 평가자의 주관적인 판단이나 가치에 근거한 평가는 배제되며, 객관성을 보장할 수 있는 수량화된 정보만을 강조하게 된다.

그러나 이러한 평가는 수량적 정보에 의해 학생들을 서열화할 뿐 학생들의 성취에 관한 구체적인 정보를 제공하지 못한다는 비판을 받았으며, 1990년대 말 이후 학교에 도입된 수행평가는 이러한 단점을 극복하기 위한 방안이다.

② 질적인 평가

질적인 평가는 관찰이나 면담, 실기평가 등을 통하여 수량화되지 않은 다양한 형태의 자료를 수집하여 평가하는 것을 말한다. 질적인 평가는 현상학적 · 해석학적 인간론에 기초하여 개인이나 사회의 개성을 존중하고 기술(describe)하는 데 목적이 있다.

양적인 평가가 주로 인지적 영역의 평가에 사용되고, 질적인 평가는 정의적 영역이나 심동적(psycho-motor) 영역의 평가에 사용된다.

2) 교육평가의 절차 및 평가도구 제작

(1) 교육평가의 일반적인 절차

교육평가는 일반적으로 평가목적의 설정-평가방법의 선정-평가도구의 제작-평가시행을 위한 계획 수립-평가의 실시-평가 결과 처리-평가 결과의 해석 및 활용 순으로 이루어진다.

① 평가목적의 설정

평가를 하기 위해서는 평가목적을 먼저 설정해야 한다. 평가목적은 교육과정에서의 교육목표와 관련되지만, 같은 것은 아니다. 평가목적은 '평가를 왜 하는가'에 대한 답을 명료화하는 것이다. 평가목적을 설정하기 위해서는 평가지침이 필요하다. 대체로 교육목적이 구체적인 용어로 진술되어 있으면 평가의 목적은 그에 따라 자연스럽게 결정된다. [표 9-3]은 평가지침으로 사용될 수 있는 예로서, 우리나라 7차 교

[표 9-3] 평가지침으로 사용할 수 있는 성취기준 평가기준 사례: 초등학교 3학년 과학과
(출처: www.kice.re.kr)

<table>
<tr><td colspan="2">대영역</td><td>07
소리내기</td></tr>
<tr><td colspan="2">중영역</td><td>07-1
여러 가지 종류의 피리를 만들어 소리를 내어 보거나, 얇고 긴 물체를 두드리거나 흔들면 다른 소리가 남을 안다.</td></tr>
<tr><td colspan="2">성취기준</td><td>07-1
여러 가지 악기를 만들어 소리를 낼 수 있고, 악기마다 소리 내는 방법이 다양함을 말할 수 있다.</td></tr>
<tr><td rowspan="3">평가
기준</td><td>상</td><td>악기를 만들어 소리를 낼 수 있고, 악기마다 소리 내는 방법이 다름을 말할 수 있다. 여러 가지 높이의 음을 내는 악기를 만들 수 있다.</td></tr>
<tr><td>중</td><td>악기를 만들어 소리를 낼 수 있고, 악기마다 소리 내는 방법이 다름을 말할 수 있다.</td></tr>
<tr><td>하</td><td>간단한 악기를 만들어 소리를 낼 수 있다.</td></tr>
<tr><td colspan="2">비고</td><td>3-2
6단원 소리내기</td></tr>
</table>

육과정에서 교육부와 한국교육과정평가원이 연구한 성취기준 평가기준이다.

② 평가방법의 선정

평가의 목적이 결정되면 평가방법을 결정한다. 예를 들어, 수학교과의 인지 영역의 특성을 평가하기 위해서 지필검사를, 수학에 대한 행동 변화를 알아보기 위해 행동관찰, 실기평가를 사용할 것을 결정해야 한다. 이 단계에서는 평가하고자 하는 특성을 가장 잘 드러내는 적당한 방법을 찾고 선택하는 것이 중요하다.

③ 평가도구의 제작

평가방법을 결정한 다음, 그 방법에 사용되는 평가도구를 제작해야 한다. 평가도구를 검증하는 기준으로 타당도, 신뢰도, 객관도, 실용도를 검토해야 한다.

교사는 직접 평가도구를 제작하여 사용할 수도 있으며, 이미 개발되고 검증된 도구를 활용할 수도 있다.

④ 평가 시행을 위한 계획 수립

평가목적과 방법, 도구가 정해진 다음에는 평가를 수행하는 데 필요한 인적·물적 자원을 점검해야 한다. 평가목적에 따라 평가대상의 범위를 결정하고 공식적인 평가의 경우 학교 일정에 평가 횟수와 시기를 미리 포함시킨다. 실기평가나 현장답사가 동반되는 평가의 경우 평가에 필요한 장소를 사전에 결정하고 업무 진행에 차질이 없도록 해야 한다. 평가 결과 처리방식이나 결과 보고형식에 대한 계획도 이 단계에서 준비되어야 한다.

⑤ 평가 실시 및 결과 처리

평가의 대상, 시기, 장소, 소요인원 등 평가 시행을 위한 계획이 수립되면 그에 따라 평가를 실시한다. 평가를 실시하고 나면 결과 처리과정을 거쳐야 한다. 이때 양적인 지필검사의 경우 원점수 외에 평균, 표준편차, 표준점수 등을 산출하여 평가집단의 정보를 다양한 측면에서 파악할 수 있도록 한다.

⑥ 평가 결과 해석 및 활용

평가 결과가 나오면, 그 결과를 해석하여 교육적 의미를 찾아 평가대상인 학생의 특성에 대한 종합적인 평가로 해석 · 활용해야 한다. 평가의 결과는 학생을 판단하고 점수를 부여하는 데만 쓰이는 것이 아니라 교사들로 하여금 수업을 개선하는 데에도 활용되어야 한다.

(2) 평가도구의 제작기준

① 타당도(validity)

■ 타당도
평가도구가 무엇을 재고 있는가의 문제를 다루며, 평가의 결과와 평가하려는 목표의 관련성이 얼마나 높으냐의 문제다.

타당도는 평가도구가 무엇을 재고 있는가의 문제인 동시에 평가의 결과와 평가하려는 목표와의 관련성이 얼마나 높으냐의 문제다. 타당도는 반드시 어떤 근거 내지 준거에 일치되어야 한다.

■ **내용타당도** 논리적 타당도, 교과타당도라고도 하는데, 평가도구가 수업의 목표와 내용을 빠짐없이 충실히 측정하고 있는가의 정도를 말한다. 이것은 주로 내용 전문가(교과 전문가)들이 검증할 수 있다.

■ **구인타당도** 한 검사도구를 가지고 여러 가지 심리적 특성을 규명할 수 있는 정도를 구인타당도라고 한다. 구인타당도를 검증하려면 어떤 심리적 특성이 무엇으로 구성되어 있는지를 규명한 다음, 이를 근거로 문항을 작성해서 검사를 실시하고 문항을 분석하여 재려고 한 심리적 특성이 제대로 측정되었는가를 규명한다.

■ **예언타당도** 검사의 결과가 피험자(학생)의 장래 행동이나 특성을 어느 정도 정확하게 예언하느냐의 정도를 말한다. 예언타당도의 준거는 학생의 검사 점수와 미래 행동특성 점수와의 상관계수로 표현된다.

■ **공인타당도** 두 검사 사이의 공통 요인이 어느 정도인지를 밝혀내는 것이 공인타당도다. 예를 들어, 지능검사와 창의성검사, 수학시험과 과학시험 사이에 공통된 요인이 어느 정도 들어 있는가를 재는 것이다. 두 검사와의 상관계수를 통해 두 검사도구 간의 관련성을 밝히는 데 목적이 있다.

② **신뢰도**(reliability)

신뢰도는 측정하려는 것을 얼마나 안정적으로 일관성 있게 재고 있는가의 문제로서, 검사도구가 얼마나 정확하게 오차 없이 측정하였는지의 정도를 말한다. 신뢰도를 측정하기 위해서는 한 검사도구를 가지고 반복 측정하여 어느 정도로 같은 결과가 나오는지를 보면 된다.

■ **재검사신뢰도** 동일한 검사를 동일한 피험자 집단에 일정 시간 간격을 두고 2번 실시하여 얻은 두 검사 점수의 상관계수에 의해 검증하는 신뢰도다. 실시방법은 간단하지만, 시험을 2번 실시해야 하는 번거로움이 있고, 2번 실시에 따른 기억 효과를 완전히 배제할 수 없다는 문제점이 있다.

■ **동형검사신뢰도** 문제유형이 같은 두 개의 동형검사를 만들어 동일 피험자 집단에 일정 시간 간격을 두고 검사를 차례로 실시하여 두 검사 점수의 상관계수에 의해 검증하는 신뢰도다. 재검사 신뢰도의 기억효과를 배제하기 위한 것이지만, 완벽한 동형 검사를 만들기가 쉽지 않으며, 이 역시 시험을 2번 실시해야 한다는 번거로움이 있다.

■ **내적일관성 신뢰도** 검사를 한 번 치르고 검사 자체 내의 정보를 이용하여 검사 점수에서 추정하는 신뢰도다. 추정하는 방법으로 반분검사신뢰도, 문항내적일관성 신뢰도가 있다. 반분검사신뢰도는 한 번 실시한 검사를 짝수/홀수나 앞/뒤, 단순무작위 등의 방법에 의해 반으로 나누고, 나누어진 두 부분 검사 사이의 상관계수를 구한 다음 Sperman-Brown 공식에 의해 신뢰도를 추정하는 방법이다. 문항내적일관성 신뢰도는 KR-20 · 21, Hoyt 신뢰도, Cronbach에 의해 문항들 간의 유사성 또는 측정의 일치성을 추정하는 방법이다.

③ 객관도(objectivity)

객관도는 신뢰도의 일종으로서, 검사도구가 제작되고 평가가 수행된 후 채점이 신뢰할 만하게 이루어지도록 하기 위한 평가도구 제작기준이다. 객관도는 채점자가 주관에 이끌리지 않고 객관적인 입장에서 신뢰할 수 있게 채점하는가의 문제와 관련되기 때문에 검사자 신뢰도 또는 평정자 신뢰도라고도 불린다.

객관도를 높이기 위해서는 평가도구의 종류와 상관없이 객관화된 검사를 제작해야 한다. 평가자(채점자)는 평가하려는 내용과 방법에 대해 소양을 갖추고 있어야 하며, 평가기준은 평가를 수행하기 전에 미리 설정되어야 한다.

④ 실용도(usability)

실용도는 평가도구가 실제로 잘 활용될 수 있도록 시간, 경비, 노력 등이 얼마나 고려된 실용적인 도구인가의 정도다. 따라서 실용도가 높은 평가도구는 검사에 소요되는 비용, 시간, 노력이 적게 들어야 하며, 실시와 채점방법이 간단명료하며 쉬워야 한다. 평가의 결과가 어떤 측면을 다룬 것인지 해석도 쉬워야 하고, 결과를 활용하는 것이 적절해야 한다.

(3) 평가문항의 유형

평가의 중요한 기능 중의 하나는 학생들의 능력을 정확히 파악하고 이를 기반으로 교수-학습의 개선 정보를 추출・제공하는 것이다. 이러한 기능을 잘 수행하기 위해서는 평가 자체가 '좋은 평가'가 되어야 하며, 그 조건으로 평가의 타당도와 신뢰도가 요구된다. 평가(검사)의 타당도와 신뢰도는 검사 틀, 문항수, 시행요건 등 다양한 요인에 의해 결정되기도 하지만, 가장 기본적으로는 문항의 질에 의존한다고 볼 수 있다. 즉, 평가(검사)를 구성하는 문항 하나하나가 신뢰할 수 있고 타당해야 평가(검사)의 타당도와 신뢰도를 확보할 수 있다.

지필검사에서 평가문항의 유형과 특징은 다음과 같다.

① 선택형 문항

선택형 문항은 이른바 '객관식'이라고 하여, 답의 내용을 쓰는 것이 아니라 답이 진술된 문항의 번호를 선택하거나 쓰고, O/X를 가려서 쓰는 것을 말한다. 여기에는 선다형, 진위형 등이 있다.

■ 선다형 선다형은 문두와 그에 따른 두 개 이상의 답지로 구성되어 수험자가 답을 선택하는 문항형식이다. 여기에는 여러 가지의 답지 중에서 '가장 맞는 답' '정답의 정도가 가장 큰 것'을 선택하게 하는 최선답형, 여러 개의 답지 중 한 개만 정답이고 다른 것은 전혀 관계 없는 것으로 되어 있는 정답형, 답지에 정답이 여러 개인 다답형, 여러 개의 답지 중 하나 이상이 합해서 정답이 되는 합답형이 있다. 선다형의 장점으로는 문항 형식의 융통성이 뛰어나며, 채점이 쉽고 객관적이며, 초등학교 저학년을 제외한 모든 학년에 상용할 수 있다는 점이다. 그러나 단점으로는 문항 제작이 어렵고, 진위형이나 배합형에 비해 반응시간이 많이 걸리는 점이 있다.

■ 진위형 진위형은 피험자에게 진술문을 제시하고 그것의 진위·정오를 판단케 하는 문항형식으로 흔히 양자택일형(alternative-response type)이라고도 한다. 진술문을 한 개만 주어 그것이 옳은지 그른지를 판단하게 하는 방법도 있지만, 진술문 두 개를 주고 그중 어느 것이 옳은지 묻는 방법도 있다. 또한 '예/아니요' '찬성한다/반대한다'로 응답하게 하는 방법도 있다.

진위형의 장점은 실시 시간이 적게 걸리며, 일상생활에서 진위를 판단하는 경우가 많으므로 학생들에게 실질적인 과제를 제공하고, 언어능력이나 읽기능력이 낮은 초등학교 저학년을 대상으로 하는 평가문항으로 적당하며, 채점이 신뢰할 수 있고 빠르며 객관적이라는 점이다. 진위형의 단점은 비교적 작고 중요하지 않은 정보를 많이 다루며, 학생들의 추측 반응을 부추겨서 읽지 않고도 답을 맞힐 확률이 50%나 되므로 추측이나 우연의 오차를 통제할 수 없고, 잘못하면 모호한 진술문이 되기 쉽다는 점이다.

■ 배합형 배합형은 연결형이라고도 하는데, 일련의 전제와 답지 그리고 전제와 답지를 배합시키는 지시문의 세 가지로 구성되는 문항형식이다. 전제와 답지에는 단어, 어구, 문장, 기호 등 무엇이든지 사용할 수 있다.

배합형 문항의 장점은 실시 시간이 많이 걸리지 않고, 많은 학습목표를 다룰 수 있으며, 채점이 신뢰할 수 있고 객관적이라는 점이다. 배합형 문항의 단점은 좋은 배합형 문항을 제작하기가 쉽지 않으며, 동질적인 전제와 그에 따른 동질적인 답지를 구성하기 어렵고, 배합이 진행됨에 따라 추측 요인이 작용할 가능성이 높다는 점이다.

다음 〈보기〉의 경제개념을 중심으로 한 진술 중에서 그 내용이 옳은 것을 모두 고른다면?

〈보 기〉

ㄱ. 신문 배달을 하는 것도 생산이다.
ㄴ. 대학생의 학교생활에서 드는 등록금, 주거비, 식비 및 기타 잡비는 기회비용이다.
ㄷ. 구입한 물건에 대한 만족도는 수치로 절대화할 수 없지만 상대 비교는 가능하다.
ㄹ. 시장에서 경쟁하는 것은 효율성을 높여 주기는 하나, 공평성을 보장해 주지는 않는다.

① ㄱ, ㄴ, ㄷ ② ㄱ, ㄴ, ㄹ ③ ㄱ, ㄷ, ㄹ ④ ㄴ, ㄷ, ㄹ ⑤ 정답 없음

(정답) : ③

[그림 9-3] 선택형 문항 중 선다형-합답형의 예(출처: www.kice.re.kr)

② 서답형 문항

서답형 문항이란, 선택하지 않고 이른바 '주관식'이라고 하여 답을 직접 쓰는 것이다. 여기에는 완성형과 단답형, 논문형이 있다.

■ **완성형과 단답형** 완성형이란 진술문의 일부분을 비워 놓고 단어, 어구, 숫자, 기호 또는 문장을 써넣게 하는 문항 유형이다. 단답형이란 간단한 단어, 구, 문장, 숫자, 그림 등 제한된 형태로 대답하게 하는 문항 유형이다.

완성형과 단답형 문항의 장점은 학생의 반응에서 추측 요인을 줄일 수 있으며, 문항 작성이 비교적 쉽다는 점이다. 단점으로는 채점이 선택형 문항보다 어렵다는 것인데, 교사들이 최선을 다해 문항을 만들어도 가끔 여러 가지 정답이나 부분적으로 맞는 답이 나오는 경우가 있다. 또한 원리 적용보다는 단편적인 지식을 측정하는 경향이 있다.

■ **논문형** 논문형 또는 논술형은 주어진 질문에 대하여 학생이 여러 개의 문장으로 자신의 답을 만들어 쓰게 하는 문항 형식이다. 응답을 제한하는 형과 응답을 자유롭게 허용하는 형으로 구분된다.

논문형 문항의 장점으로는 반응의 자유도가 크기 때문에 학생들이 자신의 능력을 충분히 보여 줄 수 있고, 고등정신기능 측정에 효과적이며, 문항 제작이 비교적 쉽고, 학습자의 학습태도를 개선해서 표현력이 길러지고, 표현력의 구성능력인 논리적

사고, 종합력, 비판적 사고 등의 학습에도 도움을 준다는 점이다. 논문형 문항의 단점은 채점의 객관성이 낮고, 채점에 시간과 노력이 많이 들며, 문항을 한꺼번에 많이 출제하기 어렵다는 점이다.

> 중학교 학생이 100m를 몇 초에 달릴 수 있는지 알아보려고 한다. 출발지점에는 출발을 알리는 총을 가진 교사가 서 있고, 도착지점에는 스톱워치를 가진 교사가 서 있다. 출발 시에 총을 가진 교사가 총을 쏘아 신호를 하고, 도착지점에서는 스톱워치를 가진 교사가 시계를 작동한다. 시간을 정확하게 재기 위해서 스톱워치를 가진 교사가 총소리를 듣는 순간에 그 시계를 작동하는 것이 좋은가? 아니면 그 총에서 나는 빛을 보고 그 시계를 작동하는 것이 좋은가? 둘 중에 선택을 하고 그 이유를 설명하시오.

[그림 9-4] 서답형 중 논문형 문항 -응답제한형의 예(출처: www.kice.re.kr)

3. 수행평가

우리나라 학교교육에서 1990년대에 이루진 대표적인 변화의 하나는 평가방식의 변화다. 최근 학교현장에서 기존 평가체제를 재구조화하기 위한 하나의 대안으로 급속한 논의가 이루어지고 있는 수행평가(performance assessment)는 기본적인 평가관의 변화이며, 학습관의 변화이고, 평가체제의 변화라고 할 수 있다. 수행평가가 도입되면서 초등학교에서는 정규적인 지필시험이 사라지게 되었다. 수행평가의 개념과 수행평가의 도구들을 소개한다.

■ **수행평가**
학생들의 작품이나 활동을 직접 관찰하고, 관찰된 과정과 결과를 전문적으로 판단함으로써 이루어지는 평가다.

1) 수행평가의 개념

수행평가는 최근 여러 선진국에서 교육개혁의 중요한 방법으로 시행, 강조하고 있는 평가방식이다. 수행평가란 '학생들의 작품이나 활동을 직접 관찰하고, 관찰된 과정과 결과를 전문적으로 판단함으로써 이루어지는 평가' 라고 할 수 있다. 기존 평가방식과 비교할 때 평가대상으로 비판적 · 창의적 사고력, 즉 고등정신능력과, 결과로서의 지식뿐 아니라 과정으로서의 지식을 중시한다. 또한 기존의 평가방식이 주로 선택형 지필검사 위주였던 데 비해, 지필검사일 경우 논술형, 그 외의 경우 포트폴리오, 실기, 관찰 등 다양한 방법을 사용하고 있다. 평가 상황은 인위적인 시험 상황이 아니라 실제 상황이나 유사 모의 상황을 중시하며, 지필검사 외의 방법을 중요시하는 것 때문에 평가방법은 전체적으로 간접적이기보다 직접적이라고 할 수 있다. 이러한 전통적 평가와 수행평가 간의 차이는 [표 9-4]와 같다(박도순, 홍후조, 1999).

[표 9-4] 전통적 평가와 수행평가의 비교

	전통적 평가	수행평가
평가대상 지식	암기하고 있는 지식의 양 (낮은 수준의 암기, 이해력)	비판적 · 창의적 사고력 (고등정신능력)
평가대상 (지식유형)	결과로서의 지식	과정으로서의 지식 + 결과로서의 지식
평가방법	선택형 지필검사 위주	논술형 지필검사, 포트폴리오, 실기, 관찰 등 다양한 방법
평가상황	인위적인 시험상황	실제 상황이나 유사 모의상황
평가방법의 성격	간접적 (검사 위주)	직접적 (관찰 위주)

2) 수행평가의 여러 가지 방법

교육평가가 수행평가로 바뀌었다고 해서 구체적인 방법들이 모두 새롭게 개발된 것은 아니다. 수행평가의 방법은 그동안 교육평가에서 활용되던 방법들 중 덜 중요시되거나 활용도가 떨어지던 것들을 교육적 중요성에 따라 발굴해 내고, 교육평가에서 주로 사용되던 지필평가에 대해서도 새로운 문항방식을 도입하는 등 평가 방법론의 재구성이라고 할 수 있다. 널리 활용되고 있는 수행평가의 방법으로는 논문형 지필검사, 포트폴리오, 관찰법, 면접법, 구술시험, 연구보고서법, 토론법, 실기고사, 실험 · 실습법, 컴퓨터 시뮬레이션법, 자기평가 및 동료평가보고서법 등이 있다. 수행평가에서는 근본적으로 학습자가 수행한 모든 자료(예, 일기장, 연습장)는 평가자료로 활용될 수 있다.

여기서는 포트폴리오, 지필, 프로젝트, 수행 혹은 실기평가법에 대해서 소개한다(http://classroom.kice.re.kr).

■ 포트폴리오
원래 서류가방 혹은 서류철이라는 뜻으로 학생 개개인이 수행한 일련의 과제 중에서 몇 가지를 선정하여 이를 평가하는 수행평가의 한 형태다.

(1) 포트폴리오

포트폴리오는 성취도를 판단하기 위한 다양한 증거자료의 모음들이다. 포트폴리

그룹토론: 자기평가

이름:
그룹 이름:
그룹의 활동:

다음의 사항이 항상 그러하면 'A' 를, 자주 그러하면 'B' 를, 가끔 그러하면 'C' 를, 전혀 그렇지 않으면 'D' 를 밑줄 위에 쓰시오.

_______ 1. 우리 그룹이 토론할 때 나의 아이디어를 제안하였다.
_______ 2. 우리가 토론할 때 모든 사람이 참여할 기회가 있다.
_______ 3. 그룹의 모든 구성원은 그룹활동 시간에 각자의 역할이 주어진다.
그룹 토론 시간에 나의 모습은?
_______ 4-1. 다른 사람의 의견을 듣는다.
_______ 4-2. 팀을 조직화한다.
_______ 4-3. 질문을 한다.
_______ 4-4. 활동에 방해를 한다.
_______ 4-5. 나의 생각을 정리한다.
_______ 4-6. 다른 생각을 한다.
_______ 5. 그룹 활동 시간에 무엇을 하였는지 자유롭게 기술하시오.

[그림 9-5] 수행평가로 사용되는 포트폴리오 방법 중 자기평가지 사례(출처: http://classroom.kice.re.kr)

오는 원래 서류가방 혹은 서류철이라는 뜻으로, 학생 개개인이 수행한 일련의 과제 중에서 몇 가지를 선정하여 이를 평가하는 수행평가의 한 형태다. 예컨대 학생이 미술교사에게 지속적으로 지도를 받으면서 자신의 작품을 차곡차곡 모아 둠으로써 자기 자신의 변화와 발전과정을 스스로 파악하고, 평가도 받는 것이 포트폴리오 방법이다. 이를 통해 교사는 학생들의 지식, 기능, 태도발달을 점검할 수 있는데, 이와 같이 포트폴리오는 학생들의 수행에 대해 다양하고 포괄적인 정보를 제공할 수 있다.

(2) 지필

지필검사는 수행평가와 대비되는 도구가 아니다. 수행평가에서도 평가의 목적과 상황에 맞게 적절하고 발전된 유형의 지필검사를 사용한다. 이 장의 2절 전통적 평가에서 제시된 선택형, 진위형, 논문형 등이 모두 사용될 수 있으며, 개념도나 탐구형과 같은 보다 발전적인 문항과 논문형들이 더 선호된다. 개념도는 교과 영역과 관련한 주요 개념을 그림으로 제시하는 방식으로, 개념 간의 관계를 선이나 화살표로 나타내게 된다. 탐구형은 익숙한 개념과 기능을 익숙하지 않은 상황에 적용하는 능력을 평가하는 자유반응형 과제다. [그림 9-6], [그림 9-7]은 개념도와 탐구형의 예다.

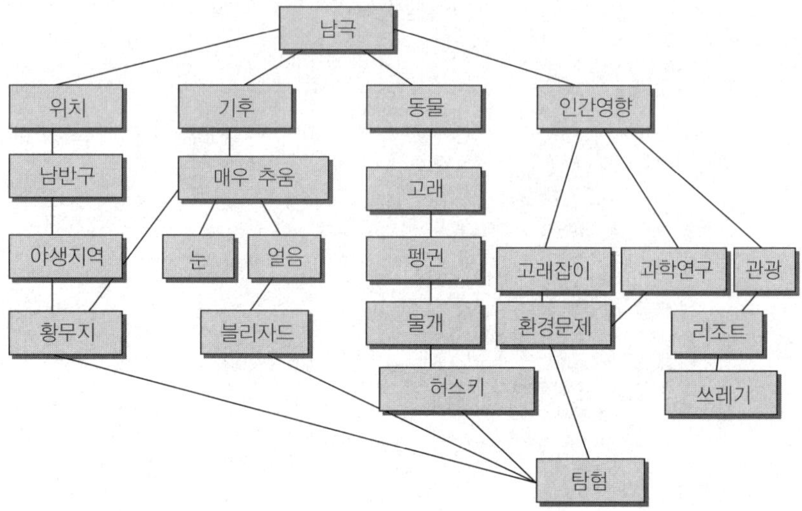

[그림 9-6] 수행평가로 사용되는 개념도 지필검사 문항 사례: 초등학생 대상 과제 '남극의 개념도' (출처: http://classroom.kice.re.kr)

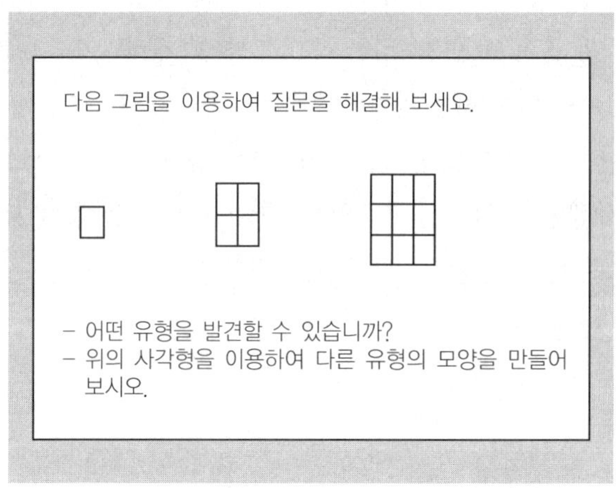

[그림 9-7] 수행평가로 사용되는 탐구형 지필검사 문항 사례: 초등학생 수학(출처: http://classroom.kice.re.kr)

(3) 프로젝트

프로젝트는 일정 기간 동안 교과 내 또는 범교과 영역에서 학습자의 능력이나 흥미에 따라 연구주제를 선택하여 그 주제에 대해서 자기 나름의 자료를 수집하고 분석, 종합하여 보고서를 작성하거나 발표하는 수행평가의 한 방법이다. 프로젝트 작업은 주로 자료를 탐구하는 데 활용되므로 탐구력을 강조하며 다른 사람과의 협동이 필수적이라는 특징이 있다.

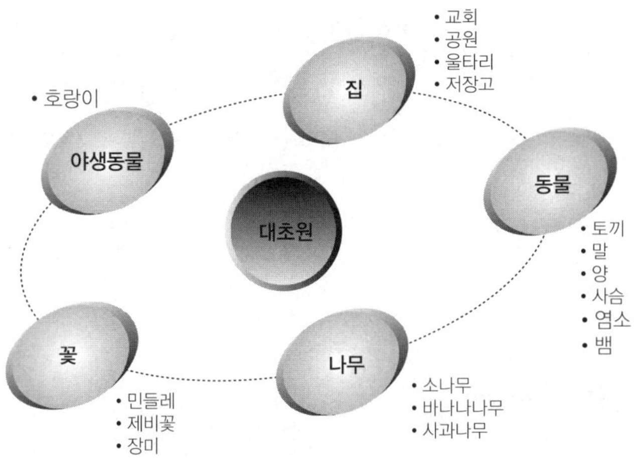

[그림 9-8] 수행평가로 사용되는 프로젝트법 사례: 초등학생 대상 과제 '대초원'의 개념도(출처: http://classroom.kice.re.kr)

연구주제와 범위에 따라 개인 연구를 계획할 수도 있고, 소집단을 구성하여 공동 연구를 수행할 수도 있다. 교사는 학생이 제출한 연구계획서에 따라 진행상황을 수시로 점검하고 지도하며, 결과를 발표할 수 있는 기회를 주어 학생 간에 피드백을 주고받을 수 있도록 지도한다.

(4) 수행 혹은 실기

수행(performance)은 실기평가 방법의 하나로서, 학습의 결과가 주로 '움직임'으로 나타나는 학습의 결과를 평가할 때 활용되는 수행평가의 한 유형이다. 그러나 종

■ **수행**
실기평가 방법의 하나로서, 학습의 결과가 주로 '움직임'으로 나타나는 학습의 결과를 평가할 때 활용되는 수행평가의 한 유형이다.

이름	악기	소리 내기	음색 조절	강약 조절	안전하게 다루기
영지	피아노	√√√	√√√	√√√	√√√
민환	실로폰	√√√	√√√	√√√	
지영	기타	√√√	√√√	√√√	관을 조금 더 조심해서 다루어야 함
영훈	플루트	√√√	√√√	√√√	√√√
리라	바이올린	√√√	√√√	√√√	√√√

[그림 9-9] 수행평가로 사용되는 관찰법 사례: 초등학생 대상 과제 '악기 연주'(출처: http://classroom.kice.re.kr)

전의 실기평가가 제한된 상황에서 일회적으로 이루어졌다면, 수행평가는 자연스러운 상황에서 수시로 평가한다는 점에서 기본적으로 차이가 있다. 일반적으로 미술, 체육, 영어 등에서 학생의 수행을 관찰하여 평가하는 것으로 악기 연주, 무용, 체육 활동 등이 여기에 해당한다.

/참/고/자/료/

강승호, 김명숙, 김정환, 남현우, 허숙(1996). 현대 교육평가의 이론과 실제. 서울: 양서원.
국립교육평가원(1996). 수행평가의 이론과 실제. 서울: 대한교과서 주식회사.
김재춘, 부재율, 소경희, 채선희(2000). 교육과정과 교육평가. 서울: 교육과학사.
박도순, 홍후조(1999). 교육과정과 교육평가. 서울: 문음사.

http://classroom.kice.re.kr
http://www.eduangel.com
http://www.joins.com

/학/습/정/리/

1. **교육평가**(敎育評價, educational evaluation)는 **'학생의 학습과 행동 및 여러 교육조건을 교육목적에 비추어 측정하고, 이에 대하여 내리는 가치적 판정'**이다. 교육평가의 의미는 세 가지로 구분할 수 있다. 1) 목표 달성도 확인, 즉 교육평가를 '교육목표가 얼마나 실현되었는지 그 정도를 밝히는 과정'으로 보는 타일러식 정의, 2) 의사결정을 위한 정보제공, 즉 교육평가를 '교육과 관련된 의사결정을 내리는 데 필요한 정보를 수집하는 활동 또는 그 과정'으로 보는 정의, 3) 가치의 판단, 즉 교육평가를 '교육과 관련된 어떤 대상의 장점, 질, 가치 등을 판단하는 과정과 그 산물'로 정의하는 것이다.
2. 교육평가와 교육측정, 사정의 의미를 구별하면, **교육평가**의 궁극적 목적은 **대상의 가치를 판단하는 것**에 있고, **교육측정**은 **대상의 특성을 수량화**하여 나타내는 데 있다. **사정**(査定, assessment) 또한 평가와 동의어로 사용되는 경우가 많은데, 그 정의는 **'다양한 측정 결과를 통하여 한 개인이나 대상의 전체적인 모습을 조명하는 전인적 평가'**이다. 사정활동의 대표적인 예로는 측정 결과에 바탕을 둔 등급매기기, 심사하기, 자격부여하기 등을 들 수 있다. 교육평가는 교육측정과 사정을 포함하거나 대신하는 용어로 사용되고 있다.
3. **전통적 교육평가**의 유형은 여러 가지 기준에 의해 분류할 수 있다. 평가의 대상별 유형으로는 **학생평가, 교사평가, 교육과정평가**가 있다. 평가의 시기별 유형으로는 **진단평가, 형성평가, 총괄평가**로 구분된다. 평가 시기는 교육과정이 투입되거나 수업이 시작되는 초기인지, 수업 도중인지, 수업이 끝나고 나서인지에 따라 결정된다.
4. 평가의 기준별 유형으로는 평가의 기준을 어디에 두는가에 따라 **규준지향평가**와 **준거지향평가**로 구분된다. 이것은 흔히 **상대평가**와 **절대평가**로 불리는 것이며 학생들의 성취 정도를 나타내는 대표적인 평가의 유형이다. **규준지향평가**(norm-referenced evaluation; **상대평가**; 규준참조평가)는 학생의 원점수를 학생이 속한 집단의 규준(norm)에 비추어 상대적인 서열에 의해 비교하는 평가방식이다. **준거지향평가**(criterion-referenced evaluation; **절대평가**; 목표지향평가; 준거참조평가)는 학습자가 무엇을 얼마나 알고 있는지를 준거에 비추어 평가하는 것으로서 목표지향평가 또는 절대평가라고 불린다. **준거**란 정해진 영역에서 교육목표의 달성 여부를 판단하는 기준이다.
5. 평가방법별 평가유형으로는 평가의 결과를 수치로 나타내기 쉬운 **양적인 평가**와 관찰이나 면담, 실기 평가들을 통하여 수량화되지 않은 다양한 형태의 자료를 수집하여 평가하는 **질적인 평가**로 나뉜다.
6. **수행평가**는 최근에 강조되고 있는 평가방식으로서 **'학생들의 작품이나 활동을 직접 관찰하고, 관찰된 과정과 결과를 전문적으로 판단함으로써 이루어지는 평가'**이다. 널리 활용되고 있는 수행평가의 방법으로는 논문형 지필검사, 포트폴리오, 관찰법, 면접법, 구술시험, 연구보고서법, 토론법, 실기고사, 실험·실습법, 컴퓨터 시뮬레이션법, 자기평가 및 동료평가 보고서법 등이 있다.

/학/습/평/가

※ 아래 질문에 대해 설명하거나 논하시오.

1. 교육평가를 세 가지로 정의하고 각 정의의 특징을 설명하시오.
2. 수행평가와 전통적 평가의 차이점을 세 가지 이상 설명하시오.
3. 수행평가의 도구를 세 가지 이상 들고 그 특징을 설명하시오.

※ 다음을 잘 읽고 주어진 항목에 대한 설명 중 맞는 것을 하나 골라 번호를 쓰시오.

4. 준거지향평가와 규준지향평가에 대한 설명으로 <u>틀린</u> 것은?
   ① 준거는 상대평가, 규준은 절대평가에서 참조하는 기초다.
   ② 규준평가는 교사가 손쉽게 만들어 사용할 수 있다.
   ③ 수행평가는 준거지향평가와 일관된 관점을 갖고 있다.
   ④ 준거는 모집단의 특성에서 만들어지므로 객관적이다.

5. 타당도, 신뢰도, 객관도에 대한 설명으로 옳은 것은?
   ① 타당도는 평가도구의 양호도 검증에 있어 'how' 에 대한 문제다.
   ② 객관도를 높이기 위해서는 가능하면 여러 사람이 공동으로 평가하여 결과를 종합하는 것이 좋다.
   ③ 신뢰도는 평가도구의 양호도 검증에 있어 'what' 에 대한 문제다.
   ④ 신뢰도를 검사하는 방법 중 Cronbach-α계수는 동형검사신뢰도 계수다.

※ 다음 평가문항들은 어떤 유형의 문항인지 보기에서 골라 번호를 쓰시오.

〈보기〉

① 선다형 중 최선답형　② 선다형 중 다답형　③ 선다형 중 합답형
④ 선다형 중 미완형　⑤ 주관식 중 단답형　⑥ 서답형(주관식) 중 논문형
⑦ 수행평가 문항

6. 다음 중 존칭어를 잘못 사용한 것은?(답은 두 개 이상일 수 있다.) (　　)
   a. 진지를 먼저 잡수소.　　b. 나는 배부르니 안 먹겠소.
   c. 그러지 말고 저희 집에 오셔요.　　d. 그럼 안녕히 계십시오.

7. 약 5분 동안 계단을 오르고 내리면서 매 분마다 멈추고 맥박을 재어 아래의 표에 맥박수를 써라.(　　　)

8. 다음 글을 읽고 핵가족제도에 대하여 찬성 또는 반대하는 주장을 나름대로 전개하라.
(　　　)

9. 다음 혁명 중 18세기에 일어난 혁명은(　　　　)

A: 불란서 혁명	B: 미국 혁명	C: 러시아 혁명	D: 영국혁명

a. A와 B　　b. A와 D　　c. A와 C와 D　　d. C와 D

10. 한쪽으로 치우친 분포라면, 집중 경향에 대한 최선의 추정치는 ___이다. (　　　　)

a. 평균치　　b. 중앙치　　c. 최빈치　　d. 범위

/읽/을/거/리/

연예인 J씨의 전시회 뒤풀이에서 흥미로운 논쟁이 하나 있었다. 무슨 이야기 끝에, J씨는 배운 사람은 어딘가 달라도 다르더라는 의견을 말했다. 딱히 뭐라고 꼬집기는 어렵지만 교육의 향기 같은 게 사람에게 배어들어 있다는 주장이었다. 처음 보는 사람들인데도 말이 잘 통하고 마음이 편안해서 알아봤더니, 그 직업에서는 대개 찾기 어려운 대졸자들이더란다. 이런 얘기에 둘러앉은 사람들이 수긍하고 있는 분위기였는데, 작가 L씨가 반박을 한다. 그가 만난 사람들을 놓고 봤을 때, 교육을 받지 못한 사람들이 훨씬 진솔하고 깨끗하며 꾸며지지 않은 가운데 새나오는 깊은 향기가 있더라고 말한다. 요컨대 대화는 배운 쪽이 향기가 있느냐 덜 배운 쪽이 향기가 있느냐로 갈라졌다. 이 사회에서 대학을 나온 사람이란, 상당한 함의가 있다. 학력이나 학벌의 폐단에 관한 지적들이 끊이지 않지만, 그래도 대학은 나와야 제대로 구실을 할 수 있다는 관점에 별 이의를 달지 않고 살아간다. 그리고 대학물을 먹은 사람과 그렇지 않은 사람에 대한 굳은 선입견들이 있는 것도 사실이다. 마침 이 자리에 모 방송국 S 아나운서도 있었다. 자리에서 일찍 일어나는 그녀를 L씨가 잠깐 앉힌다. 그리고 오래된 일화 하나를 꺼낸다. L씨가 한 달에 몇 권씩 번역을 해내던 열정의 시절에 S씨가 방송에서 이 번역가를 소개하면서 '중졸' 출신으로 어떻게 그런 실력을 갖출 수 있었는지 궁금해하는 멘트를 했단다. S씨는 물론 그걸 기억하고 있지 않았다. L씨는 그 방송이 나간 뒤로, '중졸' 이라는 딱지가 붙어 한 동안 민망했다고 말한다. 그는 물론 신학대학을 나왔고, 외국서 공부를 하기도 했는데, S씨가 착오로 '중졸' 부분을 강조한 모양이다. 그녀는 "아마도 작가가 써준 내용에 잘못이 있었던 모양"이라고 사과했다. 대화는 끝나고 S씨는 자리를 떴으나, 내겐 그 대화들이 묘한 여운으로 남았다. 학력이 신분증처럼 유통되는 사회에서, '중졸' 이 함의하는 바는 이 작가를 불편하게 했으리라. 이 뒤늦은 '교정' 은 학력이 발휘하는 위력을 말해주는 작은 웅변이기도 하리라.그런 대화가 있었던 차에, 다시 우연히 '배운 사람' 의 향기가 거론되었으니, 이 논쟁이 흥미롭지 않을 수 없었다. 배운 사람의 향기를 말하는 대목에서 J씨가 거론한 건, 마음이 편하고 말이 잘 통한다는 점이었다. 설렁설렁 대학을 다녔다 하더라도 뭔지 모르게 꽉 막힌 생각이 트이는 계기들이 생겨난다는 건, 내 경험으로 봐도 그렇다. 그리고 사용하는 언어들이 비교적 정확해지고, 논리들이 치밀해지는 것도 대학의 공기 속에서 이뤄지는 느낌이 있다. 교육이란 어떤 학문적인 콘텐츠를 전수받는 것이기도 하지만, 그것을 전달하는 '말' 자체를 배우기도 한다. J씨는 그런 것들을 아울러 말하고 싶었는지 모른다. 그런데 L씨의 생각은 조금 다른 것이었다. 교육이 사람의 진정성을 망쳐놓는 경우가 많다는 얘기다. 사람이 반들반들해지고 말은 그럴싸해지지만 무엇인가를 위장하고 과장하고 왜곡하는 데 익숙해지는 점도 있지 않느냐는 얘기다. 정규 교육을 그리 많이 받지 않은 사람들을 만나보면, 나름대로 삶의 깨달음을 성실하게 키워온 분들이 많은 것도 사실이다. 교육이란 인간의 내면을 오히려 부실하게 하고, 외형에 치중하게 하는 폐단을 낳을 수 있는 점도 틀림없다.그 자리에 있던 한 기자는 그건 교육의 문제가 아니라, 사람 자체의 문제가 아니겠느냐는 의견을 내놓는다. 배운 사람이라서 향기가 나는 것도, 배우지 않은 사람이라서 향기가 나는 것도 아닌, 그 사람 고유의 향기일 수 있다는 얘기다. 그 또한 설득력이 있어 보인다. 학력의 선입견을 조장하는 생각은 바로 '배운 사람은 그만한 무엇이 있다' 는 관점이 보강된 것이 아닌가 싶고, 전인교육이나 인성교육에 문제가 있다는 견해는 '배우지 않은 사람에게 차라리 향기가 있더라' 는 견해의 보강이 아닌가 싶다. 배움이 품성을 개선시킬까, 많이 배울수록 인간미도 올라갈까. 혹은 배움이 품성을 악화시킬까, 배우지 않은 사람이 더 향기가 날까. 이 양립된 의견은 어쩌면 교육의 두 측면일 수도 있겠다. 교육이 사회적 품성을 향상시키는 것도 사실이다. 사회적 품성은 언어나 태도 그리고 사고의 형식적 측면이다. 보다 개방적이고 효율적이고 세련된 소통 형식이 교육을 통해 갖춰진다. 그렇다면 그 반대의 견해는 뭘까. 그 형식적 측면이 내용을 갉아먹는 경우다. 형식에 치중하다보니 내면이 공허해지는 경우다. 많이 배우지 못한 사람이 비록 말은 어눌하고 표현은 거칠지만, 잘 새겨들어보면 그 속에 깊이 있는 깨달음과 향기가 들어있다. 그들은 교육이 강요하는 '사회적 매너' 에서 자유로웠기에, 아이같이 선량한 내면과 인간적 따뜻함을 잃지 않았기 때문이다. 교육의 향기는 도회의 세련된 냄새이고, '무교육' 의 향기는 시골 촌로의 된장맛 같은 향기이기도 하다. 무엇이 더 가치 있는 것일까. 그것에 대한 대답은, 이 땅의 교육의 본질과 목표에 관한 대답이기도 하리라.

출처: http://blog.joins.com/isomkiss/5640367

V부

교육사회학과 평생교육의 이해

/학/습/개/요/

교육은 중요한 사회현상의 하나이며, 사회적 · 역사적 산물이다. 이러한 교육과 사회의 불가분의 관계에서 이 시대는 평생교육의 모습을 요청하고 있다.

V부 교육사회학과 평생교육의 이해에서는 교육사회학에 관한 전반적인 이해를 위해 교육사회학에 대한 기본적인 이론과 교육사회학적인 문제들을 소개하고, 또한 평생교육의 기초 개념과 이론, 실제를 소개한다.

10장 교육사회학에서는 교육사회학의 학문적 성격, 교육사회학의 연구 영역, 사회화와 문화, 집단과 교육, 사회계층과 교육, 교육과 평등, 사회변동과 교육 그리고 교육과정 사회학을 다루게 되는데, 교육사회학의 학문적 성격은 좀 더 구체적으로 다루고 다른 분야는 기본적인 내용만 소개하고자 한다.

11장 평생교육에서는 미래를 여는 평생교육의 신 비전 중심으로 미래사회와 평생교육 이념, 평생교육의 개념, 평생교육의 필요성, 평생교육의 실제, 평생교육의 성장 및 저해요인, 평생교육의 미래 비전과 정책, 그리고 평생교육 발전을 위한 정책과제를 알아본다.

10장

교육사회학

학습목표

1. 교육사회학의 학문적 성격 중 교육사회학의 개념 및 발전과정, 연구의 의미와 연구영역을 설명할 수 있다.
2. 교육사회학의 다양한 이론들을 설명할 수 있다.
3. 사회화와 문화의 의미를 올바로 이해하여 이를 교육현장에 적용할 수 있다.
4. 집단과 교육을 이해하여 교육 및 사회현장에서 집단과 교육관계를 적용할 수 있다.
5. 사회계층과 교육을 이해하여 교육현장과 사회에 적용할 수 있다.
6. 교육과 평등을 이해하여 교육현장에 교육기회의 평등문제를 해결하는 데 참여할 수 있다.
7. 사회변동과 교육을 이해하여 교육현장에서의 교육병리를 예방 및 치유하는 데 적용할 수 있다.

교육은 사회현상의 하나며 사회 및 역사적 산물이다. 따라서 교육과 사회는 불가분의 관계에 있다. 이러한 교육현상의 변화는 교육사회학의 학문적 연구 영역까지 패러다임을 바꾸어 놓고 있다. 교육목적을 무엇으로 보느냐는 각 학문 영역과 학자에 따라 다르게 정의되고 있으나, 그 궁극적인 목적은 '공동체 형성을 위한 인간화 교육'이라고 할 수 있다. 이러한 점에서 교육은 곧 사회관계와 인간관계에 유기적으로 연계된 동심원적 관계의 학문이라고 볼 수 있다.

교육사회학에서 다루어야 할 부분은 대단히 많으나, 이 장에서는 교육사회학의 학문적 성격, 교육사회학의 연구 영역, 사회화와 문화, 집단과 교육, 사회계층과 교육, 교육과 평등, 사회변동과 교육, 그리고 교육과정 사회학을 개괄적으로 소개한다.

1. 교육사회학의 학문적 성격

1) 교육사회학의 개념

교육사회학의 개념은 많은 학자들의 부단한 노력에도 불구하고 분명한 정의를 내리지 못하고 있다. 그 이유는 교육사회학의 학문적 성격에서 기인한 것이라 할 수 있다. 즉, 교육사회학이 교육학과 사회학의 주변적인 특성을 지니고 있기 때문이다. 따라서 교육학과 사회학 중 어느 측면에 더 강조점을 두고 연구하느냐에 따라 논의하는 교육사회학의 개념이 달라진다.

■ **교육적 사회학**
교육현상에 대해 사회학의 원리를 적용하려 시도하며, 연구문제를 교육학에서 찾고자 한다.

■ **교육의 사회학**
교육체계의 사회학적 과정을 분석 · 적용하려고 하며, 연구문제를 사회학에서 찾고자 한다.

교육사회학이라는 주제를 **교육적 사회학**(educational sociology)으로 이해하느냐 혹은 **교육의 사회학**(sociology of education)으로 이해하느냐 하는 문제에 대해서는 오랫동안 논의가 이루어져 왔다. 전자는 대체적으로 교육학자들, 특히 교육사회학 발달의 초창기에 도덕 및 철학적 이론을 중시하는 학자들 중심으로 연구되었으며, 후자는 사회학자들, 특히 경험과학적으로 이론을 전개해 온 학자들 중심으로 강조되어 왔다. 그런데 우리나라에서는 두 분야를 구별 없이 교육사회학으로 부르기도 한다.

교육적 사회학은 교육현상에 대해 사회학의 원리를 적용하려 시도하며, 이에 비하여 교육의 사회학은 교육체제의 사회학적 과정을 분석 · 적용하려고 한다. 즉, 전자는 연구문제를 교육학에서 찾고 후자는 사회학에서 찾으려 한다. 보다 구체적으로 설명하면 교육적 사회학은 실제적 교육문제와 관련을 갖거나 논리적 연결을 갖고 있는 사회학 및 사회심리적 지식에 관계하는 연구 영역이고, 교육의 사회학은 교육적 현상과 교육체제의 사회학적인 국면을 조사 · 분석 · 연구하는 영역이다.

이처럼 각기 다른 특징을 가지고 있는 교육적 사회학과 교육의 사회학에 대해 프리차드와 벅스턴(Prichard & Buxton, 1973)은 교육적 사회학은 교육학의 영역에 속하고 교육심리학 및 교육철학과의 균형을 바라며 실제적인 교육문제 해결에 관심을 가지고 있고, 이에 비하여 교육의 사회학은 사회학의 영역에 속하고 과학적 방법에 의한 이론적 지식의 탐구에 관심을 가지고 있다고 하였다.

이처럼 교육사회학은 교육학의 영역으로 볼 수도 있고 사회학의 영역으로 볼 수도 있다. 지금까지의 논의를 바탕으로 교육사회학의 개념을 정리해 보면 다음과 같다. 교육사회학의 개념을 종합한 프리차드는 “교육사회학은 교육현상에 대한 사회학적 연구로서 교육체제와 교육의 과정에서 발생하는 집단관계를 사회학적인 연구에서 이룩된 지식과 기술 및 방법 등으로 연구하는 것”이라고 정의하였다. 한편 교육사회학은 교육과 사회를 관련지어 연구하는 학문이다. 이와 관련하여 나토르프(P. Natorp)는 교육사회학을 교육사실과 교육현상에 관한 과학 또는 사회적 교육학(social pedagogy)이라고 정의하였다. 또한 뒤르켐(E. Durkheim)이나 크리크(E. Krieck) 등은 교육사회학은 ‘교육과학(英, Science of education; 佛, Science de leducation; 獨, Erziehungswissenschaft)’으로서 현대교육 현상을 자세하게 규명하려고 하는 학문 영역이라고 해석하였다.

■ Emile Durkheim (1858~1917)
프랑스의 사회학자, 교육학자. 사회적 실재를 개인에 두지 않고 사회에 두는 입장을 취하였으며, 이를 통해 심리학적 사회학을 극복하고 사회학 고유의 대상과 영역을 확정하는 데 기여하였다. 뒤르켐학파라 불리는 사회학의 거대한 한 학파를 형성한 사람이다.
“전체는 부분의 합 이상이다.”
“사회란 우리를 초월해 있는 것인 동시에 우리 속에 내재해 있는 것이다.”

2) 교육사회학의 발달과정

교육과 사회와의 관계는 사실 인류사회의 출범에서부터 시작되었다. 다만 지금과 같은 교육과 사회와의 관계에 관한 과학적인 분석이나 연구가 없었을 뿐이다. 교육과 사회의 관계에 대해, 문화인류학과 인간교육학에서는 “인간을 교육할 수 있다.”라고 정의하고 있다. 그리고 이때의 교육은 가능성과 한계성을 함께 지니므로 교육은 사회관계(사회성=인간관계)의 부여 여하에 따라 좌우되는 것이다. 즉, 인간은 사회적인 동물이며, 다른 사람과 상호관계를 가질 때 성장 · 성숙 · 발달하여 인간이 되므로 사회성 발달의 기회 부여에 따라 교육의 가능성이 달라진다는 의미다.

이처럼 인간의 교육과 사회와의 관계는 불가분의 관계다. 따라서 교육과 교육제도는 사회와 관련하여 연구 · 분석 · 개혁되어야 한다. 다른 학문이 단독으로 존립할 수 없는 것과 마찬가지로, 교육학과 사회학은 특히 긴밀한 관계 속에서 교육사회학 학문 영역의 출범에 기반이 되었다.

보다 구체적으로 교육사회학의 발달과정을 살펴보면, 사회와 교육을 관련지어 연구하게 된 역사는 매우 깊다. 인문사회과학이나 자연과학의 발달과정이 그러하듯 교육사회학의 발달 근원도 고대로부터 시작된다. 예를 들어, 아리스토텔레스가 인간의 존재가치나 능력을 공동생활의 출발로 보는 점과, 플라톤이 국가는 가정 · 사회가 있으므로 서로 돕고 살아가는 데서 시작된다고 한 점을 보아도 알 수 있다.

교육학이 사회와 대중을 위한 교육으로서 새로운 길을 열게 된 것은 코메니우스(Comenius)에 의해서였다. 그리고 루소(Rousseau)의 『에밀(Emile)』에서는 사회변동과 교육에 관한 견해가 나타났고, 그 후에 페스탈로치(Pestalozzi)의 『가난한 청소년을 위한 교육』에서 교육사회학이 잘 반영되고 이해되었다. 페스탈로치는 『고독을 좋아하는 사람들의 저녁시간』이라는 저서에서 계층 차와 교육격차의 문제를 잘 묘사하였다. 즉, 가난한 자도 교육을 받게 함으로써 계층차를 좁혀야 하며, 그들에게도 사회 참여의 기회가 주어져야 함을 강조하였다. 그 후 이러한 교육학의 흐름을 이어간 대표적인 학자는 헤르바르트(Herbart)이다. 그는 모든 학문 영역, 즉 철학, 윤리학, 심리학, 사회학 등과 관련지어 교육학을 체계적 · 종합적으로 정리하였다.

교육사회학이 혁신적인 발전을 이루어 과학적인 학문으로 구축된 데에는 뒤르켐의 공이 컸다. 그는 교육 연구에 있어서의 '사회학적' 접근의 필요성을 최초로 주장했다. 뒤르켐에 이어 유럽 교육학의 영향을 받아 이론과 실제의 조화를 강조한 학자로서 듀이(Dewey)를 들 수 있다. 특히 듀이는 교육을 사회적 과정으로 정의하였다.

■ John Dewey
미국의 철학자. 교육학자. 미네소타, 미시간, 시카고, 컬럼비아 각 대학에서 교수를 역임하였고 '전국교육협회' 명예회장을 지냈다. 서민의 경험을 프래그머티즘에 의해 소화함으로써 보편적 교육학설을 창출하여 세계 사상계에 기여하였다. 대표적 저서로는 『논리학-탐구의 이론』 『경험으로서의 예술』 등이 있다.

이 외에도 사회적 교육학을 확립한 나토르프(Paul Natorp, 1854~1924), 유치원 창시자 프뢰벨(Fröbel), 경험과학으로서의 교육사회학 발전에 공헌한 베버(Max Weber, 1860~1920), 피셔(Fischer)와 플리트너(Flitner) 등의 학자들에 의하여 교육이 사회문제 및 변화와 관련하여 연구되었고, 교육의 기능으로서 아동의 사회화 기능이 중요하게 다루어져 왔다.

그런데 사회학적 지식을 교육현상과 교육실천에 응용하려는 노력의 일환으로 교육사회학이 공식적으로 등장한 것은 1907년 스잘로(Suzzalo)가 미국의 컬럼비아 대학교에 '교육사회학(Educational Sociology)'이라는 강좌를 개설하면서부터다. 교육사회학은 미국 뉴욕대학교에서 교육의 사회적 기초과목을 가르치던 페인(Payne)이 1923년에 교육사회학연구회(National society for the Study of Educational Sociology)를 창립한 이래 한 세기를 바라볼 정도로 발전해 왔다. 교육사회학 관계 연구 역시 1928년 『교육사회학지(Journal of Educational Sociology)』 창간을 계기로 다양하게 발전해 왔다.

이후 교육사회학 연구는 사회과학의 주변적 위치로부터 성장하여 경제학자, 역사학자, 인류학자들로부터 상당한 주목을 받게 되었다. 뿐만 아니라 사회학에서도 중요한 위치를 차지하게 되었고, 교육사회학 분야에서 나온 연구물들도 이루 헤아릴 수 없이 많아졌다(Karabel & Halsey, 1979).

교육사회학에 대한 연구는 대체로 세 가지 조류로 나눌 수 있다. 첫째는 사회학적 지식을 교육실천에 응용하려는 연구조류이고, 둘째는 교육현상에 대한 탐구를 통하여 사회학의 지식과 이론을 넓혀 가려는 연구조류, 셋째는 교육사회학의 독자적 영역을 추구하는 연구조류다. 흔히 첫 번째 연구동향을 '교육적 사회학(Educational Sociology)', 두 번째 연구동향을 '교육사회학(Sociology of Education)', 세 번째 연구동향을 '신교육사회학(New Sociology of Education)'이라고 부른다. 우리나라에서는 'Educational Sociology'와 'Sociology of Education'를 구분하지 않고 '교육적 사회학'이라고 한다. 다만 두 어휘의 이해를 위한 구분으로 전자를 교육적 사회학, 후자를 교육사회학으로 표기하는 것이다(정우현, 1991).

(1) 미국에서 교육사회학의 발전과정

구미에서는 초기에는 교육적 사회학이 지배적인 연구조류였으나, 그 후 교육사회학이 강세를 보여 왔다. 그러던 중 1970년대에 접어들면서 영국을 중심으로 신교육사회학이 교육 연구에 등장하여 교육사회학의 독자적인 영역 확보에 부심하고 있다. 이와 같은 연구의 흐름을 보다 잘 이해하기 위해서 미국과 영국의 연구동향을 개괄적으로나마 살펴볼 필요가 있다.

교육문제를 해결하는 데 있어서 사회학적 지식을 응용하는 것을 '**교육적 사회지향**(educational sociology orientation)'이라고 부르며, 이는 미국 사회학의 초기 지도자 중 한 사람인 워드(Ward, 1883)에 의해 비롯되었다고 보는 사람들이 많다.

이러한 부류에서 연구하는 교육사회학자들은 교육적 문제를 해결하는 데 사회학적 원리를 응용하는 일에 연구의 초점을 둔다. 즉, 문제해결적 접근(problem solving approach)과 관련되는 연구들은 교육사회학이 교육체제의 목표 내지는 목적을 제공해야 한다는 신념을 기본적으로 포함하고 있다. 이러한 신념에 기초하여 교육적 사회학의 연구는 교육에 영향을 주는 사회적 과정을 이해하고 통제하는 데 도움이 되는 사회학적 관점을 포함해야 한다는 점을 강조한다. 교육문제를 해결하는 데 사회학을 이용하는 이러한 연구동향은 대학에서도 유행되어, 교사교육에 바람직하다고 믿는 각종 사회학 강좌를 개설하게 되었다. 이러한 강좌들은 가정, 학교 및 지역사회에서의 사회화 과정을 강조하여 왔다.

실천적 · 규범적 · 응용적인 교육적 사회학의 전통은 1920년대부터 1940년대까지 교육사회학계를 지배해 왔으며, 이는 교육의 실천에 응용할 사회문화적 지식의 체제라는 공통점을 지니고 있을 뿐이었다. 그러나 이러한 실천지향적 교육사회학에 대한 관심은 1940년대에 와서는 성격이 약간 바뀌면서 학자들의 관심이 줄어들기 시작하였다. 이는 **지역사회학교**(community school) 운동 또는 **사회중심교육**(society-centered education) 운동의 영향 때문으로 보이며, 그 후 교육사회학에서는 지역사회의 구조와 성격을 분석하고 그 속에서의 학교의 기능을 밝히는 일이 중심과제가 되었다. 이것은 사회학적 지식을 학교장면에 단순히 적용하는 것과는 다른 것이었다. 지역사회를 사회학적으로 연구하는 일이 중요하게 된 것이다. 아마도 이것이 그동안 실천지향적 교육사회학에 관심을 갖고 연구해 오던 사람들의 열기를 식히는 결과를 가져왔을 것이다. 그들은 지역사회에 대한 학문적 연구에는 큰 관심이 없었기 때문이다.

교육사회학의 연구과제가 지역사회와 학교의 관계를 분석하는 것으로 변하자, 실천지향적 교육자들의 관심은 줄어든 반면 사회학자들의 관심을 높이는 결과를 가져왔다. 사회학자들에게 있어서 지역사회에 관한 연구는 당연히 자신들의 탐구 영역이었으며 따라서 지역사회의 한 기관 또는 사회조직체로서의 학교에 대해 새로운 관심을 갖게 된 것이다. 그러나 이들의 관심은 지역사회에 관한 지식을 학교교육 실천에 활용하는 데에 있다기보다는 지역사회와 학교의 사실적 관계를 밝히는 데 있었다. 그리하여 종래의 실천지향적 성격에 집착하고 있던 사람들에게 있어서는 이 '변질되는' 학문에 대한 열의가 식는 것이 당연하였다. 결국 대학의 교육사회학 강좌수는 급격히 줄어, 1940년대 말에는 겨우 수십 개를 헤아리게 되었다(김신일, 1996).

카라벨과 할시(Karabel and Halsey)가 지적했듯이 1950년대 이전의 교육사회학의 업적들은 그리 주목할 만한 것이 없었으나, 1950년대에 사회과학자들이 대규모로 교육 영역에 몰려들면서 교육사회학 연구는 활기를 띠었다. 그들의 입장에서 보면 과거에 이루어진 교육에 대한 연구는 정밀하지 못하고 평범한 교육자들에 의해 지배되어 왔다고 한다. 그러나 사회학적 접근의 우월성이 널리 인식되면서 그러한 시기는 이미 끝나 가고 있었다.

1950년대는 교육사회학을 교육제도와 교육현상에 대하여 사회학적으로 탐구하는 학문으로 생각하는 학자들이 점차 늘어난 시기다. 이들은 말할 것도 없이 대부분 사회학자 또는 사회학적 훈련을 받은 사람들이었다. 이 시기에 미국 교육사회학의 연구는 구조기능주의적 관점이 지배적이었다. 파슨스(Parsons)에 의해 체계화된 구조기능주의는 형성과정에 있었던 교육사회학에 포괄적인 이론과 연구의 우선순위를 결정하는 데 가치 있는 개념적 지침을 제공하였다. 이런 것들은 교육사회학자들이 가장 엄격하게 따르고자 했던 과학적 방법론과 결합되어 표면적으로 무한한 가능성을 가진 연구방법으로 전개되었다.

1960년대 들어서면서 이러한 경향은 더욱 두드러졌다. 결국 종래의 교육사회학과는 다른 성격으로 변모된 것이다. 사실 변화되었다고 했지만, 이것은 정확한 표현은 아니고 새로운 성격의 교육사회학이 하나 더 등장했다고 해야 옳을 것이다. 왜냐하면 종래의 실천지향적 교육사회학도 여전히 존재해 왔기 때문이다.

1960년대 이후 교육사회학 연구의 주된 관심은 교육의 생산성 효과(educational productivity)에 관한 것이었다. 이 분야의 연구는 **투입 · 산출모형**(input-output model)과 관련되는데, 교육의 산출성 효과에 관한 연구의 밑바탕에는 학교는 인종, 사회계급, 종교, 성 등 귀속적 특성과 관계없이 모든 학생에게 학습 및 성취에 대한 기회를 동등하게 부여해야 한다는 기본적 신념이 깔려 있다. 이러한 관심은 학교는 학생들에게 미래의 사회적 역할을 준비시키며, 학교교육에의 투자는 현명한 사회적 투자라는 기대를 바탕으로 한다.

교육의 생산성 효과에 관한 연구는 두 가지 중요한 연구경향을 포함한다. 첫째는 학교의 특성과 학생의 결과관계에 관한 연구다. 이러한 전통에서 행해진 중요한 연구로서 1966년 **콜맨**(Coleman) 등의 '교육 기회의 평등에 관한 연구(equality of educational opportunity)가 있다. 이 연구의 주요 목적은 공공 교육기관에서 인종 · 피부색, 종교 및 국가적 배경(national origin)에 따라 개인에게 균등한 교육 기회를 이용할 수 있는 가능성을 박탈하고 있지 않은가를 탐색하기 위함이었다. 그 당시 사람들은 소수 집단(minority group)이 다니는 학교는 자원이나 학교의 특성 등에 있어서 백인 아동이 다니는 학교보다 열등하며, 이러한 학교차가 소수자 집단 학생의 낮은 학업 성취를 상당 부분 설명하리라고 믿고 있었다. 그러나 연구 결과는 이러한 신념과는 매우 달랐다. 즉, 가정배경이 학생의 성취차를 상당 부분 설명하며, 배경요인을 통제했을 때 시설 및 교육과정을 포함하여 학교 간 자원의 차이는 학업 성취에 단지 미약한 영향을 미치는 것으로 밝혀졌다(김억환, 1988).

한편 영국에서는 1960년대 말부터 1970년대 초에 걸쳐 구조기능주의적 시각에 기초하고 있던 교육사회학을 비판하고 이에 도전하는 새로운 연구의 움직임이 나타났다. 이 **신교육사회학**(New Sociology of Education)은 첫째, 참신한 문제의식하에서, 둘째, 신선한 연구주제에 관하여, 셋째, 독특한 연구방법의 절차를 제시하고 의욕적으로 연구활동을 전개했다는 점에서 종래의 교육사회학에 미친 영향은 지대했다. 제2차세계대전 후 영국에서는 노동운동이 점차적으로 격화되고 노동자들의 생활 향상과 그들 자녀의 교육문제는 중요한 정치·사회적 문제가 되었다. 따라서 교육학과 사회학 분야에 있어서 노동자계급 자녀들의 교육 기회, 학업 성취, 진로 등에 관한 연구가 적극적으로 추진되었다. 또 한편 정부측에서는 교육의 민주적 개혁을 지향한 '크라우저 보고서(The Crowther Report)', '뉴섬 보고서(The newsom Report)', '플라우든 보고서(The Plowden Report)' 등이 제출되었는데, 이러한 보고서의 내용을 산출하는 데 교육사회학적 연구의 공헌이 컸다. 이런 연구들은 사회정책과 교육계획의 맥락에서 설계·진행되는 경향이 강하여, 교육의 기능을 사회체제와 관련시켜 구조기능주의적 시각에서 거시적·객관적 절차를 따라 분석하는 방법을 취하고 있었다. 결과적으로 불평등한 교육 기회의 시정을 목표로 한 중등교육제도의 개혁은 기대한 것보다는 좋은 성과를 거둘 수 없었다. 다시 말해서 일련의 연구 성과는 불평등의 실태를 피상적으로 기술할 수는 있었지만, 학교조직의 내부에 잠재하고 있는 불평등의 실질적 상황을 파악하지는 못했다. 신교육사회학은 이러한 종래의 구조기능주의 교육사회학이 이룩한 연구성과들을 연구방법론적 차원에서 비판하고 반성하는 것에서 출발했다고 볼 수 있다.

신교육사회학의 출현은 1970년에 개최된 영국 사회학회의 교육사회학회의에서 발표된 '대안적 시각(alternative perspective)'에 관한 제 논문을 영(Young)이 편집한 책『지식과 통제: 교육사회학의 새로운 방향(Knowledge and Control)』이 계기가 된 것으로 알려져 있다. 신교육사회학은 영국의 소산이고 미국의 교육사회학과는 그 성격을 달리하고 있다.

신교육사회학의 기본적 입장은 영이 강조한 바와 같이 '문제를 부여된 것으로서 받아들이는 것보다는 문제를 새로이 만들어 내는 데 있고, 교육학자들에게 당연시되고 있는 여러 전제를 사회학자가 문제로서 제기하고 다시 질문하는 반성적 방법'을 취하는 데 있다. 이러한 방법을 취함으로써 종전에 교육계에서 당연시되었던 '바람직한 아동' '바람직하지 못한 아동'과 같은 유형화와 지능, 창조성, 교과지식 등의 제 개념은 특정한 제도적 맥락에서 창출되고 구성되는 현실로서 지식사회학의 관점에서 다시 정의될 필요가 절실히 요구되었다.

또한 신교육사회학의 등장에 의해서 연구 패러다임의 전환은 필연적인 것이 되었다. 이를테면 종전의 구조기능주의적 시각의 기초가 되었던 '규범적 패러다임'을 대신해서 '해석적 패러다임'에 기초한 연구방법이 필요하게 되었다. 다른 말로 표현하자면 인간 상호작용의 과정에서 구성된 현실로서의 사회적 세계를 행위자의 의미, 동기, 가치 등에 관련시켜 해석하고 이해하려는 신교육사회학의 시각과 연구방법의 절차를 중시하게 되었다.

따라서 종전의 구조기능주의적 시각에서의 학교교육 연구는 비판받았으며, 학교를 문화의 전달과 통제의 기관으로서 재정의하게 되었다. 그리고 학교 내부에서의 교육적 지식의 구성과 전달, 교수법과 평가의 형식 또는 학급 내에 있어서의 교사와 학생의 상호작용을 중심으로 한 교육과정의 관찰과 설명 등이 신교육사회학자의 중심적 연구과제가 되었다. 현상학적 사회학, 상징적 상호작용론, 민속방법론(ethnomethodology) 등은 해석학적 패러다임에 기초해서 교육 연구를 시도한 신교육사회학의 경향을 보이는 학파다. 영국의 교육사회학은 신교육사회학의 등장에 의해서 교육기능의 사회학으로부터 교육과정의 사회학으로 연구의 초점을 전환하였다(이규환, 1987).

(2) 한국에서 교육사회학의 발전과정

한국의 경우 1952년에 처음으로 서울대학교에 교육사회학 강좌가 설치되었으며, 이후로 이를 연구하는 학자들이 늘어 갔다. 1967년에는 한국교육학회의 분과회로 교육사회학연구회가 발족하였다. 그런데 교육사회학을 연구하거나 강의하는 학자들은 구미와는 달리 거의 교육학자들이었으며, 강좌의 대부분이 교사 양성을 위한 교직과정의 한 부분으로 개설되었기 때문에 그 내용은 실천지향적 성격의 것이 주류를 이루었다. 반면에 사회학자들의 관심은 매우 낮은 편이었다. 구미의 경향과는 달리 한국의 사회학자들은 교육에 대한 학문적 관심을 아직 본격적으로 보이지 않고 있다.

1972년에는 문교부령의 개정에 의하여 교직과정의 필수과목으로 '학교와 지역사회' 라는 강좌가 신설되었다. 그 이유는 새마을운동을 추진함에 있어서 학교가 지역사회 개발과 사회교육에 공헌하기 위해서는 교사가 이에 관한 지식과 열의를 가지고 있어야 한다고 판단했기 때문이다. 이에 따라 교직과정을 설치하고 있는 모든 대학에서 '학교와 지역사회' 를 강의하기 시작했다. 그런데 이 강좌는 기존의 교육사회학의 한 부분을 확대하고 다른 부분들을 약화 또는 제외시키는 결과를 초래하였다. 다시 말하면 학교가 지역사회 개발에 기여하는 데 이바지할 수 있는 사회학적 · 교육학적 지식을 확대시킨 새로운 강좌로 변모시킨 것이다. 그러다가 1985년에 교육과정이 개편되어 '학교와 지역사회'가 하나의 교직과목으로서의 '교육 · 사회'로 바뀌어 대부분의 대학에서 강의되었다. 교직과목에서의 이와 같은 변화와는 달리 전공과목으로 개설되어 있는 교육학과의 교육사회학은 변화 없이 그대로 존속되어 왔다.

한편 한국의 교육사회학이 실천지향적이었다고 해서 그 일변도로만 발전하지는 않았다. 우리나라의 교육사회학은 사회학자들의 참여가 거의 없는 가운데 교육학자들에 의하여 주도되었기 때문에, 구미에서와 같은 실천 지향과 사회학 지향의 역할 분화가 이루어지지 않았으며, 그로 인하여 교육학자 중심의 교육사회학에서도 구미의 사회학 지향적 교육사회학의 내용을 포괄하는 다소 절충적 형태로 발전하였다. 최근으로 올수록 사회학 지향적 교육사회학의 성격이 점점 더 강해지는 경향을 볼 수 있으나, 절충적 성격은 아직도 지속되고 있다(김신일, 1996).

3) 교육사회학 연구의 의미

교육활동에 참여하는 사람은 교육의 사회적 기능과 의미, 상호작용, 사회 변화 등에 대하여 깊은 이해가 있어야 한다. 왜냐하면 인간은 본능적으로 사회적인 동물이며, 사회구성원으로 성숙하기 위하여 너와 내가 만나 우리라는 관계를 맺어 가면서 살아가야만 하는 존재이고, 학교교육은 가르치는 교육자와 배우는 학생 간의 상호관계 없이는 이루어질 수 없기 때문이다.

보다 구체적으로 교육활동자가 교육사회학을 왜 연구하고 교육사회학에 대한 지식을 갖추고 있어야 하는가에 대하여 알아본다.

첫째, 교육활동자는 교육사회학에 대한 전문가가 되어야 하기 때문이다. 사회는 인간의 사회화와 인간의 지 · 덕 · 체 교육을 맡고 있는 기관이며, 거기서 인간을 가르치는 교육활동자는 사회집단의 한 성원으로서 그리고 사회화의 담당자로서 그 누구보다도 가장 어려우면서도 중요한 임무를 지니고 있다. 교육담당자의 교육에 의하여 사람들은 좋은 인간, 발전적이고 민주적인 인간이 될 수도 있고, 또는 그렇지 않게 될 수도 있다. 이에 장래 교육활동자가 될 사람은 교육사회학의 이해를 바탕으로 인간관, 사회 간 상호관계의 기능과 역할은 물론 모든 사회집단의 역학관계를 풀어 나갈 수 있는 전문지식을 갖추고 있어야 한다. 왜냐하면 교육활동자는 다양한 사회계층, 각기 다른 환경과 개성을 지닌 사람들을 대하고 가르쳐야 하기 때문이다. 즉, 한 학교의 집단 속에서도 사람들 간에 개인차가 있기 마련이고, 교육활동자는 그들의 다양한 사회 및 교육적 욕구를 충족시켜 주어야 하기 때문이다.

둘째, 교육사회학은 인간들을 가르치는 행위에 있어서 편애와 편견을 지양하도록 도움을 주기 때문이다. 사람들을 가르치는 데 있어서 잘못된 교육관을 가지고 있거나 교육사회학을 깊이 연구·이해하지 못한 교육활동자는 인간을 대할 때 편견을 지니고 대하거나, 몇몇 인간에게만 관심을 기울이기 쉽다. 그러나 교육사회학을 올바로 이해한 교육활동자는 학생 개개인을 사회의 한 구성원, 신 앞에 평등한 인간, 교육의 기회를 균등하게 받아야 할 사람으로 볼 수 있기 때문이다.

셋째, 교육사회학은 지역사회를 깊이 이해하는 데 도움을 주기 때문이다. 즉, 교육활동자가 지역사회 발전을 위하여 어떻게 기여해야 하는지, 그리고 지역사회의 인적·물적 자원이 지역사회를 위하여 어떻게 활용되어야 하는지에 관한 이해를 촉진시킨다.

넷째, 교육사회학은 과학적 지식과 연구방법 및 기술을 가지고 집단행동을 다루는 학문이므로 교육사회학을 연구·이해하게 되면 사람들을 다룰 때에도 과학적인 조사·연구·평가적인 절차를 밟게 될 수 있기 때문이다.

다섯째, 교육사회학 연구를 통해서 사회변동과 변화과정 등을 충분히 이해하여 교육정책에 직접 영향을 미치고 반영될 수 있는 가능성을 갖도록 하기 때문이다. 예를 들면, 교육개혁이나 제도의 개선 등에 교육사회학적 시각을 적극 반영할 수 있다.

여섯째, 교육사회학 연구를 통하여 학교집단의 모든 구성원들로 하여금 사회 내의 각각 다른 역할에 대하여 보다 나은 이해를 갖도록 하기 때문이다.

마지막으로, 교육활동자에게 교육학, 사회학, 심리학과 교육철학의 원리가 어떤 집단에서 적용이 가능하고 또 어떤 집단에서는 적용이 불가능하다는 판단의 준거를 설정할 수 있는 능력을 길러 줄 수 있기 때문이다.

4) 교육사회학의 연구 영역

어느 누구도 교육사회학의 연구 영역을 자신 있게 정리할 수 없다. 왜냐하면 교육사회학이 사회변동과 교육 변화에 민첩한 학문이기 때문이다. 또한 지금까지 출판된 국내외의 다양한 교육사회학 저서들을 분석해 보아도 학자들의 주장에 따라 차이가 많다.

1968년 미국의 유네스코 보고서에서는 교육사회학 연구 영역을 다음과 같이 10가지—① 사회계층과 교육, ② 교육기회와 관련된 사회이동, ③ 학교 내에서의 인종차별과 무차별 대우, ④ 학교 내에서의 능력별 집단, ⑤ 사회역할, ⑥ 교육의 사회적 목적, ⑦ 사회적인 존재로서의 교사, ⑧ 교사와 학생의 관계, ⑨ 교사와 행정인의 관계,

⑩ 지역사회－로 나누고 있다.

1968년 미국사회학회의 교육사회학분과위원장인 스나이더(Snyder)가 제시한 교육사회학의 7개 영역은 ① 사회계층과 교육, ② 교사의 사회적 역할과 직업의 유형, ③ 제도로서의 교육, ④ 사회체제로서의 학교, ⑤ 문화적 상이성과 교육기회를 얻지 못한 이를 위한 교육, ⑥ 사회구조와 조직, ⑦ 교육에서의 교사와 학생의 역할이다.

1973년 프리차드와 벅스턴은 교육사회학 연구 영역을 9가지로 구분하였다. ① 사회계급, ② 문화와 교육, ③ 사회조직으로서의 학교, ④ 교육과 사회변동, ⑤ 교사의 역할과 기능, ⑥ 사회통제와 교육, ⑦ 연구방법, ⑧ 지역사회와 학교, ⑨ 사회화와 교육이 그것이다.

우리나라에서 주로 다루어지고 있는 교육사회학의 연구 영역은 다음과 같다. ① 지역사회와 교육, ② 문화와 교육, ③ 가정, ④ 청소년교육, ⑤ 사회계층, ⑥ 사회변동, ⑦ 집단역학, ⑧ 학교조직, ⑨ 교육의 사회적 성격 ⑩ 교육사회학의 성격, ⑪ 사회화와 교육, ⑫ 교육문제, ⑬ 평생교육, ⑭ 사회교육, ⑮ 학급의 사회적 성격이며, 이 외에도 청소년교육, 학교의 사회적 과정, 교사론, 정치와 교육, 경제와 교육, 대중매체, 사회통제, 교육과정과 사회, 기능 및 갈등이론 등 매우 다양하다.

교육사회학의 연구내용은 각 연구자가 교육현상의 가치평가기준을 어디에 두느냐에 따라 달라질 수 있다.

2. 사회화와 문화

1) 사회적 존재로서의 인간

일찍이 포이어바흐(Ludwig Feuerbach)는 「미래철학의 본질」이라는 논문에서 "인간이 혼자서 존재한다는 것은 도덕적일 수도 없고, 생각할 수도 없는 존재가 되고 만다는 것이다."라고 하였다. 이는 인간이 사회공동체 속에서 존재할 때 인간의 본질을 찾을 수 있다는 것을 의미한다.

인간은 다른 사람과 같이 있을 때 존재가치의 의미가 있다. 혼자의 생활을 즐긴다는 것은 같이 생활할 수 없는 부족한 인간이 되고 싶다는 의미와 동일하다. 인간이 처음 태어날 때는 인간이라고 할 수 없고, 사회 속에서 사회의 구성원들과 관계를 맺으며 살아갈 때만 진정한 인간이 될 수 있으므로 다른 사람과 같이 생활하고, 즐기고, 문화에 참여할 때 인간으로서의 존재가치가 있는 것이다. 인간이 사회적 관계 속에서 존재한다는 것은 마치 인간에게 공기, 물, 음식 등이 필요한 것과 같이 인간에게 꼭 필요한 조건이다.

특히 야생짐승과는 달리, 인간은 출생 후 최저 1년 이상 어머니와 긴밀한 관계(스킨십)를 가짐으로써 신체적 · 정신적 발달을 이루며, 사회성원으로 첫발을 딛기 시작한다. 만일 자녀들이 어려서 부모와 떨어진 생활을 하게 된다면 그들은 무기력하며 구제불능인 인간이 되고 말 것이다. 왜냐하면 인간은 생리적인 욕구 충족 외에 심리적 · 정서적 · 사회적인 욕구와 언어 등 무한한 제삼자와의 관계와 도움을 필요로 하기 때문이다. 특히 생리적이고 신체적인 조건뿐만 아니라 심리적이고 정서적인 관계는 인간을 위해서 빼놓을 수 없는 요소다.

인간(人間)은 사람과 사람의 사이를 의미한다. 둘 이상의 사람이 인간이며, 이러한 인간은 이미 집단을 전제하고 있다. 또한 인간은 공동체의 일원으로서 살아갈 때 의미가 있다. 공동체를 떠난 인간은 이미 인간으로서의 의미를 상실한다. 로빈슨 크루소가 공동체를 떠났을 때 이미 그는 인간임을 상실했다. 아무 감정도 없이 그리고 이성의 도움도 없이 살아가려고 애쓰는 로빈슨 크루소에게서 인간의 본성이나 속성은 찾을 길이 없다. 따라서 인간은 사회적 존재로서만이 그 삶을 유지할 수 있으며, 사회적 존재로서의 삶이 바로 인간을 의미한다.

인간은 '사회적 존재'로서 언제 어디를 가나 항상 사람을 만나고 사람과 더불어 살게 되며, 그 속에서 인간관계가 형성된다. 이때 사회적 관계와 과정은 주로 커뮤니케이션을 통하여 이루어진다. 또한 이러한 사회관계 속에서 사회적 · 물리적 · 정신적인 역학관계가 형성되며, 이러한 과정 속에서 타인에 대한 사랑, 증오, 믿음, 의심, 갈등, 화해, 이해 등이 생겨난다.

스피츠(Rene Spitz)에 의하면, 인간이란 존재는 다른 사람들과 상호관계를 맺으면서 자라지 못할 때 신체적 · 정신적으로 병리현상을 가져오게 된다. 그는 임상심리연구를 통하여 출생 후 어린이가 한 살 이전에 병원에 오래 체류하여 어머니와 떨어져 있게 될 경우, 신체적 · 심리적 병리현상이 나타나며, 이로 인하여 일생 동안 구제할 수 없는 불행한 인간이 될 확률이 높다는 사실을 밝혀냈다. 이는 부버(Buber)가 말하는 '나-너 관계(Ich-Du Beziehung)'가 파괴된 것을 의미한다. 이는 어린이가 신체적인 필요에 의한 영양에만 굶주렸기 때문만이 아니고, 근본적으로 아동이 필요로 하는 어머니와의 심리적이고 정서적인 사랑의 관계가 파괴되었기 때문이다. 즉, 피부 접촉을 통한 따뜻한 사랑, 눈을 통한 친밀한 대화, 감싸주는 손길, 진정한 포옹 그리고 어머니의 입맞춤이 없었기 때문이다.

사회관계나 사회적 상호작용(interaction)은 언제나 개인이 있어야 하며, 이를 기반으로 둘이나 셋 이상이 있어야 형성된다. 이러한 상호작용 사이에는 반드시 규범이 있으며, 이 규범이 곧 인간을 짐승과 구별하는 기준이 된다. 이러한 구분이 사회적 존재로서의 인간을 가능하게 한다.

2) 사회와 문화

독일의 사회학자 퇴니스(F. Tönnies, 1955)는 '사회'에 대하여 다음과 같이 정의하고 있다. 첫째, 사회는 인간 상호 간의 사회적 관계의 전체를 의미하며, 둘째, 사회는 모든 남녀와 연령층이 각각의 여러 사회체제와 문화를 가지고 있는 특정 지역의 인간집단이며, 셋째, 사회는 특정 목적을 지향하기 위해서 결합되거나 조직된 집단이다. 사회란 인간과 인간의 관계로 인하여 형체화되기 시작하여 목적지향적으로 발전하면서, 궁극적으로는 문화를 통하여 구체화되고 형상화되는 과정의 속성을 지니고 있다. 간단히 말해서 사회와 문화는 불가분의 관계를 갖고 있다. 이러한 이유로 사회와 문화는 동체이명으로 간주되기도 한다.

그러나 이는 커다란 오류다. 사회는 개인과 집단의 역할과 기능을 강조하는 것이며, 문화란 사회가 형태화되는 과정에 개입하는 의미와 상징을 강조하는 개념이다. 또한 사회의 구성원은 개인 또는 집단인 반면에 문화의 구성원은 인간정신의 산물이며, 사회는 집단을 연구하고 문화는 주로 정신세계를 연구한다는 차이점도 있다. 사회구성원으로서 개인 또는 집단이 사회적으로 역할과 기능을 수행하는 가운데 의미와 상징이 개입되는 정도가 다를 수 있다. 결국 이 경우 똑같은 사회적 기능과 역할에서도 문화가 다르게 현시되는 것이다. 예를 들면, 대량생산체제에서의 기능과 역할은 분업 및 관료주의체제로서 그 내용이 비슷할지라도, 나라와 사회 그리고 지역에 따라 이러한 사회적 역할과 기능을 수행하는 과정에 영향을 미치는 문화적 요소는 매우 달라질 수 있다.

짐승은 강제적인 훈련에 의하여 줄을 타고 장애물을 뛰어넘을 수 있다. 그러나 장애물을 만들 수는 없다. 하지만 인간은 자연 속에서 살아가면서 더 편리한 생활을 하기 위하여 계속적으로 필요한 것들을 만들어 간다. 바로 이러한 창작품들이 문화이며, 그 대표적인 것이 의식주다. 이러한 과정을 거치면서 '제2의 자연'(A. Gehlen)인 문화를 창조하게 되는 것이다. 문화는 곧 사람과 사람 간의 상호관계에서 창출된 공동생활의 소유이자 산물이라고 할 수 있다.

이러한 문화는 다음과 같은 세 가지 속성을 가지고 있다. 첫째, 인간의 생활에 편리함을 가져다주기 위하여 창조되는 것이며, 둘째, 사회적 기능으로 법을 지켜야 하는 권리와 의무 등이 될 수 있으며, 셋째, 정신과 의식의 세계로서 다른 사람과 더불어 의사소통하면서 살아가는 데 요청되는 가치다.

클럭혼(C. Kluckhohn)과 켈리(William H. Kelly)는 문화를 인간생활의 제도와 역사 그리고 집단 등으로 구분하여 설명하였고, 린튼(R. Linton)은 문화를 인간이 배워 온 종합적인 행동양식과 견해, 가치구조 및 지식을 집단에 나누어 주는 것이라고 하였다. 결국 문화는 인간이 살아가는 것과 밀접한 상호관계가 있으며, 공동생활 속에서 창조되는 것이다.

공동생활 중에 각 개인의 행동에 영향을 미치는 습관 · 규율 · 도덕 등을 문화적 환경(Kulturelles Milieu)이라고 할 수 있다. 문화적 환경은 항상 특수한 구조를 가지고 있다. 이를 문화구조(Kulturelles Gebilde)라고 한다. 이러한 문화구조는 부부 · 가족, 직장동료, 경제세계, 국가사회 등 각 개인의 작은 집단들이 모여 보다 커다란 사회를 만드는 과정에 개입한다. 한편 집단은 각기 임무 · 목적 · 의미를 가지고 있으며, 각각 다른 기능을 가지고 있다. 이를 '역할'이라고 한다. 간단히 말하면 각 집단에 역할이 주어지면서 집단은 부분으로서 제 역할을 수행하게 되고, 결국 이러한 부분적 역할이 전체 아래에서 유기적으로 기능하면서 사회는 형성된다.

3) 교육과 사회의 관계

교육의 사회적 기능을 강조한 딜타이(Dilthey)는 "교육이란 사회를 새로 만드는 과정(Sociales Erziehungsprozeß)이고 성장하는 사회의 요구에 적응하는 것"이라고 했다. 그러나 사회를 해석하는 관점에 따라 교육의 기능이 약간씩 달라지기도 한다. 그는 "삶을 역사로 보고 교육은 이러한 역사적 과정에서 삶과 동반된다."라고 하면서, 삶과 교육을 역사적인 해석의 대상으로 파악하면서 교육현상에 대한 해석학적 접근의 전통을 세우고 있다. 그러나 이러한 딜타이의 전통과 함께 시대적으로 교육에 대한 해석은 조금씩 달라지고 있다.

우선 19~20세기 산업화 · 분업화 사회에서는 교육현상에 대한 해석이 주로 생산적인 면에 치우쳐 있었다. 즉, 산업화 시대의 교육은 경제세계의 변화를 위시한 모든 사회변화를 위한 실천지향적인 것이라고 파악되며, 인간자본론에 입각한 교육관이 정립된다. 그러나 이러한 인간자본론의 교육론은 심한 비판을 받게 된다. 파울센(Friedrich Paulsen)은 '학교는 문화운동'이라고 주장하면서 교육이 본래의 모습을 찾아갈 것을 권고하고 있다. 시대적으로 기술과 경제가 현재의 급격한 변화와 현대화를 가져오는 반면, 교육은 장시간을 요하고 미래사회를 깨우치고 변화시키는 힘을 가져야 한다는 것이다.

한편 교육을 사회적 기능으로 해석하면, 교육을 통하여 아동과 청소년들로부터 제1차적 사회문화의 개선을 요구하기보다는 그들이 성인이 되어 사회의 일원으로서 사회 변화를 가져오기를 희망할 수 있다. 브레진카(Brezinka)는 사회안정과 사회개혁은 현재의 청소년들에게 요구되는 것이 아니라, 학생들이 성장한 뒤에 가져오는 요망사항이라고 보았다. 이처럼 교육은 사회를 개혁할 수 있는 힘을 내재하고 있지만, 이러한 일이 짧은 시간 내에 이루어지는 것이 아니라 장시간에 걸쳐 이루어지는 것이다.

끝으로, 교육을 사회적 · 문화적 조화이며 전세대가 후세대에게 문화를 전달하는 과정으로 이해한다면, 교육이란 단순히 사람들의 '적응을 위한 도움'이라는 한계 속에서 해석될 수 있다. 사회학자 타틀러(R. Tartler)는 교육을 아동과 청소년 세대가 사회에 적응하도록 인도하는 활동이라고 하였다. 물론 그에 따르면, 교육은 급격하게 변하는 '사회에서의 적응'을 목적으로 하면서 동시에 '지속적인 적응'까지를 포함한다.

이상의 교육에 대한 해석을 종합해 보면, 사회가 교육에 영향을 미친다는 사실이 밝혀진다. 반대로 교육 역시 사회에 영향을 준다는 사실을 알 수 있다. 이를 우리는 교육과 사회의 상호작용이라고 한다.

3. 집단과 교육

1) 집단의 의미

사회학이나 사회심리학에서 집단이란 사람과 사람이 만나서 이루어지며, 동시에 이러한 만남의 과정에서 서로 상호작용함으로써 사회적 관계를 형성하는 것이라고 규정한다. 호만스(Homans, 1974)는 집단을 일정한 간격으로 자주 시간을 같이 보내며, 서로 간의 긴밀한 관계를 유지하고 있는 것이라고 하였다. 또한 뉴콤(Newcomb,

1943)은 두 사람 이상이 어떠한 문제를 해결해 감에 있어서 공동기준, 공동행동양식, 공동규범을 가지고 사회적 역학관계가 매우 긴밀한 것이라고 보았다.

예를 들어, 우연히 극장에서 만나 영화를 관람하는 사람들, 교통사고 현장을 구경하러 모인 사람들, 버스터미널에서나 기차역에서 차 시간을 기다리며 모인 사람들, 선거유세장에서 잠시 모인 사람들은 군중, 집합체, 대중이라는 말이 더 적합하다. 집단이 되기 위해서는 두 사람 이상이 공동관심을 가지고, 공동으로 체험하고, 공동의 상호관계가 맺어지는 것을 뜻한다. 그러나 집합체나 군중이라고 하더라도 서로 만나는 횟수가 많아지고 상호교류 관계가 많아질 경우에는 집합체에서 집단으로 변화될 수는 있다.

집단으로서의 상호관계를 형성하기 위해서는 다음과 같은 조건이 필요하다. 복수 행위자, 사회성원 간의 지속적인 상호관계 유지, 사회성원 간의 공통된 관심 · 목표 · 규범 · 가치 · 의식 등을 갖는 것이다.

(1) 소규모 집단

소규모 집단은 크게 세 유형으로 나누어 볼 수 있다.

우선 집단 종류가 많이 있으나 집단 중에서도 가장 긴밀한 공동생활을 하며 상호관계를 형성하는 것은, 나와 너 두 사람 간의 집단이다. 집단관계는 그 구성원 수가 적을수록 관계가 깊어진다. 이러한 인간관계에서는 친밀감이나 신뢰, 믿음이라는 단어를 사용한다. 친밀하고 신뢰하는 관계는 두 사람 사이에서 가장 현실화될 수 있다.

그런데 진정한 두 사람 관계, 즉 가장 '친밀하고' 가장 '깊고' 가장 '구체적'인 인간관계는 부부 관계다. 부부 다음으로 친밀한 두 사람 집단은 친구 사이이다. 여기서 두 사람 사이는 그 관계의 정도에 따라서 다르겠지만, 경우에 따라서는 부부 사이보다 더 깊은 인간관계가 형성될 수도 있다. 이를 우정이라고 한다. 이때 두 사람 간의 관계는 수학적인 숫자로 측정할 수 없을 만큼 매우 깊고 두텁기 때문에 많은 사회학자들은 두 사람 관계를 집단이라고 하기보다는 한 쌍이나 짝이라고 하며, 세 사람 이상일 때 집단이라고 정의하기도 한다.

인간관계가 두 사람 사이의 질적 관계에서 양적 관계로 변화되는 것은 세 사람이 인간관계를 형성했을 때다. 두 사람 간의 친밀감의 관계가 세 사람 관계에서는 크게 달라지고, 둘일 때보다 공동체 형성에 있어서 한계를 지니게 된다. 세 사람 간의 집단에서 가장 쉽게 나타나는 새로운 성격은 '질투'다. 질투는 두 사람 사이에서와 같은 진정한 응집력 관계를 유지할 수 없기 때문에 생기는 것이다. 예를 들면, 많은 심리학자들이 인간의 삶에 있어서 기묘한 관계로서 이해되기 때문에 그 관계에 대한 질적 물음에 대답해 보려고 노력하고 있는 '삼각관계'라는 문제는 이를 잘 대변하고 있다.

이러한 두 사람 간의 관계인 짝이나 쌍과 세 사람 간의 관계의 질적 차이를 찰로튼(Charlotten)은 '선택 이웃'이라고 표현하였다. 집단에서 친구, 형제, 이성, 부부, 동료 간에 형성되었던 두 사람만의 서로 믿고 의지하는 친밀한 관계가 제3자가 나타남으로써 세 사람 관계가 이루어질 때, 인간관계가 달라질 경우(예를 들면, 고부간의 갈등, 시누이와 올케의 갈등 등)도 있다. 이러한 경우는 한마디로 인간관계에서 '선택'의 가능성이 생기게 됨으로써 다양한 심리적 역학과 갈등이 생기게 되는 것이다.

소규모 집단 중에서 세 사람 이상의 인간관계나 인간 간의 구성은 작은 집단이라고 하며, 일반적으로 30명 내외를 기준으로 한다. 작은 집단의 특징은 두 사람이나 세 사람 사이의 집단보다 실질적인 인간관계나 상호교류의 빈도가 낮으나, 인격적인 만남이나 개개인의 개성은 어느 정도 파악될 수 있다는 것이다. 이러한 인격적인 관계를 '얼굴과 얼굴의 만남(face-to-face contact)'이라고 한다. 작은 집단으로 가장 이상적이며 쉽게 찾아볼 수 있는 것은 학교 내의 학급이다. 학교를 이러한 이유에서 중간집단이라고도 한다. 그리고 국제사회에서 이상적인 한 학급의 학생수를 30명 미만으로 규정하려는 의도도 이러한 교육적인 의미와 관련 있다.

(2) 대규모 집단

퇴니스는 집합체를 이익사회로 비유하여 정의하기도 했다. 이 집단은 작은 집단에서 벗어나 큰 집단이 되는 것으로, 그 구분은 숫자에 국한하여 파악되는 것만이 아니고, 인간 상호 간의 질적인 인간관계와도 밀접한 관계가 있다. 공동의 관심으로 모여지긴 하지만 인격적인 관계 형성은 어려우며, 조직적 · 기계적인 방법으로 관계를 형성하는 것이다.

두 사람 사이에는 대화나 만남으로 의사가 전달되고 관계 형성이 가능한 데 비하여, 조직화 · 기능화된 큰 집단은 개인행동의 허용 등이 통제된다. 따라서 어떠한 목적을 달성하고자 할 때 큰 집단에서는 상벌의 방법이 철저하게 적용된다. 학교에서 작은 집단을 한 학급의 구성원이라고 한다면, 큰 집단은 한 학교 전체 학생 구성원이 될 수 있다.

다음으로 생각할 수 있는 집단은 인종, 국민, 정당, 종교, 직업 등에 의하여 모여진 단체다. 여기서는 개개인의 긴밀한 상호관계를 갖는다는 것이 불가능하고 모든 것이

기계적으로 프로그램에 의하여 움직여진다. 이러한 큰 사회집단 유형인 각종 사회집단을 간략하게 살펴보겠다.

일반적으로 각종 사회집단은 가족을 포함하여 촌락, 도시, 계급, 민족, 미개사회, 근대사회, 대중사회 등으로 구분되기도 한다. 기타 각종 사회집단 유형은 누구나 쉽고 광범위하게 각자 나름대로 구분할 수 있으므로 여기서는 교육적인 관점에서 일곱 가지 유형만을 제시하고자 한다.

첫째, 학교 중심의 사회집단으로 유치원, 초등학교, 중학교, 고등학교, 대학교, 대학원 집단 등을 예로 들 수 있다. 둘째, 준학교 집단으로 각종 학교 및 미진학 청소년을 위한 산업체부설 학교, 새마을 야간학급 등이 있다. 또한 공민학교, 고등공민학교, 기술학교와 방송통신고등학교나 방송대학교, 개방대학, 산업대학 등이 이 집단에 속한다. 셋째, 한국학원총연합회 산하에 있는 인문계, 기술계, 행정기술계, 예능계, 독서계, 자동차교육, 외국어계, 체육계 등 매우 다양한 학원 집단이 있다. 넷째, 각종 산업체, 정당, 농업협동조합 등의 집단으로서 연수기관, 문화센터, 당원연수 등의 집단이 있다. 다섯째, 정부 행정기관 중심의 교육기관, 각종 연수원, 직업훈련원, 중앙직업훈련원 등의 집단이 있다. 여섯째, 각종 청소년 사회집단으로 한국청소년연맹, YMCA, YWCA, 스카우트, 기독교, 천주교, 불교, 원불교, 한국 라보 등이 있다. 마지막으로 각종 도서관, 마을문고, 박물관, 문화원, 여성회관, 청소년회관, 복지회관 등의 집단이 있다.

(3) 기타 집단

소규모 혹은 대규모 집단 외에도 일시적 집단 또는 집합체가 있는데, 이는 공식적인 행사 등 일정한 시간만 만났다가 헤어지는 집단을 의미한다. 예를 들면, 여행기간 동안에 서로 만나서 관계를 갖는 사람들이나, 세미나에 참석한 학자들, 결혼식에 참석한 하객들, 정부에서 외교관에게 만찬을 베푼 경우의 참석자들, 지역문제를 토론하기 위하여 모인 지역주민들 등이 여기에 해당된다. 여기서는 다른 집단에서 찾을 수 있는 정서적인 유대감 등을 기대할 수 없다.

다음은 여러 학자들의 집단 분류를 표로 만들어 본 것이다.

[표 10-1] 집단 분류의 이분법

집단 분류			주장한 학자
제일차적 집단 (primary group)	↔	제이차적 집단 (secondary group)	쿠울리 (Cooley)
내적 집단 (in-group)	↔	외적 집단 (out-group)	섬나(Summer)
공동사회 (Gemeinschaft)	↔	이익사회 (Gesellschaft)	퇴니스(Tönnies)
관계 집단	↔	비관계 집단	머튼(Merton)
형식적 집단 (Formelle Gruppen)	↔	비형식적 집단 (Informelle Gruppen)	다렌도르프(Dahrendorf)
체제적 집단	↔	비체제적 집단	뉴콤(Newcomb)
심리적 집단 (psychological group)	↔	사회적 집단 (social organization)	크래취(Krech)
작은 집단 (Kleine gruppe)	↔	큰 집단 (Großgruppe)	레쉬(Lersch)

이 분류 외에도 영속적 집단 ↔ 일시적 집단, 동질적 집단 ↔ 이질적 집단, 종적 집단 ↔ 횡적 집단, 계약적 집단 ↔ 비계약적 집단, 자발적 집단 ↔ 비자발적 집단 등이 있다.

2) 집단의 유형

(1) 퇴니스의 공동사회와 이익사회

■ 공동사회
일차적 거대집단이며 본질의지, 선천적 · 본능적 의지에서 성립되며, 진실성으로 결속되며, 사회성원 간에 연대성과 일체감을 갖는다.

■ 이익사회
어떠한 목적하에 성립되는 이차적 거대 집단으로서 인위적 계약에 의하여 조직적으로 생긴 집단으로 외적이고 이해관계에 의한 결합이다.

퇴니스(F. Tönnies, 1955)는 인간의 의지를 충동의지(Triebwille)와 목적의지(Zweckwille), 본질의지(Wesenwille), 선택의지(Kurwille)로 구분하고 이에 따라 사회를 두 집단으로 구분하였다. 먼저 일차적 거대집단인 공동사회(Gemeinschaft)는 본질의지, 선천적 · 본능적 의지에서 성립되며, 진실성으로 결속되며, 사회성원 간에 연대성과 일체감을 갖는다. 또한 집단성원들 간에 친밀한 감정을 가지고 서로 신뢰하며 계산이 배제된다. 반면에 선택의지, 즉 어떠한 의도와 목적하에 성립되는 이익사회(Gesellschaft)는 이차적 거대집단으로서 인위적 계약에 의하여 조직적으로 생긴 집단이고 외적이고 이해관계에 의한 결합이다. 집단성원들 간에 서로 고립되어 있어 일체감을 갖기 어렵다.

공동사회는 그 집단의 수와 밀접한 관계가 있다. 적은 수의 집단일수록 공동사회 형성이 가능하다. 그런데 현대사회에서의 인간관계는 어느 면에서 두 기계가 따로따로 움직이는 것 같이 필요할 때만 사용되는 기계적인 인간관계이며, 감정이나 정서가 따로따로 형성되는 경우가 많다.

(2) 쿠울리의 일차적 집단과 이차적 집단

쿠울리(C. M. Cooley, 1909)에 의하면, 일차적 집단은 작고 사회성원 간에 직접적인 교류가 이루어진다. 그 대표적인 예로 가족을 들 수 있는데, 인간의 가장 원초적인 집단생활 체험은 가족구성원 사이에서 하게 된다. 이차적 집단은 그 집단성원 간의 관계가 간접적으로 이루어지는 집단으로서 정당이나 국가를 들 수 있다. 현대 사회의 구성원들은 점점 이차집단화, 정이 메마른 사회로 되어 가고 있다.

■ **일차적 집단**
작고 사회성원 간에 직접적인 교류가 이루어지며 대표적인 예로는 가족을 들 수 있다.

■ **이차적 집단**
집단성원 간의 관계가 간접적으로 이루어지는 집단으로서 대표적인 예로는 정당이나 국가를 들 수 있다.

4. 사회계층과 교육

1) 사회계층의 개념

사회계층(social stratification)은 교육사회학의 연구 분야에서 중요한 비중을 차지하고 있는 영역이다. 교육사회학의 연구동향과 연구주제들을 보더라도 사회계층에 관한 내용이 가장 많이 다루어지고 있음을 알 수 있다. 이는 교육사회학을 연구하는 데 있어 사회계층의 연구가 그만큼 중요함을 의미한다. 이와 같이 중요한 사회계층의 개념에 대해서 살펴보겠다.

■ **사회계층**
사회체계 속의 직업, 정치적 지위, 가정의 배경, 교육수준 등 복수의 조건에 의하여 사회적 지위나 특권 그리고 이익 등이 불평등하게 분배되어 있는 가운데 서로 비슷한 위치(층)에 있는 집단을 의미한다.

일상생활이나 학문연구 영역에서 사회계층이라는 말이 많이 사용되고 있으나, 그 개념은 사회계급(social class)과 혼동되고 동일 개념으로 사용되는 경우가 많기 때문에 학자들 사이에서도 통일된 개념 정의를 내리지 못하고 있다. 이러한 계급에 대한 정의의 어려움 또는 다양한 학자들의 견해는 마르크스(Marx)적인 입장에서의 개념과 비마르크스적 입장에서의 개념의 상반된 관계에 기인하고 있다고 볼 수 있다. 일반적으로 비마르크스적 사람들은 의식적으로 마르크스적 계급의식에 대항해서 계급이라는 말을 피하고, 계층이라는 말을 사용하고 있다(이규환, 1983). 이러한 마르크스적인 입장에서의 개념과 비마르크스적 입장에서의 개념 차이를 구체적으로 살펴보면 다음과 같다.

마르크스적 의미에서 계급은 역사철학적 개념이다. 이에 대해서 계층은 비역사적·기능주의적 개념이다. 즉, 계급은 역사적으로 그 실체가 다르게 나타나는데, 고대 사회에 있어서의 자유민과 노예 또는 귀족과 평민, 봉건사회에 있어서의 지주와 농노, 그리고 근대자본주의사회에 있어서의 부르주아와 프롤레타리아 같은 대립된 계급이 사회를 구성하고 있다. 이에 대해서 계층개념에서는 상·중·하와 같이 나누어진다. 다시 말해서 마르크스적 의미에서의 계급은 서로 이질적이지만, 비마르크스적 입장에서의 여러 계층은 연속적인 것이다. 또 다른 중요한 차이는 계급은 일시적인 데 반하여 계층은 영속적이라는 것이다. 계급은 인류의 역사에 있어서 일시적 또는 과도적인 존재인데, 계층은 어느 사회에서나 기능 분화가 존재하는 한 이에 기초한 위신의 차이가 있기 때문에 영속적으로 존재한다(이규환, 1983).

위의 입장 차이를 기반으로 사회계층과 사회계급의 개념을 엄밀히 구분하면 사회계층은 사회계급보다 넓은 의미를 가지고 있다. 사회계급은 복수의 조건이 아닌 하나의 조건, 즉 경제적 조건이 유사한 사람들이 비슷한 생활습관·태도·행동·가치관을 지니고 있는 집단을 의미하며, 이에 반해 사회계층은 사회체계 속의 직업, 정치적 지위, 가정의 배경, 교육수준 등 복수의 조건에 의하여 사회적 지위나 특권 그리고 이익 등이 불평등하게 분배되어 있는 가운데 서로 비슷한 위치(층)에 있는 집단을 의미한다. 즉, 사회계급은 경제력을 중심으로 그 이해와 이상이 대립하고 있는 이질적이고 비연속적인 집합체인 반면, 사회계층은 복수적·종합적 요인에 의해 사회의 연속적 전체 속에 설정된 집합구조다. 사회계층은 중세 시대의 종교적 위계서열, 인도 사회에서의 카스트(caste), 군대에서의 계급구조, 사회적 신분, 사회계급, 지위계급을 포함하는 종합적 개념으로서 계급의 상위개념이다.

보다 구체적으로, 계층의 개념을 마르크스를 통해서 알아보면 다음과 같다.

계층·계급의 개념화를 처음으로 시도한 마르크스는 계층을 인간이 제도적으로 만들어 놓은 불평등의 체계라고 하고, 계급은 생산수단의 소유 여부, 생산관계의 지위와 역할의 차이에 의해서 구별된다고 하였다. 생산수단이나 형태가 무엇이든 소유자와 비소유자 사이, 즉 농업에서는 지주와 머슴의 차이, 공장에서는 고용주(자본가)와 고용인(노동자)의 사이에는 계급이 형성된다고 하였다. 마르크스의 계급이론은 다음과 같이 요약될 수 있다. ① 인류 역사는 계급투쟁의 역사다. ② 사회는 생산관계에 있어서 생산수단의 소유자인 지배계급과 비소유자인 피지배계급으로 분화된다. ③ 생산관계로 특징져지는 하부구조로서의 경제는 사회의 상부구조인 정치, 종교, 이데올로기, 교육제도 등을 결정한다. ④ 변동과정은 '테제'=正(thesis)과 '안티테

■ Karl Marx(1818~1883) 독일의 공산주의자. 혁명가. 경제학자. 급격하게 변화하는 유럽의 산업자본주의 속에서 앵겔스와 함께 공산주의를 태동시킴. 저서에는 『자본론』 『공산당 선언』 등이 있다.

제' = 反(antithesis) 및 '신테제' = 合(synthesis)으로 구성되며, 이 과정을 거치면 사회는 다음 단계로 진화된다. 즉, 지배/피지배 사이의 끊임없는 투쟁 · 충돌은 생산과 기술발전에 기여하며(These), 생산관계는 즉목적(卽自的)인 계급분화가 대목적(對自的)으로 전환함으로써 지배계급의 타도를 도모하게 되고(Antithese), 변증법적으로 피지배계급의 승리로 끝남으로써 사회는 다음 단계로 진화하는 것이다(Synthese)(윤덕중, 1986).

2) 사회계층에 대한 사회학적 이론

사회계층에 대한 사회학적 이론은 크게 기능주의적 관점과 갈등론적 관점으로 나누어 볼 수 있다.

먼저 프랑스 사회학자 뒤르켐(Durkheim)의 주장을 토대로 하는 무어(Moore)와 데이비스(Davis)의 기능주의적 사회계층론은 다음과 같이 요약 · 설명할 수 있다. ① 국가사회의 중요한 기능 수행과 관련된 일을 담당하는 자는 그에 버금가는 보수가 따라야 한다. ② 국가사회가 필요로 하는 뛰어난 자질을 가진 인재는 극히 한정된 소수다. ③ 국가사회의 중요한 일자리는 장기간에 걸친 수련을 쌓는 것을 요구하고 있다. 즉, 이들에 의하면, 사회계층제도의 주된 기능은 뛰어난 재능을 가진 극소수의 인재로 하여금 사회에 있어서의 명예로운 고위직을 맡도록 동기화시키는 일이며, 사람들로 하여금 사회적으로 중요한 지위를 원하게 하려면 높은 수입과 권력, 명예 등의 높은 보수가 주어져야만 한다. 따라서 기능주의적 계층론은 사회는 계층화되어야 할 뿐만 아니라, 계층적 위계제도에 있어서 지위가 높아지면 높아질수록 그 지위에 대한 보수도 높아져야 한다고 주장한다(윤덕중, 1986). 이러한 구조기능주의적 계층론은 계층제도에 있어서의 고위층의 현 지위를 영속화한다는 면이나, 사회에 대한 기여도에 있어서 사회적 지위 간에 기능상의 중요도의 차이가 반드시 있다고 볼 수 없다(예, 거리의 청소부)는 면 등에서 비판을 받기도 한다.

갈등론적 견해에서 보면 현존하는 보수 분배제도는 불공정하며 사회계층제는 외적 · 물리적 힘을 유지하는 것이 아니라 집권자들의 강압 때문에 할 수 없이 받아들여 유지되는 것이다. 국가사회에 중요한 지위는 매력이 있고, 훌륭한 보수가 따르기 때문에 상류층 출신 인재로 충원되고, 이러한 보수는 상류계층의 이권과 관계가 있기 때문에 보장되는 것이라고 지적한다(윤덕중, 1986).

기능주의적/갈등주의적 계층이론을 비교한 것을 정리하면 [표 10-2]와 같다.

[표 10-2] 기능주의적/갈등론적 계층이론의 비교

기능주의적 계층이론	갈등론적 계층이론
계층제도는 세계 보편적이고 필요하며 필수불가결하다.	계층제도가 세계 보편적일지 모르나, 필수불가결하지는 않다.
사회제도(체계)가 계층제도를 형성한다.	계층제도가 사회관계를 형성한다.
사회계층제도는 사회의 필요(통합, 협조, 응집)에서 생긴다.	사회계층제도는 타집단의 정복과 경쟁갈등에서 생긴다.
사회계층제도는 개인과 사회의 최선의 기능을 가능하게 한다.	사회계층제도는 개인과 사회의 최선의 기능을 방해한다.
사회계층제도는 사회성원이 공존하는 가치의 반영이다.	사회계층제도는 사회의 지배계층의 가치의 반영이다.
권력은 대체로 사회에 합법적인 방법으로 분배된다.	권력은 대체로 사회에 비합법적인 방법으로 분배된다.
사회의 경제 분야는 전 분야에 예속된다.	경제 분야가 사회를 지배한다.
일과 그에 대한 보수는 평등하게 배분된다.	일과 그에 대한 보수가 불평등하게 배분된다.
사회계층제도는 진화과정을 통해 변한다.	사회계층제도는 혁명적 과정을 통해 변한다.

마지막으로 계층갈등에 대해서 한 가지 덧붙이자면, 전통적인 농경사회나, 지금과 같이 각자의 역할이 세분화되지 않았던 절대빈곤사회에서는 계층 간의 갈등이 심하지 않은 데에 비하여, 사회가 전문화·세분화되고 자본주의가 발달한 현 사회에서는 빈곤의 상대적 박탈감으로 인하여 계층 간의 갈등이 심화되고 있다.

5. 교육과 평등

평등한 사회의 실현은 근대 이후 인류의 새로운 이상이 되었다. 이러한 평등의 개념에 의하면, 모든 인간은 출생과 더불어 인간으로서의 존엄성을 갖게 되며, 각자의 자유와 행복을 추구할 수 있는 고유한 권리를 가진다. 그러므로 자신의 타고난 잠재력을 최대한 발휘할 수 있도록 하는 사회적 기회가 보장되어야 하는 것이다.

오늘날 사회에서 교육은 이러한 평등이념의 실현을 위한 중요한 기능적 역할을 수행하고 있다. 전통적 신분사회에서의 교육은 지배계층의 전유물이었거나, 가정경제와 소규모 기능집단의 생산성 유지를 위한 제한적 수단에 머물러 오히려 귀속적 신분을 더욱더 고착시키는 역할을 하였다. 그러나 전근대의 귀속적 신분질서가 붕괴되고 개방적이고 업적주의적인 성취에 의한 사회이동이 가능하게 되자, 새로운 사회이동에 대한 대중적 욕구가 크게 고조되었다. 교육은 그러한 사회이동에 대한 대중적 욕구를 충족시켜 줄 중요한 사회적 통로가 되었다. 즉, 교육이 사회구성원들의 선발과 배치를 통하여 사회적 재화들을 분배하는 기능을 가지게 된 것이다. 이렇게 교육이 사회적 이동의 직접적인 장치가 되고 사회적 재화의 획득과 밀접한 관련을 가지게 되자, 교육 기회의 문제는 모두에게 커다란 관심사가 되었다.

이제 교육의 기회가 사회적 · 경제적 신분이나 성, 인종, 민족, 연령, 세대와 같은 귀속적 조건에 의해 차별되지 아니하고 누구에게나 균등하게 주어져야 한다는 생각은 일반적인 교육적 이상으로 수용되고 있다. 그러나 교육의 기회 균등이라는 의미는 관점에 따라 다양하게 해석되고 있으며, 아직도 명확한 합의에 이르지 못하고 있다. 교육사회학은 바로 이러한 교육의 기회 균등에 대한 질문을 중요한 연구과제로 다루어 왔다.

1) 교육평등론의 발전

교육에서의 평등은 교육기회의 평등, 교육조건의 평등, 교육결과의 평등 3가지로 구분할 수 있다.

(1) 교육기회의 평등

교육기회의 평등 문제를 설명하는 교육사회학적 관점에는 기능론적 관점과 갈등론적 관점이 있다. 기능론에서는 사람들 간의 불평등은 필연적인 것이며, 교육의 중요한 역할은 자질과 능력에 따라 사람들을 선발하고, 적절한 사회적 지위에 배치하는 것이다. 이들은 현대 산업사회를 개방적인 업적사회로 보며, 개인의 능력에 기초하여 공정하게 이루어진 교육경쟁의 결과에 따라 사람들에게 다양한 사회적 지위가 분배된다고 본다. 따라서 이들의 관심은 선발과 배치 방식의 정당성과 합리성을 획득하는 데 있으며, 이를 통해 대다수 사회구성원들의 규범적 지지를 얻고자 한다. 그러나 이들의 관점은 업적주의에 따른 사람들 간의 불평등을 전제함으로써 위계적인 사회적 질서를 정당화한다는 비판을 받기도 한다.

■ 기능론
사회 불평등은 필연적인 것이며, 교육의 중요한 역할은 자질과 능력에 따라 사람들을 선발하고 적절한 사회적 지위에 배치하는 것이다.

이에 비하여 갈등론에서는 교육이 사회적인 불평등을 재생산하며, 외형적인 공정성과는 달리 교육경쟁 또한 공정하게 이루어지지 않는다고 본다. 이들은 사회를 불평등한 계급사회로 보고, 이 속에서의 교육경쟁 역시 불평등한 계급사회를 반영하는

■ 갈등론
교육이 사회적인 불평등을 재생산하며, 외형적인 공정성과는 달리 교육경쟁 또한 공정하게 이루어지지 않는다고 본다.

문화적 · 경제적 배경에 의해 결정되며, 이러한 불평등한 경쟁의 결과로 차별적인 사회적 지위가 할당된다고 본다. 그러나 이러한 교육기회의 균등에 대한 거시적 관점의 설명은 교육행위가 이루어지는 구체적인 과정에서 일어나는 역동적인 상호작용이나 교육체제 내의 상황에 대한 깊이 있는 분석을 하지 못한다는 비판을 받는다.

한편 교육기회의 평등은 교육기회의 허용적 평등과 보장적 평등으로 나뉠 수 있다(김신일, 2000). 교육기회의 허용적 평등은 과거에 법이나 제도에 의해 금지되었던 교육기회를 개인의 역량과 형편에 따라 제공하는 것을 의미한다. 노예나 여성들이 선거권을 갖지 못하다가 근대에 점차적으로 선거권을 갖게 된 것처럼, 천민이나 여성과 같은 사회적 약자들이 제도적으로 교육기회를 박탈당하고 있다가 그러한 구시대의 제도들이 철폐되고 제도적으로 교육기회를 갖게 되는 것이다. 그러나 교육기회의 허용적 평등이 이루어졌다고 해서 모든 이들이 그 교육기회를 누릴 수 있는 것은 아니다. 교육을 받을 수 있는 기회가 제도적으로는 주어졌으나, 가정형편이 어려워 등록금을 낼 수 없거나 가까운 곳에 교육받을 곳이 없어서 교육기회를 가질 수 없는 경우들이 있을 수 있다. 이렇게 허용된 교육기회를 갖는 데 방해되는 장벽들을 제거하고자 하는 것이 보장적 평등이다. 저소득층 자녀에게 학비를 면제해 주고, 점심을 제공하고, 장학금과 무상교육을 확대하는 등 교육기회를 누구나 누릴 수 있도록 제반 여건들을 확보해 주는 것이다.

교육기회의 평등이 이루어지면 해소될 것이라고 믿었던 교육 불평등이 교육기회의 보장적 평등이 이루어져도 여전히 계속되었다. 전체 교육기회가 증가되었을 뿐, 상위계층이 교육기회를 더 많이 누리고 하위계층이 교육기회를 더 적게 누리는 불평등은 해소되지 않았다.

(2) 교육조건의 평등

콜맨(Coleman, 1968)은 "교육기회의 평등은 단순히 취학의 평등만이 아니라 평등하게 효과적인 학교에의 취학을 의미하는 것이다."라고 지적하였다. 교육여건의 학교 간 교육과정 · 교사 · 교수방법 · 교구 등의 차이, 가정배경으로 인한 취학전 기본적 능력과 적성의 차이, 학교교육기간 동안의 가정환경의 차이들로 말미암아 교육기회가 주어진다 할지라도 이후 진학은 역시 다시 불평등해진다는 것이다. 이러한 차이들을 인정하고 이 차이를 없애거나 적어도 줄이려고 하는 것이 교육조건의 평등 노력이다.

(3) 교육결과의 평등

교육기회의 평등이나 교육조건의 평등이 교육결과의 평등을 담보해주지 못하자, 소위 적극적 조치(Affirmative Action)가 미국에서 취해지게 되었다. 교육조건의 불평등으로 인한 교육결과의 불평등을 인정하고 교육결과의 평등을 추구하고자, 교육적 성취가 낮은 학생에게 더 많은 재정과 조건을 제공하여 일정한 교육결과를 얻도록 한 것이다. 롤스(Rawls, 2003)는 이에 대하여 개인의 잠재능력이나 가정환경 등은 우연히 얻어지는 자연적 복권이며, 이러한 자연적 복권을 가진 사람의 것은 사회의 최소수혜자에게 나누어져야 한다고 주장하였다(이은경, 2003).

2) 교육과 사회평등

호러스 맨(Horace Mann)은 교육이 사회평등화를 실현할 수 있는 장치라고 생각했다. 교육의 보급 및 팽창은 이미 교육을 받아오던 상류층만 아니라 하층민들에게까지 사회상승 이동의 기회를 주어 점차적으로 사회가 평등해진다고 평등화론자들은 주장한다.

이에 비하여, 볼스와 진티스(Bowles & Gintis)는 앞서 언급한 불평등재생산론을 주장한다. 교육이 기존의 불평등한 사회계층 구조에 대한 어떤 변화를 가져오기보다는 오히려 기존의 사회계층 구조를 재생산하며 때로는 불평등을 조장한다고 생각한다.

한편 교육이 사회평등화 혹은 불평등화에 기여할 것이라는 기대들과는 달리, 교육이 사회평등화와는 관계가 없으면 혹시 관계가 있다 하더라도 미미한 수준이라고 주장하는 무효과론자들도 있다.

3) 한국 사회의 교육평등

교육의 평등은 다른 무엇보다도 사회적 이동을 가능하게 해주는 토대로 인식되어 왔다. 한국 교육이 반세기 역사임에도 불구하고 현재의 교육기회 확대를 이룩한 것은 현 교육제도에 원하기만 하면 접근할 수 있는 가능성을 열어주었기 때문이다. 그러나 이러한 교육팽창은 1980년대 후반 이후 한국교육 '위기론'이 제기되었고, 그동안 이루어진 공교육의 효과에 대한 의구심과 비판이 거세게 일기 시작했다(김기석, 1992).

한국의 교육이 세계 어느 나라에서도 그 유사한 사례를 찾아보기 힘들 정도로 교육팽창을 경험했지만, 그러한 교육팽창의 많은 부분은 사립학교와 개인의 교육비 부담을 통해 이루어졌다. 21세기에 접어들면서, 중학교까지의 의무교육이 이루어졌지만, 여전히 의무교육 기간 안에 있는 학령기에도 사교육비는 공교육비를 능가하고 있고, 의무교육 기간에 포함되지 않는 고등학교와 대학교육은 제도적으로 기회가 열려있을 뿐 그 교육비와 간접비용은 모두 개인의 책임하에 있다(이은경, 2004).

우리나라는 교육기회의 확대를 위해 다수의 사립학교 설립 허가, 의무교육 확대, 지역별 교육평준화 등의 정책을 도입하여 시행하여 왔다. 교육기회가 확대되기만 하면 모든 이들이 교육을 통해 사회적 이동을 보장받고 평등하게 될 것이라는 믿음이 전제되어 있었기에, 교육팽창을 단시간에 이뤄낼 수 있었다. 하지만 이러한 교육팽창이 정작 교육평등에 얼마나 기여하여 왔는가 의심해 보고 적절한 평가를 내릴 때이다(이은경, 2004).

이에 따라 교육행위를 이루는 내부 구성원들 간의 교섭과정이나 교섭내용과 같은 미시적인 현상에 관심을 가지는 미시적 관점을 통하여 교육기회의 평등 문제를 설명하려는 입장이 나타났다. 이들에 의하면, 인간은 외부에서 주어진 조건에 맹목적으로 순응하는 존재가 아니며, 상황과 조건을 주체적으로 이해하고 재해석하는 존재이기 때문에 일방적으로 구조화된 외부적 상황에 의해 규정되지만은 않는다는 것이다.

이처럼 교육기회의 평등에 대한 관점은 시대와 상황에 따라 다양하게 변화하면서 각기 다르게 정의되고 서로 상이한 해석과 설명에 의존하여 왔다. 이것은 교육이 평등한 사회의 실현을 위한 핵심적 기제로서 기능하는 한 교육기회의 평등 문제는 끊임없는 논의와 관심의 대상이 될 수밖에 없음을 말해 주는 것이다.

6. 사회변동과 교육

1) 사회변동요인

사회변동은 일정한 사회에서의 사회구조 또는 체제의 변동을 의미한다. 보다 구체적으로 사회관계의 유형, 사회성원들의 역할, 집단과의 관계, 정치체제 · 권력구조 · 계급구조 · 계층구조 · 교육제도상의 종합적이고 포괄적인 변화와 동시에 인간의 가치 · 습관 · 사상 · 지식 · 신앙의 내용의 변화다. 이러한 과정은 인간에 의하여 이루어지며, 인간관계를 변화시키는 결과라고 할 수 있다. 특히 교육은 사회의 주체가 되는 인간의 행동 변화를 위한 활동으로서 사회변동과 밀접한 관계가 있다. 사회변동은 교육의 제도, 환경의 변화는 물론 교육목표, 교육과정, 교육내용, 교육방법 등을 변화시킨다.

사회변동은 흔히 사회변화와 비슷하게 사용되고 있는데, 엄밀히 구분하면 사회변화란 '바뀌어서 존재하는 상태'를 가리키고, 사회변동은 '바뀌고 움직이는 역동적인 상태'의 의미를 가지고 있다고 할 수 있다. 이러한 사회변동에 따라 사회는 크게 발전할 수도 있고, 더러는 지체되거나 소멸되기도 하고, 침체현상이 나타나기도 한다. 특히 교육의 저해요인이 되기도 하는 사회공동체의 해체현상을 나타내기도 한다.

이와 같이 사회변동은 사회구조 속에서 교육뿐만이 아니라 여러 측면을 변화시키는 힘을 가지고 있으므로, 이러한 변화가 가장 많이 나타나는 부분은 어디이며, 변화의 주체가 누구인지 등을 올바로 파악하여 교육에 적절하게 적용하는 것이 중요하다.

사회변동에 특출한 영향력을 행사하는 요인으로는 물리적 환경, 기술의 발전, 인종, 경제 · 생산, 지식, 종교 등이다. 이를 간추려 살펴보면 다음과 같다.

(1) 자연적 요인

자연 · 지리적 조건은 직접적으로 인간의 생존에 영향을 줄 뿐만 아니라 사상 · 심리적인 진보 또는 퇴보상태를 유발하고, 인간의 역사를 연구하고 이해하는 데 가장 기초가 되기도 한다. 사계절이 뚜렷이 구분되어 인간활동에 적합한 지역이나 수자원이 풍부한 지역, 아프리카의 열대지방 지역, 사하라 사막 지역, 남극 · 북극의 한랭지방 지역, 동남아 일대의 기온이 높은 지방 간에 도시의 발전상태와 규모를 비교해 보면 적지 않은 차이가 있음을 쉽게 찾아볼 수 있다.

그러나 현대 사회에서는 자연 · 지리적인 면이 인간의 두뇌와 기술의 발전에 의하여 크게 조정되고 있다. 예를 들면, 이스라엘이 사막을 개발하여 옥토로 만들어 세계적인 귤 생산국으로 발전한 것이나, 한국이 서해안 전북 부안군 개화도를 개척한 것이나, 전남 광양제철소를 설립한 것 등이 좋은 예다.

(2) 인구적 요인

사회변동에서 인구적 요인에 관한 분석을 처음으로 진전시킨 사람은 뒤르켐이다.

그는 분업의 발달이 사회의 급격한 변화를 가져왔다고 하였다. 그런데 분업의 발달은 사회의 인구적 성격에서 찾을 수 있다. 즉, 인구밀도가 높은 사회에서는 인간과 집단의 생존을 위해 분업의 발달을 가져왔다. 또한 인구밀도는 분업의 발달과 정신 발달에 영향을 미쳐 인간관계를 밀접하게 함으로써 사회발전의 원동력을 제공하기도 한다.

(3) 기술적 요인

모든 인간생활에 있어서의 변화는 기술발달에 따른 사회체제와 제도의 변화에 의한 것이라고도 할 수 있다. 기술의 발달은 사회와 역사를 바꿀 수 있는 결정적인 요인이기도 하며, 한 나라의 사회 · 정치 · 경제 · 문화발전은 기술발전에 의하여 크게 좌우된다. 기술적 요인에 의한 사회변동의 예로는 기계화에 따른 인간노동력의 입지 약화, 통신발달에 따른 인간관계 범위의 변화 및 문화의 다원화 · 융합화, 과학기술 발달에 따른 농업기술의 변화, 새로운 직업의 출현 등을 들 수 있다.

(4) 문화적 요인

사회는 복수행위자와 집단의 산물로서 형성 · 유지되는 목적, 지식, 의도 및 방안에 의해 지향 · 변화된다. 그 한 예로서 종교적 요인이 문화적 가치형성에 크게 작용하고 있다. 우리나라의 경우, 불교가 한국인의 문화적 가치 형성의 기반으로 자리 잡아 외적인 문화의 형성 · 발전만이 아니고 내적 정신세계의 문화 형성에도 큰 영향을 미쳤다. 한편 기독교가 문화 형성에 미친 영향도 우리 문화 속에서 실질적으로 많이 찾아볼 수 있다.

(5) 변증법적 유물론

■ **변증법적 유물론**
세계는 물질로 이루어져 있고, 모든 사물 현상은 서로 연관되어 있으며 끊임없이 변화하고 발전 · 소멸한다는 이론이다.

마르크스에 의해 주장된 것으로 노동과 생산을 사회변동의 기초로 여긴다. 곧 사회발전의 결정요인을 자연적 조건이나 인구학적 요인으로 보지 않고, 사회생활의 기초적 사실을 물리적 생활의 조건, 생산양식으로 간주하였다. 유물사관은 생산력과 밀접한 관계가 있는데, 이때 생산력을 구성하는 것은 생산용구, 노동, 생산기술 등이다. 생산력이 변화하면 생산관계 역시 변하는데, 이는 상부구조(Oberbau)와 하부구조(Unterbau)의 생산관계에 반영되고 그 이해관계를 조직화하며 합리화한다. 그것을 조직화한 것이 법률제도와 사회제도를 내용으로 하는 구조이고, 그것을 합리화한 것이 이데올로기 세계, 즉 관념형태다.

2) 사회변동과 교육병리

(1) 교육적 병리현상

사회변동은 여러 요인의 복합적인 작용에 의해 일어나며 많은 사회문제를 수반하게 된다. 즉, 사회의 급격한 변화에 따라 공동체, 사회체제, 가족관계의 해체현상이 나타났으며, 더욱이 학교가 비대해지면서 학교교육에 있어서도 여러 가지 병리현상을 초래하게 되었다. 여기서는 그중에서 교육적인 측면의 병리현상에 대해 자세하게 살펴보고자 한다.

과격한 표현이긴 하지만 요즈음 학교가 학생들을 '환자'로 만들고 있다는 여론이 부모, 교원, 학자, 의사, 정치가 등 각계각층에서 심각하게 거론되고 있다. 이러한 심각한 문제가 오늘날 갑자기 나타난 것은 아니다. 특히 학생들과 접촉이 많은 교원, 교육학자, 의사들에 따르면, 신체뿐만 아니라 정신적으로도 질환을 앓고 있는 학생들이 점점 증가하고 있다고 한다. 안경 착용 학생이 부쩍 늘어났고, 척추가 많이 휘었으며, 성격 문제 등으로 사회에 적응하지 못하는 학생도 많다. 최근 국내외적으로 문제시되고 있는 학생 자살행위 등도 계속적으로 발생하고 있다. 특히 입시지옥에서 벗어나지 못하는 우리나라와 같은 교육 여건에서는 매년 학교교육의 문제가 심각하게 대두되고 있다. 이는 학교환경이 학생들의 정상적인 성장 · 발달에 피해를 주고 있다는 맥락에서 제기되는 것이고, 특히 최근에 들어서 예전보다 더 학교교육의 부정적 측면이 부각되고 있다.

(2) 사회병리현상

사회병리현상이란 인간 상호관계 속에서 발생하게 된 병리현상으로서 사회생활을 하는 데 이상(異常)이 있는 행위, 즉 다른 사람과 어울려 살 수 없는 것을 의미한다. 병리학(pathologie)에서의 파토스(pathos)는 그리스어로 '병리, 괴로워하는' 등의 의미를 가지고 있으며, 여기서의 병리는 신체적인 면보다는 인간관계에서 발생한 사회병리이므로 사회 · 심리적 인간관계 생활에 있어서 문제가 있는 것을 의미한다.

사회 집단생활에서 어떤 행위가 정상이고 비정상인지 또는 건강하고 병적인지를 규명하기란 매우 어려운 일이기 때문에 정확한 이해가 필요하다. 특히 인간을 대상으로 하기 때문에 개념 정의나 행위 규명 면에 있어서 신중을 기해야 할 뿐만 아니라 어떤 한 인간에 대해 병리현상이라고 표현하는 것에 있어서도 주의가 요구된다.

(3) 병리현상의 증세

사회병리의 증세에는 여러 가지가 있을 수 있지만, 여기서는 학교에서의 병리현상을 중심으로 몇 가지만 제시하고자 한다.

첫째, 원만하지 못한 인간관계의 문제다.

학교에서 발생할 수 있는 사회병리의 현상 중 특히 두드러진 현상으로 학생의 인간관계가 학교생활에서 원만하지 못한 것을 들 수 있다. 이러한 인간관계는 단지 교우관계에만 국한된 것이 아니라 교원, 부모와의 관계가 좋지 않은 것까지도 포함한다. 모든 학생들의 학교 중퇴 원인은 인간관계의 병리 결과다.

둘째, 학교 구성원 간의 대화 단절을 들 수 있다.

오늘날 대화의 단절을 초래하는 요인은 매우 많다. 그중 하나가 매스미디어의 발달로 인한 청소년 음악이라고 할 수 있다. 요즈음의 학생들은 학교수업을 마치고 난 뒤, 사회나 가정에서 매일(여가 시간 등) 재즈, 팝송, 디스코 음악, 대중가수의 노래를 즐겨 듣는다. 이렇게 자신들만의 공간에서 자신들이 좋아하는 음악을 들으며 시간을 보내기 때문에 사람과의 대화는 어려운 일이다.

셋째, 학교에 대한 공포 · 불안 · 근심 등의 문제다.

학생들이 갖고 있는 학교에 대한 공포증에는 ① 학교성적이 부진하여 유급하거나 상급학교 진학이 어려운 데에서 오는 입시 공포, ② 학업 성취 미달, 학습 이해 부족 등에서 오는 공포, ③ 교우관계나 교원과의 인간관계가 원만치 못하거나, 주변으로부터 지탄받거나 '낙인찍힌 대상' 이 되는 것의 공포, ④ 학교폭력이나 집단괴롭힘에서 오는 공포가 있을 수 있다.

넷째, 학생들 간의 공격성의 문제다.

예를 들어, 학생들 간의 잦은 싸움, 욕설, 폭력적인 언행 등을 뜻한다. 공격성은 학생이 부모, 동료, 교원과의 인간관계에서는 물론 심할 경우에는 건물, 시설 등 모든 대상에 공격적인 태도를 보이는 것이다. 특히 학교에서는 교원들의 끈질긴 인내와 노력이 뒤따르는 지도가 요구된다.

다섯째, 학생들의 행동장애 문제다.

행동장애는 신경병리(neurose)에서 오는 경우가 많기 때문에 사회병리현상으로 해석하는 데는 어려움이 따른다. 사회학의 정의에 의하면 행동장애란 사회의 행동규범에서 이탈된 행동을 말하며, 고독 · 공포 등이 원인이 되는 경우가 많다. 행동장애는 예를 들면, 학생이 '안절부절못하는 행위' 를 들 수 있다. 이 같은 행위는 일시적이 아니라 연속적으로 나타나며, 이런 상태는 특히 본인이 하고 싶은 것을 행동으로 옮기지 못할 때 일어난다. 또 머리를 많이 흔드는 아동은 어릴 때부터 가정이 아닌 공공시설이나 기관에서 자란 경우가 비교적 많다. 부모의 따뜻한 사랑을 받아 보지 못해서, 즉 인간관계의 결핍에서 빚어진 결과다. 또한 학생이 쉬지 않고 몸을 흔들며 심한 경우 의자를 좌우로 흔드는 경우 등이 있다. 이 외에도 어린 학생들의 행동장애에는 연속적인 행동으로 손톱을 깨물거나, 머리카락을 의도적으로 뽑거나, 몸을 비비꼬는 행위, 눈꺼풀을 깜빡거리는 행위, 엄지손가락을 빠는 행위, 말을 더듬거나 지나치게 높은 또는 지나치게 낮은 음성으로 표현하는 행위, 고질적으로 거짓말을 하고, 절도행위가 많거나, 학교지각이 많고, 가출하여 길거리를 방황하는 행위 등이 있다.

7. 교육과정 사회학

지금까지 학교교육은 인간사회의 평등과 경제적 배분에 기여하는 장치로 인정되어 왔다. 그러나 이러한 믿음과는 달리 오늘날 학교교육을 통한 계층 간의 원활한 이동은 실제로 이루어지지 못하고, 사회평등화에 크게 기여하지 못하고 있다. 오히려 계층 간의 위계화를 심화시키며, 그로 인하여 파생된 불평등이 점점 심각해지고 있다. 교육과정 사회학은 이러한 상황에 문제를 제기하면서 학교교육에 대한 접근방법을 달리할 것을 요구하면서 대두되었다.

1950~1960년대를 지배한 구조기능주의의 입장을 견지하는 학자들은 교육의 제문제를 해결하기 위하여 그리고 사회의 불평등을 완화하기 위하여 교육의 기회균등, 교육의 효율성, 이탈자에 대한 통제, 보상교육 프로그램 실시 등에 관심을 두고 문제해결에 접근하였다.

영국에서는 거시적 관점에서 문제해결을 하려는 구조기능주의의 방법론을 비판하고 학교 내부 현상에 관심을 가지기 시작하였다. 대표학자로 영(Young)을 들 수 있다. 1970년 그는 『지식과 통제(Knowledge and Control)』를 편집하여 발표함으로써 교육에 대한 새로운 해석과 교육사회학이 지향해야 할 방향을 제시하여 주었다. 그에 의하면, 교육사회학은 교육의 기회균등, 학교의 효율적 운영 그리고 교육의 일탈자의 통제에 대해 중요한 문제가 있다고 한다. 학교나 교실에서 일어나는 제도적 장면이나 상호작용 장면, 그리고 교육과정 지식의 선발과 조직의 원칙에 대해 고려를 하지 않았기 때문이라는 것이다. 따라서 그는 교육과정에서 지식의 선발, 조직, 분배에 대한 사회적 측면에 관심을 가질 것을 강조했다. 다시 말해 교육과정 속에 나타나는 지식과 사회의 역학관계를 분석하여야 한다는 것이다. 이는 지식을 주어진 것이라기보다는 탐구의 대상으로서 문제적으로 보아야 한다는 것이다. 이러한 관점에 대해 고버트(Gorbutt)는 신교육사회학(New Sociology of Education)이라고 명명하고 이를 대안적 패러다임(alternative paradigm)이라 하기도 하였다.

그동안 교육사회학을 지배해 온 기능이론과 갈등이론은 교육과 사회의 관계를 거시적(macro) 수준에서 분석하고 교육의 사회평등 또는 불평등기능을 밝히는 데 있어서 투입-산출모형(input-output model)에 의존하였기 때문에 학교교육의 과정을 암흑상자(black box)로 간주하였다는 비판을 받았다. 이렇게 종래의 교육사회학이 교육과 불평등을 사회구조적 수준에서 논의하고 있는 동안, 영국의 일부 교육사회학자들은 새로 등장한 '지식사회학의 관점'과 '현상학' '상징적 상호작용론' '민속방법론'을 통해 교육내용과 학교의 내적 과정에 시선을 돌리고 있었다.

따라서 교육과정이 사회적 성격을 반영하고 있다는 것을 이해하기 시작한 것은 최근의 일이다. 영이 주도한 교육과정 사회학은 교육내용을 구성하는 지식에 초점을 두고 있다. 이는 지식이 인간의 주관과는 무관하게 사회적 · 역사적 조건을 초월하여 객관적으로 구성 · 유지되는 것이 아니라, 오히려 모든 지식이 사회적 · 역사적으로 구성되고 놓인다는 것이다.

요컨대 지식이 사회적으로 구성된다는 것은 교육을 통해 얻은 지식은 절대적인 것도 임의적인 것도 아니라는 것이다. 또 어디선가 불쑥 나타난 것이 아니라 집단적으로 주어진 유용한 의미의 체계라는 것을 뜻한다.

만하임(Mannheim)은 학교가 특정 사회계층의 현실적 이해관계를 지식으로 변형시켜 학생에게 가르치고 있다고 하였다. 즉, 학교에서 가르치고 있는 지식은 인간이 사회적으로 구성한 많은 지식 중 어떤 원칙에 따라 선택 혹은 배제되는 가운데 구성된 지식이라는 것이다. 따라서 교육내용을 구성하는 지식은 특별집단과 관련을 맺고 있다. 교육내용으로 선별된 지식은 그들 집단의 이익을 대변하여 주고 기존의 지위체계를 유지하여 주는 의식체계와 이데올로기적 성격을 지니고 있다는 것이다. 그러므로 교육과정은 지식의 위계화와 분화(differentiation)를 만드는 사회에서의 권력과 분배를 반영한다고 보았다.

이글스톤(Eggleston)에 의하면, 교육사회학자들은 오랫동안 선발과정(selection process)에만 전념해 왔고, 교육과정의 내용은 무시해 왔으며, 설사 관심이 있다 하더라도 기능주의적 관점에서 교육과정에 대한 '합의'의 가정에 기초를 두어 왔다고 지적하였다. 그러나 최근 많은 비판적 사회학자들이 학교에서 가르치는 내용에 관심을 기울이면서, 교육과정의 중심요소를 사회와 학교의 권력과 권위구조를 확립·유지하는 것으로, 교육과정을 결정하는 과정을 사회통제의 과정으로 간주하고 있다.

웩슬러(Wexler)는 미국의 구조기능주의 사회학은 사회적 체계를 주어진 것으로 받아들이면서 개인적인 출세를 결정하는 요인들을 규명하는 데 집중한 나머지, 교육과 사회 일반에 퍼져 있는 불평등 요소 간의 관계에 대한 연구는 소홀히 다루었다고 비난하였다. 학교지식에 관한 연구도 없었던 것은 아니지만, 개인의 학업 성취에만 많은 관심을 기울여 학업 성취에 영향을 주는 변인이나 결정인자를 찾는 데에만 열중했고, 학교지식의 내용이나 학교지식을 규정하는 사회적 근거를 규명하는 일은 거의 방치한 상태이었다. 이는 기존 사회학자들이 학생들이 배워야 할 혹은 교사가 가르쳐야 할 지식은 주어졌다고 전제하고 있었음을 의미한다. 그러나 1960년대의 학생운동과 흑인민권운동은 교육지식의 동질성 혹은 획일성에 제동을 걸었고, 학교지식의 중립성에 대한 비판이 제기되었다. 문화상대론이나 지식의 정치화 이론은 미국의 교육사회학자들로 하여금 학교지식을 제고하게 했고, 학교지식을 기존의 연구방법 및 이념과는 전혀 다른 입장에서 연구하도록 만들었다고 설명한다.

영에 의하면 교육과정이란 특정한 시대에 요청되는 지식을 선정하고 조직하는 것으로 보아야 하며, 어떤 특정한 지식이 왜 그리고 어떻게 선정되는가를 밝혀야 한다고 하였다. 그러나 기능주의에 입각한 교육사회학은 지식의 선정과 조직은 산업사회의 가치나 목표에 부합하는 보편적 가치를 지닌 것으로 간주해버린 나머지, 갈등이론자들에 의한 비판에도 불구하고 교육과정의 선정과 조직에 내포되어 있는 문제들을 분석하려 하지 않았다고 지적하였다.

영은 먼저 교육과정은 주어진(given) 것으로 간주된 나머지, 학교에서 다루어지는 지식에 관하여 심각하게 논의되지 않았다고 보았다. 교육과정에 관해 심각하게 논의되지 않은 것은 교육과정 또는 지식의 조직과 정치적 권력의 분배 간에 밀접한 관계가 있기 때문이라고 전제하였다. 이 같은 전제하에 그는 어떤 식으로 교육과정이 생겨나며 지속되고 혹은 변화되는가에 대한 연구가 필요하며, 이 같은 교육과정(교육내용)에 대한 분석이 이때까지의 교육사회학을 대신해야 한다고 주장했다.

번스타인(Bernstein)은 학교에서 선호하는 지식과 분화는 보편적이고 합일적인 것이 아니라 오히려 지배계층이 향유하는 것으로 지배계층의 이익을 반영한다고 하였다. 따라서 지배계층 아동은 하위계층 아동보다 학업 성취에서 월등하며, 미래에 차지할 지위에 대해서도 유리한 입장에 놓인다는 것이다. 요컨대 학교에서 다루어지고 있는 지식과 교육내용은 알게 모르게 중류사회의 문화를 반영하고 있다는 것이다. 그러므로 그들과는 다른 문화 속에 살아가고 있는 노동계층 아동들은 우선 교육에서 다루고 있는 내용이 그들이 일상적으로 접하고 있는 문화내용과 다르기 때문에 만족스러운 학업 성취가 어렵게 되고, 학교교육에서 다루어지고 있는 지식이 그들 자신의 것이 되지 못한다는 것이다.

부르디외(Bourdieu)는 교육체제는 지배계급의 세계관을 반영하는 지식, 즉 문화자본을 전수함으로써 사회질서를 재생산하고 합법화한다고 보았다. 따라서 학교교육은 사회불평등을 완화하기보다 심화시키고, 계층 간의 위계화를 고착화시킨다는 것이다.

그리고 교육과정에 대한 비판사회학적 연구의 대표적 학자인 애플(Apple)은 학업성취와 사회의 전통에 의거한 경영체계적인 교육과정이론을 비판하고 정치적 입장을 취할 것을 주장하면서 교육과정에 대한 비판적 분석을 전개해 오고 있다. 이러한 점에서 볼 때 교육과정 사회학자들은 교육과정에 선발된 지식은 현 기존체제의 문화와 특권을 반영한 것으로, 그들 집단을 영속화하는 데 도움을 준다는 입장이다. 요컨대 사회권력은 문화적으로 표현되는 것이고, 지식과 문화는 사회지배와 자본축적 과정에 중요한 원동력이 된다는 것이다.

결국 학교지식은 사회적 성격을 반영하고 있으며, 특히 지배집단이 선호하는 가치와 문화로 구성되어 있다. 이러한 이유 때문에 학교지식을 문제적인 것으로 간주하여야 하며, 학교지식에 대해 의문을 제기하여야 한다. 지루(Giroux)는 이 점에 대해 다음과 같이 논의하고 있다.

- 학교지식으로 간주되는 것은 무엇인가?
- 학교지식이 어떻게 조직되는가?
- 학교지식을 구조화하는 주요 코드는 무엇인가?
- 학교지식으로 간주되는 것이 어떻게 전달되는가?
- 학교지식은 어떻게 결정되는가?
- 학교지식은 어떠한 문화체제에 의해 합법화되는가?
- 학교지식의 합법화는 누구의 이익에 봉사하는가?

교육과정 사회학자들은 학교에서 다루어지는 지식이 누구에 의하여 선발, 조직, 평가가 이루어지는가에 관심을 둔다. 이들에 의하면 학교의 지식은 사회구조와 매우 밀접한 관계를 유지하고 있으므로, 학교에서 다루는 지식의 의미를 밝힌다는 것은 사회구조의 성격을 파악할 수 있으며, 나아가 사회의 구조적 모순을 해결할 수 있는 실마리를 제공받을 수 있다는 것이다.

이렇게 교육사회학의 새로운 주류로 등장한 교육과정 사회학은 현재의 사회적 불평등을 기능이론이나 갈등이론의 거시구조적 관점만으로 해결하기는 어려우며, 보다 근본적인 해결책을 수립하기 위해서는 지식을 통한 사회적 통제와 지식이 조직, 구성, 분배되는 기제(mechanism)를 이해하고 그것을 변화시켜야 한다고 주장하였다.

/참/고/자/료/

김기석(1992). 교육 평등화와 사회 평등화. 철학사상, Vol.2, No.0, pp. 32-37.
김대연(1983). 교육사회학. 서울: 학문사.
김신일(1985). 교육사회학. 서울: 교육과학사.
김신일(2000). 교육사회학. 서울: 교육과학사
김용숙(1984). 교육사회학. 서울: 교학연구사.
문인원, 최희선(1985). 교육사회학. 서울: 형설출판사.
석태종 역(1985). 교육사회학. 서울: 형실출판사.
이규환(1978). 교육사회학. 서울: 배영사.
이규환(1997). 교육사회학. 서울: 배영사.
이상로, 이윤수 역(1972). 교육사회학. 서울: 교육과학사.
이석재(1985). 교육사회학. 서울: 정민사.
이은경(2003). 교육 평등과 평생교육. 미간행논문.
이은경(2004). 평생학습자를 위한 뉴 마인드 맵 교육학, 케이세스.
이중(1976). 교육과 사회. 서울: 배영사.
이종각(1997). 교육사회학총론. 서울: 동문사.
정우현(1991). 교육사회학. 서울: 교육과학사.
정우현 역(1975). 교육사회학. 서울: 고려대출판부.
진원중(1976). 교육사회학 원론. 서울: 법문사.
차경수(1996). 교육사회학의 이해. 서울: 양서원.
차경수(1985). 현대의 교육사회학. 서울: 학문사.
최정웅(1983). 교육사회학. 서울: 형설출판사.
한준상(1996). 신교육사회학. 서울: 학지사.

황원영(1984). 교육사회학. 서울: 교육과학사.
황종건(1963). 교육사회학. 서울: 재동문화사.

Coleman, James (1968). The concept of Equality of Educational Opportunity. *Harvard Educational Review, Vol. 38,* No.1, Winter, pp. 37-77.
Rawls, John (2003). 정의론. 황경식 역. 서울: 이학사

추천사이트

http://www.edunet4u.net/ 에듀넷
http://www.kedi.re.kr/ 한국교육개발원
http://edu.mygoodnews.com/index.html/ 윤근혁의 교육돋보기
http://report.jinju.or.kr/educate/김용택와 함께 하는 참교육 이야기
http://www.was.pe.kr/ 직업과 경제
http://kew.webclass.net/ 한국교육신문
http://nces.de.gov/pubs/eiip/ 교육기회 지표
http://withyou.net/~kw/ 교육사회학의 최전선
http://plaza.snu.ac.kr/~kskim/ 김기석교수의 홈페이지

/학/습/정/리/

1. **교육사회학의 학문적 성격**을 교육사회학의 발달, 교육사회학의 연구의 의미, 교육사회학의 학문적 영역으로 구분하여 정리하였다. **개념의 발달과정**에서는 연도별로 여러 학자들에 의한 교육사회학의 태동과 과정을 구체적으로 정리하였다. 교육사회학 연구의 의미는 약 일곱 가지 구분으로 나누어 정리하였고, 교육사회학 연구 영역은 유네스코, 몇몇 학자 그리고 한국 사회에서 다루어지고 있는 영역을 정리하였다.
2. **교육사회학 관련 이론 개관**에서는 교육사회학 전개과정으로 몇몇 학자들의 이론 소개, 1920~1940년 사이의 이론적 발달과정, 1950년대와 1960년대의 관련 이론, 1970년대와 1980년대의 과정, 1952년 한국으로의 도입단계 그리고 1972년 '학교와 지역사회'라는 과목 출범 등을 소개하였다. 특히 최근에는 교육사회학 과목이 각 교육기관에서 더 강화되는 추세에 있음을 밝혔다.
3. **사회화와 문화**에서는 인간과 교육 그리고 사회 분야에서 사회적 존재로서의 인간을 다루었고, 인간의 의미와 인간 간의 상호작용을 다루었다. 사회와 문화에서는 **퇴니스**(F. Tönnies)의 이론을 시작으로 문화구조와 교육과 사회와의 관계, 그리고 몇몇 학자들의 이론들을 소개하였다.
4. **집단과 교육**에서는 집단의 의미, 집단의 유형, 집단과 교육과의 관계를 다루었다. 특히 집단의 유형에서는 퇴니스의 공동사회와 이익사회, **쿠울리**(C. M. Cooley)의 1차집단과 2차집단에 대하여 구체적으로 다루었다.
5. **사회계층과 교육**에서는 사회계층과 사회계급, 이규환 교수의 두 개념의 정의, 마르크스(Marx)의 개념 정의를 다루었다. 특히 사회변동과정에 대한 **테제=正(thesis)과 안티테제=反(antithesis) 및 신테제=合(synthesis)**의 원리를 다루었다. 또한 사회계층에 대한 사회학적 이론으로 뒤르켐, 무어와 데이비스 기능주의적 사회계층을 다루었다. 특히 기능주의적 갈등주의적 계층이론을 비교하여 정리하였다.
6. **교육과 평등**에서는 평등의 개념, 평등이념의 실현, 사회구성원의 선발과 배치, 사회적 이동, 교육계의 균등문제, 교육평등발전의 변천 과정, 교육계의 분배문제를 다루었다.
7. **사회변동과 교육**에서는 사회변동에서 일정한 사회관계의 유형, 사회성원들의 역할, 집단과의 관계, 정치체제, 권력구조, 계급구조, 계층구조 등을 다루었다. 특히 사회변동 요인을 자연적 요인, 인구적 요인, 기술적 요인, 문화적 요인, 변증법적 유물론으로 구분하여 정리하였다.
8. **교육과정 사회학**에서는 1950~1960년을 지배한 구조기능적 입장을 교육의 기회 균등, 교육의 효율성, 이탈자의 통제, 보상교육 프로그램 등에 관심을 두고 접근하였다. 이러한 문제를 해결하려는 대표학자로 **영**(Young)을 들 수 있다. 영국에서 일어난 지식사회학의 관점에서 현상학, 상징적 상호작용론, 민속방법론의 등장으로 교육 과정이 사회적 성격을 반영하고 있음을 나타냈다. 대표적인 학자로 **번스타인**의 이론과 **부르디외**(Bourdieu)의 문화자본을 소개하였다.

/학/습/평/가/

※ 아래 질문에 대해 설명하거나 논하시오.

1. 교육사회학의 학문적 성격을 논하시오.
2. 교육사회학을 연구하는 의미를 영역별로 논하시오.
3. 사회화와 문화를 사회적 존재로서의 인간과 관련하여 논하시오.
4. 집단 분류의 이분법을 설명하시오.
5. 사회계층과 교육, 교육과 편견에 대하여 정리하시오.

※ 아래 문제에 대해 정답을 고르시오.

6. 다음 학자 중 신교육사회학을 주장한 학자는?
   ① 영 ② 프리차드와 벅스턴 ③ 뒤르켐 ④ 루소

7. 교육사회학을 연구하는 의미와 전혀 관련이 없는 내용은?
   ① 사회변동과 변화과정 등을 충분히 이해
   ② 지식에 대한 연구방법 및 기술을 다루는 학문
   ③ 지역사회를 부분적으로 이해하는 데 도움
   ④ 인간을 가르치는 데 편애와 편견을 지양

8. 교육사회학의 연구 영역과 무관한 내용은?
   ① 사회계층과 교육 ② 사회적인 존재로서의 교사 ③ 지역사회 ④ 정당정치

9. 집단분류의 이분법과 무관한 학자는?
   ① 쿠울리 ② 섬나 ③ 퇴니스 ④ 페스탈로치

10. 사회변동요인이 아닌 것은?
    ① 자연적 요인 ② 문화적 요인 ③ 변증법적 무실론 ④ 기술적 요인

/읽/을/거/리/

계층 간 격차 최고 8.6배

사교육비 지출 양극화 현상이 심화되면서 상·하위계층 간 사교육비 지출 격차가 최고 8.6배에 달하는 것으로 나타났다. 성균관대 양정호 교수가 한국노동연구원의 2001~2004년 한국노동패널조사를 토대로 고등학생 이하 자녀에게 사교육비를 지출한 1천500여 가구를 대상으로 분석한 결과, 2004년 기준으로 최상위 20% 계층의 월평균 사교육비는 83만 8천 원이었다. 최하위 20% 계층의 월평균 사교육비는 9만 8천 원으로 상·하위계층의 사교육비 격차가 약 8.6배에 달했다.

계층 간 사교육비 지출 추이를 살펴보면 최하위 20%의 사교육비는 2001년 7만 5천 원에서 2004년에는 9만 8천 원으로 2만 3천 원가량 늘어나는 데 그친 반면, 최상위 20%는 56만 8천 원에서 83만 7천원으로 26만 9천 원이나 급증했다.

이에 따라 최상·하위계층 간 사교육비 지출 격차도 2001년 7.6배에서 2004년에는 8.6배로 그 격차가 확대됐다. 양 교수는 "사교육비 양극화 현상이 갈수록 심화되고 있다."며, "사교육비 격차 해소를 위해 학부모들이 교육 정책을 신뢰할 수 있도록 하는 등의 대책을 마련해야 한다."라고 말했다.

연도	사교육비 지출 5분위				
	1분위 (최하위 20%)	2분위	3분위	4분위	5분위 (최상위 20%)
2001	7.5	15.0	21.7	31.7	56.8
2002	8.5	17.7	24.7	33.8	68.5
2003	11.4	22.0	32.0	45.3	84.2
2004	9.8	19.8	29.7	43.9	83.8

*출처: 연합뉴스, 2006.2.1.

11장

평생교육

학습목표

1. 평생교육의 철학과 이념을 이해하여 설명할 수 있다.
2. 평생교육의 개념 차이를 이해하여 그 차이점들을 설명할 수 있다.
3. 현대사회에서의 평생교육의 필요성과 교육적 의의를 이해하여 설명할 수 있다.
4. 평생교육의 이념적 속성들을 이해하여 각각의 차이점을 설명할 수 있다.
5. 평생교육의 비전과 성장정책을 이해하여 설명할 수 있다.
6. 정부가 추진하고 있는 평생교육발전을 이해하고 정책과제를 설명할 수 있다.

최근 국내외에서 평생교육과 관련된 정책을 학교교육 못지않게 많이 강화하고 있다. 몇 가지 사례를 들면 첫째, 정부의 각 부처와 기업, 대학 사설교육기관을 통한 계속교육, 재취업교육, 전업교육 등을 그 어느 때보다도 활발하게 전개하고 있으며, 둘째, 지식기반사회에 대비한 평생교육제도의 패러다임 전환을 모색하고 있으며, 셋째, 초·중등학교에서 방과 후 교육 프로그램의 확대, 넷째, 학점은행제와 자기주도적 학습, 사이버대학 및 대학 등 학습사회 실현을 위한 갖가지 제도 및 방안들이 강구되고 있다.

이 장에서는 미래를 여는 평생교육의 신 비전을 중심으로 미래사회와 평생교육의 이념, 평생교육의 개념, 평생교육의 필요성, 평생교육의 실제, 평생교육의 성장 및 저해요인, 평생교육의 미래 비전과 정책 그리고 평생교육 발전을 위한 정책과제를 알아본다.

1. 21세기 미래사회와 평생교육

1) 평생교육과 교육

교육의 총체적 원형으로 불리는 평생교육은 미래를 여는 새로운 교육의 지평으로 관심을 모으고 있다. 평생교육과 교육은 넓은 의미에서는 사실상 동의어로 볼 수 있다. 평생교육은 교육이라는 개념이 학교교육과 동의어인 것처럼 왜곡되어 사용되기 이전 교육 본래의 모습과 같은 의미를 지니는 것이기 때문이다. 오늘날 교육의 모습은 교육의 본질로부터 상당히 많이 변질되어 있다. 교육의 개념이 지나치게 편협화되고 왜곡되어 마치 학교교육과 동의어인 것처럼 오인되고 있다. 교육의 모든 것을 총체적으로 포괄하는 우산 개념으로서의 평생교육은, 교육이라는 단어 앞에 굳이 '평생'이라는 접두어를 붙임으로써 이렇듯 편협되고 왜곡된 교육을 다시 원형으로, 본질로 회귀시키고자 강조한 개념이다. 평생교육의 거장인 데이브(Dave, 1976)는 이러한 의미를 일컬어 '오래된 생각의 새로운 의미 발견(a new significance of an old idea)'이라 하였다. 데이브의 이러한 지적은 이미 오래전부터 있어 왔던 교육 본질로의 회귀에 대한 교육적 이상 추구가 새로이 평생교육이라는 개념으로 강조된 것임을 의미한다.

이러한 평생교육론의 새로운 의미 발견은 평생교육이 지향하는 교육의 수직·수

평적 통합 개념을 통해 확연하게 드러난다. 평생교육은 더 이상 학교교육이나 사회교육의 동의어가 아닌, 이들 모두를 총체적으로 포괄하는 생애 전 주기에 걸친 교육의 모든 것을 등가치적으로 인정하고 존중하는 새로운 교육이념이기 때문이다.

2) 지식기반사회에서의 평생교육

그렇다면 이러한 의미 구조를 지니는 평생교육은 미래를 여는 교육의 신 지평으로서 어떠한 교육사회학적 함의를 지니고 있는가? 지식기반사회에서 평생교육이 갖는 교육적 함의는 무엇인가?

이에 대한 답을 찾기 위해서는 무엇보다도 21세기 지식기반사회에서 평생교육이 강조되게 된 배경(조화태 외, 2003)을 살펴볼 필요가 있다. 우선, 지식기반사회에서는 과거에 비해 폭발적인 지식과 정보 및 기술의 양적 확대 및 질적 변화로 말미암아 지식의 노후화가 가속화되고, 지식은 항구적이기보다는 일회적인 정보가 되게 되며, 지식인의 의미 또한 지식과 정보를 가지고 있는 사람에서 지식과 정보에 대한 접근 방식을 알고 있는 사람으로 변화하게 된다. 교육의 역할 역시 지식을 전달하기보다는 학습자가 자기주도적으로 학습할 수 있는 능력을 배양해 주는 것이 된다.

둘째, 급격한 사회 변화로 인해 직업의 수명이 짧아지고, 평생직장의 개념은 사라지고, 끊임없는 새로운 직업정보와 기술을 익히지 않으면 뒤처질 수밖에 없게 되었다.

셋째, 인간의 평균수명 연장으로 인해 노년기의 교육과 직업능력 개발을 위한 교육이 필요하게 되었다.

넷째, 산업의 자동화, 노동시간의 변화 등으로 인해 여가시간이 증가하였고, 삶의

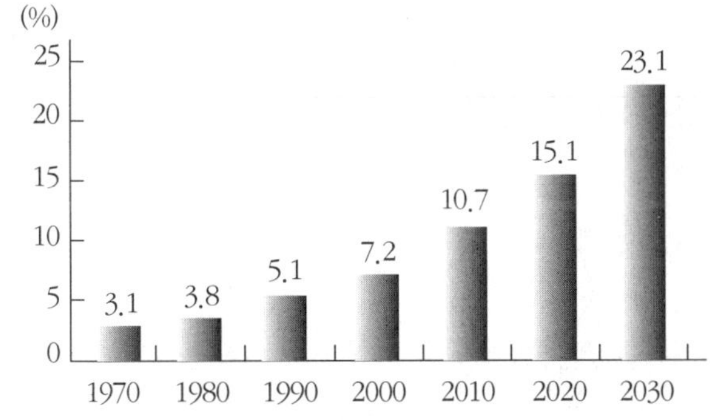

[그림 11-1] 우리나라의 노인인구 비중(통계청, 2003)

우리나라 노인인구는 1970년에서 2000년 사이에 3.1%에서 7.2%로 두 배 이상의 증가를 보였다. 2000년대에는 더욱 빠른 성장세를 보여 2030년에는 전체 인구의 23.1%가 65세 이상의 노인인구가 될 것으로 예상된다.

질에 대한 관심은 증대되었다. 이로 인해 여가문화활동과 자기계발 등을 비롯한 계속적인 학습과 교육에 대한 욕구가 증가하게 되었다.

이렇게 지식기반사회에서는 변화의 주기가 이렇듯 짧아지는 반면 변화의 폭과 파장은 반대급부로 크게 증폭되는 역조적 현상이 나타나면서 전 세계가 대 변혁의 메가트랜드를 맞고 있다

그렇다면 이러한 사회에서 교육의 모습은 어떠한 것일까? 교육이 과연 지금까지와 같은 어느 한 부문의 교육, 즉 학교교육만의 전유물이 될 수 있을 것인가? 가속적이면서도 구조적인 대변혁을 전제로 하는 미래사회에 생존하기 위해서는 극대화된 교육력을 전제로 하는 새로운 교육이념과 교육체제가 필요하다. 지금까지와 같은 획일적이고 경직된 학교교육만으로는 응전하기 어렵다. 인생의 한 시기의 종국적 개념(terminal education concept)이었던 학교교육만으로는 결정적인 한계에 봉착할 수밖에 없다. 교육의 모든 부문과 자원이 총체적으로 연계되고 그 활용이 극대화되는 통합적 평생교육의 이념이 요청되고 있다. 가정교육, 학교교육, 사회교육 부문 간의 유기적이고 통합적인 연계를 전제로 하는 평생교육을 통해 형식교육(formal education)과 비형식교육(nonformal education), 무형식교육(informal education)을 '삼위일체적으로 결집시키는 교육 역량의 극대화'가 요청되고 있는 것이다.

여기서는 이러한 논의를 전제로 평생교육의 개념을 정리해 보고 평생교육의 의미와 필요성을 교육사회학적 관점에서 탐색해 보고자 한다. 이와 함께 평생교육의 한국적 실상과 성장가능성 및 발전 저해요인을 살펴보고, 이에 기초하여 한국 평생교육의 발전 정책들을 교육사회적 맥락 속에서 논의함으로써 미래사회의 새로운 교육비전 추출 작업에 일조하고자 한다.

2. 평생교육의 개념과 사회교육

1) 평생교육의 개념

■ **평생교육**
평생교육의 정의는 넓게는 '인간의 삶 전체 과정에서 이루어지는 교육에 대한 총칭'이다. 또한 우리나라 평생교육법의 적용범위에 나타난 협의적 평생교육은 '학교교육을 제외한 모든 형태의 조직적인 교육활동'을 지칭한다.

오늘날 평생교육은 새로운 사회의 교육 이상향으로, 또는 학교교육 본위 제도권 교육 중심체제에 대한 대안적 교육이념으로 제시되고 있다. 평생교육이란 흔히 '요람에서 무덤까지' 평생에 걸친 배움을 강조하는 이념으로, 또는 '가정교육, 학교교육, 사회교육'의 삼위일체적 교육통합론으로 이해되고 있다(김종서 외, 2000). 그러나 21

세기 미래사회의 교육이념 및 모델로서 절대적인 중요성과 효용성, 필연성을 지니게 될 것으로 예상되는 평생교육은 교육의 어떤 한 특정 영역이나 특정 부문을 지칭하는 실체적 개념은 아니다. 평생교육은 '교육' 그 자체와 동의어적인 성격을 지니는 개념으로, 교육의 모든 것을 총칭하는 본질론적 이념이기 때문이다. 평생교육은 이러한 점에서 사회교육이나 학교교육과 같이 특정의 실체적 영역을 지니는 명확한 개념이라기보다는 이들 모두를 하나로 묶는 이상향적인 이념의 성격을 지니고 있다(김종서 외, 2000).

그로 인해 평생교육에 관한 개념적 혼란과 오류를 범하기 쉽다. 많은 경우 평생교육은 사회교육과 동의어로 혼용되고 있다. 물론 평생교육의 이념이 강조하고 중요시하는 핵심적인 영역이 사회교육 부문임에는 틀림없다. 그로 인해 두 개념은 마치 동의어인 것처럼 인식되고 있고 한 단어처럼 쓰이고 있다. 그러나 이 양자의 개념은 구별될 필요가 있다. 평생교육은 사회교육과 학교교육을 포괄하는 상위의 총체적 교육이념으로, 그리고 사회교육은 그 한 영역으로서 학교교육 이외의 비정형적인 교육 부문을 의미하는 하위 부분 개념으로서 이해되어야 한다(최운실, 1997).

한편 한숭희(2006)는 평생교육의 핵심은 학습자들이 자기주도적인 평생학습을 통해 자신의 경험을 끊임없이 재구성하고 개발시켜 나갈 수 있도록 지원하는 교육과정, 방법, 제도, 네트워크를 의미한다고 보았다. 따라서 그는 평생교육을 "경험의 계속적이고 자기주도적인 성장을 유발하는 학습을 촉진하는 의도적이고 체계적인 활동 가운데 교육의 조건을 만족시키는 실천과 제도에 관한 조직 원리"라고 정의하고 있다.

2) 평생교육의 이념적 속성

평생교육의 개념 규정에서 정리한 바와 같이, 평생교육의 이념적 속성은 다섯 가지 측면, 즉 ① 교육개념의 광역성과 통합성, ② 교육시기의 계속성과 항상성, ③ 교육대상의 평등성과 전체성, ④ 교육접근 방식의 다양성과 상대성, ⑤ 교육체제의 개방성과 탈정형성으로 집약할 수 있다.

평생교육 이념의 첫째 속성으로서 교육개념의 광역성과 통합성은 전통적 교육개념에서와 같이 학교교육 만능의 교육관, 즉 교육은 곧 학교교육이 전부라는 학교본위 개념에서 탈피하여 교육의 모든 부문과 양태가 등가치적으로 인식되고 교육개념의 인식이 학교교육 이외의 여타 교육 범주에까지 실질적으로 확산되어야 함을 의미한다.

둘째, 교육시기의 계속성과 항상성은 교육의 시기가 태어나서 죽을 때까지의 전생애주기에 걸쳐 균등하게 재분배되고 지속적으로 중시되어야 한다는 강조점에서 도출된다.

셋째, 교육대상의 평등성과 전체성은 지금까지의 학교교육이 주로 혜택받은 소수 특권집단의 이익을 대변 · 반영하고 그들에 의해 제한적으로 독점 · 획득되어 왔음을 전제한다.

넷째, 교육접근 방식에 있어서의 다양성은 평생교육이 지금까지의 교사 중심, 강의 중심, 출석식 정규 전일제 중심의 고정적 틀에 박힌 전통적 학교교육 특성에서 탈피해야 함을 강조하는 것이다.

다섯째, 교육체제에 있어서의 개방성과 탈정형성은 기존의 학교교육제도가 안고 있는 폐쇄성과 경직성을 극복하고 각 교육체제 간의 상호 유기적 · 탄력적 연계성과 개방성을 확대시켜야 함을 강조하는 것이다. 이는 정형적이고 폐쇄 · 경직된 체제로부터 탈정형적 요소가 가미되어 보다 융통성 있고 다양한 체제로 변화해 나가는 교육체제를 의미한다. 이는 결국 지나치게 정형화된 우리의 기존 학교교육체제를 탄력화하고 비정형화하며 확산하여, 제도와 운영의 제 측면에서 열어 주고 풀어 주자는 주장으로 볼 수 있다. 동시에 이러한 이념은 기존 학교교육체제와 학교 외 교육체제간의 탄력적 연계 · 접속과 함께, 전통적인 학교교육체제와 대안적 형태의 개방형 학교체제, 준학교체제들 간의 탄력적 연계 · 접촉의 당위성을 강조하는 것이기도 하다.

3) 평생교육과 사회교육

(1) 사회교육의 위상과 범주

평생교육은 실체적 영역으로 학교교육, 학교 외 교육으로서의 사회교육, 그리고 가정교육이라는 3대 영역을 지닌다. 이러한 평생교육의 하위 영역으로 평생교육의 본령이라 불리는 영역은 바로 사회교육이다. 평생교육과 사회교육은 결코 동의어가 아니다. 평생교육이 교육의 모든 것을 총체적으로 결집시키는 이념이라면, 사회교육은 그중 일 부문으로서의 실체적 영역으로 정규 학교교육과정을 통해 이루어지는 교육 이외의 영역을 의미하는 부분개념이기 때문이다.

이러한 사회교육을 이해하기 위해서는 먼저 사회교육이라는 개념을 전반적인 교육개념과의 관련구조 속에서 살펴볼 필요가 있다. 전체 구조 속에서 사회교육의 위치와 교육적 범주가 보다 극명하게 드러날 수 있기 때문이다.

[표 11-1]에 제시된 바와 같이 사회교육은 교육을 분류하는 개념 중 교육이 이루어지는 장(場)과 교육 실시기관의 성격을 준거로 분류할 경우 학교나 가정이 아닌 교육의 장르를 지칭하는 개념이다. 이러한 사회교육은 교육대상별 분류로 청소년교육이나 성인 및 노인교육이 모두 포함될 수 있으나, 특히 성인교육과 가장 밀접한 개념적 관련을 지닌다. 교육단계별로는 학교 후 계속교육에 가장 가까우며, 교육양태별로는 비형식교육에 가깝다.

[표 11-1] 사회교육의 범주화를 위한 교육개념의 분류

분류준거	해당 교육 부문
교육대상별	유아교육, 아동교육, 청소년교육, 성인교육, 노인교육
교육단계별	학령전교육, 학교교육(초등교육, 중등교육, 고등교육), 학교후 계속교육(대학원교육 및 각종 사회교육기관을 통한 계속교육)
교육양태별	형식교육(formal education), 비형식교육(nonformal education), 무형식교육(informal education)
교육장(場)별	가정교육, 학교교육, 사회교육

(2) 사회교육의 개념 정의

■ 사회교육
한 사회 안에서 이루어지는 여러 형태의 교육 중에서 학교교육을 제외한 모든 교육을 사회교육이라고 한다. 평생교육이라는 개념이 등장하기 이전까지 학교 외 교육을 지칭하는 가장 포괄적인 개념으로 사용되었다.

사회교육은 정규 학교교육과정을 통해 이루어지는 교육 이외의 모든 교육을 총칭하는 개념으로 규정될 수 있다. 그러나 사회교육은 평생교육의 개념과 마찬가지로 아직 학계에서조차 그 개념이 명확하게 정립되거나 충분히 합의되지 못한 상태다. 개념 정립이 혼란스럽고 미비한 이유로는 첫째, 사회교육은 그 본질상 다양성과 자율성, 융통성, 무정형성을 특징으로 하고 있는 교육활동이라는 점, 둘째, 사회교육이라는 개념 자체가 상당히 포괄적이고 광범위한 교육활동을 의미하고 있다는 점, 셋째, 사회교육은 실천에 있어 교육활동의 역사는 깊으나, 학적 · 제도적으로는 역사가 일천하여 학교교육과 달리 아직 독립된 교육 영역으로 자리 매김을 하고 있지 못하다는 점, 넷째, 사회교육은 시대적 요청과 사회변동에 직접적인 영향을 받는 가변성을 전제로 하는 실천지향적 교육 부문이라는 점 등을 들 수 있다(권이종, 1995).

이러한 이유들로 인해 사회교육의 개념은 관점에 따라 또는 학자에 따라 광의와 협의의 개념으로 다양하게 제시되어 왔으며, 아직 충분한 합의를 모으고 있지 못하다. 그러나 이러한 시점에서 우리가 분명히 해야 할 점은 오늘날과 같은 평생학습시대의 사회교육은 종전과 같이 사회교육을 학교교육에 대한 아류적 보충기제 역할이나 직업훈련의 연장선상의 방편으로만 생각해 왔던 때와는 크게 다른 의미를 지닌다는 점이다.

이와 같이 사회교육은 관점에 따라 또는 사회의 경제수준이나 교육기회 확대 정도, 실시기관, 교육대상, 교육유형 등에 따라 다양하게 정의될 수 있다. 그러나 이들 개념 논의들을 통해 볼 때, 사회교육의 개념은 평생교육체제 속의 통합적 부분으로서 학교 외의 사회화 과정이며, 주로 청소년 및 성인들을 대상으로 행하여지는 조직적인 교육활동으로 정의될 수 있을 것이다. 이때 사회교육의 대상으로 정규학교 학생만을 제외하고 유아를 포함시켜 전 국민으로 확대하여 보는 견해도 있다.

한편 사회교육의 개념은 광의와 협의로 구분하여 다음과 같이 규정되기도 한다.

① 광의의 사회교육: 다른 법률에 의한 학교교육을 제외하고 국민의 평생교육을 위한 모든 형태의 조직적인 교육활동을 말한다.
② 협의의 사회교육: 평생교육체제의 한 영역으로서 학교 외 청소년과 성인들을 위한 모든 형태의 조직적인 교육활동을 말한다.

그러나 일반적으로 학계에서는 광의의 사회교육 개념보다는 다소 그 범주를 전문적으로 제한하려는 협의의 사회교육 개념이 더 널리 통용되고 있다. 이는 한국 사회교육법 제2조에 "사회교육이란, 다른 법률에 의한 학교교육을 제외하고 국민의 평생교육을 위한 모든 형태의 조직적인 교육활동을 말한다."라고 명시되어 있는 것과도 관련이 있다.

결론적으로 정리해 보면 학계를 위시하여 일반적으로 통용되는 사회교육의 개념은 '미진학 청소년 및 성인을 대상으로 하는 정규 학교교육 이외의 모든 체계적이고 조직적인 교육활동으로서, 평생교육의 가장 핵심적인 구성요소 또는 본령이 되는 교육 영역'으로 이해될 수 있다. 결국 사회교육의 개념은 정규 학교교육을 제외한 비정규 교육 부문을 의미하는 것으로서, 광의의 입장에서는 비정규 교육 부문 전체를 총칭하는 의미로 사용되고 있고, 협의로는 이러한 비정규 교육 부문 중 특히 청소년과 성인을 주대상으로 삼는 사회교육으로 국한되거나 또는 교육적 조직성과 체계성, 의도성을 지닌 경우만을 사회교육으로 규정하고 있음을 알 수 있다.

(3) 사회교육의 특성

사회교육의 특성을 이해하기 위해서는 사회교육의 기본적 성격과 원리를 살펴볼 필요가 있다. 여기서는 아홉 가지의 기본적 사회교육 특성을 통해 사회교육의 이해에 접근해 보고자 한다(정지웅, 김지자, 1995).

사회교육의 성격과 원리는 탈정형성, 자발성, 상호학습성, 현실성과 실제지향성, 다양성과 이질성, 과정중심성, 참여와 공존성, 경험중심성 그리고 즐거운 학습 등이다.

4) 평생교육의 유관 용어

평생교육의 유관 용어는 무수히 많으나, 대표적으로는 사회교육, 성인교육, 비형식교육, 계속교육, 회귀교육 등을 들 수 있다. 이들 용어들은 지향하는 궁극적 이념에 있어서는 기준교육체제에 대한 상보적 · 대안적 접근이라는 점에서 유사성을 지니나, 그 구체적인 범주와 관점, 강조성에 있어서는 상이성을 보인다. 여기서는 개념 정립에서 논의되었던 평생교육과 사회교육을 유사한 개념으로 각 용어들의 개념범주를 좀 더 구체적으로 정리해 보고자 한다(최운실, 1997a).

(1) 계속교육

계속교육(further & continuing education & Weiterbildung)이란 용어는 미국에서는 'continuing education' 으로, 영국에서는 'further education' 으로, 독일에서는 'Weiterbildung' 으로 표현되고 있다. 계속교육이란, 일정한 단계의 학교교육을 마친 자가 직업이나 가정, 사회생활을 영위하다가 사회생활이나 직업생활과 학업을 병행하기 위해 다시 교육의 장(場)으로 돌아오는 것을 의미하며, 주로 성인의 학교를 통한 2차적 교육 기회를 의미한다. 따라서 교육의 대상이 주로 성인이며, 교육의 방식은 학교교육이 주가 된다는 점에서 사회교육이나 성인교육 또는 비형식교육과 차이가 있다.

■ **계속교육**
일정한 단계의 학교교육을 마친 자가 직업이나 가정, 사회생활을 영위하다가 사회생활이나 직업생활과 학업을 병행하기 위해 다시 교육의 장(場)으로 돌아오는 것을 의미하며, 주로 성인의 학교를 통한 2차적 교육 기회를 의미한다.

(2) 성인교육

성인교육(adult education/Erwachsenenbildung)은 교육대상을 분류준거로 한 용어로서 성인을 대상으로 하는 모든 형태의 교육활동을 총칭한다. 따라서 교육의 대상은 성인이며, 교육방식은 형식 · 비형식교육이 모두 포함될 수 있고, 성인을 위한 학교교육도 성인교육의 범주에 포함될 수 있다는 점에서 사회교육과는 다르다. 평생교육의 개념 중 성인기 이후의 교육활동만이 이에 해당된다.

■ **성인교육**
청년 이후의 성인을 대상으로 하는 모든 형태의 교육활동을 성인교육이라 한다.

성인교육의 개념은 미국을 위시한 구미 여러 나라에서 많이 사용되고 있다. 1967년 유네스코 총회에서는 성인교육을 ① 성인들이 참여하는 모든 조직적 교육활동, ② 성인들이 그들의 소질과 능력을 키워 지식을 획득하고 직업이나 직업적 자질 향상이나 직업 전환을 위해 실시하는 교육활동, ③ 조화롭고 영속적인 사회, 경제, 문화발전에 기여할 수 있도록 태도와 행동을 변화시켜 주는 조직적인 교육활동, ④ 그가 속해 있는 국가나 사회가 성인이라고 인정하는 사람들을 대상으로 실시하는 조직적인 교육활동으로 정의하고 있다.

(3) 비형식교육

■ 비형식교육
전일제 정규 학교교육으로 구분되는 형식교육과 우연적 학습 또는 부수적 · 부차적 학습으로 규정되는 무형식교육을 제외한 여타의 교육 양태를 의미한다.

비형식교육(nonformal education)은 교육의 양태 또는 교육의 방식에 따른 구분으로서, 교육의 대상에 대한 규정은 내포되어 있지 않다. 비형식교육은 전일제 정규 학교교육으로 구분되는 형식교육과 우연적 학습 또는 부수적 · 부차적 학습으로 규정되는 무형식교육을 제외한 여타의 교육 양태를 의미하며, 이는 사회교육과 가장 유사한 개념이다.

(4) 기초교육

■ 기초교육
학교교육의 기회를 받지 못했거나 제도화된 교육기관에 취학하지 못한 교육대상들에게 자신들의 생활조건을 개선하는 데 필요한 기본적인 지식과 기술을 습득할 수 있도록 하는 삶의 기본 교육을 의미한다.

기초교육(fundamental education)은 비문해자가 많은 개발도상국가에서 주로 쓰이는 개념으로, 유네스코를 중심으로 보급된 개념이다. 기초교육은 학교교육의 기회를 받지 못했거나 제도화된 교육기관에 취학하지 못한 교육대상들에게 문화교육과 생활기능교육을 통해 개인으로서의 권리와 의무를 깨닫게 하고, 자신들의 생활조건을 보다 진취적으로 개선하는 데 필요한 기본적인 지식과 기술을 습득하게 하여 사회 · 국가발전에 보다 더 효과적으로 참여할 수 있도록 하는 삶의 기본 교육을 의미한다.

(5) 생애교육

■ 생애교육
개개인 모두가 일을 중심으로 한 사회의 가치관에 익숙해지고 이러한 가치관이 인격체제에 통합되어, 일이 개인에게 보람 있고 만족스럽게 생활화하는 데 도움을 주는 학교와 지역사회 간의 노력의 총체를 의미한다.

생애교육(career education)은 미국에서 시작하여 최근에 발달하기 시작한 교육의 한 개념으로 주로 직업교육의 영역에서 많이 사용된다. 생애교육이란, '개인이 생활의 일부 혹은 생활수단으로서 일을 배우고 일에 종사하기 위하여 준비할 수 있는 경험의 총체' 또는 '개개인 모두가 일을 중심으로 한 사회의 가치관에 익숙해지고 이러한 가치관이 인격체제에 통합되어, 일이 개인에게 보람 있고 만족스럽게 생활화하는 데 도움을 주는 학교와 지역사회 간의 노력의 총체'로 정의된다.

(6) 회귀교육

회귀교육(recurrent education)은 OECD에 의해 주창된 교육개념으로 기존의 일회성 학교교육체제가 지니는 비효율성과 한계를 극복하고, 교육의 시기를 평생에 걸쳐 순환적으로 재분배하여 계속될 수 있도록 해야 한다는 새로운 교육도식을 전제로 하는 교육개념이다. 이러한 회귀교육은 학교교육과 직업생활을 주기적 · 순환적으로 반복하여 연계짓는 교육체제를 전제로 하며, 주대상은 직업을 가진 성인이다. 교육의 주목적은 노동시장 변화에 따른 직업적 재적응과 생산성 제고이며, 교육의 계속성과 통합성을 강조한다는 점에서 다른 평생교육 유관 개념들과 유사하다. 즉, 회귀교육은 교육의 방식에 있어 학교교육이 주가 되고 학교교육과 직업이 순환적 · 주기적으로 반복되는 교육형태를 취한다는 점, 직업 진로와 관련하여 교육주기를 설계한다는 점에 있어 다른 개념들과 차이를 보인다.

3. 평생교육의 필요성과 의의

오늘날 평생교육은 왜 중요한 교육의 이념으로 대두되고 있는 것일까? 왜 현대 사회에 이르러 평생교육의 문제는 새로운 교육의 대안적 패러다임으로 그 필요가 절감되고 있는 것일까? 평생교육의 필요를 촉발시키고 있는 사회적 상황변수는 무엇인가? 평생교육의 사회적 의미는 현대 사회의 제반 특성과 양상 속에서 어떻게 발견될 수 있는 것일까? 여기서는 이러한 문제에 대한 답을 평생교육론 대두의 사회적 상황성과 필요성의 측면에서 살펴보고자 한다.

1) 평생교육론 대두의 사회적 상황

평생교육론 대두의 사회적 상황성을 ① 국제개방화 시대의 평생교육, ② 하이테크 시대의 평생교육, ③ 지식정보화 시대의 평생교육, ④ 실력주의 시대의 평생교육, ⑤ 급변하는 직업세계에서의 평생교육, ⑥ 생애주기의 변화와 평생교육, ⑦ 소외 극복과 가치관 함양 기제로서의 평생교육이라는 일곱 가지 측면에서 살펴보고자 한다(최운실, 1997a).

(1) 국제개방화 시대의 평생교육

세계는 본격적인 지구촌 시대(globalization)를 맞이하였다. 지구촌 전체가 국경 없이 하나의 권역으로 통합되는 본격적인 국제개방화 시대가 오고 있다. 국가 간 상호 의존성이 절대적으로 심화되어 가는 한편, 생존을 위해 모든 국가들이 앞다투어 치열한 경쟁을 감내해야 하는 상황이 전개됨에 따라, 사회 모든 부문에서 국가경쟁력 강화를 위한 전략 탐색에 극도의 관심이 모아지고 있다. 자국의 정치 · 경제 · 사회 · 문화를 구획짓던 자국중심주의의 틀을 벗어나, 국경을 넘나드는 인적 · 물적 자원과 정보의 교류가 극대화되고 국경의 보호막이 사라진 무한경쟁시대를 동시에 맞게 됨에 따라 자국의 모든 국가경쟁력을 총결집시키고 극대화시키려는 무한대적 노력이 가속화되고 있다.

(2) 하이테크 시대의 평생교육

오늘의 사회는 첨단의 하이테크가 부상되고 기술변동이 가속화되는 시대를 맞고 있다. 모든 부문에서 정보통신산업에 기초한 첨단의 기술개발이 이루어지고 있으며, 이는 인공두뇌라 불리는 컴퓨터의 가속적 발전에 힘입어 더욱 빠른 속도로 현대인의 삶을 점유하고 있다.

(3) 지식정보화 시대의 평생교육

현대 사회는 고도의 지식정보화 사회를 특징으로 한다. 지식정보화 사회는 지식정보의 폭증과 조기 노후화를 통한 지식정보의 수명단축 현상을 주된 특징으로 하는 사회다. 미래학자들의 추정에 따르면, 연간 15만 종 이상의 새로운 지식정보가 폭증하며, 그중 절반에 가까운 지식정보는 1년 이내에 못쓰게 되어버리는 지식정보의 조기 노후화와 수명단축 현상이 일어나고 있다고 한다. 최근 첨단 과학기술 분야와 공학 분야의 경우는 심지어 지식정보의 수명이 3개월 미만인 것으로 추정되기도 한다.

(4) 실력주의 시대의 평생교육

현대 사회에서는 연고주의와 학벌주의에 의해 움직이던 지난날의 전통적 사회와는 달리 실력과 능력 그리고 경력에 의해 좌우되는 이른바 메리토크라시(meritocracy society) 사회의 속성이 강화되고 있다.

(5) 급변하는 직업세계의 평생교육

오늘날 직업세계는 빠른 속도로 변화하고 있다. 산업혁명 당시 불과 400여 종에 불과하던 직종이 오늘날에는 수십만 종으로 증가되었다. 새로운 직종이 빠른 속도로 분화 · 확산되고 있으며, 직업세계의 세분화와 전문화가 일고 있다.

2) 평생교육의 필요성과 의의

오늘날 사회의 급속한 변동은 인간의 교육적 욕구 충족이나 자기개발이라는 측면에서 새로운 교육제도를 절실히 필요로 하고 있다. 전통적인 의무교육으로서의 학교교육만으로는 현대 사회의 급속한 변화에 적응하기가 매우 어렵기 때문이다. 이러한 점에서 평생교육은 새로운 교육적 욕구를 충족시킬 수 있는 새로운 교육이념이자 새로운 교육제도로 요청되고 있다.

오늘날 평생교육이 우리 사회에서 절실히 요청되고 있는 필요성을 렝그랑(Lengrand)은 아홉 가지 측면으로 정리하였다(Lengrand, 1975). ① 인간의 이상 · 관습 · 개념의 가속도적 변화, ② 인구의 증가와 평균수명의 연장이 교육의 양적 확대뿐만 아니라 질적 변화를 초래한 점, ③ 과학기술의 진보와 산업 · 직업구조의 변화, ④ 정치의 변동, ⑤ 매스미디어의 발달과 정보처리능력의 필요성 증대, ⑥ 여가의 증대와 활용, ⑦ 생활양식과 인간관계의 위기, ⑧ 현대인의 정신과 육체의 부조화, ⑨ 이데올로기의 위기에 있어서 정체감(identity)의 혼란이 그것이다.

권이종은 이러한 평생교육의 필요성을 여섯 가지 측면에서 제시하였다(권이종, 1995).

① 민주복지국가 건설을 위한 국가사회의 일환으로 평생교육을 희구하는 국민에 대한 교육기회를 제도적으로 마련하는 데 있다.

② 정규 학교교육의 한계성과 문제를 극복하기 위한 대안이다. 인간교육이 상실된 입시위주 교육의 기계적이고 도구적인 교육환경 속에서 많은 문제가 발생하고 있다. 이를 극복하기 위해서는 대안적인 인간화 교육으로서의 평생교육이 필연적으로 요청된다.

③ 평생교육에 대한 시대적 필요성이다. 지식의 폭증 현상이 가속화되고 있는 요즈음 계속 배우지 않으면 곧 퇴보자가 되고 만다. 현대 사회에서 교육에는 졸업이나 끝이 있을 수 없다.

④ 사회 각종 기관 및 산업체의 인적 · 물적 교육자원을 평생교육 차원에서 적극 활용함으로써 교육력을 극대화하여야 한다.

⑤ 학교 외 교육자원의 활용과 활성화를 통해 지나친 학교교육 의존도와 부담을 경감함은 물론, 학교교육에 투자되는 막대한 교육요원과 시설의 신설 및 확충을 위한 교육예산을 절감하고 교육수혜자 부담의 교육비를 절감할 수 있다.

⑥ 평생교육체제를 통해 학생 · 입학시기 · 수학연한 등을 융통성 있게 운영하며, 개인의 사정 · 형편 · 능력에 따라 적합한 교육과정을 자유롭게 선택 · 변경하도록 함으로써 진정한 수요자 중심 교육체제의 구축과 사회구성원의 교육권과 학습권을 보장할 수 있다.

4. 평생교육 이념 실현을 위한 한국 평생교육의 실제

최근의 평생교육 이념 실현을 위한 한국 사회교육의 동향을 살펴보기 위하여, 먼저 한국 사회교육의 유형화 준거를 살펴보고 이에 기초하여 사회교육 유형별 실제를 개관한다.

1) 한국 평생 · 사회교육의 유형화

1990년대 이후 최근의 한국 사회교육 동향과 그 실제를 체계적으로 파악하고 이해하기 위해서는 먼저 사회교육을 체계적으로 유형화하여 전반적인 구조를 파악할 필요가 있다. 사회교육은 어떠한 분류 준거를 취하느냐에 따라 다양한 방식으로 유형화될 수 있으나, 일반적으로는 크게 네 가지 방식의 유형화, 즉 ① 사회교육을 실시하는 기관의 성격이나 설립주체에 따른 유형화, ② 사회교육 프로그램의 성격 및 내용별 유형화, ③ 사회교육 프로그램의 지향 이념별 유형화, ④ 사회교육 대상별 유형화 방식 등이 있을 수 있다.

이러한 준거 중 첫째, 사회교육을 실시하는 기관의 성격이나 설립주체에 따라 분류할 경우 실시주체가 공공기관인가 민간단체인가, 또는 학교인가 기업인가 문화시설인가 등에 따라 달리 유형화될 수 있다. 이와 같이 사회교육을 운영하는 주체기관의 성격에 따라 분류할 경우 ① 정부중심형 사회교육, ② 기업체중심형 사회교육, ③ 학교/대학중심형 사회교육, ④ 민간단체중심형 사회교육, ⑤ 문화시설중심형 사회교육, ⑥ 대중매체중심형 사회교육, ⑦ 학원중심형 사회교육, ⑧ 전문사회교육시설 중심형 사회교육 등으로 구분될 수 있다. 이 밖에도 ① 학교 형태의 사회교육, ② 대학의 사회교육, ③ 사회교육 전담기관 및 단체의 사회교육, ④ 사회교육시설, ⑤ 자원단체의 사회교육, ⑥ 공공 기관 및 산업체의 사회교육, ⑦ 매스미디어를 통한 사회교육 등과 같이 분류하는 경우도 있다.

둘째, 사회교육 프로그램의 내용에 따라 사회교육을 유형화할 경우, 사회교육 프로그램의 내용이 매우 다양하고 광범하며 뷔페식 교육과정(buffet curriculum)의 성격을 지니고 있어 여러 유형으로의 분류가 가능하나, ① 기초 및 교양교육, ② 직업·기술·전문교육, ③ 건강 및 보건교육, ④ 가족생활교육, ⑤ 시민생활교육, ⑥ 여가교육 등으로 분류되는 경우가 일반적이다.

셋째, 사회교육의 지향 이념별로 사회교육을 분류하는 경우에는 사회교육이 왜, 누구를 위해, 무엇을 위해 이루어지고 있는가 하는 이념지향성을 분류준거로 삼게 된다. 이러한 경우 사회교육을 누가 통제하느냐, 그 목적이 어디에 있느냐에 따라 ① 정부 주도의 국가발전 계획에 기초한 인력 양성을 위한 사회교육, ② 외부의 통제하에 개인의 정신계몽을 유도하는 사회교육, ③ 새로운 가치체계의 창출과 개인의 정체감의 변화를 도모하는 자아각성을 위한 사회교육, ④ 집단적 해방과 정체감의 변화를 목적으로 하는 사회교육 등으로 구분된다(권두승, 1991).

넷째, 사회교육을 받게 되는 주학습대상이 누구인가 하는 사회교육 대상별로 사회교육을 유형화하는 경우에는 일반적으로 ① 공무원교육, ② 농민교육, ③ 여성교육, ④ 노인교육, ⑤ 근로자교육 등으로 분류한다. 보다 세분화하여 농촌여성교육, 시설보호대상자교육, 군인교육, 회원교육, 종교단체신자교육, 사업체종사자교육 등으로 분류하기도 한다.

다섯째, 사회교육을 성격 및 기능별로 유형화할 경우 사회교육이 어떠한 기능을 수행하기 위한 목적으로 이루어지게 되는가 또는 어떠한 성격의 교육인가에 따라 분류하게 된다. 이러한 방식에 따라 사회교육을 분류할 경우 아직 일반적으로 합의된 유형화 방식이 정립되어 있지는 않으나, ① 비문해 해소 및 국민기초교육강화형 사회교육, ② 지역사회개발형 사회교육, ③ 사회계몽형 사회교육, ④ 학력보완형 사회교육, ⑤ 인력개발형 사회교육, ⑥ 여가선용형 및 교양증진형 사회교육, ⑦ 의식함양형 사회교육의 일곱 가지 유형으로 분류하기도 한다(최운실 외, 1993).

2) 유형별 평생 · 사회교육의 실제

다양한 사회교육의 실제를 파악하기 위한 작업으로 비교적 중요하다고 판단되는 일부의 사회교육 실제를 예시적으로 살펴본다(최운실, 1997a; 한국교육연감, 1997).

(1) 정부의 공무원 재교육

최근 정부에서 실시하는 평생교육이 크게 증대되는 양상을 보이고 있다. 정부는 다양한 부처와 산하 기관 및 단체들을 중심으로 공무원 재교육과 대국민교육 · 복지 · 문화 · 사업의 일환으로 다양한 평생교육을 실시하고 있다. 이는 특히 국민의 삶의 질 향상과 인력개발이라는 차원에서 기업의 인력개발형 평생교육과 궤를 함께 한다. 정부가 실시하고 있는 평생교육에는 공무원 인력개발 사회교육뿐 아니라 정부 각 부처 및 산하 행정기관에서의 국민교양교육과 시민교육활동이 있다. 여기서는 정부중심형 사회교육의 핵심적 교육활동인 공무원 대상의 재교육을 살펴보고자 한다.

공무원은 국가의 기간인력으로서 이들의 전문적 자질을 함양하는 인력개발형 사회교육의 실시는 매우 중요한 정부의 교육적 과제다. 특히 급속히 변화하는 사회에서의 행정전문화 · 복잡화 · 다기화에 적응/대처하기 위해서는 필수적으로 공무원들이 새로운 지식과 기술, 태도를 연마해야 한다. 정부에서는 이러한 필요에 따라 공무원들의 자질 함양을 위한 재교육과 연수 기회를 대폭 증가시키고 있다. 공무원을 대상으로 하는 교육훈련의 목적은 공무원으로 하여금 담당 직무를 효율적으로 수행하기 위하여 ① 생산성의 향상, ② 사기의 제고, ③ 조직 내의 원활한 통제와 조정, ④ 과오 발생 빈도와 낭비의 감소, ⑤ 조직의 안정성과 융통성의 향상, ⑥ 개인의 경력발전, ⑦ 행정제도 및 규범의 향상을 위한 교육을 시키는 데에 있다.

(2) 문화시설의 사회교육

① 문화센터의 평생교육

문화센터는 1980년대에 들어서면서 새롭게 등장한 평생교육기관으로서 대도시 중산층 여성을 주 대상으로 다양한 여가교육과 교양교육 프로그램을 제공하는 상업적인 성격이 강한 민간 평생교육기관이다. 이들 문화센터는 서울 및 대도시 지역에 주로 밀집되어 운영되고 있으며, 대부분의 경우 언론사나 백화점 등에서 운영하고 있다. 개인이 운영하는 사설 문화센터들도 수백 개 이상인 것으로 알려져 있다.

② 문화학교의 평생교육

문화학교는 1991년 5월 덕수궁 내에 문화발전연구소를 설립하면서 시작된 문화교육기관으로 현재는 예술의 전당 내에 있다. 한국문화학교는 국민문화운동을 실질적으로 주도하고, 국민 누구나 쉽고 간편하게 문화예술교육 프로그램에 참여할 수 있도록 각급 문화학교를 지원하고 관리하는 역할을 담당한다.

③ 박물관의 평생교육

박물관은 문화재를 수집・보존하여 국민에게 널리 알리고 관람하게 함으로써 국민의 문화적 안목과 식견을 넓히고, 국민들이 자국의 문화를 이해하며, 문화적 생활의 폭을 넓힐 수 있도록 한다는 점에서 매우 중요한 평생교육적 기능을 지닌다. 박물관은 지금까지 비교적 동태적 기능으로서 문화교육의 소극적 측면만을 담당해 왔지만, 최근 들어서는 매우 적극적인 의미에서의 평생교육 프로그램 실시 기능을 지니고 있어, 평생교육기관으로서의 확고한 자리 매김을 하고 있다.

④ 도서관의 사회교육

도서관은 오늘날과 같은 지식정보화 사회에 있어 더 이상 단순한 공부방의 기능이나 서책의 보관소의 기능을 하는 곳이 아니다. 도서관은 이제 명실상부한 학습의 센터로서 지식정보의 보급과 새로운 창출을 통한 평생학습의 장으로 자리 매김하고 있다.

⑤ 대중매체의 평생교육

현대 사회에서 대중매체의 교육적 영향력은 가히 절대적이다. 대중매체로서의 방송과 신문, 잡지, 연극, 영화는 신속하고 다양한 정보의 보급과 확산을 통해 대중에게 광의와 협의의 평생교육을 동시에 실시하는 기능을 지닌다. 광의의 평생교육 기능은 대중매체 그 자체가 제공하는 정보를 통해 대중들이 교육적 영향을 받게 되는, 즉 대중매체 그 자체의 교육적 기능이고, 협의로서의 평생교육 기능은 대중매체를 통해 실제로 보다 직접적인 평생교육 프로그램을 실시하는 기능을 말한다.

⑥ 학교중심형 평생교육

학교중심형 평생교육으로는 준학교교육과 학교에서의 사회교육, 대학에서의 사회교육이 있다.

■ **준학교교육** 교육부가 주관하는 사회교육활동으로서 가장 중요한 것 중의

하나가 비진학 청소년을 위한 보습교육체제로서의 준학교형태 학력인정 사회교육시설이다. 이는 직업을 가진 청소년들에게 장·단기 보습교육이나 통신학습을 받게 하고 학력을 인정하는 교육기관이다. 학교를 중도탈락했거나 정상적인 학교교육을 받지 못한 소외된 청소년들을 위하여 특히 야간에 교육 기회를 제공하는 것이다.

이러한 준학교교육의 형태는 사회교육기관으로서 학교교육을 받지 못한 청소년과 성인을 위해서 학력에 관계없이 직업기술교육 실시를 목적으로 설립된 공민학교와 기술학교, 급속한 경제성장으로 산업체에 취업한 많은 근로청소년들에게 중등학교 기회의 제공을 위해 산업체 내에 설치된 중·고등학교 수준의 교육과정, 중·고등학교에 특별히 설치한 야간 특별학급, 그리고 경제적·시간적 사정으로 일반 정규 고등학교와 대학에 진학하지 못한 이들에게 일하면서 공부할 수 있는 교육기회를 제공하기 위해 방송매체와 통신을 수단으로 이용하는 방송통신고등학교와 방송통신대학, 현대 산업사회의 고도화·전문화 그리고 국민들의 생활수준 향상에 따라 요구되는 고등교육수준에서의 전문교육·교양교육·여가선용을 위한 교육의 추세에 맞춰 기존 대학의 경직성이나 폐쇄성에서 탈피하여 설치된 개방대학 또는 산업대학, 그 외에 작은 규모로서 청소년직업학교, 새마을학교, 야학 등을 들 수 있다.

■ **학교에서의 사회교육** 학교는 학생들에게 실시하는 정규교육과정 이외에 학생들에 대한 사회교육과 지역주민이나 학부모를 위한 사회교육을 실시하고 있다. 학교 중심 또는 학교에서의 사회교육은 초·중등학교에서 학생들을 위한 사회교육으로 애향단, 스카우트, 청소년 연맹, 해양청소년단, 유스호스텔, 청소년 적십자(R.C.Y), B.B.C, M.R.A, 흥사단, 유네스코 학생회, 영농학생회 등이 있고, 학교에서 학교가 가진 시설과 인력을 활용하여 학생 이외의 청소년이나 학부모, 지역주민, 노인들을 대상으로 실시하는 실업계 학교 부설 청소년직업교육·새마을학교, 어머니교실, 주부교실, 노인교실 등의 사회교육활동이 있다. 또한 학교가 중심이 되어 지역사회의 발전을 주도하고 사회교육을 실시하도록 하는 지역사회 학교운동이 소개·도입된 후 '한국지역사회학교협의회'를 발족하여 활발한 활동을 추진하고 있다.

■ **대학 평생교육** 대학이 1차적 교육기회를 놓친 성인 학습자들에게 제2의 새로운 대학교육 기회를 제공해 줌으로써 국민의 '학습권'을 보장해 주고 이들로 하여금 학업적 성취를 누리게 하는 것은 시대적 요청인 동시에 당연한 국가의 교육권 보장 의무다. 특히 우리나라의 경우 대학교육에 대한 열의는 세계적으로 유례없이 높으나, 실제 대학 입학의 기회는 매우 제한되어 있어 대학교육 기회를 받지 못한 다수

의 사람들은 대학 평생교육을 통해서라도 그 욕구를 충족시키기를 원한다.

■ **농촌사회교육** 농촌지역을 발전시키고 영농지도자를 육성하기 위한 농촌사회교육이 농촌진흥청과 농촌진흥원, 농촌지도소, 농민교육원 등을 중심으로 이루어지고 있다. 이와 함께 농협을 중심으로 농협대학과 농협주부대학 등이 농촌사회교육 활성화에 주력하고 있다.

이러한 농촌사회교육 중 농촌진흥청에 의한 농촌지도사업을 보면 농업기술지도로 마곡증산, 전작물(田作物) 증산지도, 경제작물 기술지도, 작물보호지도, 축산기술지도, 농업경영 개선지도, 농촌생활 개선지도, 농촌청소년지도, 농업기술 홍보활동, 농촌지도방법의 개발과 지역사회 개발지도 등을 하고 있다. 농촌진흥청과 함께 도농민교육원, 시 · 군농민 훈련소 · 겨울영농교실 등에서도 공공 농민교육 사업과 영농지도자 양성 교육을 실시하고 있다. 그밖에도 농촌발전에 뜻을 둔 많은 민간단체가 실시하고 있는 민간단체의 농촌사회교육활동들이 있다.

■ **학원** 학원은 '사회교육법'과 '학원의 설립, 운영에 관한 법률'에 의해 사회교육기관으로서의 성격과 기능을 부여받고 있는 사설 교육기관을 칭한다. 사회교육법 제4장에는 학원이 도서관, 박물관 등과 함께 주요한 사회교육시설로서 규정되어 있다. 학원의 설립 · 운영에 관한 법률 제2조 제1항에는 "사인(私人)이 다수에게 30일 이상의 교습과정(교습과정의 반복으로 교습일수가 30일 이상이 되는 경우 포함)에 따라 지식, 기술(기능 포함), 예능을 교습하거나 30일 이상 학습장소로 제공되는 시설"로 규정하고 있다. 관련 법규들에 의하면, 일반 사회교육시설과 학원의 차이는 운영주체에 따라 구분된다. 법규상으로 보면 단체가 아닌 개인이 영리를 목적으로 일정한 여건을 갖추고 교육을 실시하는 시설을 의미한다.

■ **여성사회교육기관과 종교단체의 사회교육** 최근 급속한 사회 변화와 함께 여성들의 사회 참여가 매우 활발해지면서 각종 여성교육기관과 여성단체들을 통해 ① 여성의 총체적 의식 함양, ② 여성의 사회 참여를 위한 다차원적 능력 개발, ③ 남녀평등과 균형 발전 및 더불어 사는 사회 실현을 위한 사회적 기반과 여건 조성을 위한 여성사회교육을 실시하고 있다. 이들 기관에는 공공 여성사회교육으로서 한국여성개발원의 여성사회교육, 여성회관(부녀복지관) 그리고 다양한 민간단체에서의 여성사회교육 등이 있다. 공공기관인 도청과 시청, 군청에서는 여성들의 시민성 함양과 자아실현, 사회 참여 및 능력 개발을 위하여 민간단체들과 연계하여 다양한 사회교

육 프로그램을 개발하여 적극적으로 실시하고 있다. 주요 교육활동 및 프로그램으로는 ① 상설 기술교육, ② 생활문화교양교육, ③ 의식함양 및 시민교육, ④ 여성사회위탁교육 등이 있다. 특히 여성회관/부녀복지관은 여성의 자질 향상과 잠재력 개발을 위한 교양교육과 저소득 여성의 경제적 기반 조성을 위한 기술교육의 실시로 여성복지를 증진하고, 여성의 사회 참여를 촉진시키기 위한 목적으로 대개의 경우 ① 직업기술교육(도배, 양재, 수편물, 한복, 동양자수, 기계자수, 미용, 조리, 광고 디자인, 표구, 가죽공예, 칠보공예, 수공예, 등공예, 꽃꽂이, 분재, 기계편물, 가정탁아모교육 등), ② 취미교육(서예, 탈춤, 사군자, 응용미술, 크로마하프, 피아노, 전통 매듭, 다도, 음악감상 등) ③ 가정생활 및 교양교육(가정요리, 가족계획, 가정의례, 자녀교육, 전통 및 현대예절, 식생활교실, 전통문화, 생활영어, 한문, 일본어 등), ④ 체육 및 레크리에이션 활동(신체조, 건강교실, 에어로빅 등), ⑤ 시민교육(새마을교육, 정신교육, 여성주부대학, 부녀자교육, 근로여성교육, 이동여성회관, 안방교실 등) 등을 실시하고 있다.

■ **직업훈련과 기업교육** 기술인력 양성과 인력개발의 중요성이 강조되면서 각종 직업훈련원이나 기능대학, 기업의 사내연수나 재교육 등을 통한 직업훈련과 기업체 산업교육이 크게 확산되고 있다. 그로 인해 최근 이들 직업훈련과 기업교육은 사회교육에 있어 매우 중요한 비중을 점하게 되었다.

직업훈련과 근로자교육은 노동부의 직업훈련 행정부서를 중심으로 그 산하기구인 한국산업인력공단을 통해 추진되고 있다. 산업인력공단에서는 직업훈련 실시, 훈련기관 설치, 국가기술자격 검정 시행, 국가기술자격 취득자의 등록 및 사후관리 · 기술훈련 및 기술자격 검정에 관한 조사연구, 사업 수행, 국내의 기능경기 대회 개최 및 참가, 그리고 직업훈련 및 자격검정에 관한 국제협력사업에 노력하고 있다. 그밖에 직업훈련을 전문적으로 실시하는 공공 직업훈련원, 사업 내 직업훈련원, 인정 직업훈련원 등이 있으며, 노동조합에서도 노조원 대상 근로자교육을 실시하고 있다.

5. 평생교육의 미래 비전과 성장 지향 정책

한국 평생교육의 성장을 최대한 개화 · 촉진시켜 주고 그 발전의 걸림돌들을 극소화시켜 줄 수 있는 정책적 방안들은 무엇일까? 21세기 한국사회의 평생교육이 최대한 그 이념적 지표와 의미를 구현할 수 있는 평생교육의 성장 촉진 정책들은 무엇일까?

지금까지 평생교육의 발전을 위한 정책들은 충분히 제시되었다. 이제 남은 것은 정책 우선순위의 결정과 강력한 정책적 실천이다. 여기서는 이들 중 우선순위를 두어야 할 평생교육 발전을 위한 정책적 지표와 과제들을 제시해 보고자 한다.

1) 학습사회 풍토 조성을 위한 교육의식 함양

우리 교육의 가장 심각한 문제는 왜곡되고 오도된 교육의식이다. 그로 인해 성적 만능의 입시교육을 벗어나지 못하고 있다. 머릿속으로는 전인교육의 이념을 당연한 것으로 동의하면서도 실제에서는 본질보다 비본질이 앞서고 목적보다 수단이 앞서는 교육의 본말전도 현상이 비일비재하다.

평생교육 발전의 일차적 과업은 바로 이와 같은 비본질적 교육의 의식을 본질로 회귀시키고 그로 인한 모든 파행적인 교육의 현상을 정상으로 환원시키는 일이다. 국민들이 교육을 한낱 입시의 수단으로 간주하지 않고 진정한 인간성의 구현과 끝없는 자기성장의 과정으로 인식할 수 있도록 근본적인 변화가 있어야 한다. 아무리 훌륭한 법과 제도가 마련되고 행정지원과 예산의 확충이 있더라도, 도구주의적이고 수단주의적인 왜곡된 교육관이 우리의 의식 속에 만연되어 있는 한, 또 우리 국민의 배움에 대한 뜨거운 열기가 없는 한 평생교육의 진정한 발전은 기대되기 어렵다.

이를 위해서는 사회 자체가 학습의 장이 되고 사회구성원 모두가 요람에서 무덤까지 평생에 걸쳐 배움의 길에 정진하는 학습사회 풍토를 정착시키기 위한 범국민적 각성과 자성의 교육운동이 생활화되어야 한다. '언제, 어디서나, 어느 곳에서든, 어떠한 내용이든, 자유로이' 배움을 구하는 평생학습 마인드를 생활화하는 마음의 변화 운동이 전개되어야 한다. 이러한 교육의식개혁과 학습사회 풍토의 구축을 위한 평생학습운동은 매스컴의 적극적인 동참하에 하향식 운동이 아닌 국민으로부터 시작되어 상향식으로 전개되는 범국민적 생활교육운동이 되어야 한다.

2) 교육 부문 간 연계 촉진과 균형 발전

요람에서 무덤까지 평생에 걸친 학습이 보장되는 평생학습체제가 구축되기 위해서는 교육의 각 부문, 즉 학교교육과 학교 외 교육 또는 유아교육과 학교교육, 평생교육, 노인교육 간에 유기적인 연계가 전제되어야 한다. 지금까지와 같이 각각의 교육단계별 교육 부문들이 단절적이고 폐쇄적이며 경직적으로 이루어지는 비효율적

체제를 벗어나, 전 사회의 모든 교육 부문이 유기적으로 연계되고 등가치적으로 균형 · 발전되는 '광범위한 평생학습 네트워크' 이 구축되어야 한다.

이를 위해서는 무엇보다 먼저 학교와 학교 외 교육 간의 수평적 교류와 유기적 연계가 구축되어야 한다. 학교의 인적 · 물적 자원이 학교 외 교육기관과 지역사회에 개방되어 적극 활용되어야 하며, 지역사회의 제반 자원들이 학교와 학교 외 교육에 적극 활용되어야 한다. 정규 교육과정 운영에 지장이 없는 범위 내에서 교실이나 도서관 및 운동장, 각종 시청각 기자재 등을 미진학 청소년이나 성인교육, 그리고 지역사회의 각종 사회 · 문화활동에 활용할 수 있도록 개방해야 한다. 학교교사들도 미진학 청소년이나 학부모, 일반 지역사회주민, 사회지도자들을 위한 교육활동에 적극 참여해야 한다. 이러한 활동들이 실효를 거두기 위해서는 학교에 평생교육 전담교사제를 새로 도입하거나, 기존 교사들의 이와 같은 부가적 활동을 위해 이에 상응하는 혜택이나 유인가를 제공해야 한다. 정년퇴임 교원 등의 유휴 가용 인적 자원을 학교와 지역사회의 교육활동에 체계적으로 활용하는 방안이 도입되어야 한다.

또한 각급 학교 간의 학생 이동 접속 및 전 · 편입 그리고 학사편입 등과 같이, 보다 융통성 있고 유동적이며 탄력적인 학교교육체제를 구축하는 일도 매우 중요하다. 한 번 학교교육의 정형적인 궤도에서 이탈하면 영원히 교육의 정상적인 길을 걷기 어렵게 되어 있는 폐쇄적이고 획일적이며 경직된 교육체제를 획기적으로 개선하지 않는 한 평생교육체제의 정립은 기본적으로 기대하기 어렵기 때문이다.

이와 함께 학교 외 교육기관을 통한 교육 이수 결과가 엄정한 평정기구를 통해 사회적으로 공인받을 수 있고, 그 결과가 학교교육 이수과정과도 연계되어야 한다. 독학학위제도에서 현재와 같이 국가공인자격이나 일부의 대학 평생교육원 교육과정만을 부분 인정할 것이 아니라, 이를 좀 더 확대 · 적용하여 체계적이고 전문적인 평생교육 프로그램을 실시하는 다수의 학교 외 교육기관으로까지 확대해야 한다.

3) 대중매체의 평생교육적 역량 극대화

평생교육에 있어 매스컴, 즉 텔레비전과 라디오, 신문, 잡지 등의 교육적 영향력은 절대적이다. 대중매체는 직 · 간접적인 교육적 기능을 지니는 다양한 프로그램들을 통해 지식정보를 흡수하게 할 뿐 아니라 수용자들의 가치관과 태도 변화에도 결정적인 영향을 미치게 된다. 최근 교육전담 방송으로 출범한 CATV와 교육방송 그리고 일반 상업방송의 직접적인 교육, 교양, 보도 프로그램들 모두 평생교육인 것이다.

대중매체의 평생교육적 역량 강화를 위해서는 기존 상업방송의 비교육적 요소를 정화하고, 교양 및 보도와 정보제공 프로그램 등을 강화해야 한다. 시청자들의 다양한 교육적 욕구를 입체적으로 충족시켜 줄 수 있는 카페테리아식 교육 프로그램의 제공도 필요하다. 대상별 또는 내용영역별로 '주문형 교육 프로그램 비디오' 를 제작하여 일반인이나 학교, 평생교육기관에 보급함으로써 교육현장에 이바지해야 한다.

방송매체의 평생교육적 기능을 강화하기 위하여 교육방송을 이원화하고, 1채널은 학교학습 보충방송으로, 2채널은 평생교육 방송채널로 활용하는 방안이 강구되어야 하며, 성인대상의 평생교육 방송프로그램을 시청대상별로 특성화해야 한다.

4) 평생교육의 외곽적 틀과 인프라 기반 조성

평생교육이 발전하기 위해서는 다양한 측면에서의 평생교육 내적 충실지수 확보가 필요하다. 이러한 내적 충실지수의 확보란, 상당 부분이 외적 기반 조성, 즉 견고한 외곽적 틀의 구축을 통해 가능한 것이므로 동전의 양면처럼 이들 두 측면은 상보적으로 균형 · 발전되어야 한다.

평생교육의 발전을 위한 외곽적 틀과 기반 조성을 위해서는 평생교육의 법제 기반 조성, 평생교육 지원체제로서의 행정조직 재편 · 정비 그리고 평생교육의 여건 개선을 위한 재정적 지원체제 강화가 필요하다. 평생교육 유관 법령의 정비를 위해서는 최근 교육개혁위원회를 중심으로 개편된 바 있는 교육기본법과 평생학습법을 중심으로 학교교육 본위의 교육법을 평생교육법으로 확대 개편하고, 교육관련법을 재편하며, 각종 평생교육 유관 법령 간의 재편을 서둘러야 한다. 각종 평생교육 관계 법령들 간의 관계를 명시하고 적용범위를 규정하여, 법령 간의 상치 부분이나 중복을 피하도록 개편 · 정비해야 한다.

평생교육 유관 행정의 효율화를 위해서는 각 부처별로 산발적이며 비유기적으로 운영되고 있는 평생교육 유관 행정조직체계를 통합 · 조정 · 개편하고, 중앙과 지방의 '평생교육 전담 부서' 체제를 실효성 있게 재편 · 강화하는 일이 필요하다.

재정문제와 관련하여서는 물론 전반적으로 모든 분야의 교육재원이 영세성을 면치 못하고 있는 것으로 지적되고 있으나, 특히 평생교육과 직결된 교육활동에 대해서는 재정지원이 거의 전무하다 해도 과언이 아니다. 평생교육 발전을 위한 재정 여건의 획기적 개선을 위해서는 교육 각 부문 간 예산 배정의 비율을 균형 있게 안배 · 재조정하고, 전반적으로 영세한 평생교육 관련 부문에의 최소한의 적정 재정이 확보되어야 한다. 현재 0.2% 수준에 머물고 있는 교육부 평생교육의 예산 비중을 현실화시켜 대폭 확대 · 배정하는 방안, 그리고 사회 공공단체나 기업체의 출연금이나 기부금 등을 통해 평생교육 부문에 이들 교육재원이 투입되도록 유도하는 방안, 현재 기업들이 내고 있는 직업훈련부담금의 일부를 평생교육기금으로 확보하는 방안 등이 강구되어야 한다.

5) 고령화 시대에 부응하는 평생학습체제의 강화

일반적으로 65세 이상의 노인 인구가 전체 인구의 7%를 초과하면 고령화사회(aging society), 14%를 초과하면 고령사회(aged society)라고 보는데, 우리나라는 2000년에 65세 이상의 노인 인구가 339만 명에 도달하며 전체 인구의 7.2%를 넘어섰고, 2018년에는 730만 명에 이를 것으로 보여 14.3%를 차지하게 될 것으로 추계된다. 특히 2026년에는 1천만 명을 초과하는 1,011만 명에 이르러 전체 인구 대비 21% 이상인 초고령사회(super/ultra aged society)가 될 것으로 예상되고 있다. 특히, 농촌지역은 대부분이 이미 초고령사회에 진입한 실정이며, 이와 같은 고령화 속도는 세계 다른 나라들보다 우리나라의 고령화 속도가 가장 빠르다는 것과 동시에 인구 고령화에 대해 우리 사회가 제한된 기간 내 시급히 준비해야 할 일들이 많음을 시사한다.

세계적인 고령화사회인 이웃 일본의 경우를 보면 이미 '인생 80' 이라는 말이 정착되어 있으며, 세계 최장수국으로 손꼽히고 있다. 평균수명도 우리보다 훨씬 높아, 남성은 76세, 여성은 82세로 현재 국민 약 8명 중 1명이 65세 이상이며, 21세기 초에는 인구 4명 중 1명이 고령자인 극도의 고령화사회로 진입할 것임을 전망하고 있다. 이러한 고령화사회에 대비하기 위해 일본 정부는 다양한 고령자 종합대책을 실시하고 있다. 일본 내각에 '장수사회 대책 관계 각료회의' 를 설치했고, '장수사회 대책대강' 을 설정하였으며, '고령자 등의 고용안정에 관한 법률' 을 설정하여 정년을 60세로 연장하는 기업의 비율을 76.6%로 높였다. 고령자 보건복지 분야에 있어서는 '고령자 보건복지 후생 10개년 전략(골드플랜)' 을 책정하여 후생성 · 대장성 · 자치성이 공동으로 실시하고 있으며, 각 시 · 정 · 촌까지 서비스망을 연결하고 있다. 이러한 골드플랜의 일환으로 '장수과학 연구 추진 10개년 사업' 이 재단법인 장수과학 진흥재단에 의해 가동되고 있고, 다양한 노령자 생애학습 프로그램이 개발 · 제공되고 있을 뿐만 아니라 연간 약 600억 엔의 생애학습 재원이 투입되고 있다(윤경남 외, 1997).

본격적인 고령화사회로 진입하고 있는 우리 사회에서 이와 같은 일본의 각종 고령화 대비 정책들은 참고할 만하다. 고령자 대상의 평생교육 대책이 시급하다. 고령자를 위한 평생교육 정책에는 ① 은퇴 후 삶의 대비와 노후 인력개발을 위한 고령자 대상의 직종개발과 이에 대응하기 위한 새로운 고령자 직업기술 훈련교육의 강화, ② 체계적이고 심도 있는 고령학습자들의 교육적 요구 파악과 이에 부응하기 위한 다양한 교양교육 및 여가교육의 확충, ③ 급변하는 사회에 적응하고 어른 세대로서 후세대들을 지도하고 이끌기 위한 사회변화 적응교육과 세대차 극복 교육, ④ 개인적으로 노령기의 신체 변화와 심리적 변화에 대응하기 위한 심리적 교육 및 소외 극복과 사회참여교육의 강화, ⑤ 배우자 및 동료와의 사별 또는 자신의 죽음에 대비한 교육의 실시 등과 같은 내용들이 강조되어야 한다. 고령자들이 후세대들을 위하여 도심 속 서당학교나 무료교실, 아파트의 할아버지 한문교실, 서예교실 등과 같은 교육 프로그램을 운영하는 것도 고령자들의 사회참여 의식의 제고와 교육적 기능 수행이라는 측면에서 효과적인 정책이 될 수 있을 것이다(윤경남 외, 1997).

6) 교육권 보장과 생활기능 문해교육의 강화

국민 모두의 기본권인 학습권과 교육받아야 할 권리는 반드시 보장되어야 한다. 이를 위해 이른바 상대적 교육소외계층에 속하는 다수의 비문해자와 저학력층, 도서벽지와 농어촌 주민, 고령자들, 그리고 블루칼라 계층의 생산노무근로직 종사자들을 위한 교육기회를 대폭 확대해 나가야 할 것이다. 이들 집단이 선언적 의미에서가 아니라 실제적으로 필요로 하는 교육을 언제든지 원하는 방식으로 수혜받을 수 있도록 제반 여건을 정비 · 조성하고, 가능한 공공 지원의 무상교육 또는 최소한의 교육경비 부담에 의한 준무상교육이 이루어질 수 있도록 해야 한다. 이런 점에서 제7차 경제사회발전 5개년 계획(1992~1996) 중 교육부문 계획과 1995년의 5.31 교육개혁안에 제시된 지역단위 종합 평생교육시설인 가칭 '종합평생학습관' 의 설치 · 운영정책을 적극적으로 추진할 필요가 있다.

국민들이 단순히 읽기, 쓰기, 셈하기 능력을 갖추기 위해 기본 문해교육을 받는 기초교육권의 보장을 넘어서, 이들이 산업사회의 구성원으로서 자신에게 부과된 복합적 기능을 다원적으로 수행해 낼 수 있도록 하기 위한 생활기능 기본 교육이 실시되어야 한다. 이때 가장 기초적인 문자문해교육이 완결되어 더 이상 초보적인 의미의 문자 비문해자가 이 사회에 상존하지 않도록 기초교육을 강화해야 한다.

7) 교육 국제경쟁력 강화와 상업주의 교육풍조 극복

평생교육의 핵심 부문이 되는 평생교육활동의 본질은 비영리적 · 비상업적 교육활동에 있다. 그러나 최근 들어 평생교육이 방대한 사교육 시장을 형성하면서 영리추구의 상업적 채산성에 주목적이 있는 다수의 평생교육기관이 나타나고 있다. 적지 않은 수의 비공공 부문 사설 평생교육기관들이 교육비 또는 수강료 징수를 통해 상당한 수익을 올리고 있으며, 이것이 오히려 교육실시 기능보다 더 본질적이고 주된 목적으로 추구되는 본말이 전도된 교육현상이 나타나고 있다.

비즈니스적 차원에서의 교육산업이 크게 확산되면서 이러한 상업주의적 · 영리추구적 평생교육활동들이 더욱 심화될 전망을 보이고 있다. 평생교육의 상업화는 다른 한편 교육의 전문성과 효율성을 극대화시키는 메커니즘을 수반한다는 점에서 매우 긍정적인 필요성이 인정되기도 한다. 그러나 고도로 전문화된 평생교육의 발전을 촉진시킨다는 기능의 이면에는 이와 같은 부정적 교육의 문제가 도사리고 있기에 이러한 양면성을 동시에 바라보는 정책을 투입해야 할 것이다.

이러한 현상은 특히 1997년부터 개방이 본격화되고 있는 교육시장 개방과 그로 인한 학원가와 사립대학 개방의 급속한 진전 추세가 이루어지고 있는 현시점에서 더더욱 커다란 문제로 부각될 수밖에 없다.

이를 극복하기 위해서는 각 교육기관들의 자율적인 자정운동이 있어야 함은 물론, 이와 함께 이들 기관의 교육 서비스와 교육 프로그램의 질과 여건 그리고 교육비의 적정 함수관계가 고려된 자율적 조정이 이루어질 수 있도록 유도해 나가는 정책이 필요하다. 또한 학습자들이 현명하고 합리적인 교육 선택 및 교육소비행위를 할 수 있도록 상담 · 지도 · 조언해 주는 교육 전문 기제가 필요하다. 그리고 학습자들이 다양한 교육기관에 대한 충분한 정보를 지닐 수 있도록 음성정보 시스템이나 데이터베이스 전산망 구축에 의한 평생교육 정보 네트워크를 시급히 구축해야 한다. 이와 함께 전문적인 교육 서비스와 교육의 오랜 노하우, 그리고 높은 교육기관의 명성을 등에 업고 국내에 진출하게 될 다수 외국 교육기관들이 교육의 본질적 활동을 외면한 채 교육의 상업화와 영리추구라는 비즈니스적 속성을 드러내지 않도록 철저한 '교육모니터(감시) 운동'을 전개해야 한다.

6. 평생교육 발전을 위한 정책과제

1) 국가수준의 평생교육 중장기 마스터플랜의 작성

평생교육의 종합적인 발전과 총체적 활성화를 위해서는 일차적 과제로서 먼저 국가적 차원에서 종합적인 평생교육 발전의 청사진으로서의 평생교육 마스터플랜을 구축해야 한다. 마스터플랜은 평생교육 전반에 걸친 청사진과 미래지향적 비전을 제시하는 중장기적 시방서의 성격을 지녀야 한다. 마스터플랜이 수립되면, 이에 근거하여 장기적이고 미래지향적인 관점에서 단계별 · 영역별로 체계적이고 전문적인 세부 평생교육 발전정책을 수립해야 한다.

마스터플랜은 현 단계에서 향후 2000년에서 2005년을 전망하는 국가적 수준의 "국가 장기 평생교육 발전 마스터플랜이어야 한다. 계획에 포함될 내용은 ① 전반적인 평생교육의 배경과 수요 전망 및 변화 동향, ② 평생교육 발전계획 수립의 배경 분석 ③ 평생교육 성장 · 발전과정 분석: 양적 지표와 질적 지표, ④ 평생교육의 현황과 문제 분석, ⑤ 평생교육 대상 중점 집단별 파악, ⑥ 영역별 평생교육 발전 방향과 발전지표, ⑦ 영역별 평생교육 발전 중점 과제, ⑧ 영역별 · 연도별 평생교육 발전과제 추진 전략, ⑨ 영역별 평생교육 발전과제 추진 지원체제, ⑩ 영역별 평생교육 발전과제 추진 예산 소요 및 확보 방안 등이 포함되어야 한다.

2) 평생교육 여건 선진화와 경쟁력 강화

(1) 평생교육 구심체 선도 시설의 확보

현재 우리나라에는 다종다양한 평생교육시설이 있으나, 국가적 차원에서 평생교육의 구심체 역할을 담당할 선도적인 종합평생교육 전담시설은 전무하다. 평생교육의 구심력을 결집하고, 평생교육 기회를 확대하며, 평생교육 여건을 선진화하기 위한 일차적 과제의 하나로 종합평생교육 전담시설을 설치 · 운영해야 한다. 이러한 시설은 가칭 '종합평생교육원'이나 '평생교육관' '평생교육센터' 등으로 명명할 수 있을 것이며, 그 성격 및 형태는 일본의 공민관이나 유럽의 민중대학과 같은 중점 평생교육시설로 설정하여 운영해야 한다.

평생교육 전담시설로서의 종합평생교육원은 ① 교양교육, 여가교육, 직업기술교육, 시민교육, 능력개발교육, 의식함양교육 등 다양한 평생교육 프로그램을 실시하고, ② 평생교육 종사요원의 전문적인 연수와 재교육을 담당하며, ③ 다양한 평생교육 프로그램의 개발과 그 축적을 통한 프로그램 뱅크를 운영하고, ④ 평생교육 자료 및 교재를 개발하여 보급하며, ⑤ 평생교육 연구·개발 기능을 수행하고, ⑥ 평생교육 홍보와 정보제공 기능을 담당하며, ⑦ 평생교육기관 간 연계 강화와 네트워크 구축의 구심체 역할 등을 담당하는 다기능 종합 평생교육시설의 성격으로 운영될 수 있을 것이다.

이와 같은 종합평생교육원은 공공 평생교육시설로서 신규 시설로 건립하여 새로이 설치·운영될 수도 있으나 초기 단계에는 재정 소요 부담을 감안하여 기존의 평생교육 관련 시설 중 여건이 좋은 시설을 종합평생교육원으로 지정하여 상기와 같은 기능을 수행하게 하고, 이러한 경우 교육적 소프트웨어인 교육 프로그램과 교·강사 요원의 제공 및 지원, 그리고 교육정보제공이나 교육행정 및 운영 재정 등의 지원을 통하여 중점 육성하는 방안 등이 있을 수 있다. 이때 기존의 평생교육시설뿐 아니라 공공시설 중 특별한 시기에만 한시적으로 활용되거나, 유휴시설로 사장되어 있는 시설 또는 인근의 폐교시설 등을 발굴하여 이를 지역단위 종합평생교육원 시설로 대체 활용할 수 있을 것이다.

(2) 지역단위 평생교육시설의 확충

중앙이나 광역 지역단위의 종합평생교육시설과 함께 소지역인 동단위의 마을을 중심으로 인근의 평생교육 편의시설을 '지역사회 학습센터'나 '주민학습센터' 등의 성격으로 설치·운영함으로써 지역주민들의 평생교육 기회를 확대하고 이들의 평생교육 참여를 촉발시키며, 평생교육적 서비스 제공의 편의를 확대해야 한다.

지역사회 동사무소 주민학습센터는 이 마을의 주민이면 누구나 참여하여 무상 또는 최소 실비로 다양한 평생교육을 받을 수 있게 하며, 자원봉사 성격으로 운영되는 지역 주민자치 평생교육시설로 정착시켜 나갈 수 있다. 물론 동단위의 학습센터 또한 반드시 새로운 건물을 지어 설립할 것이 아니라, 가급적 기존의 마을센터나 공공 유휴 시설들을 활용하도록 하고 이들 시설에 교육적 소프트웨어인 교육 프로그램과 교육의 인적 자원 및 재정을 지원함으로써 평생교육센터로서의 기능을 하도록 하는 방안이 효과적이다. 또는 기존에 설치·운영되고 있는 평생교육시설인 구민회관, 여성회관, 부녀복지관, 공공 사회복지관 등과 연계하여 이러한 기능을 수행하도록 하고 이를 지원해야 한다.

(3) 문화시설의 평생교육적 활용 제고

평생교육 기회 확대와 참여 촉발 그리고 여건 개선과 관련하여 각 지역별로 이미 설치 · 운영되고 있는 각종 문화시설을 평생교육시설로 적극 활용해야 한다. 공공도서관의 경우 기존의 지역주민 봉사 차원에서 이루어지는 프로그램에 평생교육적 프로그램의 비중을 강화하고 '평생교육 전문요원' 을 배치하여 지원하며 도서관의 평생교육적 성격에 부합되는 교육 프로그램들, 예컨대 다양한 지역주민 공개강좌와 독서교육, 컴퓨터 활용 교육, 정보처리교육, 시민교육 프로그램 등을 투입하여 활성화되도록 하고, 홍보를 강화하여 지역주민들의 참여를 적극 유도한다.

박물관과 문화원, 도서관의 경우 기존에 실시하고 있는 평생교육 프로그램을 문화교육과 전통교육, 민족정신교육 등의 차원에서 특화함으로써 문화시설의 평생교육적 활용을 제고하고, 일반 평생교육기관이나 인근학교와 연계를 맺어 프로그램 및 시설과 인적 자원이 교류 · 활용되도록 한다. 이를 위해서는 교육부와 현재 이들 기관의 행정 관장 부처인 문화체육부가 연계를 맺어 교육 프로그램의 개발과 실시를 공동으로 협력 · 운영해야 한다.

3) 평생교육시설의 전문화와 현대화

(1) 평생교육 컨소시엄(종합복지단지)의 구축

종합평생교육시설의 확대와 함께 평생교육의 특정 기능 및 프로그램 내용 영역별로 전문 평생교육기관을 설치 · 운영함으로써 평생교육의 특화와 전문화 그리고 경쟁력 강화 효과를 도모한다. 이때 전문 평생교육기관의 성격은 평생교육 컨소시엄과 같이 전문 평생교육센터들이 여러 개 연계한 종합기관일 수도 있고, 단일성격의 전문기관인 '평생교육 인스티튜트' 나 '평생교육 아카데미' 일 수도 있다. 컴퓨터 인스티튜트, 디자인 아카데미, 아트스쿨, 랭귀지스쿨 등의 전문적인 평생교육시설을 사설학원의 성격이 아닌 공공 평생교육기관으로 운영한다.

(2) 평생교육 대상별 특화시설 운영

평생교육 여건을 선진화하고 경쟁력을 강화하기 위해서는 평생교육 대상별로 특화된 평생교육 전용시설을 설치해야 한다. 이러한 대상에 포함될 수 있는 특정 대상들로는 예컨대 국내 체류 중인 외국인이나 재외동포, 한국에서 국제 연수를 받고자 하는 외국인들을 위한 국제적 성격의 평생교육을 전담할 '국제평생교육센터'가 있을 수 있고, 또는 청소년 전용의 평생교육시설인 '청소년문화센터', '청소년수련원' '청소년놀이마당' '청소년회관' 등이 있을 수 있다. 이들 시설에는 물론 각각의 영역별 평생교육 전문지도자가 배치되어 평생교육의 전문적 실시를 담당해야 한다. 국제평생교육의 경우는 특히 외국어 구사력과 해외경험이 많은 지도자를 확보하며, 청소년시설의 경우는 청소년 지도자를 배치하여 전문적으로 특화된 프로그램으로 청소년 평생교육을 실시한다. 특히 청소년들의 국제적인 평생교육활동에의 참여를 활성화하고 청소년 국제교류를 촉진할 수 있도록 국제기구 청소년 평생교육시설이나 국제청소년센터 등의 시설을 확충한다. 여성평생교육기관의 경우도 마찬가지로 여성 전용의 특화된 전문 여성평생교육시설, 예컨대 여성교양교육센터, 여성직업기술훈련원, 여성문화원, 여성건강교육센터 등, 특히 여성 대상의 전문적인 평생교육이 가능할 수 있는 영역을 개발한다. 노인평생교육기관의 경우는 일반적인 취미오락형의 노인정이나 노인대학 패턴을 벗어나 분야 및 목적별 노인평생교육기관, 예컨대 '실버교육센터' '은퇴준비교육원'이나 '고령자건강교육센터' '어르신 배움방' '고령자전직훈련원' '중고령자 능력개발센터' 등과 같이 전문화되고 차별화·특성화된 평생교육기관들을 확충·운영해야 한다.

(3) 평생교육시설의 현대화

평생교육의 선진화와 경쟁력 강화를 위해서는 현재 매우 영세하고 낙후되어 있는 열악한 평생교육시설 여건을 획기적으로 개선해야 한다. 이를 위해 국가가 우선적으로 착수해야 할 일은 공공 평생교육시설의 내·외곽시설을 현대화하는 일이다. 이를 위해서는 먼저 평생교육법 및 동 시행령 그리고 학원 설립·운영에 관한 법률 등 평생교육 관련 법규의 평생교육시설 관련 조항을 현대적 시설 확보가 가능한 기준으로 상향 조정하는 법·제도적 개선이 수반되어야 한다.

이러한 법제 기반과 함께 필요한 것은 이러한 규정에 근거하여 평생교육기관들의 시설 개선과 기자재 확보에 필요한 재정을 확보하는 일이다. 평생교육기관들이 교육용 컴퓨터를 포함하여 평생교육의 효율적 실시에 필요한 최소한의 시청각 교육설비와 기자재를 확보할 수 있도록 지원하기 위한 재정을 일정 비율 이상 교육재원에 포함시켜 확보하는 일이 선결되어야 한다. 이때 재원 확보를 위해 세제 혜택이나 장기저리 융자, 수혜자 부담의 적정 교육비 징수 등의 방안을 검토한다.

4) 평생교육기관 간 교육자원 활용 및 네트워크 구축

(1) 평생교육 자원의 교류 활용

절대적으로 부족한 상태에 있는 평생교육의 인적 · 물적 자원 활용을 극대화함으로써 평생교육의 성과를 극대화하기 위해 먼저 학교와 평생교육기관 및 일반 지역사회자원을 망라하여 각 교육 관련 기관들이 어떠한 교육자원을 보유하고 있는지를 조사 · 발굴하고, 이에 기초하여 서로 공유할 수 있는 교육자원을 추출하여 '교육자원 공동활용망'을 구축하며, 각 기관 간에 상호보완적으로 평생교육 교육자원의 공동활용과 교류를 극대화한다.

학교 시설자원의 평생교육적 활용을 위해 학교가 보유한 물적 교육자원인 교육시설 및 기자재, 즉 교실, 운동장, 도서관, 체육관, 실험 · 실습실, 컴퓨터 및 각종 시청각 기자재 등을 방과 후나 주말 또는 동 · 하계 방학 중에 평생교육기관과 일반 지역주민들에게 개방하여 활용하도록 한다.

학교 인적 자원의 활용이라는 차원에서 교사들이 평생교육활동에 직 · 간접적으로 기여할 수 있도록 한다. 즉, 교사들이 당해 학교 학생들뿐 아니라 비진학 근로청소년이나 학부모, 일반 지역사회 주민들을 위한 학교 평생교육활동에 참여하고 봉사하며 지도 · 조언하는 활동을 하도록 한다. 이러한 교류 활용이 가능하도록 하기 위해서는 초 · 중등학교에 특별활동교사와 같이 학교 평생교육 담당교사를 별도로 확보하거나, 일반교사 중 담당교사를 두어 정규 업무량을 경감하거나 특별 수당의 지급, 승진 · 승급 시 가산점 부여 등의 혜택을 부여하여 학교에서의 평생교육이 활성화될 수 있도록 한다.

학교 자원뿐 아니라 지역사회의 교육문화 자원(도서관, 박물관 및 문화시설) 그리고 각종 사회 공공기관, 산업체 등의 사회 자원을 실습이나 견학, 기자재 임대 활용 등의 형태로 학교교육에 적극 활용한다. 지역사회의 원로나 자원인사, 학부모, 자원봉사자, 정년퇴임 교원, 산업체 전문인사 등의 사회 인적 자원을 1일 교사나 명예교사, 자문위원, 자원인사 등의 다양한 형태로 학교교육 현장에 참여시켜 봉사하도록 한다.

(2) 평생교육기관 간 네트워크 강화

각 교육기관과 산업체 간에 특약과정(특별협정계약에 의한 교육 프로그램) 운영이나 위탁교육, 인턴제도, 일과 학업을 동시에 순환적으로 병행하는 샌드위치 교육 프로그램, 현장견학, 실습, 공동연구 · 개발사업, 공동교육 프로그램 개발 및 운영 등의 다양한 형태로 산학협동 차원의 연계가 강화되도록 한다.

이와 함께 정부 차원에서 실시되는 공공 평생교육과 민간 사회단체들의 민간 주도형(NGO) 평생교육 간에 긴밀한 유기적 연계 관계가 형성되도록 한다. 이를 위해 각종 평생교육 관련 위원회에 정부 관료와 민간 자원인사 및 전문가들이 함께 참여하여 평생교육의 활성화를 위한 결속을 강화하고 중지를 모아 적극적으로 평생교육 활동에 동참하도록 한다. 이와 함께 민간 평생교육 부문에 대한 정부의 교육적 행·재정적 지원과 정보제공 및 자문활동 등도 확대해 나간다. 특히 NGO 중에서도 평생교육적 전통과 역사가 깊고 현재 적극적으로 평생교육활동을 실시하고 있는 평생교육 단체들을 지역별로 선정하여, 대표적인 평생교육 시범기관으로 선정하고 이들을 중점 육성·지원함으로써 활성화한다.

(3) 민간주도형 평생교육의 활성화

시민들의 지역공동체의식을 강화하고 결속을 다지며 시민정신을 함양하기 위하여 최근 크게 활성화되고 있는 각종 시민사회단체들이 연합적 형태로 결속하여 본격적인 시민교육의 구심체적 역할을 담당하도록 한다. 연합의 형태는 서로 뜻을 함께 하는 사회단체·시민단체들이 결속·연합하여 '시민교육 네트워크'를 구축하고 지역 단위로 본격적인 시민교육을 실시하는 형태가 있을 수 있다. 이들이 연합·결속하여 예컨대 '시민대학'이나 '주민대학' '시민교실' '시민 포럼' '시민강좌' 등을 운영하도록 한다.

또는 시민교육 관련 단체들이 기관별로 프로그램 영역 및 교육대상을 특화하여 각기 역할분담을 하여 시민교육을 실시하는 것도 좋은 방안이 될 수 있다. 시민교육의 영역에는 민주시민교육, 정치교육, 경제교육, 환경교육, 소비교육, 의식교육, 시사교육, 국제교육, 지역사회개발교육, 지방자치교육 등의 다양한 영역이 있을 수 있는데, 이들 각 영역별로 각 기관들이 역할을 분담하여 교육을 실시하는 특성화 방식이 있을 수 있고, 또는 교육대상별로 거주지역에 따라 동이나 구단위로 주민을 구분하여 교육하거나, 대상특성별로 직장인, 여성, 노인 등의 집단을 특성화하여 시민교육을 실시하는 방안도 있을 수 있다.

보다 비형식적인 평생교육활동으로는 각종 시민사회단체들을 구심점으로 하여 지역사회 문제에 관심을 갖고 걱정하며 중지를 모아 해결하고 개선해 보려는 뜻을 갖고 있는, 사회활동 참여의사가 있는 주민들을 결집하여 구성하는 평생교육적 모임이나 사회 클럽활동도 기획해 볼 수 있다. 건전한 시민정신을 기초로 건실한 지역발전의 민의를 수렴하는 평생교육적 모임, 예컨대 '서울을 사랑하는 시민들의 모임' '고향을 아끼는 사람들의 모임' 등을 조직하여 시민교육을 활성화하는 방안을 적극 검토한다.

5) 평생교육 전문인력 확보와 자원봉사인력 활용 극대화

(1) 평생교육 전문인력의 확보

평생교육이 보다 전문적으로 그리고 효율적으로 실시되기 위해서는 무엇보다도 평생교육에 종사하는 요원, 즉 평생교육 담당자인 평생교육 행정가와 프로그래머, 현장에서 실제 교수활동에 임하는 교·강사들의 해당 분야에의 전문성 강화가 전제되어야 한다.

이를 위해서는 현재 평생교육에 종사하는 담당자들의 전문성 강화를 위한 연수와 재교육을 통한 자질의 강화와 개선은 물론, 사전에 이들 평생교육 전문요원과 교·강사를 양성하는 교육과정과 절차에서부터 전문성을 강화하고 질적 수준을 제고하기 위한 교육적 노력을 기울여야 한다.

현행 평생교육 전문요원 양성제도와 과정, 그리고 연수 및 재교육체제에 전문성 확보를 위한 문제가 많고, 더더욱 평생교육 교·강사의 경우에는 이러한 양성 및 연수제도 자체가 당사자의 필요에 의한 자생적, 비형식적 연수 수요에 맡겨지고 있어 전문적인 평생교육 교·강사의 양성과 연수가 기대되기 어려운 실정이다. 평생교육 전문지도자의 전문성 강화를 위해서는 평생교육 전문요원과 평생교육 교·강사의 양성제도와 과정 그리고 연수제도와 과정을 개선해야 한다.

이를 위해서는 우선적으로 평생교육 전문요원 및 교·강사 양성기관을 현행의 대학(원) 및 전문대학에서 전문 평생교육연수원으로 확대·다양화하며, 자격종별 자격취득 요건을 대폭 강화하고, 평생교육 현장 근무경력 및 실습의 비중을 제고해야 한다. 평생교육 전문요원 양성 방안의 경우 현재 20학점의 이수와 4주간의 실습만으로 1급 평생교육 전문요원의 자격을 취득할 수 있도록 되어 있는 제도를 개편하여, 전문요원의 자격종별을 1급과 2급, 준전문요원으로 세분화하며, 자격종별 자격취득 요건을 현행 수준보다 대폭 강화해야 한다. 또한 다양한 영역에서의 평생교육적 소양과 전문성을 제고하도록 하고, 평생교육 실습의 비중도 현행보다 강화해야 한다. 이와 함께 대학, 대학원, 전문대학 등과 같은 정규 교육기관을 거치지 않고도 평생교육 전문요원이 될 수 있는 기회를 가질 수 있도록 평생교육연수원을 설치하여 전문요원 자격취득과정을 설치 · 운영하며, 평생교육 전문요원 자격취득 시험제도를 도입하는 방안을 검토할 필요가 있다. 평생교육 전문요원의 연수체제 정비와 활성화를 위해서는 국 · 공립 평생교육연수원의 설치와 인정 평생교육연수원제도의 도입을 통한 평생교육 연수 기회의 확대 · 다양화가 필수적으로 요청된다.

(2) 평생교육 자원봉사인력의 체계적 활용

평생교육은 그 여건 및 특성상 전문적인 정규 스태프, 이른바 전일제의 풀타임 정규 요원보다 사실상 일반의 자원봉사인력에 의존하는 비율이 더 높다. 이들이 없이는 사실상 평생교육의 활성화가 기대되기 어렵다. 따라서 평생교육에 종사할 자원봉사인력을 적극적으로 발굴하여 활용하기 위한 방안, 그리고 이들을 적절한 전문인력으로 재교육 · 연수시켜 전문성을 강화하기 위한 방안이 중요하다.

자원봉사인력을 체계적으로 발굴 · 활용하기 위해서는 먼저 평생교육 분야 및 영역별로 '자원봉사인력은행'이나 '자원봉사인력중계시스템'을 구축하여 가용 자원봉사인력 자원을 보다 체계적으로 그리고 광범위하게 조사 · 발굴하는 작업이 선행되어야 한다. 평생교육 자원봉사자들이 의욕적으로 관심을 갖고, 평생교육의 적재적소에 일감을 찾아 봉사 차원에서의 평생교육활동을 보다 적극적으로 그리고 효율적으로 수행할 수 있도록 정보제공과 참여 유인체제를 구축해야 한다. 이를 위해서는 평생교육에 관한 각종 정보를 체계적이고 신속하게 제공해 줄 수 있는 정보망 네트워크 시스템을 구축하는 일이 중요하며, 이들이 실제 일감의 발굴과 참여에 이러한 정보망을 잘 활용할 수 있도록 연결시키는 시스템을 마련해야 한다.

6) 평생교육 프로그램의 특화와 다양화

(1) 평생교육 프로그램 뱅크의 구축

평생교육 프로그램의 특화와 차별화를 위해서는 평생교육의 대상 및 영역별로 다양한 '뷔페식 평생교육 프로그램'을 개발하고 이를 위한 '평생교육 프로그램 뱅크' 시스템을 구축 · 활용해야 한다. 평생교육 프로그램 뱅크에는 다양한 평생교육 대상자별 프로그램, 평생교육 영역과 장르별 프로그램, 평생교육 실시기관 및 지역별 특성과 여건을 고려한 프로그램이 뷔페식 프로그램의 형태로 개발 · 축적되어 활용되어야 한다.

최근의 평생교육적 수요를 전망해 볼 때, 이와 같은 평생교육 프로그램 뱅크에는 전통적인 평생교육 프로그램뿐 아니라 새로운 평생교육적 수요에 기초한 전략형 평생교육 프로그램들이 개발 · 입력되어야 한다. 예컨대 세계화와 정보시대에 부응하기 위한 새로운 프로그램으로 볼 수 있는 '외국어 의사소통력의 개발' '컴퓨터 활용력 개발' '정보 수집 · 분석 · 활용력 개발' '정보문맹 극복' '국제매너와 국제 감각의 개발' '세계화 마인드의 신장' '미래 예견력과 비전의 개발' '도전성과 지적 창조력의 육성' '위기관리력과 문제해결력의 신장' 등 새로운 시대의 신 인재 육성에 관련된 다차원적 능력 개발 프로그램들이 요청된다.

(2) 평생교육의 새로운 학습기법 및 노하우 개발

평생교육은 학교교육과 달리 그 성격상 다양하고 입체적이며 비전통적이고 탈정형적인 교육방법과 운영전략을 강구하여 실시하기 용이한 이점이 있다. 학교교육이 아직은 보다 전통적이고 획일적이며 정형화된 학습전략을 주로 하고 있는 실정인 데 비해, 평생교육은 영역 및 대상별로 다양하고 입체적인 학습방법이나 교수기법을 활용할 수 있다. 예컨대 현장체험학습이나 원격학습, 자기주도적 자율학습(독학), 토론학습 등의 새로운 교수-학습기법 등이 있을 수 있다.

이를 위해서는 평생교육 프로그램별로 다양한 교수-학습기법을 개발하고 컴퓨터나 레이저, 영상매체 등의 첨단 시청각 기자재를 활용하는 새로운 평생교육 교수-학습매체 자료를 개발하여 활용하는 일이 중요하다. 또는 최근 기업체 평생교육에서의 화상학습, 첨단 컴퓨터 네트워크 개별 원격형 학습, 해외 현지 체험학습, 산악 극기훈련, 프로젝트형 학습, 시뮬레이션 학습 등의 기법을 참조하여 새로운 학습기법과 전략을 활용해 볼 필요가 있다. 평생교육기관의 국제경쟁력 확보와 성장을 위하여 평생교육의 여건이나 교육 프로그램의 혁신뿐 아니라 평생교육기관의 운영 효율화 전략과 마케팅 전략, 교육 고객 관리, 교육 애프터서비스 체제 개발에 있어서 획기적이고 새로운 노하우를 개발하여 활용하여야 한다.

7) 인력자원개발형 평생교육 프로그램 개발

인력양성 및 인력개발을 위한 평생교육 기회가 아동기에서 청소년기, 성인기, 노년기에 이르는 전 생애과정으로 확산되고 각 생애주기별로 균형 있는 교육 기회가 재분배될 수 있도록 다양한 프로그램을 개발하여 채널을 다양화한다. 아동기와 청소년기의 학교교육, 학교 외 비진학 근로청소년을 위한 직업훈련과 재교육, 성인을 위한 기업교육 및 현직재교육, 노령인구를 위한 제2의 직업능력 개발과 직종 전환적응 교육이 별개의 교육으로 단절되지 않고 '평생교육체제' 라는 하나의 커다란 틀 속에서 지속적으로 이루어질 수 있도록 교육 기회를 확대하고 다양화해야 한다.

일하면서 배우는 학습자를 위한 샌드위치 교육 프로그램과 정시제 성인학생을 위한 주말제(weekend school), 야간제, 계절제, 원격교육(방송통신교육과 미디어매체 교육) 등의 열린 교육체제를 확대 · 정착시켜 나간다. 고등학교나 대학 및 대학원뿐 아니라 평생교육기관으로서의 여타 직업훈련기관과 인력개발 평생교육기관들에서 파트타임 성인학습자들이 학습할 수 있도록 융통성 있고 다양한 교육운영방식을 개발한다.

이와 함께 신대학이나 기능대학, 산업기술대학, 사내기술대학, 기업 인력개발원, 사내대학 및 대학원, 기업체 개방대학 중 중점적인 인력개발 관련 기관들이 학교교육체제 내의 직업학교나 산업체 부설학교, 개방대학, 방송통신대학 그리고 전문대학들과 연계를 이루어 지원 · 육성될 수 있도록 하고, 특히 대안적인 제3형의 고등교육기관들(방송대와 개방산업대/산기대 등)의 직업교육 기능 및 프로그램을 강화해야 한다.

8) 정보화 대비 평생교육의 강화

(1) 평생교육 데이터베이스(DB)의 구축

평생교육참여율을 제고하고, 평생교육 저변 인구를 확대하기 위해서는 평생교육 정보를 적극적으로 알리기 위한 체계적이고 신속한 평생교육 정보제공체제 개발과 이를 위한 평생교육 정보전산망의 구축, 그리고 평생교육 참여유인체제와 적극적인 홍보 전략의 강구가 전제되어야 한다.

평생교육의 정보제공과 홍보전략의 강구를 위해서는 평생교육 데이터베이스의 구축이 필요하다. 매스컴을 통한 홍보나 정보제공, 그리고 구두 전달에 의한 자연적인 기관단위의 홍보도 필요하지만, 보다 적극적이고 효과적인 전략으로 평생교육기관의 명칭, 소재지, 교육 프로그램 종류, 프로그램 내용, 강사진, 주교육대상, 교육참여자격, 교육시기, 교육빈도, 교육경비(수강료), 교육이수 후 특전 및 특기사항 등에 관한 정보를 체계적으로 수록 · 입력시킨 '평생교육 데이터베이스(DB)' 를 구축하여 활용해야 한다. 평생교육 데이터베이스는 학습자들이 언제 어디서나 평생교육 정보를 손쉽게 얻을 수 있도록 컴퓨터 단말기나 PC통신 또는 전화자동응답서비스 등의 다양한 채널을 통해 서비스받을 수 있도록 온라인 전산망으로 연결하여 교육정보 서비스 하부구조를 구축해야 한다.

(2) 원격 평생교육 시스템의 구축

사회 전반의 정보화 추세가 급진전되면서 교육 부문에 있어서도 초고속정보통신망과 같은 본격적인 첨단 정보교육의 시대가 열리게 됨에 따라 교육매체를 통해 지리적 · 시간적 · 공간적 원격성을 극복하는 원격형 평생교육의 수요와 비중이 현저하게 증대될 전망이다. 이에 대비하기 위해 미래형 신 교육체제의 일환으로서 원격교육체제 구축을 강화한다. 현재 한국방송통신대학의 부설 또는 별도 기구로 가칭 '원격평생교육센터'를 설치하여 화상학습의 형태로 다양한 원격형 평생교육이 본격화될 수 있도록 한다. 원격평생교육센터는 독립적으로 운영할 수도 있고, 또는 현재의 방송통신대학이나 EBS 교육방송 · 교육 전담 유선방송의 부설로 운영하는 방안 등이 있을 수 있다. 원격(방송통신)평생교육센터에서는 라디오와 TV를 통한 다양한 평생교육 프로그램의 제작 · 방영과 함께, 평생교육 VTR과 멀티미디어 교육자료를 제작 · 보급함으로써 시간적으로나 지리적으로 교육받기 어려운 여건에 있는 서울지역 주민들이 원격화상학습에 의해 자유로이 평생교육의 혜택을 받도록 한다. 또한 원격교육 전국 통신망을 구축함으로써 시간 및 공간적 장애요인으로 인하여 직접 평생교육현장에 참여할 수 없는 학습자들에게 현대화된 교육매체를 통한 양질의 평생교육 기회를 제공하도록 활성화한다.

9) 평생교육 평가인정체제 구축

평생교육 평가인정체제의 구축을 위해서는 각종 평생교육기관에서 이루어지는 평생교육의 이수 결과가 누적 · 관리되어 사회적으로 학점이나 학위 취득, 자격 인정, 시험 면제 등의 인정을 받을 수 있도록 제도적으로 보장하는 '학점은행제' 를 구축해야 한다.

학점은행제는 다양한 채널을 통해 받은 평생교육을 프로그램의 유형 및 성격, 교육기간, 프로그램의 전문성 등의 인정준거에 의해 철저하게 평가하고 교육 이수를 개인별로 전산 입력해 누적 · 관리함으로써 그 결과가 학력 인정이나 학교 및 대학 입학자격의 취득, 부분적인 학점 인정 및 시험 면제 그리고 국가기술자격 취득 등의 각종 사회적 공인체제 내에 반영되고 상호 인정될 수 있도록 하는 방안이다. 개인별 학점의 누적 관리를 위한 전산망의 구축, 학점 및 학위와 자격의 인정을 위한 각종 평생교육 이수 결과의 평가기준과 학점 및 자격인정기준의 개발, 각종 평생교육기관 및 교육 프로그램 간의 상호 자격 및 학점과 학위인정체제 구안, 국가기술자격제도와 연계한 학점은행제 운영 방안, 독학학위제와 학점은행제의 연계 운영 방안 등이 세부적으로 마련되어야 한다.

/참/고/자/료/

교육부(1993). 민주시민교육지도 자료.

교육부(1995). 사회교육 활성화를 위한 학교시설 활용에 관한 연구.

교육부(1997a). 교육개혁 추진 상황 자체평가: 교육개혁 이렇게 추진하고 있다. 청운기획사.

교육부(1997b). **평생교육백서**.

교육개혁위원회(1996a). 신교육체제 수립을 위한 교육개혁 방안(II).

교육개혁위원회(1996b). 신교육체제 수립을 위한 교육개혁 보고서.

교육개혁위원회(1997). 新교육체제를 수립을 위한 교육개혁 방안(IV).

국립교육평가원(1995). **교육통계편람**.

권두승(1991). 한국 사회교육의 변천에 관한 사회학적 분석. 고려대학교 대학원 박사학위논문.

권두승(1995). **평생교육의 미래**. 파주: 양서원.

권이종(1994). 한국사회 교육발전을 위한 개혁방안. 한국사회교육의 발전을 위한 개혁방안 준비위원회.

권이종(1995). **사회교육개론**. 서울: 교육과학사.

권이종, 남정걸(1995). **사회교육 및 청소년 프로그램 편람**. 서울: 교육과학사.

김란수, 최운실 외(1997). **교육구좌제 도입 방안 연구**. 교육부 중앙교육심의회.

김수일 외(1982). **사회교육기관실태조사연구**. 한국교육개발원.

김승한(1983). 평생교육의 제도론. 유네스코 한국위원회, 한국평생교육기구(공편), **평생교육의 기초와 체제**. 서울: 법문사.

김신일, 최운실 외(1995). 학점은행제 도입방안 연구. 교육부 중앙교육심의회.

김인아(1993). 한국여성 사회교육변천사 연구. 단국대학교 박사학위논문.

김종서, 황종건, 김신일, 한숭희(2000). **평생교육개론**. 서울: 교육과학사.

김종서, 주성민(1990). 지역사회 학교 이론과 실제. 서울: 교육과학사.

윤경남, 최운실 외(1997). 노년학을 배웁시다. 홍성사.

윤복남(1990). 한국 문해교육의 사회사적 고찰. 고려대학교 대학원 박사학위논문.

이규환(1985). 사회개발과 교육의 민주화. 서울: 한울.

장진호(1979). 사회교육의 방향. 정익사.

정우현(1995). 사회교육의 이해. 서울: 교육과학사.

정지웅, 김지자(1995). 사회교육학개론. 서울: 서울대학교출판부.

조화태 외(2003). 평생교육개론. 서울: 한국방송통신대학교출판부.

최운실(1985). 성인교육유형에 따른 교육참여 특성분석. 이화여자대학교 박사학위논문.

최운실(1990). 한국의 평생교육. 서울: 교학사.

최운실(1992). 평생교육체제의 정착. 신세호편, 한국교육의 나아갈 길. 한국교육개발원.

최운실(1993a). 21세기 미래사회 지향적 평생교육 정책과 발전과제. 21세기 위원회 사회문화분과 93년 4월 세미나 주제발표 자료.

최운실(1993b). 한국 성인교육의 실상과 미래지향적 발전과제. 한국교육학회. 교육학연구. 1993년 10월호, 제31권 제4호.

최운실(1997a). 신사회교육론 탐구. 대교 부설대학원.

최운실(1997b). 후기 성인학습자를 위한 평생교육의 과제. 노년학을 배웁시다. 홍성출판사.

최운실, 백은순(1989-1990). 한국의 문해실태와 문해교육. 한국교육개발.

최운실, 백은순, 최돈민(1993). 한국 사회교육의 과거, 현재, 미래 탐구. 한국교육개발원.

최운실, 홍영란, 송병국(1996). 열린 학습사회 실현을 위한 사회교육 개혁과제 연구. 한국교육개발원.

통계청(2003). 우리나라 노인인구 비중.

한국교육신문사(1997). 한국교육연감. 한국교원단체총연합회.

한국정신문화연구원(1982). 평생교육의 체계와 사회교육의 실태.

한국지역사회교육중앙협의회(1991). 사회교육의 이해. 서울: 교육과학사.

한국사회교육협회(1983). 한국사회교육총람. 서울: 정민사.

한숭희(2006). 평생교육론-평생학습사회의 교육학. 서울: 학지사.

한준상(1987). 사회교육론-교육사회학적 이해. 서울: 청아출판사.

한준상(1993). 산업인력자원개발. 파주: 양서원.

한준상(1996). 한국교육개혁론. 파주: 양서원.

한준상 외(1997). 신교육사회학론. 서울: 학지사.

황종건(1980). 한국의 사회교육. 서울: 교육과학사.

황종건(1990). 우리나라 학원교육의 개혁방향 학원정책운영 개선에 관한 연구. 명지대학교 사회교육연구소.

Cross, K. P. (1981). *Adults as Learners: Increasing Participation and Facilitating Learning*. San Francisco: Jossyey-Bass Publishers.

Cross, K. P. (1986). *J. R. Valley & Associates, Planning Non-Traditional Programs.*

San Francisco: Jossey-Bass Publishers.

Cropley, A. J. (1979). (ed.). *Lifelong Education: A Stocktaking*. Hamburg: UNESCO Institute for Education.

Darkenwald, G. G., & Merriam, S. B. (1982). *Adult Education: Foundations of Practice*. N.Y.: Harper & Row.

Dave, R. H. (1976). (ed.). *Foundation of lifelong Education*. UNESCO Institute for Education.

Hesburgh, T. M., C. S. G., Miller, P. A., & Wharton, C. R., Jr. (1973). *Patterns for Lifelong Learning*. San Francisco: Jossey-Bass Publishers.

Knowles, M. S. (1980). *The modern practice of adult educatin*. New York: Cambrdiage, the Adult Education Co.

Lengrand. P. (1975). *An Introduction to Lifelong Education*. London: The UNESCO Press.

/학/습/정/리/

1. 21세기 미래사회와 평생교육의 이념을 **데이브**(Dave)이론 중심으로 소개하였다. 이는 평생교육을 가정교육, 학교교육, 사회교육 부문 간에 유기적인 통합적인 연계를 전제로 형식교육, 비형식교육, 무형식교육을 삼위일체적으로 결집시키는 교육 영향의 극대화에 있다.

2. **평생교육 개념과 사회교육**에서는 먼저 평생교육의 개념을 여러 학자들 중심으로 정리하였고, 특히 평생교육의 **이념적 속성**을 소개함으로써 평생교육을 전공하는 모든 이들에게 이해를 돕고자 노력하였다. 또한 사회교육의 위상과 범주, 사회교육의 개념장애, 사회교육의 특성 그리고 평생교육의 유관 용어 등으로 정리하였다.

3. 평생교육론 대두의 필요성을 **최운실** 교수가 정리한 일곱 가지의 사회적 상황을 통해 소개하였다. 국제개방화 시대, 하이테크 시대, 지식정보화 시대, 실력주의 시대 그리고 급변하는 직업시대 순으로 되어 있다. 그리고 또한 평생교육의 필요성과 의의는 **렝그랑**(Lengrand)과 권이종의 이론을 구체적으로 소개하였다.

4. **평생교육 이념 실현을 위한 한국 평생교육의 실제**에서는 한국 사회교육의 유형화를 네 가지로 구분하여 소개하였고, 유형별 사회교육의 실제로 공무원 재교육, 문화시설, 대중매체, 학교중심 평생교육, 농촌사회교육, 학원교육, 여성사회교육 그리고 직업교육 순으로 정리하였다.

5. 평생교육의 미래 비전과 성장지향 정책에서는 학습사의 풍토 조정을 위한 교육의식 함양, 교육 부문 간 연계 촉진과 균형발전, 대중매체의 평생교육적 역량 극대화, 평생교육의 외곽적 틀과 인프라 기반 조성, 고령화 시대에 부응하는 평생학습체제의 강화, 교육권 보장과 생활기능 문해교육의 강화 그리고 교육 국제경쟁력 강화와 상업주의 교육풍조 극복 순으로 정리하였다.

6. **평생교육 발전을 위한 정책과제**로 국가수준의 평생교육 중장기 마스터플랜의 작성, 평생교육 여건 선진화와 경쟁력 강화, 평생교육시설의 전문화와 현대화, 평생교육기관 간 교육자원 활용 및 네트워크 구축, 평생교육 전문인력 확보와 자원봉사인력 활용 극대화, 평생교육 프로그램의 특성화 특화와 다양화, 인력자원개발형 평생교육 프로그램 개발, 정보화 대비 평생교육의 강화 그리고 평생교육 **평가인정체제** 구축 순으로 정리하였다.

/학/습/평/가/

※ 아래 질문에 대해 설명하거나 논하시오.

1. 평생교육의 다섯 가지 이념적 속성을 설명하시오.
2. 사회교육의 성격과 원리에 대하여 논하시오.
3. 평생 및 사회교육의 실제를 유형별로 구분하여 정리하시오.
4. 평생교육 발전을 위한 정책과제를 논하시오.

※ 아래 문제에 대해 정답을 고르시오.

5. 평생교육의 이념적 속성과 가장 근접한 내용은?
   ① 평생교육의 통합성과 광역성 ② 교육기회의 한계성
   ③ 교육대상의 차등성 ④ 교육체제의 폐쇄성

6. 다음은 사회교육의 범주화를 위한 교육개념의 분류가 아닌 것은?
   ① 대상별 분류 ② 교육장별 분류 ③ 개념의 분류 ④ 교육단계별 분류

7. 사회교육의 성격과 무관한 내용은?
   ① 타율성 ② 상호학습성 ③ 과정중심성 ④ 참여와 공존성

8. 다음 중 평생교육의 필요성에 관한 내용과 거리가 먼 것은?
   ① 전통 시대의 평생교육 ② 하이테크 시대의 평생교육
   ③ 국제개방화 시대의 평생교육 ④ 급변하는 직업시대의 평생교육

9. 평생 · 사회교육의 실제에 가장 적절한 표현은?
   ① 도시 중심 교육 ② 학교 외 교육 ③ 대안학교 교육 ④ 정부의 공무원 재교육

/읽/을/거/리/

[출퇴근시간 수업이 가능한 u-러닝대학교, 한국싸이버대학교]

사이버대학이 진화하고 있다. 인터넷을 통해 4년제 학사학위를 취득할 수 있는 한국싸이버대학교(총장 송자)는 지난 2005년부터 국내 최초로 PDA/PMP용 강의파일을 학생들에게 제공하면서 큰 호응을 얻고 있다. 사이버대학의 경우 온라인으로 수업이 이루어지기는 하지만, 직장인이 대다수인 재학생들이 바쁜 직장생활과 함께 한 학기 5~6개 과목을 이수하기란 상당히 부담스러운 일이다. 이러한 학습부담을 최소화하기 위해 한국싸이버대는 모바일기기용 강의파일을 추가로 제공하면서 국내 u-러닝의 표준을 만들어 나가고 있는 것이다.

이 대학 상담학부에 재학 중인 정명희 씨는 "바쁜 직장생활 중에도 PMP로 다운받은 강의파일로 출퇴근 자투리시간에 예·복습을 할 수 있어, 내년 가을 조기졸업이 가능할 것 같다."며 만족감을 드러냈다. 또한 한국싸이버대는 올해부터 SK텔레콤과 공동으로 모바일캠퍼스를 구축하여, 이동 중에도 PDA를 통해 학교에 로그인하여 전자도서관 이용뿐만 아니라 성적보기, 공지사항 및 게시판 등을 이용할 수 있는 서비스를 제공하고 있다.(출처: http://www.kcu.ac/Community/News/MainNews/viewNews.asp?)

VI 부

교육행정 및 교사론의 이해

/학/습/개/요/

학교에서 교사가 하는 일들에는 어떤 것들이 있을까?
우선 교사의 본업인 학생 가르치기 학생들을 잘 가르치기 위한 교재연구,
그 다음으로는 시험문제 출제, 채점 및 평가,
학생 파악,
상담(진로지도, 가정문제 상담, 친구관계, 이성교제…),
생활지도(등하교지도, 문제학생지도, 교외 학생지도활동 참가…),

그 외에?
상벌(모범학생에 대한 표창 상신 및 문제학생에 대한 징계),
연수(교내연수, 교외연수) 및 경력관리,
행사 기획 및 진행(수련회, 수학여행, 소풍, 체육대회, 신체검사, 교내 백일장, 학교축제…),
시험감독, 종합생활부 정리, 학급일지 정리, 출석부 정리, 공문 수발 및 처리, 등록금 · 불우이웃돕기성금, 방위성금, 기타 성금 걷기 및 독촉, 동료교사들 간의 원만한 인간관계 유지…

언뜻 보아도 학교에서 교사가 하는 일들은 대단히 많다.
위부분에 나열되어 있는 것들은 교수-학습, 측정 및 평가, 생활지도와 관련된다.
반면 아랫부분에 열거된 일들은 교육행정 영역이다.
그러므로 교사가 학교에서 하는 일들 중에 거의 절반 정도는 교육행정 활동이다.

12장 **교육행정의 개념 및 기본원리**에서는 교육행정의 개념과 교육행정에서 사용되는 기본원리, 그리고 교육행정 조직에 대해 다루었다.
13장 **교사론**에서는 교사로서 갖추어야 할 자질 및 품성을 중심으로 다루었다.
이제 교사가 직면하고 있는 교육행정과 교사론에 대해 하나씩 이해해 보도록 하자.

12장

교육행정의 개념 및 기본 원리

학습목표

1. 단위학교에서 교사가 하는 일들에 대해 알아본다.
2. 교육행정의 개념과 성격, 영역을 이해한다.
3. 교육행정의 기본 원리를 이해한다.
4. 조직의 주요 원리를 이해한다.
5. 조직의 관리방법을 이해한다.

교육행정이란 무엇인가? 한마디로 교육행정이란 교육 목표를 설정하고, 그 목표를 달성하기 위해서 필요한 인적 조건 및 물적 조건을 정비하고 확립하며, 목표 달성에 따른 제반 행동을 지도 · 감독하는 것을 말한다. 즉, 교육의 궁극적 목적인 교수-학습을 증진시키기 위해서 교육조직에 관련된 다양한 요소들의 상호관계성을 기획하고, 고무, 지도, 평가, 조정하는 일련의 목적적이고 지속적인 활동이다.

1. 교육행정의 개념과 성격

1) 교육행정의 개념 비교

교육행정을 바라보는 관점은 크게 두 가지로 나눌 수 있다. 하나는 교육에 관한 행정이며, 다른 하나는 교육을 위한 행정이다. 교육에 관한 행정이란 공법학적, 법규해석적 견해로서 행정의 종합적 성격을 강조하는 입장이다. 즉, 입법작용을 통하여 이미 법제화된 교육정책을 실현하는 것이 교육행정이라고 보는 견해다. 다시 말해서 교육행정을 국가행정이 다루어야 할 여러 영역들 중에서 하나, 즉 일반행정의 일부로 보는 것이다. 이러한 입장의 장점은 전체적인 통일성과 균형을 강조한다는 데 있다. 즉, 한 국가가 발전하기 위해서는 교육행정만이 아니라 국방행정, 내무행정, 외무행정, 법무행정 등 다양한 분야의 행정이 골고루 잘 되어야 한다는 입장이다. 반면 이 입장이 비판받고 있는 것은 교육행정의 전문성과 특수성을 경시한다는 점이다.

이에 비하여 교육행정을 '교육을 위한 행정' 이라고 보는 관점은 교육에 관한 행정과는 정반대의 견해를 취하고 있다. 교육을 위한 행정이란 말 그대로 교육발전을 위해 교육행정이 어떤 역할을 해야 할 것인가를 중시하는 입장이다. 즉, 교육행정이란 교육활동을 앞세우고 이를 지원하는 활동으로 행정이 존재해야 한다는 것으로서 조건정비적인 견해를 갖는다. 교육을 위한 행정의 장점은 교육의 자주성, 전문성, 정치적 중립성 등을 강조한다는 데 있다. 이러한 원칙에 입각한 것이 교육자치제다. 이 입장의 단점은 교육행정의 특수성을 지나치게 강조함으로써 전체적인 일반행정과의 통일성, 균형 등을 잃을 수 있다는 점이다.

2) 교육행정과 관련된 개념들

교육행정과 관련된 몇 가지 개념들은 명확한 구분 없이 사용되고 있다. 여기서는 그 의미의 차이를 좀 더 명확히 살펴본다.

(1) 교육제도

교육제도란 교육을 운영함에 있어 비교적 안정되고 영속적인 형태를 갖춘 것으로서 특정한 형식과 조직을 통해 이루어지는 의도적인 교육활동의 측면을 말한다. 예컨대 학교제도(학제)와 입시제도, 고교평준화 제도 등을 들 수 있다. 남한의 학교제도는 6 · 3 · 3 · 4제(초등학교 6년, 중학교 3년, 고등학교 3년, 대학교 4년)이고, 북한의 학제는 4 · 6 · 4제(소학교 4년, 고등중학교 6년, 대학교 4년)다. 남한의 경우 6 · 3 · 3 · 4제로 학교제도가 정해진 것은 해방 직후였으며, 6 · 3 · 3 · 4제는 현재에도 유지되고 있다. 이와 마찬가지로 고교평준화 정책이 시행된 것은 1974년이었으며, 그 정책은 이미 제도화되어 현재까지 이르고 있다. 이와 같이 교육제도란 비교적 안정되고 영속적인 형태를 띠는 특성이 있다.

(2) 교육정책

교육정책이란 교육에 관련된 문제 혹은 사항을 다루기 위해서 국가의 공권력을 배경으로 강행되는 공공적인 기본 방침 또는 목적적인 행위과정을 말한다. 다시 말해서, 일부에서 해당 교육정책을 반대한다고 하더라도, 일단 국가에서 결정한 사항이라면 그 반대를 무릅쓰고 강행된다는 것이다. 예를 들어, 제7차 교육과정의 도입에 대해서 일부 교원단체에서는 반대입장을 분명히 천명하였다. 그럼에도 불구하고 제7차 교육과정은 이미 2000년부터 전국에 있는 초등학교 1, 2학년부터 일제히 실시되었다.

(3) 교육계획

교육계획이란 미래의 교육활동에 관한 지적이고 합리적인 예견장치로서 교육의 안정성과 효율성을 높이기 위한 것이다. 우리는 해가 바뀌고 달이 바뀌면 그에 맞게 새해 계획과 새달 계획을 세우는 것과 마찬가지로 교육 분야에서도 매년, 매달 그에 따른 계획을 세워서 일을 추진한다. 특히 교육계획은 전문성과 합리성을 강조하고 있으며, 최근에는 독자적인 영역으로 부각되고 있다.

[그림 12-1] 월중 행사표(달력)를 쳐다보고 있는 교장

(4) 교육경영

교육경영이란 종래의 정태적이고 분석적인 교육행정에서 벗어나 동태적이고 통합적인 측면을 중시하려는 데서 생긴 개념이다. 과거의 학교장이나 총장 등 학교의 최고 경영자들은 주로 학생 등록금이나 국고보조금 등 고정된 수입으로 학교를 관리·운영하는 것이 일반적이었다. 그러나 현재의 학교 최고 경영자들은 그 이외에도 외부로부터 학교발전기금, 장학금 등을 얼마나 많이 확보하느냐가 최고 경영자의 자격 요건으로서 중요시되고 있는 실정이다. 따라서 최근에는 학교행정, 학교관리 또는 학급행정, 학급관리라는 용어보다는 학교경영이나 학급경영이라는 용어가 널리 쓰이고 있다.

3) 교육행정의 특성

교육행정의 특성은 대체로 교육활동의 특성에서 연유하고 있으며, 다음과 같이 여섯 가지로 나눌 수 있다.

(1) 장기적 성격

장기적 성격이란 교육의 효과가 건물 신축이나 도로공사처럼 단기간 내에 이루어지는 것이 아니라 비교적 장기간에 걸쳐 그 효과가 나타나는 데서 연유한 것이다.

(2) 조장적 성격

조장적 성격이란 교육행정의 존립근거는 지도·감독에 있는 것이 아니라 교사가 학생들을 잘 가르칠 수 있도록 하고, 그밖의 제반 교육활동들이 원만히 이루어질 수 있도록 지도·조언하는 특성을 띤다는 것을 말한다.

(3) 수단적 성격

수단적 성격이란 교육행정 자체가 목적일 수는 없으며, 단지 교수-학습효과의 극대화, 전인교육 실현 등 본래의 교육목적을 달성하기 위한 수단적·기술적 성격을 띠고 있음을 말한다.

(4) 전문적 성격

전문적 성격이란 교육행정활동은 아무나 할 수 있는 것이 아니라 고도의 전문성이 요구됨을 일컫는 것이다. 예를 들어, 교감이 되기 위해서는 보통 20년 이상의 교육경력과 학년부장, 학생부장, 연구부장, 교무부장 등 다양한 경력을 쌓고 교감 자격연수를 받아야 한다.

(5) 중립적 성격

중립적 성격이란 교육 및 교육행정활동이 정치·종교로부터 파당적 간섭을 배제한다는 것을 말한다. 예를 들어, 특정 정당이 정권을 잡았다고 해서 그 정당에게 유리한 내용을 교육한다든지, 국·공립학교에 근무하는 교사가 특정 종교를 갖고 있다고 해서 학생들에게 그 종교의 우수성을 강조해서 교육할 수 없다는 것을 의미한다. 교육기본법 제6조(교육의 중립성)에서는 "교육은 교육 본래의 목적에 따라 그 기능을 다하도록 운영되어야 하며, 어떠한 정치적·파당적 또는 개인적 편견의 전파를 위한 방편으로 이용되어서는 아니 된다." "국가 및 지방자치단체가 설립한 학교에서는 특정한 종교를 위한 종교교육을 하여서는 아니 된다."라고 명시하고 있다.

(6) 정치적 성격

정치적 성격이란 중립적 성격과 대비되는 것으로, 교육정책은 고도의 정치적 과정(political process)에 의해 결정됨을 의미하는 것이다. 예를 들어, 교육관련 중앙부처에서 내년도의 교사 채용인원을 늘리고자 해도 공무원 정원과 예산을 담당하는 중앙

부처와 의견 조율이 있어야 하며, 그 과정에서 적지 않은 대립과 정치적 타협이 이루어져야 한다.

그 밖에도 현대 교육행정의 특성은 업무의 효율화를 꾀하기 위해 행정력을 강화하고 있으며, 전문화 · 합리화 · 민주화 · 중립화의 원리가 강조되고 있다. 또한 1999년 8월에는 사회교육법을 대신하는 평생교육법을 제정 · 공포하고, 2001년에는 종래의 교육부를 교육인적자원부로 개편하여 출범시킴으로써 학교교육을 사회교육과 연계하고, 지식기반사회에서 요구되는 평생교육체제의 정비를 서두르고 있다.

4) 교육행정의 영역

교육행정의 영역은 크게 다섯 가지 측면에서 살펴볼 수 있다.

(1) 법규면

교육행정을 법규적인 측면에서 볼 때는 교육부 장관의 관할하에 있는 모든 행정활동 영역을 교육행정의 영역이라 할 수 있다.

(2) 업무 내용면

교육행정을 업무 내용적 측면에서 보면 기획행정, 조직행정, 장학행정, 인사행정 등으로 나눌 수 있다.

(3) 교육대상별

교육행정을 교육대상별로 보면 크게 학교교육행정과 사회교육행정으로 구분할 수 있다.

(4) 교육기관별

교육행정을 학교 교육기관별로 보면 보통교육행정과 고등교육행정으로 나눌 수 있다. 여기서 보통교육행정이란 초등교육행정과 중등교육행정을 포함한 것으로 주로 교육감을 중심으로 지방교육자치단체에서 관장하고 있다. 고등교육행정은 대학과 대학원의 학사행정을 말하는데, 교육인적자원부가 직접 관장하고 있다. 다른 한편으로는 초등교육행정, 중등교육행정(중 · 고등학교행정), 고등교육행정 등 3단계로 학교교육을 구분할 수 있다.

(5) 교육행정 단계별

교육행정은 교육행정이 이루어지는 단계에 따라 중앙교육행정, 지방교육행정, 단위학교행정 등 3단계로 나눌 수 있다. 중앙교육행정이란 교육부가 국가 차원에서 관장하는 교육행정을 말하는 것이며, 지방교육행정이란 특별시·광역시·도(이하 시·도) 교육감 및 교육위원회와 그에 소속된 시·군·구 차원의 지역 교육장 등을 중심으로 운영되는 교육행정을 말한다. 지방교육행정은 관할 영역에 따라 시·도 수준, 시·군·구 수준의 교육행정으로 분류된다. 시·도 수준의 교육행정은 주로 교육감이, 시·군·구 수준의 교육행정은 교육장이 관장하고 있다.

5) 교육행정가와 자질

교육행정가에게는 여러 가지 자질이 요구된다. 다니엘 카츠(Daniel Katz)와 로버트 칸(Robert L. Kahn)은 효과적인 지도자에게 필요한 기술을 실무적 기술(technical skill), 인간관계기술(human skill), 전체파악기술(conceptual skill)의 세 가지로 정의하였다. 카츠와 칸에 따르면 하급 교육행정가일수록 실무적 기술(기능적 측면)이 중요하고, 상급 교육행정가일수록 전체파악기술(구상적 측면)이, 중간관리층에 있는 사람들에게는 인간관계기술이 중요함을 역설하였다. 이를 그림으로 나타내면 다음과 같다.

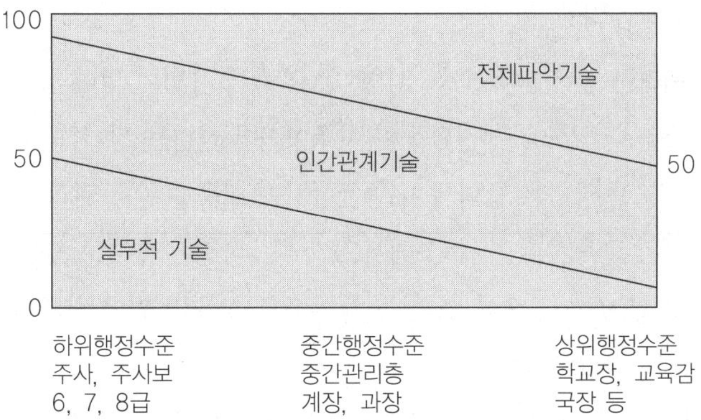

[그림 12-2] Katz의 효과적인 행정가에게 필요한 세 가지 기술

2. 교육행정의 기본 원리

교육행정의 기본 원리는 크게 법제적 측면과 운영의 측면으로 나눌 수 있다.

1) 법제적 측면

법제적 측면에서는 다음과 같이 다섯 가지로 구분할 수 있다.

(1) 법치행정의 원리

법치행정의 원리는 모든 교육행정활동이 법에 의거한다는 원리다. 가령 학생 수에 따라 교원은 몇 명을 두어야 하는지, 초 · 중 · 고등학교의 학교단계에 따라 한 시간당 몇 분씩 수업을 해야 하는지, 학생들이 배우는 교과서는 어떤 것을 써야 하는지 등이 초 · 중등교육법 및 동법 시행령에 자세히 규정되어 있다. 보다 거시적으로는 우리나라 교육관련법들의 모법인 헌법 제31조의 제6항에 따르면, "학교교육 및 평생교육을 포함한 교육제도와 그 운영, 교육재정 및 교원의 지위에 관한 기본적인 사항은 법률로 정한다."라고 명시하고 있다. 법치행정의 원리는 다른 말로 성문법주의 또는 양식(樣式)주의라고 한다.

(2) 기회균등의 원리

기회균등의 원리는 신분이나 계층, 성별, 종교 등에 차별이 없이 능력에 따라 균등하게 교육을 받을 수 있도록 행정활동이 이루어져야 한다는 원리다. 헌법 제31조 제1항에 따르면, "모든 국민은 능력에 따라 균등하게 교육을 받을 권리를 가진다."라고 명시하고 있으며, 교육기본법 제4조에서도 "모든 국민은 성별, 종교, 신념, 사회적 신분, 경제적 지위 또는 신체적 조건 등을 이유로 교육에 있어서 차별을 받지 아니한다."라고 명시하고 있다.

기회균등의 원리는 민주주의의 기본 원리로서 교육행정활동에서 의무교육의 확대, 학교의 지역적 균등배치 등에서 일관되게 강조되는 원리다. 그 밖에도 장학금제도, 통신교육, 직장인 등을 포함한 성인교육 등도 기회균등의 원리에 따라 행정적으로 뒷받침되어야 할 사항들이다.

(3) 적도집권의 원리

적도집권(適度集權)의 원리는 중앙집권주의와 지방분권주의 간에 적절한 균형을 도모해야 한다는 원리다. 중앙정부는 일단 어떤 정책이 결정되면 일사불란하게 시행하여 효율성을 도모하고자 하는 성격이 강한 반면에, 지방정부 차원에서는 지방의 특색을 살린 교육경영을 도모하고자 할 것이다. 여기서 중앙정부의 요구와 지방정부의 기대치 간에 마찰이 생길 수 있다. 중앙정부와 지방정부의 이해와 요구가 적절한 정도에서 타협점을 찾아 균형이 이루어져야 한다는 원리가 바로 적도집권의 원리다. 따라서 적도집권의 원리는 능률과 참여의 균형을 강조한 원리다.

(4) 자주성 존중의 원리

자주성 존중의 원리는 교육행정상 교육의 독자성과 자주성을 존중해야 한다는 원리다. 헌법 제31조 제4항에 따르면, "교육의 자주성 · 전문성 · 정치적 중립성 및 대학의 자율성은 법률이 정하는 바에 의하여 보장된다."라고 명시하고 있다. 또한 교육기본법 제5조(교육의 자주성 등) 제1항에는 "국가 및 지방자치단체는 교육의 자주성 및 전문성을 보장하여야 하며, 지역의 실정에 맞는 교육의 실시를 위한 시책을 수립 · 실시하여야 한다."라고 명시하고 있으며, 제2항에는 "학교운영의 자율성은 존중되며, 교직원 · 학생 · 학부모 및 지역주민 등은 법령이 정하는 바에 의하여 학교운영에 참여할 수 있다."고 규정하고 있다. 아울러 앞에서 살펴본 바와 같이 교육기본법 제6조에서도 교육의 중립성을 분명히 밝히고 있다.

(5) 평생교육 진흥의 원리

평생교육 진흥의 원리는 정부가 국가 차원에서 평생교육을 진흥하기 위한 다각적인 노력을 기울여야 함을 강조하는 원리다. 헌법 제31조 제5항에 따르면, "국가는 평생교육을 진흥하여야 한다."라고 명시하고 있으며, 교육기본법 제10조(사회교육)에서도 "국민의 평생교육을 위한 모든 형태의 사회교육은 장려되어야 한다. 사회교육의 이수는 법령이 정하는 바에 의하여 그에 상응하는 학교교육의 이수로 인정될 수 있다."라고 규정하고 있다.

특히 정부는 1999년 8월 31일자로 종래의 사회교육법을 대신한 평생교육법을 제정 · 공포하여 평생교육체제 구축을 위한 법적 기반을 마련하였으며, 2001년에는 교육부를 교육인적자원부로 개칭하고 지식기반사회에 요구되는 평생교육체제로 전환하기 위해 다각적인 노력을 기울였다.

2) 운영적 측면

교육행정의 기본원리를 운영적 측면에서 살펴보자면 다음과 같이 여섯 가지로 나눌 수 있다.

(1) 타당성의 원리

타당성의 원리는 합목적성의 원리라고도 하며, 교육행정활동이 정치적, 경제적, 사회적, 문화적 조건 등 제반 여건을 고려하여 타당하게 이루어져야 한다는 원리다.

(2) 민주성의 원리

민주성의 원리는 교육에 관련된 각종 심의회나 위원회를 구성 · 운영하여 다양한 계층의 목소리를 듣고 민의를 반영하는 교육행정활동이 이루어져야 한다는 원리다. 예를 들어, 국 · 공 · 사립을 막론하고 전국의 초 · 중 · 고등학교에 설치된 학교운영위원회나 학부모회, 어머니회, 동창회 그리고 시 · 도에 설치된 교육위원회 등은 교육운영에 있어서 학부모 및 지역주민들의 참여를 보장하는 민주성의 원리를 반영한 대표적인 단체들이다.

(3) 능률성의 원리

능률성의 원리는 최소한의 경비와 노력을 들여 최대의 성과를 가져오자는 경제원리다. 능률성의 원리는 효율성(efficiency)의 원리와 같은 개념인 반면, 효과성(effectiveness)의 원리는 얼마의 경비와 노력을 들이든 간에 원하는 목표를 제대로 달성했는가의 여부를 가지고 평가한다. 예를 들어, 덕영이와 철민이는 둘 다 수학성적이 40점이었는데, 덕영이는 20만 원의 과외비를 들여 수학성적이 85점으로 올랐고, 철민이는 5만 원의 학원비를 들여 85점이 되었다고 가정해 보자. 효율성의 측면에서 보면 철민이는 적은 비용으로 큰 결과를 가져왔기 때문에 철민이가 더 효율적으로 공부를 한 것이다. 반면 덕영이와 철민이는 똑같이 85점을 달성했기 때문에 효과성의 측면에서 본다면 둘 다 같은 것이다.

(4) 적응성의 원리

적응성의 원리는 교육행정활동이 주변환경의 변화·발전에 신축적으로 대응해야 한다는 원리다. 가령 컴퓨터가 발달해 있는데도 불구하고 학교에서 문서 작성을 할 때 예전과 마찬가지로 수기(手記)로 할 것을 고집한다면 시대상황에 역행하는 것이다. 오늘날 각급 학교에서는 교사들을 대상으로 학기 중이나 방학을 이용하여 다양한 컴퓨터 활용교육을 실시하고 있으며, 교단 선진화 기기를 도입하여 수업에 적극 활용하고 있다.

(5) 안정성의 원리

안정성의 원리는 주변환경이 변하더라도 교육활동의 지속성이 유지되고 시책이 일관되게 추진되어야 함을 강조하는 원리다. 안정성의 원리는 적응성의 원리와 대비되는 개념이기는 하지만, 교육행정활동에서는 둘 다 필요한 원리임에는 틀림이 없다.

(6) 균형의 원리

균형의 원리는 교육행정활동의 경·중과 선·후를 밝혀 노력과 경비를 공정하게 배분하고자 하는 원리다. 따라서 균형의 원리를 공정성의 원리라고도 한다.

3. 교육행정조직

교육행정조직은 대통령과 국무총리, 교육부를 중심으로 하는 중앙교육행정조직, 시·도 교육감 및 교육위원회, 시·군·구 단위의 교육장을 중심으로 하는 지방교육행정조직, 그리고 교장 및 교감, 부장교사들을 중심으로 하는 단위학교의 교육행정조직 등 크게 세 가지로 구분할 수 있다. 여기서는 조직의 주요 원리와 교육조직의 몇 가지 유형별 특성을 고찰해 본다.

1) 조직의 주요 원리

조직의 주요 원리는 대체로 여섯 가지로 정리할 수 있다.

(1) 분업의 원리

분업의 원리란 능률적인 업무 수행을 위해 업무를 분장하는 원리다. 중 · 고등학교에서 보다 효율적인 교수-학습을 위해서 교사들이 각자의 전공별로 교과목을 나누어 가르치고 있는 것을 예로 들 수 있다.

(2) 계층제의 원리

계층제의 원리란 공식조직에서 권한과 책임에 따라 직무를 등급화 · 차등화하는 것을 말한다. 최고지도자로 갈수록 책임과 권한은 막중한 것이 일반적인 형태다.

(3) 통솔범위의 원리

통솔범위의 원리란 업무의 성격, 시 · 공간적인 요인, 감독자의 능력, 피감독자의 질, 관리기술의 수준과 상태를 근거로 통솔의 범위가 결정된다는 것이다. 가령 훌륭한 지도자가 능력 있는 부하 직원들과 함께 일한다면 보다 많은 인원을 효율적으로 통솔할 수 있을 것이다. 이와는 반대로 지도자도 훌륭하지 못하고 부하 직원들도 능력이 부족한 조직이라면 한 사람의 지도자가 많은 직원을 효율적으로 관리하기란 어려울 것이다.

(4) 명령통일의 원리

명령통일의 원리란 1인의 상관에게만 명령을 받고 보고한다는 원리다. 옛말에 "어느 장단에 맞춰 춤을 추랴?" "사공이 많으면 배가 산으로 간다."라는 속담이 있다. 이는 곧 한 가지 과제를 놓고 둘 이상의 상관에게 지휘를 받는다면 일을 그르치게 된다는 것을 의미한다.

(5) 조정의 원리

조정의 원리란 조직체 각 부분의 행동통일을 목적으로 하는 원리다. 일단 지도지침이 내려지면 조직체의 각 구성원들은 그에 따라 일사불란하게 움직여야 하며, 그 목표를 달성하기 위해서 행동을 통일시켜야 한다는 것을 뜻한다. 또한 어느 특정 부서나 사람이 진행하는 업무에 차질을 빚으면 그 즉시 다른 사람으로 대체하여 주어진 과제를 성공적으로 완수하도록 조정하는 역할이 필요하다는 원리다.

(6) 적도집권의 원리

적도집권의 원리란 앞에서 살펴본 바와 같이 중앙집권과 지방분권 사이에 적절한 힘의 균형을 맞추어야 한다는 원리다. 바야흐로 우리나라는 21세기로 접어들면서 본격적인 지방화 시대를 맞이하고 있다. 일반 지방행정의 수장을 맡고 있는 광역시장이나 도지사는 말할 것도 없고, 그 산하에 있는 구청장이나 군수, 중소도시의 시장 등 일선 행정기관의 장들은 지방마다 특색을 살려 독특한 지방행정활동을 펼치고 있다. 여기에 덧붙여 지방교육행정의 책임을 맡고 있는 교육감 및 그에 속한 각급 교육장들 또한 차별화된 지방교육정책을 시행하고 있다. 따라서 적도집권의 원리는 앞으로 더욱더 중요한 원리로 부각될 것이다.

2) 중앙집권조직과 지방분권조직

앞에서 말한 바와 같이 중앙집권적 교육행정조직은 대통령과 국무총리, 교육부 장관을 중심으로 한 조직을 말한다. 중앙집권적 조직이 보여 주는 일반적 특징은 첫째, 정책 결정 및 수행에 있어서 국가적 통일성을 기하기가 쉽고, 둘째, 국민의 참여 면에서 볼 때 지역주민의 교육 참여를 제한하며, 셋째, 정치적 안정성 차원에서 볼 때 정권 변화에 따라 통치유형이 변화하기 때문에 교육행정의 안정성이 침해될 우려가 있으며, 넷째, 행정능률 면에서는 효과성과 통일성을 기하기 쉽고, 다섯째, 교육재정 및 교육조처 면에서는 중앙 차원에서 교육재정을 통제하기 때문에 지방에 따른 교육재정의 불균형과 교육 기회 격차를 조절할 가능성이 크다.

반면 시 · 도 교육감을 수장으로 하는 지방분권적 교육행정조직의 특징은 첫째, 정책 결정 및 수행 측면에서 볼 때 국가적 통일성을 기하기가 어렵고, 둘째, 국민의 참여라는 측면에서는 지방민들의 교육에 관련된 의사를 반영할 여지가 높으며, 셋째, 중앙집권조직에 비해 상대적으로 정치적 안정을 가져올 수 있다. 넷째, 행정능률 면에서 볼 때 능률성은 제한되나, 지방의 특성을 살릴 수 있는 창의적 교육행정을 펼칠 가능성이 높다. 다섯째, 교육재정 및 교육조처의 측면에서 볼 때 지방에 따라 교육재정 및 교육 기회의 격차가 발생할 가능성이 크다.

이상에서 언급한 중앙집권조직과 지방분권조직의 차이점을 표로 제시하면 [표 12-1]과 같다.

[표 12-1] 중앙집권조직과 지방분권조직의 비교

구 분	중앙집권조직	지방분권조직
정책 결정 및 수행	국가적 통일성을 기하기 용이함	국가적 통일성을 기하기 어려움
국민의 참여	지역주민의 교육참여 제한	지방민의 의사반영
정치적 안정성	정권 변화에 따라 성격 변화, 안정성의 침해 우려	상대적으로 정치적 안정을 가져올 수 있음
행정능률	능률성, 통일성	능률성 제한, 반면에 창의성 발휘 가능
재정 및 교육조처	지방에 따른 교육재정, 교육기회 격차 조절 가능	지방에 따른 교육재정, 교육기회 격차 발생 가능

3) 공식조직과 비공식조직

공식조직(formal organization)이란 조직 내에서 공적인 관계에 의해 성립되는 조직을 말한다. 예컨대 학교의 교장, 교감, 부장교사, 평교사, 각 과목별 교사, 각급 위원회 등을 그 예로 들 수 있다. 공식조직의 특성은 전통적인 행정조직이며, 인위적이고 외면적 · 가시적 조직이다. 또한 능률의 원리에 따라 조직되며, 전체적인 질서를 강조한다는 특성을 갖는다.

반면 **비공식조직**(informal organization)은 공식조직 내에서 혈연, 지연, 학연, 공통된 취미 등으로 자연스럽게 뭉쳐진 집단으로서 조직구성원들의 감정적 측면을 수반하며, 자연발생적이고 내면적 · 비가시적, 인간적인 관계를 중시한다. 따라서 비공식조직은 부분적인 질서를 강조한다는 특성이 있다. 공식조직과 비공식조직의 차이점을 비교 · 제시하면 [표 12-2]와 같다.

조직의 지도자가 비공식조직을 효율적으로 통제하기 위해서는 첫째, 비공식조직의 실체를 인정하되, 비공식조직의 목적과 이해를 공식조직의 그것과 일치시켜야 하며, 둘째, 공식조직에 대한 정체성을 제고시키고, 셋째, 비공식조직의 지도자에게 공식조직의 목적을 이해시키고 협조를 구하는 자세가 필요하다.

이상에서 교육행정 부분의 서론에 해당하는 교육행정의 개념 및 기본원리에 대해 살펴보았다. 여기에서 학습한 내용을 토대로 교육행정의 주요 이론들과 실제에는 어

[표 12-2] 공식조직과 비공식조직의 비교

공식조직	비공식조직
전통적인 행정조직	공식조직 내에서 혈연, 지연, 학연, 공통된 취미 등으로 자연스럽게 뭉쳐진 조직
능률의 원리에 따라 조직	조직구성원들의 감정·기호에 따라 조직
인위적 조직	자연발생적 조직
외면적·가시적 조직	내면적·비가시적 조직
성과지향	인간관계 지향
전체적인 질서 강조	부분적인 질서 강조

떤 것들이 있는지를 차근차근 공부해 나가기를 바란다.

교육행정학 분야에 관심을 가지고 공부하게 된다면 교육행정학의 이론 분야에서 논의되는 주요 이론들, 즉 업무의 효율화를 강조하는 과학적 관리론, 인간의 내면적 심리를 잘 파악하여 구성원들을 지도·관리할 것을 강조하는 인간관계론, 어떻게 하면 조직구성원들에게 동기를 불러일으켜 생산성을 높일 것인가에 대한 동기이론, 조직을 어떻게 관리할 것인가에 대한 체제이론, 그리고 리더십에 대한 다양한 이론들을 공부하게 될 것이다.

또한 교육행정의 실제 분야에서는 서론에서 개괄적으로 다루었던 교육법규, 교육제도, 교육정책, 교육기획, 교육재정, 교육인사행정, 장학행정, 학교경영, 학급경영 등에 대하여 사실적인 자료와 내용, 사례들을 중심으로 하여 보다 구체적이고 심도 있게 공부하게 될 것이다.

/참/고/자/료/

권기욱 외(2000). 교육행정의 이해. 서울: 원미사.

교육법전편찬회 편(2006). 교육법전. 서울: 교학사.

김남순(1994). 교육행정 및 경영의 이론과 실제. 서울 : 교육과학사.

김성렬 외(1995). 교육행정 및 교육경영. 서울: 과학과 예술.

김윤태(1988). 교육행정·경영신론. 서울: 배영사.

김종철(1983). 교육행정의 이론과 실제. 서울: 교육과학사.

김종철(1994). 교육행정학신강. 서울: 세영사.
김창걸(1992). 교육행정학신론: 교육행정 및 교육경영. 서울: 형설출판사.
윤정일 외(2006). 교육행정학원론. 서울: 학지사.
이형행, 고전(1999). 교육행정론-이론 · 법제 · 실제. 서울: 양서원.

국가전문행정연수원(교육행정연수부)(www.nipa.go.kr)
교육과학기술부(http://www.mest.go.kr)
서울특별시교육청(www.sen.go.kr)
부산광역시교육청(www.pen.go.kr)
대구광역시교육청(www.tge.go.kr)
인천광역시교육청(www.ice.go.kr)
광주광역시교육청(www.ketis.or.kr)
대전광역시교육청(www.dje.go.kr)
울산광역시교육청(www.use.go.kr)
경기도교육청(www.ken.go.kr)
강원도교육청(www.kwe.go.kr)
충청북도교육청(www.cbe.go.kr)
충청남도교육청(www.cne.go.kr)
전라북도교육청(www.jbe.go.kr)
전라남도교육청(www.jne.go.kr)
경상북도교육청(www.kbe.go.kr)
경상남도교육청(www.gne.go.kr)
제주도교육청(www.jje.go.kr)
대한민국 국회(http://assembly.go.kr)
대한민국 법률정보(http://www.lawkorea.com)
법제처(http://www.moleg.go.kr)
전국교직원노동조합(http://www.eduhope.net)
한국교원노동조합(http://www.kute.or.kr)
한국교원단체총연합회(http://www.kfta.or.kr)
한국교육행정학회(http://www.kssea.or.kr)

/학/습/정/리/

1. **교육행정**이란 교육활동의 목표를 설정하고, 그 목표 달성에 필요한 인적 · 물적 조건을 정비 · 확립하며, 목표 달성에 따른 제반 행동을 지도 · 감독하는 것을 말한다. 즉, 교육의 궁극적 목적인 교수-학습을 증진시키기 위해서 교육조직에 관련된 다양한 요소들의 상호관계성을 기획, 고무, 지도, 평가, 조정하는 일련의 목적적 · 지속적 활동이다.

2. 교육행정을 바라보는 관점은 두 가지로 나뉜다. **교육에 관한 행정**이란 공법학적 · 법규해석적 견해로서 행정의 종합적 성격을 강조하는 입장이다. 즉, 입법작용을 통하여 이미 법제화된 교육정책을 실현하는 것이 교육행정이라고 보는 견해이며, 교육행정을 국가행정이 다루어야 할 여러 영역들 중의 하나, 즉 일반행정의 일부로 본다. 이 관점의 장점은 전체적인 통일성과 균형을 강조한다는 것이며, 단점은 교육행정의 전문성과 특수성을 경시한다는 점이다.
   반면 **교육을 위한 행정**은 교육발전을 위해 교육행정이 어떤 역할을 해야 할 것인가를 중시하는 입장이다. 이 견해는 교육행정이란 교육활동을 앞세우고 이를 지원하는 활동으로 행정이 존재해야 한다는 것으로서, 조건정비적인 견해를 갖는다. 이 관점의 장점은 교육의 자주성, 전문성, 정치적 중립성 등을 강조한다는 데 있으며, 단점은 교육행정의 특수성을 지나치게 강조함으로써 전체적인 일반행정과의 통일성, 균형 등을 잃을 수 있다는 데 있다.

3. 교육행정과 관련된 개념에는 교육제도, 교육정책, 교육계획, 교육경영 등이 있다. **교육제도**란 교육을 운영함에 있어 비교적 안정되고 영속적인 형태를 갖춘 것으로서 특정한 형식과 조직을 통해 이루어지는 의도적인 교육활동의 측면을 말한다(예: 학교제도, 입시제도, 고교평준화 제도 등). **교육정책**이란 교육에 관련된 문제 혹은 사항을 다루기 위해서 국가의 공권력을 배경으로 강행되는 공공적인 기본 방침 또는 목적적인 행위과정을 말한다(예: 제7차 교육과정). **교육계획**이란 미래의 교육활동에 관한 지적이고 합리적인 예견장치로서 교육의 안정성과 효율성을 높이기 위한 것이다. **교육경영**이란 종래의 정태적이고 분석적인 교육행정에서 벗어나 동태적이고 통합적인 측면을 중시하려는 데서 생긴 개념이다.

4. **교육행정의 특성**은 대체로 교육활동의 특성에서 연유하고 있으며, 장기적 성격, 조장적 성격, 수단적 성격, 전문적 성격, 중립적 성격, 정치적 성격 등을 가지고 있다.

5. 교육행정의 영역은 교육행정이 이루어지는 단계에 따라 중앙교육행정, 지방교육행정, 단

위학교행정 등 3단계로 나뉜다. **중앙교육행정**은 교육부가 국가 차원에서 관장하는 교육행정을 말하며, **지방교육행정**이란 특별시 · 광역시 · 도(이하 시 · 도) 교육감 및 교육위원회와, 그에 소속된 시 · 군 · 구 차원의 지역 교육장 등을 중심으로 운영되는 교육행정을 말한다. 지방교육행정은 관할 영역에 따라 시 · 도 수준, 시 · 군 · 구 수준의 교육행정으로 분류된다. 시 · 도 수준의 교육행정은 주로 교육감이, 시 · 군 · 구 수준의 교육행정은 교육장이 관장하고 있다.

6. 교육행정가에게는 여러 가지 자질이 요구된다. Katz와 Kahn에 따르면 하급 교육행정가일수록 실무적 기술(기능적 측면)이, 상급 교육행정가일수록 전체파악기술(구상적 측면)이, 중간관리층에 있는 사람들에게는 인간관계기술이 중요함을 역설하였다.

7. 교육행정의 기본 원리를 크게 양분하면 법제적 측면과 운영의 측면으로 나뉜다. 첫째, 법제적 측면에서는 모든 교육행정활동이 법에 의거한다는 **법치행정의 원리**, 신분이나 계층, 성별, 종교 등에 차별이 없이 능력에 따라 균등하게 교육을 받을 수 있도록 행정활동이 이루어져야 한다는 **기회균등의 원리**, 중앙집권주의와 지방분권주의 간에 적절한 균형을 도모해야 한다는 **적도집권의 원리**, 교육행정상 교육의 독자성과 자주성을 존중해야 한다는 **자주성 존중의 원리**, 국가 차원에서 평생교육을 진흥하기 위한 다각적인 노력을 기울여야 함을 강조하는 **평생교육 진흥의 원리** 등이 있다.
   둘째, 운영적 측면에서는 교육행정활동이 정치적, 경제적, 사회적, 문화적 조건 등 제반 여건을 고려하여 타당하게 이루어져야 한다는 **타당성의 원리**, 교육에 관련된 각종 심의회나 위원회를 구성 · 운영하여 다양한 계층의 목소리를 듣고 민의를 반영하는 교육행정활동이 이루어져야 한다는 **민주성의 원리**, 최소한의 경비와 노력을 들여 최대의 성과를 가져오자는 **능률성의 원리**, 교육행정활동이 주변환경의 변화 · 발전에 신축적으로 대응하자는 **적응성의 원리**, 주변환경이 변하더라도 교육활동의 지속성이 유지되고 시책이 일관되게 추진되어야 함을 강조하는 **안정성의 원리**, 교육행정활동의 경 · 중과 선 · 후를 밝혀 노력과 경비를 공정하게 배분하고자 하는 **균형의 원리** 등이 있다.

8. 교육행정조직은 대통령과 국무총리, 교육부를 중심으로 하는 **중앙교육행정조직**, 시 · 도 교육감 및 교육위원회, 시 · 군 · 구 단위의 교육장을 중심으로 하는 **지방교육행정조직**, 그리고 교장 및 교감, 부장교사들을 중심으로 하는 **단위학교의 교육행정조직** 등 크게 세 가지로 구분한다.

9. 조직의 주요 원리는 능률적인 업무 수행을 위해 업무를 분장하는 **분업의 원리**, 공식조직에서 권한과 책임에 따라 직무를 등급화 · 차등화하는 **계층제의 원리**, 업무의 성격, 시 · 공간적인 요인, 감독자의 능력, 피감독자의 질, 관리기술의 수준과 상태를 근거로 통솔의 범위가 결정된다는 것을 의미하는 **통솔범위의 원리**, 1인의 상관에게만 명령을 받고 보고한다는 **명령통일의 원리**, 조직체 각 부분의 행동통일을 목적으로 하는 **조정의 원리**, 중앙

집권과 지방분권 사이에 적절한 힘의 균형을 맞추어야 한다는 **적도집권의 원리** 등이 있다.

10. 중앙집권적 조직이 보여 주는 일반적 특징은 정책 결정 및 수행에 있어서 국가적 통일성을 기하기가 쉬워서 효율적으로 일할 수 있으며, 중앙 차원에서 교육재정을 통제하기 때문에 지방에 따른 교육재정의 불균형과 교육 기회의 격차를 조절할 가능성이 크다는 점이다. 반면에 지역주민의 교육 참여를 제한하며, 정권 변화에 따라 통치유형이 변화하기 때문에 교육행정의 안정성이 침해될 우려가 있다는 단점이 있다.

    반면 지방분권적 교육행정조직은 지방민들의 교육에 관련된 의사를 반영할 여지가 높으며, 중앙집권조직에 비해 상대적으로 정치적 안정을 가져올 수 있고, 능률성은 제한되나 지방의 특성을 살릴 수 있는 창의적 교육행정을 펼칠 가능성이 높다는 장점이 있다. 반면 정책 결정 및 수행 측면에서 볼 때 국가적 통일성을 기하기가 어렵고, 교육재정 및 교육조처의 측면에서 볼 때 지방에 따라 교육재정 및 교육 기회의 격차가 발생할 가능성이 크다는 단점이 있다.

11. **공식조직**이란 조직 내에서 공적인 관계에 의해 성립되는 조직을 말한다. 공식조직의 특성은 전통적인 행정조직이며, 인위적이고 외면적 · 가시적 조직이다. 또한 능률의 원리에 따라 조직되며, 전체적인 질서를 강조한다는 특성을 갖는다.

    반면 **비공식조직**은 공식조직 내에서 혈연, 지연, 학연, 공통된 취미 등으로 자연스럽게 뭉쳐진 집단으로서 조직구성원들의 감정적 측면을 수반하며, 자연발생적이고 내면적 · 비가시적 · 인간적인 관계를 중시한다. 따라서 부분적인 질서를 강조한다는 특성이 있다.

/학/습/평/가/

※ 아래 질문에 대해 설명하거나 논하시오.

1. 교육행정을 보는 관점에 대해 논의해 보시오. 국가행정의 전체적인 통일성과 균형이 더 중요한가, 아니면 교육행정의 자주성, 정치적 중립성 보장이 더 중요한가?
2. 교육행정가의 일반적 자질과 전문적 자질이 실제 교육현장에서 얼마만큼 발휘되고 있는지에 대하여 토론하시오.
3. 학교/교직생활을 통해서 가장 인상 깊은 일에 대해 논의해 보고 자신의 생각을 말하시오.
4. 비공식조직의 관리방안에 대하여 토론하고, 자신의 생각을 정리하시오.
5. 중앙집권적 조직과 지방분권적 조직의 장단점에 대해 토론하시오.
6. 교육행정의 개념에 대해 쓰시오.
7. 이 견해는 교육행정을 공법학적・법규 해석적으로 보는 관점으로서 행정의 종합적 성격을 강조하는 입장이다. 즉, 입법작용을 통하여 이미 법제화된 교육정책을 실현하는 것이 교육행정이라고 보는 견해다. 이 관점은 교육행정을 바라보는 관점 중 어떤 행정인가?
8. 이 성격은 교육행정의 특성 중의 하나로서 교육 및 교육행정활동이 정치・종교로부터 파당적 간섭을 배제한다는 것을 말한다. 예를 들어, 특정 정당이 정권을 잡았다고 해서 그 정당에게 유리한 내용을 교육한다든지, 국・공립학교에 근무하는 교사가 특정 종교를 갖고 있다고 해서 학생들에게 그 종교의 우수성을 강조해서 교육할 수 없다는 것을 의미한다. 이 성격은 무엇인가?
9. Katz와 Kahn은 효과적인 지도자에게 필요한 기술을 실무적 기술(technical skill), 인간관계 기술(human skill), 전체파악기술(conceptual skill) 등 세 가지로 정의하였다. Katz와 Kahn에 따르면 상급 교육행정가일수록 중요시되는 기술은 무엇인가?
10. 이 원리는 교육행정의 기본 원리 중의 하나로서 중앙집권주의와 지방분권주의 간에 적절한 균형을 도모해야 한다는 원리다. 즉, 중앙정부와 지방정부의 이해와 요구가 적절한 정도에서 타협점을 찾아 균형이 이루어져야 한다는 원리다. 이 원리는 무엇인가?
11. 중앙집권조직과 지방분권조직을 비교하여 논하시오.
12. 공식조직과 비공식조직의 차이점에 대해 논하시오.

※ 아래 문제에 대해 정답을 고르시오.

13. 다음 설명 중 교육행정조직에서 지방분권제도의 특징에 해당하는 것은?
   ① 지역실정에 맞는 교육정책 수립이 용이하다.

② 지역 간 교육 기회 불균등의 해소가 용이하다.
③ 인적 · 물적 자원의 절약으로 행정의 능률화를 기할 수 있다.
④ 신속하고 강력한 교육정책을 추진할 수 있다.

14. 다음에서 교육과정 의사결정권이 지역이나 단위학교에 위임될 때 발생할 수 있는 현상들을 고른 것은?

㉠ '교사 배제 교육과정(teacherproof curri-culum)' 의 일반화 ㉡ 현장연구(action research)의 필요성 증대 ㉢ 교사의 전문성 및 책무성 부각 ㉣ '경제 문화 재생산 이론' 의 적용 가능성 증대

① ㉠, ㉡　② ㉡, ㉢　③ ㉢, ㉣　④ ㉠, ㉣

15. 지방분권적인 교육과정 개발 체제의 특성으로 볼 수 있는 것은?
① 교사의 참여가 더욱 제한될 것이다.
② 교육과정의 운영에 획일성이 감소될 것이다.
③ 지역수준의 욕구가 반영되기 어려울 것이다.
④ 지역수준 교육과정의 질적 차이가 줄어들 것이다.

16. 학교 내에서 교사들의 비공식 조직이 갖는 순기능은?
① 합리적 의사결정　② 공정한 업무처리
③ 표준화된 업무 수행　④ 원활한 인간관계 형성

17. 교사들의 의사결정 참여에 대한 설명 중 가장 적절한 것은 어느 것인가?
① 교사들의 개인적인 이해와 관련이 높을 경우 참여에 대한 관심은 낮아진다.
② 교사들이 결정할 사항에 대해 재량권을 갖지 못할 경우 좌절을 겪게 된다.
③ 전문적 지식과 능력을 가진 교사의 참여는 의사결정에 비효과적이다.
④ 교장의 요구를 부득이 받아들여야만 하는 경우 교사들의 참여는 의사결정에 효과적이다.

18. 교육정책을 수립하는 데 있어서 관련 집단의 참여를 통하여 공정한 민의를 반영하고, 결정된 교육정책의 집행과정에서는 권한이양을 통하여 교육행정기관장의 독단과 전제를 막는 것을 기본으로 하는 교육행정 원리는 어느 것인가?
① 효율성의 원리　② 민주성의 원리

③ 합법성의 원리 ④ 합목적성의 원리

19. 학교조직에서 부서 및 구성원 간에 발생하는 갈등을 관리하는 방식 중 양 부서에서의 의견이나 이해관계를 공동선(共同善)의 입장에서 모두를 만족시켜 줌으로써 갈등을 관리·처리하는 방식은 어느 것인가?
① 경쟁형 ② 적응형 ③ 회피형 ④ 협동형

20. '교육에 관한 행정'과 '교육을 위한 행정'으로 개념을 구분해 볼 경우, '교육을 위한 행정'의 특성을 가장 잘 설명해 주는 것은?
① 행정의 통합성 강조
② 행정의 능률성 추구
③ 교육의 독자성 강조
④ 행정작용에서 권력적·통제적 요소 강조

21. 학교조직의 특성 중 전문적 특성을 말해 주고 있는 것은?
① 연공서열에 의한 승진제도
② 학교경영의 효율화를 위한 분업체계
③ 교수-학습활동에 대한 행정적 통제의 곤란성
④ 교직 수행의 통일성을 위해 제정된 규칙과 규정
⑤ 교장-교감-교사의 위계관계에 따른 권한의 배분

22. 분권화된 교육 통치구조와 집권화된 교육 통치구조를 바르게 비교한 것은?
① 분권화된 구조가 민주주의 이념에 부합된다.
② 집권화된 구조가 정치적 중립성 실현에 적합하다.
③ 분권화된 구조에서 지역 간 형평성 유지가 용이하다.
④ 집권화된 구조에서 교육에 대한 책임의식 향상이 용이하다.

23. 교육의 기회를 균등화하기 위한 노력이라고 보기 어려운 것은?
① 성적이 부진한 학생을 위한 보충교육 실시
② 여학교의 문호를 남학생에게도 개방하도록 요구
③ 학군별 학교시설의 차이를 줄이기 위한 재정지원
④ 도시와 농촌 사이의 취학률 격차를 줄이기 위한 학교 신설

24. 전문직으로서의 교직의 특성을 갖추려는 노력과 비교적 거리가 먼 것은?
① 여가선용의 일환으로 교사 개인의 취미 분야에 관련된 전문지식의 폭을 넓힌다.

② 시대적 상황의 요구에 부응하여 새로운 교사윤리강령을 제정한다.
③ 교육에 대한 지적 · 기술적 봉사를 통해 전문적 권위를 확립한다.
④ 직전교육과 현직교육을 유기적으로 통합함으로써 연수체제를 강화한다.

25. 다음은 우리나라 교육기본법 제6조의 일부다. 이 조항에 담겨 있는 근본정신을 그릇되게 반영하고 있는 주장은?

교육은 교육 본래의 목적에 기(基)하여 운영 · 실시되어야 하며 어떠한 정치적, 파당적, 기타 개인적 편견의 선전을 위한 방편으로 이용되어서는 안 된다.

① 국 · 공립학교에서는 종교에 관련된 내용을 다루어서는 안 된다.
② 교육과정을 개정할 때에는 다양한 사회집단의 의견을 수렴해야 한다.
③ 교사가 학생에게 여러 정당의 정책을 소개해 줄 때 특정 정당의 입장만을 대변해서는 안 된다.
④ 자유민주주의 체제를 유지하는 데 필요한 신념과 가치는 모든 학교에서 가르쳐도 무방하다.

26. 다음의 신교육 체제 확립을 위한 교육개혁방안 중에서 초 · 중등 교육의 자율적 운영을 위한 방안으로 제시된 것을 모두 고른 것은?

㉠ 종합생활기록부제 실시	㉡ 학교장 초빙제 실시
㉢ 학교운영위원회 설치	㉣ 교육과정평가원 설치

① ㉠, ㉡　② ㉡, ㉢　③ ㉢, ㉣　④ ㉠, ㉣

27. 교직이 전문직이라는 관점에서 볼 때, 다음에서 교직의 특성을 모두 고른 것은?

㉠ 엄격한 자격기준이 적용되어야 한다. ㉡ 장기간에 걸친 교육과 훈련을 받을 뿐만 아니라 계속적으로 연구하여야 한다. ㉢ 전문직 단체를 통하여 자질과 지위의 향상을 위하여 노력하고 교육정책에 참여할 수 있다. ㉣ 자율성과 교권의 확립을 위해 노력하는 한편, 사회적 책임과 교원윤리를 확립해야 한다.

① ㉡, ㉣　② ㉠, ㉡, ㉢
③ ㉠, ㉢, ㉣　④ ㉠, ㉡, ㉢, ㉣

/읽/을/거/리/

학교 주식회사, 교육을 판다

스웨덴 스톡홀름 테비지역 IMR 초등학교 6학년 음악수업. 25명의 학생들이 교사의 피아노 반주에 맞춰 노래를 부른다. 'We shall overcome'(우리는 이겨내리라)이라는 노래다. 1절은 프랑스어, 2절은 영어, 3절은 스웨덴어다. 노래 하나로 3개 국어를 익히는 현장에서 '외국어 교육을 강조한다'는 모토를 확인할 수 있다.

1993년 문을 연 IMR은 원래 폐교(廢校)된 공립학교였다. 이곳을 (주)노르딕러닝(Nordic Learning)이 정부로부터 인수하면서 모든 게 달라졌다. 우수교사가 초빙되고 수업은 학생과 학부모의 수요(需要)로 짜였다. 3개월마다 실시되는 학생 여론조사에서 나온 수업·교사평가에 따라 이 수요는 또 달라진다. 그 결과는 놀라운 것이었다. 학력수준이 타학교보다 월등했고, 학생과 학부모가 선호하는 넘버원 학교로 바뀌었다. 지금 이 학교에는 150명이 입학 대기 중이다. 정원(350명)의 절반에 가까운 숫자다.

IMR 같은 주식회사형 학교(초등·고등학교)가 스웨덴 내에만 400여 개에 이른다. 주식회사형 학교란, 수업료로 학교를 운영하고 '이익'까지 추구하는 학교를 말한다. 대학까지 전액 무상교육을 실시하는 스웨덴 교육정책에서 보면 '이단아(異端兒)'인 셈이다.

유럽형 사회주의의 원조라 할 스웨덴에서 왜 주식회사형 학교가 나왔을까. 이는 평등화 정책에 대한 반성의 결과다. 1991년까지 스웨덴의 학교는 몇몇 특수학교를 제외하면 모두 공립학교였다. 학생들의 학교 선택은 없었고 오로지 거주지와의 거리로 학교가 결정됐다.

그 결과 학교는 특색 없이 모두 같아졌고, 학생들과 학부모의 요구에 둔감했다. 교육의 질도 덩달아 낮아졌다. 이런 분위기는 1992년 '학교선택권(school choice)'이 도입되면서 바뀌었다. 그 골자는 글로벌시대를 살아갈 인재 양성에 '경쟁'이 필수적이라는 것이었다.

스웨덴 학교는 이때부터 무섭게 변화했다. 학생과 학부모의 반응이 즉시 수업에 반영되고, 학교·교사평가, 무학년 수준별 수업, 일대일 맞춤수업, 영어·스웨덴어 동시수업 등이 학교현장에 나타났다. 주로 사립학교들이 주도한 개혁들이다. 사립학교는 1992년 80여 개로 시작했지만, 2005년 말 800여 개로 늘었으며, 이 중 45%가 주식회사에서 운영 중이다. 사립학교 운영회사인 (주)쿤스캅스스콜란 안드쉬 훌틴 사장은 "교육도 일반 상품과 다르지 않다."며, "우리 이익은 학부모에게서 나오기 때문에 그들의 만족도에 항상 주목한다."고 말했다.

사립학교들의 개혁은 공립학교들을 자극했다. 공립고교인 스톡홀름 쿵스홀멘스 아그너타 칼손 교장은 "사립학교들의 개혁으로 우리들도 학생들을 잃지 않기 위해 더 노력 중"이라며, "좋은 교사를 충원하고 영어로 강의하는 수업시간을 늘렸다."고 말했다.

출처: 조선일보, 2006. 2. 1.

13장

교사론

학습목표

1. 교직관을 성직관, 노동직관, 공직관, 전문직관으로 나누어 비교할 수 있다.
2. 교사의 지위와 역할에 대해 설명할 수 있다.
3. 교사의 의무를 적극적 의무와 소극적 의무로 나누어 설명할 수 있다.
4. 교원의 자격과 임용제도에 대해 설명할 수 있다.
5. 교육환경 변화에 따른 교직의 미래에 대해 자신의 입장을 말할 수 있다.

교사의 위치…

사진 출처: 민들레

이 장에서는 교사의 법적 지위와 보직교사의 개념, 우수한 교사의 기준, 교직의 특성과 교직관, 교직단체의 종류, 교사의 역할, 교사의 권리와 의무에 대해서 소개한다. 교사는 가르치는 일만을 하는 것이 아니기 때문에 '교사론' 학습은 교사로서 학교생활을 하는 데 꼭 필요한 지식이다. 교사론 학습을 통해 교사 신분에 대한 폭넓은 이해를 하게 될 것이다.

> 교사는 가르치고 학생들은 가르침을 받는다.
> 교사는 모든 것을 알고 학생들은 아무것도 모른다.
> 교사는 생각하고 학생들은 생각의 대상이 된다.
> 교사는 말하고 학생들은 얌전하게 듣는다.
> 교사는 훈련시키고 학생들은 훈련받는다.
> 교사는 자신의 선택을 강요하고 학생들은 동의한다.
> 교사는 행동하고 학생들은 교사의 행동을 통해서 행동한다는 환상을 갖는다.
> 교사는 지식의 권위를 자신의 직업상의 권위와 혼동하고 그 권위로써 학생들의 자유를 억압한다.
> 교사는 학습과정의 주체이고 학생들은 단순히 객체일 뿐이다.

■ **은행저금식 교육**
학교교육에서 교사가 생기 잃은 지식을 학생들에게 주입하려고 함을 비판한 비유적 용어다. 이에 대비되는 개념은 문제제기식 교육 혹은 의식화(conscientization) 교육이다.

위의 글은 프레이리(Freire)가 학교의 은행저금식 교육(banking concept of education)을 비판한 글이다(Freire, 1975, 성찬성 역, 1995: 80). 여러분들이 다니던 초・중등학교에서의 교사와 학생의 관계는 어떠했는가? 그리고 교사와 학생의 관계는 위와 같아야 한다고 생각하는가?

교육의 3요소는 교사, 학생, 교육내용이다. 교사는 교육내용을 매개로 학생에게 영향을 주어 변화를 촉발하는 사람이다. 교사와 학생의 관계 그 자체도 긍정적 혹은 부정적으로 교육적 영향력을 발휘한다. 따라서 교사와 학생의 관계가 어떻게 정립되는가는 교육적으로도 매우 중요한 문제다. 예컨대 체벌과 같은 문제를 생각해 보자. 체벌을 관행적으로 받아 온 사람들은 사회생활에서 무슨 문제가 발생했을 때 가장 손쉽고 효과적인 해결방법이 폭력이라는 것을 학습하게 되고, 이를 행동으로 옮기게 된다. 교육은 반드시 책 속의 내용으로만 일어나는 것이 아니다. 교사와 학생의 관계 그 자체가 매우 지대한 교육적 영향력을 갖고 있다.

이렇듯이 교사는 그 자체가 살아 있는 교과서라 할 만큼 학생들에게 막강한 영향력을 행사한다. 인생의 모델이 되기도 하고, 폭력재생산의 모델이 되기도 한다. 학생의 인성을 교정할 수도 있지만 왜곡할 수도 있다. 학생에게 진실을 전달할 수도 있지만 거짓을 정당화하기도 한다. 교사의 영향력을 생각할 때 교직의 중요성을 새삼 다시 느끼게 된다. 교사가 이렇게 중요한 만큼 사회에서는 교사의 신분을 보장하고 배려하기 위해 노력하고 있다.

1. 교원의 지위

교사는 교장, 교감, 교사를 포괄하는 '교원'의 한 부분이다. 우선 교원의 지위에 관한 국제법규라 할 수 있는 ILO(International Labor Organization)와 UNESCO(United Nations Educational, Scientific and Cultural Organization)가 공동으로 발표한 '교원의 지위에 관한 권고(Recommendation concerning the Status of Teachers, 1966)'를 살펴보는 것이 교원의 법적 지위를 살펴보는 데 도움이 될 것이다.

1) 교원의 지위에 관한 권고

교직의 특성 중 가장 중요한 특성은 전문직적 특성이라 할 수 있다. 이와 관련해서 '교원의 지위에 관한 권고'에서는 교직의 전문직적 특성을 열거하고 있는데, 이를 전문성 측면과 안정성 측면으로 나누어 살펴본다.

(1) 전문성 측면

① 교직은 전문직으로서의 임무를 수행하는 데 있어서 학문의 자유를 누려야 한다. 교원은 학생을 위해서 가장 적절한 교재와 교육방법을 판단하는 최적의 자격자이므로, 소정의 프로그램 내에서 교육행정당국의 원조하에 교재의 선택과 교과서의 선택, 교육방법의 선택 등에서 중추적인 역할이 이루어져야 한다(61항).

② 일체의 장학과 감독제도는 교육이라는 전문직적 임무를 수행하는 데 있어서, 교원을 격려하고 돕도록 기획되어야 한다. 교원 고유의 자유와 창조성과 책임감을 훼손시켜서는 안 된다(63항).

③ 교원은 학생의 진보 정도를 평가하는 데 유용하다고 생각되는 평가기술을 이용할 자유가 있어야 한다. 그러나 학생 개인에 대한 불공평은 배제되어야 한다(65항).

④ 교육행정당국은 학생이 각종 정규과정과 계속교육을 받는 데 적합한가의 여부에 관한 교원들의 의견(건의)을 정당하게 받아들여야 한다(66항).

⑤ 학생을 위해서 교원과 부모 간에 긴밀한 협조를 증진시키는 데 가능한 노력을 다해야 하는 한편, 교원은 본래 그들의 교육적 책임하에 있는 일에 대하여 부모들로부터 부당하게 또는 불공평하게 간섭받는 것으로부터 보호되어야 한다(67항).

위의 내용은 교사가 전문직으로서 자율성을 누려야 함을 천명하고 있다. 이를 실현하기 위해서는 현직교육, 보수, 교육여건 등의 측면에서 많은 배려와 지원이 있어야 한다.

(2) 안정성 측면

① 재직기간의 보장을 통해서 교원은 신분보유권을 가진다(45~46항).

② 특히 여교원에 대한 특별한 신분보장의 원칙을 규정함으로써, 교직의 여성화의 경향에 적극적인 대책을 마련한다(54~58항).

③ 시간강사는 전임교원의 신분과 동일한 대우를 받을 권리를 가진다(59~60항).

④ 벽지교사의 신분을 별도로 규정하여 보장한다(111~113항).

⑤ 학부모의 부당한 간섭으로부터 보호될 권리를 가지고, 학부모의 불만에 대한 사실 파악을 위한 조사과정에서 공공봉사자로서의 교원의 신분이 보장되어야 한다(67~68항).

⑥ 학교활동상의 학생상해에 대해서 교원이 손해배상을 청구당하지 않도록 보호되어야 한다(69항).

⑦ 교원은 징계절차상 공평한 보호를 받을 권리와 징계처분에 대해서 불만이 있을 경우에는 소청할 권리를 가진다(50항).

교사의 신분이 안정적이어야 학생들을 위한 교육이 안정적으로 이루어질 수 있다. 이를 위해 국가는 법령상 지위와 재정 등의 측면에서 교사들의 신분을 안정적으로 보장하기 위한 노력을 해야 한다.

2) 교사의 법적 지위

교사를 포함하여 교원에 대한 법조항은 교육기본법 제14조, 初·중등교육법 제19조~제22조, 고등교육법 제14조~제17조 등에 나타나 있다. 교사는 국·공·사립을 막론하고 교육직원에 속하며, 국·공립학교 교사는 국가공무원으로서 교육공무원에 속한다. 또한 교육공무원 중에서도 **교육전문직**이나 조교가 아닌 교원에 속한다. 교직원이라 함은 학교의 직원을 말하므로 교사가 포함된다.

■ **교육전문직**
교육행정기관(교육부나 교육청)이나 교육연구기관 등에서 장학업무와 연구업무를 담당하는 자.

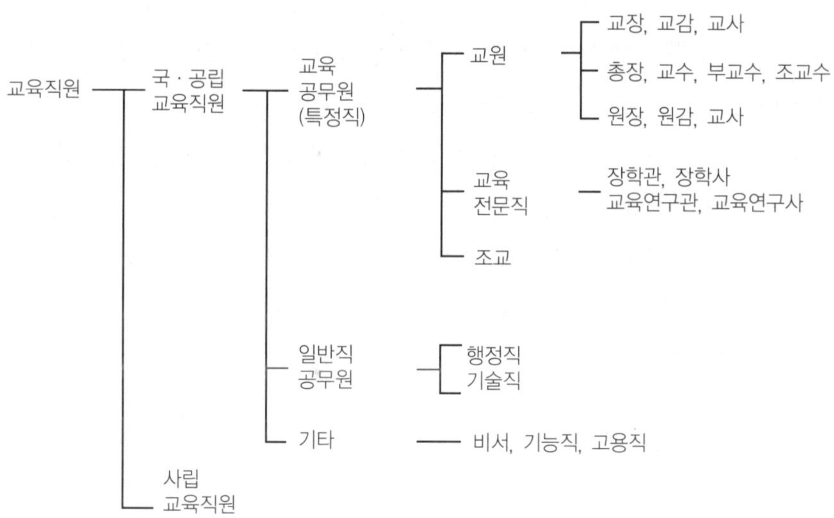

[그림 13-1] 교육직원 분류체계상의 교사의 위치

初·중등교육법 제20조에서는 교장(원장), 교감(원감), 교사의 임무에 대해, “교사는 법령이 정하는 바에 따라 학생 또는 원아를 교육한다.”라고 규정하고 있다. 과거에는 “교장의 명을 받아 학생을 교육한다.”라고 되어 있었으나, 교사의 활동이 교장의 자의적인 판단에 의해 좌지우지되지 않고 법적 테두리 내에서 이루어질 수 있도록 조정한 것이다. 그렇다고 해서 교사가 교장의 정당한 명령에 불복종해서도 안 된다. 공무원은 소속 상관의 직무상의 명령에 복종하여야 하며(국가공무원법 제57조, 국가공무원복무규정 제3조), 직무명령의 위배는 징계사유로(국가공무원법 제78조) 규정하고 있음을 명심해야 한다.

교사는 초·중등학교에서 원아와 학생을 직접 지도·교육하는 자를 말한다. 학생을 직접 교육하는 사람인만큼 사회적으로 검증된 사람이어야 하고, 이를 위해 교사의 자격을 법정화하고 있는 것이다. 그리하여 그 종별에 따른 자격을 가진 자라야 교사가 될 수 있도록 만들어 놓았다. 즉, 우리나라는 교원의 법정 자격제도(교원의 자격을 법률로 정함)를 채택하고 있다. 또한 교사자격증을 가진 자라도 임명절차를 거치지 아니하고는 교원이 될 수 없다. 이처럼 엄격하게 교사의 자격을 규정하는 궁극적인 목적은 무엇 때문일까? 바로 학생들의 학습권을 보호하기 위한 것이다. 무자격교사가 학생들을 가르치게 되면 그 피해는 고스란히 학생들에게 돌아갈 것이다. 따라서 교사자격을 매우 엄격하게 통제하고 있는 것이다.

교육과정상 필요할 경우에는 교사, 교감(원감), 교장(원장) 외에 산학겸임교사, 명예교사, 강사 등을 두어 학생 및 원아의 교육을 담당하게 할 수 있다. 이들 산학겸임교사의 종류 · 자격기준 및 임용에 대하여 초 · 중등교육법 시행령 제42조에서는 학교운영위원회의 심의를 거쳐 교장 또는 학교법인, 사립학교경영자가 각각 임용하도록 하고, 자격기준을 별표로 정하고 있으며, 학교장은 예산의 범위 내에서 수당 등을 지급할 수 있도록 규정하고 있기 때문에 산학겸임교사 등은 법정 교원(교장, 교감, 교사)의 범위에 들지 않는다고 보아야 한다.

국 · 공립학교 교사와 사립학교 교사의 차이는 기본적으로 공무원이냐 아니냐의 차이다. 전자는 공무원이고 후자는 공무원이 아니다. 국 · 공립학교 교사는 특정직 공무원으로서 그 자격, 임용, 보수, 연수 및 신분보장에 관하여 국가공무원법과 이 법의 특례로 제정된 교육공무원법의 적용을 받게 된다. 한편 사립학교 교사는 교원으로서의 자격 취득에 있어 국 · 공립학교 교원과 동일 법령의 적용을 받지만, 임면에 있어서는 학교법인 또는 사립학교경영자에 의해 임면(사립학교법 제53조의 2)되기 때문에 사립학교 교사의 법적 신분은 사립학교의 학교법인 또는 사립학교 경영자와 고용계약을 맺은 근로자로서 사인(私人)일 뿐 공무원은 아니다. 그러나 여전히 그 복무에 대해서는 국 · 공립학교의 교원에 관한 규정, 예컨대 의무에 관한 사항 등을 준용하도록 하고 있다(사립학교법 제55조).

보직교사는 과거에 흔히 '주임교사' 라고 불렀던 교사를 말한다. 보직교사의 명칭('부장교사' 로 할지, '주임교사' 로 할지)은 교육청에서 정하고, 그 종류와 업무분장은 학교장이 정하도록 되어 있다. 이것은 하나의 자격이 아니고 일정한 업무를 수행하기 위해 마련된 보직에 불과하다. 또한 교육공무원의 직위(교장 · 교감 · 교사, 교육전문직의 장학관 · 장학사 · 교육연구관 · 교육연구사 등)와도 구별된다. 따라서 보직교사는 법률상의 자격도 아니고 지위도 아니지만, 실제에서는 하나의 새로운 직위 역할을 하고 있다. 실질적으로 교감 승진 또는 연수 등에 있어서 우선권을 가지며, 예산이

[표 13-1] 학교급별 보직교사 배치기준

구분	학급수	배치기준
초등학교	~5	1인
	6~11	2인
	12~17	4인 이내
	18~35	6인 이내
	36~	12인 이내
중학교	~2	1인
	3~8	1인
	9~11	2인 이내
	12~17	8인 이내
	18~	11인 이내
고등학교	3~5	2인
	6~8	3인
	9~17	8인 이내
	18~	11인 이내

* 교육관련 중앙부처의 장관이 지정하는 연구학교에는 각 1인을 더 둘 수 있다.

허용하는 한 일정액의 직무수당(보직교사수당)을 받기도 한다(한국교총, 2000).

3) 교사의 경제적 지위

우리나라 교사의 경제적 지위는 상당히 높은 편이다. 국내적으로 직업선호도 1위권에 속한다는 것이 그 지위를 간접적으로 증명하며, 국외적으로는 OECD 국가 중 '15년 경력자의 순 수업시간당 급여(2003년)' 가 세계 3위로 나타나는 것에서 그 하나의 증거를 찾을 수 있다(OECD, 2005: 154). 물론 경력이 높을 경우 사회경제적 지위가 상대적으로 다른 직종에 비해 떨어짐을 볼 수 있다. 즉, 2001년의 통계를 보면 초등교원의 초임 연봉은 같은 나이의 민간중견기업이나 일반직 공무원, 군공무원보다 많았지만, 27세에는 군공무원보다 적어지고, 55세에는 민간중견기업 직원보다 적어지고, 59세에는 7급 일반직 공무원보다 적어졌다(진동섭 외, 2004: 53). [표 13-2]는 교원의 봉급을 나타낸 것이다.

■ **봉급**
교원의 보수는 봉급과 수당으로 구분된다. 봉급은 경력별, 호봉별 기본급여를 말하고, 수당은 성과급에 따른 부가급여를 말한다.

[표 13-2] 유치원 · 초등학교 · 중학교 · 고등학교 교원 등의 봉급표 (월지급액, 단위: 원)

호봉	봉급	호봉	봉급
1	1,243,700	21	2,370,400
2	1,281,500	22	2,457,900
3	1,319,700	23	2,544,800
4	1,357,800	24	2,631,800
5	1,396,200	25	2,718,700
6	1,434,500	26	2,805,900
7	1,472,200	27	2,896,800
8	1,510,100	28	2,987,800
9	1,548,600	29	3,082,600
10	1,590,300	30	3,178,000
11	1,631,400	31	3,272,900
12	1,673,300	32	3,367,700
13	1,749,600	33	3,464,000
14	1,826,100	34	3,560,000
15	1,902,500	35	3,656,300
16	1,979,000	36	3,751,900
17	2,054,800	37	3,835,400
18	2,134,000	38	3,918,900
19	2,213,000	39	4,002,500
20	2,291,700	40	4,085,600

비고: 유치원 · 초등학교 · 중학교 · 고등학교의 기간제교원에 대해서는 제8조에 따라 산정된 호봉의 봉급을 지급하되, 고정급으로 한다. 다만, 「교육공무원법」 제32조 제1항 제4호에 따른 기간제교원의 봉급은 14호봉을 넘지 못하며, 「교육공무원임용령」 제13조 제2항에 따라 시간제로 근무하는 기간제교원으로 임용된 사람에게 지급하는 월봉급액은 해당 교원이 정상근무 시 지급받을 봉급월액을 기준으로 하여 근무시간에 비례하여 지급한다.

출처: 공무원보수규정 별표 11[개정 2011.1.10.]

[표 13-3] 교육단계별 국 · 공립학교 교원의 연간법정급여(2003)

	초등교육				전기중등교육				후기중등교육(일반계 프로그램)			
	초임	15년 경력	최고 호봉	1인당 GDP 대비 15년 경력 급여 비율	초임	15년 경력	최고 호봉	1인당 GDP 대비 15년 경력 급여 비율	초임	15년 경력	최고 호봉	1인당 GDP 대비 15년 경력 급여 비율
일본	24,514	45,515	57,327	1.60	24,514	45,515	57,327	1.60	24,514	45,543	59,055	1.60
한국	27,214	46,640	74,965	2.42	27,092	46,518	74,843	2.42	27,092	46,518	74,843	2.42
미국	30,339	43,999	53,563	1.17	30,352	43,999	52,603	1.17	30,471	44,120	52,745	1.17
⋮	⋮	⋮	⋮	⋮	⋮	⋮	⋮	⋮	⋮	⋮	⋮	⋮
국가 평균	24,287	33,336	40,539	1.31	26,241	35,876	43,477	1.35	27,455	38,317	45,948	1.43

* 단위는 미국 달러의 PPP 환산액(구매력환산지수)으로 OECD 평균보다 1만 달러가량 많은 것으로 조사됐다. 구매력환산지수란 국가별로 같은 상품이나 서비스를 구매하는 데 드는 비용을 각국의 통화로 나타낸 가격비로, PPP가 달러당 784.15원이라면 미국에서 1달러 하는 물건을 한국에서는 784.15원에 살 수 있다는 의미다.(출처: 한국교육개발원(2005), OECD 교육지표; OECD(2005), Education at a Glance.

2. 우수한 교사의 기준

우수한 교사를 유지하기 위한 방안을 찾는 연구들이 많이 있었다. 심지어 우수교원확보법이라는 제목의 법령까지 만들자는 제안도 있었다. 그만큼 교사에 대한 기대가 큰 것을 알 수 있다. 그러나 무엇보다 먼저 '우수한 교사' 란 어떤 교사를 일컫는가에 대한 개념 정의가 있어야 한다. OECD 10개국의 연구에 의하면, 소위 '질 높은 교사' 는 다음과 같은 특징을 갖고 있다.

첫째, 자기가 가르칠 교과목에 관한 지식과 그것을 가르치는 방법을 잘 알고 있어야 한다. 둘째, 훌륭한 교사는 학생들의 지적 성장뿐만 아니라 그들의 도덕적 인격형성에도 지대한 관심을 가져야 한다. 즉, 도덕적 모범을 보여야 한다. 셋째, 효과적인 학급경영을 할 수 있어야 한다. 학생들의 다양한 접촉을 훌륭한 교육적 결과로 유도하며 소기의 교과교육을 수행하도록 학급을 경영할 수 있어야 한다. 넷째, 다양한 교수-학습모형을 습득하고 있어야 한다. 다섯째, 교직에 대한 사명감과 학생을 사랑할 줄 아는 본성이 있어야 한다. 이 밖에도 학생들을 잘 파악하고, 수업을 실시한 후에는 항상 결과를 평가하고 반성할 수 있는 능력을 갖고 있어야 하고, 다른 교사와 협조하여 자기개발에 힘쓰며 정보를 교환하고, 사회 전반에 이바지하여야 함을 사명으로 알고 있어야 한다(OECD, 1994: 41-66, 김혜숙 외, 2000: 10-11에서 재인용).

3. 교직의 특성

교직은 다른 직종에 대하여 다음과 같은 고유한 특징을 갖는다.

첫째, 교직은 인간을 대상으로 하는 직업이다. 이러한 점에서 교사는 조련사와 다르다. 조련사는 동물을 '훈련' 시키는 데 비해 교사는 인간을 '교육' 시킨다. 동물에 대한 훈련은 단지 복종심을 길러 신체적 움직임을 조련사가 의도하는 대로 변화시키는 데 국한되지만, 인간에 대한 교육은 전인적 성장을 도모하는 행위다.

둘째, 교직은 인간의 정신세계를 대상으로 하는 직업이다. 이런 점에서 교사는 의사와 다르다. 의사도 인간을 대상으로 변화를 도모하지만 약물치료 등에 의존하여 인간의 신체적 병을 치료하는 데 주안점을 둔다. 하지만 교사는 학습자의 정신세계에 접근하여 그 변화를 도모한다. 따라서 교사의 활동은 고도의 정신적 활동을 수반하며, 그러하기에 교사 역시 동시에 정신적 발달을 도모하여야 한다.

셋째, 교직은 학습자의 창조성을 존중하는 직업이다. 이런 점에서 교사는 목사와 다르다. 목사는 인간의 정신세계에 접근하여 사람들의 마음을 움직인다는 점에서 교사와 매우 흡사하다. 그러나 목사는 성경에 있는 교리(dogma)를 전달하고 그것을 받아들이도록 설득시키는 일에 국한되지만, 교사는 교과서의 소위 '정답' 들을 부정할 수 있도록 분석력, 추리력, 비판력, 창의력을 키워 주기 위해 노력한다.

4. 교직관

교직에 대한 관점은 교육행위를 성스러운 것으로 보는가, 노동으로 보는가, 공무집행으로 보는가, 전문적인 일로 보는가에 따라 그 유형을 달리한다.

1) 성직관

성직관은 과거에 성직자가 교사를 겸하였기 때문에 나온 관점이라고 볼 수 있다. 교직은 인간의 정신과 인격을 다루기 때문에 다른 직업과 달리 성스러운 일이라고 여기는 것이다. 이런 관점에서 교직을 보게 되면 교사들은 누구보다도 윤리적으로 행동할 것이 요구된다. 또한 헌신과 희생, 봉사의 자세가 요구되고, 세속적 · 물질적 가치를 추구해서는 안 되는 것으로 여겨진다. 따라서 현실적으로 보면 자신들의 처우나 보수를 개선하기 위한 집단행동을 해서는 안 된다는 논리로 이어진다. 그러나 이러한 관점은 지나치게 이상적이고 사변적인 관점이라 할 수 있다. 심지어 이러한 관점은 교사의 집단행동을 억압하기 위한 이데올로기적 관점으로 이용되어 왔다고도 볼 수 있다. 성직으로서 교직을 보는 관점은 교사에게 다른 직종보다 더 많은 사랑과 봉사를 요구한다는 관점으로 이해하는 것이 바람직하다.

2) 노동직관

노동직관은 교사를 교육노동자로 보는 관점이다. 현실에서도 교사를 노동자로 보는 관점이 인정되어 급기야 교원노동조합이 설립 · 운영되기에 이른 것이다. 특히 교사는 국가나 지방자치단체, 사립학교 등에 고용되어 일을 하는 것이므로 노동자임을 부정하기는 힘들다. 또한 노동직관은 억압적인 기본권 제한의 한계를 밝히고 그것을 쟁취하는 데 큰 기여를 했다고 본다. 하지만 교직은 전술한 바와 같이 다른 일반적 노동직과는 다른 특성을 갖고 있어, 단지 노동자와 같은 행위나 권리를 인정하기는 곤란한 경우가 있다. 예컨대 교사의 권익을 보호하기 위하여 투쟁하는 과정에서 학생의 학습권을 침해하게 되는 경우에는 그 권리가 제약될 수도 있음을 명심해야 한다.

3) 공직관

교직을 공직으로 보는 것은 교사가 국민을 대상으로 하는 봉사자라고 보는 관점이다. 교육이 본래 국가와 사회의 존립을 위한 공적 활동이므로 그러한 교육활동을 하는 교직도 공직이라고 보는 것은 매우 타당하다. 이것은 반드시 국 · 공립학교에만 해당하는 것이 아니라 사립학교의 교사에게도 해당한다. 교직을 이렇게 공직으로 보는 것은 교사가 국가와 사회의 유지 · 발전에 기여한다는 기대를 내포하고 있다. 그러나 이러한 공직관이 자칫 명령과 복종에 의해서 움직이는 공무원관으로 오해되어서는 안 된다.

4) 전문직관

교직을 전문직으로 보는 것은 교사가 전문직의 요소를 갖고 있다는 관점이다. 여러 학자들에 의해 전문직의 공통특성이 제시되어 왔다. 이를 종합하면 전문직은 다음과 같은 요소를 갖고 있다고 할 수 있다. 첫째, 전문직의 핵심 요소는 고도의 자율성이다. 교사는 행정활동과는 달리 학급에서의 교육활동에 있어서만큼은 매우 자율적이다. 둘째, 전문직이 자율성을 발휘할 수 있는 것은 시험 등의 절차를 거쳐 자격을 취득했기 때문이다. 우리나라의 교사는 특히 엄격한 자격통제는 물론이고 임용절차를 거쳐 교단에 들어선다. 셋째, 전문직이 자격을 취득하기 위해서는 장기간의 교육과 훈련을 받아야 한다. 과거에 교육대학이 2년제에서 4년제로 바뀐 것은 이러한 관점이 반영된 것이다. 넷째, 전문직은 엄격한 과정을 거쳐 자율성을 발휘할 만큼의 고도의 전문적 지식과 능력을 습득하게 된다. 다섯째, 전문직은 자율성을 발휘하는 한편 도덕적 해이가 발생할 수 있으므로, 이를 통제하기 위해 전문직 단체와 자체 윤리강령을 갖고 있다. 한국교원단체총연합회와 같은 교직단체에서 이러한 윤리강령을 볼 수 있다.

이런 기준으로 볼 때 교직은 전문직임에 틀림없다. 그러나 이러한 교사의 전문적 위상을 퇴락시키는 요인들이 있다. 직전교육과 자격관리의 부실, 관료적 행정체제, 일부 교사들의 비윤리적 행위 등이 그것이다. 교직이 진정 전문직으로 거듭나기 위해서는 자율적인 교직단체에서부터 이러한 문제를 해결하기 위한 노력이 있어야 한다.

5. 교직단체

교직단체란 기존의 전문직 교원단체(한국교원단체총연합회)와 교원노조를 통칭하는 말이다. 교직단체는 교원의 권익보호를 위해 구성된 집단이라 할 수 있다. 이러한 교직단체 구성은 헌법상 결사의 자유(헌법 제21조)에 근거한다. 또한 교원의 기본적인 지위에 관한 사항을 법률로 정하도록 한 '교원지위 법정주의' (헌법 제31조 제6항)도 그 근거의 하나가 된다. 교육기본법은 교원단체를 결성할 권리를, 그리고 '교원지위 향상을 위한 특별법' 은 교원단체의 당국과의 교섭협의 권한을 부여하고 있다. 한편 '노동조합 및 노동관계조정법' 에 근거한 '교원의 노동조합 설립 및 운영 등에 관한 법률' (이하 교원노조법)의 제정으로 교원노조가 법제화되기에 이르렀다. 그러나 이러한 공통적 취지와 달리 그 설치 · 운영에 관한 사항에 있어 교원노조와 전문직 교원단체는 많은 차이를 보인다([표 13-4] 참조).

교원노조-교육부 간의 2002년 사항별 단체협약사항을 살펴보면 다음과 같다. 가장 많은 사항부터 열거하면 교육 및 교원의 근무여건 개선(49), 여교원보호(14), 교원봉급 등 처우개선(13), 교원복지후생증진(11), 조합활동보장(6), 교원연수강화(5), 교원인사제도개선(1), 기타(3)의 순으로 나타났다(이일용 외, 2004: 136).

교직단체는 교사의 권익을 보호하는 기능 외에도 교사의 전문성 향상을 위한 활동들을 전개하고 있다. 전문성 향상은 곧 학생들에 대한 교육의 질을 제고하는 데 일조할 것이다. 교원노조와 교원단체가 성격상 차이는 있지만, 단지 교사의 이익만을 위한 것이 아니라 궁극적으로는 교육의 질을 향상시키기 위한 장치라는 점에서 공통점

[표 13-4] 교원노조와 전문직 교원단체의 차이

항 목	교원노조(교섭협약)	전문직 교원단체(교섭협의)
설치근거	노동조합및노동관계조정법 제5조	교육기본법 제15조
노동 기본권	단결권, 단체교섭권만 인정	결사의 자유, 노동기본권 부재
가입 및 조직	교장, 교감 및 대학교수는 제외 시 · 도 및 전국 단위	교장, 교감 및 대학교수 포함 전국 단위, 지방자치단체별
교섭근거	교원의노동조합설립및운영에관한법률	교원지위향상을위한특별법
교섭목적	교원의 경제적 · 사회적 지원 향상	교원의 전문성 신장과 지위 향상
교섭 당사자	노조 대 교육부 장관, 시 · 도 교육감, 사학연합체	교원단체 대 교육부 장관, 시 · 도 교육감
교섭사항	임금, 근무조건, 후생복지 등 경제적 · 사회적 지위 향상	봉급, 수당, 근무시간, 휴가, 여교원보호, 안전 및 보건, 교권 신장, 복지 및 후생, 연구육성 및 지원, 전문성 신장 및 연수, 기타 근무조건
교섭제외사항	규정 없음	교육과정과 교육기관 및 교육행정기관의 관리 · 운영에 관한 사항
교섭의 전개	협약체결권 인정	합의서만 작성
효력	취업규칙 또는 근로계약에 우선	성실이행 의무, 이행 여부, 서면통보 의무
효력기간	2년 이내	규정 없으나 교섭시기는 매년 1월, 7월이 원칙
조정심의기구	교원노동관계조정위원회(중앙)	교원지위향상심의회(중앙, 시 · 도)

을 찾을 수 있다. 교사의 권익을 향상시키는 것과 전문성을 향상시키는 것 모두 대국민봉사활동인 교육의 질을 향상시키는 데 밑거름이 되기 때문이다.

6. 교사의 역할

여러분들은 교사의 역할이 무엇이라고 생각하는가? 가장 먼저 머리에 떠오르는 것은 교육일 것이다. 그럼 교육이라 할 때 무엇을 가장 먼저 떠올리는가? 영어시간에 영어를 가르치는 것, 수학시간에 수학을 가르치는 것을 떠올릴 것이다. 하지만 교육은 단지 교과지도만을 가리키지 않는다.

정범모는 교육을 '인간행동의 계획적 변화'라 정의하였다. 교육은 단지 지적인 내용을 전달하는 활동만을 가리키지 않는다. 지식의 변화, 마음의 변화, 신체의 변화를 모두 아우르는 것이 교육이다. 교사의 언행과 몸짓 하나하나에 의해서도 학생들은 모종의 영향을 받고 변화한다.

또한 교사는 교육활동만을 하는 것이 아니다. 교직원으로서 처리해야 할 행정업무들이 무수히 많다. 그러한 활동을 단지 '잡무'로 치부해버려서는 안 된다. 물론 무의미한 잡무라고 생각되는 일들도 많이 있지만, 학생교육과 밀접한 관련을 가지는 행정업무들이 있기 때문이다. 행정적 · 사무적인 일들이 학생들의 발달상황을 기록하는 등의 학생교육이나 학교운영에 꼭 필요한 일들인 경우가 있다. 이제 교사의 역할을 다양한 측면에서 살펴보도록 하자.

1) 교육자로서의 역할

교사는 무릇 수업 전문가여야 한다. 수업 전문가라 함은 곧 교육과정 전문가, 교수방법 전문가, 교육평가 전문가여야 한다는 의미를 내포하고 있다. 일련의 수업과정에 교육과정의 이해, 교수방법의 활용, 교육평가의 실시 등이 포함되어 있기 때문이다. 교육목표를 제대로 이해하지 못한 교사는 수업을 제대로 진행할 수 없으며, 다양하고 적절한 매체를 통해 동기를 유발시키지 않고는 학생들을 수업에 몰입시키기 힘들며, 진단 · 형성 · 총괄평가를 타당성, 신뢰성, 객관성, 공정성의 준거를 충족시키면서 평가하지 않으면 학생들의 교육적 발달과 성취도를 기록할 수 없다. 이러한 역할은 교사의 역할 중 가장 핵심적인 것이라 할 수 있다.

2) 생활지도자로서의 역할

교육은 단지 교과교육만으로 한정되지 않는다고 이미 말한 바 있다. 학교 내, 교실 내에서는 무수한 문제들이 발생하고 있다. 학생 간의 다툼은 예사이고 왕따, 폭력, 절도, 욕설 등 교사가 방치해서는 안 되는 문제들이 일어난다. 그러한 사건 하나하나에 교사의 지도가 개입되어야 한다. 그러한 문제는 교과활동 그 자체를 방해할 뿐만 아니라 학생 개개인의 인지적, 정서적 측면에 교육적으로 부정적인 영향을 줄 수 있기 때문이다. 이러한 문제를 바로 잡기 위해서 교사는 그러한 사건에 적극적으로 개입하여 중재하거나 해결하여야 한다. 이때 유의하여야 할 것은 생활지도의 방편이 획일적이어서는 안 된다는 것이다. 가장 손쉬운 방법으로서 체벌을 이용하거나 격리시키는 등의 처벌을 이용하기에 앞서, 학생이 개별적으로 안고 있는 문제가 무엇인지를 파악하고 이해한 후에 그 근본적 원인을 처치하기 위한 다양한 방략들을 찾아 적용해야 한다. 그렇지 않고 경솔하게 접근하면 오히려 학생들에게 교육적으로 부정적인 영향을 줄 수 있기 때문이다.

3) 학급경영자로서의 역할

물론 교과전담교사도 있긴 하지만 대개의 교사는 학급담임을 맡고 있다. 그리고 교사라면 누구나 한 번쯤은 담임교사를 역임하게 될 것이다. 담임교사라는 위치는 학급이라는 자동차를 운전하는 기사와 같다. 교사가 어떻게 학급을 핸들링하는가에 따라서 학생들은 좌로 쏠릴 수도 있고 우로 쏠릴 수도 있다. 급출발이나 급정거를 하게 되면 학생들이 다칠 수 있다. 조급한 마음에 교사가 자의적으로 학급을 운영하게 되면 학생들은 불안이나 불만을 가지게 될 것이다. 그래서 학기 초에는 학생들이 스스로 자치규약을 만들고, 이에 따라 자율적으로 규칙을 지켜 나갈 수 있도록 지도할 필요가 있다. 그러고 나서 교사는 탈선만 하지 않도록 학급을 유지하면서 학기 말이라는 종착지까지 안전하게 학생들을 태워 가면 되는 것이다. 학급을 운영하는 데 있어서 가장 조심해야 할 것이 바로 학생안전사고다. 청소를 시킬 때도 반드시 임재의 원칙을 준수해야 한다.

■ **임재의 원칙**
미성숙한 아동들이 생활하는 학급 안에서 안전사고가 일어나지 않도록 교사가 곁에서 지켜보면서 학생들을 지도 · 감독해야 한다는 원칙이다. 특히 초임교사들은 이러한 안전사고를 겪을 때 교직에 대한 불안과 회의를 느끼곤 한다. 휴식시간에 연필을 깎는데, 다른 학생들이 뛰어다니다가 몸이 부딪쳐서 칼이 눈에 찔려 실명하게 되는 사례도 있다. 청소시간에 학생들만을 놔두고 교사가 교무실에 내려간 사이 창문을 닦던 학생이 추락하는 사고는 비일비재하다. 이러한 경우 대부분의 판결에서 교사가 지도 · 감독을 소홀히 했다는 이유를 들어 부분책임을 묻고 있다. 교사는 한시도 학생들에게서 눈을 뗄 수 없는 전방의 철책근무자와 같다.

4) 교직원으로서의 역할

교사는 많은 행정업무를 담당해야 한다. 그것이 지나쳐서 교육활동을 방해하는 경우도 있긴 하지만 소홀히 할 수 없는 업무들이 있다. 교사는 교장의 적법한 명령에 따라 행정업무를 처리해야 할 때가 있다. 그러한 업무를 소홀히 하게 되면 학교가 마비될 수도 있다. 물론 학교경영의 궁극적인 책임은 교장에게 있지만, 그 역할을 지탱하는 힘은 바로 교사다. 그리고 학교경영이 원만히 이루어져야 학생교육도 제대로 진행될 수가 있다. 이러한 업무들은 사무, 연구, 섭외, 기획, 예산편성 등 다양한 영역에 걸쳐 있다.

5) 행사지도자로서의 역할

학교에서는 주기적으로 혹은 일시적으로 많은 행사들이 벌어진다. 소풍이나 수학여행, 체육대회, 백일장, 민속행사, 독서의 달 행사, 수련회, 전시회에 이르기까지 교사가 주관하고 감독해야 할 행사들이 연중 펼쳐진다. 그 범위는 단지 교내행사만이 아니라 지역사회행사, 국가행사까지 관련되어 있다. 체전이나 경시대회, 경연대회, 과학실험대회, 국경일기념식 등이 바로 그것이다. 심지어 교사는 선거개표인까지 맡게 되는 경우도 있다. 교육의 정치적 중립성이라는 특성 때문이기도 하지만 일반적으로 교사가 사회에서 가장 모범적이고 공정한 사람이라고 여겨지기 때문이다. 이러한 행사들은 학생들의 교육적 성장과 발달을 위한 행사인 경우가 많다. 따라서 교사는 이러한 역할을 수행함에 있어서도 안전과 교육적 방향을 고려하면서 기획하고 추진해야 한다.

7. 교사의 권리와 의무

1) 교사의 권리

교사의 권리는 교권이라 줄여서 말할 수 있다. 교권은 자연법적으로 주어지는 기본적 권리가 아니라 교직이라는 직무로부터 주어지는 직권이다. 따라서 그 권리는 교사를 위한 권리일 뿐만 아니라 교육을 위한 권리라 할 수 있다. 즉, 학생들의 교육적 성취를 실현하기 위한 권리다. 그렇기에 자칫 학생의 학습권을 침해하게 된다면 제어당할 수도 있다. 국가의 학교설치 · 통제권이라든가 교사의 교수권, 학부모의 자녀양육권 모두 학생의 학습권을 침해할 수 없다. 모든 교육권의 중핵은 학생의 학습권이다. 교사의 권리는 이러한 관점에서 제한적으로 이해해야 한다.

교사에게는 교육과정결정 · 편성권, 교재선택 · 결정권, 교육내용 · 방법결정권, 성적평가권, 학생지도 · 징계권이 있는가? 우리는 흔히 그렇다고 생각한다. 하지만 교육과정결정 · 편성권은 국가와 교육청, 학교장의 권한사항이며, 교재선택 · 결정권은 학교운영위원회의 심의를 거쳐 학교장이 결정하는 절차를 밟아야 한다. 학생징계권도 법률적으로 학교장의 고유한 권한이다. 교사에게 주어진 권리란 사실상 교육방법결정권과 학생지도권, 성적평가권 정도다. 이와 같은 '교육할 권리'는 학생의 교육권을 실현하기 위한 수단적 권리라고 할 수 있다.

이 밖에도 교사의 권리에는 신분상의 권리로서 신분 및 직위보유권, 직무집행권, 재심청구 및 행정쟁송권, 의사에 반한 신분조치를 당하지 아니할 권리, 권고사직을 당하지 않을 권리, 불체포특권, 처분사유설명서교부권 및 후임자 보충발령 유예, 여교원의 동등신분보장권, 교원의 단체결성과 교섭협의권 및 노동조합결성권 등이 있다. 재산상의 권리로는 보수청구권, 연금청구권, 실비변상청구권 등이 있다.

2) 교사의 의무

교사의 의무는 적극적 의무와 소극적 의무로 나뉜다. 적극적 의무라 함은 수행해야 할 의무이고, 소극적 의무란 하지 말아야 할 의무를 말한다. 적극적 의무에는 교육 및 연구활동의 의무, 성실의 의무, 법령준수의무, 복종의무, 직무전념의무, 친절공정의무, 비밀엄수의무, 품위유지의무가 있으며, 소극적 의무에는 정치활동 금지 의무, 집단행위 금지 의무, 영리업무 및 겸직 금지 의무, 영예 등의 제한 등이 있다. 교사의 의무사항은 현직에 들어가기에 앞서 반드시 유념해 두어야 할 내용이다. 다음 사례를 하나의 예로 제시하고자 한다.

당직근무 중 학생에게 술을 사오게 하고 취한 상태에서 학생상담을 한 행위

재심위는 당직근무 중 술을 마시고 취한 상태에서 학생과 진학지도 및 상담을 한다는 것은 교원으로서 본연의 태도라 할 수 없으며, 국가공무원법 제56조의 성실의무와 동법 제63조의 품위유지의무에 위배된 것일 뿐만 아니라, 초 · 중등학교 당직근무규정 제7조에도 위배된 것이며, 과거 여자고등학교 근무 시 학생과의 추태 등의 사유로 경고를 받은 바 있고, 중학교 근무 시 당직근무 중 학생과의 음주행위 등으로 정직 3월의 징계처분을 받은 바 있어 개전의 정이 없다 할 것이고, 이 징계양정은 공무원징계양정 등에 관한 규칙 제5조(징계의 가중)에 의해 1단계 위의 징계로 의결할 수 있음에 비추어 해임의 원 처분은 상당하다고 판시하면서 청구를 기각하였다(재심위결정 92-81, 결정문집(1992), pp. 141-142.).

남녀 교사가 야간에 노상 암벽에서 포옹하며 여론을 야기한 행위

남녀 교사가 야간에 노상 암벽에서 포옹하며 여론을 야기한 행위에 대하여 교육청이 전보조치를 하자, 당해 교원이 전보조치 취소청구를 한 사건이다. 재심위는 교원에 대한 타군 전보조치가 교육적 측면과 학생의 생활지도상 필요하다는 직근 감독자의 의견에 따라 부득이 이루어졌음이 인정되므로 교육공무원 인사관리규정 제18조 제2항 및 제20조에 합당하다 할 것이다. 그리고 교원에 대한 전보조치는 임용권자의 재량에 속하는 것이므로 그 명령으로 인하여 당사자에게 근무지 변동에 따른 불편, 자존심의 손상 등 주관적이거나 심정적인 불이익이 있을 수 있으나, 신분상 불이익이 되는 것은 아니다. 그리고 동료교원인 김 모 교원과의 사이에 단순한 포옹 이상의 행동은 없었다고 하나, 당시 순찰근무 중 검문에 임했던 순경 고 씨가 경찰서장에게 제출한 자술서 및 교육청에서 교원과의 대질에서 순찰 당시 목격 사실을 일관하게 진술하고 있으므로 교원의 진술을 진실로 받아들이기 어렵고, 설령 포옹 이상의 행동은 없었다고 하나, 다음날인 02시 30분경에 이르기까지 심야에 거리를 배회하며 지역주민의 여론을 야기한 점은 결국 교원으로서의 품위를 크게 손상하였음이 명백하여 전보처분 취소청구는 각하하고, 징계처분 변경청구는 기각한다고 결정하였다(재심위결정 91-4, 결정문집(1991), p. 7.).

8. 교사의 징계

교원이 의무를 위반하거나 법령에 위배되는 행위를 했을 때 징계를 받을 수 있다. 교원 징계의 종류와 내용은 다음 [표 13-5]와 같다. 파면과 해임은 쉽게 말해서 교단을 떠나게 되는 것이다. 정직이 중징계로 분류된 것은 교육활동을 할 수 없어 사실상

[표 13-5] 교사의 징계

종류 (국가공무원법, 교육공무원징계령)		기간 (국가공무 원법)	신분 (국가공무원법, 공무원임용령)	보수, 퇴직급여 등 (국가공무원법, 공무원보수규정, 공무원연금법 시행령)
중징계	파면	-	- 공무원관계로부터 배제 - 5년간 공무원에 임용될 수 없음	- 재직기간 5년 미만인 자 퇴직 급여액의 1/4, 5년 이상인 자 1/2 감액지급
	해임	-	- 공무원관계로부터 배제 - 3년간 공무원에 임용될 수 없음.	- 퇴직급여 전액 지급
	강등	3개월	- 신분은 보유하나 직무에 종사 못함 - 1계급 내림 - 정직처분기간 승진제한+18개월 - 처분기간 경력평정에서 제외	- 보수의 2/3 감액
	정직	1~3개월	- 신분은 보유하나 직무에 종사 못함 - 정직처분기간 승진제한+18개월 - 처분기간 경력평정에서 제외	- 보수의 2/3 감액
경징계	감봉	1~3개월	- 12월+감봉처분기간 승진제한	- 보수의 1/3 감액
	견책	-	- 6월간 승진제한	-

교사로서의 기능이 마비되기 때문이다. 정직은 단지 직무에 종사하지 못할 뿐만 아니라 감봉의 불이익도 같이 받는다. 정직과 감봉, 견책은 승진에도 제한이 주어지므로 인사상의 큰 불이익이다.

그러나 간혹 교사가 억울하게 누명을 쓰고 징계를 받는 경우가 발생한다. 이를 구제하기 위하여 교원소청심사위원회라는 기구가 존재하여 소청심사를 맡고 있다. 여기서 원처분이 취소되거나, 변경 혹은 무효 확인을 결정받는 경우가 있다. 즉, 파면을 당한 교사가 억울함을 호소하여 위원회에 소청을 제기하고 위원회에서 심사를 하여 정직으로 변경하는 경우 교사는 교단을 지킬 수 있게 된다. 이러한 경우를 구제라 한다. 국·공립학교의 교원이 구제를 받고자 한다면 행정법원의 행정소송으로 가기 전에 이 절차를 반드시 거쳐야 한다. 그래서 이를 전치절차라 한다. 사립학교 교원은 이 절차를 거치지 않고 바로 법원에 소송을 제기할 수 있다.

9. 교사의 휴직

교사가 다른 직종에 비해 선호되는 이유 중의 하나는 방학이 있다는 점과 공무원과 같은 신분을 보장받는다는 점이다. 특히 교사에게는 다음과 같은 다양한 유형의 휴직이 가능하다. 휴직은 크게 직권휴직과 청원휴직으로 나뉜다. 직권휴직은 임면권자가 직권으로 교사에게 휴직을 명하는 것이고, 청원휴직은 교사가 휴직을 시켜 달라고 청하여 휴직하는 것이다. 청원휴직은 다시 임면권자가 반드시 명해야 하는 경우와 명하지 않을 수 있는 경우로 나뉜다. 다음 내용에서 숫자는 교육공무원법 제44조의 호를 표시한 것이고, 괄호 안의 연수는 휴직기간을 말한다.

첫째, 직권휴직은 반드시 휴직을 명해야 하는 경우로서 1. 신체 · 정신상의 장애로 장기요양을 요할 때(1년), 2. 병역법에 의한 병역의 복무를 위하여 징집 또는 소집된 때(만료 시까지), 3. 천재 · 지변 또는 전시 · 사변이나 기타의 사유로 인하여 생사 또는 소재가 불명하게 된 때(3개월), 4. 기타 법률의 규정에 의한 의무를 수행하기 위하여 직무를 이탈하게 된 때(만료 시까지), 11. 교원의 노동조합설립 및 운영 등에 관한 법률 제5조의 규정에 의하여 노동조합 전임자로 종사하게 된 때(전임기간)가 이 경우에 해당한다.

둘째, 청원휴직 중 교사의 청이 있을 경우 임면권자가 반드시 휴직을 명해야 하는 경우는 출산 육아휴직이다. 즉, 7. 자녀(휴직신청 당시 6세 미만인 자녀에 한한다.)를 양육하기 위하여 필요하거나, 여교원이 임신 또는 출산하게 된 때(1년, 여교원은 2년 연장 가능)가 이 경우에 해당한다.

셋째, 청원휴직 중 본인이 원할 경우 임용권자가 휴직을 명할 수 있는 경우(즉, 명하지 않을 수도 있음)는 5. 학위 취득을 목적으로 해외유학을 하거나, 외국에서 1년 이상 연구 또는 연수하게 된 때(3년), 6. 국제기구, 외국기관 또는 재외국민교육기관에 임시로 고용된 때(고용기간), 8. 교육부 장관이 지정하는 국내의 연구기관이나 교육기관 등에서 연수하게 된 때(3년), 9. 사고 또는 질병 등으로 장기간의 요양을 요하는 부모, 배우자, 자녀 또는 배우자의 부모의 간호를 위하여 필요한 때(1년, 재직기간 중 총 3년 한도 내), 10. 배우자가 국외근무를 하게 되거나, 제5호에 해당하게 된 때(3년, 3년 연장 가능)가 여기에 해당한다.

/참/고/자/료/

고려대 교육사철학연구회(1997). 루돌프슈타이너의 교육론. Roy Wilkinson 지음. 서울: 내일을 여는 책.
양희규(1997). 사랑과 자발성의 교육학. 서울: 내일을 여는 책.
이찬교, 서정화, 진동섭(1997). 교직과 교사. 한국방송대학교출판부.
한숙경(2003). 신교사론. 서울: 학지사.
김남성, 김현철, 박헌, 양정호, 유재봉, 정덕희, 진영은(2005). 교사교육론. 서울: 학지사.
기순신(2002). 교사론. 서울: 학지사.
강인수(2000). 교원과 법률. 한국교원단체총연합회.
이일용, 이시우, 이기성, 이명균(2004). 교원단체 교섭제도 효율화 방안 연구. 한국교원단체총연합회.
진동섭, 허종렬, 신상명, 이균현, 이명균(2004). 우수교원확보법 제정을 위한 교원정책 종합 연구. 한국교원단체총연합회.
Strike, K. A., & Soltis, J. F. (1985). *The Ethics of Teaching*. N.Y.: Teachers College Press of Columbia University. 조동섭, 김성기 역(1996). 가르침의 윤리학. 서울: 원미사.
Freire, P. (1979). *Pedagogy of the Opressed*. 성찬성 역(1995). 페다고지. 서울: 한마당.
Freire, P. (1998). *Teachers as Cultural Workers: Letters to Those who Dare Teach*. San Paulo: Luciana Freire Rangel. 교육문화연구회 역(2000). 프레이리의 교사론. 서울: 아침이슬.
OECD(1994). Quality in teaching. Paris: Head of Publications Service.
OECD(2005). Education at a Glance.

추천사이트

한국교원교육학회(http://ksste.or.kr)
한국교원단체총연합회(http://www.kfta.or.kr)
전국교직원노동조합(http://www.eduhope.net)
한국교원노동조합(http://www.kute.or.kr)

/학/습/정/리/

1. 교사는 **법령이 정하는 바에 따라 학생 또는 원아를 교육**하는 자다. 또한 학교 내에서는 교장의 적법한 명령에 **복종할 의무**가 있다.

2. **보직교사**는 흔히 '부장교사'라고 불리는 교사의 한 종류로서 법정자격은 아니지만 실질적으로 학교운영의 핵심적인 역할을 담당한다.

3. 우수한 교사는 교과에 대한 지식뿐만 아니라 학생들의 도덕적 인격 형성에도 관심을 가지며, 효과적인 학급경영과 수업방법을 탐색하는 데 노력한다.

4. 교직은 '인간'의 '정신'을 대상으로 하면서 '창조성'을 계발하기 위해 노력해야 하는 직업이다. 이러한 교직을 바라보는 관점에는 **성직관, 노동직관, 공직관, 전문직관**이 있다.

5. **교직단체는 교원노동조합과 전문직 교원단체를 통칭**하는 말이다. 이 둘 간에는 설치근거와 노동기본권, 가입 및 조직, 교섭의 근거 목적 당사자 사항 등에 있어 차이가 있다.

6. 교사는 교육자, 생활지도자, 학급경영자, 학교직원, 행사지도자로서의 역할을 담당한다.

7. 교사의 권리에는 교육할 권리, 신분상의 권리, 재산상의 권리가 있으며, 의무로는 **적극적 의무와 소극적 의무**가 있다.

/학/습/평/가/

※ 아래 질문에 대해 설명하거나 논하시오.

1. 교직관을 성직관, 공직관, 전문직관, 노동직관으로 나누어 비교하시오.
2. 교사의 의무를 소극적 의무와 적극적 의무로 나누고 그 위반사례를 하나씩 열거하시오.
3. 프레이리의 교사론을 읽고 교사–학생의 관계에 대하여 느낀 점을 밝히시오.

※ 아래 문제에 대해 정답을 고르시오.

4. 교원에 해당하지 않는 사람은?
   ① 교사　② 사립유치원장
   ③ 대학총장　④ 국립대 조교

5. 교원보수체계에 대한 설명으로 옳은 것은?
   ① 봉급은 '교육공무원보수규정' 에 명시되어 있다.
   ② 보수는 호봉별 고정급을 말한다.
   ③ 봉급은 연공급에 기초하고 있다.
   ④ 수당은 '교육공무원수당 등에 관한 규정' 에 제시되어 있다.

6. 교원징계의 종류가 아닌 것은?
   ① 파면　② 직위해제
   ③ 정직　④ 감봉

7. 교사가 숙직실에서 학생과 술을 마시면서 취한 상태에서 상담을 하였고, 그 내용을 다른 사람들에게 공개함으로써 징계를 받았다. 무관한 의무는?
   ① 성실　② 비밀엄수
   ③ 품위유지　④ 친절공정

8. 다음 중 교원의 소극적 의무에 속하는 것은?
   ① 겸직금지 의무　② 성실의 의무
   ③ 품위유지의 의무　④ 친절공정의 의무

9. 교원자격제도에 대한 설명으로 옳은 것은?
   ① 학생의 이익을 보호하기 위한 것이 기본적 목적이다.
   ② 공립중학교 교원의 자격과 기준은 교육공무원법에 명시되어 있다.
   ③ 교육전문직 자격기준은 초 · 중등교육법에 명시되어 있다.
   ④ 보직교사의 종류는 교육감이 정한다.

10. 휴직에 대한 설명으로 옳은 것은?
   ① 교사 본인의 요양은 1년 이내에서 할 수 있다.
   ② 행방불명에 의한 직권휴직은 4개월까지 명한다.
   ③ 노조전임자는 학교로부터 보수를 받는다.
   ④ 남교원의 양육휴직은 청원휴직으로서 명하지 않을 수도 있다.

/읽/을/거/리/

교사가 되려는 사람들에게

천막 아래서 폭풍우가 그치기를 기다리는 일은 아무런 준비나 연수가 필요 없습니다. 교육실천은 이와 반대로 매우 진지한 일입니다. 교사인 우리들은 어린이, 청소년, 성인을 대합니다. 우리는 그들의 발달에 관여하고 있습니다. 우리는 깨달아 가는 과정에 있는 그들과 본질적으로 관계를 맺습니다. 그래서 교육실천을 하는 우리가 무능하거나, 준비를 소홀히 하거나, 무책임하다면 학생들의 실패를 초래할 수도 있습니다. 그러나 책임감, 과학적인 준비, 가르치는 일에 흥미를 가지면, 또 부당함에 맞서는 투쟁에 진지하게 임하고 몸소 실천하면, 학습자들이 세계 속에서 강한 '존재'로 바뀌어 가도록 도울 수 있습니다. 요컨대 무능하고 무책임한 교사의 학생들이라고 해서 반드시 어리석게 되고, 진지하고 유능한 교사의 학생들이라고 해서 저절로 진지하고 유능해진다고 말할 수는 없지만, 그래도 우리는 우리의 교육과업을 자랑스럽게 받아들이고 그에 대한 준비를 엄정하게 해야 합니다.

'프레이리의 교사론: 기꺼이 가르치려는 이들에게 보내는 편지' (p. 102) 중에서

객관식 문제 정답

1장 교육의 개념과 본질

6. ③ 7. ④ 8. ④ 9. ① 홍익인간, ② 인격, ③ 자주적, ④ 민주시민

2장 교육의 역사적 전개

7. ③ 8. ④ 9. ④ 10. ③

3장 교육의 철학적 이해

7. ① 8. ② 9. ② 10. ③ 11. ②

4장 인간발달과 교육

6. ② 7. ① 8. ③ 9. ④ 10. ③ 11. ① 12. ④ 13. 발달 14. 준비성 15. 결정적 시기 16. 지능 17. 동화 18. 조절

5장 학습과 인지

4. 자발적 회복 5. ③ 6. ① 7. ③ 8. 정적 9. 부적 10. 대리적 강화

6장 생활지도와 상담

6. ① 7. ① 8. ④ 9. ③ 10. ④ 11. ①

7장 교육공학의 이론과 실제

6. ① 7. ④ 8. ④ 9. ④ 10. ④ 11. ① 12. ③ 13. ④ 14. ② 15. ④

8장 교육과정

3. ② 4. ③ 5. ③ 6. ② 7. ③ 8. ② 9. ④ 10. ① 11. ④ 12. ② 13. ③ 14. ① 15. ④ 16. ④ 17. ④ 18. ④ 19. ④ 20. ②

9장 교육평가

4. ③ 5. ② 6. ② 7. ⑦ 8. ⑥ 9. ③ 10. ④

10장 교육사회학

6. ① 7. ③ 8. ④ 9. ④ 10. ③

11장 평생교육

5. ① 6. ③ 7. ① 8. ① 9. ④

12장 교육행정의 개념 및 기본원리

13. ① 14. ② 15. ② 16. ④ 17. ② 18. ② 19. ④ 20. ③ 21. ③ 22. ①
23. ② 24. ① 25. ① 26. ② 27. ④

13장 교사론

4. ④ 5. ③ 6. ② 7. ④ 8. ① 9. ① 10. ①

찾아보기

인 명

내 용

저자 약력

◌ 이해경
현재) 한국사이버대학교 교육학부 교수 및 학부장
학력) 한양대학교 교육학 박사(전공: 교육심리)
경력) 경성대학교 교육과정부 전임강사, 부천대학 유아교육과 겸임교수,
한양대, 한양대 사회교육원, 가톨릭대, 한국항공대, 한국방송대, 호서대, 서일대 강사
논문) 「교사용 청소년 행동문제 평가척도의 개발」 외 다수
저서) 『함께 배우는 성』, 『교육심리학』, 『청소년을 위한 성상담과 교육』, 『교육학』 등
관심 분야) 청소년문제, 성교육, 청소년 문제행동 진단척도개발, 진로상담

◌ 김성기
현재) 협성대학교 교육대학원 교수
학력) 서울대학교 교육학 박사(전공: 교육행정)
경력) 한국대학교육협의회 연구원, 한국교육개발원 부연구위원,
인천광역시교육청 정책개발자문위원, 서울대 · 고려대 강사, 한국사이버대학교 겸임교수
논문) 「도시형 대안학교 운영특성에 관한 연구」 외 다수
역서) 『가르침의 윤리학』
관심 분야) 대안교육, 학교론

◌ 김진숙
현재) 한국교육과정평가원 교육과정교과서연구본부 부연구위원
학력) 이화여자대학교 교육학 박사(전공: 교육과정)
경력) 한국사이버대학교 교육학부 조교수,
춘천교대, 공주교대, 건국대, 서강대, 경희대, 이화여대, 덕성여대 강사,
한국교육과정평가원 박사후 과정 및 위촉연구원
논문) 「교육과정의 연계성 탐구: 유치원-초등학교 교육과정을 중심으로」 외 다수
저서) 『컴퓨터를 활용한 언어치료 · 훈련』, 『우리 아이 수학 가르치기』,
『기초기능교육』, 『교육과정 담론의 새 지평』 등
관심 분야) 교육과정 개발과 운영, 교과서 제도, 통합교육과정, 기초기능교육

◌ 권이종
현재) 한국교원대학교 명예교수, 한국사이버대학교 초빙교수
학력) 독일아헨대학교 교육학박사(전공: 교육사회학 및 평생교육)
경력) 대통령자문 새교육공동체위원, 민주평통자문위원 청년분과 위원장,
서울시 청소년상담지원센터 소장, 전북대학교 교수, 한국청소년개발원원장,
대통령산하 청소년보호위원회위원, 한국청소년학회장, KBS객원해설위원
저서) 『청소년학개론』, 『사회교육개론』, 『청소년이해론』, 『평생교육방법론』 외 다수
관심 분야) 평생교육, 청소년교육, 교육사회학

◊ 박호근

현재) 한국체육대학교 교양교직과정부 교수
학력) 고려대학교 교육학 박사(전공: 교육행정)
경력) 고려대 및 고려대 교육대학원 강사, 광운대 교육대학원 겸임교수, 인천대 교직과정 겸임교수, 한국사이버대학교 겸임교수, 국회의원 김정숙(교육위원회 위원) 정책보좌역
논문) 「평생교육법 제정과정에 나타난 정치행태에 관한 연구」 외 다수
저서) 『대학생활과 리더십』, 『미인대칭 리더십 코스』 등
관심 분야) 교육정책, 교육법, 교원교육, 리더십

◊ 서영곤

현재) 한국사이버대학교 교육학부 특임교수 및 평생교육원 부원장
학력) 한양대학교 교육학 박사(전공: 교육공학)
경력) 대교 교육정보연구소 소장, 국방부 종합행정학교 전산학 교수 및 학처장, 국민일보사 종합기획부장, 성결대학교 공대 겸임교수, 한양대, 백석대 강사
논문) 「사이버 원격교육 시스템 설계 방법에 대한 연구」 외 다수
관심 분야) e-learning, 원격교육, 평생교육, 부모교육

◊ 신창호

현재) 고려대학교 교육학과 교수
학력) 고려대학교 교육학 박사(전공: 교육철학 및 교육사학)
경력) 한국사이버대학교 겸임교수, 고려대, 강릉대, 한양대, 서울여대 강사, 독립기념관 책임급연구원
논문) 「중용 교육사상의 현대적 조명」 외 다수
저서) 『인간 왜 가르치고 배우는가』 『공부, 그 삶의 여정』 외 다수
관심 분야) 동양고전의 현대 교육학적 해석

평생학습자를 위한
교육학의 이해

2005년 1월 10일 1판 1쇄 발행
2013년 3월 15일 1판 6쇄 발행

지은이 • 이해경 김성기 김진숙 권이종 박호근 서영곤 신창호
펴낸이 • 김 진 환
펴낸곳 • (주) 학지사
121-837 서울시 마포구 서교동 352-29 마인드윌드빌딩 5층
대표전화 • 02) 330-5114 팩스 • 02) 324-2345
등록번호 • 제313-2006-000265호
홈페이지 • http://www.hakjisa.co.kr
커뮤니티 • http://cafe.naver.com/hakjisa

ISBN 978-89-5891-437-2 93370

정가 17,000원